# 民族性与时代性

## 当代新儒学的主题及价值研究

刘爱军 ◎著

# Nationality and Times

## A Study on the Themes and Values of Contemporary Neo-Confucianism

图书在版编目(CIP)数据

民族性与时代性：当代新儒学的主题及价值研究／刘爱军著. -- 北京：北京大学出版社，2025.5. ISBN 978-7-301-35885-6

Ⅰ．B261.5

中国国家版本馆 CIP 数据核字第 20251HG669 号

| 书　　　名 | 民族性与时代性：当代新儒学的主题及价值研究 |
|---|---|
| | MINZUXING YU SHIDAIXING：DANGDAI XINRUXUE DE ZHUTI JI JIAZHI YANJIU |
| 著作责任者 | 刘爱军　著 |
| 责 任 编 辑 | 魏冬峰 |
| 标 准 书 号 | ISBN 978-7-301-35885-6 |
| 出 版 发 行 | 北京大学出版社 |
| 地　　　址 | 北京市海淀区成府路 205 号　100871 |
| 网　　　址 | http://www.pup.cn　新浪微博：@北京大学出版社 |
| 电 子 邮 箱 | zpup@pup.cn |
| 电　　　话 | 邮购部 010-62752015　发行部 010-62750672 |
| | 编辑部 010-62750673 |
| 印 刷 者 | 大厂回族自治县彩虹印刷有限公司 |
| 经 销 者 | 新华书店 |
| | 965 毫米×1300 毫米　16 开本　29.75 印张　471 千字 |
| | 2025 年 5 月第 1 版　2025 年 5 月第 1 次印刷 |
| 定　　　价 | 128.00 元 |

未经许可，不得以任何方式复制或抄袭本书之部分或全部内容。
版权所有，侵权必究
举报电话：010-62752024　电子邮箱：fd@pup.cn
图书如有印装质量问题，请与出版部联系，电话：010-62756370

本书是在2015年度国家社会科学基金一般项目"当代新儒学的民族性、现代性与当代性主题及价值研究"(项目编号:15BZX059)基础上补充完善而成的,其出版得到了黑龙江省普通本科高等学校基本科研业务费"形而上学之思背后的中国现代哲学知识论"(2018-KYYWF-1006)资助。

# 目 录

| | |
|---|---|
| 1 | 绪 论 |
| 28 | 第一章 儒学分期说及当代新儒学的含义 |
| 29 | 第一节 儒学分期的诸种论说 |
| 49 | 第二节 当代新儒学的含义 |
| 67 | 第二章 民族性与现代性 |
| 68 | 第一节 传统与传统主义 |
| 79 | 第二节 民族性与民族主义 |
| 90 | 第三节 现代性与后现代性 |
| 107 | 第四节 儒学与民族性、时代性 |
| 136 | 第三章 五四新文化运动与思想和人 |
| 137 | 第一节 五四新文化运动与思想启蒙 |
| 147 | 第二节 五四新文化运动与思想自由 |
| 151 | 第三节 五四新文化运动与人的现代化 |
| 160 | 第四章 从思维方式看儒家哲学的限制 |
| 163 | 第一节 思维方式与中西方哲学的区别 |
| 168 | 第二节 直觉语词与直觉思维方式 |
| 172 | 第三节 直觉思维方式的思想限制 |
| 182 | 第四节 知性思维方式与儒家哲学的发展 |

| | | |
|---|---|---|
| 184 | 第五节 | 当代新儒学与科学知识何以可能 |

## 第五章　当代新儒学与自由、民主及宪政

| | | |
|---|---|---|
| 197 | | |
| 198 | 第一节 | 当代新儒学与自由 |
| 207 | 第二节 | 当代新儒学与民主 |
| 229 | 第三节 | 儒家宪政主义及其限制 |

## 第六章　当代新儒学与生态问题

| | | |
|---|---|---|
| 249 | | |
| 251 | 第一节 | 儒家思想当代价值的生态学诠释 |
| 262 | 第二节 | 天人合一、生生哲学与儒家生态学 |
| 268 | 第三节 | 儒家思想生态学诠释的思想限制 |

## 第七章　儒家思想与君子人格

| | | |
|---|---|---|
| 277 | | |
| 278 | 第一节 | 儒学的当代价值 |
| 290 | 第二节 | 儒家思想与角色伦理学 |
| 311 | 第三节 | 儒学与君子人格 |

## 第八章　诚敬与社会主义核心价值观

| | | |
|---|---|---|
| 338 | | |
| 339 | 第一节 | 存诚与儒家伦理哲学中的本体论 |
| 345 | 第二节 | 居敬与儒家伦理哲学中的修养论 |
| 359 | 第三节 | 诚敬与个人层面的核心价值观 |

## 第九章　儒家责任伦理与当代社会

| | | |
|---|---|---|
| 365 | | |
| 366 | 第一节 | 信念伦理与责任伦理 |
| 371 | 第二节 | 儒家伦理的信念与责任之争 |
| 374 | 第三节 | 责任与儒家伦理 |
| 377 | 第四节 | 义利观与儒家责任伦理 |
| 379 | 第五节 | 儒家责任伦理的意义及限制 |

## 第十章 "和而不同"与人类命运共同体意识 —— 391
第一节 人类命运共同体意识产生的基础及根源 —— 393
第二节 人类命运共同体意识的意涵及内容 —— 397
第三节 从"和而不同"看人类命运共同体意识 —— 402

## 附录 冯友兰新儒学中的民族性与现代性 —— 407
第一节 冯友兰思想中的民族性与现代性主题 —— 408
第二节 冯友兰保守主义视野下的文化与民族性 —— 413
第三节 冯友兰现代化思想中的工业化与现代性 —— 420
第四节 冯友兰民族性与现代性之思的限制 —— 425

参考文献 —— 431

后　记 —— 465

# 绪　论

当今世界,由现代性乃至所谓后现代性带来的人类社会结构已经出现了崭新的变革,而全球化市场经济的普遍性发展与世界性影响力也在不断得到增强。在今天,人类社会面临着消费主义盛行、大众性娱乐生活不断增强、精神家园日渐失落等诸多与时代文明发展不相符合的一面。在这种人类社会发展的大背景之下,作为拥有数千年文明传统的中国儒家思想该如何面对这个时代?对于这一时代问题的回答,理应成为儒学领域研究者们的致思方向。

在当代世界多元文化当中,儒家文化到底有没有自己的一席之地?如果有,那么它究竟处于什么样的位置?如果说儒学在当代社会依然具有意义和价值,那么我们是采取直接的、非科学的形式,即一种直观的、综合的、实际的方式来重建儒学,还是采取一种非直接的、科学的方式,即一种论证的、分析的、理论的方式来重建儒学?在21世纪乃至新千年之始来思考这些问题,无疑具有重要的现实价值与未来意义,因为这涉及儒家传统文化能否和如何完成现代化并具有当代性的问题,涉及儒学能否和如何成为当代世界哲学的一部分因而具有某种普遍性的问题,也关乎中华优秀传统文化的历史处境及其当代命运。围绕这些问题,国内外许多学者进行了热烈而充满争论的探讨。①

整体上来讲,作为一种负担而存在的儒家传统与作为一种资源而存在的儒家传统是一根而发的。在 21 世纪的今天,我们一方面不能完全回到儒家传统社会中去,将儒学和作为儒学符号的孔子思想神圣化、教主化,犹如尊孔子为千秋仁义之师、万世人伦之表,而是应当客观而理性地表明这一传统在现代及现代之后所呈现出来的种种时代负担和不合时宜之处;另一方面,我们又应当面对当代中国的民族文化危机,以辩证思维挖掘其具有历史延续性的精神资源,将其进行创造性的转化和创新性的发展,以便为解决当代社会人的主体性危机、价值与意义的危机,提供必要的传统思想资源支撑。正如刘述先先生所言:"新儒学由民族文化的危机开始,提升到学术与哲学反省与建构的高度,最后仍必落实到政治、经济、文化、社会、教育的实际层面。这样一个总的大趋势,是可以断言的。"②

目前,有关儒学民族性与时代性的问题,可以说正日益成为当代新儒家学者们所普遍关心的一个核心问题,而时代性又主要指涉的是现代性与当代性的双重内涵,于是,民族性与现代性、民族性与当代性便成为儒学复兴大业中必然要处理的两个核心问题。然而,当代儒家学者对这两个核心问题的处理,又往往与西方学者有所不同。中国当代儒家学者站在儒家思想立场,不仅要思考中国如何拥有现代性的问题,还要从中国儒家传统来批判性思考已经完成的西方现代性背后所存在的病症的问题,更要深深思考中国现代性背后的民族性问题。"西方的现代性问题是其内在的工具理性和价值理性之间的矛盾结果,中国的现代性问题,则首先表现出来的是时代性问题。其次,中国还要面临中华民族被西方同化的威胁,即民族性问题。最后,中国还要解决西方现代性问

---

① 例如,崔大华在《儒学的现代命运:儒家传统的现代阐释》(北京:人民出版社 2012 年版)一书中,便将儒家传统与现时代的现代性问题有机结合起来,通过深入研究和分析现代新儒家学者梁漱溟、熊十力、冯友兰、杜维明、余英时、牟宗三等人的儒学观,重新思考了儒家思想及其建构的生活方式在现代社会中的积极作用。

② 刘述先:《论儒家哲学的三个大时代》,贵阳:贵州人民出版社 2009 年版,第 209 页。

题。"① 在处理儒学与民族性、儒学与现代性、儒学与当代性之间关系的过程中,往往涉及民族性与现代性、民族性与当代性、世俗性与超越性、地方性与普遍性等纷繁复杂的问题。对于这些当代儒学主题问题的正视、思索乃至回应,切实地构成了众多当代新儒家学者思想的主题和终生努力的方向。透过这些主题,我们既可以看到他们思想成果的当代意义和价值,同时也可以深切了解其思想背后的种种限制,从而为我们在当今社会重新思考和探究儒学的当代问题域,提供了新的切实可行的方向与道路。

整体上来看,国内学者围绕上述儒学问题主要从以下三个方面进行了相关研究。

**1. 中国哲学中的传统主义与当代新儒学的民族性主题及价值**

学者们从全球化时代的文化多元普遍性特质出发,肯定中国文化特别是儒学价值传统在现代社会仍有其意义,并认为当前儒学复兴运动是当代中国寻求自己的现代性诉求的民族性表达的必然结果。陈来的《传统与现代:人文主义的视界》(北京:北京大学出版社 2006 年版)、《孔夫子与现代世界》(北京:北京大学出版社 2011 年版),李宗桂的《传统与现代之间:中国文化现代化的哲学省思》(北京:北京师范大学出版社 2011 年版),黄玉顺的《儒学与生活:"生活儒学"论稿》(成都:四川大学出版社 2009 年版),都是非常具有代表性的成果。

**2. 中国哲学的现代化与当代新儒学的现代性主题及价值**

儒学的现代性问题十分复杂,它既涉及与现代性相关的诸多诠释问题,也涉及儒学自身的推陈出新问题,即如何以儒学来构建中国现代性的问题。学者们围绕这些问题的研究成果最为丰富。

(1) 当代新儒学与现代性、现代化的关系。如果要深切地了解当代中国的现代性,我们当然应当以历史性的角度来审视中国现代性所走过的曲折历程。近些年来,学者们从多元现代性视角入手,认为当代新儒学既有前现代的痕迹,又有现代性的因子,更有对既有现代性的超越。20 世纪 90 年代末,由杜维明主编的《东亚现代性中的儒家传统:日本与

---

① 徐建勇:《现代性与新儒家》,北京:人民出版社 2019 年版,第 4 页。

"四小龙"的道德教育与经济文化》①一书,提供了13篇围绕儒学与现代性而展开的论文②。李翔海的《新儒学与现代性》(《求是学刊》2001年第2期),国际儒学联合会主编的《儒学现代性探索》(北京:北京图书馆出版社2002年版),陈来的《回向传统:儒学的哲思》(北京:北京师范大学出版社2011年版),方朝晖的《文明的毁灭与新生:儒学与中国现代性研究》(北京:中国人民大学出版社2011年版),崔大华的《儒学的现代命运:儒家传统的现代阐释》(北京:人民出版社2012年版),都是具有代表性的成果。

有的学者则从中国近现代社会转型的视角来审视儒学的现代化问

---

① Tu Wei-ming(edited), *Confucian Traditions in East Asian Modernity: Moral Education and Economic Culture in Japan and the Four Mini-Dragons*, Cambridge: Harvard University Press,1996.

② 这13篇论文指的是:狄百瑞的《前现代东亚的儒家教育》(Confucian Education in Premodern East Asia/Wm. Theodore de Bary)、爱德华·希尔斯的《反思中国思想传统中的公民社会与礼仪》(Reflections on Civil Society and Civility in the Chinese Intellectual Tradition/Edward Shils)、刘述先的《儒家理想与现实世界》(Confucian Ideals and the Real World: A Critical Review of Contemporary Neo-Confucian-Thought/Liu Shu-hsien)、渡边宏的《从儒家视角看19世纪日本社会中的西方》(The West as Seen through Confucian Eyes in Nineteenth-Century Japan/Watanabe Hiroshi)、山下秀彦的《儒学与日本国家:1904—1945》(Confucianism and the Japanese State, 1904—1945/Samuel Hideo Yamashita)、罗伯特·J.史密斯的《日本(儒家)家族:自下而上的传统》(The Japanese (Confucian) Family: The Tradition from the Bottom Up/Robert J. Smith)、高炳义的《当代韩国儒学》(Confucianism in Contemporary Korea/Koh Byong-ik)、安布罗斯·金的《国家儒学及其转型:台湾省社会关系的重构》(State Confucianism and Its Transformation: The Restructuring of the State-Society Relation in Taiwan/Ambrose Y. C. King)、托马斯·戈尔德的《台湾市民社会》(Civil Society in Taiwan: The Confucian Dimension/Thomas B. Gold)、安布罗斯·金的《后儒家时代的儒学转型:香港理性传统主义的出现》(The Transformation of Confucianism in the Post-Confucian Era: The Emergence of Rationalistic Traditionalism in Hong Kong/Ambrose Y. C. King)、黄志伟的《弘扬儒家思想促进社会经济发展:新加坡的经验》(Promoting Confucianism for Socioeconomic Development: The Singapore Experience/John Wong)、郭爱迪的《作为新加坡政治话语的儒学:以不完全复兴运动为例》(Confucianism as Political Discourse in Singapore: The Case of an Incomplete Revitalization Movement/ Eddie C. Y. Kuo),以及加里·G·汉密尔顿的《华侨资本主义》(Overseas Chinese Capitalism/Gary G. Hamilton)。

题。例如,郭瑞在《中国近现代社会转型中的儒学现代化》(北京:人民出版社 2019 年版)一书中,从中国近现代社会转型与儒学现代化的关系入手,具体阐发了中国封建社会的解体与传统儒学的终结、五四新文化运动与儒学现代化的展开、马克思主义中国化与儒学现代化、社会主义现代化建设与儒学现代化新开展,以及当代儒学现代化的必要性、原则和途径等相关问题。这种以社会转型视角而展开的有关儒学现代化问题的思想史思考,无疑对于儒学当代价值的思想提供了有意义的尝试。直接将现代性与新儒家联系起来进行研究的专著,是徐建勇的《现代性与新儒家》(北京:人民出版社 2019 年版)一书。该书主要从三个部分围绕现代性与新儒家之间的关系问题进行了系统性研究。第一部分阐发的是现代性与新儒家的界定、现代性及其问题的缘起和发展。该部分重点阐发了现代性所具有的主体性、科学性、经济决定论、民主制度化、自由的个人化这五个特征。第二部分研究的是新儒家的现代性认知与回应。第三部分则处理了新儒家的现代性思想及其启示。第三部分是著作的核心组成部分,占据了 10 章中的 7 章。有关新儒家的现代性思想,此著作主要是围绕现代性的五个特征来展开的,即具体论述了新儒家的主体性人格教育、新儒家的现代科学与教育思想、新儒家的现代经济思想、新儒家的现代民主思想、新儒家的现代自由思想这五个方面。对于现代性与新儒家的论述,此书可谓是近几年来较为系统的论著,这无疑对于我们进一步思考相关问题提供了非常有意义的帮助。当然,这部著作也存在不足之处。例如,该论著主要是将新儒家定位在 1921 年到 1950 年间的大陆新儒家,因此新儒家与现代性的思考,便主要是围绕梁漱溟、熊十力、冯友兰、贺麟这四个人物的相关思想来展开论述的,因此对诸如牟宗三、唐君毅、徐复观、余英时、成中英、刘述先、杜维明、林安梧、蔡仁厚、蒋庆等一些儒家学者的相关丰富思想,并没有给予应有的关注。同时,此书更多是从思想史的角度来平行记述上述四位大陆新儒家的相关现代性思想,而对于这些思想背后的问题所在则缺少相应的批判性回应。

(2) 当代新儒学的现代性与政治哲学。有的学者强调儒学政治的当代转换及其价值,对自由主义与社群主义之间的儒学政治哲学思想进行了系统性论述,并认为应在现代性社会建构框架内对儒家政治文化传统进行重塑。此种研究的代表性成果有彭国翔的《儒家传统与中国哲学:新世纪的回顾与前瞻》(石家庄:河北人民出版社 2009 年版)等。另一方面,也有的学者站在反对的立场,强调儒家政治哲学并不具有现代性。例如,宋宽锋的《试析当代新儒家的政治哲学——兼评李明辉〈儒家视野下的政治思想〉》(《复旦学报》社会科学版 2008 年第 1 期),葛荃的《论"王权主义"的理论价值与儒学现代性》(《天津社会科学》2009 年第 3 期)等。中山大学国际关系学院的庞琴(Qin Pang)在《国家社会关系与儒家在当代中国的复兴》(State-Society Relations and Confucian Revivalism in Contemporary China, Palgrave Macmillan, 2019)一书中,围绕国家与社会的关系,探讨了儒学在当代中国复兴的原因。此外,吴田(T. Wu)的《中国传统价值与现代化》(Chinese traditional values and modernization, see, Asian Values & Modernization, ed. Seah Chee-Meow, Singapore University Press, 1977)也处理了儒学与现代化之间的关系问题。

(3) 当代新儒学的现代性与东亚文化。方克立的《现代新儒学与中国现代化》(天津:天津人民出版社 1997 年版),依据马克思主义哲学把当代新儒学与中国现代化的关系问题作为阐发的中心,并认为现代新儒家所提倡的"儒家资本主义"的发展道路在中国没有现实的可能性。夏光的《东亚现代性与西方现代性:从文化的角度看》(北京:生活·读书·新知三联书店 2005 年版)一书则认为,东亚和西方的现代性代表了全球化背景下两种不同的现代性模式,而两者之间的差异主要与各自的文化传统有关。

### 3. 中国哲学的世界化与当代新儒学的当代性主题及价值

学者们从时代性说到中国哲学现代化的问题,从普遍性说到中国哲学世界化的问题。从文献上来看,截至 2024 年 12 月末,学术界还没有以儒学与当代性为题目的研究著作。直接相关的论文只有两篇,一篇是余乃忠、苏国辉的《儒学的当代性与社会主义核心价值体系的建构》(《广西社会科学》2008 年第 1 期),一篇是刘东超的《论儒学的当代性问题》(《社会科学》2004 年第 2 期)[①]。尽管几乎没有直接相关的以儒学与当代性为标题的著作和文章,但是,我们可以将我国改革开放 40 余年

---

① 刘东超的《论儒学的当代性问题》这篇文章,主要是围绕有没有儒学当代性与如何建构儒学当代性等问题进行了探讨。

以来,尤其是21世纪之始的20多年里学者们关于儒学的当代之思,放到这一问题视域下来加以考量。思考儒学在当代生活中的意义和价值,无疑更具有前沿性和现实性。因此,此书也是将研究的重点放在此部分。

近些年来,有关儒学当代性主题的学术研讨会正在不断召开①,而相关的研究性集刊在这一过程中也起到了推波助澜的作用。由四川思想家研究中心主办的儒家思想理论辑刊《当代儒学》②,便是其中较有代

---

① 例如,2013年1月18—20日在深圳召开的由深圳大学主办、深圳大学国学研究所承办的"儒家思想与当代中国文化建设"国际学术研讨会,2015年4月15日在北京举办的由儒家文明协同创新中心主办的"儒家文明与当代中国"学术研讨会,2015年8月29—30日在北京召开的由中华日本哲学会与中国人民大学哲学院、中国人民大学孔子研究院国际儒学研究中心联合主办的"东亚哲学与儒学当代发展"学术研讨会,2015年10月24—25日在上海举办的"儒家的使命与当代中国"学术研讨会暨中华孔子学会成立30周年纪念大会,2015年11月28—29日在深圳召开的由深圳大学主办、深圳大学国学研究所承办的"儒学的历史叙述与当代重构"第十二届当代新儒学国际学术研讨会,2016年3月26日在黄冈师范学院举办的"当代新儒家与当代中国和世界"学术研讨会,2016年8月20—21日在济南举行的首届"黄玉顺生活儒学全国学术研讨会",2016年7月3日在贵阳召开的由复旦大学、贵阳孔学堂文化传播中心共同举办的"儒学与当代中国"学术研讨会,2016年9月27日在山东曲阜召开的"山东社科论坛:儒学与当代诚信体系建设学术研讨会",2017年6月24—25日在登封召开的由北京大学高等人文研究院和嵩阳书院联合举办的"当代儒学发展的回顾与展望"研讨会,2019年4月20日在苏州召开的由苏州大学政治与公共管理学院主办、该院哲学系承办的"生活儒学"全国学术研讨会,2019年12月28日在北京召开的由儒家文明省部共建协同创新中心、山东大学共同主办的"文化传承与儒学创新"学术研讨会暨2019年度儒家文明省部共建协同创新中心理事会议,2022年9月17日在线上召开的由四川思想家研究中心、山东大学儒学高等研究院和《当代儒学》编辑部联合主办的"儒家思想之现状与展望"学术研讨会,2024年8月3日至4日在济宁召开的由山东大学儒学高等研究院与孔子研究院主办的"古代文明与中国儒学"学术研讨会等。

② 由四川思想家研究中心主办的《当代儒学》辑刊,2011年8月出版了第1辑,截止到2024年10月,一共已经出版了25辑。辑刊设置了当代儒学思想探索、当代儒家理论建构、当代儒学观察家等栏目,陆续围绕政治儒学、公民儒学、生活儒学、社会儒学、自由儒学、后新儒学、中国正义论、重写儒学史、当代新儒学与现代世界等主题进行了探讨。此辑刊很好地反映了十余年来儒学研究的一些当代性主题,以及学者们对这些主题的基本看法。此外,由尼山圣源书院编辑、人民出版社出版的《尼山铎声》,也陆续推出了《当代儒学创新发展》(2013)、《新仁学与儒学创新》(2019)两个专题性研究论文集。此外,李瑞全、杨祖汉主编的《二十一世纪当代儒学论文集I:儒学之国际展望》(桃园:"国立""中央大学"儒学研究中心,2015),《二十一世纪当代儒学论文集II:儒学的全球在地化与当代文明》(桃园:"国立""中央大学"儒学研究中心,2018年),吴光、牛廷涛主编的《儒学与当代社会:第四届全国儒学社团联席会议论文集》(西安:陕西师范大学出版社2018年版),《儒学精神的当代价值:第五届全国儒学社团联席会议论文集》(上海:中西书局2018年版)等,也反映了近几年学者们有关儒学当代性问题研究的成果。

表性的辑刊。此辑刊每年出版两辑,主要呈现的是我国改革开放以来,尤其是21世纪以来的儒学复兴中所出现的新的儒家思想创造、新的儒学理论形态。辑刊中所呈现的文章,其目的是回应当今时代的呼唤并解决当今社会的问题,并且通过学者们对当代儒学的研究与评价,来推动儒学复兴、中华文化复兴;通过着眼于儒家的"活的思想",来推进当代儒学的思想原创、理论建构,来推出当代儒学的重要学派、代表人物。

整体上来看,目前国内学术界对儒学当代性主题的研究主要体现为三个主要的方面:(1)从儒家道德哲学的当代价值角度探讨了儒学的当代性主题,即对儒家思想背后的生态伦理、责任伦理、和谐伦理、世界伦理等进行了研究。例如,刘述先的《全球伦理与宗教对话》(石家庄:河北人民出版社2006年版)、蔡仁厚的《儒学传统与时代》(石家庄:河北人民出版社2010年版);(2)从儒家政治哲学的当代价值角度探讨了儒学的当代性主题。例如,李明辉的《儒家视野下的政治思想》(北京:北京大学出版社2005年版)。此外,冯川在《"新传统"与"儒家自由主义":就"儒学与现代性"话题与杜维明教授对话》(《博览群书》2002年第3期)一文中,基于儒家自由主义的立场,相信当代中国一定能在精英政治与民主体制的必要张力中保持某种动态的平衡;(3)从儒学的宗教性角度探讨了儒学的当代性主题,这涉及如何理解儒学精神的超越性问题。学者们围绕儒学的宗教性及其意义,化解全球化过程中宗教冲突的儒学资源等进行了研究。此方面的代表性成果有彭国翔的《儒家传统:宗教与人文主义之间》(北京:北京大学出版社2007年版)、刘述先的《儒家思想的转型与展望》(石家庄:河北人民出版社2010年版)、郭齐勇的《当代新儒家对儒学宗教性问题的反思》(《中国哲学史》1999年第1期)等。

以美国为首的西方思想界对于儒学的研究主要分为以下四个阶段:

(1)19世纪末期—20世纪50年代,一些思想家借用西方理性主义以简单否定性的思维直接消解了儒学传统的普适性。例如,弗里德里希·黑格尔(Friedrich Hegel,1770—1831)、马克斯·韦伯(Max Weber,1864—1920)等人。韦伯的《儒教与道教》一书,直接而明确地强调了儒学对于商业和科技的压抑。

(2)20世纪50—60年代,西方思想界侧重从政治意识形态的角度来研究儒家,将其看作是一套政治运作性很强的基本价值理念。例如,美国亚洲研究协会的中国思想研究委员会的芮沃寿(Arthur Frederick Wright,1913—1976)编辑的《中国思想研究》(*Studies in Chinese Thought*, Chicago & London:The University of Chicago Press,1953)、费正清编辑的《中国的思想与制度》(*Chinese Thought And Institutions*,Chicago & London:University of Chicago Press,1957)、芮沃寿和倪德卫(David S. Nivison)合编的《行动中的儒教》(*Confucianism in Action*,Stanford & California:StandFord University Press,1959)、芮沃寿编辑的《儒家信念》(*The Confucian Persuasion*, Stanford & California: Stanford University Press, 1960)、芮沃寿和杜希德主编的《儒家人格》(*Confucian Personalities*,Stanford & California:Stanford University Press,1962),以及芮沃寿从《行动中的儒教》《儒家信念》《儒家人格》中挑选12篇文章而编辑的《儒家与中国文明》(*Confucianism and Chinese Civilization*, Stanford & California: Standford University Press,1964)一书。

(3) 20世纪60—90年代,西方思想界开始系统探究儒家的人格思想和哲学内容。例如,安乐哲和郝大维以文化多元主义或文化相对主义或文化情境主义为视角所进行的有关中国儒学特殊性的研究,实际上是间接地消解了儒学的普适性。同时,本杰明·史华慈(Benjamin I. Schwartz,1916—1999)、狄百瑞(Wm. Theodore de Bary,1919—2017)等人依据理性主义、自由主义进路,也对儒学进行了系统的研究。

(4) 21世纪之始,西方思想界的儒学研究往往不再是停留在汉学传统乃至思想史角度,而是围绕儒学的各种论题展开了丰富、系统而深入的研究。例如,美国布法罗州立大学余纪元(Jiyuan Yu)的《德性之镜:孔子与亚里士多德的伦理学》(*The Ethics of Confucius and Aristotle: Mirrors of Virtue*, New York and London:Routledge,2007)、罗思文(Henry Rosemont)的《反个人主义:从儒学角度再思道德、政治、家庭与宗教的基础》(*Against Individualism: A Confucian Rethinking of the Foundations of Morality, Politics, Family, and Religion*, Lanham, Boulder, New York, London:Lexington Books,2015)、贝淡宁(Daniel A. Bell,1964— )的《中国模式:贤能政治与民主的局限性》(*The China Model: Political Meritocracy and the Limits of Democracy*, Princeton:Princeton University Press,2016)中的儒学研究,往往具有更直接的现实针对性。此外,波士顿大学哲学、宗教学教授南乐山(Robert Cummings Neville)的《波士顿儒学:晚期现代世

界中可移动的传统》(*Boston Confucianism：Portable Tradition in he Late-Modern World*，New York：State University of New York Press，2000），以及《礼仪与辩护：中国哲学在比较语境中的推展》(*Ritual and Deference：Extending Chinese Philosophy in a Comparative Context*，New York：State University of New York Press，2008）①、陈素芬（Sor-hoon Tan）的《儒学现代化与当代新儒学》(*Modernizing Confucianism and new Confucianism*，*The Cambridge Companion to Modern Chinese Culture*，edited by Kam Louie，Cambridge University Press，2008，pp. 135-154），也是相关的代表性成果。

具体来讲，国外学者围绕上文所提到的儒学相关问题，主要从以下三个方面进行了研究。

（1）儒学意义和价值的整体定位

在当今社会，人们经常会问的一个问题便是：儒学到底提供给了我们什么？或者说，儒学在当今世界到底有没有意义，如果有，这些意义又是什么？对于一些人来讲，孔子依然是一个保守的、专制的往昔；对于其他人而言，孔子则是一个因自己的伦理系统和规训而受到东西方学者和思想家们钦佩的人文主义者。有学者认为，当代新儒学与现代性是对立的，儒家完全缺少生成现代的内在机制，其在现代的命运只能是死亡。J. R. 列文森三卷本的《儒教中国及其现代命运》(1958、1964、1965）无疑是这一主张的代表作。

整体上来看，绝大多数的海外儒学研究者，都是从肯定意义的角度来认同儒学具有当代意义和价值的。例如，韩国的李东俊教授（见彭永捷、牛京辉：《儒学·人学·现代性：李东俊教授对"儒学与现代社会"问题的独特思考》，《当代韩国》1994年第4期）。这些学者认为，当代新儒学自身因包含着与近代精神相联系的要素和现代性，因此是能够为当代社会作出积极贡献的。例如，美国学者狄百瑞的《新儒学：传统性与现代性的交融》（见《横跨边界的解释：比较哲学论文新编》，美国普林斯顿大学出版社1990年版）、德国杜崙的《全球化视角下的儒家现代性转型》（《东方论坛》2010年第4期）、韩国崔英辰的《"现代性modernity"的概念与儒学》（《人文杂志》2009年第4期），都是这一主张的代表。狄百瑞

---

① 关于上面的儒学研究现状，请参照王学典、孟巍隆：《西方儒学研究新动向——第七届世界儒学大会背景分析》，《光明日报》2015年9月21日第16版。

(Wm. Theodore de Bary)的《儒学困境》(*The Trouble with Confucianism*, Harvard University Press, 1991)便谈论了与此相关的问题。张元淑(Wonsuk Chang)、李嘉文(Leah Kalmanson)编辑的《境遇中的儒学：经典哲学、当代问题、东亚及其超越》(*Confucianism in Context：Classic Philosophy and Contemporary Issues*, *East Asia and Beyond*, SUNY Press, 2010)一书，也强调作为一种深受地域与条件限制的对话式的思想方法，儒学在多元化、全球化世界中亦被认为是一种有价值的哲学资源。也就是说，儒学不仅探讨了诸如自我与社会本性这样的传统哲学问题，而且还有助于民主、人权、女性主义、生态等问题的探讨。

此外，迈克尔·舒曼(Michael Schuman)在《孔子及其所创造的世界》(*Confucius：And the World He Created*, Basic Books, 2015)一书中，主要以孔子思想为出发点，探讨了孔子儒学在当代东亚的意义和价值。他认为，孔子创造了一种在许多方面不同于西方文化，并且与西方文化相冲突的世界观。由于孔子的持久影响，东亚企业的管理方式、家庭成员之间的互动方式，以及政府如何看待自己在社会中的角色都不同于西方的规范。通过向人们灌输对学习的热爱，通过推动东亚地区的经济发展，孔子已经使东亚在当今世界占据了优势。不过，作为圣人的孔子也备受争议。在过去的100年里，东亚人一直在质疑，当孔子在社会中如此根深蒂固的时候，这个地区是否能够真正实现现代化。有的学者便批判道，孔子思想中存在妇女不平等、威权政权和压制人权等方面的不足。舒曼认为，尽管存在上述这些争论，今天的东亚人正通过依赖孔子来帮助他们解决现代生活中的弊病，这比之前他们在一个世纪里所依赖的更多。他进而认为，随着一个富裕而日益强大的亚洲在世界舞台上的崛起，孔子也将会在全球文化中占据更加突出的地位。通过触及哲学、历史和时事，孔子的确向我们讲述了一个谜一般的哲学家的生动、激动人心的故事，他的思想始终是东亚文明的核心。

与迈克尔·舒曼从孔子视角来谈儒学意义和价值不同，罗尼·L.利特尔约翰(Ronnie L. Littlejohn)的《儒学导论》(*Confucianism：An Introduction*, I. B. Tauris, 2010)、保罗·R.戈尔丁(Paul R. Goldin)的《儒学》(*Confucianism*, University of California Press, 2011.)，则是从儒学整体与现实社会的关系角度来处理同一个问题的。他们认为，可以毫无争辩地说，儒家思想中的一些价值一直潜存于中国人的内心深处，并始终成为中国精神的重要组成部分。而现在,随着中国在世界经济舞台上影响力的加大,儒学作为一种个人与团体转型中的实用主义哲学,正在强势卷土重来。儒学无论在家庭中,还是在董事会的会议室中,还是在当前的政治讨论中都很受欢迎。儒学展现出一个依赖个人美德和自我控制的社会凝聚力体系。对孔子来说,社会和谐依赖于社会等级体系中每个人的适当行为;而儒学对实践伦理的强调,也使许多人认为儒家思想是一种世俗哲学,而不是一种宗教。儒家思想必须以如此的方式被视作是一种充满深刻精神性的思想。同样,由顾东明(Ming Dong Gu)编辑的《为什么中国传统哲学依然重要:古代智慧与全球时代的关联》(Why Traditional Chinese Philosophy Still Matters: The Relevance of Ancient Wisdom for the Global Age, Routledge, 2018)一书也认为,中国传统哲学与现代生活的许多挑战是相关的。学者们从形而上学、解释学、政治理论、宗教和美学等多个领域,分析了儒家、道家和佛教这些中国古代哲学与西方思想和当代后现代主义理论之间的联系,借此力图建构一种崭新的全球性的人文主义。此外,塞巴斯蒂安·比利乌德(Sébastien Billioud)编辑的《儒家经验种种》(The Varieties of Confucian Experience, BRILL, 2018),则主要探讨了21世纪头20年有关儒学复兴所存在的思想分歧。

也有的学者从东亚价值与儒学的现代性主题及价值方面做了整体性研究。学者们站在东亚价值的视域下探讨了儒学的命运与中国乃至东亚现代化的关联,尤其是儒学第三期发展与现代性的关联问题。这方面研究涉及的是儒家思想在面对现代性在全球范围内已经造成种种困境的时候,是否能够作为一种思想资源而发挥其应有的价值,即是否存在"儒家现代性"的问题。由贝淡宁编辑的《儒家政治伦理学》①,是比较有代表性的相关研究成果。在书中,学者们肯定了儒家道德和政治思想的持久相关性,并认为在20世纪的大部分时间里,儒家思想被西方人和东亚人谴责为是与现代性背道而驰的。一些国际知名的哲学家、历史学家和社会科学家在儒家政治伦理中却提出了不同的观点。他们展示了

---

① Daniel A. Bell(edited), Confucian Political Ethics, New Jersey and Oxford: Princeton University Press, 2007. 这部论文集的作者有:贝淡宁(Daniel A. Bell)、陈祖为(Joseph Chan)、陈欣仪(Sin Yee Chan)、李晨阳(Chenyang Li)、理查德·梅德森(Richard Madsen)、倪乐雄(Ni Lexiong)、彼得·诺斯科(Peter Nosco)、戴梅可(Michael Nylan)、罗思文(Henry Rosemont),以及李耶理(Lee H. Yearley)。

强调家庭关系、自我完善、教育和社会利益的儒家经典理论,是如何与我们今天面临的最紧迫的困境高度相关的。通过深入的跨文化对话,学者们深入探讨了儒家政治伦理与当代社会问题的关系,探讨了儒家对公民社会、政府,人与国家间的地域和边界,以及伦理多元论的观点。他们研究了通常被视为落后的父权制的儒家思想,事实上是如何能够与一系列当代女性主义价值观相一致而不必妨碍性别平等的。学者们展示了儒家关于战争与和平的理论,是如何在与当今国际体系没有太大不同的背景下形成的,以及这些理论是如何能帮助我们实现一个更加和平的全球社群的。此外,美国儒家学者杜维明的《东亚价值与多元现代性》(北京:中国社会科学出版社2001年版)、《对话与创新》(桂林:广西师范大学出版社2005年版)、《儒家传统与文明对话》(石家庄:河北人民出版社2006年版)、《现代性与物欲的释放:杜维明先生访谈录》(北京:中国人民大学出版社2009年版),也都是这方面研究的重要著作。

有些西方学者是从精神性角度探讨儒学的当代性主题及价值的,尤其是从儒学的宗教精神性方面考察儒学当代性主题的。例如,波士顿儒家学者南乐山、白诗朗等人强调儒耶对话。南乐山力图在吸收柏拉图、美国实用主义、泛亚洲佛教、儒家思想和基督教神学而形成的孕育体之内,对古典的西方理性形而上学或思辨哲学传统重新注入活力,因此日益迷恋于儒家思想的精神性分析。

有些西方学者从儒学的道德精神性方面考察了儒学当代性主题,从儒家的家庭主义、社会责任、环境伦理、道德之善与礼乐教化等角度全面审视了西方理论的问题,并提出了儒家思想的解决之道。例如,韩国尹丝淳在《儒学"配虑"哲学的伦理倾向——对儒学现代性应用的一种尝试》(《孔子研究》2007年第4期)一文中即认为,儒学在当代的首要任务是要确立基于"自觉伦理意识"之上的"和谐的人际关系"。美国约埃尔·卡西奥拉的《现代性儒学化与儒学现代化——中国的发展与绿色政治理论》(《新远见》2008年第2期)一文,则力图寻求西方现代性的儒学化,即用绿色政治理论来改造儒学。

(2)从儒家伦理道德角度探讨儒学的意义和价值

既然儒学对于当代社会的发展依然具有意义和价值,那么这些意义和价值到底体现在哪些方面呢?恰恰是在对这一个问题的回答中,由于学者们的学科研究背景不同,立场和观点的不同,往往造成了他们在思考方向上的区别。我们先看一下从儒家伦理道德思想资源来审视儒学当代意义和价值的一些研究。

作为一种具有当代意义的理论,儒学被公认为是世界上最有影响力的哲学之一,但它的意义却太多被置于历史的或纯粹的东亚背景之下。对于我们应当如何生活这一问题,儒学无疑提供了新的视角和资源。儒家伦理学被视作一种具有当代意义的生活伦理。在由香港理工大学余锦波(Kam-por Yu)、香港城市大学陶黎宝华(Julia Tao)、香港城市大学讲座教授艾文荷(Philip J. Ivanhoe)编辑的《重视儒家伦理:当代理论与应用》(Taking Confucian Ethics Seriously: Contemporary Theories and Applications, SUNY Press, 2010.)一书中,一些学者通过讨论儒家伦理的长处和短处,通过反思儒学中哪些思想是无法从其他伦理体系中所学到的东西,通过探讨美德的本质、公私之别、自发性的价值、同情在道德判断中的地位、人道的含义、如何处理相互竞争的价值,以及信任与民主的关系等,系统性地探讨了当代语境中的儒家伦理思想发展问题。

与此类似,杜维明(Tu Weiming)与玛丽·伊夫林·塔克(Mary Evelyn Tucker)共同编辑的两卷本的《儒家精神性》(Confucian Spirituality: Volume One, Herder & Herder, 2003. Confucian Spirituality: Volume Two, Herder & Herder, 2004),主要从宗教伦理与儒家伦理的相关性角度进行了研究。学者们具体探讨了儒家宗教、伦理和精神性或灵性(Spirituality),比如儒家的自我修养、教育、家庭关系、社会承诺和政治参与等思想主题。罗德尼·利昂·泰勒(Rodney Leon Taylor)的《儒学》(Confucianism, Chelsea House Pub, 2004),则既讨论了儒家传统在文化和艺术方面的要素,也讨论了儒家传统对男女儿童在社会中不同角色的规定。罗勒·斯特克斯(Roel Sterckx)的《天道:中国思想导论》(Ways of Heaven: An Introduction to Chinese Thought, Basic Books, 2019),通过借鉴中国历史上几个世纪的哲学文本、文学和日常生活中那些能够唤起情感记忆的例子,阐发了道、气、阴、阳等核心概念,并探讨了领导才能、社会秩序、死亡、自然等问题。同时,他还揭示了这些思想是如何从传统宴会上的餐桌礼仪,到中国人对教育和家庭的痴迷,再到政治领导人的言辞和国家的宏伟战略来塑造当代中国的。

除此之外,菲利普·J. 艾文荷(Philip J. Ivanhoe)的《儒家道德修身》(Confucian Moral Self Cultivation, Hackett Publishing Company, Inc.

2000),也是一部有代表性的相关研究著作。通过儒家道德修身概念的演化,他将儒家修身思想与西方伦理传统中的一些主题联系起来进行了考察。亚当·迪茨(Adam Dietz)的《儒学起源:君子导论》(*Original Confucianism:An Introduction to the Superior Person*,lulu.com,2010)则认为,通过君子("chun tzu",the superior person)人格,儒家哲学展现了自己的深度、简单性、深深的实践性以及与当代日常生活的相关性。是什么使一个人成为一名君子?君子是如何通过践行德性以应付变化的?君子人格在儒家《四书》中得到了清晰的描述,《易传》则展现了君子在任何情况下应该如何修身。通过重视德性,任何一个人都可以成为一个有助于世界实现和平的君子。

与上述研究不同,亚裔教育联盟主席赵宇空(YuKong Zhao)在《中国人成功的秘诀:五种激励人的儒家价值》(*The Chinese Secrets for Success:Five Inspiring Confucian Values*,Morgan James Publishing,2013)中,将探讨的重点放在了中国崛起和亚裔美国人成功背后不为人知的秘密这方面。对于亚裔美国人在美国成为收入最高、受教育程度最高、发展最快的种族群体的原因,他基于自己的双重文化生活经验,探讨了华裔和亚裔美国人是如何运用动机、教育、理财、家庭和友谊这五种儒家价值观来成功地养育子女、理财和获得高薪职业的。这五种儒家家庭价值观是:一是"立志"。不太成功的家庭只会让孩子们追随那些会限制他们未来发展的兴趣和流行文化,但受儒家思想影响的家庭却会鼓励孩子们有远大而实际的梦想来拓展他们的未来。二是"勤学"。虽然不太成功的家庭放纵孩子玩玩具和电子游戏,并把对孩子的教育交给公立学校,但受儒家思想影响的家庭却要求并积极支持孩子追求卓越的教育。三是"节俭"。虽然不太成功的家庭借钱消费,并将收入的很大一部分"捐"给华尔街银行家,但受儒家思想影响的家庭却为了"过河钱"、退休和投资而存钱,并明智地建立起了他们的金融安全。四是"顾家"。虽然不太成功的家庭只是维持家庭,但受儒家思想影响的家庭会管理家庭、要求健康的行为和"做得更好",以便让每个人都感觉良好和"做你自己"。五是"择友"。虽然不太成功的家庭会与可能毁掉他们生活的朋友混在一起,但受儒家思想影响的家庭却会树立很高的道德标准,并选择能够有益于其生活的人做朋友。

(3) 从儒家政治哲学角度探讨儒学的意义和价值

① 儒学与德性政治学。近年来,有关儒家政治哲学的研究在中国乃至全球都是一个极其充满活力的思想研究领域。例如,金圣文(Sungmoon Kim)在《理论化的儒家德性政治学:孟子与荀子的政治哲学》(*Theorizing Confucian Virtue Politics: The Political Philosophy of Mencius and Xunzi*, Cambridge University Press, 2020)一书中,从儒学与德性政治的角度对儒家政治哲学进行了研究。金圣文是比较政治理论的代表性人物,香港城市大学人文社会科学院副院长、公共政策学系教授兼东亚哲学和比较哲学研究中心主任。他认为,令我们惊讶的是,对于古代儒家思想家在自己的社会和政治环境中的抗争,以及这些抗争是如何有助于古典儒家政治理论的建立和进一步发展的,人们知之甚少。他对孟子和荀子的政治理论进行了系统的哲学阐释,并考察了在战国晚期现实政治盛行的背景下孟子和荀子作为儒家思想的倡导者所达成的共识和分歧。二者共同促成了儒家德性政治学的形成,这种政治学关注政治秩序和稳定,关注道德品质和道德修养之间的紧密相连。通过以宪政的术语来展示孟子与荀子的政治哲学,金圣文解释了他们各自是如何以符合他们对人性的独特描述的方式,来发展授权统治者在国内和国际政治中合法使用权力的能力的。

② 儒学与自由民主。儒学与民主相容吗?在政治理论家们当中正在进行的辩论,往往是围绕着如下这样一个问题而展开的:在没有广泛的民主参与和不依靠"一人一票"制度的情况下,儒学的首要目标——为人民的道德和物质福祉服务——是否能够在现代政治中实现?在争辩过程中,存在着针锋相对的精英派和民主派这两派。替"传统的"儒家精英发声的人认为,只有某些人具备领导和确保广泛公众福祉所需的道德品质。他们强调道德美德胜过公民美德,强调家庭胜过典型的政府公共机构。此外,他们认为,一个以卓越精英为首的统治体系,能够比代议制民主更好地处理复杂的现代公共事务。与此不同,儒家民主派认为,除非所有公民平等地参与公共领域,否则儒家所强调的道德成长是不可能完全实现的。尽管在政治取向上存在显著差异,但两派学者都承认,民主在很大程度上对儒家道德目标在现代社会的实现是具有很大工具价值的。我们似乎可以看到,这两种类型的儒家学者都在很大程度上否定了民主是一种能够调节价值观和

政治观冲突的政治制度,甚至认为儒家民主是一种以多元主义为标识的制度。

除此之外,肖恩·奥德怀尔(Shaun O'Dwyer)在《儒学的前景:一种再评价》(*Confucianism's Prospects: A Reassessment*, SUNY Press, 2019)一书中,挑战了将东亚社会描述为儒家文化,以及以社群主义儒家模式作为自由民主的政治替代品的观点。在质疑一种有时是以中国为中心的、非历史性的东亚社会为"儒家社会"的概念同时,他也承认,儒家传统可以为全球哲学对话,为公民和宗教生活作出重要贡献。由安乐哲(Roger T. Ames, 1947)与何随德(Peter D. Hershock)共同编辑的《变换世界文化秩序中的儒学》(*Confucianisms for a Changing World Cultural Order*, University of Hawaii Press, 2017)一书也认为,仅仅在一代人的时间里,亚洲的崛起就促使世界经济和政治秩序发生了翻天覆地的变化。这种重组是在一系列不断加深的全球困境中进行的,这些困境包括气候变化、移民、财富和机会的日益不平等,它们无法通过纯粹的技术手段来解决,也无法通过寻求近来被证明不太有效的自由主义来解决。在此书中,学者们批判性地探讨了儒学的泛亚洲现象,是如何提供了一些替代性的跨越民族和文化界限的、具有价值和深度的伦理承诺的,以便对这些挑战提供一种新的回应。在寻找应对世界问题的资源时,这些学者倾向于寻找那些最熟悉的资源:在与其他参与者的竞争或合作中追求自身利益的特定参与者们。正如现在人们普遍认识到的那样,儒家文化推崇尊重和相互依存的关系价值观,也就是说,由关系所构成的人被理解为是嵌入和培育于独特的、相互作用的关系模式之中。这种关于人的概念与独立的、自我决定的个体概念形成了鲜明的对比,后者是18世纪和19世纪西欧与自由民主密切相关的现代化方法的产物。

整体上来看,尽管几十年来学者和政界人士一直在激烈争论儒家思想是否与民主相容的问题,但对儒家思想究竟是如何影响东亚民主化进程的却知之甚少。于是,在《儒学与东亚民主化》(*Confucianism and Democratization in East Asia*, Cambridge University Press, 2011)一书中,美国加州大学尔湾分校的辛道辙教授(Shin Doh Chull),考察了现在所盛行的儒家核心遗产,以及这些遗产在中国、日本、韩国、新加坡和越南这些儒家国家对公民和政治取向所产生的影响。通过分析台大胡佛东亚民主研究中心(Asian Barometer)的调查报告,以及世界社会科学网络联盟的世界价值观调查(World Values surveys)报告,他认为,民众对儒家遗产的依恋,在民主需求方面产生了好坏参半的结果。虽然儒家政治遗产鼓励人们要求建立一个非自由民主政府,将共同体的经济福利置于公民个人自由之上,但其社会遗产的确促进了人与人之间的信任和宽容,而人与人之间的信任和宽容是民主的公民生活的重要组成部分。因此,历史上儒家亚洲的公民,便有机会在一个尤其独特的东亚民主类型中将儒家理想与民主原则结合起来。

由金圣文(Sungmoon Kim)编辑的《当代韩国中的儒家、法律与民主》(*Confucianism, Law, and Democracy in Contemporary Korea*, Rowman & Littlefield Publishers, 2015),将讨论的重点放在了韩国。韩国的传统社会曾是前现代东亚国家中最为儒家化的。此书为我们思考儒家的民主与宪政提供了一个有趣的案例,因为韩国的自由民主制度与儒家的心性习惯是相容并深受其影响的。该书探讨了韩国儒家社会文化下自由权利的实践意义,阐明了传统儒家思想通过法律和政治过程而转型为与当代韩国民主实践相关的新儒家思想的途径。

③ 以儒家社群主义反对个人主义。罗思文(Henry Rosemont, 1934—2017)在《反对个人主义:关于道德、政治、家庭与宗教的儒家重思》(*Against Individualism: A Confucian Rethinking of the Foundations of Morality, Politics, Family, and Religion*, Lexington Books, 2015)中,探讨了将人类视作自由的、独立的、自主的个体的观点,在过去如何和为什么且总是被当作服务于自由功能的幻象,而如今这种观点甚至是对于清晰的思考都造成了妨碍,就更不用说对于如何获得社会与经济上的正义,维持民主,或者处理当今世界所面临的复杂的环境及其他问题了。在此书的第二个更大的部分,他通过搜集经典儒家文本提供了一种不同的人类观,即我们首先是相互关联和相互依赖的人,其独特性在于我们每个人一生中所扮演的多重角色。这种人类观导致了一种与个人主义道德观形成鲜明对比的基于相互作用的伦理观,它很好地反映了我们日常生活的事实。最后,他简要地探讨了这种人类观在关于政治学、家庭生活、正义以及发展一种以人为中心的真正宗教性等方面所提供的不同思考上所具有的诸多意义。

④ 儒家政治哲学现代性转换中的话语体系。纵观儒家思想发展

史,许多学者和知识分子都试图用这种或那种方式来定义儒学。尽管他们做出了种种努力,那些声称已经找到儒家思想实质的人的声音还是一如既往地不一致。李昇奂(Seung-hwan Lee)和宋在伦(Jaeyoon Song)在《儒家话语的地形图:现代性以来儒家话语的政治哲学思考》(*Topography of Confucian Discourse: Politico-Philosophical Reflections on Confucian Discourse since Modernity*,Homa & Sekey Books,2006)一书中,便分析了不同历史背景下的儒学讨论,考察了儒学如何服务于有偏见的阐释者的不同目的,以及他们是如何操纵儒学话语的。为了探究这些人的思想背后所隐藏的心中渴望之物,二人批判性地观察了人们解读儒学的各种历史语境:耶稣会传教士时期,18世纪启蒙运动时期,西方帝国主义时期,20世纪后期的后现代美国,德川幕府日本,朝鲜、中国、韩国、新加坡时期。可以说,这种研究成功地将儒家话语历史化,解释了为什么在一定的政治背景下必然会产生一定的儒家观。

⑤ 儒学与等级制的关系。贝淡宁(Daniel Bell)与王培(Wang Pei)在《公正的等级制:为什么社会等级制在中国及世界其他国家是重要的》(*Just Hierarchy: Why Social Hierarchies Matter in China and the Rest of the World*,Princeton University Press,2020)一书中,恰恰对从个人生活到政治生活这些不同领域中的等级制进行了强有力的和系统性的辩护。他们考察了社会等级关系不仅在私人领域,而且在更广阔的政治领域是如何具有有用的意义的。所有复杂和大规模的社会都是按照一定的等级制度来组织的,但是等级制度的概念在现代社会几乎成了禁忌。主张公正的等级制度的学者认为,这样的羞辱是一种错误。贝淡宁和王培认为,废除社会等级制度既不可能也不可取。通过从中国的思想和文化以及其他哲学和传统中得出论断,他们探究了哪些形式的等级制度是合理的,以及这些制度如何能为道德上可取的目标去服务。他们思考了促进公正等级制度的形式,同时尽量减少那些基于种族、性别或种姓的影响而产生的不公正等级制度形式的影响。他们也思考了哪些等级关系在道德上是合理的,并认为这种合理性的根由往往取决于社会关系和社会背景的性质,因为不同的等级原则应该支配不同的社会关系,在知己之间的合理等级不同于在公民、国家、人类和动物、人类和智能机器中的合理等级。最终,他们认为,道德上合理的等级制度与过去统治我们的不公正的等级制度大不相同,它们

能够而且应该支配我们社会生活中的不同领域。

⑥ 儒学与致善主义。有的学者从儒家致善主义角度来研究儒家政治哲学。这一研究视角的代表性学者是陈祖为教授(Joseph Chan)。他认为,儒学从一开始就因其政治理想与现实社会环境之间的严重差距而备受困扰。因此,当代儒家必须得发展出一种可行的治理方法,它既能保留儒家理想的精神,又能解决非理想的现代状况下所产生的问题。在《儒家致善主义:一种现代政治哲学》(*Confucian Perfectionism: A Political Philosophy for Modern Times*, Princeton University Press, 2015)一书中,陈祖为(Joseph Chan)认为,回应这一挑战的最好办法是采用儒家善的观念而不是自由的权利观念所塑造的自由民主制度。儒家致善主义对儒家政治思想和自由民主制度进行了审视和重构,并将二者融为一体,形成了一种新的儒家政治哲学。他把自由民主制度从其基本的道德权利(如人民主权、政治平等和个人主权)的自由主义哲学基础中分离出来,并以儒家原则作为这些权利的基础,从而重新定义了儒家原则的作用和功能,并将儒学与自由民主制度以一种巩固双方的方式结合在了一起。然后,他探讨了这一新的但传统的政治哲学,对包括权威、民主、人权、公民自由和社会正义内容的现代政治学基本问题的影响。可以说,这种当代儒家致善主义批判性地重构了儒家古典时期的政治哲学,因而对于今天重思儒家的当代价值问题无疑提供了一个重要的视角。

与陈祖为的观点不同,金圣文(Sungmoon Kim)提倡的是一种不同于"儒家精英致善主义"的"儒家民主致善主义"。在《公共理性儒学:东亚民主的致善主义与宪政主义》(*Public Reason Confucianism: Democratic Perfectionism and Constitutionalism in East Asia*, Cambridge University Press, 2016)一书中,他认为,近来关于"儒家精英致善主义"的建议,已经从政治精英的角度证明了儒家致善主义的正当性。与此形成对照,"儒家民主致善主义"则是一种综合性的儒家致善主义,它可以容纳市民社会中的多种价值观,它也完全与诸如人民主权、政治平等和政治参与权等这些民主的核心价值相容。他主张,对于在历史和文化上具有儒家特征的当代东亚社会,应当将"公共理性儒学"作为其最具吸引力的选择。公共理性儒学是儒家民主致善主义的一种特殊形式。在公共理性儒学中,综合性的儒学通过一种独特的公共理性形式与致善主义联系起来。公共理性儒学要求民主国家在弘扬儒家的美好生活观方面发挥积极作用,这种美好生活概念的核心是诸如孝道和礼节这样的儒家核心价值。

金圣文(Sungmoon Kim)的上述思想主张,也同样体现在他的《东亚的儒家民主:理论与实践》(*Confucian Democracy in East Asia:Theory and Practice*,Cambridge University Press,2014)这本书中。通过批判性地接触儒家民主的两个最主要的理论——儒家社群主义和贤能精英主义(Confucian communitarianism and meritocratic elitism),金圣文在历史上受儒家影响的东亚社会所具有的当代多元背景下,探讨了一种在文化上相关和在社会上可实践的民主模式。通过重新调适儒家的家庭主义,并利用这一视角对儒家的民主福利主义和政治精英制度进行理论化,他构建了一种公共理性模式,这对仍然沉浸在儒家习俗中的东亚人来说在道德上是可取的。然后,他将儒家民主理论应用于可以说是东亚最儒家化的韩国社会,并通过观察言论自由、结社自由、侮辱法和移民政策的案例,来检验该理论在韩国日益个性化、多元化和多文化社会中的实用性。

然而,对于儒家政治哲学的致善主义方案,美国圣约翰大学的李卓耀(Zhuoyao Li)则提出了不同的看法。在《政治自由主义、儒学与东亚民主的未来》(*Political Liberalism,Confucianism,and the Future of Democracy in East Asia*,Springer,2020)一书中,他既关注了自由主义的内部辩论,也感兴趣于政治自由主义在东亚民主化进程中的应用问题。通过超越约翰·罗尔斯(John Bordley Rawls,1921—2002)最初想将政治自由主义的范围仅仅限制在现有的和秩序良好的自由民主国家的想法,他认为,政治自由主义还有可能激励和促进东亚民主的建立和维持。具体来说,政治自由主义为自由民主提供了最有希望的前景,并且可以抵御当代致善主义者的反对。致善主义的政治儒学方法会遭遇实践和理论上的困难。相反,以政治自由主义为灵感的民主替代模式,将寻求获得一种公民以自己的方式来接受民主的多元结构,一个确保民主建立和稳定的中立国家,以及为儒学提供一种积极的公共角色,以便防止儒学被限于私人领域。在他看来,只有这一模式才能代表东亚民主更为光明的未来。

⑦ 儒家政治哲学研究的方法论。有关儒家政治哲学方法论的研

究中,斯蒂芬·安格尔(Stephen C. Angle)的《当代儒家政治哲学》(*Contemporary Confucian Political Philosophy*, Polity, 2012)是很有代表性的一部著作。他认为,"进步儒学"(Progressive Confucianism)是一个特别有前途的方法。当代儒学远不是如有的学者所说的被限定在博物馆里面,它既能应对当前的众多挑战,也能提供我们都能从中学到的众多洞见。安格尔对进步儒学的辩护是以牟宗三先生的核心思想作为出发点的,并探究了诸如政治权威与合法性、法治人权、文明与社会正义这样一些问题。他认为,我们应当反对专制,但是不能放弃善与和谐的观念;我们不应屈服于压迫和统治,但是应当保留儒家在礼仪与等级制度中的核心价值。借此,安格尔将进步儒学的一些洞见,呈现给了那些感兴趣于中国思想在这个新兴的共享的世界所具有的可能贡献的非儒家人士,无论他们是哲学家还是普通公民。

⑧ 儒学与美国实用主义

由于约翰·杜威(John Dewey, 1859—1952)从 1919 年 5 月到 1921 年 7 月期间曾经来华讲学,加之胡适(1891—1962)等人的早期宣传,以及实用主义与中国哲学的相通性,所以近些年来关于儒学与实用主义之间的比较研究,一直是一些学者持续关注的对象。除了夏威夷大学的安乐哲(Roger T. Ames, 1947— )最具代表性之外,香港中文大学哲学系黄勇(Yong Huang)教授编辑的《罗蒂、实用主义与儒学》(*Rorty, Pragmatism, and Confucianism: With Responses by Richard Rorty*, SUNY Press, 2009),也提供了 12 位学者在儒学与美国当代实用主义哲学家罗蒂哲学之间所进行的解释学对话。这些学者将罗蒂的思想与儒学进行了解释学对话,用儒学来解读和重建罗蒂哲学,同时探讨了诸如人性、道德心理学、道德相对主义、道德进步、民主、传统、道德形而上学和宗教性等主题。此外,马修·A. 福斯特(Mathew A. Foust)在《儒学与美国哲学》(*Confucianism and American Philosophy*, SUNY Press, 2017)一书中,也通过阐述孔子、孟子、荀子、爱默生、梭罗、皮尔士、詹姆士和罗伊斯的思想,在儒家与美国先验主义和实用主义之间进行了比较性的研究。他们认为,通过将两种传统结合起来,儒学和美国哲学可以为当代社会问题提供新的解决洞见,并展示在日益多元化的世界中进行跨文化对话的可能性。

在《德性之后的民主:朝向一种实用主义的儒家民主》(*Democracy

after Virtue: Toward Pragmatic Confucian Democracy, Oxford University Press, 2018)这本书中,金圣文(Sungmoon Kim)同样阐述了儒家民主的规范理论——实用主义的儒家民主——以解决政治参与权、民主的工具性的和内在的价值、民主程序和实质、惩罚和刑事正义、社会和经济正义以及人道主义干预等问题。此种研究不仅涉及备受争议的儒家民主作为东亚西方自由民主模式的文化替代话题,而且还探讨了儒家民主的理念和制度在规范民主理论、刑事正义、分配正义以及战争正义等方面的哲学意蕴话题。金圣文认为,关于儒学与民主之间关系的争论,问题与其说是在儒学与民主的相容性上,还不如说在这两种思想系统如何能够相互受益上。

综观国内外学者有关儒学与民族性、儒学与现代性、儒学与当代性问题的研究,我们确实看到了相当一批学者在这些问题上所呈现给我们的大量丰富且具有启发性的思想研究成果。这些成果对于今后相关主题的研究,无疑提供了非常有益的思想资源。当然,这些研究也至少存在如下几个问题:

(1) 很少有学者能够将民族性、现代性与当代性这三者结合起来进行儒学主题及价值问题研究,他们往往侧重于某一个维度来探讨儒学的意义和价值问题;(2) 相关研究成果缺少儒学现代性思考中的知识论维度,未能从哲学认识论的角度进行相关的研究;(3) 在阐发儒学现代性问题时,学者们普遍性地提出多元现代性主张,但未能对其进行系统性的说明和论证;(4) 在儒学当代性主题思考中,许多学者在儒学的当代性与生态问题之间,在儒学的当代性与民主宪政之间进行了不恰当的过度联系;(5) 在考察儒学的现代命运和未来前景时,许多学者依然停留在儒学内部来进行学术思考,而未能结合儒学之外的许多影响广泛的西方哲学思想及马克思主义哲学进行相关的比较性研究。

本书相对于已有研究的独到学术价值和应用价值在于:(1) 就学术价值而言,通过以民族性、现代性与当代性为内容的研究,能够对儒学在当代的三大基本主题进行系统性的阐发,并对于其间所涉及的传统与现代、民族性与民族主义、自由主义与保守主义、现代性与后现代性、现代性是一元还是多元等一系列重大理论问题进行批判性的考察;(2) 就间接应用价值而言,以民族性、现代性与当代性问题为主题来研究儒学,可以更好地探讨其在当今时代的现实价值,从而为探讨多元文化主义时代下的儒学价值提供理论基础;(3)就直接应用价值而言,可以通过相关的研究来展现儒学在 21 世纪对于解决人生意义价值的失落与安顿问题所具有的积极性贡献。

本书的研究对象,主要是当代儒家学者有关儒家哲学及其当代价值的研究成果。一是从民族性角度研究当代新儒学在儒学与民族性关联性上的种种主张,并以此从民族性角度挖掘当代新儒学在中国特色社会主义文化发展方面的价值;二是从现代性角度研究当代新儒学在儒学与现代性关联上的种种主张,并从多元现代性角度来探讨儒学在中国现代性构建方面的价值,尤其是对于中国式现代化道路所具有的价值意蕴;三是从当代性角度研究当代新儒学在儒学与当代性关联上的种种主张,并主要从生命伦理的角度探讨儒学在当代社会中的价值。

本书主要由绪论、正文、附录、后记组成。在绪论部分,主要围绕儒学与时代性、尤其是儒学与当代性主题研究的理论意义和实践价值,国内外学者有关相关主题的学术史梳理及研究现状述评进行了探讨。通过绪论部分,力图从整体上呈现近些年来学者们围绕儒学与民族性及时代性问题所提供的种种丰富的研究成果,同时对于这些研究成果进行整体上的评价,重点是把握这些研究成果背后的不足之处,以便为接下来的研究难点和重点的把握提供条件和基础。同时,绪论部分也对于本书所具有的创新之处和所运用的基本方法进行了简要的介绍。正文部分是本书研究的主体内容,它主要由十章内容构成。这十章内容又可以分为三个方面。其中,第一章至第二章构成第一方面的内容,主要探讨的是学者多年来有关儒学分期方面的不同说法,同时提出我本人对于儒学分期的看法和理由。另外,我也对当代新儒学的含义、传统与传统主义、民族性与民主主义、现代性与后现代性、儒学与民族性及时代性等问题进行了探讨。这方面内容的探讨,更多是为接下来的研究提供基本范畴与基本理论的支撑。第三章至第五章构成第二方面的内容,主要探讨的是当代新儒学与现代性主题之间的关系问题。第三章以五四新文化运动为切入点,具体探讨了五四新文化运动与思想启蒙、五四新文化运动与思想自由、五四新文化运动与人的现代性之间的关系,此种探讨为随后有关当代新儒学与科学、当代新儒学与民主等现代性主题问题的探讨奠定了基础。第四章围绕儒学与"五四"时期所提出的"赛先生"即科学之间的关系问题展开了研究,此种研究主要是从思维方式入手来谈中国哲学与西方哲学的基本差别,以及当代新儒家学者在科学知识何以可能问题上的种种看法及其限制。第五章围绕儒学与"五四"时期所提出的"德先生"即民主之间的关系展开探讨。此章具体围绕当代新儒学与自由、当代新儒学与民主、当代新儒学与宪政之关系进行分析和阐发,重点阐释近二十年来国内外学术界在这些问题上的种种主张,并提供对相关思想的批判性考察。第六章至第十章构成第三方面的内容,主要处理的是当代新儒学的当代性问题。第六章以生态视角来审视儒学的当代性问题,针对一些学者对于儒学的生态学化诠释进行批判性的分析和研究。儒家思想的生态学化诠释所依据的天人合一与生生哲学,凸显了一些学者对于儒家思想真义的种种误读,也表明了将儒学进行当代生态学化诠释的问题与限制。第七章是提出我对于儒学当代性问题的思考,即以君子人格为切入点,将儒家思想的当代意义和价值定位在君子理想人格的塑造上。当然,这种儒家君子人格的定位不同于一些学者对于儒学的角色伦理学定位。我认为,儒学的角色伦理学定位因过于重视人的关系的存在,因过于重视人在角色中所担负的各种伦理规范,因此其已经在某种程度上完全背离了儒学自我修持的真精神,丧失了儒学有关独立自主人格的种种规定。第八章是将儒家的君子人格塑造与社会主义核心价值观的培育和践行结合起来进行探讨。此章具体是从儒学的存诚与居敬的自我道德修养中的本体论与工夫论入手,来具体阐发这两种德性与社会主义核心价值观的种种关系。第九章是将儒家君子人格塑造背后的责任意识与当代社会结合起来进行探讨。此章围绕儒家信念伦理与责任伦理的关系,以及学术界有关儒学伦理的信念与责任之争进行分析。同时,我也探讨了儒家责任伦理背后的义利观基础,以及传统儒家责任伦理面对当代社会所存在的诸多未能展开的思想面向。第十章从儒家"和而不同"的思想出发,具体谈论了儒家思想与当代人类命运共同体意识之间的关系。此章具体围绕人类命运共同体意识产生的基础及根源,人类命运共同体意识的意涵及内容,以及"和而不同"视角下的人类命运共同体意识等相关内容进行了探讨。在附录部分,是以中国现代哲学家冯友兰先生为个案的一个研究。由于冯先生是20世纪处理儒学与现代性问题的一个非常具有代表性的中国现代哲学家,因此,此附录重点探讨了冯先生在儒学与民族性、儒学与现代性问题上的种种立场及其限制。在后记部分,我主要以简短的内容介绍了本书研究所存在的几个不足或今后需要继续加以深入研究的方面。

总之,通过以上10章内容的研究,本书主要是采取批判性的视角,对与儒学的民族性、儒学的现代性、儒学的当代性主题相关的种种立场进行客观的分析与批判性的回应。通过深入分析相关研究背后的种种思想限制,以便重新思考儒学在当代社会真正具有意义和价值的出发点和立足点。最终,我认为,儒学在当代的复兴乃至意义与价值的真正彰显,是体现在其作为"学以成人"和人格塑造方面,而这种意义和价值往往具有超越时间和地点而存在的普遍性的一面。

本书的重点难点在于:(1) 本书的重点,是以民族性、现代性、当代性为切入点,通过系统阐述当代新儒家学者在相关问题上的种种主张,最终系统性地阐发当代新儒学的时代价值与思想限制;(2) 本书的难点之一,是如何定义现代性,如何将现代性的一元与多元问题阐发清楚,并论证本书对于多元现代性的基本主张及其理由;(3) 本书的难点之二,是如何将20世纪尤其是21世纪以来纷繁复杂的当代新儒学思想进行综合性的比较研究,以便整体性地把握其思想价值与思想限制;(4) 本书的难点之三,是如何将当代新儒家学者的相关思想与新儒家之外的相关思想进行比较性的分析,以便通过比较的维度来准确把握当代新儒学的思想价值。

本书的主要目标在于:(1) 深入把握民族性、现代性、当代性的真实内涵及其辩证关系,尤其是对现代性是一元的抑或多元的问题进行理论辨正;(2) 以民族性、现代性、当代性为切入点,系统性地阐发当代新儒学的思想价值;(3) 在以民族性、现代性、当代性来阐发当代新儒学价值的时候,深入探讨其时代价值背后的思想限制。

本书主要采取了以下基本思路:(1) 对民族性与民族主义、现代性与现代主义、时代性与当代性等基本概念和理论进行基础性的研究,以便为接下来的撰写做好准备;(2) 系统性地分析儒学与民族性、现代性、当代性这些思想主题之间的关联性,以此展现儒学发展中的中国特色、民族特色、时代特色;(3) 探究当代儒家学者有关儒学民族性、现代性、当代性问题的相关思考,通过分类比较的方式,具体阐述他们的理论主张及其存在的种种理论限制;(4)对于儒学的民族性、现代性与当代性这些当代儒学主题,提出我自己的相关看法,并进行系统性的说明和论证。

本书具体采取了以下三种研究方法:(1)逻辑分析方法,以此来对学者们有关儒学民族性与时代性主题问题进行分类、比较和阐释,以达到相关范畴、思想的清晰性和系统性阐发;(2)比较研究的方法,以此来对国内外学者有关儒学的民族性、现代性、当代性问题研究的成果进行比较性分析,以便探讨其各自研究的价值及限制;(3)历史分析与逻辑分析相统一的方法,以此将当代儒学思想主题本身的理论阐发与中国社会的历史性发展,中国儒学思想的内在逻辑理路与中国儒学的历史发展结合起来进行相关研究。

本书研究在学术思想、学术观点、研究方法等方面的特色和创新主要体现在:(1)不以个案性研究作为出发点,而是以当代学者研究涉及的主题和问题作为研究的逻辑起点,进而在哲学家的思想之间进行横向比较研究;(2)不仅将中国儒学主题的研究与现代性问题结合起来,更重要的是与民族性、当代性问题结合起来进行研究;(3)不是单一停留在儒学的民族性、现代性与当代性问题的阐发上,而是时刻与当代中国社会乃至人类社会发展的现实问题结合起来进行相关研究。

# 第一章
## 儒学分期说及当代新儒学的含义

当我们探讨儒学与民族性、现代性及当代性主题及价值问题的时候,一个需要提前处理的问题便是,究竟何谓"当代新儒学"?为了能够较好地对"当代新儒学"的含义有所把握,我们最好将其放在学术界有关儒学分期的争鸣当中来加以思考。然后,再结合"儒学""新儒学"范畴的含义,去真切地把握"当代新儒学"的含义。当我们有了关于"当代新儒学"范畴的基本把握之后,便需要把握好民族性、民族主义这两个范畴。对于与儒学相关的民族性和民族主义的探讨,我们常常是将这种探讨与"传统"这个范畴结合起来进行探讨的。因为在中国几千年以儒家文化为核心的传统中,其背后的民族性与民族主义问题非常突出。关于民族与民族主义问题的探讨,构成了本书第二章的部分内容。有了"当代新儒学"含义的把握,有了儒学背后的民族性问题的思索,接下来便是将这一深具民族性色彩的儒学与现代性结合起来进行思考。本书第二章的其余部分便主要是围绕现代与后现代、现代性与后现代性，文化的多元主义与多元现代性等相关问题来展开研究的。在探讨完当代新儒学、民族性、现代性等相关问题之后，接下来的章节便主要探讨儒学与现代性背后的问题，以及儒学在当代所处理和面临的诸多问题。这些与儒学现代性和当代性问题相关的内容，将是本书接下来的章节一一要处理的问题。

为了更好地处理好儒学与现代性、儒学与当代性背后的复杂问题，还是让我们先从最基本的有关"当代新儒学"的含义开始我们的探讨吧。然而，"当代新儒学"的含义的分析是离不开儒学分期的讨论的。

## 第一节 儒学分期的诸种论说

自从孔子开创了儒家学派以后，其发展经历了漫长的历史时期。在不同时代的中国社会，儒家的命运都有所不同。有时儒家是作为与各家各派相互并存和竞争的诸子学之一，有时又借助于独尊儒术而成为政治思想上的正统。有时儒家面临佛道的排挤和挑战，有时儒家的某些文本又成为官方科举所主要考核的内容。有时儒家学者注重的是训诂考据，有时重视的则是其背后的微言大义。儒家在不同时代的不同际遇，的确造成了在儒家漫长的发展历程中，我们究竟该如何划分其发展阶段这一棘手问题。多年来，一些学者往往从各自不同的理解立场出发，对于这一问题提出了各自不同的主张。关于儒学分期的探讨，将为我们探讨第二节有关"当代新儒学"含义的问题提供思想理论准备。下面，我们将列举几种典型的有关儒学分期的观点，并对其进行简单的回应。

**1. 儒学"二期说"**

将儒学的发展分为两个阶段的典型代表是冯友兰先生。在冯先生的《中国哲学史》一书中，他将中国哲学分为"子学时代"与"经学时代"两个时期。如果将儒学放到这两个时代中去考察，则势必存在如陈寅恪在《冯友兰〈中国哲学史〉审查报告》中所说的先秦儒学与秦后儒学这样两个阶段。这种简单地将儒学做两期的划分，很显然与儒学发展的客观历史不相符合。后来，贺麟先生便指出了冯先生的《中国哲学史》将董仲舒到康有为(1858—1927)的哲学统统称之为"经学"的不妥之处①。贺麟先生的这种评价是非常准确的。众所周知,秦以后儒学在不同时期的发展并不总是很顺利的。例如在魏晋时期便面临道家的极大挑战,所以那时社会的主流思想是玄学而不是儒学。再比如,佛学在隋唐时期已经成为社会的主流思想,并给儒学的统治地位带来了相当大的冲击,正因此也才有了后来排佛抑道的宣扬。

### 2. 儒学"三期说"

与冯友兰为代表的儒学"二期说"相比,儒学发展的"三期说"非常流行。早在沈有鼎1937年3月发表于《哲学评论》第7卷第3期的《中国哲学今后的开展》一文中②,便提出了所谓中国文化或哲学的三个发展阶段的说法。当然,沈先生的这种分期并不是直接针对儒学的,而是就整个中国哲学和文化整体而言的。因此,他的"三期说"还不能严格地说是关于儒学发展的"三期说"。真正提出所谓的儒学"三期说"的应该是牟宗三先生,而且他在著述中多次对这一说法进行过直接的解释、说明和论证。

牟先生认为,儒学前后经历了秦汉儒学、宋明儒学、现代新儒学这三个不同的时期。在《道德的理想主义》(1959)中的《儒家学术之发展及其使命》这篇文章中③,当谈论儒家学术的发展及其使命的时候,他提出了儒学三期说。儒学的发展被分为三个时期。第一期儒学,指的是晚周至秦汉时期的儒学,包括孔、孟、荀所代表的典型铸造时期,其功效为汉帝国之建构。此期儒学还包括《中庸》《周易·系辞》《乐记》《大学》,以及董仲舒的儒学。此时期儒学的特征是积极的、丰富的、建设的、综合

---

① 贺麟先生指出了冯友兰《中国哲学史》的几点不足:一是佛学研究方面不足;二是对陆王学说缺乏同情的理解;三是以共相来解释朱熹的"理";四是将董仲舒到康有为的哲学统称为"经学"。详见贺麟:《五十年来的中国哲学》,北京:商务印书馆2002年版,第21页。

② 《中国哲学今后的开展》一文,原载于1937年3月《哲学评论》第7卷第3期,见《沈有鼎文集》,北京:人民出版社1992年版,第101—110页。

③ 《儒家学术之发展及其使命》一文,原载于1949年9月1日《民主评论》第1卷第6期,参见牟宗三:《道德的理想主义》,《牟宗三先生全集》(9),台北:联经出版公司2003年版,第1—15页。

的。第二期儒学,指的是宋明儒学阶段,即彰显绝对主体性的时期,其特征是消极的、分解的、空灵的,其功效体现在移风易俗。第三期儒学不同于前两期儒学,它不是纯以道德形式来表现的,而是还以国家形式来表现的;它不是与天下观念相应和,而是需要与国家观念相应和。第三期儒学,从纯学术上来讲,要吸收逻辑学;从历史文化上来讲,要自觉建立民族国家。此期儒学的特征是积极的、建构的、综合的、充实饱满的、逻辑的。

牟宗三先生于1954—1956年间在中国台北"人文友会"中的第十八个讲习记录《中国文化的发展》中,再次提出儒学发展三期的思想。第一期的儒学,指的是从春秋战国的孔子、孟子、荀子到汉代董仲舒造成汉大帝国时期的儒学,从形态上来讲是原始的综合。第二期儒学,指的是宋明理学,从形态上来看是非建构的正反对立。第三期儒学,则指的是其所处的时代的儒学,从形态上看是消融对立而形成的一种建构性的再度综合。①

在《政道与治道》(1961)一书中的《新版序——从儒家的当前使命说中国文化的现代意义》(1979)②中,儒家学术依然被牟宗三先生划分为三个发展阶段:儒家学术的第一个阶段,是从先秦儒家到东汉末年的儒学;儒家学术发展的第二阶段,是强调道德意识复生的宋明理学时期;儒学发展的第三个阶段,是开出以科学与民主为内容的新外王的时期,即外而在政治上行王道。作为新外王而存在的科学与民主,其地位在牟宗三先生看来是不同的。民主政治是新外王的第一义,是新外王的形式意义和形式条件。科学是新外王的材质条件,是新外王的材料、内容。内容依赖于形式,新外王中的科学知识必须得套在民主政治之下才能够

---

① 《中国文化的发展——人文讲习录之十八》,1956年5月1日发表在《人生杂志》第11卷第12期,后收录于牟宗三:《人文讲习录》,《牟宗三先生全集》(28),台北:联经出版公司2003年版,第105—108页。

② 牟宗三:《政道与治道》,《新版序——从儒家的当前使命说中国文化的现代意义》,《牟宗三先生全集》第10卷,台北:联经出版公司2003年版,第3—35页。此篇文章是牟宗三先生1979年7月在台湾东海大学"中国文化研讨会"上的一篇讲辞,后来由朱建民笔录而成,1979年11月1日发表在《中国文化月刊》第1期,同时也发表在《青年战士报》1979年12月7日、9日、11日第10版。此文后收录于《时代与感受》,台北:鹅湖出版社1984年版,参见《时代与感受》,《牟宗三先生全集》第23卷,台北:联经出版公司2003年版,第323—355页。

充分加以实现,而且民主政治成为现代化的本质意义所在。

牟宗三先生以上有关儒学发展三期的集中论述,横跨整整 30 年时间。30 年间,他有关儒学发展三期的论述基本上没有太大变化,即儒学被分为先秦至两汉的儒学、宋明理学以及当代新儒学这三个大的发展阶段。1949 年的《中国哲学今后的开展》与 1979 年的《从儒家的当前使命说中国文化的现代意义》这两篇文章有关于儒学三期的论述,相较于 1956 年的《中国文化的发展——人文讲习录之十八》的文章要完整一些。前两篇文章篇幅在 15 页左右,后一篇文章则仅有 3 页多一点。可见,单从字数上来讲,前者是后者篇幅 5 倍左右。牟宗三先生 1979 年关于儒学三期发展的论述,可以作为其相关思想的最终定论。从牟宗三先生的儒学三期的阐发当中,我们首先可以看到,除了都坚持"内圣外王"这一儒家核心理念之外,第三期儒学与前两期儒学的不同是在于有新外王的使命,即科学与民主的任务。其二,牟宗三先生对于儒学三期的看法,很显然是以儒学为宗来进行儒学发展时期的判定的。有了这样的立场,于是儒学在整个中国文化发展史中才被抽取为三个大的发展阶段,而魏晋玄学也便必然被归结为文化歧出的时期。实际上如果换一个角度,即以道家为判定标准,宋明理学又何尝不是一种文化歧出的时期呢?其三,牟宗三先生对于儒学三期的划分,其背后的思想逻辑是黑格尔的正反合的辩证法。三个时期的儒学发展,分别体现为正题、反题与合题。如果继续这种思维方式的话,作为合题的当代新儒学也面临着自己反题的时代的到来。近些年来有关"后牟宗三时代""后新儒学""新儒学之后"的种种探索,事实上已经开启了这样一个新时代。

牟宗三先生有关儒学三期的说法,后来经杜维明先生的宣传而广布于天下。杜维明在《朝向儒家人文主义的第三期》①,以及《二十一世纪的儒学》第三章"儒学第三期与 21 世纪儒学"部分,均专门阐述了"何谓儒学第三期"这一问题②。另外,在他为《我们的宗教:世界七大宗教》一

---

① 这篇文章收录在 Irene Eber(edited), *Confucianism, the Dynamics of Tradition*, New York: Macmillan Publishing Company, 1986, pp. 3-21, 188-192.
② 〔美〕杜维明:《二十一世纪的儒学》,北京:中华书局 2014 年版,第 30—35 页。

书所撰写的第三章"论儒教"(Confucianism)部分①,也明确继承了牟宗三的说法而将儒家分为三期。在他的《现代精神与儒家传统》"第十一讲:儒学第三期发展的前景"中,则有一部分专门讲"儒家传统的起源和发展",其中谈到了儒学发展三期问题。在《儒学第三期发展的前景问题:大陆讲学、答疑和讨论》"儒家传统的现代转化"部分,他再次谈到了儒学第三期发展的课题。杜维明先生关于儒学三期的说法,概括起来是:第一期儒学,指的是从先秦时期创立到发展成为中国思想主流之一的儒学,时间上是从先秦到汉代。此时期,曲阜的地方文化逐渐发展成为中原文化并成为中国文化的主流;第二期儒学为宋明儒学,指的是在宋代复兴并逐渐成为东亚文明体现的儒学,时间上从宋朝开始到明清一直持续到19世纪末;第三期儒学,指的是鸦片战争后受到西方文化冲击的儒学,即甲午战争、五四新文化运动以后的儒学,时间上从19世纪末到现在。此时期,儒学由显学而被边缘化,甚至被彻底解构而生命力遭到了扼杀。② 从杜维明先生对于儒学三期的划分而言,基本上是沿袭了牟宗三先生的看法。杜维明有关儒学第一期的看法与牟宗三先生的看法完全一致。只是对于第二期和第三期儒学的具体看法略有差异。杜维明将第二期儒学从牟先生规定的宋明理学扩大到清末时期,而他关于第三期儒学的规定则较牟宗三的规定更为具体,即1894—1895年甲午战争以后的儒学。

除了杜维明先生之外,牟宗三的重要弟子蔡仁厚先生,在《新儒家的精神方向》《孔子的生命境界:儒学的反思与开展》等著述中也坚持了儒学三期说。"儒学的历史,可以分为三大阶段。第一阶段是先秦到两

---

① *Our Religions:The Seven World Religions*,Edited by Arvind Sharma,San Francisco Harper Collins Publishers,1993, pp. 139-228. 彭国翔将此部分翻译为《何为儒家之道?》。

② 〔美〕杜维明:《现代精神与儒家传统》,北京:生活·读书·新知三联书店2013年版,第473页。杜维明:《儒学第三期发展的前景问题:大陆讲学、答疑和讨论》,北京:生活·读书·新知三联书店2013年版,第26页。杜维明关于儒学发展三期的论述,还可以参照其《体知儒学》,杭州:浙江大学出版社2012年版,第30—31页。杜维明:《儒家传统的现代转化》,见《对话与创新》,桂林:广西师范大学出版社2005年版,第125页。此文也见《浙江大学学报》(人文社会科学版)2004年第2期。同时也可参看杜维明:《新儒家的创新》一文(杜维明:《对话与创新》,桂林:广西师范大学出版社2005年版,第140—141页)。

汉,第二阶段是宋明两代,从明末三大儒顾、黄、王以来,到现在,则是第三阶段。"①蔡先生的划分,与牟宗三先生、杜维明先生在有关第一期儒学的看法上完全一致。但是,也在第二期、第三期的划分上出现了不同。他关于儒学第二期的规定与牟宗三先生的完全一致,即指的是宋明理学时期,从而与杜维明的规定不同。而在有关第三期儒学的规定中,他与牟宗三先生和杜维明先生都不同。他是将明末以来的儒学都划定为第三期的儒学。

尽管有相当数量的学者提出儒学发展的"三期说",但是对于划分三期的标准,学者们的看法并不同。例如,程志华是以"实用面向""核心命题""基本概念""诠释文本"变化等四个因子而将历史中的儒学分为三个阶段的。②（1）原始儒学代表的"实存道德描述形态",这一形态的儒学以指导现实道德践履为"实用面向",以"天下归仁"为核心命题,以"仁""义""礼""智""信""忠""孝""节""义"等为基本概念,以周礼文化和《论语》《春秋》等为诠释文本;（2）以宋明儒学为代表的"形而上学"形态的儒学,这一形态的儒学以为儒学建构形上基础从而避免佛道攻击为"实用面向",以"理"和"心"为道德之本体,为核心命题,以"理""气""心""性""本体""工夫"等为基本概念,以"四书"和《易传》等为诠释文本;（3）明末清初儒学为代表的"形上道德实践形态"的儒学,这一形态的儒学以儒家形上基础上的"经世致用"为"实用面向",以"儒学之仁道如何实现"为核心命题,以"理""心""气""本体""工夫""经世致用"等为基本概念,以原始儒学经典为其诠释文本。

据此划分依据,程志华不同意牟宗三先生关于儒学三期的划分说法,认为其提出的第三期儒学不是原创的儒学,而只不过是对明末清初儒学"形上道德实践形态"的继承和发扬,正是以王夫之、黄宗羲、顾炎

---

① 蔡仁厚:《新儒家的精神方向》,台北:台湾学生书局1984年版,第1—6页。蔡仁厚先生的儒学三期思想,另可参见其著《孔子的生命境界:儒学的反思与开展》(台北:台湾学生书局1989年版)的第二章"从继往开来看当代新儒家的学术功绩"中的"儒家学术的回顾及其未来之发展"部分。在此部分,他主要探讨了从孔孟荀到董仲舒、宋明心性之学的意义、明清之际的大崩塌与起死回生、儒学与中国文化之未来等几方面的内容。

② 参见程志华:《熊十力哲学研究》,北京:人民出版社2013年版,第421—438页。

武为代表的明末清初儒学开启了第三期儒学的序幕。这种对于儒学第三期的判定,与上文蔡仁厚先生的观点是一致的。程志华认为,"尽管现代新儒家对于'形上道德实践形态'有诸多发展,但其没有超越儒学'形上道德实践形态'的理路;尽管熊十力是现代新儒学的实际'开山'者,他的贡献在于将现代新儒学与'形上道德实践形态'契接起来,而不是另外单独开拓了一种新的儒学形态"①。就此种判别而言,我们认为其并不合理。尽管从儒学发展的思想连续性而言,牟宗三先生提出的儒学第三期显然与明末清初儒学具有关联性,但是当代新儒学毕竟与此阶段的儒学,甚至与整个传统儒学都有明显的区别。如果以程志华所提出的四个变化因子来判定当代新儒学的话,我们确实发现此阶段的儒学可以代表一种充满现代性的形态,它是以科学和民主的新问题域来力图实现儒学的现代性转换为实用面向的,以儒学可以成就现代科学精神和民主精神为核心命题的,以"科学""民主""道德的形而上学""道德自我""认知心""智的直觉"等为基本概念的,以儒家及西方经典文本为诠释文本的。抛开此点不谈,就程先生以"实用面向""核心命题""基本概念""诠释文本"四个变化因子作为标准来划分儒学发展的三形态来说,我们认为其中也有值得商榷之处。诚如其所说,每个时期的儒学在"实用面向""核心命题""基本概念""诠释文本"上都有不同,所以形成不同阶段的儒学。但是,如果按照这样的判定标准,董仲舒为代表的汉代今文经学传统,王充代表的汉代古文经学传统,想必就被排除到儒学范围之外了。另外,这一判分标准所存在的更为严重的一个问题是,没有将当代新儒学这一独特类型的儒学突出出来。明末清初三大儒所面对的时代问题及其所提出的儒家解决方案,很显然是不同于当代新儒家们的时代问题及其方案的。前者依然是中国文化内部来解决问题,而后则明显有了西方科学与民主等外部文化作为参照系;前者明显是传统社会系统中的儒学,后者则明显是现代社会系统中的儒学。

牟宗三等人的儒学三期说,遭到了黄玉顺的明确反对。他认为,这种划分法未能将"生活—存在"的思想视域纳入进来,从而与第二期儒学一样,仅仅将儒学传统哲学归结为一种"本末""体用"的形而上学构造。"将生活方式的历史形态视为儒学发展的历史形态的水土本源所

---

① 参见程志华:《熊十力哲学研究》,第465页。

在,一个时代的儒学终究是在面对着、解决着那个时代的生活中所产生的当代问题;然而从当今的'生活—存在'的思想视域看,任何具体的生活方式,只不过是作为源头活水的生活本身所显现出来的某种衍流样式;而生活本身作为存在本身,才是先在于任何存在者的大本大源,因而乃是前形而上学、前哲学、前概念、前理论的事情。"[1]基于此,他自己提出了一种在思想视域上与以往截然不同的新的儒学三期说。儒学的第一个历史形态,是原创时代的儒学,具体包括西周儒学(五经原典)、春秋儒学(孔子思想)、战国儒学(曾思孟荀)三个小阶段。此时期儒学的思想特征是有本有源,具体包括儒学的初始形态、儒学的全面开创、儒学的歧义深入几个特征。儒学的第二个历史形态,是转进时代的儒学,具体包括前宋明儒学(经学与玄学)、宋明新儒学(理学与心学)、后宋明儒学(朴学或汉学)三个小阶段。此时期儒学的思想特征是形而上学,具体包括古典儒学的转进、古典儒学的兴盛、古典儒学的固滞几个特征。儒学的第三个历史形态,是再创时代的儒学,具体包括近代儒学(洋务与维新)、现代儒学(现代新儒学)、当代儒学(儒学新开创)三个小阶段。此时期儒学的思想特征是重返本源,具体包括举末的儒学复兴、返本的儒学复兴、溯源的儒学复兴几个特征。

就黄玉顺的儒学三期说来看,其划分标准的确完全不同于以上的划分,具有一定的新意,而且依据这种标准,儒学的三期范围也达到了最大化的匡定。几乎从西周以来的所有时期,都被归结为儒学曾存在的发展时期。这种新的儒学三期说的长处,是考虑到了儒学整体的发展史,因此比上述所有的儒学三期说都更全面地反映了儒学在不同的历史时期的发展状况和特色。但是,此种分期,无疑又有将儒学发展史扩大化的嫌疑,有将整个西周以来的中国文化思想史儒化的嫌疑。就这种将儒学分为三个大阶段九个小阶段的划分来讲,也有不尽如人意的地方。将西周时期的五经原典看作是西周儒学,似乎与绝大多数学者持有的孔子开创了儒学的传统看法是不同的。将前宋明儒学(经学与玄学)与后宋明儒学(朴学或汉学)也看作是历史转进时代的儒学,似乎与思想界主流的看法也并不一致。毕竟经学、玄学、朴学或汉学到底是不是一种真正

---

[1] 黄玉顺:《儒学当代复兴的思想视域问题——"儒学三期"新论》,《周易研究》2008年第1期,第52页。

的儒学,也存在不小的争议。但不管怎么说,魏晋玄学被视作前宋明儒学,想必许多人不会同意的。魏晋玄学明明是新道家,怎么成了一种儒学呢?将前宋明儒学、宋明新儒学、后宋明儒学的特征总体上归结为一种形而上学,也有不妥之处。宋明儒学不仅谈形而上学,他们还十分注重工夫论,即本体即工夫,形而上学与价值论合一的宋明理学,是难以单用形而上学来加以概括的。有许多儒学家并不是以形而上学见长的,但是我们绝不能将其排除在儒学阵营之外,如儒学家陈龙川、叶水心便是代表。其二,在儒学发展的原创、转进、再创三个阶段,以及这三个阶段所具有的有本有源、形而上学、重返本源三个思想特征背后,依然体现出有如牟宗三等人的简单的辩证法逻辑,即儒学的正反合的机械式的模式。这种机械的考察儒学发展阶段模式,确实会增加我们对于儒学的整体把握的方便,但是这种把握是以失去思想的灵活性和丰富性为代价的。这种考察无疑给儒学的客观发展史套上了一个人为的框子,而这个框子实际上是并不适合儒学的。其三,此种儒学三期说更为严重的问题是,其立论的"生活—存在"本身是成问题的。众所周知,儒学与日常生活是紧密相连的,但是儒学并不拘泥于日常生活,而是在生活中寻求生活之外的东西。这种与生活之间若即若离的状态或张力,恰恰是儒学得以存在和发展的原初动力。单就与作为生命、生存意义相关的"生活"这一范畴本身来讲,不同的思想家的理解也往往不同。西方马克思主义者阿格尼丝·赫勒(Agnes Heller,1929—2019)的日常生活中的"生活"、尤尔根·哈贝马斯(Jürgen Habermas,1929—  )的生活世界中的"生活",应当不同于柏格森(Henri Bergson,1859—1941)生活之流中的"生活"、梁漱溟(1893—1988)直觉的生活中的"生活"。更何况以所谓的前逻辑、前哲学、前概念、前形而上学的"生活—存在"作为判定的标准,无疑是将儒学过度生活化理解了。即便在海德格尔(Martin Heidegger,1889—1976)那里,尽管"此在"具有与存在者相比而具有的优先性,但是这种"此在",这种唯一能够探问存在者之存在的特殊存在者,其所探讨的存在依然是一种本体论意义上的存在。哲学虽然离不开生活,但哲学并不能被归结为生活。儒学虽然离不开生活世界,但是儒学并不等同于生活世界。在考察儒学分期的时候,我们万万不能忘记儒学思想中"内圣外王"的思想宗旨。

### 3. 儒学"四期说"

提倡儒学发展"四期说"的典型代表是李泽厚(1930—2021)先生，他直接批判了牟宗三、杜维明等人的儒学"三期说"，并提出了这一分期背后所存在的两大问题：一是划分标准问题。以心性——道德理论为儒学根本并概括儒学不符合孔孟原典，而抹杀荀子之学尤其是以董仲舒为代表的汉代儒学则不符合思想史事实。儒学"三期说"因为过分以道德修养，以儒家的宗教性(religiousness)来定位儒学，因此是有问题的。二是理论实践困境。内圣开新外王与超越而内在的双重理论困境，使得儒学"三期说"往往属于纯粹学院式的深玄妙理却与大众社会毫无干系，虽然极力阐明与倡导儒学的宗教性，却与大众信仰行为不发生任何影响。

依据上面的阐发，我们知道，李泽厚先生对于儒学"三期说"的批判主要是针对以牟宗三先生为代表的儒学分期主张而谈的。但是，他的这种批判合理吗？如果因重视心性道德这一纯粹哲学层面的判定标准而将儒学分为三期，那么，这确实忽视了两汉制度化、政治化的儒学传统。但是，就我们上文对于牟宗三先生的文本分析而言，牟宗三先生的第一期儒学并没有将汉代政治化的儒学抛开，他的第一期儒学是从先秦儒学一直到东汉末年。为了实现儒学的真正复兴，李泽厚先生提出了所谓的儒学"四期说"，即先秦儒学、两汉儒学、宋明儒学与现代儒学。"所谓'四期'，是认为孔、孟、荀为第一期，汉儒为第二期，宋明理学为第三期，现在或未来如要发展，则应为虽继承前三期，却又颇有不同特色的第四期。"①在李泽厚看来，第一期儒学的成就在于发展了礼乐论，第二期儒学的成就在于发展了天人论，第三期儒学的成就在于发展了心性论，第四期儒学的成就则在于成就人类学历史本体论。那么，我们究竟如何来看待上述这种儒学"四期说"呢？抛开对于儒学四期的具体规定并不合理不谈，单就李泽厚对于儒学四期的划分来讲，实际上也并没有什么新意。第一期儒学只不过是强调了荀子儒学的重要性，第二期儒学只不过是将汉代儒学作为单独的一个阶段，第三期儒学实际上即所谓的现代新

---

① 李泽厚：《说儒学四期》，见《历史本体论・己卯五说》(增订本)，北京：生活・读书・新知三联书店2008年版，第140页。

儒学时期，而将儒学第四期的成就定位于人类学历史本体论，想必也是其根据自己的理论研究而发出的一家之言罢了。

除了李泽厚之外，提倡儒学"四期说"的还有姚中秋。他借用余英时先生的"儒家整体规划"概念而提出了"儒家事业"概念，并将这一事业看作是一种充满国家建制的政治性事业。据此，他在牟宗三先生儒学"三期说"的基础上提出了所谓的儒家事业"四期说"：(1) 先秦儒学事业开创期，即从文王、周公到孔孟这一儒学发展时期；(2) 汉代儒学事业期，即西汉以董仲舒为代表的今文经学与东汉的古文经学；(3) 宋明儒家事业期，这一时期的儒家思想除了包括程朱陆王道学之外，还包括北宋欧阳修的史学、范仲淹的新政、王安石的新学与变法活动，苏氏父子的蜀学，浙东的史学与功利主义思想传统等；(4) 现代儒家事业期，以康有为为第一代，以梁启超这一承上启下的人物为第一代半，张君劢、梁漱溟、熊十力等人为第二代，钱穆、冯友兰、贺麟、方东美等人为第二代半，牟宗三、唐君毅、徐复观等人为第三代，牟唐徐三先生在中国港台、海外的弟子辈为第四代。①

就姚中秋的儒学四期发展阶段说来讲，其所理解的儒者之学或者道学，显然不是一种作为哲学学科而存在的儒学，也不是某种儒学史，而是儒家式治理科学，它包括哲学但绝不限于哲学，而是渗透儒家价值、指向实践的人文与社会学科研究的知识体系。儒学事业"四期说"背后所依据的划分标准是政治儒学标准。据此标准而进行的儒学四期划分，在他看来具有两个长处：一是相比于牟宗三的儒学"三期说"，儒家事业"四期说"可以更为有机地将儒者群体置于中国历史演进的关键位置，从而呈现了其历史的主体地位。不过，所谓的儒生是否具有历史主体的地位，儒家事业"四期说"是否为我们能够更准确地理解中国历史的内在逻辑提供了合理的理论框架，这些论说都存在系统性的合理化说明的必要。二是相比于牟宗三与李泽厚的儒学分期说，儒家事业"四期说"因为对于现代儒家的不同规定，而在现代儒家与前现代儒家之间建立了独特的关系。在姚中秋看来，现代儒家已经开始于康有为，并且已经展开于梁启超、张君劢、梁漱溟等人的思想创造，尤其是他们创制立法、构建

---

① 姚中秋关于儒家事业四期的详细解说，参见其《儒家宪政主义传统》一书，北京：中国政法大学出版社2013年版，第20—39页。

现代国家的事业中。据此，他得出如下一个历史论断："现代儒家与前现代儒家之间并不存在根本性断裂，儒家也不是被动地对历史变动做出反应。相反，现代中国与前现代的中国之间保持了连续性，这种连续性的承载者就是儒家士人群体。"①以政治儒学为标准，诚然如其所说提供了理解中国现代史，即中国人构建与维系现代国家历史的一个新颖的视角，确实突显了现代儒学与传统儒学之间的连续性，但这种突显显然是以牺牲现代儒学与前现代儒学之间的张力为代价的，其所谓的相当新颖的视角，如果运用到中国现代政治思想史的书写中可能适当，但它绝不能运用到儒家分期的阐发之中。儒家事业"四期说"所谓的第二个优点，过分强调了现代儒学与前现代儒学之间的连续性，从而忽视了二者之间间断性的一面，忽视了儒学之所以要进行现代性的转换主要是源于外部的冲击和挑战，因此这一所谓的最大的优点，反而是此种分期说的最大缺点。

儒家事业"四期说"背后的真实理论目的，是想为儒家事业在当前中国内地的开展寻求思想依据，即依据所谓的保守——宪政主义来从事现代国家体制的构建。"当代大陆儒者需要通过组织化的力量参与现代国家的各项制度的创建：不仅是以儒家价值和信念创造现代中国人的文化、精神秩序，同时参与构建社会秩序、法律秩序、政治秩序乃至商业秩序。"②但是，儒家在当代中国到底呈现何种现代形态呢？儒者面临的创制建国究竟是何种任务呢？进一步讲，儒者如何争取儒家在现代国家建构中的合理位置并积极参与到现代国家的制度构建过程之中呢？这些问题，显然都是儒家事业"四期说"不得不面对并需要说清楚的理论和实践问题。儒家事业"四期说"，为儒者在当代中国提出的任务过于复杂和庞大而终究难以实现，其结果是这种儒家事业既对当代中国国家治理体系和治理能力的现代化，也对儒学在当代的创新性发展与创造性转化发挥不了什么真正实质性的功能。

### 4. 儒学"五期说"

提倡儒学发展"五期说"的代表性学者是成中英(1935—2024)先

---

① 姚中秋：《儒家宪政主义传统》，第41页。
② 同上书，第43页。

生。他认为儒学作为一种生命的学问、开放的学问、理想的学问,其特征体现为天人合一、人己合一、知行合一。据此,他提出了涵盖古典儒家、汉唐儒家、宋明新儒家、清代儒家、当代新儒家五个时期的儒学五阶段发展说。① 他认为儒学五阶段发展说比"三期说"更能表达儒学发展的丰富内涵与曲折过程,并可以为儒学的当今与未来发展提供更深刻与广阔的远景,而且其涉及了儒学的现代化问题,即从讲求德性到讲求德性与理性,从讲求动机到讲求动机与后果,从直觉的善走向理智的善,从直接的现实的善走向与间接的理想的善的统一,而且充分认识到广义的知识与专业科技的开发与创新。依据这一观点立场,成中英又将儒学发展的五个阶段理解为:(1)古典儒学与古典农业经济时代讲求义以制利;

---

① 成中英有关儒学五阶段发展说的阐发,详见其《第五阶段儒学的发展与新新儒学的定位》一文(《文史哲》2002年第5期),以及其与麻桑合著的《新新儒学启示录:成中英先生的本体世界》(北京:商务印书馆2008年版,第16—26页)一书。他提出了"新新儒学"的实质内涵与方向发展可以概括为如下十大原则:(1)"在古典儒学与宋明儒学的基础上建立一个创造性的、含括天人互动的本体宇宙观与人类生命发展观";(2)"在古典儒学与现代理性哲学与科学基础上建立一个主客分合自如的知识论与动态的知识系统观,包含科学研究、工业技术开发、社会经济发展的网连与互动";(3)"在古典与宋明儒学及当代科学的基础上建立一个理性与人性互动、个人与群体互动的价值观点与价值体系";(4)"在古典儒学及东西方文化的比较基础上,发展及持续地开展一个体用相需、持体致用、利用明体的方法论";(5)"综合宋明理学与心学,我们可以把理气心性的作用与关联形成一个知行合一的知识决策论;气感于心、验之于理、返归于性、受之若命、性之命之、以成其行";(6)"在古典儒学与现代伦理学的基础上建立一个整体性的人类伦理学,其重点在统合权利(含人权)与责任以统合德性与功利,也就是在人与人、社群与社群、族群与族群、国与国、文明与文明的和谐化的基础上同时寻求个人潜力的发展与全体社群利益的最大化";(7)"综合历史上四阶段的儒学发展经验及现代化的要求与西方现代化的得失,建立一个伦理与管理互动的管理机制与体系,同时用之于公共行政与经济企业管理";(8)"综合资本主义与社会主义的发展经验,在第四阶段儒学公羊学的精神与上述新新儒学的价值关于方法论的基础上建立开物成务、兼及创造财富与均平财富的经世利民经济架构并陪护其发展";(9)"掌握理性的资源、历史的经验、文化的精神、社会的需要,在古典儒家的人文关怀的基础上开展及优化现代民主与法治,创造社会进步与文化发展的大环境、大气候";(10)"面对人类未来与人类政经文发展的需要,基于儒学天下为公、世界大同的理想,积极推动理性与人文的教育,使儒学的价值观、伦理学与方法思考能够做出创造人类万世太平与可持续繁荣的贡献。"成中英、麻桑:《新新儒学启示录:成中英先生的本体世界》,第29—31页。

(2) 两汉儒学与前现代规模化农业经济时代讲求义以去利;(3) 多元宋明儒学与走向商业经济发展时代讲求以义求利、以利行义;(4) 明清之际到明初儒学与走向工业经济发展时代讲求以理发利以行义;(5) 从当代新儒学走向新新儒学与后工业环保经济发展时代讲求义利动态平衡。①

成中英儒学分期说的独特性,主要体现为提出了所谓的"新新儒学"(Neo-Neo-Confucianism)说统。针对当代新儒家"未能正确地掌握全局,未能深入西方传统,未能知此知彼,也因之未能自我全面反思,未能自我全面深度批判,未能把握历史发展的方向与经世致用的战略要点"②,成中英提出应当客观面对当代新儒家的盲点与弊执而进行再启蒙,于是在儒学发展的第五个阶段兴起了"新新儒学"。"新新儒学"一词是成中英相应于"后后现代"一词而提出的一个新词。在成中英看来,"新新儒学"更本体化、实体化、机体化、全面化、充实化、实用化,是肯定本体与体用的本、体、用的一体开放的体系,是非线性的多方面与多层次立体的发展的儒学体系。这一体系是用的新、体的全、本体的深化的指谓,即整体的儒学,它含有整合前四期儒学之长以为当前儒学发展之用,以及在理论层面上对当代新儒学有所推进的意思。与早期的当代新儒家不同,成中英认为,"新新儒家走的是动态的发展路程,超融过去,与时并进,生生不息。当代新儒家重视民主与科学的发展,但对发展之道尚缺少深入与广阔的反思。新新儒家在一个更新的本体思考的层面,兼容民主,科技与经济于德性论与理性论的统一基础之上,以超越而融合的本与体,体与用的结合,体现了儒家的本体的更新与创新的智慧,面向未来,走向未来"③。能够将当代社会发展问题与儒学在后工业时代的发展结合起来,确实具有以往当代新儒家局限在科学与民主角度来探讨儒学现代发展所不具有的理论长处。

整体而言,成中英的儒学"五期说"其实并没有什么新意,它只是在主流的"三期说"上面加上了汉唐儒学与清代儒学而已。其所提出的

---

① 〔美〕成中英、麻桑:《新新儒学启示录:成中英先生的本体世界》,第106页。
② 同上书,第25页。
③ 同上书,第107页。

"新新儒学"即一种所谓的后新儒学,即在第五阶段的当代新儒学原有发展基础上的儒学新发展。但我们都知道,他提出的这种所谓的"新新儒学"除了术语上的新意之外,在思想本身方面则完全可以被归结到当代新儒学之中,这种思想依然属于刘述先先生所言的当代新儒家第三代第四群中的思想。

可见,成中英先生在"新新儒学"中所提出的注重从整体主义的角度来审视儒学,确实具有一定的理论意义。但是,他为"新新儒学"在哲学(涵盖本体论、知识论、价值论、方法论)、伦理学、政治学、经济学、管理学等方面提出的众多任务,想必是将儒学看作是一个大筐子,里面可以装五花八门的东西。"新新儒学"为儒学所提供的当代任务,确实过于庞大和复杂,它们必将是其所不能承受的任务。与这种思考不同,我对于儒学整体性的理解主要是从如下一些方面进行思考的:(1) 要将儒家宣扬的内圣外王中的内圣与外王看作是儒学思想主张的两个关键方面,切不可因为强调内圣而忽视外王方面,也不可因为强调外王事功一面而忽略内圣一面。内圣强调的是内德,外王注重的是尽伦、尽制。要将儒家理想人格的追求与社会使命担当的责任意识有机结合起来从事儒学精神及其当代价值的研究;(2) 要从学术儒学、政治儒学、日常儒学三个整全的层面来理解儒学,避免因强调某一个方面而陷入一曲之蔽;(3) 要从自古及今的整个儒学发展历程来研究儒学,避免因为强调和突出某一个时期的儒学而割裂了作为一个有机体而存在的整个儒学发展史;(4) 要从儒学发展过程中与其他中国哲学之间的整体关系来研究儒学,既要从儒家与道家、佛家等这些中国哲学思想派别的关系,更要从儒家与中国哲学之外的思想派别的联系中研究儒学,如从儒家与马克思主义、过程哲学、解释学、现象学、存在主义、结构主义、后现代主义等之间的关联性中研究儒学,无疑可以增进我们对于儒学传统的创新性理解,并实现其最终的创造性转化和创新性发展;(5) 要将所谓的中国大陆儒学、中国港台儒学、海外儒学的研究视作一个整体,切不可强调门户或门派之争,从而失去不同研究主体之间真正的对话和交流;(6) 要将儒学的研究与当代与未来人类社会的命运紧密结合起来。儒家思想具有的强烈的现实情怀,必然要求在对其进行研究的过程中,一定要关注现实与未来人类社会发展中的一些可以由儒学提供思想资源的重大现实问题。

### 5. 儒学"六期说"

儒学"六期说"的典型代表是钱穆(1895—1990)先生,他将儒学的演进史分为六个时期。第一个时期是作为创始期的先秦儒学,包括孔子、孟子、荀子及其他同时代的儒者,此时期儒家不仅产生而且成为世之显学。第二个时期是作为奠定期的两汉儒学,此时期经学即儒学,不通经学便不能称之为儒家。第三个时期是作为扩大期的魏晋南北朝时期的儒学,此时期完成了大部分十三经注疏,而且讲儒学不囿于经学而能够扩大到史学方面。第四个时期是作为转进期的隋唐儒学,实现了儒学与文学的汇合。第五个时期是作为综汇与别出期的宋、元、明儒学,此时期有综合汇通了两汉、魏晋南北朝、隋唐时期的经学、历史和文学来发挥儒学思想的思想家,也有以理学家为代表的别出派,他们大都不喜欢作诗文,颇轻视文学,不大注意谈论史学,不甚重视经学。第六个时期依然是作为综汇与别出期的清代儒学。①

就钱穆先生儒学"六期说"而言,他显然更多的是从经学史与思想史的角度来划分儒学发展阶段的。因此,儒学开创之后的每一个历史时期都有了儒学的发展阶段。但是,这种"六期说",一方面来说明显过于宽泛。此种划分标准没有把握好我们在划分儒学发展时期的时候,一定不能忘了不同历史时期的思想主流是什么。例如,在魏晋时期,虽然有大部分的十三经注疏的完成,但是这个时期的思想主流无疑是新道家。而且更为重要的是,我们在划分儒学发展阶段的时候,一定要考虑到那个时期是否有儒学的新发展,是否有持有这些新发展的代表性人物。如果一味地停留在文本注疏上面,便很难将其归结为一个儒学发展的新阶段。另一方面,钱穆先生的儒学"六期说"又过于狭窄了,这种分期说显然没有将现代已降的当代新儒学看作是一个不同于以往传统儒学的一个新的发展阶段。而当代新儒学这一发展阶段,在今天看来,已经成为一种共识。

以上列举了关于儒学分期的几种有代表性的观点,每种分期说从表面上看完全不同,因为体现的是儒学发展的不同阶段。这些有关儒学分

---

① 钱穆:《中国儒学与文化传统》,此篇文章是钱穆先生1961年10月在新亚书院的一次演讲稿,后发表在《新亚生活》第4卷第10期,见《钱穆先生全集·中国学术通义》,北京:九州出版社2011年版,第59—85页。

期的种种主张,其间的不同与其说体现在五种分期说之间,还不如说体现在某些分期说的内部更为合理。例如,学者们关于儒学"三期说"的不同规定以及对于这种规定的判定标准上还是有不小论争的。那么,儒学到底应该分为几个时期或几个阶段呢?

儒学发展阶段到底分为几个时期才适当,这要取决于我们对于"儒学"术语本身的理解到底是什么。儒学究竟是一种世界观、人生观、价值观,还是一种社会伦理?究竟是一种政治意识形态,还是一种学术传统?究竟是一种制度模式,还是一种生活方式?究竟是一种政治制度传统,还是一种经学传统?由于不同的学者,其思想的出发点不同,学科背景不同,于是便造成了对于儒学发展阶段的不同理解。

那么,究竟该如何划分儒学的发展阶段呢?划分的前提是标准的问题,倘若标准确定了则划分便有了依据。在此,我也提出一种划分的标准,不能说这种标准就是最合理的,它只是我自己的一种立场罢了。因为儒学分期标准也是随着时代的变化而变化的,它并不是铁板一块而不可改变的。我的标准是:儒家思想的基本义理及其创新性理论。我们判定某个时期的儒学是一个新的时期或阶段,一定要注重此时期儒学家们的基本思想主张是不是与之前的相一致。如果在基本义理方面不一致,则很难说这一时期是作为儒学的发展阶段。孔子开创的儒学之所以为儒学,一个基本的思想义理便是后来所谓的内圣外王之道,个人的人格修养与外王事功是分不开的,个人的伦理人生与社会实际参与是密不可分的。在这种内圣外王的事业中,内圣与外王缺一不可,单有内圣是自了汉,单有外王则缺少德性义务与责任的深层根基。当然,内圣与外王缺一不可是从事实层面、从时间先后来说的,并不是说二者没有逻辑上的先后之别。从逻辑上的先后来看,内与外是有别的,内圣先于外王。只有先成己,才能成人、成物。只有自我修行到了,不断将自己打造成一个谦谦君子,其外王的事业才会得以顺利而有效地进行。当然,内圣的工夫不是一时半会儿便可以完成,它可能是一个人一生需要实现的一种志业。在其志业实现的过程中,外王的事业也反过来会促进内圣修养工夫提升的,一个人是通过做人做事来展现其有无德性修持和德性修持高低的。外王与内圣相比,其主要还是工具性的东西,而内圣更多的是一种目的性的东西。人是目的而不是工具,作为成人之学的内圣因为事关人之所以为人以及人之生命格调与境界,显然与外王相比要具有逻辑上的先在性。内圣之学所要求于人而具有的仁者爱人、己所不欲勿施于人、与人为善、言而有信、重义轻利、敬以直内、义以方外、刚毅木讷等君子人格,确实不同于小人的种种所言所为。儒家内圣与外王的具体含义,可以因时代发展和世事变迁而有可能改变,但是内圣而外王则是儒学持续存在背后的不变的义理。儒学分期的判定,需要我们把握好儒学发展过程中的普遍性与特殊性的辩证统一的关系。依据这一儒学分期的判定标准,儒学发展时期或阶段的普遍性的一面,是这一时期的儒学是否坚持了儒学的基本义理;儒学发展时期或阶段的特殊性的一面,是这一时期的儒学是否具有了与以往不同的创新性的东西。普遍性寓于特殊性之中,特殊性离不开普遍性的规约。

以上述儒家思想阐发中的普遍性与特殊性作为判定的标准,先秦儒学的确是儒学发展的第一个阶段。这一时期的儒学虽然没有提出内圣外王术语,这一术语是由庄子概括出来的,但是此时期儒学的确开创了儒家内圣外王之道。孔孟荀均注重个人修身与自我德性成长,尽管有侧重点的不同,但提倡君子圣贤理想人格是一致的,因此都关注人性善恶问题的思考以及成人之道。同时他们也在成人之道、个人修身的阐发中,时时与治国平天下的外王事业结合起来加以开展。无论提倡王道之治的孔孟,还是王霸并行不悖的荀子也好,都概莫能外。从儒学特殊性的一面来讲,此时儒学内圣与外王的发展相对来说较为平衡,而且形而上学的色彩淡,外王的事业心强,这表现在孔孟早年周游列国,孔子弟子积极参与社会治理等方面。也就是说,此时期个人自我修养与现实政治统治紧密相连。两汉经学可以视为儒学发展的第二个阶段。尽管这一时期的儒学与先秦儒学相比,原创性要少,但也坚持了内圣外王的思想义理。所以,董仲舒也十分注重性伪之分、化性起伪的人性论说,以及儒家思想大一统之下的德治教化。此时期儒学的特殊性在于,宇宙论经学与政治化色彩浓厚。无论是董仲舒的今文经学,还是王充的古文经学,都是透过经学的微言大义或训诂考据来阐发儒家思想的。此外,此时期的儒学阐发背后的宇宙论色彩极其浓厚。阴阳五行说与天人感应谴告说,都表明了儒学被宇宙论化的这一特殊发展时期。再有,此时期的儒学政治化色彩浓,有了罢黜百家、独尊儒术的施行,儒学政治化、儒者为官具有第一期儒学所没有的特征。魏晋玄学是新道家时期,是道家而不是儒家发展的一个时期。无论是有无关系,还是名教与自然之争,还是言意之辩,都是在《老子》《庄子》《周易》这些玄学思想与话语体系下来展开的。即便有王弼的《论语释疑》,那也是以道家的"自然""崇本息末"来诠释《论语》的。其间所体现出来的以道家诠释儒家,以道家自然观来解读《论语》的立场十分清晰。隋唐时期更不能说是儒学发展的一个新阶段,此时期,儒家地位要低于佛道两家。"佛,日也;道,月也;儒,五星也。"(《隋书·列传第四十二·李士谦》)①在佛道盛行的时代,当然很难出现儒学的复兴。唐代虽然情况有所好转,但依然是儒释道三教并存,尽管此时重视儒家外王之道,但是儒家只是被视作"讲论经义,商略政事"(《旧唐书·列传第一百三十九上·儒学上》)②的统治技术。儒家本有的安顿生命和升华生命的内圣之学,则鲜有重视和发展。宋明理学是儒学发展的第三阶段。北宋五子延续韩愈所谓的儒家道统之说,在与释道两家的竞争中明显占据上风,并成为社会思想主流。内圣外王的儒家基本义理,在此时期依然得到坚守。此外,因不同于汉代的察举制与征辟制的科举制的发达,宋明时期的一些大儒往往有直接参与政治的外王事功。此时期儒学的特色在于,与外王事功相比,儒者们更为重视的是内圣之学。因此,为了排佛抑道而将儒学形而上学化,便成为此时期儒学的非常鲜明的特色。天道与人道、理与太极、理与气、天命之性与气质之性、天理与人欲、道心与人心等极富抽象义理的儒学成为儒学发展的主流。所以,此时期偏重内圣之学的形而上学阐释,深受佛道影响而提出的即本体即工夫的人性修养论,也在此时期十分发达。近代康有为等人的今文经学虽有特色,牵强附会之处却过多,文本依赖过大。为时代所需所左右,康有为援西入儒的外王事功阐发特别明显,无论是民主制阐释下的民本思想,还是"三世"进化史观,都突显了儒学要融入现代社会的种种良苦用心。但是,这种外王思想依然没有突破传统儒学外王思想的藩篱,而且其思想的阐发往往忽视了儒家思想基本义理中内圣的一面。因此,我不认为以康有为代表的维新派为儒学发展的一个时期。"五四"时期以来的现代乃至当代新儒学是儒学发展的第四个阶段。在此时期,无论是梁漱溟先生、熊十力先生、冯友兰先生,还是牟宗三先生、唐君毅先生等,他们都坚守着儒家内圣外王的基本义理。此时

---

① (唐)魏征等:《隋书》第6册,北京:中华书局2011年版,第1754页。
② (唐)魏征等:《旧唐书》第15册,北京:中华书局2011年版,第4941页。

期儒学的特色在于：以西方哲学来重建内圣方面的形而上学，以科学民主重释外王之学。例如，梁漱溟借助柏格森哲学、意志主义而有关于生命的哲学，冯友兰先生借助西方新实在主义的共相理论而建构的新理学形而上学，牟宗三先生借助康德哲学而建立的道德的形而上学，此外，熊十力的体用不二的本体宇宙论、唐君毅先生的心灵境界的哲学、蒙培元的情感儒学、李泽厚的历史本体论、陈来的仁学本体论、杨国荣的具体形上学、牟钟鉴的新仁学构想、黄玉顺的生活儒学，也都有西方哲学或多或少的痕迹。就外王一面而言，第四期的儒学外王侧重于从科学与民主角度即新外王的视角来进行研究，而这又以牟宗三先生的"良知自我坎陷说"为代表。第四期儒学面对的时代已经完全不同于之前三个时期的儒学所面对的时代，它是封建社会为民主社会所取代的一个时代，一个民族国家逐步走向觉醒与建构的时代，一个寻求现代化与开展现代性故事的时代。迄今为止，第四期儒学的发展已经刚刚百年有余。与之前儒学发展阶段所经历的几百年时间相比，其今后的发展道路依然还很漫长。因此，我们现在还不能轻易地以所谓的后新儒学或新新儒学来展现一个与此时期不同的新的儒学发展时期。这一时期的儒学今后还将持续相当长的历史时期，因为现代性背后的技术理性与工具理性异化问题依然存在，全球化时代人类社会发展中出现的一些全球性问题，如生态危机、安全危机等问题依然存在，人的数字化生存的人文精神危机问题依然存在。面对这些人类社会发展中的危机，儒学的现代化乃至后现代化的历程依然会很漫长，儒学真正走出象牙塔而成为经世致用之学依然会很漫长。然而，道路虽然漫长，但这一时期恰恰是儒学在 21 世纪乃至 22 世纪彰显和证明自己存在意义和价值的时代。

  以上是对于儒学分期诸种论说的简单介绍和回应，以及我自己对于儒学分期判定标准及在此标准之下所提出的儒学"四期说"。在我看来，除了需要澄清所谓儒学发展的分期问题，还要谈论儒学发展过程中的三种不同类型问题。自从孔子开创儒学之后，它便已经日渐融入中华民族全体社会成员的日常生活、政治生活、学术生活之中，因此便有了日常生活中的儒学、政治儒学、学理儒学三个不同的面向。尽管不同的历史时期儒学的三种不同类型拥有不尽相同的影响力，但儒学作为中国人的文化精神，却始终未能在历史中有所退却。先秦儒学可以说是儒学的初始化时期，两汉时期的儒学实际上是儒学经学化时期，宋明新儒学是儒学哲学化时期,现代与当代新儒学实际上是儒学现代化时期。据此,与单纯依据哲学或政治学标准而将儒学发展分为三期或四期不同,我更倾向于以不同类型的儒学来探讨儒学的历史价值与当代发展,从而从儒学整体角度来思考三种类型的儒学在当代如何实现创造性转化与创新性发展,即儒学实现从传统儒学到现代儒学的转换。"五四"时期以后,虽然政治化的儒学因传统封建制度的消亡而受到拒斥,民主制成为时代所需,但是西方的民主制亦有其不可救治的顽疾。吸收容纳儒家政治要素的富有中国特色的民主政治制度,已经成为今日中国乃至世界的一个需要。两千余年的政治化儒学除却封建主义的羁绊之后,难道没有为我们留下众多宝贵的政治思想资源吗?我们常常听到有人主张,要大刀阔斧、冷酷无情、毫无保留地去掉儒学的封建专制外衣,但是在两千余年政治儒学所留给我们的众多可加以继承的价值资源方面,如人格修身、责任担当、劝谏君王却鲜有论说。当然,在阐释三种类型的儒学在今天乃至今后意义和价值之前,还得先从究竟何为当代新儒学入手,关于此问题的探讨便是下一节所要处理的问题。

## 第二节 当代新儒学的含义

在审视当代新儒学的民族性、现代性、当代性主题问题之前,概念的澄清无疑是一个前提。在有了关于儒学分期的不同说法的分析之后,接下来将围绕"新儒学""当代新儒学"的含义展开探讨。与儒学的分期一样,学者们有关于当代新儒学含义的定位也可谓五花八门,他们的意见并不一致,有的见解之间甚至是相互冲突的。

早在戴维斯(德庇时)(John Francis Davis,1795—1890)的《中国人:中华帝国及其居民概述》(1836)(The Chinese:A general description of the Empire of China and its Inhabitants)一书中,便提出了"Confucianism"一词。就"新儒家"一词而言,其出现和流向无疑充满了不断的变化。"一般说来,新儒家的概念较为笼统,容易产生歧义,为了界定其特定的时代,20世纪弘扬儒学的群体又被称为现代新儒家或当代新儒家。"[1]在

---

[1] 景海峰:《熊十力哲学研究》,"导论:儒学的复兴",北京:北京大学出版社2010年版,第2页。

"新儒家"的使用和流行过程中,冯友兰先生的《中国哲学史》(下册)、张君劢先生的《新儒家思想的发展》、陈荣捷先生的《中国哲学资料书》都起到了相当的作用。李泽厚先生在《何谓"现代新儒家"》一文中,甚至是将现代新儒家等同为现代宋明理学。①

与"儒家""儒学""新儒家""新儒学"不同的"当代新儒家"这一范畴,其含义到底如何呢?对于"当代新儒家"的含义,余英时(1930—2021)现实而具体地将其划分为三种不同的用法:(1)广义的当代新儒家。这是在中国大陆流行的含义最为宽广的当代新儒家,它包括凡是对儒学不存偏见并认真加以研究的20世纪中国学人。在余英时看来,第一种含义的"当代新儒家"因为过于宽泛而到了没有什么意义的地步了;(2)中义的当代新儒家。这种含义的当代新儒家比较具体,它以哲学为取舍标准,认为只有在哲学上对儒学有新的阐释和发展的人,才有资格被称为当代新儒家。以此为评判标准,熊十力、张君劢、冯友兰、贺麟等都可以被称为当代新儒家。余英时认为,由于梁漱溟归宗佛教而且不承认中国有哲学,因此关于梁氏是不是新儒家尚有争议;(3)狭义的当代新儒家。这是在海外流行的一种有关当代新儒家含义的看法,即认为熊十力学派中的人才是真正的当代新儒家,而那些私淑熊氏之学而又为熊门所认可的人,也可以被称为当代新儒家。熊十力、牟宗三、唐君毅、徐复观等人于是成为此标准之下的当代新儒家。②

依据上述三层含义来理解的当代新儒家概念,余英时认为,钱穆先生不属于当代新儒家,钱先生与新儒家的关系是"离则双美,合则两伤"。"钱先生和新儒家之间,除了最低限度的共同纲领——阐明中国文化的特性——之外,真是所谓'所同不胜所异'。他们不可能属于同一'学派',这是显而易见的。尤其重要的是:他们的分歧恰恰发生在对中国文化的理解上面。这正是章学诚所谓'千古不可合之异同'。"③具体讲来,就第一层含义的当代新儒家来讲,钱先生虽然学问宗主和终极

---

① 李泽厚:《何谓"现代新儒学"》,见《世纪新梦》,合肥:安徽文艺出版社1998年版,第109—111页。李泽厚:《说儒学四期》,见《历史本体论·己卯五说》(增订本),第130—155页。

② 余英时有关当代新儒家三种含义的观点,可以参看《现代儒学论》,上海:上海人民出版社1998年版,第192页。

③ 同上书,第224页。

信仰在儒家,但其基本思想态度是所谓"守先待后"的"述而不作"的史学家态度,其基本思想旨趣是阐明中国的学术传统以待后起者自觉行动。就第二层含义的当代新儒家来讲,因钱先生是史学家而不是哲学家,其理论研究的重点是中国思想史。就第三层含义的当代新儒家来讲,钱先生因为不属于熊十力一派,当然不涵盖其内了。

在余英时先生看来,新儒家(上述第三层含义的新儒家)的主要特色,是用一种特制的哲学语言来宣传一种特殊的信仰,是以"直觉""证悟"来建立其关于本体界的信仰。就现象世界的许多现实问题而言,这种"良知的傲慢"很难令其迎刃而解。就其理论实质,余先生认为,新儒家道德主义背后的"良知的傲慢"与现代科学主义背后的"知性的傲慢"具有相同的内在思想结构。新儒家实际上是科学主义的反模仿。科学主义强调真理、客观性、事实、理性、科学方法、认知身份、科学理性体现德性,与此针锋相对,新儒家则强调道体、主体性、价值、良知或道德理性、证悟或成德工夫、道德身份、知识为良知之发用。总之,"新儒家为了对抗科学主义,在有意无意之间走上了反模仿的途径。但反模仿也是模仿的一种,其结果是发展了一套与科学主义貌异情同的意识形态——道德主义。科学主义者以独占'真理'自负而有'知性的傲慢',道德主义者则以独得'道体'自负而有'良知的傲慢'"①。按照余英时先生的理解,"良知的傲慢",其傲慢的程度要高于"知性的傲慢"。这是因为科学主义虽然给予社会科学与人文科学较低的认知身份,但毕竟承认三者同在一个由自然科学知识、社会科学知识、人文科学知识共同构成的一个知识世界之内,自然科学、社会科学、人文科学只是在科学性方面具有程度的不同。与此不同,新儒家的道德主义则将本体界高悬于知识界之上,从而将知识领域看作是低一层次的活动。新儒家们只要肯自我坎陷②,则知识之事可以随时为之,而知识领域中的人如果想取得道德的身份,上窥本体界,则其事难于上青天。

就余英时先生为了阐发钱穆先生与新儒家关系而提出的上述种种

---

① 〔美〕余英时:《现代儒学论》,第222—223页。
② "自我坎陷"一词的英文表达是 self-negation。牟宗三先生深受黑格尔的影响将这一英文单词翻译成有些令人费解的"自我坎陷",而余英时则强调的是这一术语背后的"自我分离"(self-diremption)的含义。

批评而言，确有深切之处。儒家思想的生命力在于其始终与现实社会中人们的日常生活分不开，而海外一些新儒家对于儒学即生活方面的阐发，对于儒学的经世致用这一方面，则明显关注不够、阐发不足。他们的理论重心是在面对现代性社会对于中国传统儒学造成巨大冲击、现代西方思潮对于中国传统儒学造成强烈挑战的背景下，如何从学理层面对儒学的当代价值进行系统化梳理，如何进行体系化的构建。在这种梳理和构建的过程中，往往体现出思辨有余而实践不足的思想限制。

不过，对于余英时先生有关狭义新儒家思想的种种批判，在此也有如下几点澄清之处：

（1）余先生的批判，就其批判的具体内容来讲，主要针对的是海外新儒家，尤其是牟宗三的思想而阐发的。因此，这种"良知的傲慢"的批判，显然不适用于作为一个群体而存在的新儒家。牟宗三以"一心开两门""智的直觉""良知坎陷"等这些吸收佛家、康德、黑格尔思想而创发的术语来谈论本体界与现象界的关系，道德本体与科学民主的关系，实际上虽然没有脱离"内圣外王"的儒家思想传统的基本纲领，但是因为受到熊十力思想的强烈影响，其儒家思想上的阐发则主要是依据陆王心学和康德哲学来展开的，从而凸显了其思想上的不足。但无论牟宗三思想的限制如何，他都不能取代作为一个群体而存在的当代新儒家以及其思想背后的当代意义。

（2）抛开批判的范围过于狭小不谈，就余先生所批判的内容来讲，也有不中的的地方。以"良知的傲慢"来定位牟宗三先生等新儒家，实际上也并不十分准确。因为牟宗三等新儒家面对中西文化碰撞，面对中国的现代性时代的来临，其理论关注点往往是如何在儒学价值理性传统中容纳科学与民主等现代性内容的问题。诚然将良知本心形而上学化并以此建立一种道德的形而上学，这的确突显了将儒学过度形而上学化与哲学化的问题，但是牟宗三等当代新儒家并没有存在所谓的"良知的傲慢"。与传统儒学相比较，他们恰恰要摆脱这种良知的傲慢，给予现代社会的科学知识与民主政治以位置，尽管这背后的理论基础是德性优先的主张。

（3）牟宗三先生所言说的良知坎陷，绝不是以道德直接或间接成就科学和民主，因为无论是"直通"还是"曲通"，都不是言说道德中可以开出科学和民主，不是说从道德主体能够开出政治主体与知识主体。想必牟宗三等当代新儒家学者,绝对不会将道德、政治、知识三者之间的关系理解得这样偏浅。新儒家的真实理论意图是,如何以价值的、道德世界来规约科学的事实世界,如何以价值理性、实践理性的优先性来统领科学理性、技术理性、工具理性、经济理性,并以此为突破点来力图实现中国传统儒学的创造性转换和创新性发展。可究竟何谓文化的创造性转换呢?"谈论一种文化的现代转换并不是要否认这种文化过去所取得的伟大的成就,甚至不否认在这种文化的传统中能发现某些永恒的价值,它只具有这样一种含义,即虽然这种文化的过去成就辉煌无比,但新的一代人发现这些成就并不能指导自己的行为,并且作为生活在这种环境中的传统主义者,越来越意识到他们对传统价值的赞美已日益失去其说服力。"①尽管今天我们反观这些新儒家学者的转换具有种种的困难,但是以儒家传统而不是儒家传统主义的视角来审视当今的世界和社会,当代新儒学无疑又具有一种现代性的视野乃至后现代性的睿智。

既然学者们对于何谓"当代新儒家含义"的理解并不相同,有时分歧甚至很大,那么,我们今天究竟该如何来定义"当代新儒家"这一范畴呢? 我认为,理解好"儒家""儒学""新儒家""新儒学""当代"这五个范畴的含义,无疑是一个必要的思考起点。

"儒家"一词比较好理解,指的即是先秦子学中由孔子所开创的一个思想派别,这一派别一直延续到今天。刘述先将"儒家"(Confucianism)分为三个层面,精神的儒家(Spiritual Confucianism)指的是孔孟、程朱、陆王的大传统,同时也是当代新儒家通过创造性的阐扬与改造而力求复兴的大传统。政治化的儒家或制度化的儒家(Politicized Confucianism or institutional Confucianism),指的是由汉代董仲舒、班固以来发展为朝廷义理的传统,这种传统以纲常为主,但同时也杂入了道家、法家、阴阳家的因素。民间的儒家(Popular Confucianism),指的是在草根层面依然发生作用的信仰与习惯,重视家庭与教育的价值,维持勤劳与节俭的生活方式,杂以道教与佛教的影响,甚至是鬼神的迷信②。刘述先先

---

① 〔美〕列文森:《儒教中国及其现代命运》,郑大华、任菁译,北京:中国社会科学出版社2000年版,第97页。
② 刘述先:《儒家思想开拓的尝试》,北京:中国社会科学出版社2001年版,"自序"。儒家三分法的具体内容,见此书第16页。

生所谈论的三个层面的儒家,实际上是对于儒学三种类型的划分,而不是对于儒家这一思想派别的阐释。对于作为儒家学派背后的思想义理的儒学的类型问题,下文马上会谈到。

与"儒家"一词不同,"儒学"一词,则主要指的是儒家这一学派背后的思想主张。不过,对于儒学发展阶段和儒学类型的规定,学者们之间还存在不小的争论。上一节已经处理了儒学发展分期问题,接下来将主要探讨儒学的性质和类型问题。从多年来学者们的研究来看,绝大多数人是将儒学区分为三个层:学理的儒学、工具化的儒学以及作为生活信念的儒学①。当代新儒家学者牟宗三、唐君毅等在学理化儒学或理论儒学、思想儒学方面多有贡献,徐复观在政治化儒学方面多有建树。生活化的儒学,也称民间儒学或大众儒学或草根儒学,这种儒学对于个体道德理想信念的树立、人际关系交往的处理、民族群体精神的凝聚具有十分重要的意义。这三个不同层面的儒学,在今日的中国乃至世界,完全不是一个安无定所、流离失所的无肉体依侍的游魂。儒学不仅在学理研究中,在政治运行的设计中,在百姓的日常生活中,都可以找到其存在的根基。儒学在当代的栖息地依然存在,而且不只是在学理层面和日常生活层面,即便是在政治层面也有其存在的意义。儒学对于社会成员所宣导的自尊自立、自爱自重、利群利他、和而不同、以民为本、君子人格乃至忠恕之道、选贤举能,不仅对当今的政治文明建设具有积极进步的意义,而且对于当今世界民主政治制度的合理设计都具有宝贵的参考价值。"儒学有深厚的历史积淀,有广泛的社会影响,并不会因新文化运动的冲击而终结。如何把握民族性与时代性相统一的原则,克服传统儒学的局限性,走出民族文化虚无主义的误区,摆脱'左'的偏见,重估儒学的价值,开发儒学资源,培育适应时代精神的中华民族精神,将是我们的一项重要的理论任务。"②

不同层次的儒学含义的存在,表明了儒学意涵诠释过程中必然呈现

---

① 关于儒学的三个层面论述,也可参看宋志明:《现代新儒学的走向》,北京:北京师范大学出版社 2009 年版,第 7 页。此外,杜维明也认为儒学可以从民间的儒家传统、知识分子的儒家传统(即士君子的传统)、政治上的儒家传统三个不同的层面来理解。(杜维明:《对话与创新》,桂林:广西师范大学出版社 2005 年版,第 127—128 页)

② 宋志明:《现代新儒学的走向》,第 6 页。

多样化的特征。因为一个儒家学者往往因关注的侧重点不同,便造成了其致思方向的不同,造成了其对于儒学理解上的区别。就学者们的长期研究的成果而言,他们绝大多数也都同意儒学是一个难以用单一的方面来标识的思想。因为儒学自从其产生之后,便不断地影响着社会的方方面面。"儒学不只是一种单纯的哲学或宗教,而是一套全面安排人间秩序的思想体系,从一个人自生至死的整个历程,到家、国、天下的构成,都在儒学的范围之内。"①正如上文所言,整体上来讲,学者们往往通过将儒学与政治制度、学理研究、日常生活这三个不同的领域相连,而将儒学分为制度化的儒学、学理化的儒学与生活化的儒学三种类型。

制度化的儒学强调的是儒学与社会制度具有密切的关联性,儒学的价值在于安排日常生活中的人间秩序,而这一点的实现需要一种制度化的依托。儒学在经济制度方面体现为经济伦理,即经济主体的修身;在政治制度方面体现为一种社群式的政治伦理,即政治主体的修身,其中包括政治行为中的以人民利益为中心;在文化制度方面体现为儒家人文精神,即文化主体的修身,具有一种"气象""风范"或"典范的人格";在教育制度方面体现为一种德育精神与力量,即道德主体的修身,如过去时代的书院、私塾、明伦堂、经筵讲座;在宗教制度方面体现为一种终极关怀②,即宗教主体的修身。余英时所提出的"建制化",陈寅恪所提出的"法典化",强调的都是制度化儒学的存在。

在中国传统社会中,儒家思想的影响力是无所不在的,儒家思想原则对于个人道德、家族伦理、人际关系、国家的典章制度乃至国家间的交往,都在不同程度上实现了有效的支配。儒学为中国的传统政治秩序与社会秩序提供了一个长期稳定的精神基础。儒学之所以在过去的中国传统社会具有如此强大的支配力,主要是源于其思想价值的普遍建制化。"上自朝廷礼乐、国家典章制度,中至学校与一般社会礼俗,下及家庭和个人的行为规范,无不或多或少地体现了儒家的价值。"③但是,自

---

① 〔美〕余英时:《现代儒学论》,第230页。
② "终极关怀"是蒂利希(Paul Tillich,1886—1965)发展出来的一个观念,以此来重写界定"宗教信仰"。中国哲学家当中,有许多人借鉴了"终极关怀"这一范畴来诠释中国哲学。例如,张岱年的《中国哲学关于终极关怀的思考》(《社会科学战线》1993年第1期)一文便是此方面有代表性的论文。
③ 〔美〕余英时:《现代儒学论》,第241—242页。

辛亥革命以降，建制化的儒学开始全面地解体，"儒学和制度之间的联系中断了，制度化的儒学已死亡了。但从另一方面看，这当然也是儒学新生命的开始"①。制度化的儒学的死亡，被余英时先生形象化地描述为"一个游魂"，于是儒学维持其新生命便体现为如何"借尸还魂"的问题。"魂"即"精神"，从传统建制中脱离出来的儒学，重新获得了自身发展的自由。儒学作为"游魂"的现代命运，恰恰预示其作为一种人类的思想资源重新还魂的可能和必要。

据此，约瑟夫·R.列文森(Joseph R. Levenson, 1920—1969)对于儒学所下的"正在衰落"和"即将退出历史舞台"的断言，很显然是有问题的。"在以往的许多世纪和朝代中，君主制和儒学相伴而生，结为一体，互相利用，现在又互相牵连，双双衰落。当儒学失去了它的体制依附时，它的理论体系也难以为继。伟大的儒学传统正在衰落，它即将退出历史舞台。退出历史意味着要走入历史。放弃了未来的儒学将会成为逝去的记忆。尽管只是零星地保留了下来，但它却为许多人所怀念和眷顾。它的历史意义也就在此。"②儒学果真如约瑟夫·R.列文森所说的只具有历史的意义吗？或者果真如他所言的仅仅成为博物馆中的陈列品？儒学如果成为博物馆的陈列品，那么显然其只能具有历史的意义、审美的意义。"我们再次通过旋转式栅门，从外部的现实世界来到了博物馆。就博物馆学的意义而言，陈列品都只具有历史的意义，它们代表的是既不能要求什么，也不能对现实构成威胁的过去。或者说他们只具有'审美'的意义，只能用价值的而不能用历史的眼光来欣赏。他们被小心翼翼地从过去中提取了出来参加展览，换言之，它们从过去的整体文化中被割了下来，并成了新的文化的一部分。"③将儒学送入博物馆，将其当做陈列品，从而以历史的意义、审美的意义来看待儒学，很显然是没有搞清楚究竟何为儒学的真精神。诚然，与旧的体制如君主制、封建制相连的儒学确实已经不存在了，已经成为我们回顾逝去时代的一种具有历史性的记忆。但是旧体制消亡的同时，恰恰是儒学重获新生的到来。儒学在当代社会依然可以融入新的体制之中，并成为体制完善和发挥功能的

---

① 〔美〕余英时：《现代儒学论》，第232—233页。
② 〔美〕列文森：《儒教中国及其现代命运》，郑大华、任菁译，第273页。
③ 同上书，第372页。

强大动力。作为几千年中国文化的核心,儒学背后的众多有价值的思想资源,绝对不是我们轻易就能将其放入历史博物馆中去的。儒学会因其创造性的转换和创新性发展,往往会不断地走入不同的当代,并且会在未来中国乃至人类社会的发展过程中发挥其难以估量的价值。任何断定儒学走入历史,成为历史陈列品的说法,都是一种过于简单和粗暴地对待儒学的错误态度。因此约瑟夫·R.列文森所提出的"儒学精神永存吗"这一问题,实际上是一个毫无意义的伪问题。孔子在中国乃至世界的地位和意义,绝不是他所说的只具有历史的意义,只属于历史,共产主义时代的孔子也不是只能被埋葬、被收藏。儒学并没有成为历史,因为历史并没有超越儒学。儒学并没有仅仅变成理性研究的对象,也决不会成为一块引起人们对过去之虔诚的历史纪念碑,而是会越来越成为理性研究的对象,会越来越成为情感维系的条件。

我认为,传统儒学的问题在于其力图在个人、家庭、社会、国家等各个方面全面安排好人间的秩序,而在今日多元文化并存的时代,这不仅不符合社会生活现实,也不符合当今时代发展的大势所趋。在中国思想大一统的一些时代,儒学曾拥有在政治、学术、生活等各个方面的决定性的主宰地位,而今天全球化的生存现实,却已极大地改变了这一传统。当代儒学的价值,所谓的"借尸还魂",也就是如何铸就儒学在当今的现实意义和价值,恐怕只能谦逊地主要在伦理价值层面,即在如何成就理想人格,如何养成良善公民方面来发挥其力量。我们完全可以在中国由民间社会向公民社会转化的日常人生化过程中,重新发现儒家传统的当代意义和价值。

与儒学的制度化理解同时存在的两种儒学理解类型是,从思想研究即学术化的角度来理解儒学,以及从日常生活的角度来理解儒学。学理化的儒学,在此不必多谈,我们透过儒学漫长发展史背后的儒学研究的各家各派的成果,便可以一窥其貌。[①] 生活化的儒学凸显的是儒学在"日用常行化"或"人伦日用化"中的当代价值。生活化的儒学集中体现在修身上面。原始儒学的真正始点即是个人的修身养性。孔子所真正

---

① 我们承认学理化的儒学也是一种哲学体系,而不仅仅是一种伦理学。因此,李约瑟的儒学判定是有问题的:"从本质上说,儒家学说并不是一个哲学体系,而是代表着一种伦理观点。"〔英〕李约瑟:《四海之内:东方和西方的对话》,劳陇译,北京:生活·读书·新知三联书店1987年版,第57页。

担心的是:"德之不修,学之不讲,闻义不能徙,不善不能改。"(《论语·述而》)孟子也强调:"天下之本在国,国之本在家,家之本在身。"(《孟子·离娄上》)《大学》篇更是一语道出:"自天子以至于庶人,壹是皆以修身为本。"(《大学·第一章》)"经师不如人师","言教不如身教",儒学的修身为己之学,在当代世界依然时时闪耀着思想的光芒。例如,白璧德(Irving Babbitt,1865—1933)在《民主与领袖》《性格与文化》等著述中,便将儒家的修身与民主领袖的培养联系起来,从而认为"以身作则"是造就民主领袖最为需要的品格。对于儒学生活化的理解,在后面的章节还会详细探讨,在此不做赘述。

通过以上的阐发,可以发现,当审视"儒学"(Confucianism)一词含义①的时候,往往发现想要给予其唯一的含义往往是不可能的。"'儒学'一词被应用到许多不同事物上,更为通常的用法是指一些包括孔子在内的思想家的哲学与伦理教育,同时也可以指一种学术传统,一种宗教,一种社会伦理,以及一种国家意识形态。"②就本书所涉及的"儒学"一词而言,它主要指的是一种学术传统和思想传统。本书对于儒学的民族性与时代性问题的思考,也主要是一种学理上的研究和辨明。

"新儒家"与"新儒学"③代表的是儒家发展历程中一个特殊的阶段和这一阶段所呈现出来的儒学,即不同于先秦所提出的原始儒家与儒学的思想阶段,而学者们往往将这一阶段规定为宋明理学时期。"'新儒家'是指谓一个学派,'新儒学'则只是指谓一个大致的学术方向,或者说是指谓一个广义的学术思潮。"④按照刘述先先生的理解,"新儒家"是一个外转内销的术语。冯友兰先生1923年在美国哥伦比亚大学所通过的博士论文答辩题目是《人生理想比较研究》(*A Comparative Study of*

---

① 关于"孔夫子"(Confucius)、"儒家"(Confucian)、"儒教"(Confucianism)等术语的异常丰富的思想史考察,可以参看〔美〕詹启华:《制造儒家:中国传统与全球文明》,徐思源译,北京:北京大学出版社2019年版。

② John Makeham(edited), *New Confucianism:A Critical Examination*, New York: Palgrave Macmillan, 2003. p1.

③ "新儒家"一词的英文表达是 Neo-Confucianism。例如,墨子刻(Thomas A. Metzger)的《摆脱困境:新儒家与中国政治文化的演进》一书中便有此词的应用。在贺麟先生1941年的《儒家思想的新开展》(参见贺麟:《文化与人生》,上海:上海人民出版社2011年版,第11—23页)一文中,"新儒学"一词也得到了应用。

④ 洪晓楠:《也谈后新儒家时代》,《哲学动态》1997年第7期,第25页。

*Life Ideals*)。这篇论文1926年9月以《人生哲学》为名由上海商务印书馆出版,其中有一章标题是"Neo-Confucianism",主要介绍的是王阳明的学说。"中国宋元明时代所流行之哲学,普通所称为'道学'或'宋学'者,实可名曰新儒学。盖此新儒家虽自命为儒家,而其哲学实已暗受佛学之影响,其'条目工夫',与古儒家之哲学,已不尽同。惟此派哲学之根本观念,即此派哲学家对于宇宙及人生之根本见解,则仍沿古儒家之旧,未大改变:所以此新儒家仍自命为儒家,而实亦可谓儒家。"①在1934年由上海商务印书馆出齐的《中国哲学史》(上、下)一书中,冯先生以"道学"取代了"新儒家"一词,不过他在书中却说:"韩愈提出'道'字,又为道统之说。此说孟子本已略言之,经韩愈提倡,宋明道学家皆持之,而道学亦遂为宋明新儒学之新名。"②后来,冯友兰的学生卜德(Derk Bodde,1909—2003)将此书翻译成了英文,第十章"道学之初兴及道学中'二氏'之成分"被翻译成"The Rise of Neo-Confucianism and the Borrowing from Buddhism and Taoism"。1952—1953年,此翻译版本由美国普林斯顿大学出版社出版③。从此以后,"Neo-Confucianism"成为表达"宋明理学"的专门术语。这之后,张君劢、陈荣捷、狄百瑞(William Theodore de Bary,1919—2017)④也都相继采用了"Neo-Confucianism"这一英文术语。冯友兰的《中国哲学简史》中也曾讲道:"新儒家一词相当于道学,是为西方造的新词。"⑤再有,郝大维与安乐哲的《先贤的民主:杜威、孔子与中国民主之希望》的第五章,也专门对"Neo-Confucianism"与"New-

---

① 冯友兰:《人生哲学》,《三松堂全集》第2卷,郑州:河南人民出版社2000年版,第184页。
② 冯友兰:《中国哲学史》下册,《三松堂全集》第3卷,郑州:河南人民出版社2000年版,第253页。
③ Yu-lan Fung, *A History of Chinese Philosophy*, translated by Derk Bodde, Princeton, NJ: Princeton University Press, 2vols., 1952—1953.
④ Cf. Carsun Chang, *The Development of Neo-Confucian Thought*, New York: Bookman Associates, 1957, 1962. Wing-tsit Chan, trans. &comp., *A Source Book in Chinese Philosophy*, Princeton, NJ: Princeton University Press, 1963. Wm. Theodore de Bary, ed., *The Unfolding of Neo-Confucianism*, New York: Columbia University Press, 1975.
⑤ The term Neo-Confucianism is a newly coined western equivalent for Tao-hseh, *A Short History of Chinese Philosophy*, ed. Derk Bodde, New York: Free Press, 1948, p. 268.

Confucianism",即"理学"与"新儒学"进行了区分①。田浩(Hoyt Cleveland Tillman,1944— )则批评"Neo-Confucianism"是一个语意含混不清且在历史描绘上完全没有用的词语,因此必须得加以变革。② 刘述先先生认为对"新儒家"一词略加修改,便可以避免田浩的批评。他提议以"宋明新儒学"来代替广义的"宋明理学",程朱理学与陆王心学是其下面的两个分支③。刘先生这样的规定,很值得商榷。他所理解的宋明新儒学,显然忽视了宋明理学中气学一大派,而以张载为代表的气学,不仅对后来所谓的理学与心学均有重要影响,而且这一气学背后依然彰显的是儒学在宋代的发展,当然完全可以归属到宋明新儒学中,以有别于之前的中国儒学。

就"当代新儒家"与"当代新儒学"的含义是什么这一问题而言,回答起来也不容易。因为与此相伴随的还有"现代新儒家""现代新儒学"这两个术语。按照中国现代史的惯常书写范式,中国社会的现代时期是从五四新文化运动开始算起的,而中国的现代化道路的探索、发现和前进,经历了漫长的岁月。迄今为止,中国的现代化事业还没有完成。到2035年基本建成社会主义现代化国家,而到21世纪中叶则建成社会主义现代化强国。就"当代"一词而言,其英文表达是contemporary,即"同时代"的意思。"同时代"对于不同时期的人而言往往是不同的。一个20世纪40年代的人,到今天来讲,其同时代的时间在70—80年左右。而一个20世纪80年代的人,到今天来讲,其同时代的时间在30—40年左右。因此,在中国思想界,现代与当代往往是交错在一起的。在此,可以不必过于拘泥于"现代"与"当代"的确切区别。大体来讲,"现代"指的是1919年五四新文化运动至今100多年的时间,"当代"作为"现代"的一部分,指的是从1949年新中国成立至今70多年的时间。有了对"现代""当代"术语的理解,我们便可以比较容易理解所谓的"现代新儒

---

① 〔美〕郝大维、安乐哲:《先贤的民主:杜威、孔子与中国民主之希望》,何刚强译,南京:江苏人民出版社2010年版,第81—82页。

② A New Direction in Confucian Scholarship: Approaches to Examining the Differences between Neo-Confucianism and Tao-hsüeh, Hoyt Cleveland Tillman, *Philosophy East and West*, Vol. 42, No. 3(Jul., 1992), pp. 455-474.

③ 刘述先有关"新儒家"名称的阐发及见解,参见其《论儒家哲学的三个大时代》,贵阳:贵州人民出版社2009年版,第67—69页。

家""现代新儒家""当代新儒家""当代新儒学"的含义了。"现代新儒家"和"当代新儒家"指的是中国现代时期与当代时期作为一种学术派别的"新儒家"。"现代新儒家是产生于20世纪20年代、至今仍有一定生命力的,以接续儒家'道统'、复兴儒学为己任,以服膺宋明理学(特别是儒家心性之学)为主要特征,力图以儒家学说为主体为本位,来吸纳、融合、会通西学,以寻求中国现代化道路的一个学术思想流派,也可以说是一种文化思潮。"①"现代新儒学"和"当代新儒学",指的则是中国现代时期与当代时期作为学术思潮和学术思想而存在的"新儒学"。

因此,对于"当代新儒家"(Contemporary New-Confucianism)的含义,我们可以采取一种较为广义的理解,并据此认为,凡是积极肯定儒家的一些基本价值与基本精神,并主张通过创造性的阐释来阐发其现代意义的人,都可以划归到这一范围之内。具体来讲,"当代新儒家"这一派别中的学者,应当至少符合下面四个标准:(1)必须承认儒学的基本价值和基本精神;(2)必须是结合现代社会来创造性地阐发这些价值和精神,那些纯粹注重文本的解读,采取注疏式传统来解读儒家思想的人决不能属于当代新儒家范围;(3)必须是关注现代性问题,并结合儒学思想资源进行相关的诠释。那些没有现代视野的学者,只注重传统的人,决不能称其为现代新儒家;(4)必须是在儒学的创造性转化和发展中提出具有原创性思想的人,才能够称之为现当代新儒家。一辈子人云亦云地阐发儒学的人,决不能将其称之为现当代新儒家学者。

以此为标准,中国台湾、中国香港乃至海外学人所狭义理解的"现代新儒家",很显然是有问题的。这种以狭义角度来理解的"现代新儒家",又被具体地称之为"当代新儒家"(Contemporary Neo-Confucianism)。这种称谓以《中国文化与世界宣言》为标准,注重强调"心性之学"是了解中国文化传统的基础,于是将熊十力、唐君毅、牟宗三、徐复观、杜维明、刘述先等视为其主要成员。根据上文四条标准,这种狭义的"现代新儒家"概念有些过于狭窄,它体现了一种派系,而未能从整全性视野来思考当代儒学。只有以一种开放的胸襟和广博的视野来定位当代新儒家的范围,才能整体把握儒学在现代发展的整体性脉络和成果。

---

① 方克立:《关于现代新儒家研究的几个问题》,《天津社会科学》1988年第4期,第18—19页。

关于当代新儒家到底包含哪些人物,学者们的意见也是众说纷纭,莫衷一是。刘述先先生曾提出了"三代四群"的说法①。第一代第一群:梁漱溟(1893—1988),熊十力(1885—1968),马一浮(1883—1967),张君劢(1887—1969);第一代第二群:冯友兰(1895—1990),贺麟(1902—1992),钱穆(1895—1990),方东美(1899—1977)。第二代第三群:唐君毅(1909—1978),牟宗三(1909—1995),徐复观(1903—1982)。第三代第四群:余英时(1930—2021),刘述先(1934—2016),成中英(1935—2024),杜维明(1940—  )。杜维明显然也认同当代新儒学划分为三代的说法,其认为从1919年到1949年是第一代,从1949年到1979年是第二代,1979年以后则是第三代②。与刘述先先生不同,宋志明先生认为,现代新儒家有狭义和广义之分,狭义的新儒家指的是由梁漱溟、熊十力、唐君毅、徐复观、牟宗三等人为代表的新儒家,他们尊重陆王哲学,倡导由内圣开外王的儒家之道,并且将内圣看作是道统。广义的新儒家则包括了冯友兰和贺麟等人,这些人的道统观念比较宽泛。除了现代新儒家之外,还有所谓的儒家解释学,相关学者以同情的态度来诠释儒家思想传统,并用现代人的眼光来发掘儒家思想资源。以此为标准,胡适、李泽厚、林安梧,以及一些接受唯物史观的中国马克思主义者,如陈独秀(1879—1942)、李大钊(1889—1927)、郭沫若(1892—1978)、侯外庐(1903—1987)、杜国庠(1889—1961)、张岱年(1909—2004)等人都在此范围内。现代新儒家与儒家解释学,二者共同构成了所谓的现代新儒学思潮。

对于上述十分宽泛的有关当代新儒学的规定,我们可以持有不同的看法。按照上文提到的四个判定当代新儒家的标准,能够被真正称为当代新儒家学者的,不仅仅是他们能够以同情的态度来诠释儒家思想传统,更重要的是他们一生思想的主体应当是儒学,而不是其他任何一种学问。更为重要的是,能够堪称是现代或当代新儒家学者的,他们一定是能够以现代性或当代性的问题来创新性发展与创造性转化传统儒学的人。以此为标准,宋志明先生所框定的一些现代新儒学思潮中的思想

---

① 刘述先:《论儒家哲学的三个大时代》,第170页。
② 〔美〕杜维明:《儒家传统与文明对话》,彭国翔编译,北京:人民出版社2010年版,第195页。

家,实际上并不是真正的现代新儒家学者。

在谈论完"新儒家""新儒学""现代新儒家""现代新儒学""当代新儒家""当代新儒学"的含义之后,在此还得顺便解释一下"后新儒家"与"后新儒学"的含义。"后"一词实际上模仿了"后现代""后现代主义""后现代性"中的"后"。言外之意,"后新儒家"与"后新儒学"力图突破原有的"现代新儒家"与"现代新儒学"、"当代新儒家"与"当代新儒学"的思想研究范式,力图在当代社会问题的视域下来继续思考儒学的当代意义和价值。

提倡后新儒学的非常有代表的一个学者是林安梧先生,他所提倡的"后新儒学"是对新儒学的一个反省。"后新儒家时代是一个从'新儒家'到'新儒学'、从'尊德性'到'道问学'的文化转型时代,是一个多元文化百家争鸣的时代,是一个综合创新的时代。"①在他看来,"后新儒学"其实有两层意思:一是新儒学之后;一是指向一套新的系统脉络建构。新儒学的问题是一直在问:"如何从传统过渡到现代";而后新儒学的问题是问:"如何在现代化的社会中,重新让儒家的经典的智慧释放出来,参与到整个现代人的生活之中,开启互动交谈,让它有一个新的生长可能。"②这大概是一个关键点,这个关键点一打开,它的变化会是崭新的。新儒学与后新儒学二者之间,不仅是时间上的先后,而且在内容上具有一种发展性、批判性的关系。整体上来讲,新儒学关注的是"心"与"主体性",后新儒学关注的是"气"与"生活世界"。

具体来说,林安梧先生将"后新儒学"与"新儒学"二者的区别主要概括为三个方面:(1) 在方法论上,新儒学关注"方法论上的本质主义"(Methodological essentialism)。所谓方法论上的本质主义,即在哲学探究的方法上主张透过现象来探寻本质。后新儒学关注"方法论上的约定主义"(Methodological essentialism nominalism)。所谓方法论上的约定主义,即在哲学探究的方法上主张以约定取代对事物现象背后的本质的把握;(2) 在道德哲学上,新儒学关注道德先验论而以陆王哲学为主导,重视"超越的分解",最为关心的是如何开出现代化,并认为良知的自我坎

---

① 洪晓楠:《也谈后新儒家时代》,《哲学动态》1997年第7期,第26页。
② 陈占彪等:《儒学革命:从"新儒学"到"后新儒学"》,《社会科学报》2008年5月29日第6版。

陷可以开出民主科学;最为关注的是心灵修养的境界圆融,并强调以圣贤教言的诠释为核心。与此不同,后新儒学关注道德发展论而以船山哲学为主导,重视辩证的综合,最为关心的是在现代化学习过程里如何重新条理,并认为文化的互动和融通可以调剂民主科学;最为关注的是社会正义的公民道德,并强调以历史社会总体的诠释为核心。于是,传统社会的君子教养、君子伦理便不同于公民社会的公民教养与公民伦理;(3) 在宗教哲学上,新儒学偏向于否定巫教信仰的价值,并坚持巫教与儒学之间的断裂性,而强调良知的超越一切,强调主体的开出并最终主张由内圣而外王。后新儒学反而坚持巫教与儒学之间的连续性,从而偏向于肯定巫教的信仰价值,主张良知、专制、咒术之间的纠结,强调要厘清道的措置并最终主张由外王而内圣。①

　　林安梧上述有关"新儒学"与"后新儒学"的三点区别,是难以令人苟同的。这三点区别,实际上表明的是其本人的儒家思想与牟宗三儒家思想的区别,因此完全涵盖不了新儒学与后新儒学这两个广义范畴与思想之间的区别。新儒学绝对不是林先生这里极其狭义化的规定,冯友兰先生的新儒学恰恰是以程朱理学为中心,而梁漱溟的侧重心理意义上的新儒学也与此不同。就方法论上的区别而言,所谓的方法论上的本质主义与方法论上的约定主义之间的区别,实际上是基础主义与反基础主义、本质主义与反本质主义、现代主义与后现代主义、道德绝对主义与道德相对主义之间的区别。以这些二元对立的范畴来探讨新儒学与后新儒学之间的区别,显然并不贴切和十分准确。另外,由于在新儒学与后新儒学的道德哲学之间进行了明确的区分,于是,儒家内圣外王之道也被重新加以了非符合真义的诠释。内圣与外王之间的关系,不再被看作是由内而外的单向发展过程,而是内外贯通为一的过程,即由内圣通向外王与由外王回向内圣的双向互动过程。当内圣作为外王本体根源之时,心性修养成为外王之学的首出本源;而当外王作为内圣的具体根本之时,社会公义则成为内圣之学的落实依据。这种对于儒家传统内圣外王之学的双向互动的诠释,显然是不符合儒家精神实质的。儒家之所以

---

① 以上三点区别参见林安梧:《"内圣""外王"之辩:一个"后新儒学"的反思》,见杜维明、姚中秋、任锋等:《儒家与宪政论集》,北京:中央编译出版社2015年版,第203页。

为儒家,其核心主旨即在于由内圣而外王,这是一个由内到外、由近及远的外推过程,其背后坚守的是人之所以为人的道德优先立场。将内圣与外王看作是双向互动的过程,明显与儒家的这一核心主张相悖。当强调社会公义可以作为内圣之学的落实根据之时,这恰恰强调的是政治的优先而不是德性的优先。更何况,政治本体与道德本体同时肯认,也明显与儒家精神背后的道德形而上学相佐。再有,以所谓的传统社会的君子教养、君子伦理与现代社会的公民教养、公民伦理的二元区分为基础,来区分新儒学与后新儒学,也是值得商榷的。传统社会与现代社会,在教养与人格修养方面,想必并没有论者所提出的那样具有严格的区分度。儒家所处的传统社会中的君子教养与君子伦理,其在现代社会依然具有不可否认的意义和价值。一个人,不管是处于现代还是传统社会,都有何以成人的问题,如何成就自己人生的最高理想人格,将始终是个体生命不可抛却的责任与义务。尽管如论者所说,君子伦理是由家庭和家族养成的,是由血缘亲情的孝悌人伦养成的,而公民伦理则主要是在社会人群与公共伦理中养成的。可问题是,家庭即使是在当代社会,也依然是社会最基本的细胞,其在道德修身与人格塑造方面,依然具有举足轻重的作用。即便是所谓传统社会的君子伦理,依然可以在现代与当代的家庭中寻找到自我存在的温床。现代公民社会存在的一个突出问题,恰恰是道德的沦陷与个人人格修身的置若罔闻。正是在此方面,传统社会的君子伦理与君子养成才依然具有了当代的意义和价值。总之,君子教养与公民教养、君子伦理与公民伦理,即便是形态不同、方式不同、养成也不太相同的两种教化方式,但依然可以并行不悖。

抛开上述具体限制不论,所谓的"后新儒学"本身是否具有合理性,尚且是一个完全可以争论的问题。一个"后"字附加在新儒学前面,明显是模仿了西方"后现代主义"这一术语。抛开依然前行在现代性道路之中的中国,去奢谈所谓后新儒学的问题,显然不符合当代中国社会发展的实际。即使退一步讲,我们这里姑且承认有所谓的"后新儒学"这一儒学发展的新阶段,也不会认同上述从方法论上、道德哲学上、宗教哲学这三点所谈论的其与新儒学相区别的内容。与其不恰当地谈论新儒学与所谓的后新儒学的区别,反而不如反思新儒学与所谓的后新儒学在儒学阐释背后的种种限制之处,以便能够从儒学发展的历史传统追溯中重新发现儒学的当代意义和价值更为合理和可行。无论儒学发展到什么样的阶段,发展到哪个阶段,无论儒家面对何种社会境况,只要我们能够始终坚守住儒家思想的核心在学以成人,在于铸就道德上的理想人格,便不会因为时代的变迁而忽略儒家思想的基本精神。儒家思想发展的特殊性的一面我们不能不面对,但是儒家精神背后的普遍性的义理,则是我们不管以何种方法、方式来诠释儒学的时候都万万不能抛却的方面。

有了上面关于"当代新儒学"与"当代新儒家"的理解之后,在此可以简单地对本书题目进行一个小小的说明。本书题目以"当代新儒学"而非"当代新儒家"为核心词,主要是为了彰显本书的研究主要是侧重于从学理层面来面对儒学的当代诠释及其背后的问题,尤其是关注改革开放后40余年儒学研究的热点问题的回应,特别是注重21世纪头20余年来儒学问题的当代探讨。可见,本书的研究重点不是作为一种思想派别而存在的当代儒学。有了关于"当代新儒学"术语上的澄清之后,接下来,本书将围绕当代新儒学与民族性、现代性、当代性的关系来分析儒学的当代意义与价值问题。在此,需要先从民族性与现代性的问题入手,以便在此基础上探讨儒学与民族性的关系,儒学与现代性的关系问题,乃至后面的儒学与一些当代性问题的关系。关于民族性与现代性的基本问题的分析,构成了本书第二章研究的主要内容。

# 第二章
# 民族性与现代性

在第一章,本书已经对于儒学分期的不同说法进行了简单介绍和回应。事实上,关于儒学到底分几期并不重要,只要我们承认儒学自从在先秦时期建立并发展以来,其思想与现实的影响力便在不同时期,在中国乃至东亚一些国家持续地产生影响便可以了。同时,我们也知道儒学在中国社会的影响力在日常生活中一直是具有广泛影响力的即可。抛开儒学分期问题不谈,我们更应当关注的是这种具有深远而持续影响力的儒学传统到底具有哪些内涵。上一章对于"当代新儒学"及其相关概念做了一定的分析,这种分析的结果无疑为本章的讨论奠定了基础。

在把握了"当代新儒学"的基本意涵之后,接下来碰到的一个非常棘手的问题便是当代新儒学所要面对和处理的传统与传统主义、民族性与民族主义的问题。众所周知,儒学作为具有浓厚的传统色彩的一种思想传统,它不仅要面对现代性的问题,而且还要面对与传统乃至传统主义之关系的问题。本书接下来将探讨何谓传统、何谓传统主义、何谓现代性、何谓多元现代性等相关问题,其重点是要把握当代新儒学与民族性的关系问题。通过这些问题的探讨,可以达到对于儒学背后所具有的深深的民族性特质的把握,并坚持一种只有民族的才是世界的思想立场。儒学的当代发展,不仅需要儒学之外的思想资源,尤其是西方现代性乃至后现代性资源来加以创造性转化和创新性发展,更需要立足本民族长期拥有的中国特色与中国特征。只有把握好儒学的民族性问题,才能处理好儒学的世界性问题。也就是说,儒学的特殊性与普遍性、民族性与世界性、传统性与现代性之间是辩证统一的。任何忽视其中一个方面的理解和把握,都难以对儒学这一古老的思想文化传统有真切的把握和诠释。随着当代中国的进一步发展,儒学背后的民族性特征会越来越得到彰显,并能够在多元文化并存的时代占有一席之地。这种站在民族性视角对于儒学的思考,不仅对当代中国具有特殊的意义和价值,即便对于全球化时代人文精神危机与全球责任凸显的当代世界,也是一种积极进步的思想资源。儒学这一中国古老文明中的宝贵资源,即便在新千年之始,也依然具有自己价值魅力彰显的诸多地方。接下来的内容,将首先从何谓传统与传统主义加以展开。

## 第一节 传统与传统主义

任何一个拥有自身文化传统的国家和民族,无论其发展到什么程度,无论其怎么发展,都将难以摆脱自身文化传统的烙印。"文化是民族的生命,没有文化,就没有民族。文化是一个民族生活的总体,把每一民族的一切生活包括起来,称之为文化。"①事实是,我们根本上难以想象一个社会的发展会从自身以往的文化传统中彻底解放出来。"传统可以现代化,而现代化则终不能脱离其传统。"②传统社会的一些特征,例如,对个体成员融入群体的强调,注重社会成员之间的人际关系维系,注重家庭之间的关系以及家庭成员之间的共处之道,注重社会责任意识和担

---

① 钱穆:《从中国历史来看中国民族性及中国文化》,北京:九州出版社2011年版,第13页。
② 钱穆:《传统与现代化》,见其《晚学盲言》(下),北京:九州出版社2011年版,第1012页。

当意识等,都明显是现代化的有用资源,而不是阻碍了现代化。"文化虽然永远在不断变动之中,但是事实上却没有任何一个民族可以一旦尽弃其文化传统而重新开始。"①

曾几何时,一些学者将西化与本位化作为一对范畴来加以研究,将现代化与西化等同起来。如今,学者们更主张以传统与现代来取代本位化与西化这对范畴。因为,任何一个民族都有其自身独特的现代化问题,现代化于是绝对不能等同于西化。当这一民族处于现代化历程中时,便涉及其传统的民族文化中的基本价值与观念如何调整、转化、适应现代社会的问题。就中国传统文化而言,其文化价值的核心系统都不会因为现代化乃至后现代化的挑战而失去其当代的意义。就中国而言,"现代中国与前现代中国之间意识形态上的连续一惯性,要远远超过为大多数历史学家的研究所已经认识的那种程度"②。

## 一、传统与传统主义的区别

具有深刻的民族历史意识,是我们人类最起码应当具有的一种意识,坚持这种历史意识,便是承认我们人类始终生活在传统的掌心之中。那么,究竟何谓传统呢?

"传统意味着许多事物。就其最明显、最基本的意义来看,它的涵义仅只是世代相传的东西(traditum),即任何从过去延传至今或相传至今的东西。"③按照美国著名社会学家爱德华·希尔斯(Edward Shills,1911—1995)的理解,我们判断某种东西是不是传统的决定性标准,是看一看这种东西是不是人类行为、思想和想象的产物并且被代代相传。以代代相传的事物来理解的传统,既包括一些物质实体,也包括人们对各种事物的信仰;既包括关于人和事物的形象,也包括一些惯例和制度。传统可以包括建筑物、纪念碑、景物、雕塑、绘画、书籍、工具和机器等。希尔斯对于传统的定义显然是一种非常宽泛的定义,在这种宽泛的定义

---

① 〔美〕余英时:《中国思想传统的现代诠释》,南京:江苏人民出版社1995年版,第50页。
② 〔美〕墨子刻:《摆脱困境:新儒学与中国政治文化的演进》,颜世安等译,南京:江苏人民出版社1996年版,第16页。
③ 〔美〕爱德华·希尔斯:《论传统》,傅铿、吕乐译,上海:上海人民出版社2009年版,第12页。

下,在一个特定时期内某一个社会成员所拥有的已经存在的一切事物,都可以称之为传统。在此,我们对于传统的理解是一种狭义的理解,它主要是从文化的角度来理解的,因此,当我们谈论"传统"这一概念时,往往是从文化传统的角度来理解的。由于文化可以从物质文化、制度文化与精神文化来进行类型上的划分,于是,传统也便有了物质文化传统、制度文化传统、精神文化传统的区分。

诚然,一种文化传统中并不是所有的东西都是有益于人类的,并不是所有的东西都值得继续保存下去。但是,那些流传久远并业已成为人们理想信念、典章制度、行为规范的东西,它们作为传统的组成部分,自有其继续存在的理由。因此,在对待传统的问题上,我们一定不能以形而上学的思维来加以处理,或者以历史虚无主义的态度将其全盘的抛弃,或者以保守主义的态度照单全收。"我们对待传统应该相当慎重,传统不应仅仅被当作是障碍或不可避免的状况。抛弃传统应该看成是新事业的一种代价;保留传统则应算作是新事业的一种收益。"①作为人类价值生活的重要组成部分,传统成为人类生命与生存具有历史性的基本见证,并将继续成为他们现今和今后继续存在的基础。"传统应该被当作是有价值生活的必要构成部分。在现代,人们提出了一种把传统当作社会进步发展之累赘的学说,这是一种具有重大历史意义的错误。如此断言是对真理的一种歪曲,认为人类可以没有传统而生存,或只消仅仅按照眼前利益、一时冲动、即兴理智和最新的科学知识而生存,同样是对真理的歪曲。不管这种错误的动机多么高尚,也无论这种错误如何有助于带来什么样的利益,它毕竟是错误的。"②总而言之,如果没有传统,人类便不会生存并继续发展下去。

既然作为一种文化来理解的传统这么重要,那么,我们究竟该如何更加准确地理解文化传统呢?"文化的传承称为文化传统。它反映了人们在发现、反映和传递生活的深层意义时的累积性成果。在共时性的意义上,文化是智慧的主体。"③文化传统与本体性安全密切相连,而信任

---

① 〔美〕爱德华·希尔斯:《论传统》,傅铿、吕乐译,第354—355页。
② 同上书,第355页。
③ 〔美〕乔治·麦克林:《传统与超越》,干春松、杨凤岗译,北京:华夏出版社2000年版,第11—12页。

(trust)也与本体性安全具有紧密的联系。本体性安全指的是："大多数人对其自我认同之连续性以及对他们行动的社会与物质环境之恒常性所具有的信心。"①"就其维系了过去、现在与将来的连续性并连接了信任与惯例性的社会实践而言,传统提供了本体性安全的基本方式。"②传统属于我们,我们也当然属于传统。"传统并不是简单的在历史中发生的什么事,它对人类的生活有重大意义。是那些经历了时间和人类的经验被证明是极为真实的和人的生活所需要的东西。传统包含着价值,这价值是我们的先辈在特定的历史环境中自觉承担的情感责任,然后经过经常的回顾、修正并代代相传。传统的内容体现在文学作品和所有其他许多文化形式中。逐步发展而形成一种内容,据此形成某种性格,并建立起社群。传统,建构起一种极为丰富的资源,如果被接受和信奉、肯定和培育,可以引申出多种多样的主题。"③因为传统对人类的生活具有重大意义,因此我们就不能简单地抛弃传统,而是应当积极地运用并创造性地转化传统,针对时代中的问题来以一种创造性的品质激活传统。

"传统"这一概念,不仅与传统主义常常联系在一起,而且还与现代、现代性、现代主义、后现代、后现代性、后现代主义相连。明确地将传统与传统主义区分开来是非常必要的。"前者是指从过去存留下来的文化价值,后者则把这些价值解释为永久不变的。区别就在于我们是把传统看成可以改变的,还是看成固定不变和永恒存在的。"④"传统指的是从以前的世代中继承的信念和实践,以及在现代化进程中可以被采纳和重新解释的信念和实践。另一方面,传统主义是一种文化态度,它将传统看成基本上是静止的,并认为从过去继承的信念和实践是不变的。"⑤对于传统持赞同立场的一个代表性著作是阿拉斯代尔·查莫斯·麦金泰尔(Alasdair Chalmers MacIntyre,1929—　)的《追寻美德》(1981)一

---

① 〔英〕安东尼·吉登斯:《现代性的后果》,田禾译,南京:译林出版社 2011 年版,第 80 页。
② 同上书,第 92 页。
③ 〔美〕乔治·麦克林:《传统与超越》,干春松、杨凤岗译,第 17—18 页。
④ 〔英〕杰拉德·德兰蒂:《现代性与后现代性:知识、权力与自我》,李瑞华译,北京:商务印书馆 2012 年版,第 61—62 页。
⑤ 〔意〕艾伯特·马蒂内利:《全球现代化:重思现代性事业》,李国武译,北京:商务印书馆 2010 年版,第 51 页。

书,传统主义的代表作是丹尼尔·贝尔(Daniel Bell,1919—2011)的《资本主义的文化矛盾》(1976)。在当代,人类真正的选择并不是在传统主义与现代主义之间进行的,而是在因不同的传统而形成的不同的现代主义之间进行抉择。如果一个社会选择的是一种与热衷于权力和无穷的贪婪相联系、以酷刑和为专制者树碑立传的发展模式,那么我们会毫不犹豫地说,这一社会依然是处于传统主义宰制下的传统社会而不是与此相反的现代社会,这种现代社会提倡的恰恰是一种为人道主义所陶冶和被谦和所约束的现代主义。

"传统"是与"现代""现代性"范畴直接相连的概念。对于现代、现代性这两个概念,我们下文还要详细探讨。在此,我们仅将现代性概念与传统联系起来,以便对于"传统"这一范畴有更好的理解。对于"现代性"范畴,学术界通常的理解是:现代性是后传统的,而这个后传统的现代性可以被后现代性所替代。但事实上,对于现代性的这种惯常理解是一种严重的思想误导,因为在现代性内部便存在着对于传统的批判性和反思性占用,于是现代性并不是真正意义上的一种后传统。现代性自我理解中这种对于传统的批判性占用,显然"不是克服传统,而是传统的转化"①。这样看来,传统与现代的关系,绝对不是一种断裂的关系,而是一种反思性的更新关系。"传统与现代性是现代化过程中生生不断的'连续体',割弃了传统的现代化是走向虚无的殖民地或半殖民地化,而背向现代化的传统则是画地为牢、自取灭亡的传统。"②"回溯到漫长而又丰富的历史深处的能力能使我们从今天所面临的挑战中解脱出来。保持对先辈的敬意和同情,可以使我们的行为保持对在过去形成的东西的灵感之下,而不能简单地抛弃之。古代的和谐是通过整合不同范围的现实来实现的,例如天、人和自然,能减轻呈现在我们眼界里的紧张感,发现生活的希望和激励我们做新的努力。"③

进一步讲,当我们将与传统主义相区别的传统和现代性联系起来进

---

① 〔英〕杰拉德·德兰蒂:《现代性与后现代性:知识、权力与自我》,李瑞华译,第47页。

② 杨学功、张胜:《对文化民族性与时代性关系的新思考——重新反思20世纪30年代的文化论争》,任平主编:《当代中国马克思主义哲学研究》(2012),北京:中央编译出版社2012年版,第300页。

③ 〔美〕乔治·麦克林:《传统与超越》,干春松、杨凤岗译,"引言"。

行思考的时候,应当采取辩证的角度来看待二者的关系。有些传统是真正完整的现代性所必需的,而有些传统则因其完全不符合现代性而必须彻底抛弃。"现代化过程要加速或导致某些传统的社会关系如封建性质的家族血缘纽带关系、部落中的某些属于原始或奴隶制度的生产关系、家庭中的封建家长统治权,以及王权至上和超越法律约束等等崩溃瓦解,也确实要无情地抛弃某些传统的习俗和观念,像鄙视商业和科学实验,用盲目的宗教信仰替代科学和真理,歧视和排斥妇女参与社会活动,凡事要以传统和权威的好恶来衡量品评,提倡愚忠皇权和闭关锁国等。"①显然,这些传统因素委实成为一个社会步入现代社会的沉重精神负担,为这些传统因素唱起挽歌,而不必感到痛惜和哀叹,因为"它们本来就是人类灵魂和幸福的监狱,只是披上了传统的外衣,骗取了人们对自己祖先创造的悠久文明的一份崇敬"②。当然,在一个社会的成员抛弃传统中的精神负担的时候,确实是心理上的一种痛苦的抉择。当一个国家和社会的现代化要求与日俱增的时候,当现代化的思想与现代化的行为不断冲击着古老传统的时候,一个人必须在如下两个方面进行抉择:要么固守旧有的传统社会秩序和经济、政治、文化制度,从而忍受贫穷、落后、挨打而带来的时代剧痛;要么毫不犹豫地接受现代的生产方式和社会制度,打破旧有的传统社会关系和社会生活,从而享受因现代、文明、富强而带来的时代幸福。

与此不同,那些在传统中深藏着的、并为深处这一传统而世代生活的人们所继承的优良物质与精神财富,则是现代性历程中所应当继承的那部分传统。现代性尽管赋予传统以前所未有的创造力和改造力,从而将传统文明推向一个新的世代、一个新的高峰,但是,与此同时,它依然继续和延伸着人类传统文明中健康的部分。"诚然,现代化过程必然使人们与某些传统的生活和习俗决别,但从一种新的意义上讲,现代人比传统人更能真正维护、珍惜和保存传统。"③只有以辩证角度来审视传统及其与现代性的关系,才能使我们在由传统步入现代性的过程中,走得

---

① 〔美〕阿历克斯·英格尔斯等:《人的现代化》,殷陆君编译,成都:四川人民出版社1985年版,第58页。
② 同上。
③ 同上书,第58—59页。

更好和更远,尤其是对于中国这样一个民族文化传统异常丰富和浓厚的社会,更应当处理好传统与现代性的关系问题。同时,我们也应该看到,传统尽管重要,但也需要通过不断的对话来发展传统。任何一个民族传统中的文化遗产与文化价值,都必然不是封闭的和僵死的。在同一文化传统的内部,在不同的文化传统之间,都存在着对话的可能和需要。

## 二、文化传统与文化的民族性、时代性

传统与现代乃至后现代的关系问题的探讨,其背后往往涉及我们到底是持一种历史断裂观,还是一种历史的社会进化观的问题。对于这一问题的探讨,我们可以将其与文化的民族性与时代性结合起来进行思考。文化的民族性更多体现的是一种文化传统的意义。

任何一个民族的文化都会形成一种文化系统,而每一个民族在一定时代都会形成自己独特的文化系统。因此文化可以区分为不同的类型,例如中国文化、西方文化、印度文化便是属于不同类型的文化。在不同的文化类型中,既包括一些共同的文化要素,也包括一些不同的文化要素。前者体现了文化的普遍性,各民族文化之间的共同性和普遍本质;后者体现了各民族文化的特殊性和特殊表现。当然,中西方文化之间的普遍性要比中国传统文化与现代文化之间的普遍性低得多,而中西方文化之间的特殊性则远比中国传统文化与现代文化之间的特殊性多。

不同文化类型的存在,文化的特殊性的存在,要求我们在谈论文化问题的时候,必然不能忽视文化的民族性、时代性,因为文化的民族性、时代性正突显了文化特殊性的主要方面。注重自己本民族的文化,注重自己任一特殊时代的文化,即主张自己民族文化的独立性,这体现了民族文化的主体意识。诚如张岱年先生所言:"民族文化的独立性,也可叫作'民族文化的主体意识'。文化是为民族的生存服务的。民族是一个主体,吸收外来文化要为民族服务,使我们这个民族更加发达兴旺。但是不能丧失民族文化的独立性,不能完全跟着人家学,应该发挥自己的主动精神和创造精神。"[①]文化的主体意识,包括文化的独立意识、文化的自我意识、文化的自觉能动性。"独立性即是肯定自己的独立存在;自

---

[①] 张岱年:《中国文化的历史传统及其更新》,《张岱年全集》第6卷,石家庄:河北人民出版社1996年版,第167页。

觉性即是具有自我意识,自己能认识自己;主动性即是具有改造环境的能动力量而不屈服于环境。"①于是,丧失了民族文化的独立性也就丧失了民族的独立性,一个民族只有在文化上具有独立性、自觉性、主动性,才能够最终立足于世界民族之林。

可见,就文化的民族性而言,任何一个民族都有表现在其共同文化上的共同心理,其基本内容为这一文化中的世界观、人生观、价值观等方面。因此,某一类型文化的民族性,便主要体现为其世界观、人生观、价值观方面的基本理论。儒家文化作为中华传统文化的核心,深深地体现了我们的民族性之维,当我们以民族国家、民族认同来思考中国的时候,儒家文化传统必然成为我们的思想出发点。以深深植根于现实的政治与人生的儒家文化来透视中国的民族性,体现的是一种历史主义的态度。

那么,究竟何谓文化的民族性呢?"所谓文化的民族性,正是指体现在特定民族文化类型中,并作为其基本内核而存在的民族文化心理素质的特征,是对于特定民族的文化特征的最高层次的抽象。"②"文化的民族性,是指体现在特定民族文化类型中,并作为基本内核而存在的民族文化心理素质的特征,它是形成民族文化的基础,具有与民族共存亡的超时代性。"③"文化的民族性是指由特定民族的人们所普遍认同的文化心理结构维系而成的文化结构整体特征与其他文化结构相比较而显示出来的不可替代的独特规定性,其突出表现为民族个性。"④从这些有关文化民族性含义的规定来看,学者们的意见基本上是一致的。也就是说,文化的民族性往往是与特定的民族文化类型相关的,是与一个民族的个性相关的,常体现为一个特定民族的文化心理结构和文化心理素质。

---

① 张岱年:《文化体用简析》,《张岱年全集》第 6 卷,石家庄:河北人民出版社 1996 年版,第 206 页。

② 许苏民:《论文化的民族性与时代性》,《福建学刊》1989 年第 2 期,第 66 页。

③ 郑大华:《文化只有古今之别没有东西之分吗?》,《北京日报》2015 年 3 月 30 日第 19 版。

④ 刘化军:《浅谈文化的民族性与时代性》,见罗文等:《云南师范大学思想政治理论课教育教学改革与探索》,昆明:云南大学出版社 2009 年版,第 60 页。

那么,什么又是文化的时代性呢？广义的文化时代性,既包括现代性也包括当代性;狭义的文化时代性,则主要指与前现代性、现代性不同的当代性。接下来的论述,主要是在狭义的文化时代性角度来看待这一概念的,它当然具有历史性特征。那么,究竟何为文化的时代性呢？"与封建主义生产方式相适应的是封建时代的文化;与资本主义生产方式相适应的是资产阶级的文化;与社会主义公有制相适应的是社会主义文化。这是文化的时代性。"①这种对于文化时代性的解说,主要是基于不同的所有制形式及建立在此基础之上的不同社会制度。这种对于文化的时代性的解说是有问题的,因为文化的时代性主要是针对不同时代的文化而言的,而不是针对不同的社会制度而言的。因此,文化时代性在现今的特征便直接表现为文化的当代性,即文化应该在当代社会发展中不断地进行创新和发展,并彰显顺应社会发展趋向的精神力量。"所谓文化的时代性,是指为社会发展的特定历史阶段上的一般状况所规定的文化的时代特征。"②"文化的时代性是指任何一种文化的产生、形成、发展与成熟都总是在一定的社会历史阶段上进行的,并以时间作为其基本的存在形式。也就是说,文化是历史发展的产物,不同的时代和不同的历史阶段有着具体内涵不同的文化。"③"文化的时代性,是指为社会发展特定历史阶段上的一般状况所决定的文化之时代特征,它反映的是世界各民族在相同的时代或相同的社会发展阶段上的文化之共同要求。"④从学者们对于文化时代性含义的规定来看,他们的观点也基本上是一致的。文化的时代性,主要言说的是文化的历史性存在,即一种文化在某一个特定的历史阶段所具有的特性。

辩证地来看,文化的民族性与文化的时代性是文化发展进程中两个密不可分的方面,任何强调其中一个方面而忽视另一个方面的极端立场,都会带来对于文化发展理解的一隅之见。例如,在看待中国文化的

---

① 张岱年:《文化体用简析》,《张岱年全集》第6卷,第205页。
② 许苏民:《论文化的民族性与时代性》,《福建学刊》1989年第2期,第67页。
③ 刘化军:《浅谈文化的民族性与时代性》,见罗文等:《云南师范大学思想政治理论课教育教学改革与探索》,第63页。
④ 郑大华:《文化只有古今之别没有东西之分吗?》,《北京日报》2015年3月30日第19版。

问题上,如果过分注重文化的民族性一面,便必然会陷入中国本位文化的窠臼之中;反之,如果过分强调中国文化的时代性一面,则会陷入全盘西化的窠臼之中。"我们既要承认在时代性上,中国文化的落后一面,有向其他先进文化学习的必要性和紧迫性,同时又要看到在民族性上,中国文化的独特价值和意义,从而树立起民族的自豪感和自信心。"①

那么,文化的民族性与文化的时代性,文化的传统性与文化的现代性,何者更为重要呢? 如果站在全球化的立场,站在人类文明的当代发展立场,文化的时代性远远比文化的民族性重要。全球化的时代,需要一个国家和民族能够进入现代化的社会,以此步入全球发展的前列。只有自身时代性的问题解决好了,才能给予自身的民族性发展提供进一步发展的时间和空间。当然,当我们不是从一种普遍主义的视角来审视现代性问题,而是从一种特殊主义的角度来审视这同一个问题时,就少不了从民族性的视角来思考现代性问题。"只有将现代性与民族性结合起来,通过民族性的转换,创造出新的中国现代性,中国的现代性培育和建设才算成功。"②就哲学而言,任何一个时代的哲学或不同时代下的任何一种哲学,都因为这种哲学与特定的文化传统相联系而具有了民族性的品格。"哲学关涉人们的精神世界,而人们的精神世界同民族性密切相关,不可能完全一样。从这个角度说,哲学是有民族性的学问。各个民族有各个民族的哲学思考模式,也有各个民族自己得出的结论。"③当我们以文化的民族性与文化的时代性视角来审视中国文化与西方文化的时候,更是应当坚持一种辩证的思维。以往有些学者往往是从"古今之别"和"东西之分"这两个角度来进行中西方文化的比较的。但是,这两个角度都不能做到以一种辩证的视野来展开相关的比较,因而都是我们应当抛弃的立场。正如郑大华所言:"把东西或中西文化的差异归结为'古今之别',这有助于人们发现中国传统文化与西方近代文化的时代差距,从而认识到向西方学习的必要性和紧迫性,但它又容易导致人们对本民族文化的全盘否定,因为在时代性上,中国传统文化几乎比西方

---

① 郑大华:《文化只有古今之别没有东西之分吗?》,《北京日报》2015 年 3 月 30 日第 19 版。
② 徐建勇:《现代性与新儒家》,北京:人民出版社 2019 年版,第 50 页。
③ 宋志明:《现代中国哲学观演进及其对民族性遮蔽》,《社会科学家》2013 年第 5 期,第 7 页。

近代文化落后了整整一个时代。胡适等人也正是通过中西文化之时代性的比较而得出中国传统文化百不如人之结论的。反之,把中西文化的差异归结为'东西之分',这有助于人们发现中国文化存在的价值和意义,从而增强民族自豪感和自信心,但它又容易促使人们滋长消极的文化自满情绪,拒不承认中国固有文化的落后,反对用西方近代文化对中国传统文化进行批判、改造和变革。'五四'时期,以杜亚泉、梁漱溟为代表的一些文化保守主义者就是以文化之民族性的不同为理由反对五四新文化运动提出的向西方文化学习之主张的。"[1]以"古今之别"的视角来审视比较中西方文化,容易因过分强调文化的时代性差别而忽视了中国文化的民族性特征;反之,以"东西之分"的视角来比较中西方文化,则又因过分强调中国文化的民族性特征而忽视了文化的时代性特征。

辩证地理解文化的民族性与文化的时代性,不仅有利于我们审视中国文化,不仅有利于在中西方文化之间进行辩证的比较,更可以成为我们审视新儒学的一个十分有意义和价值的视角。就思想体系真正得以塑造而言,时代性与民族性的融合是必需的。"真能于思想上自成系统,有所创获者,必须一方面吸收输入外来之学说,一方面不忘本来民族之地位。此二种相反而适相成之态度,乃道教之真精神,新儒家之旧途径,而两千年吾民族与他民族思想接触史之所昭示者也。"[2]中国现代哲学中,冯友兰的新理学哲学体系,金岳霖的论道哲学体系,牟宗三的"道德的形而上学"系统等,都是民族性与时代性相结合的典范。在当代,文化保守主义依然存在,如有的学者甚至主张"儒家思想在现代发展中必须保住其自性与文化自我,而'不当'与西方文化结合,具体说来'不当'与民主思想结合。中国就是中国,西方就是西方;儒家就是儒家,民主就是民主;二者各为人类文化大花园中的一枝奇葩,各自散发出独特的芬芳异彩,同为人类文化大花园增添了丰富多姿的景致,故二者没有必要结

---

[1] 郑大华:《文化只有古今之别没有东西之分吗?》,《北京日报》2015年3月30日第19版。
[2] 陈寅恪:《审查报告三》,冯友兰:《中国哲学史》(下),《三松堂全集》第3卷,郑州:河南人民出版社2000年版,第462页。

合亦不可结合"①。这种为了保持儒学自性与文化自我而提出的儒家思想不当与西方民主思想相结合的主张,显然是一种政治文化上的保守主义立场,这种保守主义立场当然否认儒家思想与民主思想可以而且应当合乎逻辑地结合起来。尽管这种立场并不完全排斥或反对西方民主而只是为了表明儒学不是亦不当是西方民主思想,但是在文化多元与对话的时代,这种立场显然是一种阻碍不同文化思想之间交融与利用的障碍。问题不是获得儒学自性,而是要探讨如何实现儒学的现代性转换与创新性发展;问题不是保持文化自我,而是如何结合中国特色来吸收和利用作为现代性重要内容的民主精神的问题。

## 第二节 民族性与民族主义

与传统、传统主义密切相关的是民族性(nationhood)、民族主义(nationalism)这两个范畴。而文化的民族性又与民族、民族国家等概念紧密相连。

在探讨民族主义之前,需要我们首先对于文化的民族性有所了解。对此,我们上一节已经做了较为系统的考察,而且主要是从文化传统与文化的民族性角度来进行研究的。在此,我们将主要从民族性、民族主义本身的视角来审视一下相关问题。我们知道,文化的民族性更多地体现了一个文化系统的个性的一面。"在检讨某一具体的文化传统(如中国文化)及其在现代的处境时,我们更应该注意它的个性。这种个性是有生命的东西,表现在该文化涵育下的绝大多数个人的思想行为之中,也表现在他们的集体生活之中。"②那么,究竟何谓民族性呢?"所谓民族性即是决定整个民族的命运的命脉与精神。"③在钱穆先生的思想中,民族性被等同于性格,从中国历史来看中国的民族性,即是看中国人的性格。"中国人的天性,所谓我们的国民性,是和合的分数比较多过分别的。"④中国人的国民性体现为他们喜欢合,因而具有和合性、集团性,而

---

① 蒋庆:《政治儒学:当代儒学的转向、特质与发展》(修订本),福州:福建教育出版社2014年版,第218页。
② [美]余英时:《中国思想传统的现代诠释》,第5页。
③ 贺麟:《近代唯心论简释》,上海:上海人民出版社2009年版,第6页。
④ 钱穆:《从中国历史来看中国民族性及中国文化》,第22页。

西方人的国民性则体现为他们喜欢分,因而具有分别性、英雄性。这种将国民性等同于天性、等同于性格的主张,显然是混淆了民族性与国民性的区别。与钱穆先生一样,在梁漱溟先生的文化哲学中,文化的民族性同样被混淆为中国人的民族品性即国民性。中国人的民族品性被他归结为自私自利、勤俭、爱讲礼貌、和平文弱、知足自得、守旧、马虎(模糊)、坚忍及残忍、韧性及弹性、圆熟老到。①

事实上,民族性(nationhood)不同于族群性(ethnicity)。对于何谓民族性的问题,在此可以结合希尔斯的"实质性传统"(substantive tradition)概念来加以分析。希尔斯认为,在文化传统中有一些实质性的存在。"实质性传统是人类的主要思想范型之一,它意味着赞赏过去的成就和智慧以及深深渗透着传统的制度,并且希望把世传的范型看作是有效的指导。"②实质性传统具有不因历史而消亡的长久价值,它们永远也不会终结。"虽然实质性传统发生了动摇,但是它们并没有消亡。只要人类还天生就是人类,只要他们还具有爱的能力和性的欲望,只要父母的爱护仍为儿童的生存和成长所必需,那么这些传统就不会消亡。只要宇宙还存在着神秘性,只要人类还在其中寻找秩序,只要他们还好奇地希望认识它,那么他们就会创造、完善和依恋于传统。只要他们还希望成为比他们的身躯还多点什么的东西,那么他们就会寻求并创造传统。只要人类还需要规则、范畴和制度,只要他们还不能即兴地创造这些东西,或不是只在某个场合才需要它们,那么他们就将坚守着传统,即使他们骄傲地认为并没有这样做的时候亦复如此。只要各个个人的独立行动还不足以达到任何人所能想望的所有目标,那么有关众人行动的持久制度安排就将是必要的,组织也将是必需的;而只要哪里有组织,哪里就将有权威,而且权威将与传统融为一体。"③尽管实质性传统具有长久的历史价值,它们并不会消亡,并且伴随着人类社会的发展史,但是,一种文化中的实质性传统,经常被不同的人出于不同的目的破坏甚至抛弃,其导致的直接后果,即是使得一个社会本有的良好社会秩序和个人已有

---

① 梁漱溟:《中国文化要义》,《梁漱溟全集》第3卷,济南:山东人民出版社2005年版,第30—31页。
② 〔美〕爱德华·希尔斯:《论传统》,傅铿、吕乐译,上海:上海人民出版社2009年版,第21—22页。
③ 同上书,第345—346页。

的幸福生活的丧失,同时这种破坏和抛弃也造成了一种普遍蔓延的社会混乱和人伦日降。

文化中的实质性传统的确在某种程度上彰显了一个国家和民族的民族性特质。以儒家文化为核心的中国传统文化,其民族性的彰显也主要是通过儒学这种实质性的传统来得以呈现的。而且,即使在今天,儒学所带给我们的民族性依然在默默地发挥着自身的社会功能。尽管实质性传统与民族性密切相关,甚至在某种程度上讲,富含民族性的文化传统就是文化中的一些实质性传统;尽管实质性传统中包括了民族性,但是民族性也不应该被等同于实质性传统。"实质性传统的核心是家庭的和宗教的权威,以及对乡土和其他原始事物的眷恋。当民族性成为实质性传统的目标时,它就成了一种意识形态性的民族主义,这种民族主义对实质性传统并不更加同情,虽然实质性传统的目标中包括了民族性。"①

强调文化传统中的民族性的同时,应该采取一种历史辩证法去理解。正如现代性并不等同于时间性,民族性也并不等同于空间性。"民族根本不可能具有恒久不变、放之四海而皆准的客观定义,因为这个历史新生儿才刚诞生,正在不断变化,且至今仍非举世皆然的实体。"②作为一种实体性的存在,我们不可能赋予民族这一实体以一种举世公认的客观定义,以此来评判谁更具民族性、谁不具有民族性;谁又是具有现代性的民族,谁又是更具传统性的民族;谁是更优秀的民族,谁又是具有劣根性的民族。以一种恒久不变、放之四海而皆准的有关民族的客观定义来进行判断,这的确忽视了民族的历史性维度,忽视了任何一个民族作为一种历史性的存在,它始终处于永恒的生成和流变之中,它始终是在行进的途中,而不是达到了路途的终点。"如果从时代性来论衡中国哲学传统成为基本的乃至惟一的尺度,它可能带来的一个基本问题就是容易由此而走向在整体上否定中国哲学传统的现代价值。"③

---

① 〔美〕爱德华·希尔斯:《论传统》,傅铿、吕乐译,第344—345页。
② 〔英〕埃里克·霍布斯鲍姆:《民族与民族主义》,李金梅译,上海:上海人民出版社2006年版,第5页。
③ 李翔海:《改变从"时代性"的单一维度论衡中国哲学的思维定式》,高瑞泉主编:《中国思潮评论:激进与保守的复调变奏》第6辑,上海:上海古籍出版社2014年版,第93页。

强调文化传统中的民族性的同时,应该将其与文化中的保守主义区分开来。我们承认,文化的民族性突显了一种强烈的民族情感色彩。因为,"传授给人们的任何信仰传统,总有其固有的规范因素;发扬传统的意图,就是要人们去肯定它,接受它"①。一个社会的文化表达,不仅体现在空间上,更体现在透过文化的民族性所规约的时间性上面。"一个社会不只是一个存在于特定时刻的共时现象。如果没有持续性,社会就不成其为社会;复制的机制赋予社会以持续性;这一持续性是社会之所以被定义为社会的条件。"②"与祖先的成就失去联系会引起危害,因为它剥夺了未来一代人的导向图,而这是所有人,甚至是天才和先知也都需要的。他们自己并不能以一种稳定而令人满意的方式即兴地创造出这类蓝图。当他们与祖先的成就失去联系时,他们还丧失了更多的东西。丧失祖先的形象同样是精神贫困的表征。他们丧失了对于超越他们自己,也超越同代人的那种集体的认同意识。"③即便是在哲学这种文化类型的发展过程中,也充满了民族性的色彩。也就是说,任何哲学系统除了处理普遍性的哲学问题之外,还体现出很强的处理这些问题的民族性特质。"在哲学中,正是传统在传递着过去的问题和答案。这一传递过程限制了哲学家的答案。在哲学中,传统是无法规避的。"④因此,我们可以说,充满民族性的传统的存在,便是一个国家和民族的文化得以传承和发展的关键。"传统得以存在,是企图摆脱它的有限能力和力图继续保留它的愿望的双重作用的结果。人类社会保存了许多它所继承的东西,这不是因为人们热爱这些东西,而是因为他们认识到,没有这些东西他们就不能生存下去。"⑤

然而,尽管文化的民族性意义重大,但如果我们将身处其中的充满民族性的文化传统绝对化理解的话,则很容易陷入文化保守主义的窠臼之中。文化中的保守主义可以体现为不同的方面,有所谓历史的或传统的保守主义,它强调一个社会的文化创新离不开历史的和传统的因素,此派可以称之为文化历史主义。也有民族的保守主义,它强调一民族自

---

① 〔美〕爱德华·希尔斯:《论传统》,傅铿、吕乐译,第 24 页。
② 同上书,第 180 页。
③ 同上书,第 350—351 页。
④ 同上书,第 138 页。
⑤ 同上书,第 228 页。

身的文化传统和文化认同,认为不存在所谓的世界性、普遍性与人类性的文化,凡是文化都是某个民族的文化,此派因此可以被称为文化民族主义。例如,冯友兰的文化观持有的是与文化民族主义相对的文化的世界主义或时代主义。基于共相的理论,他从文化的类型来谈文化,因此主张从义理上来讲,文化不存在所谓的民族性,任何一种文化类型从义理上来讲都是公共的、普遍的,它可以属于任何人和民族,而绝不是专属于某个民族。通常所说的民族性,实际上指的是某民族的特点即可变的习,而不是不变的性。另一方面,如果从历史的与情感的意义来讲,则冯友兰承认文化的民族性。例如,他曾鲜明地承认哲学具有民族性。此种意义上的文化的民族性,指的是文化在某一个民族的历史性与传承性。这种意义上的文化民族性,实际上是一种文化历史主义,尽管这不是文化民族主义意义上的保守主义,但确实是文化历史主义意义上的文化保守主义。历史的与情感的文化民族性,主要体现在一个民族的文学艺术之中。

然而,历史与情感意义上的文化的民族性不同于文化的时代性,因此,冯友兰在承认存在历史与情感意义上的文化的民族性的同时,更为重视的则是文化时代性体现的文化现代性和现代化问题。"所谓文化的现代性层面,是指文化体系中那些普遍性的文化层面,这一类文化属性的发展有着自身的逻辑和明确的价值标准,它服从共同的合理性、理想性、进步性。这一文化层面主要是功能的、技术的、科学的和基本人道主义的。在这些方面,任何一个民族都应服从它的'更大合理性'的内在逻辑。科学技术、法制架构、经济政治体制等文化领域均属于这一层面。所谓文化的民族性层面,是指一个民族在生活花样和文学艺术上特有的传统和个性,这一文化层面无所谓高低优劣,它的文化效用离不开一民族的传统和习惯,它的历史和方式形成一个民族真正的个性。它的发展不表现为更大合理性的实现,而是表现为多样性的展开和兼容。"[①]文化的民族性彰显的是文化生成、存在和发展背后的个性或特色,文化的现代性则体现其共性或普遍性,而这是冯友兰所处的那个时代知识分子所关注的主题。

---

① 陈鹏:《"民族性"的分析与重建——冯友兰文化观的意义》,《北京社会科学》2002年第2期,第108页。

中华民族的伟大复兴，当然包括体现中国社会民族性的儒家文化的一定程度上的复兴。"中国当前的时代，是一个民族复兴的时代。民族复兴不仅是争抗战的胜利，不仅是争中华民族在国际政治中的自由、独立和平等，民族复兴本质上应该是民族文化的复兴。民族文化的复兴，其主要的潮流、根本的成份就是儒家思想的复兴，儒家文化的复兴。假如儒家思想没有新的前途、新的开展，则中华民族以及民族文化也就不会有新的前途、新的开展。换言之，儒家思想的命运，是与民族的前途命运、盛衰消长同一而不可分的。"[1]当然，在我们强调儒家文化因民族性的特质而复兴的同时，决不能将这种民族性文化的复兴绝对化，因为文化民族性复兴的背后依然包含儒家文化的时代性问题。尽管我们不能够单独以时代性来论衡中国儒家哲学传统，但是这种哲学传统确实是前现代文明或农业文明的产物，承认这一点，当然并不是否定其在现代工业文明乃至后工业文明中的现实价值，也并不是要采取一种西方中心论的立场，并不是要否定特定民族文化传统的继承性和超越性。在现代性思维的主导下，持守时代性之维并不必然形成"传统"与"现代"之间、民族性与现代性之间、落后文化与先进文化之间非此即彼、二元对立的思维模式。

中国传统哲学的现代化，必须得完成由前现代文明到现代文明的转换。现代性文明尽管呈现出来在人生意义的失落、人性的异化和迷失以及人与自然之间的尖锐对立等负面的影响，但这些负面影响并非现代性本身所必然具有，而且在现代性事业的进行过程中是可以将其化解的。因此，就不能借口现代性文明所呈现出来的诸多方面的影响，便从整体上抛弃现代性作为人类发展中的新型文明而给人类带来的进步和光明，便奢谈中国传统儒家文明可以救治现代性的问题。因此，我们不能将富有民族性的儒家思想文化的复兴转变成一种狭隘的民族主义的立场。接下来，将探讨与文化的民族性直接相连的民族主义的含义问题。

---

[1] 贺麟：《儒家思想的新开展》，见《文化与人生》，上海：上海人民出版社2011年版，第12页。

## 二、民族主义

文化不仅有时代性的内涵,还有民族性的内涵。文化不仅有普遍性的一面,也有特殊性的一面。当我们辨析民族性义涵的时候,少不了要将其与民族主义联系起来进行考察。民族性不等于民族主义(nationalism)。民族主义是与民族国家紧密相连的一个范畴,二者是同一个事物的两个不同侧面:"民族主义是民族或民族国家的灵魂和意志,是一个民族的成员的民族认同和民族情感,是与民族国家的建立和建设相联系的理念和实践。"①

正如不同的民族(nation)具有各自不同的民族性一样,民族主义也具有不同的类型。按照霍布斯鲍姆(Eric J. Hobsbawm,1917—2012)的划分,民族主义主要存在公民民族主义或民主政治的民族主义与族群民族主义或语言民族主义这两种主要类型:(1) 以市民社会为基础的民主政治的民族主义,这种民族主义在1830—1870年的欧洲达到高潮,如当时的德国、意大利和匈牙利都是从法国大革命中产生的公民国家,而第二次世界大战后的民族主义运动也在相当大的程度上继承了这种精神。这种民族主义坚持一种门槛原则(threshold principle),即只有当一个民族在领土和人口上足以支持资本主义市场经济的时候,该民族才能够按照民族自决的方式建立拥有自身主权的、独立的民族国家;(2) 以族群——语言的同质性为基础的语言民族主义,即一些较小的社会群体因其成员具有同样的文化与语言而从其所在的帝国中分离出来并建立了自己的国家。这种民族主义在1870—1914年间曾经流行于东欧,并且重现于20世纪后的东欧国家,以及像加拿大、西班牙、英国等一些西方国家。此种民族主义并不坚持门槛原则,文化或语言的族群同质性而不是市场经济成为民族自决与民族国家建立的基础。

霍布斯鲍姆这里所谈论的两种民族主义,实际上并没有涵盖所有的民族主义类型,他上面所谈的公民民族主义(Civic Nationalism or Civil Nationalism),其产生深受自由主义与理性主义传统的影响。它指的是公民以自身的意志主动参与国家治理的一种民族主义类型,国家与民族

---

① 苏国勋、张旅平、夏光:《全球化:文化冲突与共生》,北京:社会科学文献出版社2006年版,第426—427页。

成员的身份认同源于公民的自我决定。这种类型的民族主义,从某一角度来讲,无疑为国家政治的合法性提供了一定的保障。卢梭的《社会契约论》是表达这种类型的民族主义类型的代表作。这种类型的民族主义与种族民族主义正相对立。公民民族主义的一个变体便是国家民族主义(State Nationalism),它将国家与民族完全等同起来而结合成一种共同体。意大利的法西斯主义、雅各宾派执政时期的法国政府、弗朗西斯科·佛朗哥时代的西班牙政府,都是这种类型的民族主义类型的代表。公民民族主义如果被绝对化的话,则会导致将西方英美等发达国家所奉行的代议制民主(Representative Democracy)理想化的弊端。霍布斯鲍姆上面所谈的第二种类型的民族主义,实际上是种族民族主义(Ethnic Nationalism),这种民族主义是以种族来定义民族,更多是强调种族成员之间在血缘世系、语言文化等方面的一致性。国家的合法性体现为对国家内种族族群的保护与发展方面。种族民族主义涵盖浪漫民族主义(Romantic Nationalism),又可以称之为有机民族主义(Organic Nationalism)或身份认同民族主义(Identity Nationalism)。这种种族民族主义的类型,通过反对理性主义而主张浪漫主义的理想。国家因为成为具有浪漫主义理想民族的代言人而拥有自身的合法性。种族民族主义的绝对化,往往造成不同的种族国家之间的冲突乃至战争。除了霍布斯鲍姆所提到的这两种类型的民族主义之外,还有第三民族主义类型即宗教民族主义(Religious Nationalism)。这种类型的民族主义,往往是以宗教而不是以公民的意志、种族语言等来定义民族的。政府的合法性来源体现在对于宗教的保护与对于宗教教义的宣扬。在民族国家历史形成之前所存在的一些神权国家,属于这一类型的民族主义类型。

由于民族主义具有多种类型,而且其中又存在一些变种的类型。所以,对于民族主义,我们应当以一种辩证思维的角度来加以理解。

一方面,我们应当承认,民族主义在民族国家建立的过程中,即在一些国家尤其是一些第三世界国家反对压迫寻求民族独立解放而建立现代民族国家的过程中,的确起到了积极进步的历史作用。因为第三世界民族主义的兴起和民族国家的建立,才开启了非欧洲民族主义(non-European nationalism)的时代。同时,即便在早期民族主义兴起的欧洲世界,民族主义也具有反抗封建制和教会权力的积极进步的历史作用。例如,梁启超的《论民族竞争之大势》(1902),孙中山先生的民族、民权、民生的"三民主义",都是中国在建立独立自主的现代民族国家过程中的重要呼声。"要不是有悠久的历史,当代的成就便不会如此卓著。一个社会要维持其世界中心的地位,只有强大的武力和财富还是脆弱的。强盛要求有一个伟大的过去;悠久的过去构成了强盛帝国之正统性的一部分。"①当代中国社会所取得的前所未有的历史性成就,也是与其悠久而光辉灿烂的历史传统分不开的。今日中国的强盛,很显然离不开中国的伟大过去和民族主义力量的彰显。只要一个国家或地区存在民族的话,民族主义在其社会发展过程中便依然会保持其自身存在的价值。当然,随着全球化进程的加速,随着现代信息技术和人工智能技术的进一步发展,世界各地的民族主义之间的交流与合作也会进一步加强,当然也会存在民族主义之间的不和谐甚至冲突的地方。总之,世界上民族主义的发展既存在巨大的机遇,也存在相当程度的挑战。

另一方面,我们也应看到民族主义的弊端。尤其是那种强调以狭隘的自我民族利益为基础而进行的民族主义思想与运动,其负面意义是很显然的。因此,我们更为看重的是现代性支撑下的文化民族性的坚持,而不是在狭隘自我民族利益煽动下的民族主义思想或运动。也就是说,文化与社会发展中的民族性因素非常重要,但是,我们却不能持有一种很强的民族主义情感和色彩,这不仅会制约社会发展,而且也会阻碍具有深厚民族性色彩的文化传统的创新和发展。在时刻保持自己本民族的优秀文化传统之时,更要积极地学习异域优秀文化。就中国而言,只有如此,自身文化创新的精神才能发挥出来,中华民族自身的文化才会有更大的希望,中国社会的当代发展才有坚强的传统文化基石,中华文化也才能最终走向世界而成为一种世界性的文化。"摆在我们面前的唯一正确的道路,就是主动吸收世界先进的文化成就,同时保持民族文化的独立性,认识本民族优秀的文化传统,发扬创造精神,创造自己的新文化。创造就是发现别人没有发现的客观规律,制造出别人没有制造出的新机器、新工具、新产品。这样才能对世界文化有所贡献,这样才能自立于世界文化之林。这是我们唯一正确的道路。"②故步自封、因循守旧而

---

① 〔美〕爱德华·希尔斯:《论传统》,傅铿、吕乐译,第222—223页。
② 张岱年:《中国文化的历史传统及其更新》,《张岱年全集》第6卷,第171页。

不吸收借鉴西方文化的极端保守主义,以及全盘否定自己的民族传统而全盘接受西方文化的西化主义,都不是应当选择的对待中国文化发展的正确道路。立足于突显民族性的中国传统文化,来吸收和借鉴外来文化,这才是现在和将来我们对待中国文化发展的正途。

　　据此,如果我们以一种狭隘的民族主义立场来看待中国哲学发展的话,必将陷入自圆其说、黔驴技穷的境地。为了强调实现中国哲学研究范式由外在化到内在化的转变,去实现所谓的更为完整准确地反映中国传统哲学的面貌,去更为充分地展现中国传统哲学所独具的精神特征,这恰恰会步入因过分强调民族性、特殊主义而忽视现代性、普遍主义的形而上学思维窠臼之中①。事实上,这样看待民族性与现代性的立场,无疑是一种当代的文化保守主义、文化本位主义。中国传统哲学的现代化乃至世界化,无论如何也不能忽视普遍主义的思维、现代性的思维。普遍主义的思维,恰恰是中国现代哲学家们一致努力的方向。今天,无论如何,我们也不能再退回到前现代的保守主义的老路之中去。只有以开放的心态,面对现代性、后现代的时代问题,来实现中国传统哲学的现代化、世界化,才能真正拥有民族性,而民族性与时代性也才会成为相得益彰的两个方面,所谓中国传统哲学的综合性的创造和创造性的综合才会真正得以实现。

　　有了民族性与民族主义的基本理解之后,一个相应出现的主题便是儒学与民族性、民族主义的关系问题。就民族性而言,当代新儒家学者"客观、理性地对待儒家传统文化,主张儒家文化是中国文化的主体面貌。他们认为,民族的复兴离不开儒学的复兴,甚至明确主张儒学的复兴是'民族复兴的精神基础'。他们相信只有从民族文化自觉的角度去发展文化,弘扬民族文化中的精神价值甚至影响世界文化才是一条可行的发展路径"②。

---

① 相关的讨论,可参看胡适的《读梁漱溟先生的〈东西文化及其哲学〉》(《胡适文存》二集卷二,上海亚东图书馆 1924 年初版)、《中国哲学史大纲》(上海:上海古籍出版社 1997 年版,"蔡元培序")。陈序经的《对于一般怀疑全盘西化者的一个浅说》(吕学海编:《全盘西化言论集》,岭南大学青年会 1934 年版),以及刘述先的《时代与哲学》(载《中国哲学与现代化》,台北:时报出版公司 1980 年版)。

② 沈小勇:《百年回眸:儒学的现代之境》,杭州:浙江大学出版社 2014 年版,第 135 页。

自20世纪80年代末以来,许多东亚国家的文化正在经历一个更加多元化的过程,这一点可以由不断增长的民主与多元主义标识出来,尽管民族主义的影响持续存在,并迫使该地区国家重新设想自己的国家。许多这样的国家不得不重新考虑其宪法构成、公民身份措辞和社会和谐理想。这导致了新的移民和边境管制政策,以及重新讨论与劳工政策、社会政治歧视和社会经济福利相关的法律。例如,在由金圣文(Sungmoon Kim)和李新文(Hsin-wen Lee)编辑的《重塑东亚多元文化中的民族与民族主义》[1]这本书里,学者们所探索的新观点、概念和理论,在东亚背景下是与社会相关的、文化相适合的、规范上吸引人的。此书不仅概述了东亚国家在国家、公民身份和民族主义方面的特殊经验,而且将这些经验置于更广泛的理论背景中来加以讨论。学者们着眼于多元文化主义力量下的民族主义,是如何与包括中国、日本、韩国在内的东亚社会相互影响的问题。他们探讨了民主与平等、儒学与民主主义的关系、大同主义与多元文化主义、全球化对民族主义的影响、政治制度与发起和维持民族主义、民主在繁荣本土文化中的作用等一些核心问题。

当我们以文化传统与民族性来审视儒家思想的时候,儒家思想也是一种文化传统,它鲜明地表征了中国社会的民族性特质。儒家思想文化传统中的民族性,往往是可以从儒家的物质文化传统、儒家的制度文化传统、儒家的精神文化传统来进行考察的。儒家思想作为一种物质文化传统,可以典型地体现在孔庙中,其中的建筑、雕刻、塑像都有鲜明的体现。儒家的制度文化传统,在历史上具有长期的存在,从以科举制为核心的制度化儒家开始,到清末实行新政而标志制度化儒家的解体,儒家政治制度曾经主宰中国封建政治两千余年。即使在当代,有关儒家宪政的激烈争论,也是有关儒家制度文化传统的当代价值的争论。以仁为核心的孝悌忠信、礼义廉耻,显然是儒家这一精神文化传统所具有的鲜明的民族性的表现。由于表征世界观、价值观、人生观的精神文化具有核心的地位,因此,我们谈论当代儒家传统文化的价值,便应当主要从儒家的精神文化传统说起。

在探讨完传统与传统主义、民族性与民族主义问题之后,与儒学相

---

[1] Sungmoon Kim, Hsin-wen Lee(edited), *Reimagining Nation and Nationalism in Multicultural East Asia*, London: Routledge, 2018.

关的一个重要的时代性问题便是:儒学与现代性到底有何关系?这一问题在我们思考儒学意义和价值的时候非常关键。因为儒学作为一种深具民族性的文化传统,在中国漫长的历史发展过程中一直属于传统社会,而由西方最先开创的现代社会及其所表现出来的种种现代性特征,则是儒家传统所不具有的东西。因此,对传统社会与现代性社会之关系的问题,当我们以儒学为楔入点进行探讨的话,便转变成儒学背后的民族性与现代性乃至后现代性之间关系的问题。本书下一节内容将处理这个问题。

## 第三节 现代性与后现代性

作为"现代"这一历史概念及"现代化"这一社会历史过程的总体性特征的"现代性"范畴,已经成为我们今日思考众多人类社会发展和个人发展问题不可绕开的一个基本人文社科范畴。但是,恰恰是在关于何谓"现代性"的问题上,学者们的相关论述极其复杂,争论也非常多。不同学科领域乃至同一学科内部的学者,往往因其所持思想立场的不同而对于现代性的解释五花八门,其间充满了种种分歧。可以说,"现代性"范畴长期以来一直是人文社会科学学者最难处理的范畴之一。

### 一、现代性及其相关概念辨析

要想较为妥切地把握好"现代性"乃至"后现代性"概念,我们得首先对何谓"现代"有一个较为一般性的理解。

有的学者认为,现代时期指的是"从17世纪后期到19世纪早期,大致上也就是从宗教战争结束到革命战争时代"[①]。有的学者提出了大概相同的解释,即认为现代时期指的是"大约17世纪出现在欧洲,并且在后来的岁月里,程度不同地在世界范围内产生着影响"[②]。可见,西方现代时期大致指的是17世纪晚期至19世纪这段历史时期。有了现代时期的大致规定,我们便可以基于此来理解后现代时期。后现代时期指的

---

① 〔英〕杰拉德·德兰蒂:《现代性与后现代性:知识、权力与自我》,李瑞华译,北京:商务印书馆2012年版,第133页。
② 〔英〕安东尼·吉登斯:《现代性的后果》,田禾译,"导言"。

是"现代社会的一个特殊阶段,它可以被称为后工业社会、信息时代"①。所谓的后现代主义,不仅仅是一个审美风格和理论方法论的问题,它还是一种社会理论,带来了后现代的概念。

有了对于现代时期与后现代时期的一般性理解之后,接下来,我们将进一步理解究竟何谓现代性与后现代性这一问题。

与现代时期对应,后来学者们有了对现代性问题的提出和思考。正如传统与现代之间存在着连续性,现代性与后现代性之间的关系也并非如有些学者所言是一种断裂的关系。从现代性向后现代性的转变,往往并不如我们想象得那么彻底和激烈,因为所谓的后现代性因素,实际上早已出现在现代性之中。正如现代性并不能归结为后传统主义,后现代性也不应归结为现代性之后。"现代性和后现代性不应被看作对立的立场或现代社会的不同阶段,它们更应该被看作有连续性的。"②于是,从前现代在知识领域里对于怀疑主义的关切,到现代在权力领域里对话语性的关切,再到后现代在自我领域里对反思性的关切,体现的是一场充满发展逻辑的思想运动。将前现代性与现代性、后现代性严格区分开来的做法,显然忽视了人类社会发展中这三个阶段的历史连续性。就现代性而言,其话语体系的发端远远早于我们常规认定的启蒙运动时期,而在现代性之始便已伴随后现代的冲动。正如现代性本身深深植根于前现代的世界之中,所谓的后现代性实际上也深深植根于现代性的文化之中。

然而,尽管"现代性"这一范畴虽然极其广泛地被运用到人文社会科学领域,但是,当我们真正去理解这一范畴的时候,我们便马上会发现难度极大,甚至难以找到一种思想界一致公认的定义。每一个思想家,往往都会结合自身研究领域的内容对其进行带有个性的解析,从而呈现出具有自身学科特色的有关现代性的定义。"现代性作为现代社会发展过程的基本特征与表现,体现在社会生活的方方面面,因而是一个涉及经济、政治、文化、社会等多方面的总体性概念。它既是指以启蒙运动为标志,以自由、民主、科学、理性为核心的时代意识和价值取向,也是指以

---

① 〔英〕杰拉德·德兰蒂:《现代性与后现代性:知识、权力与自我》,李瑞华译,第224页。

② 同上书,"前言与致谢"。

市场经济、民主政治、科学管理等为基本构成元素的社会发展模式和内在要求;既是指'祛魅'化的、突出主体意识的生活态度,也是指按照现代化规律行事的行为方式。"①安东尼·吉登斯(Anthony Giddens,1938— )认为:"现代性指社会生活或组织模式。"②有的学者认为:"现代性是指西方现代以来的思想家们在认识现代社会、反思其社会和文化发展历程时,所归纳出的现代社会的基本思想观念及其阐释原则。"③有的学者甚至将现代性等同为一种社会形式本身。"在其最简单的形式中,现代性是现代社会或工业文明的缩略语。"④这些对现代性的一种描述性定义,实际上并没有规定什么。与这种充满泛泛的模糊性的定义不同,我们更需要知道由现代社会所标识出来的现代性的基本思想观念及其阐释原则,它们准确来讲到底指的是哪些东西。如果我们对这些东西不清晰,那么我们又如何才能回答好何谓现代性这一十分棘手的问题呢?事实上,正是因为对现代性的基本思想观念及其阐释原则的看法并无一致的意见,学者们才对现代性的内涵提出了不同的看法。

例如,有的学者是以合理性的角度来理解现代性的。挪威哲学家奎纳尔·希尔贝克(Gunnar Skirbek,1937— )便将现代性规范性地理解为对合理性的内在要求。在他看来,这种合理性包括工具的合理性(instrumental rationality)、解释的合理性(interpretive rationality)与论辩的合理性(argumentative rationality)三种合理性。⑤ 哈贝马斯则提出三种认识旨趣和三类合理性(因果说明的、诠释的、解放的),它们内含在言语行为中的语用上普遍的三种有效性要求(真、正当、真诚)之中。按照哈贝马斯的理解,就现代性的哲学话语来说,从18世纪后期开始,现代性就已经成为哲学讨论的主题。"现代性的哲学话语在许多地方都涉及到

---

① 丰子义:《马克思主义社会发展理论研究》,北京:北京师范大学出版社2012年版,第280页。
② 〔英〕安东尼·吉登斯:《现代性的后果》,田禾译,"导言"。
③ 徐建勇:《现代性与新儒家》,第18页。
④ 〔英〕安东尼·吉登斯、克里斯多弗·皮尔森:《现代性:吉登斯访谈录》,尹宏毅译,北京:新华出版社2001年版,第69页。
⑤ 〔挪威〕奎纳尔·希尔贝克:《多元现代性:一个斯堪的纳维亚经验的故事》,刘进、王寅丽、翁海贞译,上海:上海人民出版社2014年版,第26页。

现代性的美学话语,或者说,两者在许多方面是联系在一起的。"①"现代性大致有三个维度:即资本逻辑、形而上学与民族-国家。它们之间相互作用以及在此基础上的整合所形成的构架,不仅为现代社会提供了坚实的经济基础,而且为之提供了合法性证明。"②

有的学者则是从制度性的角度来理解现代性的。例如,安东尼·吉登斯的《现代性的后果》,即对于现代性进行了一种制度性分析。在他看来,现代性就其深刻和内在的特性而言,其本身就具有社会性的性质。具体讲来,吉登斯将现代性的制度性维度归结为四个方面:(1)资本主义(在竞争性劳动和产品市场情境下的资本积累);(2)工业主义(自然的改变:"人化环境"的发展);(3)军事力量(在战争工业化情境下对暴力工具的控制);(4)监督(对信息和社会督导的控制)。③ 据此,现代性所具有的严重后果的四个风险,也主要是以经济增长机制的崩溃、极权的增长、生态破坏和灾难以及核冲突和大规模战争来加以表达的。④ 与此相对应,安东尼·吉登斯把表征激进现代性的后现代性也描述为四个维度:超越匮乏型体系、多层次的民主参与、技术的人道化以及非军事化。⑤ 而超越匮乏体系的四个维度则是:社会化的经济组织、协调化的全球秩序、关注生态的体系以及对战争的超越。⑥

上文只是列举了几种典型的有关现代性的不同的理解,在此不想继续进行赘述。既然学者们有关现代性的理解五花八门,那么,我们究竟该如何来定义现代性的科学内涵呢?抛开各种殊异的现代性定义不谈,如果我们从一种普遍主义的立场来看待现代性内涵的时候,究竟该如何对其进行规定呢?在回答这一问题之前,首先应当先将现代性与现代化这两个十分相关但又不同的范畴区别开来。与"现代性"范畴不同,"现代化"一词在20世纪50年代才在西方思想界成为一个被广泛采用的术

---

① 〔德〕于尔根·哈贝马斯:《现代性的哲学话语》,曹卫东等译,南京:译林出版社2011年版,"作者前言"。
② 仰海峰:《现代性的构架:世界性与民族性的双重审视》,《哲学动态》2014年第4期,第6页。
③ 〔英〕安东尼·吉登斯:《现代性的后果》,田禾译,第52页。
④ 同上书,第150页。
⑤ 同上书,第143页。
⑥ 同上书,第144页。

语。现代化实际上是一种过程,是一个过程的集合体,它指的是"一系列大规模变迁过程的总和,通过这些变迁过程特定社会往往获得被认为是现代性所特有的经济、政治、社会和文化特征"①。以此来理解的现代化概念,表达的是18世纪后半叶以来在经济、政治、文化、社会等各个领域发生的全方位革命,以及过去200多年来在这些领域中发生的一切变迁的总和。现代化概念涉及一系列的过程:"资本的积累和资源的利用;生产力的发展和劳动生产率的提高;政治权力的集中和民族认同的塑造;政治参与权、城市生活方式、正规学校教育的普及;价值和规范的世俗化;等等。"②现代化是"一个范围及于社会、经济、政治的过程,其组织与制度的全体朝向以役使自然为目标的系统化的理智运用过程"③。现代化按照不同领域的划分,包括经济现代化、政治现代化、文化现代化、社会现代化等众多方面。④ 以过程来理解的现代化是一个总体性的范畴,它既指称一个国家和社会历史变迁中的经济、政治、文化、社会等各个方面,也指称这种变迁所具有的全球化特征,导源于欧洲的现代化席卷了世界的每一个角落,每一个国家或民族都或多或少地被卷入了一个具有全球性的现代化系统之中。当然,以全球化来理解的具有总体性特征的现代化概念,内在地包含着特殊性、多样性的含义。"认识现代化所固有的全球化特征并不意味着采纳欧洲式的方式,乃至也不意味着建议过渡到现代性的唯一蓝图。相反,它意味着认识到进程的单一性以及通往现代性的不同道路的独特性。"⑤

---

① 〔意〕艾伯特·马蒂内利:《全球现代化:重思现代性事业》,李国武译,第8页。
② 〔德〕于尔根·哈贝马斯:《现代性的哲学话语》,曹卫东等译,第2页。
③ 〔美〕艾恺:《世界范围内的反现代化思潮:论文化守成主义》,贵阳:贵州人民出版社1991年版,第5页。
④ 意大利学者艾伯特·马蒂内利围绕经济、政治、文化、社会等领域,列举出现代化进程所包括的13个基本方面,如科学与技术的发展、工业化、全球资本主义市场的形成、社会生活不同领域的结构分化和功能专门化、阶级体系的转变和社会流动的增加、世俗的民族国家的建立、世俗化、城市化、家庭生活的私人化、教育的民主化、大众文化和大众消费的发展、实物和符号沟通手段的发展、时空压缩,以及个体主义、理性主义、功利主义等价值的确立等。参见〔意〕艾伯特·马蒂内利:《全球现代化:重思现代性事业》,李国武译,第17—18页。
⑤ 〔意〕艾伯特·马蒂内利:《全球现代化:重思现代性事业》,李国武译,第16页。

现代性范畴与现代化范畴之间的区别,正如有的学者所说的:"现代性作为一种状况和条件,是一个复杂体,有多种内涵,其界限极其模糊。因此绝不能对它作精确的定义,以免我们遗漏掉一些要素。这样,我们的见解才可能前后保持一致。现代性并不是一个概念,而是一个相互重叠、有时相互矛盾的概念群。这就是说,现代性这一提法是含糊的,因为它可能跟一系列的事物存在鲜明的联系。现代化作为沿着某种政治、经济和技术规则发展而出现的成型的制度和社会,同时也携带着多种这些含糊的联系物。这些联系物会在极大的程度上影响到各种价值观和态度立场。因此,从某种意义上说,现代化无非就是使现代冲动的某些方面制度化的进程。"[1]

很显然,现代性不同于现代化。尽管现代化包含着现代性,但是二者并不等同。"现代性指的是在现代化过程中所具有的社会生活和文化的特定形态。"[2]第二次世界大战后,面对去殖民化和美苏争霸这一历史大背景,主要是在美国兴起的以经济学和社会学为主的现代化理论,首先是一种经济、政治、文化意识形态上的战略,这一理论主要研究欠发达国家的发展问题,即认为就人类文明的变迁和社会的现代化而言,非西方国家和社会的发展模式只能采取西方的模式。对此,无论是以欧洲马克思主义者安德烈·冈德·弗兰克(Andre Gunder Frank,1929—2005)为代表的依附论或不发达理论,还是美国左派社会历史学家伊曼纽尔·莫里斯·沃勒斯坦(Immanuel Maurice Wallerstein,1930—2019)为代表的世界体系论,还是萨米尔·阿明(Samir Amin,1931—2018)等人对西方文化中心主义和新殖民主义的批判理论,都对此进行了深刻的批判。现代化理论更是一种深层次的对于人类发展问题的学术上的反思研究,尽管这一理论具有西方试图影响世界文明变迁方向的企图,但是这一理论背后所展开的人类现代性故事,却成为已经和尚未完成现代性事业的民族和国家需要共同来倾听的故事,不很好地倾听这些有关现代性的故事,便不能更好地面向未来。现代性已经成为一个真正的现代民族国家必须具备的一个前提条件。20世纪后期东亚地区的崛起,便是立足于本民族的文化土壤而拥抱现代性的结果。现代性文明是一种人类应当

---

[1] 〔美〕郝大维、安乐哲:《先贤的民主:杜威、孔子与中国民主之希望》,何刚强译,第17—18页。

[2] 〔意〕艾伯特·马蒂内利:《全球现代化:重思现代性事业》,李国武译,第13页。

共享的文明形态,尽管这种文明形态必然打上了不同文化的烙印。例如,作为现代社会重要标识的由工业革命所代表的生产方式,便是整个人类社会历史发展的一个新阶段,因此其绝不是只能由西方文化或西方生产方式所表达的,尽管西方因其早期的和发达的产业革命而先行进入了工业革命时代。

另一方面,为了更好地理解现代性范畴,我们还应当将现代性与后现代化、后现代性区分开来。到底人类社会进没进入所谓的后现代社会,学者们的意见并不一致。例如,安东尼·吉登斯主张,我们实际上并没有迈进一个所谓的后现代性时期,而是依然停留在现代性时期,只不过是此时期现代性的后果比以前任何一个时期都更加剧烈变化和普遍化了。今天的我们不仅没有超越现代性,反而处在其最激烈化的阶段。后现代(post-modern)不同于后现代性(post-modernity),"激进的现代性"概念不同于所谓的"后现代性概念"①。因此,如果不将后现代性看作对现代性的一种超越,而是看作现代性开始理解自身,可能在理论上会更有意义。

---

① 安东尼·吉登斯对"后现代性"与"激进现代性"进行了如下详细的区别:(1)后现代性用认识论的术语去理解近来出现的转型现象,或者,干脆将认识论一同消解掉。激进现代性确认种种制度性变迁,正是它们创造了一种仿佛是碎片化和分散化的感觉;(2)后现代性关注近期社会转变的分离趋势及它们的非地方化特性。激进现代性把高度现代性看成是一套情境,在其中分散化辩证地与通向全球整合的重大趋势联系在一起;(3)后现代性把自我看成是由经验的碎化分解或割裂的东西。激进现代性则把自我看作不只是交互作用的一个场所,并且认为现代性使反思性自我认同的积极过程成为可能;(4)后现代性强调真理的上下文情境,把它们看成是"历史的"。激进现代性主张,既然全球化难题如此至关重要,那么真理的普遍性特征便以一种无法抵抗的形式将自身强加于我们,而现代性的反思性也不排斥关于这些发展的系统性知识;(5)后现代性强调个人在面对全球化趋势时感受到的理论的无能为力。激进现代性则主张,既按照经验也按照行动去辩证地分析人们是怎样丧失力量又怎样重获力量的;(6)后现代性把日常生活的"虚无"状态看成是抽象体系入侵的结果。激进现代性则把日常生活看成是对抽象体系的积极反应,包括再度占有以及丧失的复杂过程;(7)后现代性把对等的政治参与看作是受占主导地位的情境碎化或割裂所排斥的东西。激进现代性则把对等的政治参与看成不仅在全球化水平上,而且也在地方化水平上既是可能的也是必要的;(8)后现代性把自身定义为认识论、个人和伦理的终结。激进现代性则将后现代性定义为可能"超越"现代性制度的转变。〔英〕安东尼·吉登斯:《现代性的后果》,田禾译,第131—132页。

如果按照相当一部分学者承认后现代时期已经来临的看法,那么与后现代时期相对应,应该存在后现代化与后现代性。正如有的学者指出的:"后现代化不再以欧洲/西方现代性为支撑;它也不能被归结为美国化,美国化只是现代化的最后阶段;相反,它应该被看作一种文化碎片化,是现代性的结晶化。后现代世界是一个被全球化改变了的世界,它不是由一种而是由许多种文明模式构成的,比如欧盟、北美、日本、伊斯兰世界、拉美、东南亚。因此,说到底,后现代化是一种后西方化的状况。"①即使人类现在还没有进入所谓的后现代时期,但是现代化所带来的现代性之后,必然是人类的后现代化及其所呈现的后现代性,因为人类社会的发展不会永远停留在现代社会这一阶段。

　　有了与现代化、后现代化、后现代性所进行的上述比较,我们可以寻找到现代性所坚守的四个最为基本的准则:(1)"断代无法避免";(2)"现代性不是一个概念,无论是哲学的还是别的,它是一种叙事类型";(3)"不能根据立体性分类对现代性叙事进行安排;意识和主体性无法得到展现;我们能够叙述的仅仅是现代性的多种情境";(4)"任何一种现代性理论,只有当它能和后现代与现代之间发生断裂的假定达成妥协时才有意义。"②这样看来,"现代性的问题本质上是一个社会如何进行认知上的选择的问题,即从可以获得的文化资源中为它在社会实践中所遇到的问题找到解决方案"③。要想更好地理解现代性所坚守的这四个基本原则,我们还需要将现代性范畴与全球化、在地化范畴结合起来进行相关的思考。"在地化"即地方化或地域化,也就是说,每一个国家和民族的现代性故事都离不开自己的独特地域文化与传统的影响,其现代性是一种在地化的现代性。在地化与全球化是特殊性与普遍性的辩证关系。那么,何谓全球化呢?"世界范围内的社会关系的强化,这种关系以这样一种方式将彼此相距遥远的地域连接起来,即此地所发生的

---

　　① 〔英〕杰拉德·德兰蒂:《现代性与后现代性:知识、权力与自我》,李瑞华译,第226页。
　　② 〔美〕弗雷德里克·詹姆逊:《单一的现代性》,王逢振、王丽亚译,北京:中国人民大学出版社2009年版,第74—75页。
　　③ 〔英〕杰拉德·德兰蒂:《现代性与后现代性:知识、权力与自我》,李瑞华译,第105页。

事件可能是由许多英里以外的异地事件而引起,反之亦然。"①在安东尼·吉登斯看来,全球化拥有世界资本主义经济、国际劳动分工、民族国家体系以及世界军事秩序四个维度。②"我们可以将全球化定义为一套相关的过程,它包括经济、社会、文化和政治活动的延伸,并以复杂的社会关系网络将个体、群体、社区、国家、社会、市场、公司以及国际政府和非政府组织相互连接起来,加强了它们的相互依赖,并增加了对正在发生的事情的意识。简言之,它可以被定义为世界范围的相互依赖网络的增长。"③我们完全可以肯定地说,现代化是一种全球化的过程,现代性也内在地就是全球化的。正如安东尼·吉登斯所言:"现代性的根本性后果之一是全球化。"④反过来,全球化也正在塑造新的现代性。可是现代性是一个西方化的工程吗？对此,安东尼·吉登斯从两方面进行了回答。一方面,他认为,从现代性的全球化倾向来谈,现代性绝对不是一种特别的西方化工程。我们赞同这样的立场,因为全球化需要的恰恰是世界各方相互依赖的全球性意识,一种人类命运共同体的意识。另一方面,他又认为,从现代性发展过程中民族国家、系统的资本主义生产这两种组织制度来看,现代性确实是一个西方化的工程。对此立场,我们不能苟同。一些国家和民族的现代性道路,恰恰在制度性的层面很可以走一条与西方不同的道路。无论是民族国家的建立还是系统的现代化生产,都存在着与西方不同的各种独特模式。

根据以上与现代性相关的不同范畴的比较性审视,我们可以得出一个基本的结论:现代社会所呈现出来的一些现代特征即现代性,这些特征很显然是与传统社会不同的一些特征,它们包括市场经济所带来的全球性普遍交往,社会的都市化和高效的社会组织机制,现代民族国家观念以及与此相应的一套现代行政组织和法律体系,以自由民主为核心理念的一套文化价值观念,等等。现代性的文化逻辑是以科学、自由和民主为核心的文明轴心,传统文化应当适应工业文明和现代性,而不是相反。那么,在这种适应与改变的过程中,是只存在一种现代性模式,还是

---

① 〔英〕安东尼·吉登斯:《现代性的后果》,田禾译,第56—57页。
② 同上书,第62页。
③ 〔意〕艾伯特·马蒂内利:《全球现代化:重思现代性事业》,李国武译,第163页。
④ 〔英〕安东尼·吉登斯:《现代性的后果》,田禾译,第152页。

存在不同的现代性模式呢？对于这个十分棘手的问题,我们必须认真地对待和系统性地回答。

## 二、多元现代性或现代性的多样性

今天,当我们重新审视现代性问题的时候,必须得对有关现代性的古典图景重新评价。一方面,我们必须得承认,现代性无疑是起源于西方或欧洲的,这一地域提供了社会个体自己主宰命运的观念,以科学与技术理性来控制自然的信心,以经济增长推动社会持续变迁的心态,对社会历史持续进步的信念等一系列西方现代性所需的基本前提条件。然而,在世界的其他地区,这些条件或者缺乏或者不足,因此很难拥有由西方开创的现代性故事。另一方面,我们更需要承认,现代性虽然开创于西方,但是现代性并不就等同于西方现代性,现代化并不就等同于西方化。也就是说,在理解现代性的时候,我们更应当把握好普遍性与特殊性的辩证关系。任何进入现代社会的国家和民族都要具有普遍一致的现代性规定,但是究竟该如何实现这种现代性,又该如何赋予其民族和地域特色,则又直接关乎这一国家和民族的现代性故事的成功与否。因此,现代性背后必然涉及多元现代性或现代性的多样性(multiple modernity or varieties of modernity)问题。

历史地来看,即便是在西方世界,现代性也具有不同的表现。我们发现,既有英美经验的现代性,也有德法经验的现代性,更有北欧经验的现代性。"作为西方内部另一种可能的现代化过程,北欧的现代化过程仍值得关注,因为它们表明西方现代化比我们所关注的基于英美经验或法国经验形成的简化模式更为多样。"①正如郝大维与安乐哲所言:"对于启蒙运动,现代性及现代化的冠冕堂皇的惟一说明只是另一种褊狭的神话而已。我们这样看是有充足理由的。这个神话的主要内容在于——作为人,并且具有人本身的正确概念,就意味着要在很大程度上是盎格鲁——欧洲人所是,想他们所想。"②将西方现代性背后的理性、

---

① 〔挪威〕奎纳尔·希尔贝克:《多元现代性:一个斯堪的纳维亚经验的故事》,刘进、王寅丽、翁海贞译,第99页。
② 〔美〕郝大维、安乐哲:《先贤的民主:杜威、孔子与中国民主之希望》,何刚强译,第6页。

科学与人权等看作是世界上唯一的具有普遍性的现代性,无疑是一种西方种族优越论信仰在作祟,无疑是戴着西方种族优越主义的有色眼镜来看待现代性与现代世界。西方的现代性往往是以自由主义、个人主义、权利为基础的民主,以自由企业资本主义、发达的市民社会等为标识的,而这种现代性与以平等主义、集体主义、义务为基础的民主,及以公有制为主体和多种所有制共存的经济发展为中心的现代性模式也是不同的。"如果我们认识到中国与西方之间存在的差异并要从中获益的话,很重要的是要对现代化必须惟一是西方动力的天真设想提出质疑。认为个人至上、以权利为基础的民主、资本主义以及技术的种种必备是人类发展的必然结果,这很可能是一个极大的错误。"①我们必须抛弃现代化即西方化,现代性即西方现代性的偏见看法。我们应当秉持的合理而公正的理念是:现代化与现代性虽然是由西方世界最先开创的,但是现代化既有西方式的现代化也有东方式的现代化,现代性既体现为西方式的现代性也完全可以体现为东方式的现代性。当然,这其中也包含中国式的现代性。事实上,经由不同国家和民族的不同历史经验的塑造,现代性在全球化的时代呈现了众多不同的模式。"多元现代性是绝对可能的,现代性的本身不是单元的,不是同质的,它有多元的倾向。"②可以说,现代性经历了从过去以西方世界为代表的独树一帜,到当代社会的百花争艳的发展历程。现代性之路的遍地开花,无疑铸就了不同的现代性模式和现代化道路。

由于不同国家和民族具有自身独特的社会特征和特定的文化传统,它们与西方现代化遭遇而采取的回应模式也不同,于是其现代化的路线便有不同,呈现的因而是现代性的多重性特征。有众多因素影响着不同国家和民族采取不同的现代性国家模式,"既定国家在世界经济和政治关系体系中(换言之,在全球劳动分工和权力的国际分配中)的结构性位置;国家的特定遗传密码,它的影响越重要,文化遗产越丰富;以及个体和集体行动者(被赋予文化和组织资源)的策略,这些行动者是现代

---

① 〔美〕郝大维、安乐哲:《先贤的民主:杜威、孔子与中国民主之希望》,何刚强译,第9页。
② 〔美〕杜维明:《二十一世纪的儒学》,第227页。

化的关键代理人"①。由于存在这些众多的影响现代性的因素,于是当不同的国家和民族面对相同的现代化问题的时候,往往会受到外部力量影响与内部发展动力、经济发展进程与社会整体结构、文化价值体系与政治制度模式之间十分复杂的互动作用的左右。于是,根据自身发展过程中具有特色的文化和制度经验来提出适合多样性的现代性策略,便成了这些国家和民族处理自身现代化问题的一种常态。正如美国的现代性故事不同于英国的现代性故事,中国的现代性故事也不同于日本的现代性故事。每一个国家都必须得进行现代化并讲述自己的现代性故事,但同时其现代化又都打上了具有自身特色的印记。正如一个人必须得穿衣服,但是究竟穿什么样的衣服更为合适,则取决于不同的要素。从人类社会的现代化历程开始至今,尽管不同的国家和民族要面对现代化发展中的相似问题和共同的世界状况,但是他们往往采取的是不同的策略和路线。在 21 世纪之始,我们并没有看到导致现代文明的唯一一种进程,反而面对的是对现代文明所提供的不同进程。例如,与西方的现代性不同,便存在着东亚的现代性模式。"这种模式将对国际市场的进入和对自由贸易规则的接受与国家威权结构结合起来,这种国家威权结构试图维持对关键经济部门的国家控制,以及采纳政策以控制最具破坏性的社会后果和对工业化的批评,比如未加抑制的人口增长、过度城市化、遵从的减弱、日益增加的文化多元性,等等。"②

从学术史上来看,在究竟如何定位现代性是一元还是多元、普遍性还是特殊性问题的时候,往往存在两种极端的观点。一种观点认为,西方的自由民主与资本主义市场经济的组合代表了现代性社会所遵循的唯一合法的模式;另一种观点认为,我们并不能在现代化历程中识别出一些共同的元素,并不存在一些可以运用到生活在不同文化背景下的个体之中的全球性的状况。第一种极端的观点,过分强调的是现代性的一元或普遍性的一面,忽视了现代性背后的多元或特殊性的一面,这种理论难以面对与西方不同的自由民主形式及社会主义市场经济的挑战。第二种极端的观点,过分强调的是现代性的多元或特殊性的一面,忽视

---

① 〔意〕艾伯特·马蒂内利:《全球现代化:重思现代性事业》,李国武译,"中译本前言"。

② 〔意〕同上书,第118页。

了一元或普遍性的一面。辩证地来看,"现代化是一个趋于全球的过程,与此同时让步于多重现代性"①。

尽管本书在此特别强调现代性背后的特殊性,但是,现代性思考中的普遍性一面无疑更具有优先性。尽管体现现代性的经济、技术乃至政治制度源于西方,但它们已经扩散到了全球每一个地方,那些已经完成现代化的社会和正在进行现代化的社会,它们彼此之间会越来越相似。绝大多数发展中国家与早期的现代化国家,与正在进行现代化的国家之间的相似性,要远远比它们与自己传统的相似性多得多。因此,我们决不能因为倡导一种多元现代性,便基于不同的文化传统大谈特谈现代性的地域性和民族性,从而忽视了现代性背后的全球化维度、结构性背景和制度性因素。当然,在承认这一优先性的前提之下,我们也不忽视现代性背后的特殊性一面,现代性的全球扩散和适应并不意味着不同社会的现代化道路完全趋同,因为这些社会业已形成的众多差异尤其是文化方面的差异,并不会随着这种全球化的现代性的来临而彻底消失。

为了与20世纪50年代流行的有关现代化的经典理论与工业社会趋同理论区别开来,作为当代社会新功能主义和现代化理论的重要代表人物,以色列的艾森斯塔特(Shmuel Noah Eisenstadt,1923—2010)便具体地阐发了多元现代性理论。这种理论不同于涂尔干(Émile Durkheim,1858—1917)、马克斯·韦伯(Max Weber,1864—1920)、帕累托(Vilfredo Pareto,1848—1923)、齐美尔(Georg Simmel,1858—1918)的古典社会学分析,因为他们对于现代性的思考显然伴有欧洲一元现代性的傲慢与偏见。这一傲慢和偏见认为,在现代欧洲出现的现代性文化方案和基本制度格局,最终将会为所有进行现代化的社会全盘接受,并会随着这种现代性在全球范围内的扩张而在世界范围内流行起来。但事实是,并不存在单一的现代化模式。"实际上,存在多种通往现代性的不同路线,以至于我们可以更为准确地说存在多重现代性。伴随着工业化和全球化,现代西方社会的基本要素成为世界文明的构成性特征。但是不同的社会以非常不同的方式来解释和变通这些'普遍'的要素。这不仅是因为在开始向现代性转变时存在多种历史遗产,而且还因为属于不同现代化阶

---

① 〔意〕艾伯特·马蒂内利:《全球现代化:重思现代性事业》,李国武译,第41页。

段的国家群体之间的互动和互赖关系。"①

针对将现代性等同于西方现代性,将现代化等同于西方现代化的这种错误理解,艾森斯塔特提出了多元现代性的理论,借此强调一个社会的现代化及其现代性特征往往会因其所属的不同文明而具有多元的特性。"走向现代的方式有许多种。不同的社会无须接受同样的价值观念就能吸收科学并产生出新的技术。现代社会四处皆然的观念得不到历史的支持。就像启蒙所流传下来的许多希望一样,这是一神教的短暂阴影。"②那么,多元现代性在艾森斯塔特这里到底具有什么含义?"第一种含义是,现代性和西方化不是一回事;西方模式或现代性模式不是唯一的'真正的'现代性,尽管相对其他现代图景而言,它们在历史上出现的时间在前并继续成为其他现代图景的至关重要的参照点。第二种含义是,这类多元现代性的成形,不仅在不同国家间的冲突上留下了烙印,因而需要将民族——国家和'社会'作为社会学分析的普通单位,而且在不同的纵贯全国的(cross-state)和跨国的领域打下了烙印。多元现代性概念的最后一层含义是认识到这类现代性不是'固定不变'的,而是不断变化的。"③

艾森斯塔特的"多元现代性"理论,既有思想上的意义也存在思想上的限制。客观地讲,艾森斯塔特的多元现代性理论,有助于批判以欧洲的现代性为唯一现代性标准的西方中心主义观点,这一理论促使我们在探究一个社会的现代性问题时,不能仅仅停留在普遍性、共性的分析上,而且应当考虑到特殊性、个性。虽然,西方的或欧洲的现代性在现代性的起源及在现代性的扩张和重释中发挥了独特的作用,但是,西方的或欧洲的现代性却不能被视为唯一真实的现代性。"现代性确实蔓延到了世界大部分地区,但却没有产生一个单一的文明,或一种制度模式,而是产生了几种现代文明的发展,或至少多种文明模式,也就是产生了多种社会或文明的发展,它们具有共同的特征,但依然倾向于产生尽管同

---

① 〔意〕艾伯特·马蒂内利:《全球现代化:重思现代性事业》,李国武译,第122页。
② 〔英〕约翰·格雷:《自由主义的两张面孔》,顾爱彬、李瑞华译,南京:江苏人民出版社2008年版,第24—25页。
③ 〔以色列〕S.N.艾森斯塔特:《反思现代性》,旷新年、王爱松译,北京:生活·读书·新知三联书店2006年版,第412页。

源、但迥异的意识形态动态和制度动态。"①诚然,作为一种特殊类型的文明,现代化必须被视为一种起源于欧洲的文明,而且在全球化的时代,这种特殊类型的现代性文明将其经济、政治、意识形态的所有方面传播到了整个世界范围,当今世界,一个社会不管身处何方,都不可能将自己游离于现代性之外。第二次世界大战后,众多国家和民族实际上展开的即是现代化的事业。但是,"尽管现代性已经扩展到世界上大部分地区,却并没有引发一种单一文明和一种意识形态模式和制度反应模式,而是多种或至少是几种基本变种,这些变种不断地产生出它们自己的密切相关但并不完全一致的动态。当代舞台正在发生的,不是将大多数当代社会囊括其中、只存在地方的或体制的变化的一种文明的发展,而准确说是几种现代文明的发展,也就是这类文明的发展:它们具有共同的特征,但依然趋向于在不同的意识形态和制度动态内生长出独特的文化方案"②。

同时考虑普遍主义与特殊主义,这是我们反思现代性时应当坚持的一种辩证思维方法。因为人类社会的现代性历史,既没有出现弗朗西斯·福山(Francis Fukuyama,1952—  )的"历史终结论"所提倡的一个同质化的世界,因为伴随现代性而来的不同文化方案之间的意识形态对抗依然存在;也没有出现塞缪尔·亨廷顿(Samuel P. Huntington,1927—2008)"文明冲突论"所宣扬的一个异质化的世界,因为并没有出现退出现代性并否定现代性的文化方案。"全球化中的文化或文化的全球化,就永远包含着世界的和民族的、全球的(global)和在地的(local)两种充满张力的要素;它是世界—民族的或民族—世界的,或者,是全球—在地的或在地—全球的。换言之,处在全球化过程中的文化是普遍的和特殊的二者的对立统一。"③在当今的时代,文化的全球性与在地性、全球化与本土化是紧密相连的两个方面。"世界历史的进程表明,现代性的结果是世界出现了若干虽然享有共同特征,但又相对各自发展的现代文明,或现代的、文明的社会模式。"④人类社会的现代性历史,不仅仅是统一的,它同时是多样的,人类的现代性文明充满了差异性和多样性。现

---

① 〔以色列〕S. N. 艾森斯塔特:《反思现代性》,旷新年、王爱松译,第6—7页。
② 同上书,第392—393页。
③ 苏国勋、张旅平、夏光:《全球化:文化冲突与共生》,北京:社会科学文献出版社2006年版,第99页。
④ 同上书,第170页。

代性的这种差异性和多样性特征,源于现代性作为一种新型的人类文明形态,它往往在不同的地域因具有自身独特的社会前提和文化轴心而呈现不同的文明类型。在不同的现代性文明类型中,往往充满了种种的矛盾和张力。

以这种辩证的思维来处理文化问题,可以避免全球化时代的文化冲突。所谓的文化帝国主义、文化相对主义(文化多元主义、多元文化主义)、文明冲突论、历史终结论等,显然都没有坚持这种辩证的立场。艾森斯塔特所阐发的多元现代性观念,一方面强调作为一种独特文明而存在的现代性具有特殊性,另一方面强调其中的具体制度和文化模式拥有巨大的可变性和易变性。基于一种比较社会学,他以文化历史因素和文明比较视角对古典的现代化理论和结构功能主义进行了批判和修正,从而强调一个社会的现代变迁及其现代化,主要是一个以文明圈为界限的多样化选择的过程。"现代性的制度模式和意识形态模式的持续的可变性表明,现代性的历史,最好看作是现代性的多元文化方案、独特的现代制度模式以及现代社会的不同自我构想不断发展、形成、构造和重构的一个故事——有关多元现代性的一个故事。"[1]"要理解现代性的历史,最好的方法是将它视为现代性的多元文化方案、特殊的现代制度模式不断产生和形成、构造和重构的一个故事,关于多元现代性的一个故事。"[2]于是,人类社会的现代性历史,应当被看成多种多样的现代性文化方案,以及多种多样的具有独特现代品质的制度模式不断发展、建构和重新建构的一个过程,这一过程充满了多元化的特征。在全球化时代,当不同的民族、国家和社会与充满现代化的经济、政治和文化遭遇,往往会产生不同的反应模式、不同的发展动态、不同的现代文明模式,这些不同往往源于其各自具有的前现代时期所拥有并延续至今的不同的传统。人类的现代性故事既有共时性又有历时性的特征。这种历时性的特征体现为一种双重的历史性,一种是任何特殊民族、国家、社会所拥有的独特文明发展历史,一种是现代性本身发展过程中所体现出来的历史,即在现代性是人类一项未完成的事业中所体现出来的历史性。

尽管存在种种思想上的价值,艾森斯塔特的现代性理论也问题重

---

[1] 〔以色列〕S. N. 艾森斯塔特:《反思现代性》,旷新年、王爱松译,第 14 页。
[2] 同上书,第 410 页。

重:(1)其现代性理论过分强调了现代性背后的特殊性,未能重视一般性。未能寻求以普遍主义与特殊主义相统一的辩证法来思考现代性问题;(2) 他过分注重从文化和政治的视角来探讨不同文明背后的现代性问题,认为现代性的基本文化方案和政治方案构成了现代性的主要面貌,现代性被其视为一种独特文明,因而具有独特的制度和文化特征,现代性的核心即形成和发展关于世界的一种或多种阐释方式。但这种看法,显然忽视了现代性背后的经济方案;(3) 他强调现代性的多元性,但是对于现代性何以具有多元性这一问题,他却未能进行充分而系统的说明与论证;(4) 他虽关注日本现代性、中国现代性、印度现代性等东方各个不同的现代性问题,但其对日本现代性的研究较为深入,而对于中国现代性、中国式现代化、中国式现代发展模式的探讨,却缺少系统性的研究,尤其对改革开放以来中国现代性叙事缺少系统性的思考;(5) 他虽关注中国现代性,但对中国现代性与儒家文明之间的关系缺少系统性的思考;(6) 其多元现代性研究主要是从比较社会学、比较进化观的角度加以展开的,显然缺少研究背后的哲学视角。

总之,当我们今日重思现代性这一主题的时候,更需要采取一种辩证法的态度,既要反对过度强调现代性的西方方案的同质化和霸权假定,更要时刻提防因忽视现代性的全球化维度而过分注重民族性、地方性和国家性的假定。那种认为一个国家或民族一旦开始自身的现代性事业,便必然呈现由世俗化、理性化、工具化、实用化、科学化所规定的特定的精神面貌,必然呈现由科层化、市场化、选举化、权利化所规定的特定的制度秩序,这种看法显然是一种以西方的现代性为唯一标准的错误的看法。同样,那种认为当今人类社会的现代性事业具有众多差异的看法,也是一种极端立场,它未能看到已经现代化的国家与正在现代化的国家之间,其差异性远没有相同性大。在全球化的时代,不同国家和民族的现代性事业,存在更多的趋同成分而不是相异成分。因为现代化过程已经成为一种全球化的过程,它在时空压缩的时代成为整个世界面对的一项事业。现代性则是一个全球性的状态,它影响了全球成员社会生活的方方面面。

在多元现代性的视角下来审视中国的现代化历程,则存在具有中国特色的中国现代性。"个人现代性也许会作为先前资本主义殖民行为的反应而发展,但要植根于人民的精神之中,不管个人现代性的种子是否来自国外,它必须是本国的产物,生长在自己的国土上。"①"非西方文化至少在某种程度上可以创造性地选择现代性的某些而不是其他方面,并且发展出原创的文化和制度反应,尽管所有正在现代化的国家所必须面对的相对相似的结构变迁限制了这些反应的范围。"②"将来的中国不可能是完全西方化的社会,既不可能像一些必然主义者曾经梦想的那样会跑步进入共产主义,也不可能是像一些必然主义者又开始梦想的那样,是一个巨大的网景化、麦当劳化的主题公园。中国完全有可能超出我们多数人的想象,更多地保持其传统的特征。如果情形是这样的话,那么中国就在很大程度上能以它自己的特色迈入现代世界。"③

以上是我们关于传统与传统主义、民族性与民族主义,以及现代性背后的普遍性与特殊性的关系问题的思考。那么,如果将儒学放到这些范畴和问题中去思考的话,我们又将得出什么样的结论呢?对于此问题的回答将是本章第四节探讨的内容。

## 第四节 儒学与民族性、时代性

有关儒学与民族性、儒学与时代性关系问题的思考,显然已经日益成为今天学界普遍关心的一个核心话题,尤其是儒学与现代性、儒学与当代性的关系问题,业已成为众多学者热衷探讨的主题。

在中国走向现代化的过程中,以儒学为中心的传统文化重智慧、重德性、重民本,很显然与重功利、重权利、重民主、重市场的现代性理念是不相应的。因此,如果过分高扬儒家人文主义,将会阻碍中国社会由古典型走向现代型,由传统社会走向现代社会。但是从另一方面来讲,以儒学为核心的中国传统文化又是中国现代性得以展开的不可或缺的文化力量,对于传统文化力量的重视,体现了现代化背后的民族性特征。"所谓'个别'(specific),乃是通往'普遍'(universal)的必由之路。要成

---

① 〔美〕阿历克斯·英格尔斯等:《人的现代化》,殷陆君编译,第244页。
② 〔意〕艾伯特·马蒂内利:《全球现代化:重思现代性事业》,李国武译,"中译本前言"。
③ 〔美〕郝大维、安乐哲:《先贤的民主:杜威、孔子与中国民主之希望》,何刚强译,第8页。

为一名合格的世界主义者,必须先成为坚定捍卫本土本色的猛士。"①中国社会的现代化,必然伴随着因民族主体意识的增强而具有的民族性,失却传统文化积淀的现代化,将是终究难以实现的一种不切实际的现代化,是一种空想的现代化。"传统文化中有许多陈腐观念是和现代化相冲突的,必须加以批判、克服,但是传统文化中也有一些精粹的思想则能够对现代化起一定的促进作用。应该承认,传统文化中也包含着促进现代化的契机。如果民族意识的内部完全缺乏促进现代化的契机,那么,现代化将是毫无希望的。必须对文化传统进行全面的考察,才能对文化传统有正确的认识。对文化传统有正确的认识,然后现代化建设才能奠立在牢固的基础之上。现代化的关键在于民族的觉醒,在于民族正确认识自己。总之,必须加强民族的主体意识,才能取得现代化的成功。"②

### 一、儒学与民族性

对于儒学与民族性之关系问题的思考,依据前面有关传统与传统主义的论述,本书将主要从儒学与传统之关系的角度来分析儒学与民族性的关系,即主要阐发儒家传统文化在现代社会的意义该如何评判的问题。

众所周知,现代性中是否存在传统,是我们在思考现代性问题时不可回避的一个问题。现代性所承载的效率原则、自由原则、平等原则、公正原则、人权原则,是任何一个现代社会所应当具有的。同时,这个社会的现代性一定得具有自身的民族特色与民族传统。"传统和现代不是两个分割的观点,而是一个互动的连续体,甚至我们可说现代性中的传统。没有任何一个现代性,美国的现代性,英国的现代性,法国的现代性,新加坡的现代性,东亚社会的现代性,和这些地区的传统能够绝然分开来观察的,因为它们之间有难分难解的纠葛。"③因此,在我们思考中国现代性问题的时候,便不应当在现代性与中国性、普适性与地域性之间建立二元的对抗性。

---

① 〔美〕詹启华:《制造儒家:中国传统与全球文明》,徐思源译,北京:北京大学出版社 2019 年版,第 444 页。
② 张岱年:《文化传统与现代化建设》,《张岱年全集》第 6 卷,第 163 页。
③ 〔美〕杜维明:《东亚价值与多元现代性》,北京:中国社会科学出版社 2001 年版,第 94 页。

事实上,对于儒家文化传统之意义的争论,已经历了漫长的岁月。早在20世纪上半叶,一些西化派人士往往是站在西方中心主义的立场来批判儒学作为一种传统而具有现代意义的。因此,这些人更多是强调文化的世界性、现代性而批判儒家文化传统,因此,他们对于文化民族性的问题重视不够。例如,张东荪(1886—1973)的《读〈东西文化及其哲学〉》(《学灯》,1922年3月19日)、《现代的中国怎样要孔子》(《正风》半月刊第1卷第2期,1935年1月16日)、《从中国言语构造上看中国哲学》(《东方杂志》第33卷第7号,1936年4月1日)。再比如,胡适的《读梁漱溟先生的〈东西文化及其哲学〉》《充分世界化与全盘西化》;常燕生(1898—1947)的《东方文明与西方文明》(《国民》第2卷第3号,1920年10月)、《东西文化问题质胡适之先生——读〈我们对于西洋近代文明的态度〉》;李大钊的《东西文明根本之异点》《孔子与宪法》《自然的伦理观与孔子》;陈独秀的《法兰西人与近世文明》(《新青年》第1卷第1号,1915年)、《东西民族根本思想之差异》《质问〈东方杂志〉记者》《〈新青年〉罪案之答辩书》《驳康有为致总统总理书》《宪法与孔教》《孔子之道与现代生活》《再论孔教问题》《旧思想与国体问题》《复辟与尊孔》《驳康有为〈共和平议〉》等,强调的便是一种中西文明是时代性差异即古今之别的立场。在这一立场之下,儒家所代表的中国文化与西方文化之间的差别,不是东方文明与西方文明这两种不同地域文明的区别,而是传统与现代两种不同文化的区别。很显然,以这种视角来看待儒家文化,那么儒家文化传统及儒家文化所代表的民族性显然不会得到应有的重视。例如,在强调文化只有程度不同而不存在种类不同的立场之下,陈序经(1903—1967)以文化的时代性否认了文化的民族性。以时代性作为文化发展的唯一尺度,显然强调的是一种普遍的历史逻辑和历史发展模式。

与持有西化派立场的学者不同,东方文化派人士认为中西文明是民族的差异、性质的差异,而不是程度的差异,即不是古今、传统与现代的差异。例如,杜亚泉(1873—1933)的《静的文明与动的文明》(《东方杂志》第13卷第10号)、《战后东西文明之调和》(《东方杂志》第14卷第4号)、《迷乱之现代人心》(《东方杂志》第15卷第4号),梁启超的《中国史叙论》(《清议报》1901年)所谈到的中国之中国、亚洲之中国、世界之中国,也可以归到此类主张之中。梁漱溟的《东西方文化及其哲学》一书,强调的也是东西文化是民族性差异即中外之别。因此,与西化派不同,一些重视儒家为代表的中国文化的学者,往往强调的是文化的民族性而不是如西化派所强调的文化的时代性。当然,文化的民族性是不能仅仅从外在的语言文字、风俗习惯、服饰建筑等这些外在的因素去理解的,而更应当从思想观念的内在方面来加以把握。

即使在今天看来,西化派与东方文化派都各有自己的理论长处和缺点。如果我们以辩证的角度来审视中西方文化的问题,那么,儒学不仅具有民族性,而且应当直面现代性问题并努力实现自身所不具备的现代化。总之,在传统与现代之间,儒学都不可缺少。"现代性中的传统并不仅仅是沉淀于现代精神中的历史残余,也不仅仅是发展之路上有待清除的障碍。相反,它既作为一种限定性的力量,也作为一种推动力量,规定着某一地方现代性的具体面貌。……现代化不是简单的西化过程,而是一种复杂的文化现象。深入了解传统对于我们理解现代化有着至关重要的意义。"①

正是因为强调儒学的民族性,一些学者因此提倡一种民族主义的立场。无论是冯桂芬(1809—1874)还是张之洞(1837—1909),无论是本位文化派②,还是当代新儒家学者,"中体西用"模式影响下的文化民族主义的文化建设方案已经形成了一种漫长的传统,并且这一传统一直延续到了当代中国思想界。例如,康晓光(1963—  )站在文化民族主义的立场,从文化政治学出发,主要研究了儒家文化与政治发展之间的关系,其此方面的研究成果主要体现在独著的《仁政——中国政治发展的第三条道路》(新加坡:世界科技出版公司2005年版)、《中国归来——当代中国大陆文化民族主义运动研究》(新加坡:八方文化创作社2008年版),与人合著的《阵地战——关于中华文化复兴的葛兰西式分析》(北京:社会科学文献出版社2010年版)、《君子社会——国家与社会关系研究》(新加坡:世界科技出版公司2013年版)、《中体西用新论:当代中国文化变迁动力学》(新加坡:世界科技出版公司2017年版)等著作中,以及《文化民族主义论纲》(《战略与管理》2003年第2期)等文章中。

持有当代文化民族主义立场的第二位代表人物是陈明

---

① 〔美〕杜维明:《儒家传统与文明对话》,彭国翔编译,第73页。
② 《中国本位文化建设宣言》,《文化建设》1935年1月10日第1卷第4期。

(1962—　)。他从"公民宗教"概念出发来理解描述儒家文化系统的历史地位和功能,并构想其在当代国家建构与民族建构中的独特意义与实现方式。他的《儒者之维》(北京:北京大学出版社2004年版)的第三部分,有一篇论文题目即《中国文化中的儒教问题:起源、现状与趋向》。这一思想主要体系在《儒教与公民社会》(北京:东方出版社2013年版),以及《文化儒学:思辨与论辩》(成都:四川人民出版社2009年版)、《儒学的历史文化功能——士族:特殊形态的知识分子研究》(上海:学林出版社1997年版)等著作中。

余东海(1964—　)是另一位当代文化民族主义的代表。他基于儒家道统的仁本主义立场,强调儒家的知命不是宗教胜似宗教,反儒即是反常,其相关思想体现在《大良知学》(贵阳:贵州人民出版社2010年版)、《儒家文化实践史:先秦部分》(北京:中国政法大学出版社2013年版)、《儒家大智慧》(上海:上海三联书店2014年版)、《春秋精神:一个儒者的历史随笔》(北京:中国友谊出版公司2016年版)、《〈大学〉〈儒学〉精义》(北京:中国友谊出版公司2016年版)、《大人启蒙读本》(北京:中国友谊出版公司2016年版)、《论语点睛》(北京:中国友谊出版公司2016年版)、《四书要义:儒家仁本主义的源泉》(北京:中国友谊出版公司2016年版)、《儒家法眼:对诸子的肯定与批判》(北京:中国友谊出版公司2017年版)、《仁本主义论集》(北京:知识产权出版社2018年版)等著作中。

与强调儒学的民族主义立场不同,我们更为赞同的是儒学的民族性立场。民族性不同于民族主义。民族主义是与自由主义、保守主义、无政府主义等相同类型的一个范畴,就其实质而言,民族主义是一种文化立场中的保守主义。在全球化的时代,人类文化不仅体现为一种百花齐放的多元文化并存样态,更体现为不同文化之间的交流与互鉴。文化多元并存背后的特殊性的彰显,永远也掩盖甚至取代不了文化背后的普遍性一面。儒学文化民族主义作为一种文化的保守主义立场,显然没有把握好文化的民族性与时代性之间的辩证法。

在思考完儒学与民族性问题之后,接下来,我们将离开儒学的民族性视野,将目光转到一个新的方向,即儒学与时代性的关系问题上来。

## 二、儒学与时代性

在深入思考儒学当代意义和价值问题的时候,我们首先应当反对过去曾长期存在的将传统与现代对立起来,从而强调以西变中的思维范式。如果说鸦片战争之后面对西方列强的侵略,为了保国求存而提出要按照源起于西方又具有世界性示范意义的西方现代性模式来改变中国传统发展模式的观点还具有一定历史意义的话,那么,经过四十多年的改革开放,当代中国社会发展运用具有中国特色的现代化模式所取得的巨大成就,已清晰地表明了此观点的历史局限性。西方技术理性与工具理性价值所支撑下的现代性发展模式业已出现了种种弊端,于是,如果我们今天依然将现代化等同于西化,将西方的发展模式看作一种普遍性的发展模式,那么,这都将是一种极其短视的看法,这种看法既在理论上不符合辩证的思维,也有悖于人类社会历史发展的客观现实。更何况所谓具有世界意义的西方现代性模式,也往往是融合进了具有西方自身特色的文化民族性的内容而存在的一种模式。

当今时代,社会发展背后的普遍性与特殊性、全球化与在地化的交织,必然要求我们改变以往看待中国文化与西方文化、儒学与现代性关系的视角,要努力实现问题视域的转换。如何在全球化浪潮席卷世界的时候,能够结合具有地方特色的多元文化资源,来应对现代性乃至现代性之后的全球性问题,便是今天这个时代所提出的一个重要的迫切问题。将传统与现代对立起来、中国传统文化与现代西方文化人为割裂和对立起来的单一思维范式,已经远远不能适应时代发展的现实需求。在这一大的历史现实和社会背景之下,有关儒学的当代命运的思考,当然离不开儒学价值探究背后的民族性与时代性这双重维度的考量,离不开儒学的传统资源与现代西方思想资源的相互敞开、相互诠释、相互吸收、相互利用的考量。儒学的民族性与现代性、当代性的问题,即儒学的民族性与时代性的问题,其背后包含的核心问题是中西文化的比较、互动和交融的问题。于是,今天重新审视儒学的当代意义和价值,便少不了既要从时代性又要从民族性双重角度进行立论的必要。

曾几何时,儒学命运的现代思考,往往是在两种极端的立场左右下予以展开的。一是以极端的西方现代性立场来进行相关思考。这种观点认为,现代性起始于西方,于是在时间上以中国儒家为代表的传统文化是前现代的,西方文化代表的文化则是现代的。由于现代的好于前现代的,于是在这种一维的、单一的历史思维模式之下,中国传统文化代表的便是落后,必须以西方进步的科学的文化来改变中国落后的不科学的文化。"尽管'时代性'足以与'民族性'一起共同构成文化的两个基本属性,但仅从时代性一维衡断特定文化共同体又的确是在现代性的僵硬思维模式主导下形成的一偏之见。"①一是以极端的中国民族性立场来进行相关思考。这种观点认为,起始于西方的现代性已经暴露出自身发展中的种种弊端,于是基于一种民族性优先的立场,在逻辑的先在性上认为,传统中国文化依然在人文精神重建乃至社会整体秩序重建方面具有优势,甚至是比附性地论证和宣扬中国自古已经有民主、科学、理性等西方现代性的核心精神,更有甚者,主张未来世界文化是中国文化的天下。也有的学者站在强烈的民族性的立场,将儒学的复兴仅仅放逐到中国问题上来加以思考。"儒学复兴的合理性即取决于其是否能够满足当代中国的需求,提供一种衔接古代中国与当代中国的可能,而关于西方文化的回应则已隐含于关于当代中国的回答之中。"②儒学在当代社会的复兴,或者,谦逊地说儒学在当代意义和价值的彰显,难道仅仅是回应当代中国问题,满足诠释当代中国发展的需求?全球化的时代背景下,儒学意义和价值的思考永远不能回避的便是西方文化这一参照系。同时,儒学的当代性存在,也不会仅仅体现在以传统来提供当代社会发展合法性的论证和说明上。

整体上来看,第一种立场因为过度强调时代性、现代性而陷入了一种西方中心主义的文化绝对主义。这种立场正如有的学者所指出的,片面强调现代性思维中的时代性维度的局限性在于,它"事实上隐含着以特定时期西方文化的民族性充任人类文化共同的时代性的理论内涵",它"轻忽乃至抹杀了非西方民族文化传统的超越性与继承性",而且它的"一个基本的理论前提是将西方式的现代性看作是一个封闭的、完备

---

① 李翔海:《改变"时代性"的单一维度》,《光明日报》2012 年 4 月 16 日第 15 版。
② 蓝法典:《当代儒教问题的论争、理解与反思》,颜炳罡、李琳主编:《国际儒学发展报告:2016—2017》,济南:山东友谊出版社 2019 年版,第 33 页。

的价值系统"①。但是,人类社会文化发展演进史已经清楚地表明,这一理论前提难以拥有自身成立的合理性。第二种立场因为过度强调民族性、中国性,而陷入了一种中国本位主义的文化绝对主义。在这两种极端的文化绝对主义的立场之外,尽管还有许多不那么极端的主张,它们或强调西方文化的意义而不忽视中国文化的价值,或重视中国文化的价值而不忽视西方文化的意义,但都可以最终归结为这两种立场。这两种看待中西文化的立场,其背后的理论支撑是时间对于空间、中心对于边缘、进步对于落后的二元区分。总之,时代性与民族性是我们审视任何文化共同体,包括对于儒学意义价值进行重新审视时不可缺少的两个维度,任何过于强调一方而忽视另一方的立场,都是一种非辩证的一曲之蔽。

我们认为,在中西方文化这种比较、互动和交融的过程中,一种审慎而辩证的思考应该是:一方面,依据时代性的问题和精神来挖掘出传统儒学背后与时代问题发展不相一致的地方,同时也通过重新激发传统儒学的活力来实现中国的时代性发展背后的民族性,既彰显具有普遍性的现代性发展本身,同时又能够结合自身的特色来彰显具有特殊性的民族性发展特质。总之,借助时代性问题本身来将当代中国社会的发展融入民族性的资源。另一方面,也应当结合儒学传统中具有普遍性的精神资源来对治时代性发展中所出现的一些问题,借此通过传统儒学的创造性转化和创新性发展,来重新展现其在当今时代中的意义和价值,来实现当代人类社会步入一种更为合理和健康的发展状态。第一个方面强调的是儒学现代性、当代性问题之于儒学民族性问题的重要性,后一方面则注重儒学民族性问题之于儒学现代性、当代性问题的重要性。这两个方面深刻复杂的双向互动,实质上涉及的便是以儒家文化为代表的中国文化与现代性精神支撑之下的西方文化之间的双向互动。在这一互动过程中,既可以实现具有普遍性的现代性精神与具有特殊性的儒家精神资源的有机结合,即实现现代性背后的民族性支撑,因为民族性彰显的是文化的继承性和超越性;也可以

---

① 李翔海:《对中国现代哲学研究中"时代性"观念的反省》,《南京大学学报》2006年第6期,第75—76页。

利用具有特殊性的儒家精神资源对现代性精神支撑下所出现的一些问题提出儒家方案,并最终实现具有特殊性的民族性的儒家思想在某些方面的普遍化、世界化,借此来摆脱儒学的地域性限制,最终实现其在当今全球社会的价值彰显。总之,儒学在当代的命运,其意义与价值的彰显,都应当与当代人类社会发展中所出现的突出问题相关联。"儒学传统的能否复兴完全决定于儒学如何应对或解决现代化给中国社会带来的种种危机或困境。"①当然,这不是说儒学可以关联当代社会出现的所有棘手问题,这是任何一种思想资源所不能及的事情。儒学应该在提供具有悠久历史继承性的精神性资源方面,为有效化解当代人及社会发展进程中出现的某些问题提供思想上的帮助。

梁漱溟、冯友兰、熊十力、牟宗三、唐君毅、徐复观、张君劢等较早一批的当代新儒家学者,其哲学研究的主要价值之一便是时时刻刻在儒家文化的民族性视野下来思考纷繁复杂的现代性哲学问题。"当代的新儒家要担当起民族文化复兴的重任,将儒家伦理的民族性充分发挥,充实中国人的精神,以此作为救国的手段。"②当代新儒家对民族文化、民族精神的提出,明显具有以文化救国的爱国主义情怀,有以民族文化和民族精神来恢复文化自信以回应时代问题的气魄和胸襟。正如贺麟先生所言:"中国近百年来的危机,根本上是一个文化的危机。文化上有失调整,就不能应付新的文化局势。中国近代政治军事上的国耻,也许可以说是起于鸦片战争,中国学术文化上的国耻,却早在鸦片战争之前。儒家思想之正式被中国青年们猛烈地反对,虽说是起于新文化运动,但儒家思想的消沉、僵化、无生气,失掉孔孟的真精神和应付新文化需要的无能,却早腐蚀在五四运动以前。儒家思想在中国文化生活上失掉了自主权,丧失了新生命,才是中华民族的最大危机。"③当代新儒家学者对于儒学当代使命的孜孜以求,无疑注重了以儒家为核心的中国传统文化背后的民族性情结,并且在科学主义一元主导的时代下,提出以儒家人文主义精神来进行纠治的思想方案。例如,梁启超、熊十力、牟宗三等当代

---

① 胡军:《儒学传统与现代社会的张力》,《孔子研究》2013年第2期,第20页。

② 郭清香:《从民族性与普世性看儒家文化的现实意义》,《中国特色社会主义研究》2010年第2期,第92页。

③ 贺麟:《儒家思想的新开展》,见《文化与人生》,第12页。

新儒家学者的孜孜以求。当代新儒家的价值所在,即体现在这种儒家方案既彰显了当代新儒家注重文化的民族性问题,也表明了儒学所具有的现代性与世界性的意义。

然而,当代新儒家对于文化民族性的强调也存在自身的限制。在物质与生活贫困的时代,单靠提升文化的自信力与文化背后的民族精神,显然是解决不了现实问题的。物质上力量的强大与生活水平的提高,最终需要生产力的提高。物质文明与生产力的提升,必然会影响到文化力量的提升和文化上的自信。当代新儒家力图通过儒家精神的现代性阐发来回应西方现代性的挑战,来挽救文化危机及其他种种危机,来恢复民族的自尊心与自信心,骨子里依然是一种文化民族主义作祟的表现,因此也就偏离了儒学在现代与当代应当展示其价值的基本方向。儒学作为具有两千多年历史的文化思想传统,并且有与制度相结合的漫长经历,其背后当然有其当代意义和价值。但是,中国传统儒学的当代意义和价值绝不仅体现于此。

有了儒学与民族性、儒学与时代性之关系的探讨后,接下来要处理的一个与此紧密相连的问题便是儒学与现代性的关系问题。

### 三、儒学与现代性

有关儒学与民族性、儒学与时代性关系的思考,显然日益成为今天学界关心的一个核心话题。儒学与时代性背后的现代性、当代性关系,已经成为众多学者关注的热点问题。

儒学在现代的际遇可谓命运多舛,其间有北洋军阀政府时期的尊孔,也有新文化运动时期的批孔。曾几何时,"五四"时期的一些学者以十分激烈的态度来批判儒学,将儒家的纲常礼教看作对封建制等级尊卑和绝对服从的一种思想维护,并进而将其视作束缚个性发展、阻碍社会进步的消极与落后的反动力量,视作中国实现现代化的严重阻碍。在这样一种极端立场主宰之下,儒学的传统地位顷刻间威严扫地,丧失了其本有的社会主流意识形态的地位。但是,礼教不同于礼仪,孔教不同于孔学,因此,对于礼教与孔教的批判并不是反孔非儒,如果借此而一股脑地将礼仪与孔学一同抛弃,显然是一种形而上学的片面思维在作怪。①李大钊曾讲:"我们可以晓得孔子主义(就是中国人所谓纲常名教)并不是永久不变的真理",而是"经济上若发生了变动,思想上也必发生变动"。② 陈独秀的《驳康有为致总理书》《宪法与孔教》《孔子之道与现代生活》《袁世凯复活》《再论孔教问题》《旧思想与国体问题》《复辟与尊孔》等文章认为,孔子之道已经不能适应现代生活的需要,因此应当予以抛弃。今天看来,"五四时期的批孔潮流的积极的意义,在于推翻旧式儒学在思想界的权威,清算封建主义,粉碎统治者把儒学工具化的图谋,起到了倡导启蒙、解放思想的作用,标志着中国人民的觉醒达到了新的水平。由于推倒了旧式儒学的权威,为新思想的发展提供了条件,从而揭开了中国哲学思想发展新的一页,进入现代阶段"③。此时期的批孔,毫无疑问具有了思想启蒙的作用。但是,这种批孔也存在一些明显的不足,例如,情感的批判多于理性的反驳,学理上的批判混淆于政治的批判,形而上学的方法取代了辩证的方法。这一时期的批孔运动,更多的是揭示儒学的局限性,而对于儒学在现代社会究竟该如何得以传承和发展的问题,对于儒学的合理性价值到底在哪里的问题,却始终没有被纳入批孔者的思考范围和理论中心。

造成这种对传统进行激烈批判的原因,正如张岱年先生所言,是"当时的学者还没有摆脱传统的思想习惯,主观上要彻底反传统,实际在思想方法上还受传统思想的束缚。其主要表现是习惯于笼统思维,缺乏分析意识"④。当我们今天以过来人的视角重思"五四"时期学者的这一立场的时候,一方面应当敢于承认,在那样一个内忧外患的特殊年代,不去与以儒学为核心的传统进行一次所谓彻底的断裂,很难说日后能够探

---

① 相关的探讨,还可以参看宋志明编的《儒家思想的新开展:贺麟新儒学论著辑要》(北京:中国广播电视出版社1995年版),以及贺麟先生的《文化与人生》(上海:上海人民出版社2011年版)一书。

② 李大钊:《由经济上解释中国近代思想变动的原因》(《新青年》1920年1月1日第7卷第2号),见《李大钊全集》第3卷,北京:人民出版社2013年版,第185—192页。

③ 宋志明:《现代新儒学的走向》,第10页。

④ 张岱年:《评"五四"时期对于传统文化的评论》(1988年11月26日),《张岱年全集》第6卷,第441页。

寻出一条真正的现代化道路。只有在这种所谓彻底的断裂之后,才会有日后的所谓儒学新生。但是,另一方面,我们也应当清醒地看到,在这种彻底断裂的背后,对于儒学的态度日渐陷入极端化的立场。似乎凡是孔老夫子所言所论都是现代化的障碍,凡是与儒家相关的都是历史中落后的沉渣。五四新文化运动虽然不是一场"反孔非儒"的运动,但它的确对中国几千年本有的传统文化精神批判有余,而对传统文化继承、创新与转化的建构则严重不足。于是,在中国社会出现了将婴儿与洗澡水一起倒掉而极力崇拜西方的极其不正常的现象,这种现象一直持续到新中国改革开放之始。

今天我们已经清醒地认识到,中国近代未能实现现代化,因此遭受已经现代化的西方世界的侵略,这一罪责实际上并不能由儒家莫须有式地承担。农耕文明所依赖的经验知识发达而理性思维不足的科学文化传统,也许是中西方在近代有了实质性差异和距离的深层思想文化根源。历久弥新,儒家传统依然具有时代的意义,这突显的是中国式现代化发展背后的民族性维度。"民族性乃是现代性的一个涵项,一个基本的涵项,一个本质的涵项。离开了民族性,你就无法理解现代性。"①因此,我们不能因为强调在民族性表达背后寻求现代性诉求,反而忽视了也重要的现代性表达背后的民族性诉求。试问儒家所宣扬的仁、义、礼、智、信这五种常德难道没有意义吗?家国一体的民族担当意识难道失效了吗?天道与人道合一的道德人生境界难道不是一种具有超越性(transcendence)的启向?"任重而道远"背后所具有的强烈责任意识难道完全失去了价值?诚然,原子化个体的缺失,确实突显了我们文化传统中对于个人自由、利益与权利的轻视,但是族群与宗群关系的存在却也强调了社会发展进程中的人情味道,而这也往往可以成为化解因过分关注个体的成长而带来的人生成长中的异化。

再比如,传统社会文官儒者的谏诤传统,正是对绝对盲从的强有力挑战。人格平等与个体权利的尊重,也是儒学呈现给我们的宝贵思想资源,这是一种有别于西方自由主义的儒家式自由主义。以儒学是维护"大一统"的专制统治来批判儒学,显然未能承认"民为邦本""天视自我

---

① 黄玉顺:《儒学与生活:民族性与现代性问题——作为儒学复兴的一种探索的生活儒学》,《人文杂志》2007年第4期,第15页。

民视、天听自我民听"这些最起码的民本主义传统。民本主义虽然不同于现代的民主主义，但是如果不立足于中国固有的民本传统，何以能够开出具有中国特色的现代民主主义？基于儒家传统难道不能开出一种社群主义的民主模式？民主作为一种现代的生活方式也应当是多元的，应该存在东亚模式或中国模式的民主生活方式。

有的学者认为，当代新儒学与现代性之间的关系主要包括三个方面的内涵：(1)"明确主张学习、吸纳以科学、民主为代表的西方现代文化之优长"；(2)"现代新儒家虽然也以西方现代文化作为基本的型范来探讨中国文化的现代化问题，但是，与自由主义西化派全盘认同现代性不同，新儒家同时又对现代性提出了颇为严厉的批评"；(3)"与对于西方现代性的批评相联系，在现代新儒家的有关理论活动中包含了这样的理论意旨：虽然他们明确肯定了以工业化为主导的现代化作为一个历史过程对于人类所具有的一定程度的积极意义，但是，在归根结底的意义上，他们是立足于儒家思想的基本背景，力图超越西方工业革命和启蒙运动以来所成就的现代性。"①这样一种分析无疑把握到儒学作为一种文化传统，与现代性、后现代性之间纷繁复杂的关系。当代儒学不仅有需要现代性资源的方面，也有因为批判现代性带来的诸多弊病而具有的后现代性特质。我们认为，不仅仅要通过儒学文化传统来批判现代性问题，也应当从现代性的视角来批判儒学本身。"民族性需接受现代性的批评和指引，只有合理的民族性才应该保留下来，也才能保留下来。在此，历史的过程就是现代性逻辑的展开。"②只有作为一种文化传统而存在的儒学与现代性之间相互批判，才会带来一种更好的现实的理解，乃至对于未来的更加美好的期望。

众所周知，在当代中国社会，儒学已不再占据思想的中心地位，由其建构的传统社会秩序也遭到了彻底解体，我们已经毫无争议地看到儒家的规范显然不再普遍支配着人们日常的社会生活，以及从婚丧礼俗到岁时节庆等一切人伦关系。于是，儒学在20世纪面临严重的存在危机，这种危机一直持续到21世纪之初。尽管儒学已经失去了以往所具有的普

---

① 李翔海：《新儒学与现代性》，《求是学刊》2001年第2期，第20—21页。
② 陈鹏：《"民族性"的分析与重建——冯友兰文化观的意义》，《北京社会科学》2002年第2期，第109页。

遍性规约社会的功能,但是儒学的道德规范和德性修养之学在当今时代依然是左右儒学研究者致思方向的主要问题域。儒学在现当代的处境之一便是儒学能否得到复兴的问题？如果不能复兴,那么儒学的现代困境到底在哪里？如果可以复兴,其复兴究竟体现在哪一方面？儒家思想对日常人生依然具有哪些意义和价值？儒家传统文化对现代化是否具有一种调适作用,是否能够对现代性背后呈现的负面问题提供解决的方案？这些问题往往是从事儒学研究的学者关注的热点。对于提倡儒学复兴的学者们而言,儒学复兴的方向在他们的思想理解中也往往存在着不同。

进一步讲,在当代面对日新月异的现代科学技术、异彩纷呈的人文社会科学乃至宗教传统的强烈冲击下,我们究竟该如何定位儒学的意义和价值呢？儒学能否在当代社会重新展现自身的活力,能否提供自身的意义和价值,其理由和根据又是什么？我们究竟该如何确定其意义和价值呢？这些是儒学研究长期以来持续关注的核心话题。有的学者将儒学意义和价值的定位置于儒学与哲学、儒学与宗教的关系中来考察,并认为其间涉及诸多关键性的问题。一是儒学作为中国哲学的重要组成部分,究竟该如何实现现代化并以此实现整个中国哲学的现代化;二是现代化后的儒学究竟该如何在哲学之路与宗教之路之间进行抉择;三是儒学是否可以再次进入政治领域而成为当代中国政治生活的一部分。这三个问题主要涉及儒学的现代性与当代性。这种对儒学的定位,很显然不是从民族性,而是从时代性视角来审视儒学的当代意义与价值的。

众所周知,前现代之后,由现代资本主义开创了一种不同于传统的现代生活与现代社会,西方社会率先进入了现代工业社会,并相继建立了各自的现代民族国家,同时也形成了一些明显与以往生活不同的现代价值观念。现代化和现代性为我们提供了一种观察现代世界发展变化的新视野和新取向。尽管学者们在以一元多线史观还是多元多线史观来看待"现代化范式"的问题上还存在不小的争论,但他们都普遍认同现代世界与世界历史的形成。无论是早期荷兰与西欧的早期现代化,还是英国工业革命和科技进步所带来的第一次世界现代化浪潮,还是由德国、俄国、瑞典、意大利等国所代表的第二次世界现代化大浪潮,还是后来美国世纪所展现的现代化,乃至东亚日本和中国所带来的现代化,都向我们展现了现代社会与现代世界的客观形成。因此,学者们都认同现代社会背后所呈现的现代性的存在。"若要知道自己身在何处,须先知道自己如何抵达此处。"①如果我们要知道儒学的现代性境遇,当然也应当以历史性的视角来审视儒学的现代性转换之路所走过的种种曲折历程。

儒学对于现代化到底起一种积极的进步作用,还是一种消极的阻碍作用? 当我们将儒学与现代社会、现代性联系起来进行思考的时候,学者们的分歧是显而易见的。一般来说,在对待二者关系的时候往往存在两种截然相反的思想立场。马克斯·韦伯在儒家伦理与清教伦理之间,曾经进行了宗教社会学方面的系统性比较,并断言儒学对于现代化只有负面的作用,并阻碍了中国资本主义的发展。②"儒教理性主义意味着理性地适应世界;清教理性主义则意味着理性地把握世界。"③马克斯·韦伯最终得出结论,在中国东方资本主义的发展道路上,儒家伦理实际上起到了阻力的作用,这与新教伦理成为西方资本主义发展的精神动力之间形成了鲜明的对比。后来,马克斯·韦伯的这一立场遭到了余英时先生的反驳。④

具体来讲,在儒学与现代社会的关系问题上,一种观点认为,儒学与现代社会是不相容的。例如,玛丽·莱特(Mary Wright,1917—1970)在《同治中兴:中国保守主义的最后抵抗(1862—1874)》⑤中,作出了儒学与现代社会不相容的结论。儒学有时被一些学者称为文化守成论(cultural conservative)。以一种现代性发展的进步史观来审视儒学,许多"五四"时期的思想分子将儒学看作是已经逝去的历史中的存在物,它已经不适合现代的中国。他们提出孔子所开创的儒家不适合现代生活,而拥抱西方文明似乎成为一种必然的选择。这种僵硬的线性进步史观,

---

① 〔挪威〕奎纳尔·希尔贝克:《多元现代性:一个斯堪的纳维亚经验的故事》,刘进、王寅丽、翁海贞译,上海:上海人民出版社2014年版,第246页。
② 马克斯·韦伯有关于此的比较研究,可详细参看其《儒教与道教》(王容芬译,北京:中央编译出版社2012年版)一书的第8章"结论:儒教与清教"。
③ 〔德〕马克斯·韦伯:《儒教与道教》,王容芬译,第312页。
④ 余英时先生的相关立场,详见其《士与中国文化》,上海:上海人民出版社2013年版。
⑤ Mary Clabaugh Wright, *The Last Stand of Chinese Conservatism: The Tung-Chih Restoration, 1862—1874*, Stanford University Press, 1957. 〔美〕芮玛丽:《同治中兴:中国保守主义的最后抵抗(1862—1874)》,房德邻等译,北京:中国社会科学出版社2002年版。

依据历史层次与现实层次的双重区分,只是将儒学赋予历史的意义,而在现实层面则予以无情的批驳。今日看来,这显然是一种形而上学思维方式的产物。就儒学本身来讲,只有结合中国几千年深厚久远的历史传统与社会文化传统,只有结合儒学的真精神,只有避免简单粗暴的线性史观,才能客观理性地看到儒学不仅具有无可否认的历史价值,也具有面向现在与未来的多重的、开放的价值。儒学不仅有历史意义,也具有现实与未来的意义。近代中国的社会境况,决不能拿儒学来顶罪,这样做对于儒学来说不仅不切实际,而且也显得过于沉重。我们认为,思想文化的现代化是现代化的题中应有之义,由于中国传统文化是以儒家为核心的文化,因此中国的现代化势必包括儒学的现代化。当然,在谈论儒学现代化问题的时候,首先我们应当承认传统儒学中具有阻碍现代化的因素,例如强调上下、贵贱、尊卑的等级观念,德性优先背后贫乏的科学理性与知识理性,等等。

与强调儒学与现代社会是不相容的立场正好相反,绝大多数研究儒学的人毫无疑问是主张儒学与现代社会之间是相容的,即认为儒学可以拥抱现代性,并为现代性提供完善的资源。也就是说,当我们将儒学与现代性联系起来思考问题的时候,往往可以从多个角度加以展开。例如,P. L. 伯格与萧新煌编辑的《东亚发展模式探究》①一书,便探讨了儒家家庭价值与东亚发展模式之间的关联性。这些学者认为,东亚现代性

---

① Peter L. Berger and Hsin-Huang Michael Hsiao(edited), *In Search of an East Asian Development Model*, New Brunswick, N. J: Transaction Publishers, 1988. 此书具体包括如下一些文章:彼得·L. 伯格的《一种东亚发展模式?》(Peter L. Berger, An East Asian development model?);黄孝贤的《一种东亚发展模式》(Hsin-Huang Michael Hsiao, An East Asian development model);古斯塔夫·潘帕的《新亚洲资本主义》(Gustav Papane, The new Asian capitalism);卢西恩·W. 派伊的《新亚洲资本主义》(Lucian W. Pye, The new Asian capitalism);S. G. 雷丁的《企业在新亚洲资本主义中的作用》(S. G. Redding, The role of the entrepreneur the new Asian capitalism);简·斯温格杜的《基督教的作用》(Jan Swyngedouw, The role of Christianity);黄小伦的《亚洲家庭价值观对其他社会文化环境的适用性》(Siu-lun Wong, The applicability of Asian family values to other sociocultura settings);荣智威的《日本岩手村与台湾发展的特色》(Rong-I W, The distinctive features of Japanese development Iwao Munakata-The distinctive features of Taiwan's development);金敬东的《韩国发展特色》(Kyong-Dong Kim, The distinctive features of South Korea's development);潘恩芳的《两个城邦发展的特色》(Pan Eng Fong, The distinctive features of two city-states' development)。

中的儒学传统(Confucian Traditions of East Asian Modernity)彰显了儒学传统与现代社会之间的相关性。我们发现,现代社会所需要的自我身份认同与儒学传统直接相关,现代社会所需要的市场伦理与儒学传统直接相关,现代社会所需要的具有宗教性的道德习惯与儒学传统直接相关,现代社会所需要的全球性伦理(Global Ethics)同样与儒学传统直接相关。于是,在中国有相当一部分学者将儒学与现代社会有机连接起来,并提供了不同的解释方向。例如,蒋庆深受康有为影响的国教说,陈明的公民宗教说,以及方朝晖的行业自治与市民社会构建说。在此,我们仅以方朝晖的观点为例进行具体的分析。

在《文明的毁灭与新生:儒学与中国现代性研究》(北京:中国人民大学出版社2011年版)一书中,方朝晖提出了儒学与现代社会相结合的行业自治与市民社会构建说,其中的行业自治涉及的是社会治理与社会整合问题,市民社会涉及的则是政治学。他从多元现代性角度入手,从若干不同方面思考了儒学与法治、礼治,儒学与民主,儒学与市民社会,儒学与中国文化理想等儒学与现代性之间关系的众多问题。此书从整体结构上分为道统与政统两大主题,其中道统主题涉及儒学与文明理想、儒学与全球文化两方面内容,它们探讨的是重铸中国文化的最高理想、从多元现代性到中国现代性、文化的普遍性与特殊性等问题。政统主题涉及儒学与法治、礼治,儒学与民主、政统,儒学与行业、社会等内容,它们探讨的是文化模式、文化心理与礼治,儒学与民主关系,王霸之辨、行业自治与儒学,市民社会与现代儒学使命等相关问题。

通过借鉴文化心理学、社会学、政治学、人类学、哲学等众多学科,方朝晖以跨学科的方式探讨了儒学的现代意义。通过对未来中国现代性图景的全方位思考,他提出了自己的一些相关立场。"未来中国社会在社会整合方面的基本特点与西方有所不同,主要表现为治人而非治法,靠贤能而不是制度立国,以伦理、德性为本而不是以权利、自由为本;在核心价值上仍然以仁、义、忠、信等为主,而不会以民主、自由、人权为主(尽管不会排斥后者)。因此,法治、自由、民主、人权等植根于西方社会历史和文化土壤的价值,至少不完全适合于中国文化的习性。"①

基于一种保守主义的文化立场,方朝晖强调,以中国文化的心理结构来看,礼治要比法治更重要。尽管不提倡恢复过去的礼教,但是,他还是认为,"由于关系本位或关系主义的文化心理结构至今仍然顽强地存在于中国人的社会里,可以设想,在未来的中国,由于同样的文化模式,礼制/礼治仍将是中国现代性的应有之义,这又进一步说明儒学的复兴在中国文化中至今仍有牢固的基础"②。同时,他也主张,儒家式精英政治及贤能政治仍将是未来中国甚至整个东亚政治文化的核心或基石,儒家政治学说的现代化并不是吸纳民主政治思想,儒家传统的现代意义应当体现在以道德精英治国理念来诊治现代民主之病。"儒家政治学说的现代化,根本不需要一个所谓吸纳民主政治思想与契约伦理的理论建构过程,而是发挥其道德精英治国理念,在现实生活中对民主政治加以制衡,它要形成一种强大的社会道德力量,与民主政治运作过程之间构成动态的、充满张力的平衡关系。儒家传统在现代社会的主要使命之一是在这一动态过程中诊治现代大众的盲从、浮躁和猎奇心理,清除现代社会流行的世俗化、平均化以及功利化倾向,为克服民主政治环境下民众目光短浅、易被煽动等一系列弱点而奋斗。在中国社会,还有如何用儒家的政治理念来克服民主在中国文化中所可能带来的族群分裂、政党恶斗甚至国家分裂、诸侯割据等现象。此外,还有如何在民主、科学时代让儒学来诊治现代人疲惫的心灵。这当然更是个实践问题。这些才体现儒家传统的现代意义。"③据此,他进一步认为,未来中国社会的理性化发展也不会走西方式的以人权和个人自由为核心的个人主义的形式主义道路,而未来中国市民社会的发展不可能也没有必要走西方式的、与国家对抗的道路,而是如何在国家的有效领导下来实现自治和理性化。

借助上述这些立场,方朝晖力图说明儒家传统对于建成一个真正意义上的现代中国所具有的不可估量的意义,并展现出一种不同于西方的独具特色的中国现代性,并以此来说明一种新型的中华文明形成的可能

---

① 方朝晖:《文明的毁灭与新生:儒学与中国现代性研究》,北京:中国人民大学出版社2011年版,"前言"。
② 同上书,第98页。
③ 同上书,第178页。

性及其对中国乃至世界的意义。而为了能够建成这样的一种新型文明，他提出"必须破除民族主义樊篱，必须复兴儒学等固有的精神价值传统，必须实现行业的自治与理性化，必须重铸中国文化的最高理想，必须确立未来中国社会的主流价值，必须贯彻落实真正意义上的贤能政治和由文化——道德精英主导的社会整合，必须明确地反对霸道、重建王道"①。只有如此，中国的现代性不仅与西方现代性在社会空间的独立、自治与理性化以及民主与法治等方面具有相通之处，而且具有自身的独特性，如在社会空间理性化过程中精神文化传统的作用远大于西方，社会整合方式采取的是以道德——文化精英为主导，社会呈现的是伦理的、治人的、以礼为主的特质。

  针对方朝晖等人有关儒学与现代性之关系的说统，我们该如何分析和评价呢？可以说，现代性背后的传统问题，现代化背后的多元取向问题，往往成为我们今日反思儒学现代命运的基本问题。于是中国乃至东亚的现代化与现代性，便涉及儒家式的现代化和现代性。所谓的"儒家式"，按照杜维明先生的规定，它主要有三层含义：(1) 参与社会，关切社会现实中的重大问题；(2) 注重社群伦理和中介文化组织；(3) 注重人与天地万物为一体，即注重与宇宙自然的亲和性。② 单就现代性话语体系背景下的儒学而言，我们似乎可以将儒家伦理与市场经济联系起来进行思考。面对东亚地区经济20世纪下半叶的持续性增长这一发展事实，思考这种经济增长背后的文化动力，已经成为数十年来海内外学术界持续关注的一个理论热点。为何具有现代意义的市场经济未能诞生在东亚而是起始于西方的世界，这是一个长久以来学术界热度不减的问题。早在《新教伦理与资本主义精神》(1904—1905)中，马克斯·韦伯便提供了一种具有持续影响力的答案，即将其归结为具有广泛影响力的儒教和道教缺少现世禁欲的精神，而西方的新教精神恰恰通过节俭的现世生活和成功事业推动了现代市场经济模式的建立。在《儒教与道教》(1915)一书中，马克斯·韦伯又一次强调了儒学不能起到适应现代社会市场经济的正面作用，反而只能对以现代市场经济为主要标识的现代化起到一种负面作用。

---

① 方朝晖：《文明的毁灭与新生：儒学与中国现代性研究》，"前言"。
② 此三层含义参见〔美〕杜维明：《东亚价值与多元现代性》，第16—17页。

在今天看来，马克斯·韦伯的这种立场显然很难站得住脚。有一些学者恰恰是站在马克斯·韦伯的对立面来展开对同一问题的思考方向的。在《中国近世宗教伦理与商人精神》(1986)与《士与中国文化》(1987)中，余英时先生恰恰从思想史的角度证明了汉唐以来在中国社会所长期存在的儒教、佛教的世俗化和现世苦行的事实，从而力图以大量的事实来论证儒学中存在促进市场经济的勤俭、敬业等精神因素，并借此反驳马克斯·韦伯的上述结论。余英时的这种分析既然所据是中国历史发展的客观事实，那么显然具有相当的说服力，其理论长处在于避免了马克斯·韦伯的一曲之蔽。不过，这种理论至多只是从破的方面展现了自身的长处，对于东亚经济繁荣和发展背后真实原因的分析，依然没有给我们提供一种有说服力的解释。这种理论依然最终没有摆脱掉马克斯·韦伯思考的范式，它只是言说了中国自汉唐以来便具有了马克斯·韦伯所说的世俗化和现世禁欲苦行的传统，但没有解释为何在这样的一个传统中未能发展出现代意义上的市场经济，更没有解释清楚东亚市场经济得以建立的真实动力之源。

我认为，马克斯·韦伯的诠释范式主要存在两个问题：一是在儒学和道学传统中实际上并不缺乏现世禁欲的传统，例如，儒家的养心莫善于寡欲、存天理灭人欲以及道家的清心寡欲。二是马克斯·韦伯对于市场经济支撑下的资本主义精神的理解和诠释，显然是在一种过度依赖宗教文化力量的前提下而展开的。无论是宗教的还是非宗教的文化力量，当然对于社会具有力量，但这种力量并不是决定性的。市场经济模式与体系的建构，有其最为重要的经济本身的因素，它离不开生产的扩大化和商品经济的高度发展，而这背后又有强大的科学技术所带来的不断扩大化的商品生产和普遍发展的世界历史交往作为支撑。今日东亚等部分地区在不同阶段所形成的较为完善和发达的市场经济体系的客观事实，恰恰对马克斯·韦伯式答案给出了某种无可辩驳的否证。这种客观发展的事实，既有20世纪50—60年代日本与所谓亚洲"四小龙"的崛起，更有中国改革开放四十多年来所建构的具有中国特色的社会主义市场经济模式成功案例的严峻挑战。

那么，面对东亚经济尤其是中国经济的崛起这一客观事实，我们究竟该如何对其进行解释呢？一种比较流行的观点是将儒家伦理与亚洲经济的繁荣结合起来进行分析。这些学者认为，儒家伦理所普遍强调的忧患意识、角色意识、责任意识、群体意识、忠诚意识、爱国意识等伦理精神刺激了经济发展。我们当然不能完全否认儒家伦理中的这些东西是有利于亚洲经济发展的,更不能否认儒家伦理所宣扬的勤俭持家、童叟无欺、仁义富贵可以提供儒家伦理与现代市场经济的契合点。"儒家重义轻利的观念在市场经济的发展过程中仍有其独特的现代价值,那就是可以对过度膨胀的功利追求发挥制衡作用。"①

但是,问题恰恰不是这些东西会不会影响亚洲经济的繁荣和发展,而是它们到底在其中起到了何种程度的意义和价值。这是因为,经济的发展背后必定有着十分复杂的各种因素的作用,经济的、政治的、历史的、社会的、心理的、技术的,等等。文化毕竟只是其中的一个因素,很显然,亚洲经济繁荣和发展背后的泛泛的文化的分析,显然并没有说明问题本身,反而是增加了对问题本身理解的各种混乱。就儒学的当代意义和价值思考而言,这也无形中偏离了儒学本有的意义和价值的正途。如果我们不先考虑东亚地区"分别具有的特殊情况与内外条件,而想特别标出儒家伦理对于经济发展可能构成的一种助因,恐怕难免有自作幻想之嫌。难道只因东亚儒家思想与文化之根是在中国,所以我们就可以夸大其词,肯定儒家伦理是促进经济发展的有利因素,而如此满足我们的华夏优越感吗"②?

对于任何在儒家伦理与东亚市场经济之间建构密切联系的理论,我们至少可以对其提出两个基础性的反驳。

第一,儒家从来没有系统化的经济伦理思想。

经济伦理学探究的是经济主体背后的伦理问题,市场经济所需要的种种规则与儒家道德哲学所提供的种种规范之间,显然具有基本的分野。儒家思想关注的中心是道德哲学,德性中心的主张当然会体现于经济领域。但是,重义轻利的伦理观显然是与市场经济的功利至上相悖的。毕竟伦理与经济分属于两个不同领域,我们只有在承认二者具有基本分野的前提下,才能考虑二者的关联性。儒家德性优先主义的立场,

---

① 宋志明:《儒学与市场经济兼容——现代新儒家的新视角》,《齐鲁学刊》2012年第4期,第8页。
② 傅伟勋:《儒家思想的时代课题及其解决线索》,见其《从西方哲学到禅佛教》,北京:生活·读书·新知三联书店1989年版,第439页。

显然是先尊德性然后才是道问学,这必然将伦理思想的优先性置于经济思想之上,道德也因此具有了逻辑上的优先性和现实实践抉择中的第一性。将儒家伦理与经济尤其是市场经济联系起来,这虽有助于市场经济伦理的思考,但是对于市场经济伦理体现的整体性建构意义并不大,而且对于儒家本有的思想价值魅力的阐释和展示,对于其自身具有的长处的发挥,也是一种不合时宜和不符合历史逻辑的生搬硬套。诚然,中国漫长的社会历史发展中有经济生活的内容,但其自身缺乏我们今天分科意义上的经济学,则又的确是一个不争的事实。各朝各代的《食货志》只是一种简单的经济统计,商道也只是一种"以经济世"之道,这些都难以真正称为现代意义上的经济学。分科意义上的经济学,涉及的是经济现象背后的理性化、数理化和系统化的严密思想理论。中国历史上始终未能出现有如亚当·斯密《国富论》式的经济学著作,更未能出现其《道德情操论》式的经济伦理学的系统化表达。当然,我们并不否认儒家的德性优先,毕竟其对于经济背后的个人主体的德性与道义规约多有贡献,但这也不是现代经济伦理学意义上的思考。对于宏观层面的制度伦理和中观层面的企业公司伦理,则更非儒家所关注和擅长的领域。

第二,将儒家伦理与市场经济发展结合起来的思考,将面临经济学中新制度主义的强烈挑战。

新制度主义恰恰认为,即便文化对于经济具有作用,它也不是通过道德而是通过一种协调机制来影响经济的发展和运行的。这种崭新的思考方式,实际上提出了一种以制度主义而不是经济伦理来解释亚洲经济的新的理论阐释模式。生硬地将儒家伦理文化与市场经济发展结合起来进行思考,往往难以自圆其说。例如,持有正面立场的人会积极主张儒家伦理促进了社会主义市场经济的发展,而持有反面立场的人则会认为社会主义市场经济发展背后恰恰存在着某种文化的断层和伦理的缺失。两种立场似乎都能找到自己成立的依据,从而陷入了二律背反之中而不能自拔。在经济制度主义者看来,实际上为了走出这种二律背反,只能通过转换原有以儒家经济伦理诠释市场经济的旧有范式,重新建构一种诠释市场经济发展的新范式,例如以一种制度主义来进行相关的论析。于是,东亚与西方不同的经济发展模式,实际上并不是由儒家伦理与西方伦理的差异所造成的,它更合理而具体地体现为不同的国家和地区,依据自身的文化历史背景而做出的一种具有自身特色的现代性制度选择。可见,尽管对于文化的制度主义解释使得文化被视作一套协调人们行为的各种制度,因而忽视了文化作为一套价值系统的意义和价值,但是,制度主义经济学此处的主张,显然具有某种强有力的说服力。因为就中国目前具有自身特色的社会主义市场经济的长足发展而言,其背后的核心因素显然是中国特色的社会主义制度的强有力支撑。

除了从经济伦理、市场经济角度来谈儒学与现代社会的关系之外,有的学者还主要从政治哲学的角度来谈儒学与现代性的关系。他们认为,儒学的复兴在于儒家政治哲学。儒学在现代政治社会秩序的重建过程中依然可以发挥自身的效用,以此主张建立一种制度儒学。例如,干春松在《制度儒学》一书中,便提出了一个具有总括性的"制度儒学"概念。由于深受米歇尔·福柯(Michel Foucault,1926—1984)等人有关知识、真理与权力思想的影响,他所提倡的制度儒学主要关注儒家思想与中国之间的关系,关注这种关系在近现代的变化,尤其关注未来中国制度建构中儒家参与的可能性。因此,儒家的制度化和制度化的儒家便成了其论述的主题,二者之间是一个互动的过程。所谓儒家的制度化,"指的是儒学在获得官方尊崇的地位之后,逐渐形成儒家典籍的经典化、孔子的圣人化等一系列制度化过程。具体表现为经学的出现、孔子祭祀的官方化,以及儒学凭借科举制度而成为社会上升流动的必要条件等"[1]。所谓制度的儒家化,"一方面是指儒家的德政和王道政治的追求成为政治合法性的依据,儒家的经典部分获得法律的地位,儒生不断地参与到法典的制定过程,从而使儒家的观念渗透到中国的法律体系中。另一方面,政治权力越来越多地干预儒家经典的解释,如《白虎通义》等的出现,而儒家开始为现实的政治秩序的合法性提供理论依据"[2]。

在干春松的另一部与此相关的著作《重回王道——儒家与世界秩序》中,则基于中国的经学传统而立论,主要谈论了中国的"王道政治"问题,并在这一理论基础上系统探究了儒家政治传统复兴的可能性、如何复兴以及复兴什么等相关议题。他认为,"王道政治"以儒家"为政以德"思想为基础,以天理为内在化的根基,并体现了一种与霸道相区别的

---

[1] 干春松:《制度儒学》(增订版),北京:中央编译出版社2017年版,"序言",第4—5页。

[2] 同上书,"序言",第5页。

圣王之治。在近代,儒家王道政治理想虽然在中国的民族国家观兴起和民族国家建立的大背景下被解构了,但是以康有为的大同理想为起点的现代新儒家的王道观,则依然彰显了对于王道传统的某种继承。儒家王道政治背后的天下思想,"王者无外"与"万物一体"思想,可以与全球化时代的世界秩序相通约。未来,可以通过寻求世界正义来实现王道政治在观念上的改进和突破,可以通过超国家机构和国际组织这一中转站来实现儒家王道秩序的现代转化,而这两方面都指向了一种基于王道基础的中国政治哲学的建构。与干春松不同,秋风(姚中秋)则认为,儒学不只是解决世界秩序的问题,而是更应当去解决国内的一些现实问题。干春松也主张,儒家思想应首先解决国内问题,但是他并不急于提出一套具体的做法。这是因为,"儒家面对现代性的挑战所做的调适到目前为止还只有不到两百年的时间,而中国近现代的历史就是一个否定儒家的过程,所以儒家一直没有机会在一个合理的环境中尝试新的制度建设"①。他主张建构一种世界哲学,在这种哲学中儒家可以提供很多思想资源。制度儒学的确不同于心性儒学,前者强调的是社会治理中儒学如何发挥在现实社会中的作用,其思想关注点在于儒学的制度化;后者则强调的是内圣如何开出新外王,其思想关注点在于儒学的现代化与现代性。从制度角度来探析儒学在现代与当代社会的意义和价值,的确要比政治儒学的说统来得更为具体,更有历史中儒学与制度联姻的基础,但是今日制度化的儒学和儒学的制度化真的可能吗?如果可能又何以可能呢?对于这些问题,我们后面的章节还会详细予以讨论。

除了从心性儒学与制度儒学角度来谈儒学当代意义和价值之外,也有的学者从宗教儒学的角度来审视同一个问题。他们依据马克斯·韦伯的《新教伦理与资本主义精神》一书中的观点,认为与具有外在超越性的世俗化的基督教相比,世俗化的儒学也具有一种外在超越性。儒学也可以通过自身宗教化的转换和发展而体现出一种现代性,从而表明自己在当代的意义和价值。

以上三种关于儒学现代意义和价值的阐释,实际上都难以避免儒学在现代社会所面临的危机。儒家传统的现代性危机,主要体现为这一传统背后的思想价值观念系统与现代性社会所开创的科学知识、民主法

---

① 干春松:《制度儒学》(增订版),第434页。

治、自由人权等之间的张力。与现代思想相比，儒家伦理思想具有多重自身难以否决的限制之处：为君主专制服务的别尊卑、明贵贱的等级尊卑制度，束缚个性与压抑人性的封闭礼教，重义轻利讲究虚文的人生价值观等。从现代的角度来看，政治儒学、儒家宪政、宗教儒学等试图基于儒学来治理今日中国的策略，都是明显的一种非历史非现实的进路，且终究难以行得通。对于儒学的政治化与儒家宪政主义，我们下文将有详细的批判性回应。

### 四、儒学与后现代性

儒学在现代社会到底有没有价值？这个问题本身并不是一个真正的问题，我们应当追问的问题是：儒学在当代社会到底有何种价值？这种价值体现的是一种现代性的价值，抑或一种后现代性的价值？

正如有的学者所指出的："正是在五四时期儒学批判话语的历史情境下，'儒学与现代性'的关系问题逐步走到历史的前台而凸显出来，并始终成为中国现代化进程中所必须正视和需要认真回答的历史性课题。"[①]从梁漱溟、熊十力等所谓的第一代当代新儒家开始，儒家学者便展开了对于儒学与现代性之关系问题的思考，这种思考既不同于五四运动之前的认同性话语体系，也不同于五四时期启蒙学者的批判性话语体系，而是在中国与西方、传统与现代、前现代与现代等多种视域下来思考儒学的现代性转换问题的。在当代新儒家的思想中，儒学与现代性主题被具体化为三个层面的问题："儒学观"范式所针对的传统儒学是否阻碍现代化发展的问题，"现代性"范式所针对的现代化发展与传统儒学的本质差异问题，以及"传统—现代观"范式所针对的现代化发展能否离开传统儒学的问题。[②]

在儒学意义和价值的思考中，不仅儒学与现代性之关系的问题受到了普遍的持续性关注，而且儒学与后现代性之关系的问题，也在相当数量学者那里得到了关注。大约从20世纪80年代起，透过后现代意识，一些国外汉学家如赫伯特·芬格莱特（Herbert Fingarette，1921—2018）、葛瑞汉（Angus C. Graham，1919—1991）等便开辟出了研究儒学的一个新

---

① 沈小勇：《百年回眸：儒学的现代之境》，第6页。
② 关于儒学与现代性三个层面的思想见上书，第20页。

思路。在他们之后,郝大维、安乐哲、弗郎索瓦·于连(François Jullien,1951— )等人继续推进了这一思路,而台湾与内地一些从事儒学研究的学者,也各自从自己的问题出发延续了大致相同的思路。在这之后,2006年11月在北京则直接举办了一场以"儒学与后现代"为名的主题会议,会后由黄卓越编辑出版了《儒学与后现代视域:中国与海外》(开封:河南大学出版社2009年版)一书。此书共收录了《后现代语境中的儒家本体伦理学发展》《在后现代状态下重建儒学传统》《儒家整体主义话语的后现代反思》等中国与海外学者对儒学与后现代问题研究的15篇文章。这次会议及其后来出版的论文集,可以说是儒学与后现代问题研究的首次集体展示。

那么,儒学与后现代社会到底有没有一种联系呢?早在丹尼尔·贝尔的《后工业社会的来临》一书中,他便指出后工业社会的"中轴原理",即理论知识处于中心地位,它是社会革新与制定政策的源泉,而这是相对于现代工业社会之重"经验"而言的。一些学者以肯定性的立场认为,儒学与后现代社会之间具有密切的联系。例如,郝大维便认为,我们可以在古代中国的思想中发现一些非常具有真实意义的后现代要素,"古代中国是非常真实意义上的后现代"[1]。他曾经与安乐哲在《通过孔子而思》中,系统研究了后现代与儒学之间纷繁复杂的关系。20世纪80年代,英国著名汉学家葛瑞汉也开始从后现代的视角来探索中国古代的早期思想。他在评论本杰明·史华慈(Benjamin I. Schwartz,1916—1999)的《中国古代的思想世界》一书时[2],主要挑战了西方汉学界以中西思想之间的相通性来看待中国思维的权威观点。在《论道者:中国古代哲学论辩》[3]这部著作中,他通过强调中国古代思维与西方近代思维

---

[1] 〔美〕郝大维:《现代中国与后现代西方》,冯若春译,金惠敏主编:《差异》第1辑,开封:河南大学出版社2003年版,第43页。其他相关著作还有弗朗索瓦·于连:《圣人无意:或哲学的他者》,闫素伟译,北京:商务印书馆2019年版;弗朗索瓦·于连、狄艾里·马尔赛斯:《(经由中国)从外部反思欧洲:远西对话》,张放译,郑州:大象出版社2005年版。

[2] Angus Charles Graham, Review of Benjamin Schwartz's The World of Thought in Ancient China, *Times Literary Supplement*, 18, July, 1986.

[3] 〔英〕葛瑞汉:《论道者:中国古代哲学论辩》,张海晏译,北京:中国社会科学出版社2003年版。

之间存在的根本性差异,彰显了中国古代思想的后现代特征。

在儒学与后现代社会具有关联性的学者看来,儒家思想实质上是一种人学,这种人学背后所含蕴的一系列诸如遵守纪律、忍耐精神、和谐精神等道德观念,以及一些较高级的成人意识、节俭意识、集体意识、责任意识等,都有利于促进现代乃至后现代社会的发展。正如德国知名汉学家特里尔大学的卜松山(Karl-Heinz Pohl,1945——  )教授所言:"实际上,儒学说到底就是人学,儒学的现代意义也就在这里。儒学的精神实质是承认在人的天性中,有一种潜在的向善的意识,它超越了人的本能,却在日常生活的自我修养中得到实现。这就是'仁'的思想。'仁'是儒学思想的核心内容,是区别于其他思想学派的根本所在。'仁'的范畴不仅沟通了人伦关系中的'孝'和'礼',而且也沟通了自然关系中的天道和人道。仁心与天地之心相通,人伦之道也与天地之道相合。所谓'天人感应''天人合一'都是这种基本思想特点的反映。仁学揭示了人在自然世界和人文世界中的价值,解释了人生的道理和做人的意义,是以人生为对象的人文哲学。儒家从道德实践到政治实践的理想人格,是《大学》《中庸》里'修、齐、治、平'思想的精辟概括。"①同样,在中国儒家学者看来,伦理不仅仅涉及一些道德上的品质,更体现为人与人、人与社会之间的义务性关系存在,以责任与信任等为基石的道德性自律可以最终成就一种理想人格的存在。正因此,在关于生命意义与价值的诠释,以及人文主义基础上的和谐共处等相关议题上,儒学在当代世界均显现出自己独特的理论优势。

北京外国语大学国际关系学院东西方关系中心主任田辰山(Chenshan Tian),在《儒学与后现代视野》(《学术界》2006年第1期)、《儒学的与时俱进》(《民主》2006年第3期)、《中西文化差异与儒学的与时俱进》(《深圳大学学报》2007年第5期)、《"后现代儒学"与"构建后现代儒学体系"》(《江西社会科学》2008年第12期)等文中,对儒学的研究同

---

① 〔德〕卜松山:《儒家传统的历史命运和后现代意义》,《传统文化与现代化》1994年第5期,第86—87页。卜松山的其他与儒学相关的著述有:《发现中国:传统与现代》(张伟译,北京:社会科学文献出版社2016年版)、《与中国作跨文化对话》(增订本)(刘慧儒、张国刚等译,北京:中华书局2003年版)、《中国传统文化对现代世界的启示:从"天人合一"谈起》(国刚译,《传统文化与现代化》1993年第5期)。

样采取的是一种后现代视角,从而"提倡儒学需要全球视野,需要有后现代视野和意识"①。当然,他本人对于"后现代儒学"这一术语有自己独特的理解。"后现代儒学"(Confucianism in the post-modern era)不是前现代儒学、现代儒学之后的儒学,而是在后现代背景下的儒学,因此与西方社会出现的所谓后现代思潮便具有了结构性的差异。"后现代儒学"的态势和形态特点包括如下几个方面:(1)"后现代儒学"不是跟随西方思潮,以西方话语为主、套用西方概念来考衡自己,而是用中国话语来阐述自己;(2)"后现代儒学"必须有中西方文明的空前宏阔视野,知己知彼,有对中西方进行结构性比较和独立自主、平等自信地与西方各种思想对话的能力;(3)"后现代儒学"的关注点不应再局限于古老的论争,而是以传统的进取精神参加后现代社会和全球性问题的讨论;(4)"后现代儒学"在经历了近现代历史性语言变革的基础上,利用现有语言体系及其发展,满足对儒家思想的博大与精深进行阐释的需要;(5)"后现代儒学"是与时俱进,又不是反传统(anti-tradition);不是复古,又是固本守源、延续发展和新的升华超越;(6)"后现代儒学""以世界为舞台,把自己丰厚的文化底蕴呈献给国际社会,以对待世界文明的'中和'态度,以主张世界文明的和谐融通,达到促进互系、互存的良好状态的目的"②。

北京语言大学的黄卓越(1957— )教授也认为,新儒学之后有所谓的后儒学时代,即所谓后现代儒学的来临。"我们所说的后儒学也就是一种后现代儒学,当然这也含有新儒学之'后'的意思。如果这一称号能被得到认可,那么……'新儒学第三代''新新儒学''后新儒学'无论就时间还是就逻辑看,就都可以看做是一种朝向于后儒学的过渡,那里已经出现了后儒学的思想因素,备有了一种后儒学的视野。"③黄卓越进而认为,在后现代社会,我们审视儒学的时候应当清醒地认识到,儒家思想与马克思主义,比与自由主义在学理上有更大的亲和力,"马克思主

---

① 田辰山:《儒学与后现代视野》,《学术界》2006年第1期,第31页。
② 田辰山:《"后现代儒学"与"构建后现代儒学体系"》,《江西社会科学》2008年第12期,第25页。
③ 黄卓越:《后儒学之途:转向与谱系》,《清华大学学报》2009年第3期,第100页。

义的中国化其实是中国儒家和其他传统思想的现代形式"①。的确,马克思在中国经历过一个不断中国化时代化的过程,这源于马克思主义与中国传统有亲和力,因此才能够经历中国化时代化并被发展为一种中国化时代化的马克思主义。但是,马克思主义的中国化时代化绝不是中国儒家和其他传统思想的一种现代形式。无论我们如何将中国儒家和其他传统进行现代化,都不能获得中国化时代化的马克思主义。马克思主义中国化时代化的历程一方面是理论上的,一方面是实践的。通过中国的革命、建设和改革等实践,马克思主义在中国取得了具有自身特色的发展,而马克思主义在理论方面也在此基础上不断得到了一个又一个的发展。尽管从理论层面来讲,中国化时代化的马克思主义往往吸取了中华优秀传统文化的成果,但是其本身绝不能等同于中国儒家和其他传统思想的现代化。这种理解误区,实际上造成了因为突出强调马克思主义的中国性而忽视了其世界性的一面。

通过前面两章的阐述,我们已经对"当代新儒学"的含义,民族性与时代性等相关问题有了基本的把握和理解。第三章以后,我们将展开本书研究的主要内容。首先处理的是儒学的现代性问题。关于儒学现代性问题的探讨,我们先是探讨作为中国现代历史重要起点的五四新文化运动,侧重分析这场运动在思想启蒙与人的现代化方面所具有的意义和价值。然后,我们将从科学与民主两个方面处理儒学与现代性的关系问题。既探讨中国传统哲学的思维方式问题,也处理近代科学为什么没有诞生在中国的问题。然后,我们将围绕儒学现代性问题中的自由、民主、宪政等问题进行探讨。以上这些内容构成了本书第三章、第四章、第五章的内容。接下来,就让我们先从五四新文化运动谈起。

---

① 田辰山:《儒学与后现代视野》,《学术界》2006年第1期,第29页。

# 第三章
## 五四新文化运动与思想和人

2019年4月30日,在纪念五四运动100周年大会上的讲话中,习近平讲道:"五四运动,爆发于民族危难之际,是一场以先进青年知识分子为先锋、广大人民群众参加的彻底反帝反封建的伟大爱国革命运动,是一场中国人民为拯救民族危亡、捍卫民族尊严、凝聚民族力量而掀起的伟大社会革命运动,是一场传播新思想新文化新知识的伟大思想启蒙运动和新文化运动,以磅礴之力鼓动了中国人民和中华民族实现民族复兴的志向和信心。"[①]

从这段话中,我们可以非常清晰地把握好五四运动的定位,即这是一场伟大的爱国革命运动、伟大的社会革命运动、伟大的思想启蒙运动和新文化运动。伟大的爱国革命运动言说的是,五四运动作为近代中国救亡、保种、救国的一场十分关键的运动,真正开启了中国社会进入实现中华民族伟大复兴的新阶段和新时期。伟大的社

---

① 习近平:《在纪念五四运动100周年大会上的讲话》(2019年4月30日),《党建》2019年第5期,第4页。

会革命运动,则言说的是这场运动标志中国社会革命真正进入反帝反封建的新民主主义革命时期,从而开启了一场真正的社会革命运动。正是在这次运动之后诞生了中国共产党,从此改变了中国革命的面貌,并在这一政党的领导下经过 28 年的革命和斗争,最终建立了一个拥有独立主权的真正现代性意义的民族国家。伟大的思想启蒙运动和新文化运动,则标志着中国从此以后在深层次的精神文化领域实现了彻底的改变,不仅科学与民主成为时代追寻的主题,而且开启了人的现代化的征程。总之,五四新文化运动既是一场救亡图存的爱国的和进步的革命运动,更是一场追求科学和民主的思想启蒙运动。

今天,当我们重新审视五四新文化运动的时候,依然有许多问题值得探讨。例如,五四运动与新文化运动的关系是什么?五四新文化运动与思想文化启蒙到底是什么关系?五四新文化运动与思想自由是什么关系?五四新文化运动与人的现代化的关系又是什么?接下来,本章将对这些问题逐一进行探讨,在探讨的过程中,本章将尽量做到始终与儒学的民族性、现代性等问题结合起来进行。

## 第一节 五四新文化运动与思想启蒙

何谓五四新文化运动?狭义的五四新文化运动,指的当然是 1919 年 5 月 4 日在北京所发生的那场学生爱国运动。"广义的'五四'则指在这一天前后若干年内所进行的一种文化运动或思想运动。"①我们不同意余英时先生将广义的五四运动限定在 1917 年的文学革命到 1927 年的北伐运动这段时间。在此,我们依然采用广义的五四新文化运动概念,将其看作一场重要的思想文化启蒙运动,但将其大体指定为 1915 年 9 月陈独秀创办《青年杂志》,经历 1921 年左右的社会主义辩论,一直到 1923 年爆发的科学和玄学论战时期。在这一阶段性的历史时期,1919 年的五四爱国运动是一个分界点,因此整个五四新文化运动据此可以分为前期和后期两个阶段。

这样说来,最广义的"新文化运动"指的是从陈独秀主编《青年杂

---

① 余英时:《中国思想传统的现代诠释》,南京:江苏人民出版社 1995 年版,第 340 页。

志》(创刊号由上海群益书社于1915年9月15日出版,1916年9月该杂志改为《新青年》)一直延续到1923年,为期八年。1923年6月,《新青年》由月刊改为季刊,再度成为中共中央机关刊物(此前一度停刊);同年2月,爆发了"科玄论战"(或称"人生观论战"),标志着现代新儒家正式登上了历史舞台,中国思想文化领域自由主义、唯物史观派和现代新儒家三足鼎立的格局正式形成。较狭义的"新文化运动",指的是从1915年到1920年为止,为期五年。从1920年9月第8卷起,《新青年》成为上海共产主义小组的机关刊物。最狭义的"新文化运动",指的是截止于1918年底,为期三年。1919年1月,李大钊在《新青年》第5卷第5号发表《庶民的胜利》和《Bolshevism的胜利》等文章,这标志着《新青年》开始变成马克思主义的思想舆论阵地。

我们不同意有的学者所坚持的主张:"称新文化运动为'五四新文化运动'是大错特错的。"①这种观点的产生源于一些学者将新文化运动与1919年"反帝"的五四运动直接割裂开来。他们认为,此运动之后,新文化运动的思想文化宗旨便发生了转向,与原来意义上的"新文化运动"具有了区别,新文化运动的方向也在此运动爆发之后发生了逆转。我们认为,1919年五四运动之前的新文化运动与五四爱国运动是有机统一的。我们应当从一种广义的角度而不是极其狭义的角度来理解新文化运动。这样,五四运动便成为新文化运动的一个转折点,其前期主要是在思想文化启蒙上,而五四运动之后则加上了救亡这一政治维度。此后的新文化运动于是体现为启蒙与救亡双重主题,它既是一场提倡民主、人权与科学的思想启蒙运动,也是一场反帝反封建的政治运动。以这种广义的视角来定义新文化运动,我们当然可以将其称之为五四新文化运动,这种理解有助于我们将这场新文化运动看作是一场具有一定持续性的运动,有助于我们从历史整体的视域客观把握这场运动的实质与意义。

如果将狭义与广义的五四运动含义结合起来看,这场运动显然既是一场轰轰烈烈的爱国主义运动,更是一场影响深远的思想文化启蒙运动。"五四运动是一个爱国运动,又是一个文化运动。以一九一五年九

---

① 黄玉顺:《新文化运动百年祭:论儒学与人权——驳"反孔非儒"说》,《社会科学研究》2015年第4期,第135页。

月《青年》(《新青年》)杂志创办为标志而兴起的新文化运动(启蒙运动),是一次彻底地反对封建文化的运动。"①那种将五四新文化运动看作是一种文化断裂的看法是错误的。一方面,由思想启蒙到政治运动不是对新文化运动初始航向的偏离,也绝不是一种超时代发展的盲从。但另一方面,我们也不能以救亡图存的政治运动淹没思想启蒙的历史意义。事实上,思想启蒙在整个五四新文化运动的全部历史阶段中始终是一条主线,而另一条主线则是救亡。启蒙与救亡这两条主线相互交织,才真正构成了五四新文化运动的现代性变奏。五四新文化运动是对传统的革新,而不是一种文化上的断裂。我们不能因为将现代性支撑的社会看作一种风险社会,便对现代性进行批判,并以此否定五四新文化运动在现代中国的巨大历史意义与历史价值。任何力图摆脱中国特殊社会文化背景来谈论五四新文化运动意义存亡的说法,都是一种缺乏深厚历史基础的无根之谈。只有坚守这种深厚的历史基础,才能将近现代中国救亡图存的洋务运动、维新变法运动、五四运动看作是一个中国现代性故事整体的连续的、有机的组成部分。事实上,没有五四新文化运动所带来的强烈的爱国主义情怀,深远的思想启蒙意义,以及前所未有的人的现代化思潮,就谈不上日后中国社会所展开的现代化道路实践,尽管这种现代化也同样面临西方现代化遭遇的种种现代性矛盾和困境。在充分肯定五四新文化运动历史意义与时代价值的同时,我们也应当清醒地认识到,为了解决救亡图存这一时代性主题,最终救亡压倒了启蒙,人的现代化也被单一化理解为以科学、民主为核心内容的个性解放。这两大不足,均给后来中国的发展留下继续实现中国社会的思想启蒙与人的真正现代化两大历史性难题。这种情况已经为后来所出现的经济生产力迅猛发展与伦理价值上的某种失序之间的矛盾所表征。因此,在某种程度上,五四新文化运动往往用文化的时代性消解了文化的民族性,以西方的单一的现代性取代了现代性的多元模式。正因此,也加重了中国日后在探索具有中国特色的现代化道路模式的历史进程中的矛盾和危机,增加了中国社会为摆脱这种矛盾和危机所付出的种种艰辛与努力。

今日返观五四新文化运动,我们确实感受到众多知识分子简单地在

---

① 彭明:《五四运动史》(修订本),北京:人民出版社2019年版,第523页。

中国文化与西方文化、旧文化与新文化、传统与现代、黑暗与曙光、糟粕与精华、专制与民主之间进行了简单而粗暴的二元划分。这种二元对立的思维模式,的确具有单一化、简单化、形而上学化的弊病,正如封建时期的文化并不能等同于封建性的文化,传统文化也不能被简单笼统地贴上落后的、旧的文化标签。如果这样做,便会使得本来具有思想启蒙与人的现代化双重意义的五四新文化运动充满了火药味。今日观之,颠覆传统与破坏传统之路确实不如反思与重构传统之路更为平实和可行。对于传统文化所塑造的具有劣根性的国民性的批判,虽具有点拨人的现代性觉醒的意义,但对于传统文化破有余而立不足的弊病也正因此而凸显出来。在审视传统文化的时候,将吸食鸦片与缠足娶妾,将自私庸俗与敷衍妥协看作是具有奴性的国民性,虽在一定程度上确实挖掘出了传统中国社会及其塑造的传统人的种种问题,但以自己的弱点与别人的优点相比,只能忘却自己的优点与长处了。中国传统文化中优秀的文化精神与普世性的优良国民性,无形中被这种批判弱点的巨大声势所彻底湮灭掉了。五四新文化运动所本应具有的思想启蒙与救亡图存这一双重历史使命,最终蜕变成救亡图存这个单一使命。很遗憾,中国现代性所本应具有的民族文化忧患意识与本根意识,并未成为那个时代的主旋律。

总之,五四新文化运动中确实充满启蒙与救亡的双重变奏,在当时的中国,启蒙的目的即是救亡图存,但我们不应因为强调"救亡"这一时代的主题而忽视了救亡背后存在的启蒙这一重要思想基础。不要以充满民族主义的政治运动来吞噬文化思想上的启蒙,正是先有了思想文化上的启蒙,才有社会政治上救亡的理想及其实现,而不是相反。在民族救亡图存背后的深深思想障碍,是民族文化的僵化守旧、纲常名教的观念束缚、现代国民性的缺失等,而要想彻底清除这些障碍,则必须有赖于全社会兴起一股启蒙的大思潮。借此,才能真正去除封建迷信、个人崇拜、专制守旧、主观臆测等种种与现代社会不相符合的落后的思想观念。

然而,在如何看待新文化运动与五四运动关系时,学者们的观点实际上并不一致①。有的学者将二者截然分开,可以称之为割裂派。持这种观点的学者,早期以胡适为代表,现在以任剑涛等人为代表②。他们在新文化运动和五四运动两者之间作出重大的区分,并认为新文化运动和五四运动是两档事情。新文化运动那一拨学人,以胡适为代表的,他们所开启的是"古典的现代性"道路,他们与五四运动所开辟的革命激进主义的现代性道路是有本质区别的。与上述学者不同,绝大多数学者将新文化运动与五四运动联系起来看待,可以称为联系派。武汉大学的李维武即是持有这一立场的代表性学者③。我们认为,新文化运动与五四运动的确是两件不同的事物,不能等量齐观,也不能视为单一进步逻辑的直接衔接与推进。要深入理解新文化运动的实质,就不能仅在朝向革命激进主义的路径上加以分析,而是要参照胡适一派的自由主义,向其副调展开,在胡适一派的自由主义和文化保守主义的相互对比中,把握这场新文化运动的性质与意义。但是,同时我们也不能将新文化运动与五四运动完全分割开来,而应当将五四运动放到整体的新文化运动之中来加以考量,将五四运动看作新文化运动的最高峰。将二者联系起来

---

① 早在1922年,吴宓便在《学衡》上发表了《论新文化运动》(《学衡》1922年4月第4期)一文,展开了对新文化运动的批判。此外,张申府也在1937—1939年间发表了一系列关于新启蒙运动的看法和意见(张申府:《什么是新启蒙运动》,北京:生活·读书·新知三联书店2015年版)。相关问题研究的代表性成果,还有余英时的《现代危机与思想人物》一书中的《五四运动与中国传统》(1979)、《我所承受的"五四"遗产》(1988)、《文艺复兴乎? 启蒙运动乎?——一个史学家对五四运动的反思》(1999)等文。后来,又有林毓生的《中国意识的危机:"五四"时期激烈的反传统主义》(穆善培译,贵阳:贵州人民出版社1986年版),中国社会科学院科研局、《中国社会科学》杂志社编的《五四运动与中国文化建设:五四运动七十周年学术讨论会论文选》(上、下册)(北京:社会科学文献出版社1989年版),李瑗的《"五四"思潮与"人的解放"》(《中共党史研究》2009年第6期),李亮的《扬弃"五四":新启蒙运动研究》(上海:上海三联书店2012年版),黄玉顺的《新文化运动百年祭:论儒学与人权——驳"反孔非儒"说》(《社会科学研究》2015年第4期),许纪霖、刘擎主编的《中国启蒙的自觉与焦虑:新文化运动百年反思》(上海:上海人民出版社2016年版)等相关著述。

② 任剑涛等:《重思胡适:为当下注入思想的力量》,《社会科学报》2015年3月5日第6版。

③ 李维武:《割裂五四运动与新文化运动有违史实》,《中国社会科学报》2015年4月3日第6版。

思考,不仅有利于准确把握五四运动,同时对于新文化运动本身的把握也才变得可能和准确。

五四新文化运动之所以在中国这一特殊时期发生,其根源是多重的。"五四运动自另有其中国传统的根源,决不是西方文化的挑战这一点可以完全解释得清楚的。"①因此,这场运动的确是一场彰显中国人强烈的爱国主义精神的伟大运动,它直接导致曹汝霖、章宗祥、陆宗舆等人被罢免,导致中国拒绝在瓜分中国的巴黎和约上签字。"从欧战爆发日本出兵山东,到'二十一条'交涉、巴黎和会、五四运动、加入国联,这个历程(1914—1920)是中国外交史的重要转折期,同时形塑了日后近代史民族主义诠释的基调。"②同时,这场运动更是一场伟大的民族复兴与解放的运动,一场重要的思想文化运动,一场对中国社会未来发展具有深远意义和影响的思想启蒙运动。这场运动力图通过深刻的思想革命与彻底的社会改革来建立一个充满现代性的中国。"对于以儒学为代表的中国文化传统而言,五四新文化运动具有一定程度的内发性,在一定的意义上可以看作是中国文化传统所内蕴的生命力的现代表征。"③这种认同五四新文化运动具有一定程度的内发性的观点,强调了这场运动的发生是由内外多种矛盾共同决定的。但是,我们不能据此便遗忘了帝国主义列强所展现出来的充满现代性的西方文明对中国传统文明的挑战,这才是五四新文化运动发生的主要原因,切不可因为一种文化的保守主义立场而弱化甚至边缘化这一重要原因。同时,尽管20世纪儒家思想的新开展与五四新文化运动所强调的科学与民主等现代性基本精神保持了一定的内在一致性,并在儒学为宗的前提下探讨了如何在儒学内部安顿科学与民主这一新外王的问题,但是,历史与现实均无情地告诉我们,现代新儒学对于五四新文化运动所提出的实现中国现代化这一充满现代性的历史任务并没有很好地完成,因此,我们并不认为现代新儒学与五四新文化运动一起构成了中国社会现代化发展链条中有机的一个环节。尽管20世纪新儒家们在诠释与说明传统儒学在当代的意义与价值

---

① 余英时:《中国思想传统的现代诠释》,第348页。
② 唐启华:《巴黎和会与中国外交》,北京:社会科学文献出版社2014年版,第369页。
③ 李翔海:《五四新文化运动与民族文化传统关系问题再探讨:以20世纪儒家思想的新开展为例》,《教学与研究》2003年第10期,第36页。

方面多有贡献,但他们又往往基于保守主义的立场而将儒学当成了一个大篮子,什么东西都可以装。他们并没有在如何实现传统儒学的创造性转化与创新性发展这一问题上提供切实可行的方案,其理论建树也往往多停留在纯粹理论与学术的研究方面。他们未能真正把握儒学在当代社会的意义与价值所在,因而未能真正将儒学和当代世界与生活紧密相连,这又的确造成了儒学与当代社会生活之间的紧张与疏离。

关于五四新文化运动的性质问题,不同的理论家往往从不同的视角给予了不同的解释。例如,余英时的《中国近代思想史上的激进与保守》,陈来的《20世纪文化运动的激进主义》等文便对此进行了探讨。实际上,无论是激进主义者还是保守主义者,在其时代都有其存在意义和限制。"相对于任何文化传统而言,在比较正常的状态下,'保守'和'激进'都是在紧张之中保持一种动态的平衡。例如在一个要求变革的时代,'激进'往往成为主导的价值,但是'保守'则对'激进'发生一种制约作用,警告人不要为了逞一时之快而毁掉长期积累下来的一切文化业绩。相反的,在一个要求安定的时代,'保守'常常是思想的主调,而'激进'则发挥着推动的作用,叫人不能因图一时之安而窒息了文化的创造生机。"[①]

一些文化保守主义(更为准确的术语应是传统主义)者从文化角度来理解五四新文化运动,认为这场运动是一场深重的民族灾难。他们将泛政治化与激进主义看作五四新文化运动的主要限制。例如,梅光迪(1890—1945)、吴宓(1894—1978)为捍卫中国传统文化价值,而与五四新思潮提倡者展开了相互批判。受白璧德(Irving Babbitt,1865—1933)新人文主义的影响,他们采取存旧立新的态度,既反对西化派的弃旧图新,也反对激进派的破旧立新。所谓的文化保守主义者,不是不要新文化,而是在究竟要何种新文化方面才与激进主义、自由主义产生了思想上的分歧。当然,将五四新文化运动看作一场深重的民族灾难,实在也有些言过其实。20世纪80年代以来的中国文化发展,以至于今天的国学院、民间国学启蒙学校的建立,乃至海外孔子学院的大量建立,都是明显的一种反证。今天,我们对于希尔斯《论传统》中所言说的"实质性传统"的价值,已经达成了普遍性的共识。

---

① 余英时:《钱穆与中国文化》,上海:上海远东出版社1994年版,第216页。

一些激进主义者从政治角度来理解五四运动,称此次运动为一场反帝、反封建的爱国主义运动,如陈独秀、李大钊、蔡元培(1868—1940)、罗家伦(1897—1969)、蔡尚思(1905—2008)、胡绳(1918—2000)等人。这种理解十分准确地定位了此次运动的爱国主义维度。而如今一些抱有历史虚无主义立场的人,力图否定五四新文化运动的这一意义,则明显是对历史事实的漠视。五四运动前的中华民族处于内忧外患的双重艰难境地,外交中的山东问题凸显了五四前中华民族危机的境况。日本1915年提出"二十一条",1919年巴黎凡尔赛和会所作的关于山东的决议,实际上是以日本为首的帝国主义瓜分中国的决议。

一些自由主义者从文化角度来理解五四运动,他们认为,五四新文化运动时期国内的北洋军阀的反动统治体现的是强大的专制主义,袁世凯称帝、张勋复辟、段祺瑞统治的粉墨登场即是一种具体的表现。1912年,梁启超的弟子陈焕章(1880—1933)等在上海成立孔教会,则鲜明地表明文化传统势力还在强烈地反弹和挣扎,鲜明地表明当时的中国距离自由与民主的现代生活方式还相当遥远。① 于是,自由主义者将五四新文化运动看作一次重要的思想启蒙运动,它寻求的是自由、民主、平等的价值理念与社会现实,持这种思想主张的人有胡适、丁守和(1925—2008)、彭明(1924—2008)等人。

关于五四运动性质的争论,实际上涉及我们如何理解"现代性"这一概念的问题。以往我们对于"现代性"概念的理解往往采取的是简单的二元对立的思维模式。在这一思维模式主导下所导引出的思维逻辑与价值判断,必然将传统与现代、进步与落后、理性与愚昧、光明与黑暗看成势不两立的两极。这最终导致对于现代性多重向度的无情遮蔽,从而造成了传统与现代之间的内在紧张与冲突。尽管在那些激进的反传统主义人士的内心深处,依然满怀感时忧国的焦虑心情与积极入世的社会使命感,不过,历史与现实均无情地表明,这种形而上学的思维模式是一种简单、粗暴地看待传统文化与现代文化的深层思想根源,它无疑体现了一些现代知识分子所具有的急切的现代性焦虑心态。今天,我们必

---

① 关于这方面的论述,林毓生先生的论述是较有代表性的。他全盘的反传统思想,见其《中国传统的创造性转化》(北京:生活·读书·新知三联书店1988年版)一书。

须扭转对"现代性"概念的这种传统理解,以一种辩证思维的角度来赋予"现代性"一词以崭新的诠释。我们要由"盲目的现代性冲动"转向一种"理性的现代性反思",以便保持与现代之间本应存在的合理张力,并以此来避免对传统文化整体性与单一性的反动,来摆脱因为对现代性的片面理解而带来的激进的"反传统"的时代情绪。

的确,五四新文化运动涉及传统与现代性之关系的问题。现代性中的传统与传统中的现代性问题,长期以来一直是学术界研究的一个热点问题。处理这一热点问题的确不容易,因为其背后涉及文化民族主义、新传统主义、文化守成主义(整理国故派、学衡派、当代新儒家、东方文化派、中国本位主义文化派)等众多思潮。因此,当学者们处理传统与现代性之关系的时候,其思想主张还存在许多问题。例如,J. 古斯费尔德(Joseph R. Gusfield,1923—2015)便阐发了对传统与现代性关系理解中存在的七大谬误[1]。在此,我们赞同李翔海的观点。他将当代新儒家纳入新文化运动的视野中来,并认为我们应当从传统主义、自由主义、激进主义三个层面来定位五四新文化运动的性质,即中西马的多重视角来全面审视这场运动的性质。

整体而言,五四新文化运动时期,在科学与民主这两个准确口号的引领下,除了马克思主义之外,自由主义、实验主义、功利主义、无政府主义、基尔特社会主义、互助论、工读主义、泛劳动主义、新村主义、现实主义、个人主义、达尔文主义等各派思潮不断粉墨登场。在这些思潮的强烈冲击下,中国传统的哲学、历史、文学、宗教、风俗、社会与政治制度均遭到了彻底的批判和攻击。于是,五四新文化运动既是一场强烈的爱国主义运动,也是一次重要的思想启蒙运动。在五四新文化运动产生背后,存在政治逻辑与文化逻辑这一双重生成逻辑。五四运动是"中国近代历史上的一次伟大的思想解放运动,因此被称为中国的文艺复兴、启蒙运动"[2]。在这场运动背后,彰显的是思想独立、人权自由、民意至上

---

[1] 〔美〕J. 古斯费尔德:《传统与现代性:社会变迁研究中误置的两极》(Joseph R. Gusfield,Tradition and Modernity:Misplaced Polarities in the Study of Social Change,*American Journal of Sociology*,1967,Volume 72,Issue 4,pp. 351-362)。此文另载于谢立中、孙立平主编:《二十世纪西方现代化理论文选》,上海:上海三联书店2002年版,第319—327页。

[2] 彭明:《五四运动史》(修订本),第523页。

等与传统不同的历史进步观念,倡导的是人权代替君权,民主代替专制。这场运动不仅充满了反帝反封的爱国主义情结,而且体现了对落后的内忧外患的中国需要进行一场深刻的思想变革与社会改造的强烈反应。

因此,我们应当从政治与文化的双重角度来理解五四新文化运动①。启蒙与救亡、科学与民主,显然并不像有的学者指出的那样,不足以涵盖新文化运动对中国社会与人们内心的真实影响和过于窄化了。新文化运动虽有一些负面的结果,但绝不是传统智慧和生成经验部分被压抑了,更不是中国文化内在的复杂性被大为简单化了。事实是,脱离真正的历史主义视角,去发现所谓的中国文化框架构成,去找回中国文化的丰富内涵,去找回中国人的自我,去找回中国人的精神世界,纯粹是一种痴心妄想。五四新文化运动对于传统的批判,实际上是传统得以重新复兴的必要机缘。

总之,就五四新文化运动与中国儒家传统文化的关系来讲,这一次思想启蒙运动并不是反对孔子与儒学本身,而是反对被僵化的制度化的儒学,反对的是封建礼教和专制。"五四新文化运动并不反儒,它反对的是封建礼教,而不是儒学所代表的基本价值。""新文化派即使在态度最为激烈的时候,也总是反复申明自己并不是真的反孔子或儒学,而是反对对儒学的利用和独尊。总之,新文化派所攻击的是儒学的专断和腐败,而非儒学所代表的基本价值;他们所要打倒的也并不是儒学,而是对儒学的教条主义的狂热迷信。"②"五四新文化运动不反儒,但是反对封建礼教。新文化运动对礼教的批判意义极大。它消极地反对儒家的躯壳和权威,积极地启发儒家的真精神。"③

既然五四新文化运动是一次非常重要的思想启蒙运动,那么,接下来我们便把这次思想启蒙运动与思想自由联系起来进行考察,以便据此再将此次思想启蒙运动与人的现代化结合起来进行分析。这两个方面

---

① 关于此点,可以参照20世纪20—30年代陈独秀的相关著述,以及李泽厚的《启蒙与救亡的双重变奏》(《中国现代思想史论》,北京:生活·读书·新知三联书店2008年版)一文。

② 欧阳军喜:《五四新文化运动与儒学》,《教学与研究》1998年第7期,第37页。

③ 欧阳军喜:《五四新文化运动与儒学:误解及其他》,《历史研究》1999年第3期,第53页。

的内容,将构成本章下面两节的内容。

## 第二节 五四新文化运动与思想自由

"自由"一词的含义十分复杂。"自由"(freedom)通常是与"解放"(liberty)一词相连的,其反义指的是束缚和压抑。陈寅恪(1890—1969)先生的"独立之精神,自由之思想",可以很好地概括出五四新文化运动背后的真正精神。就自由的类型而言,不同的学者往往从不同的角度提出了不同的划分。俞吾金(1948—2014)曾从哲学认识论与本体论的角度进行自由类型的划分。"认识论意义上的自由"指自由是对必然的认识和对客观世界的改造。"人类学本体论意义上的自由"强调个体在社会行为中的自我意识和不可推卸的责任感。雷蒙·阿隆(Raymond Aron,1905—1983)在《论自由》(姜志辉译,上海:上海译文出版社2009年版)一书中,将自由分为"形式的自由"和"实际的自由"两种。约翰·格雷(John Gray)在《自由主义的两张面孔》(顾爱彬、李瑞华译,南京:江苏人民出版社2008年版)一书中,将自由分为"以普遍理性共识为内涵的自由"与"多元对话意义下的自由"。以赛亚·伯林(Isaiah Berlin,1909—1997)的《两种自由概念》(参见以赛亚·柏林:《自由论》,胡传胜译,南京:译林出版社2011年版)一文,则对自由进行了"积极自由"与"消极自由"的划分。

尽管自由在不同学者眼中可以从不同角度进行相应的类型划分,但如果从不同的学科视域来看,自由也往往有政治学上的自由、法学上的自由、宗教学上的自由、伦理学上的自由、哲学上的自由等不同的类型。如果从知行角度来看,思想自由和行动自由则是基本的两个类型。思想自由作为一种发表意见的自由,可以存在于不同学科视域中的自由类型当中。思想自由与政治上的民主、平等等理念,已经一起构成了现代人类社会价值理性的核心。

五四新文化运动时期的思想自由,典型地体现在1915年9月创刊的《青年杂志》(1916年9月改为《新青年》)上面。这一刊物成为反专制主义而寻求自由民主生活方式的主要现实武器。1919年12月1日,在《新青年杂志·宣言》中,有一条便是:"我们理想的新时代新社会,是诚实的、进步的、积极的、自由的、平等的、创造的、美的、善的、和平的、相爱互助的、劳动而愉快的、全社会幸福的。"①此外,1918年创刊的《每周评论》、1919年创刊的《国民》与《新潮》,以及后来的问题与主义之争等,则继续了这种思想上的自由讨论。1919年4月30日至1921年7月11日,约翰·杜威曾在中国待了两年零两个多月,他与伯特兰·罗素(Bertrand Russell,1872—1970)、杜里舒(Hans Driesch,1867—1941)等人在中国的演讲,无疑增强了中国知识分子思想启蒙的热情。

五四新文化运动时期,由约翰·穆勒(John Stuart Mill,1806—1873)所阐发的思想自由(意见自由)与讨论自由(发表意见的自由),得到了知识分子强烈的认同。在众多有关自由的论述中,穆勒的《论自由》无疑是一部经典著作,此书早在1903年便由严复(1854—1921)先生以《群己权界论》为名进行翻译。此后,不断有不同的翻译版本问世。例如,最近有孟凡礼译本(上海:上海三联书店2019年版)。"自由"当属严复在《原强》中所提出的"民力""民智"与"民德"中的"民德"领域。在有关自由的纷繁复杂问题中,有关个人独立与社会控制之间的关系问题是关键。穆勒在核心的思想自由和讨论自由、论个性为人类福祉的因素之一、论社会驾驭个人的权威的限度等核心的三个章节中,阐发的便是社会控制之下的个人自由问题。在此书中,他不去探讨意志自由,而是探讨公民自由或社会自由,也就是探讨社会所能合法施用于个人的权力。

在穆勒看来,自由涉及两个基本的原则:(1)个人的自由行为只要不涉及他人的利害,个人就有完全的行动自由,不必向社会负责;他人对这个人的行为不得干涉,至多可以进行忠告、规劝或避而不理;(2)只有当个人的行为危害到他人利益时,个人才应当接受社会的或法律的惩罚。只有此时,社会才对个人的行为具有裁判权和施加强制力量。"人类之所以有理有权可以各别地或者集体地对其中任何分子的行动自由进行干涉,唯一的目的只是自我防卫。这就是说,对于文明群体中的任一成员,所以能够施用一种权力以反其意志而不失为正当,唯一的目的只是要防止对他人的危害。若说为了那人自己的好处,不论是物质上的或者是精神上的好处,那不成为充足的理由。"②穆勒基于此将自由定义

---

① 陈独秀:《陈独秀文集》第1卷,北京:人民出版社2013年版,第506页。
② 〔英〕约翰·密尔:《论自由》,许宝骙译,北京:商务印书馆2011年版,第10—11页。

为:"按照我们自己的道路去追求我们自己的好处的自由,只要我们不试图剥夺他人的这种自由,不试图阻碍他们取得这种自由的努力。"①据此,我们每个人都应当具有发表意见与参与意见讨论的自由。"在缺乏讨论的情况之下,不仅意见的根据被忘掉了,就是意见的意义本身也常常被忘掉了。"②

穆勒将功利主义的幸福原则与个人的自由联系起来,认为完全的个人自由、充分的个性发展,不仅是个人幸福所系,也是社会进步的主要因素之一。个人利益追求与欲望满足,是人生的目的和人类行为的最高道德准则。当然,穆勒所理解的功利,是一种广义上的功利,它强调把人当作前进的存在而以其永久利益为根据。于是,"人类应当有自由去形成意见并且无保留地发表意见"③。"人类不是不可能错误的;人类的真理大部分只是半真理;意见的统一,除非是对立诸意见经过最充分和最自由的较量的结果,是无可取的,而意见的分歧,在人类还未达到远比今天更能认识真理的一切方面之前,也并非坏事而倒是好事。"④"人们应当有自由去依照其意见而行动,也就是说将其意见在生活中付诸实践,只要风险和危难是仅在他们自己身上就不应遭到同人们无论物质的或者道德的阻碍。"⑤

尽管对个人的自由有上面的种种论述,不过,穆勒也谈到了个人自由的限制。"个人的自由必须约制在这样一个界限上,就是必须不使自己成为他人的妨碍。"⑥可见,在穆勒的自由思想中,个人自由的力量不恰当地得到了过分强调。"任何人的行为,只有涉及他人的那部分才须对社会负责。在仅只涉及本人的那部分,他的独立性在权利上则是绝对的。对于本人自己,对于他自己的身和心,个人乃是最高主权者。"⑦对此,霍布豪斯(Hobhouse, Leonard Trelawny, 1864—1929)持有同样的立

---

① 〔英〕约翰·密尔:《论自由》,许宝骙译,北京:商务印书馆2011年版,第14页。
② 同上书,第45页。
③ 同上书,第65页。
④ 同上书,第66页。
⑤ 同上书,第65页。
⑥ 同上书,第66页。
⑦ 同上书,第11页。

场。"自由主义是这样一种信念,即社会能够安全地建立在个性的这种自我指引力之上,只有在这个基础上,才能建立起一个真正的社会,这样建立起来的大厦,其基础深厚广阔,其范围无法予以限制。这样,自由与其说是个人的权利,不如说是社会的必需。"① 然而事实上,个人不仅要对社会负责,也要对自己本身负责,脱离开对于社会和个人的责任的自由,并不是真正的个人自由。

不管我们怎样看待个人自由与社会控制之间的关系,由思想自由所带来的观念的变化和习俗的破坏,无疑会推动社会的变革。"批判的武器当然不能代替武器的批判,物质力量只能用物质力量来摧毁;但是理论一经掌握群众,也会变成物质力量。"② "巨大的变革不是由观念单独引起的;但是没有观念就不会发生变革。要冲破习俗的冰霜或挣脱权威的锁链,必须激发人们的热情,但是热情本身是盲目的,它的天地是混乱的。要收到效果,人们必须一致行动,而要一致行动的话,必须有一个共同的理解和共同的目的。如果碰到一个重大的变革问题,他们必须不仅清楚地意识到他们自己当前的目的,还必须使其他人改变信念,必须沟通同情,把不信服的人争取过来。总之,他们必须表明他们的目的是可能达到的,它是与现制度相容的,或至少是与某种可行的社会生活方式相容的。"③

可见,思想自由是与摆脱专制相联系的。只有思想自由,才能带来自觉、觉悟的思想启蒙。自觉是对个人、国家与社会所应具有的自我意识的觉醒;觉悟是对人类文明、伦理道德与人性价值的自我体认的觉悟。孟德斯鸠(Baron de Montesquieu,1689—1755)《论法的精神》所言说的中国的专制,并不是对中国社会的贬低,更不是西方中心论以民主来评价东方的文化优越论。专制确实客观真实地表达了与现代体制不同的前现代体制。以专制来定位中国传统社会,绝不是一种污名化的处理,也绝不会成为我们对中国传统价值思想进行学术研究的思想限制。思想上的专制与思想上的自由显然有本质的区别。五四新文化运动所带来

---

① [美]霍布豪斯:《自由主义》,朱曾汶译,北京:商务印书馆2011年版,第62—63页。
② 《马克思恩格斯选集》第1卷,北京:人民出版社2012年版,第9页。
③ [美]霍布豪斯:《自由主义》,朱曾汶译,第24页。

的思想自由,无疑具有对中国历史传统中几千年专制传统进行彻底批判的深远历史意义。

## 第三节 五四新文化运动与人的现代化

聚焦于中华民族伟大复兴这一主线,以历史性的视域审视五四新文化运动,既要对已经成为过去时的这场运动进行回顾和重构,更应当以当代性视域来反思和回应。围绕东西方文化的比较、自由民主与科学、个性解放与自我觉醒、科学与玄学、问题与主义的种种讨论,我们都应该在文化的民族性与现代性的视域之下予以整体审视。五四新文化运动虽有因为重视时代性而忽视民族性的问题,但是因重视时代性而强调中国的现代化,却也在人的发展方面体现出一种历史上的进步意义,即促进了人这一价值主体的发现及其现代化。人的思想上的解放即获得自由,必然促进人的解放即现代化,并因此而使人从漫长的宗法等级制度与专制制度中彻底解放出来。

自由与社会进步是紧密相连的两个东西。"习俗的专制在任何地方对于人类的前进都是一个持久的障碍,因为它和那种企图达到某种优于习俗的事物的趋向是处于不断冲突之中的。那种要胜过习俗的趋向,根据各种情况,可以叫作自由精神,或者叫作前进精神或进步精神。进步精神并不总是等于自由精神,因为进步精神会企图以进步之事强加于并不情愿的人民;而自由精神要抵抗这种企图,也会与反对进步者局部地和暂时地联合起来。但是进步的唯一可靠而永久的源泉还是自由,因为一有自由,有多少个人就可能有多少独立的进步中心。"①

人的思想自由必须与法律结合起来进行思考。"法律使个人解除了对恣意侵犯或压迫的恐惧,而这确实是整个社会能够获得自由的唯一方法和唯一意义。"②"法治是走向自由的第一步。一个人被他人控制是不自由的,只有当他被全社会必须服从的原则和规则所控制时才是自由的,因为社会是自由人的真正主人。"③"从逻辑发展以及历史意义上讲,

---

① 〔英〕约翰·密尔:《论自由》,许宝骙译,第83页。
② 〔美〕霍布豪斯:《自由主义》,朱曾汶译,第9页。
③ 同上书,第11页。

第一个攻击点是专制统治,第一项要争取的自由是按照法律对待的权利。一个人对另一个人没有合法权利,完全受另一人支配,被那人随意摆布,就是那人的奴隶。他是'无权',没有权利。"①人的思想自由与利益也相关联。"自由的根本重要性在于'利益'本身的性质,无论我们是考虑社会的利益还是考虑个人的利益。利益是一样由于发展个性的各种基本要素而获得的东西,这种发展是通过扩大观念、激发想象力、发挥感情和激情、加强和扩大理性控制而进行的。"②除了法律与利益的维度之外,人的思想自由与社会的进步也必然联系起来。"自由主义的核心是懂得进步不是一个机械装置问题,而是解放活的精神力量问题。好的机制必须能提供渠道,让这种力量通行无阻,不被它自己丰富的产品阻塞,使社会结构生气勃勃,加强头脑的生命力,并使之崇高尊贵。"③

五四新文化运动所带来的思想文化运动对于人之存在的意义而言,便是塑造了一种拥有思想自由的一代新人。在中国社会由传统走向现代的历史转型期,由"旧"人到"新"人,由传统的人到现代的人,这已经成为时代发展中的一个核心主题。"相应于每人个性的发展,每人也变得对于自己更有价值,因而对于他人也能够更有价值。他在自己的存在上有了更大程度的生命的充实;而当单位中有了更多的生命时,由单位组成的群体中自然也有了更多的生命。"④在人的现代化过程中,思想自由、意见自由与发表意见的自由是其中一个基本的方面。思想自由带来的是新观念,由新观念所表达的新理论则开阔了人的思想视野,而有了新的思想视野才会有行动自由所需要的思想自由基础。因此,当我们今天思考五四新文化运动的意义时,应当结合现代性的视角来加以考量。"'五四'精神最为完美的体现即是跃入现代的渴望。"⑤现代性的视角提醒我们,五四新文化运动是现代民族国家兴起的一场文化和思想运动的表达,是中国走向现代化立场的时代诉求。五四新文化运动不仅仅是一场文化上的民族主义运动,它增强了民族复兴、民族自信、民族自强的历

---

① [美]霍布豪斯:《自由主义》,朱曾汶译,第8页。
② 同上书,第68页。
③ 同上书,第70页。
④ [英]约翰·密尔:《论自由》,许宝骙译,第74页。
⑤ [美]史书美:《现代的诱惑:书写半殖民地中国的现代主义(1917—1937)》,何恬译,南京:江苏人民出版社2007年版,第57页。

史意识；它唤起的更是一场政治上的民族主义运动，反映了人们普遍的现代民族国家建立的时代呼唤。对民族主义文化的文化性、历史性的强调，不能忽视背后的政治性，不能以所谓的党国主义、帝国主义、民粹主义，来抹杀五四新文化运动所开创的思想革命。适当的民族主义绝不是未来危险社会发生的导火索，也不会带来灾难性的后果。五四新文化运动在唤醒民族觉醒、实现民族复兴、建立现代民族国家方面，其历史性的意义不可抹杀。对五四新文化运动的去政治化理解，是严重的一种历史误读。将五四规定为文艺节，即一种典型的去政治化理解。

以现代性视角来审视五四新文化运动所倡导的科学精神与民主精神，它们确实是一个现代人所应当具备的精神。尽管五四运动时期一些思想家们对于科学与民主的理解有些含糊和肤浅，而且将其与中国传统文化直接对立起来，因而其思想存在诸多不足之处。"但是就中国文化重建的方向而言，民主与科学确代表现代文明的主要趋势。'五四'所揭示的基本方向通过60年的历史经验而益见其为绝对的正确。"[1]新文化运动确实以思想的启蒙精神促进了中国人的现代化。五四新文化运动"首次触及了'人的现代化'问题。这场运动中提出的'个性解放''改造国民性'等问题，无疑指明了中国现代化进程的着力点"[2]。五四新文化运动"旗帜鲜明地提出了人是价值的尺度、现代人是现代价值的尺度以及中国社会的改造应当被放置在国民(尤其是青年)人格、素质、价值观念更新基础之上的命题"[3]。

进一步来说，五四新文化运动将人的观念由传统转向现代，首次在思想文化上真正地、现实地开启了日后中国社会思想现代化的历史进程，并以强有力的思想文化激情驱赶掉了辛亥革命后产生的极度的政治革命悲情。政治逻辑支撑下的中国社会，由传统封建制走向了现代社会意义上的民主共和，文化逻辑支撑下的中国社会则由古代文明走向了现代文明，由种族中心主义走向了世界主义。与器物层面、制度层面的改变不同，文化逻辑支撑下的思想文化观念侧面的革新，则是社会整体结

---

[1] 余英时：《中国思想传统的现代诠释》，第57页。
[2] 李刚、陈勤：《试论五四新文化运动对中国现代化进程的三大贡献》，《社会科学家》1999年第3期，第16页。
[3] 同上文，第17页。

构变迁中最为深层的部分。思想文化观念的变化,才是人的现代化得以实现的中坚力量。不过,与晚清以降的改革多从上层精英入手不同,五四新文化运动更多是从下层民众的思想启蒙与国民性改造入手,是通过严厉地批判与封建专制相连的孔教和礼教来展开的。这正是五四新文化运动之所以为"新"的一个方面,也正是这种不同于以往的"新"的文化革新运动,才使得政治革命、社会革命、思想革命这三大革命具有了现代的意义以及全球化的视野,并逐步走向了深入,最终彻底改变了古老中国及其在世界中的形象和地位,将中国纳入到具有自身特色的现代化道路的探索之中。因此,那种否定五四新文化运动之新的论断是站不住脚的。我们完全不赞同下面有关新文化运动的立场:"新文化运动并不新。相反,从思想的敏锐和对真理的追求角度看,她相当陈旧,还在坚持一些很有问题的近代西方教条。这种与世界有生命的潮流绝缘或逆行的文化导向,严重影响了这个运动的思想质量和真实的创新能力。"①

事实上,个人独立、个人自主、个性解放所表征的人的觉醒,的确构成了五四新文化运动具有深远历史意义的基础。"人类要成为思考中高贵而美丽的对象,不能靠把自身中一切个人性的东西都磨成一律,而要靠在他人权利和利益所许的限度之内把它培养起来和发扬出来。"②黄远生(1885—1915)曾十分形象地描述过新一代人思想感情与老一代的不同。家义在《东方杂志》发表了《个位主义》,干脆将这种不同于传统士大夫的新精神状态称为个位主义(individualism),认为当时中国"只见有无数寄生之物,不见有独立之人格"。他主张"个人先于社会""个人非为社会而生,社会实为个人而设"③,并认为近世一切新文明皆导源于此。在当时,离开大家庭的独立生活已使个人独立自主和自由成为新一代知识分子所认同的某种人之常情。当时高一涵(1885—1968)便把人能否独立自谋幸福当作人之所以为人的前提,李大钊把自由称为人类生存必需之要求,胡适把类似于极端个人主义的自立精神看作善良社会绝不可少的条件,甚至声称"世上最强有力的人是那孤立的人",他把这种精神称

---

① 张祥龙:《复见天地心:儒家再临的蕴意与道路》,北京:东方出版社2014年版,第83页。
② 〔英〕约翰·密尔:《论自由》,许宝骙译,第74页。
③ 家义:《个位主义》,《东方杂志》1916年第13卷第2号。

作"健全的个人主义的真精神"。陈独秀则把这种个人独立当作建构整个伦理学的新基础,他明确感到,大家庭解体后,个人从中独立出来,个人独立已成为一种不容怀疑、天然合理的基础,此后不仅社会经济建立在个人独立之上,而且整个文化、道德价值也必须建立在个人独立之上。①

可见,五四新文化运动的历史与现实意义,突显在人的思想自由、个性的解放等主体性方面。"就是专制制度也不算产生了它的最坏结果,只要人的个性在它下面还存在一天;反之,凡是压毁人的个性的都是专制,不论管它叫什么名字,也不论它自称是执行上帝的意志或者自称是执行人们的命令。"②"个性与发展乃是一回事……只有培养个性才产生出或者才能产生出发展得很好的人类。"③作为代表人类社会发展一个特殊历史时期的"现代",它是由一些不同于以往的特殊的经济、制度和文化而构成的崭新的文明形式。在现代,改变社会与改变个人是相辅相成的,社会转型期到巨大的历史变迁,会促使社会中个人身份的重新自我认同,而个人的个性转变与国民性转换也会促进新社会的出现,促进现代社会制度的真正建立与实施。当然,此处我们更强调人的现代化在社会和国家现代化过程中的重要,并不与我们上面强调的一个现代的社会和国家对于个人现代化的意义相冲突。事实上,个人的现代化与国家和社会的现代化是现代化历程中不可截然分开的两个方面,只不过在这不能完全分开的两个方面之间,人的现代化显然要比国家和社会的现代化更为重要,这是一种逻辑上的先在性。如果我们将个人的现代化与国家和社会的现代化之间的关系理解为一种时间上的先在性,显然会面临这样一个悖论:只有人实现了现代化才会有一个国家和社会的现代化,而一个国家和社会的现代化则决定了人的现代化。

具体来讲,一方面,尽管现代性具有因不同地域和文化等而产生的差异,但这绝不影响现代性背后的普遍性特征的存在。"同封建制度一样,现代性也因地区情况、特定文化的历史以及被引入的时期等不同而有所不同。然而,即使有这些条件的限制,也还是有一种综合性的特征

---

① 关于个人与社会的关系,可参看胡适的《易卜生主义》(《新青年》1918年6月15日第4卷第6号)一文中的相关论述。在此文章中,胡适认为,个人个性的发展既需要自由意志,也需要个人担干系、负责任。

② 〔英〕约翰·密尔:《论自由》,许宝骙译,第75页。

③ 同上。

存在着,无论在整个国家或是某一层组织的表面上,都能很容易地把它们辨认出来。这种综合性特征即表明了现代。"①作为现代社会的特征,现代性是很多性质的综合体,工业化、都市化、教育的普及化、科层组织化、快速的通信和交通运输等,都给人们的学习、交往等日常生活带来了前所未有的变化,这些变化必然影响着传统的人,人也在这种影响之下而逐步转变为现代的人。"如果一个国家的人民缺乏一种能赋予这些制度以真实生命力的广泛的现代心理基础,如果执行和运用着这些现代制度的人,自身还没有从心理、思想、态度和行为方式上都经历一个向现代化的转变,失败和畸形发展的悲剧结局是不可避免的。再完美的现代制度和管理方式,再先进的技术工艺,也会在一群传统人的手中变成废纸一堆。"②一套现代的社会制度和环境,确实对个人造成了长久而深远的影响。充满现代性的教育制度,在现代企业或工厂的工作经验,与大众传播媒介的广泛而深入的接触,现代的大规模科层组织,一个现代家庭的教育环境等,都促进了人的现代化。因此,一个人只有生活于充满现代性的社会制度和环境之中,他才会不断朝着现代的方向而改变自己。

另一方面,个人的现代性也会对社会制度造成影响,而且个人的现代化应当走在整个社会现代化的前面,应当成为社会现代化的引领者。可以说,全体社会成员个人现代性的获得,无疑是实现一个国家现代化的必要条件。以逻辑上的先在性来看,个人的现代化对于社会的现代化意义重大。人只有从传统走向现代,实现自身的现代化,他才会很好地执行和运用现代性的社会制度。袁世凯称帝、张勋复辟,难道不是未现代化的传统人与现代制度相冲突的例证吗?作为一个充满现代性的国家,它必然要求其全体社会成员能够积极地关心和参与到国家的各种事务与政治活动中。一个现代化的国家,其现代制度的运用和执行,只有依赖其具有现代人格、现代品质的现代人,才会获得成功并取得满意的结果。"一个发展中国家有越来越多的现代人,它的社会改革步伐就会越来越快,当现代性深入到大多数国民性格中去时,现代的态度、舆论、行为就会变成一种巨大的内在推动力,这对于国家发展的任何计划的全

---

① 〔美〕阿历克斯·英格尔斯等:《人的现代化》,殷陆君编译,第18页。
② 同上书,第4页。

面成功,都是必不可少的基本因素。"①只有一个社会的公民能够在心理、态度和行为上,都能够与现代形式的经济发展、社会发展协调同步、共同发展,这个社会才会真正实现自身的现代化。只有一个社会的公民在心理、态度、价值观、思想上发生与过去不同的彻底转变,一个现代化的国家社会机构和制度才会出现并产生实质性的后果和功能。"个人心理态度、价值观朝现代化改变同时会伴随着行为方面朝现代化转变。这些行为的改变,能给导致国家现代化的政治、经济制度赋予真正的意义和生命,并持久地支持住国家朝现代化方面的转变。离开了执行那些能促使国家现代化的经济、政治、法律制度的人本身的现代化,这些制度便会成为有名无实的无灵魂的躯壳,或者被扭曲变形,弊病百出,背离这些制度原所预期达到的目的。"②许多国家的现代性故事也从事实上证明,影响一个国家现代化的障碍之一,便是有些人未能从传统中彻底走出来而实现自身的现代化。

  与传统社会的人相比,现代社会中的人具有自身独特的一些特征,例如,现代人准备和乐于接受他未经历过的新的生活经验、新的思想观念、新的行为方式;准备接受社会的改变和变化;思路广阔、头脑开放,尊重并愿意考虑各方面的不同意见、看法;注重现在与未来、守时惜时;具有强烈的个人效能感以及对人和社会的能力充满信心,办事讲求效率;讲究计划;注重知识;拥有可依赖性和信任感;重视专门技术和有愿意根据技术水平高低来领取不同报酬的心理基础;乐于让自己和他的后代选择离开传统所尊敬的职业,对教育的内容和传统智慧敢于挑战;注重相互了解、尊重和自尊;了解生产及过程。③ 一般来说,现代人的性格主要体现为四个方面:(1) 现代人愿意接受新的经验、观念、生活和行动方式,而且不故步自封、因循守旧,因此能够顺应和接受社会的改革。例如,他对技术革新充满兴趣和探索的精神,对各种不同的见解和学术观点拥有理解力,对社会中出现的新事物、新变化具有适应力,对与不同人的交往欣然接受,对妇女参与更多的社会活动和扩大职业范围表示支持,等等;(2) 现代人见多识广,能够积极参与各种社会事务和活动。例

---

① 〔美〕阿历克斯·英格尔斯等:《人的现代化》,殷陆君编译,第281页。
② 同上书,第273—274页。
③ 有关现代人的这些特征,见上书,第22—36页。

如,他积极参加各种国内外公共事务和各种政治组织和团体,反对权威和服从;(3)现代人相信人对自然和社会的改造控制能力,具有鲜明的个人效能感。例如,他相信用实际行动可以改变个人的生活和社会的发展方向,从而在现实生活中拒绝采取被动、顺从与屈服的宿命论观点;(4)现代人不接受传统思想和习俗的束缚,他们在决定个人的事务上往往具有高度的独立和自主。例如,他依据自己的意愿而不是父母的安排来选择妻子和职业。① 当然,个性转变和现代人的生成,既有自我修养的方面,也有国家政治层面的社会引导。去政治化的个性伦理生成理论,显然是一种形而上学的思维方式。此外,人的现代化所体现出来的思想自由,当然具有意志自由的方面。

作为一场重要的文化启蒙运动,五四新文化运动显然在培养现代人应当具有的许多特征方面发挥了至关重要的作用,尤其是在现代人的性格即现代国民性的形成上功不可没。自大性、自私性、看客性、奴性等国民性,是严重与人的现代化规定不相符合的。相反,独立自主的人格价值、平等自由的权利意识、理性自主的科学精神、情感强烈的民族国家意识,则是现代人所需要的,而五四新文化运动在塑造这些现代人的国民性的过程中确实功不可没。

诚然,今日反观"五四"时期文化批判运动,其中确实存在诸多偏失之处。如有的学者认为,"五四"时期文化批判运动"一方面把狭隘功利主义引入文化领域并作为评判文化价值的标准,一切与富国强兵无直接关联的人文价值均遭排斥;一方面不能了解价值理性在文明发展中的连续性,把价值传统当做与现代完全对立必加去除的垃圾"②。然而,事实上,我们不能说"五四"时期文化批判运动将功利主义引入文化领域并作为评判文化的标准有什么不妥之处,因为中国传统社会文化过于强调价值理性而长期忽视了利益基础之上的功利主义诉求。同时,我们也不能说"五四"时期文化批判运动无视传统价值在现代的连续性,即使是持有西化立场的"五四"时期人士,他们也依然对真正的传统价值理性具有强烈的认同感。"五四"时期文化批判运动面对当时中国社会突显出来的时代问题,大力提倡现代性社会所表征的技术理性,以实现中国

---

① 有关现代人性格的这些特征,见上书,第259—261页。
② 陈来:《传统与现代:人文主义的视界》,北京:北京大学出版社2006年版,第19页。

传统社会的现代化,这显然是一种历史上的进步。"回顾'五四'启蒙运动的历史,我们不禁为中国知识分子同旧的、过时的封建心态进行斗争的顽强精神所震撼。"①如果没有彻底的批判和启蒙,我们将很难走入真正的现代性,也不能真正地剥去封建与专制的外衣,也不会出现在中国现代化道路上的种种曲折而漫长的实践探索。当然,当我们反观"五四"时期文化批判运动时,确实也深深地发现这场运动毕竟批判有余而建树不足。在对传统文化价值进行彻底批判的时候,有关该继承些什么、如何来加以继承等具体的问题,往往缺少冷静而系统的分析和研究。此外,"五四"文化批判运动在强调技术理性至上的同时,确实有忽视传统文化价值理性的嫌疑,而且他们所理解的文化价值理性也往往停留于传统文化之中,从而缺少价值理性的现代性内容。

综上所述,五四新文化运动实质上是中国文化的再次理性化。新文化运动的深层动力是中国知识分子常识理性的变迁,以民主和科学为代名词的现代常识取代了传统的常识和人之常情,并成为中国文化从传统演变为现代形态的基础。

以上是我们围绕思想自由与人的现代化而展开的有关五四新文化运动的阐发。可以说,五四新文化运动正式开启了中国的现代化征程,但是现代化道路的寻求绝不是一件轻而易举的事情。在这种道路探索的过程中,如何从思维方式的角度反思以儒家为核心的传统文化的限制,如何反思近代科学为何没有诞生在中国,将显得十分有意义。这些反思构成了本书接下来第四章的内容。

---

① 〔美〕舒衡哲:《中国启蒙运动——知识分子与五四遗产》,刘京建译,北京:新星出版社2007年版,第339页。

# 第四章
## 从思维方式看儒家哲学的限制

就中国哲学与西方哲学的差异而言,我们既可以从这两种不同哲学探究的内容来阐发二者的区别,也可以根据两种不同哲学的思想内容得以建构的思想前提来阐发二者的区别,更可以从这两种不同哲学得以建构的思维方式来进行区别。本书主要是从第三个方面来进行二者的比较,并认为思维方式的不同往往是造成东西方哲学差异的方法论根由,而这也恰恰突显了儒学在现代性问题上的当代困境。

直觉思维方式与知性思维方式的区别,直接体现了中国传统哲学与西方哲学在思维方式上的区别。正是由于直觉思维方式是中国传统哲学中的一种主要思维方式,因此在中国传统哲学思想中直觉语词得到了普遍性的运用。这种基于直觉思维方式而阐发的哲学,其自身存在一个基本的思想理论限制,即难以成就和说明真正的科学知识,而近代科学未能诞生在中国也与此有直接关系。在当代,如果要实现中国传统哲学的创造性转化与创新性发展,需要以知性思维方式和逻辑分析方法取代直觉思维方式,并将其作为中国哲学探究的主要思维方式。

那么,究竟何谓哲学的思维方式呢?哲学主要是一门从事思想体系建构和思想观点论证的学问,任何一个从事哲学问题研究的哲学家或哲学工作者,都会在其研究哲学问题的过程中运用某种思想方法和思维模式。尽管对于这种思想方法和思维模式,有的人进行了自觉的阐发,有的人则没有。哲学研究中的这些思想方法和思维模式,即哲学的思维方式。那么何谓中国传统哲学的思维方式呢?按照张岱年先生的理解,"传统哲学的思维方式就是传统哲学中多数哲学家所自觉地或不自觉地经常运用的思想方法以及思维模式"①。中国传统哲学的思维方式并不只有一种。例如,由整体思维、过程思维、和谐思维所标识出的中国传统哲学的辩证思维方式,以及由超越感觉经验和理性思维所标识出的直觉思维方式。

整体上来讲,中国传统哲学占主导地位的思维方式是一种直觉思维方式。之所以如此定位中国传统哲学的思维方式,其原因主要有三点:一是因为我们应当从整体上来看待某一种哲学传统的思维方式,而不能从具体的思维方式来进行把握。如果从具体的思维方式来把握中国传统哲学,则阴阳五行模式和经学模式都是表达这种哲学的思维方式,但它们并不能从整体上表征中国传统哲学的思维方式;二是正因为我们需要从整体上来看待中国传统哲学的思维方式,于是与辩证思维相对立的分析思维,虽然在中国传统哲学中也得到了不同程度的运用,但这种方法在中国传统哲学中的运用毕竟不发达。而且,分析思维主要是在伦理道德思辨的意义上被使用的,它并没有成为中国传统哲学家普遍自觉和运用的一种方法,于是也就很难将其视作中国传统哲学的思维方式;三是因为我们需要从占主导地位的角度来审视中国传统哲学的思维方式,尽管从整体上来讲,辩证思维确实在中国传统哲学中得到了广泛运用,但是这种思维方式并不是一种占主导地位的思维方式,并不能标识出中国传统哲学思维方式的特质。整体上审视中国传统哲学,恰恰是直觉思维方式,才得到了中国传统哲学不同派别哲学家的普遍推崇和广泛运用。

---

① 张岱年:《试论中国传统哲学的思维方式》,见《张岱年全集》第6卷,第413页。

基于以上几点理由,我们可以得知,直觉思维方式不是中国哲学中一种具体的思维方式,而是一种整体的思维方式,更是一种占主导地位的思维方式。因此,这种思维方式才是中国传统哲学中的儒释道三家都普遍加以运用的思维方式,才是真正能够标识出中国传统哲学思维方式特质的一种思维方式,也正是通过这样一种思维方式,才标明了中国传统哲学与西方哲学在思维方式上的根本区别所在。直觉思维方式不是一种感性的思维方式,因此不像感性思维方式那样主要借助于感觉、知觉和表象等来阐发哲学,不是特别重视常识和经验。当然,中国传统哲学中并不是没有感性思维方式的运用,如中国哲学家在阐发思想的时候非常重视晓之以情,有的学者甚至将儒家的形而上学称为仁学本体论或情感儒学。但是,这种感性的思维方式虽有所运用,却并不被视作最上乘的方法。在处理中国哲学中的一些普遍性范畴及其关系的时候,如理与气及其关系、知与行及其关系、天道与人道及其关系的时候,感性的思维方式往往失去了用武之地。直觉思维方式也不是一种理性的思维方式,它属于一种非理性的思维方式,主要不是依据概念、判断和推理来展开思想阐发的。当然,中国传统哲学家并不是没有逻辑思维,但是中国传统哲学中没有真正的逻辑学这门学科以及发达的知识论,则是一个不争的事实。在一些逻辑思维较强的中国哲学家那里,的确也体现了逻辑思维方法的运用,即我们常说的中国哲学要动之以理,可是,这是在没有逻辑学训练下的一种不自觉的运用。中国哲学家在阐发思想的时候,其概念往往是不清晰的,其判断则略显随意和武断,其推理则往往不能严格遵循逻辑的规则,即便是运用逻辑推理,也往往是经验性的类比推理居多。反观在西方哲学的早期发展中,这种理性思维方式的运用,早在巴门尼德的意见与真理这两种不同的认识能力及其相应的不同对象的区分中,在苏格拉底普遍定义的刨根问底中,在柏拉图的意见与知识、可见世界与可知世界的区分及联系中,都已经有了具体的运用和开展。

总之,我们此处所说的中国传统哲学的思维方式是一种直觉思维方式,并不是说这种哲学传统之中并不存在如感性思维方式、理性思维方式等这样一些思维方式,而只是说中国传统哲学与西方哲学相区别的主要点,在于这种哲学将感性、理性之外的直觉思维方式看作最上乘的,因而注重的是主客不分、物我一体、天人合一的思想境界。主要运用直觉思维方式来加以阐发的中国哲学,更看重的是一个人对于人生与社会的了悟或觉解,看重的是经验的总结与归纳,而不是理性的思辨与论证。

接下来,本书将从中国传统哲学与西方哲学是如何区别的角度,来进一步表明中国传统哲学的思想特质为什么可以通过直觉思维方式来言说。

## 第一节 思维方式与中西方哲学的区别

世界上有不同的文化,而文化又具有不同的类型,例如中国文化、西方文化、印度文化便是不同类型的文化。文化类型的不同,则往往是因思维方式的不同而造成的。从主流上看,中国传统文化采取的主要是一种直觉的思维方式,西方文化采取的则主要是一种知性的思维方式,两种文化思维方式的不同也往往体现了中国哲学与西方哲学这两种不同类型哲学的区别。

为了理解好把握好直觉思维方式的含义,我们得先从直觉的含义谈起。可是,究竟何谓直觉呢? 在此,我们可以借用贺麟先生的看法。他认为,直觉既是一种经验,更是一种方法。"所谓直觉是一种经验,广义言之,生活的态度,精神的境界,神契的经验,灵感的启示,知识方面突然的当下的顿悟或触机,均包括在内。所谓直觉是一种方法,意思是谓直觉是一种帮助我们认识真理,把握实在的功能或技术。"①

哲学的直觉思维方式,体现了人类原始文化时期所具有的原始思维形式,因而具有自身存在的客观依据。原始思维的特点,即在于不注重主体与客体的区分,而是强调主客体相互渗透和浑然一体。列维-布留尔(Lévy-Brühl, Lucién, 1857—1939)把由原始思维所特有的支配表象的关联和前关联的原则叫作互渗律。于是,"可以把原始人的思维叫作原逻辑的思维,就像将之叫作神秘的思维那样。与其说它们是两种彼此不同的特征,不如说是同一个基本属性的两个方面。如果单从表象的内涵来看,应当把它叫作神秘的思维;如果主要从表象的关联来看,则应当叫它原逻辑的思维"②。那么,究竟何谓原逻辑思维呢? 原逻辑思维实质

---

① 贺麟:《近代唯心论简释》,第73页。
② 〔法〕列维-布留尔:《原始思维》,丁由译,北京:商务印书馆2011年版,第80—81页。

上是一种综合性的思维,不过,"构成原逻辑思维的综合与逻辑思维所运用的综合不同,它们不要求那些把结果记录在确定的概念中的预先分析。换句话说,在这里,表象的关联通常都是与表象本身一起提供出来的"①。与"互渗律"和主客体无区别状态相伴随的原始思维,往往呈现出原逻辑性、综合性和神秘性。这样的思维方式必然决定了,当人们看世界的时候,他们首先考虑的不是"我看"的问题,"看"实际上就是"看本身",他们所看到的世界即"表象"也就是"表象本身"。很显然,中国传统文化及其哲学中的直觉思维方式,与这种人类原始思维方式是直接相关的。

接下来,让我们先从西方哲学中的直觉理论开始展开论述。在西方哲学的嬗变历程中,"直觉"一词及直觉理论是众多哲学家运用和探讨的对象。直觉在西方知识论中一直是一个重要的内容,近代的西方哲学家们更是将直觉问题的思考当作知识论研究的一个核心概念和问题。直觉作为一种方法,成为哲学家们广泛运用的方法。"没有可以绝对不用直觉方法而能作哲学思考的人。……形式的分析与推论、矛盾思辨法、直觉三者实为任何哲学家所不可缺一,但各人之偏重略有不同罢了。"②纵观西方哲学的漫长发展史,无论是在笛卡尔(Rene Descartes, 1596—1650)的"理智的直觉",斯宾诺莎(Baruch de Spinoza, 1632—1677)的静观事物本质的直觉,洛克(John Locke, 1632—1704)的兼具感性和理性的直觉,还是休谟(David Hume, 1711—1776)的彻底经验主义的直觉,谢林(Friedrich Wilhelm Joseph Schelling, 1775—1854)的美感的直觉,都是对直觉认识论某种程度上的阐释。到了现代西方哲学家那里,直觉依然成为一个被广泛运用的范畴,它或者被归结为理性的一种自明性,或者被认为是一种洞察难以表述的生命之流的有效方式。例如,帕斯卡尔(Blaise Pascal, 1623—1662)和孔德(Auguste Comte, 1798—1857)的作为"心情的逻辑"的直觉论,叔本华(Arthur Schopenhauer, 1788—1860)的意志直觉论,尼采(Friedrich Wilhelm Nietzsche, 1844—1900)的强力意志的直觉论,柏格森的生命冲动的直觉论,西季威克

---

① 〔法〕列维-布留尔:《原始思维》,丁由译,北京:商务印书馆2011年版,第115页。

② 贺麟:《近代唯心论简释》,第75页。

(Henry Sidgwick,1838—1900)的伦理的直觉论,蒙塔古(Richard Montague,1930—1971)的认知的直觉论,桑塔耶纳(George Santayana,1863—1952)自然主义美学中的本质直觉论,克罗齐(Benedetto Croce,1866—1952)作为美学方法的直觉论,斯宾格勒(Oswald Arnold Gottfried Spengler,1880—1936)作为历史认识方式的直觉论,克尔凯郭尔(Soren Aabye Kierkegaard,1813—1855)与狄尔泰(Wilhelm Dilthey,1833—1911)、舍勒(Max Scheler,1874—1928)的体验生活价值的直觉论,胡塞尔(Edmund Gustav Albrecht Husserl,1859—1938)现象学中的本质直觉论,海德格尔的存在的领会的直觉论,萨特(Jean-Paul Sartre,1905—1980)的存在的介入的直觉论,都十分鲜明地体现了直觉认识对于西方现当代哲学家的广泛吸引力。

然而,尽管直觉范畴及直觉理论在西方哲学的漫长发展史中一直都得到了运用,但众所周知,自柏拉图、亚里士多德以来,西方哲学两千多年有关现象与本质、主体与客体的二元知性思维方式,一直都是占主导地位的思维方式。相比之下,直觉的思维方式只是在知性思维方式主导下的一种补充罢了,这种思维方式尽管存在于西方哲学的故事之中,但并不占据主导地位。知性思维是人类具有的一种不同于直觉思维的重要思维方式,它强调的是理性的、逻辑的、思辨的力量,其背后突显的是逻辑分析精神和理性思辨精神。知性思维方式往往具有如下一些基本特征:逻辑性,即以概念的分析和命题的判断推理来获得一个崭新的结论;间接性,即思维主体以一种分析性的间接判断和推理来把握对象,它呈现出连续性、渐进性的特性;非整体性,即思维主体非整体性地把握对象,而是作为部分进入思维过程,具有可以进行具体的、系统的分析的特性。

与西方哲学关注成就人的生命活动价值不同,中国哲学更关注完善人的生命本性。"西方关注的主要是成就人的生命活动价值,完成人性的生存使命,这使它从一开始就把'智慧'引向了认知的方向,从'对象意识'走上概念化的逻辑思辨之路;中国关注的是完善人的生命本性,开发生命的内在价值,由此中国发挥了注重义理性的悟觉思维。"[1]中国哲

---

[1] 高清海:《中国传统哲学的思维特质及其价值》,《中国社会科学》2002年第1期,第53页。

学一直采取的都是强调主体与客体、物与我、人与自然和谐一致的直觉思维方式,提倡的是知行合一的实践哲学。"所谓直觉,就是一种理智的交融,这种交融使人们自己置身于对象之内,以便与其中独特的、从而是无法表达的东西相符合。"①直觉思维,是依靠灵感和顿悟来把握事物本质的一种非逻辑性思维,是一种超越感性思维和知性思维的一种内心自发性思维,它往往具有如下一些基本特征:非逻辑性,即以下意识、潜意识来获得一个崭新的结论;直接性,即思维主体以一种综合性的直接判断来把握对象,它呈现出非连续性、非渐进性的特性;整体性,即思维主体从整体上把握对象,作为整体进入思维过程,它具有不可进行具体的、系统的分析的特性。"在与重视逻辑思维的西方思想文化的比较中,我们发现,中国传统文化的一大特色,在于它从不重视逻辑的分析与推导,因此中国传统思想历来就缺乏惊人的明确性和细密的实证性。"②中国的直觉性思维,正是力图达到天人合一、物我一体、内外不分的思想境界,这种思维方式的基本指向是注重个体的反身内求或向外体认。"直觉为用理智的同情以体察事物,用理智的爱以玩味事物的方法。但同一直觉方法可以向外观认,亦可以向内省察。直觉方法的一面,注重用理智的同情以观察外物,如自然、历史、书籍等。直觉方法的另一面,则注重向内反省体察,约略相当于柏格森所谓同情理解自我。一方面是向内反省,一方面是向外透视。认识自己的本心或本性,则有资于反省式的直觉。认识外界的物理或物性,则有资于透视式的直觉。"③

以上述判断为标准,可以说,中国儒家哲学的思维方式便是一种不同于西方逻辑思维方式的直觉思维方式。"儒家的思维方式与逻辑思维方式有着根本的不同,我们把儒家这种思维方式称之为直觉思维方式。"④"儒家的思维方式始终是非逻辑的直觉思维方式,这种思维方式

---

① 〔法〕柏格森:《形而上学导言》,刘放桐译,北京:商务印书馆1963年版,第3—4页。
② 胡军:《论儒家思维方式的特质》,《齐鲁文化研究》2004年第3辑,第83页。
③ 贺麟:《近代唯心论简释》,第77—78页。
④ 胡军:《论儒家思维方式的特质》,《齐鲁文化研究》2004年第3辑,第84页。

具有模糊性、整体性等特点。"①在中国儒家哲学家当中,朱熹(1130—1200)的直觉方法是注重向外体认外物,讲究读书穷理、格物致知。与此不同,陆九渊(1139—1193)则注重向内反省以便回复自己的本心和发现自己的真我,在主体自身的切己反思、自我觉悟、自我呈现中寻求关于人与世界的超越性的、普遍性的意义和价值。不管二人在思想上有何具体的区别,作为宋明儒学中的理本论与心本论两派代表人物,他们都在自己的理论阐发中采取了一种直觉思维的表达方式。

中国传统哲学中的直觉思维往往是与其辩证思维传统相一致的,中国传统哲学因善于辩证思维所强调的整体性、对待性而特别推崇超越思辨的直觉思维。"儒家思维的模糊性导致了它的整体性。概念分析性思维是一种离散式思维,它以追求确定性知识为其目标。这种思维方式实质上是分裂意识的具体体现。模糊思维与其相反,它不以精确性知识为其追求的目标。思维的模糊性就是人们思维活动关于思维对象性质及其对象间类属边界的不确定性,它追求的是一种整体性的认识,而不是部分的、有限的知识。所以它不是分析的,也不是在分析的基础之上所作的综合。"②与体认、体验、体会、体道贴近的直觉认识,是超感觉、超思辨的不可言说、不可思议的一种独特认识形式,它重视的是反求诸己、反省自身、反观自身。这种与分析方法不同的整体性直觉思维,使得中国传统哲学中逻辑分析方法不发达,缺少逻辑分析精神,缺少实验上的观察和理性上的思考。"中国的哲学理论大都是关于实践的理论,而不是概念论或逻辑论的形式理论,重内容而不重形式。'为知识而知识''为理论而理论'在中国传统思维中几乎是不存在的,也是不能存在的。"③"我们可以清晰地看到,我们的传统文化真正缺乏的就是亚里士多德所说的可以用来进行严格论证的思想工具,随之我们历史也就没有对思想或信念进行系统论证和严密推导的思想传统。"④通过中国传统文化尤其是哲学经典文本,那种因概念不明确、判断不恰当、论证不充分甚至缺乏史

---

① 胡军:《论儒家思维方式的特质》,《齐鲁文化研究》2004年第3辑,第86页。
② 同上书,第89页。
③ 蒙培元:《论中国哲学主体思维》,《哲学研究》1991年第3期,第57页。
④ 胡军:《试论中西思维方式之差异》,《广东社会科学》2017年第5期,48页。

料的地方,往往比比皆是。这种思维方式,无疑成为阻碍科学在近代中国诞生和发展的主要因素之一。对于这一点,本书下文会详加分析。

## 第二节 直觉语词与直觉思维方式

有的学者认为,虽然在中国传统哲学的思维方式中有直觉思维的意味,但并不代表中国传统思维方式的主流和中国传统哲学的主流不是逻辑哲学,因为每个中国传统哲学家思想之中都包含一套逻辑思路和逻辑结构,而且其支配着中国传统哲学的言说方式。

我们完全不赞同上面这一看法。众所周知,正因为直觉思维方式在中国哲学中成为占据主导地位的思维方式,于是作为直觉思维方式之表达的直觉语词,才大量见诸中国哲学思想之中。"体道""悟道""坐忘""顿悟""了悟""冥证""领会""意会""体认""反观""内求""尽心"等众多直觉思维方式支撑下的语词,虽一方面使中国传统哲学富有整体性、辩证性、实践性的优势,但也给中国传统哲学带来模糊性、不确定性、不规范性、封闭性、保守性、非理性等一些劣势。

应当承认,在我们日常语词的概念化和抽象化的过程中,始终伴随着感性化和形象化的因素。这正如卡西尔(Ernst Cassirer,1874—1945)所言:"我们的日常言语不仅具有概念的特征和意义,而且还具有直觉的特征和意义。我们的常用词汇不仅仅是一些语义符号,而且还充满着形象和特定的情感。它们不仅诉诸我们的感情和想象——它们还是诗意的或隐喻的词组,而不只是逻辑的或'推理的'词组。在人类文化的早期,语言的这种诗意的或隐喻的特征似乎比逻辑的或推理的特征更占优势。"[1]然而,随着新的思维方式和语言世界的形成,语词原有的感性意蕴逐步丧失,主体与客体融而为一的原始直觉思维方式遭到了阻断。"如果说,从发生学的观点来看我们必须将人类言语具有的这一想象的和直觉的倾向视为言语的最基本和最重要的特征之一,那么另一方面我们会发现,在语言的进一步发展过程中,这一倾向逐渐减弱了。语言越是扩大和展开其固有的表现力,它也就变得越抽象。语言于是就从那些

---

[1] 〔德〕恩斯特·卡西尔:《语言与神话》,于晓等译,北京:生活·读书·新知三联书店1988年版,第164页。

作为我们日常生活和社会交往的必要工具的言语形式发展成为一些新的形式。"①在卡西尔看来,西方人只有通过艺术的途径才能体现直觉思维。"如果我们还想保存和恢复这种直接地、直觉地把握实在的方法的话,我们就需要一种新的活动和新的努力。这一任务只有通过艺术而不是通过语言才能得以实施。"②因为艺术就是直觉符号,直觉符号并不是直觉本身,这种缺乏语言根基的直觉世界,其可靠性显然令人怀疑。

在中国传统思想文化尤其是哲学当中,以大量的直觉语词保存了直觉思维的世界,这一点也是迄今为止西方学者依然关注中国文化及其哲学的重要原因之一。中国的直觉思维方式和直觉文化,必将在全球化时代的多元文化主义中占据一席之地。

那么,究竟何谓直觉语词呢?直觉语词"的内涵既不单独地指称某一具体的可感物又不纯粹地表示超验的主观意念世界,而是将形象世界与超验意念世界连为一体。这类语词就称作直觉语词"③。直觉语词具有直接性、迅速性、跳跃性、或然性、个体性、坚信感等特性。在中国古代汉语中,这样的直觉语词比比皆是,如"道""一""虚""神""清""浑""悠""圆""清远""典怨""华茂""峻切""渊放""英净""幽深清远"等。在中国古代诗话、词话等文学批评样式,如钟嵘的《诗品》、曹丕的《典论》、陆机的《文赋》、刘勰的《文心雕龙》、刘熙载的《艺概》、陈廷焯的《白雨斋词话》、王国维的《人间词话》等作品中,直觉语词均得到了充分的运用。

在此,我们特以中国传统哲学中非常重要的"道"一词来进行说明。"道",《说文解字》上解释为:"所行道也,从辵从首,一达谓之道。"(许慎《说文解字·卷二下》)④后来,"道"一词具有了较为引申的含义,如"天道"指的是日月星辰运行的轨道,"人道"则指的是人应当行走的路,人的生活所应遵循的路——一种行为准则。因此,"道"也可以说具有我们常讲的"引导""指导"之义,如"劈山导河"。《说文解字》上还说,用一种语言告诉别人怎么做也具有指导之义。老子之道便具有路之意,但

---

① 〔德〕恩斯特·卡西尔:《语言与神话》,于晓等译,第164页。
② 同上书,第165页。
③ 周春生:《直觉与东西方文化》,上海:上海人民出版社2001年版,第57页。
④ (汉)许慎:《说文解字》,(宋)徐铉校订,北京:中华书局1963年版,第42页。

这是一种大路,它能指给国君金光大道。正如老子自己所讲:"大道甚夷,而人好径。"(《老子·第五十三章》)①总之,在中国早期,随着对于"道"的不断解释,"道"意味着一种过程,体现出某种法则,可以变成人们遵守的准则。但有一点必须强调的是,作为直觉语词的"道"既有超越的一面又有内在的一面,它是超越的观念世界与现实的可感世界的统一。

在老子的哲学中,"道"作为形而上的本体,的确具有超越的含义。"道可道,非常'道'。"(《老子·第一章》)②再如:"道冲,而用之或不盈。渊兮,似万物之宗。"(《老子·第四章》)③"道生一,一生二,二生三,三生万物。万物负阴而抱阳,冲气以为和。"(《老子·第四十二章》)④"视之不见,名曰'夷';听之不闻,名曰'希';搏之不得,名曰'微'。此三者不可致诘,故混而为一。其上不皦,其下不昧,绳绳兮不可名,复归于无物。是谓无状之状,无物之象,是谓惚恍。迎之不见其首,随之不见其后。执古之道,以御今之有。能知古始,是谓道纪。"(《老子·第十四章》)⑤"道之为物,惟恍惟惚。惚兮恍兮,其中有象;恍兮惚兮,其中有物。窈兮冥兮,其中有精;其精甚真,其中有信。"(《老子·第二十一章》)⑥"有物混成,先天地生。寂兮寥兮,独立不改,周行而不殆,可以为天下母。吾不知其名,强字之曰'道',强为之名曰'大'。大曰逝,逝曰远,远曰反。"(《老子·第二十五章》)⑦

在老子的思想中,形而上的"道"是我们人类的感觉知觉不能直接接触到的,但这个不为我们所见的"道",却能落实到现象界而对我们产生很大的作用。当"道"作用于万事万物时,便可以显现出它的许多特性,"道"所显现的基本特征可以成为我们人类行为的准则。这样,形而上的"道"渐渐向下落,落实到生活的层面,作为人间行为的指导,便成

---

① 陈鼓应:《老子注译及评介》(修订增补本),北京:中华书局2009年版,第262页。
② 同上书,第53页。
③ 同上书,第71页。
④ 同上书,第225页。
⑤ 同上书,第113页。
⑥ 同上书,第145页。
⑦ 同上书,第159页。

为人类的生活方式与处世方法了。也就是说,将道和人事结合起来,便使道的最终目的落到了实处。形而上的"道"落实到物界而作用于人生,便可称它为"德"。"道"和"德"的关系是合二而一的。在老子看来,作为人类行为所依循的"道"(即"德")具有自然无为、致虚守静、生而不有、为而不恃、长而不宰、柔弱、不争、居下、取后、慈、俭、朴等基本的特征和精神。认识如此重要的"道",依靠学与智是不行的。因此,老子主张"绝学无忧""绝圣弃智"。"为学日益,为道日损。"(《老子·第四十八章》)①作为天地之始、万物之母的道,不是有形象的东西,是不可能通过我们的感性经验和理性分析加以认识的,而只能通过一种特殊的"心居玄冥之处,览知万物"的静观玄览的方法。"涤除玄览,能无疵乎?"(《老子·第十章》)②与此相同,庄子也提倡以"心斋"和"坐忘"的方式来把握道,这也是直觉思维的一种方式。"无思无虑始知道,无处无服始安道,无从无道始得道。"(《庄子·知北游》)③"堕肢体,黜聪明,离形去知,同于大通,此为坐忘。"(《庄子·大宗师》)④

除了道家之外,中国佛教禅宗所提出的以"无念""无住""无相""无本"为主旨的顿悟成佛说,中国儒家所提倡的与"闻见""穷理"不同的"德性""尽性"上的"穷神知化""知觉明灵""反观""自诚明""极其心之全体",都体现了直觉语词的意义。再比如,张载曾言:"大其心则能体天下之物,物有未体,则心为有外。世人之心,止于闻见之狭。圣人尽性,不以见闻梏其心,其视天下无一物非我"(《张载集·大心篇》)⑤。程颢也曾讲:"只心便是天,尽之便知性,知性便知天,当处便认取,更不可外求。"(《河南程氏遗书·卷二上》)⑥

这种广泛运用直觉语词的直觉思维类型,使得"中国传统哲学家在表述自己的观念时,满足于以混沌的方式说出自己的感受,而缺乏知性

---

① 陈鼓应:《老子注译及评介》(修订增补本),第 243 页。
② 同上书,第 93 页。
③ 陈鼓应译注:《庄子今注今译》(最新修订重排本)中册,北京:中华书局 2009 年版,第 596 页。
④ 陈鼓应译注:《庄子今注今译》(最新修订重排本)上册,第 226 页。
⑤ (宋)张载:《张载集》,章锡琛点校,北京:中华书局 1978 年版,第 24 页。
⑥ (宋)程颢、程颐:《二程集》上册,王孝鱼点校,北京:商务印书馆 2004 年版,第 15 页。

思维所要求的明晰性和自觉的论证意识"①。在儒家、道家乃至佛家的思想中,到处存在依据直觉语词来进行直觉想象、直觉类比、直觉激发、直觉判别之处。然而,这种直觉思维方式,虽善于系统的整体性的把握,但存在思想模糊的不足;虽有非逻辑的突发性,但存在思想封闭的不足;虽有很强的思想洞察性,但存在内容空洞的不足;虽有很强的人伦日常情感性色彩,但存在思想内容缺少理性思辨的不足。

接下来我们将主要从科学知识能否得以成就这一角度,来探析中国儒家传统哲学直觉思维方式的思想限制。

## 第三节 直觉思维方式的思想限制

尽管中国传统哲学中一直存在直觉思维方式,但是西方意义上的直觉及直觉理论,只是到了19世纪末20世纪初,随着西学的翻译和介绍才逐步引入中国学术界。在中国现代哲学家的思想当中,也随之出现了一股崇尚直觉主义的思想理论潮流。受康德、叔本华、尼采、柏格森等西方哲学家的直觉思想的影响,众多中国现代哲学家,如梁漱溟、熊十力、贺麟、唐君毅、徐复观、方东美、牟宗三、冯契(1915—1995)等人,开始将其与中国传统哲学的直觉思维方式结合起来进行中国哲学方面的研究,以此来重新诠释中国传统哲学的基本精神,并力图在这一基础上进行哲学思想的某种原创性的研究。例如,当代新儒家梁漱溟在进行中西文化比较的过程中,在贺麟诠释宋儒思想方式的论述中,在熊十力区别"性智"与"量智"的新儒学思想中,我们都可以发现这样的比较和融合。

在这些关注和研究直觉及直觉理论的20世纪中国思想家中,牟宗三先生依据康德的直觉思想而构建的"智的直觉"理论,可谓是极具创新性的一种理论。由于深受康德批判哲学和中国传统哲学思想的影响,在他的《智的直觉与中国哲学》《现象与物自身》《中西哲学之会通十四讲》等众多著述中,到处都体现出其对直觉及直觉理论的广泛重视,他所提出的"智的直觉"思想,已经成为中国现代哲学家直觉理论研究中的一个典范。这一思想也是牟先生全部"道德的形而上学"体系建构的方

---

① 俞吾金:《论中国哲学中知性思维的欠缺与重建》,《哲学研究》2012年第9期,第36页。

法论基础,并成为他进行当代新儒家返本开新工作的关键。与康德哲学以感性直观为主不同,牟先生整个思想理论体系中最为核心的概念之一便是"智的直觉",这也成为他的理论具有独创性的具体表现。牟先生认为,"智的直觉"的有无影响中国哲学甚大,因为中国哲学所开出的主要是一套"道德的形而上学"。在他看来,这套"道德的形而上学"恰恰是建立在对"智的直觉"的肯定基础之上的。

既然从整体上来看中国传统乃至现代哲学家们所采取的思维方式主要是直觉式的,那么我们究竟该如何看待中国哲学中的这种直觉思维方式呢?

我们承认,以直觉思维方式为基础的类别法、意会法,确实在审美、艺术、文学、伦理等领域发挥了独特的功能,但是这种思维方式所带来的模糊性、整体性、神秘性,与科学知识所要求的清晰性、分析性、精确性显然有天壤之别。"中国传统哲学的思维方式的优点在于辩证思维;中国传统哲学的思维方式的缺点是分析方法薄弱。"①中国哲学中占主导地位的直觉思维方式,其开创出的是重视经验、实用、整体、辩证的思维特点,成就的是主体论、价值论而不是对象论与知识论,从而忽视的是理论、抽象、分析、实证、逻辑等方面。这种思维方式无疑具有自身难以抹杀的限制,它忽视了逻辑理性思维的意义和价值。"由于过分重视情感因素的作用,重视主体体验的作用,使中国哲学思维缺乏概念的明晰性和确定性,没有形成形式化和公理化的思维传统。"②我们并不赞同有些学者所提出的这一主张:作为不同于形象思维与逻辑思维的人类基本思维方式之一的直觉思维,是高于形象思维和逻辑思维的一种具有辩证性的思维方式,是以寻求高超的悟性、美好的感情与善良的意志的内在关联、以追求真善美三者统一的最高认识境界,它往往成为创造性思维的重要组成部分。对持有此种主张的人,我们要问,西方哲人们难道不追求真善美的统一? 只要我们系统性地阅读康德的哲学,即可以说明此点。

以直觉思维来厘定以儒家思想为核心的中国哲学的思维方式,恰恰

---

① 张岱年:《试论中国传统哲学的思维方式》,《张岱年全集》第 6 卷,第 421 页。

② 蒙培元:《论中国哲学主体思维》,《哲学研究》1991 年第 3 期,第 55 页。

说明了中国传统哲学中逻辑学和知识论之所以不发达的根由,也很好地解释了近代科学未能诞生在中国的根由。"严密的认知理论尤其是知性思维的欠缺,构成了中国传统哲学的一个基本特征。"① "哲学本身既没有思辨的与系统的特征,如希腊的或者印度与西方的神学教育;也没有理性与形式主义的特征,如西方的法学教育;也没有经验案例学的特征,如拉比的、伊斯兰教的或印度的教育。中国哲学没有产生经验哲学,因为中国哲学没有讲授专门的逻辑学,不像立足于希腊文化的西方国家和近东。逻辑这个概念对于单纯重视实际问题和世袭官僚制的等级利益、受经典束缚的非辩证的中国哲学来说,简直是天方夜谭。它根本不知道一切西方国家哲学的这一关键问题圈,其含义极其清楚地体现在以孔子为首的中国哲学家的思维方式中。"② 马克斯·韦伯的话虽然说得有些极端,但也确实点出了中国传统哲学思维方法论上的问题。中国传统哲学家对概念范畴的含义、知识的确定性等缺乏一种明确的界定和追求,对需要加以阐明的众多观念缺乏深入细致的分析和严格的逻辑论证,对相似性知识型过度依赖而漠视同一性与差异性知识型。

事实上,哲学的思维方式应当主要体现为一种反思的思维方式。"反思",指的就是以思想本身为对象而进行的思考,即对思想的再思想、对认识的再认识。反思的思维方式体现的是对思想的批判性的、逻辑性的、思辨性的思考,而这恰恰是哲学本有的特征。"反思以思想的本身为内容,力求思想自觉其为思想。"③ 哲学的这种思辨思维,显然不同于我们常说的"表象思维"与"形式思维"。"表象思维的习惯可以称为一种物质的思维,一种偶然的意识,它完全沉浸在材料里,因而很难从物质里将它自身摆脱出来而同时还能独立存在";与此相反,另一种思维即"形式推理","乃以脱离内容为自由,并以超出内容而骄傲"。④ 体现哲学基本特质的"思辨思维",显然既不是以经验材料为对象而形成的关

---

① 俞吾金:《论中国哲学中知性思维的欠缺与重建》,《哲学研究》2012年第9期,第34页。
② 〔德〕马克斯·韦伯:《儒教与道教》(最新修订版),王容芬译,北京:中央编译出版社2012年版,第202页。
③ 〔德〕黑格尔:《小逻辑》,贺麟译,北京:商务印书馆2011年版,第38页。
④ 〔德〕黑格尔:《精神现象学》上卷,贺麟、王玖兴译,北京:商务印书馆2011年版,第45页。

于经验世界的各种知识的"表象思维",也不是以思维的形式推理为对象而形成的关于思维的结构和规则的知识的"形式思维",它实际上是一种努力地把思想的"自由沉入于内容,让内容按照它自己的本性,即按照它自己的自身而自行运动,并从而考察这种运动"①的思维方式。

对此,黑格尔曾经颇有感触地指出,"一般人所说的哲学的难懂性,他们的困难,一部分由于他们不能够,实即不惯于作抽象的思维,亦即不能够或不惯于紧抓住纯粹的思想,并运动于纯粹思想之中",另一部分是由于"求知者没有耐心,亟欲将意识中的思想和概念用表象的方式表达出来","总是竭力寻求一个熟悉的流行的观念或表象来表达"。②也就是说,由于普通人习惯于用关于世界的"表象"来描述世界,习惯于用流行的"观念"来理解世界,因此他们最终难以自发地形成哲学式的反思,并据此赞赏"形象思维"而责难或拒斥"思辨思维"。针对日常生活中的普通人对哲学的反思性的思辨思维缺少理解,海德格尔也曾谈道,"就其本质而言,哲学绝不会使事情变得浅易,而只会使之愈加艰深。这样说并非毫无根据,因为日常理性不熟悉哲学的表述方式,或者甚至认为它近乎痴呓"③。

整体而言,以直觉思维为主导的中国哲学思想,体现的正是对形象思维、意象思维的重视,而不是对科学思维、抽象思维、概念思维、理性思维的热爱。"就其基本特征或整个传统的主流而言,中国哲学以主体意向思维为主要特征,这一点是可以肯定的。"④就中国哲学整体而言,可以言说的总不如不可言说的根本,"正的方法"总不如"负的方法"重要。"但有语句,尽属法之尘垢;但有语句,尽属烦恼边收;但有语句,尽属不了义教;但有语句,尽不许也。"(《古尊宿语录·卷二》)⑤这种类型的哲学思维带有浓厚的价值取向,其致思目的则是获得主体对于外在事物和

---

① 〔德〕黑格尔:《精神现象学》上卷,贺麟、王玖兴译,第45页。
② 〔德〕黑格尔:《小逻辑》,贺麟译,第39—40页。
③ 〔德〕海德格尔:《形而上学导论》,熊伟、王庆节译,北京:商务印书馆2011年版,第13页。
④ 蒙培元:《论中国哲学主体思维》,《哲学研究》1991年第3期,第50—51页。
⑤ (宋)赜藏主编:《古尊宿语录》上,萧萐父、吕有祥点校,北京:中华书局1994年版,第20页。

自我人生的存在意义,而不是外在事物的客观性质。这种思维重视的是不言之言、不教之教、不道之道,重视的是语言和概念之外的形而上学本体的领会,以及由此而获得的内在超越的精神境界。也就是说,直觉思维所要求的主客不分,其产生的是自然的人化和人的自然化的思想追求,实现的是天人合一的自我反思境界。与此不同,西方以理性反思为基础的对象性思维方式,强调的是主客二分,其产生的是自然的对象化和人的主体化,实现的则是天人相分的对象性认识,因此所成就的是现代自然科学和知识的一个基本方面。"西方科学的发展是以两个伟大的成就为基础的:希腊哲学家发明形式逻辑体系(在欧几里得几何学中),以及(在文艺复兴时期)发现通过系统的实验可能找出因果关系。"①

有关中国哲学传统与现代科学知识的断裂方面,许多西方思想家都提出了他们的疑问,甚至提出了自己深刻的解释。李约瑟(Joseph Needham,1900—1995)便曾提出过如下一个著名难题:在明代以前,中国在科学技术上一直居于世界领先地位,却为什么没能最先进入近代文明?② J. D. 贝尔纳(John Desmond Bernal,1901—1971)也曾提出:"纵观有史以来的大部分时期,中国一直是三大或四大文明中心之一。在这个时期的大部分时间里,中国一直是政治和技术发展最快的国家之一。但有意思的是,现代科学的出现和随之而来的技术革命不是发生在中国而是发生在西方。"③对于近代科学没有诞生在中国的原因,李约瑟的解释是,"当希腊人和印度人很早并仔细地考虑形式逻辑的时候,中国人则一直倾向于发展辩证逻辑"④。这种辩证逻辑是一种古代朴素的辩证思维方式,即经验综合性的整体思维。对于中国15、16世纪没有产生自己的近代科学的原因,张岱年先生也进行了分析,他是从经济的和思想意识的原

---

① 〔美〕爱因斯坦:《西方科学的基础与古代中国无缘——1953年4月23日给 J. S. 斯威策的信》,《爱因斯坦文集》第1卷,许良英等编译,北京:商务印书馆2011年版,第772页。

② 有关李约瑟难题及其相关问题研究的较为代表性的一部著作是刘钝、王扬宗编的《中国科学与科学革命——李约瑟难题及其相关问题研究论著选》(沈阳:辽宁教育出版社2002年版)一书。

③ 〔英〕J. D. 贝尔纳:《科学的社会功能》,王文浩译,北京:商务印书馆2023年版,第316页。

④ 〔英〕李约瑟:《中国科学技术史》第3卷,梅荣照等译,北京:科学出版社2018年版,第138页。

因进行分析的。从经济方面来看,"中国没有产生自己的近代工业,因而也就没有产生自己的近代科学"①。从思想意识方面来看,儒学因将自然现象的研究视作一种"无用之辩、不急之察"而不鼓励对于自然的探索,道家虽尊重自然但专讲直觉而鄙视实际观察。然而,这种从经济角度进行的分析是有问题的,因为我们还可以进一步追问,中国为什么没有产生近代工业,也就是说,中国没有产生近代科学的直接原因并不是没有近代工业的问题。说思想意识方面的原因,倒是接近了问题的实质,但是并不确切。

物理学家杨振宁(1922— )曾将学者们探讨近代科学没有在中国萌生的原因归纳为五个方面:中国传统因为是入世的而比较注重实际但不太注重抽象的理论架构,长期实行科举考试制度,中国人传统的观念里并不认为技术重要,中国传统文化里面没有推演式的逻辑思维方法,以及天道与人道不分的天人合一观念。"天人合一的观念,将天道人道视作同理,与近代科学的理念背道而驰。《易经》影响了中华文化的思维方式,这个影响是近代科学没有在中国萌芽的重要原因之一。"②他认为,后两点与《易经》密切相连。这种从思维方式角度来探究近代科学未能诞生在中国的做法,显然是有重要理论价值的。不过,杨振宁先生并没有对此进行系统化的论证和说明。这种思考方式涉及一系列有待系统研究的问题。例如,近代科学诞生地的西方哲学的思维方式具体指的是什么?中国传统哲学的思维方式又主要采取的是何种?两种思维方式到底有何不同?这两种不同的思维方式与近代科学的兴起之间为何呈现出截然相反的关系?

与冯友兰、杨振宁等有关"李约瑟"之谜的解答不同,张东荪(1886—1973)先生在《科学与历史之对比及其对中西思想不同之关系》这篇文章中,是从科学与历史的区别出发的,通过谈论中西思想的分别来解答了同一个问题。中西方文化的不同被归结为科学文化与史观文化的区别。张东荪认为,科学的对象是"物"(thinghood),而历史的对象

---

① 张岱年:《中国文化与辩证思维》(1985年3月23日),《张岱年全集》第6卷,第53页。
② 杨振宁:《近代科学何以没有中国萌芽?——〈易经〉对中华文化的影响》,《科学时报》2004年9月16日第4版。

则是"事"。科学所需要的概念系统包括"证实"(verification)、"自然齐一性"(uniformity of nature)或"自然之规律性"(regularity of nature)、"实验法"(experimental method)、"因果"(causality)。"真正的科学是与物的观念之产生;自封系统(closed system)的观念之产生;自然界中有齐一性的观念之产生;证实方法与实验研究之产生;以及因果的观念之产生等;以俱生的。必须俟这些观念互相连结而成一组,而后科学乃成真正的了。倘使缺乏其中任何一种则科学决不会发展到现在的样子。"①中国人尤其是古代的中国人,对于物没有清楚的概念。"中国人在历史上从古就没有这一组的观念,所以后来不会发展为科学。"②中国思想偏重于历史而不是科学,因而重视的时间、空间中发生的"事","事"只限于人事界。在中国传统思想中始终没有形成严格的"物"的观念,而"物"总是属于自然界的。我们用实验法去试探物,用证实来证明物,其结果是造成了因果法则。对于"事"的前后变迁的探究,得到的则是一个所谓的"辩证法则"(dialectic law)。"中国只有宇宙观而没有本体论。因为对于'本质'没有清楚的观念,所以对于宇宙不求其本体,而只讲其内容的各部分互相关系之故。因此没有把物从空时中抽出来。所以我们可以说中国人始终对于物没有像西洋科学家那样的观念。"③于是,中国传统思想里根本上不存在基于因果法则的科学文化,尽管存在基于辩证法则的史观文化。与此不同,西方思想偏重科学而不是历史。关于这一方面的区别,实际上如果我们通过对比《论语》中孔子和弟子的对话、《孟子》中孟子和弟子及君王之间的对话,与苏格拉底和他人的对话、柏拉图和弟子的对话的区别,便可以清晰地加以理解。不像中国哲学,古希腊哲学已经有了科学的种子。例如,前苏格拉底时期的自然哲学家,就主要是一批物理学家、数学家对于世界的最初探索。古希腊哲学家思想中的大部分,都是轻视时间空间的,都重视"本质"和"类"这样一些观念,而"类"的存在即认为自然界内有齐一性。中西方文化的区别,于是被张东荪归结为科学文化与史观文化之间的区别。当然,这并不是说西方没有史观文化,中国则根本上没有基于因果观点的科学文化。于是,张东荪提出了对于"李约瑟问题"的最终答案:"中国之所以没有科学乃

---

①②③  张东荪:《科学与历史之对比及其对中西思想不同之关系》,《知识与文化》,长沙:岳麓书社2011年版,第174页。

是由于中国人从历史上得来的知识甚为丰富,足以使其应付一切,以致使其不会自动地另发起一种新的观点,用补不足。中国人不是没有学习科学的能力。近数十年来科学传入以后,中国人对于科学上的贡献足证中国人的头脑绝对不比西方人来得弱;反而乃是非常适宜于科学精神。可见因为文化的不同之故,而绝对不由于人种的品质。换言之,就是由于中国自有其固有的一套文化。而在这一套文化上,中国人不必更换观点即能应付其环境,则便不生有创新的需要。"[1]与中国哲学不同,西方哲学恰恰以知识问题为目标,以分析为方法。

　　整体上来看,张东荪先生对于李约瑟问题的解答是非常细致和深刻的,角度也非常新颖。即使在今天,能够赶上或超过其分析水平的成果也很少。张东荪先生的分析,主要是从中国哲学与西方哲学的比较中加以展开的,而这种展开的基础是他对科学与历史之分别的探讨。由于中国思想呈现出的主要是一种历史哲学,而希腊哲学呈现的则是科学的种子。于是,近代自然科学诞生在西方而不是中国便有了深刻的哲学文化上的根由。那么,张东荪先生对于李约瑟问题的解答到底能否站住脚呢？就他以证实、科学实验法、自然齐一性、因果等来定义的科学定义而言,是具有合理性的。他比较好地把握了科学得以产生与开展的一些基本条件,而且这些条件与上文提到的爱因斯坦关于科学产生条件的理解有相同之处。不过,与爱因斯坦相比,张东荪对于科学内涵的理解明显少了形式逻辑这一条件。其二,张东荪与爱因斯坦一样,其提出的只是一些科学得以产生的最基本的条件,我们认为,这些条件的分析无疑会对李约瑟问题的解答有很大的帮助。但是,从根本处来讲,这些解答还没有回答这一问题本身。因为问题不是什么样的一些条件被满足后会产生近代意义上的科学,而是什么样的东西导致有的文化传统具备了近代自然科学产生的条件,而有的文化传统并没有产生这样的一些条件因而未能产生近代自然科学。很显然,如果单单从科学与历史的区别、从科学文化与史观文化相区别的角度来解答李约瑟命题,似乎并没有追寻到问题的最深处。

---

[1] 张东荪:《科学与历史之对比及其对中西思想不同之关系》,《知识与文化》,第178页。

针对李约瑟问题的回答,我们应该从中西方哲学思维方式这一角度加以展开。中国在近代没有产生科学,主要源于中国哲学文化特重视直觉思维方式,但缺乏自然科学的思维方式。在中国传统文化中,"除了哲学与神学之外,法律'逻辑'也不发达。系统的自然主义的思维也未能得以发展。西方的自然科学及其数学基础是一种复合物,半是在古希腊哲学的基础上发展起来的理性的思维方式,半是在文艺复兴的基础上发展起来的技术实验,后者包含一切自然主义学科的特别现代化的成分,它最初并不是从科学领域,而是从艺术领域里产生的"①。很显然,促使自然科学思维形成的理性思维方式及技术实验,在中国的传统哲学文化传统中的确很难发现。科学理论的形成与发展,总是离不开思想在形式上的符合,总是离不开思想在逻辑上的融洽。与直觉思维不同的作为哲学思维基本方式之一的知性思维,其在科学与知识上的贡献,便也主要体现在逻辑分析方法的运用上。因为只有借助于逻辑思维,哲学思维才能真正同人类的科学和知识关联起来,而这种关联无论如何是具有直觉思维传统的中国哲学所不具备的。我们知道,真正的知识必须体现为一种经过严格有效的论证而获得的信念,而要想进行系统而有效的充分讨论与论证,必须得有相对明晰的研究问题和探究对象。如果缺少比较明确的问题或研究对象,则我们难以对之进行系统而有效的讨论、论证。"学术发展的历史清楚地告诉我们,只有对那些相对明确的问题或研究对象,我们才有可能进行系统明确有效地论证。模糊笼统的口号或标语只能被无情地排除在论证或讨论的范围之外。"②但是,不无遗憾地说,以儒家为核心的中国传统哲学中的直觉思维方式,很显然是很难提供知识获取所必需的清晰的问题与对象的。正如张岱年先生所言:"由于重视整体思维,因而缺乏对于事物的分析研究。由于推崇直觉,因而特别忽视缜密论证的重要。中国传统之中,没有创造出欧几里得几何学那样的完整体系,也没有创造出亚里士多德的形式逻辑的严密体系;到了近古时代,也没有出现西方16、17世纪盛行的形而上学思维方法,更没有

---

① 〔德〕马克斯·韦伯:《儒教与道教》,王容芬译,第222页。
② 胡军:《试论中西思维方式之差异》,《广东社会科学》2017年第5期,第47页。

伽利略所开创的实证科学方法。"①

　　缺少系统化的形式逻辑思维,这的确是造成中国传统哲学中逻辑学与知识论一直不发达的重要原因,而逻辑学与知识论的不发达,又成为近代科学未诞生在中国的主要一部分原因。"如果说这种逻辑、认识论意识的发达是科学在欧洲出现的一部分原因,那么这种意识不发达也就该是科学在中国不出现的一部分原因。"②因此,如果深入思考作为现代性主题之一的科学问题,那么从思维方式入手便是题中应有之义。"思维方式在漫长的各民族文化发展的过程中,尤其是在现代历史的过程中起着核心的或引导的作用。"③进一步而言,如果我们深入反思中国近现代以来所产生的各种问题,从某种程度上讲,或多或少都是与中国儒家传统文化尤其是儒家哲学中的直觉思维方式相关的。但很遗憾,截至目前,我们还缺少从中西方思维方式的系统化比较中来阐发相关问题的代表性成果。"西方学术精英重视明确的研究对象、依靠系统的思维工具和研究方法、不断深入推进论证过程,从而形成了以不同对象为主的分科治学体系。西方文化之下形成的理性认知模式与中国传统文化主导下的思维方式是不同的。中国传统经学重视经典背诵和文献解读,研究对象比较模糊,不重视系统的思维工具和研究方法之讨论,不注重思维过程与论证训练,没有分科治学的学术传统,因此,中国传统思维之下很难形成西方现代科学为代表的各门类知识体系。"④

　　总而言之,以科学知识的角度来审视,中国传统哲学中的重直觉而轻理性的直觉思维方式,的确是其方法论上的一个重大缺陷。站在现代性的角度来思考问题,如何实现中国传统哲学思维方式由悟到思、由直觉到逻辑的现代性转换,便成为一件具有当代性的紧迫任务。只有进行思维方式的现代性转换,才会在哲学中成就知识并给予其理性的阐明,才能呼唤出一种崭新灿烂的新哲学来!

---

　　① 张岱年:《谈谈价值观与思维方式的变革》,《张岱年全集》第 6 卷,第 177 页。
　　② 金岳霖:《中国哲学》,《金岳霖全集》第 6 卷,第 378 页。
　　③④ 胡军:《试论中西思维方式之差异》,《广东社会科学》2017 年第 5 期,第 43 页。

## 第四节　知性思维方式与儒家哲学的发展

据上文所述,中国儒家传统哲学中的主导性思维方式是一种直觉思维方式,对此,中国语言文化中存在着极其丰富的直觉语词,中国儒家哲学发展历程中所出现的众多经典性文本,都毫无疑问明证了这一点。这种以直觉思维为主导的思维方式,对于以清晰性、逻辑性、论证性为基础的科学而言,显然是一种明显的障碍。"模糊思维是中国传统哲学思维方式的主要缺点。我们现在要改造传统的思维方式,首先要变革模糊思维。"①"中国传统哲学的思维方式的缺点是分析方法薄弱……中国传统哲学的思维方式的主要缺点是分析方法不足。"②中国传统哲学的这种直觉思维方式,既可以在一定程度上很好地解释近代科学为什么没有诞生在中国这一李约瑟问题,可以明确地点明中国哲学今后思维方式变革的方向在于实现分析思维的精密化,更可以用来回答我们今天究竟该如何实现儒家传统哲学的创造性转化与创新性发展的问题。

在弘扬儒家优秀传统文化的过程中,"要处理好继承和创造性发展的关系,重点做好创造性转化和创新性发展"③。儒家传统哲学中的相当部分内容,作为中华优秀传统文化的一部分,也面临创造性转化与创新性发展的时代问题。无论是儒家传统哲学原有的一些至今还具有意义价值的思想内容的创造性转化,还是通过与当代文化相适应、与现代社会相协调来赋予儒家传统哲学以新的时代内容,都需要一种知性的思维方式作为基础。正如冯友兰先生所指出的,"西方哲学对中国哲学的永久性贡献,是逻辑分析方法"④。当前实现中国传统哲学的创造性转化和创新性发展离不开一种知性思维的广泛性运用。知性思维是"通过所谓分析作用丢掉具体事物所具有的一部分多样性而只举出其一种;或是抹杀多样性之间的差异性,而把多种的规定性混合为一种"⑤。通过

---

① 张岱年:《试论中国传统哲学的思维方式》,《张岱年全集》第 6 卷,第 419 页。
② 同上书,第 421 页。
③ 《习近平谈治国理政》第 1 卷,北京:外文出版社 2018 年版,第 164 页。
④ 冯友兰:《中国哲学简史》下册,北京:中华书局 2017 年版,第 835 页。
⑤ [德]黑格尔:《小逻辑》,贺麟译,第 248—249 页。

知性思维以便抽取相同的或与自身同一的方面,即达到去异求同,而去异求同往往是通过分析的方法来达到的。因此,知性思维主要采取的便是一种逻辑分析方法。概言之,所谓知性思维,即能够运用理性的和逻辑性的规则所进行的思维,这种思维避免的是一种模糊的、模棱两可乃至自相矛盾的论述,其力图达到的是一种清晰的、确定的阐发。因此知性思维的发达与否,又往往与以几何学为代表的数学,与注重形式推导的逻辑学是密切相关的。

可见,在当代,儒家传统哲学的创造性转化与创新性发展离不开知性思维方式这样一种根本性的方法论支撑,只有在这一思维方式的运用下,才能在继承儒家传统哲学的同时更好地实现真正的创新。那么,我们究竟该如何实现儒家传统哲学的创造性转化与创新性发展呢?

一方面,儒家传统哲学的创造性转化需要一种知性思维方式。仁、义、礼、智、信五种常德与社会主义核心价值观的联系,儒家思想中的民本思想与当代中国社会以人为本、以人民为中心思想的联系,儒家小康大同社会理想与当代中国全面建成小康社会、中华民族伟大复兴、中国梦的联系,儒家王道政治与当代中国以德治国的联系,儒家中和之道与人类命运共同体意识的联系等,都需要我们以一种知性思维的方式进行理性化的说明和阐释,以便发挥儒家传统思想资源在当代中国乃至世界的意义和价值。

另一方面,儒家传统哲学的创新性发展,更需要一种知性思维方式。儒家传统哲学的思想真蕴,需要我们运用知性思维方式将其表达清楚,论证清楚。此外,进行深入的中西哲学之间的比较,实现当代西方人文社会科学具有影响力的合理思想资源与中国儒学传统紧密结合,当然需要一种知性思维方式。再有,只有借助于知性思维方式,我们才能够立足于当代中国乃至世界发展实际,来实现儒家思想的推陈出新,实现儒家传统哲学在当代社会的发展。当代中国的发展需要世界哲学的智慧,世界哲学的发展也需要倾听中国的声音,但是如果不能借助于知性思维方式来实现儒家哲学在当代世界的创新性发展,那么所有的这一切终将难以实现。

总而言之,只有以知性思维方式真正实现儒家传统哲学的创造性转化与创新性发展,才能真正展现儒家传统哲学乃至中国文化在当代世界的活力和贡献,才能在全球化的时代讲好中国故事,最终实现儒家传统哲学的现代化与世界化。

## 第五节　当代新儒学与科学知识何以可能

从消极意义上来讲,正如儒学重义轻利传统开不出市场经济,儒学当然也开不出现代科学来。但是从积极意义来讲,正如可以用儒学中积极的伦理原则来实现经济人与伦理人的结合,从而有利于建构一种当代社会所需要的伦理市场主义,儒学也可以通过价值理性来规约科学,通过德性来规约科学家的行为,以此来实现科学人与伦理人的有机结合,从而有利于建构一种符合价值理性的真正科学精神。

中国为什么没有发展出近代意义上的科学这一问题,便是我们上文所说的李约瑟问题。那么,当代新儒家的一些学者是如何回答这一问题的呢？通过分析他们在这一问题上的回答,我们可以洞悉到当代新儒家们在处理儒学与现代性问题上的基本立场,也就是说,可以看到回答李约瑟问题背后的儒学立场。让我们先从当代新儒家的开创者之一梁漱溟(1893—1988)先生的相关思想说起。

梁先生对于李约瑟问题的回答,是从文化哲学的角度来立论的。他将中国为什么没有发展出近代科学知识这一问题,归结为中国为什么没有发展出科学文化这一问题。依照他的看法,中国古代不是不能而是没有必要发展出科学文化,因为中国古代文化属于一种典型的早熟型文化,所走的是一种不同于西方以理智为主导的科学文化,走的是一条以直觉为主导的伦理文化。"周孔以来,宗教缺乏,理性早启,人生态度遂以大异于他方。在人生第一问题尚未解决之下,萌露了第二问题暨第二态度,由此而精神称用到人事上,于物则忽略。即遇到物,亦失其所以对物者,科学之不得成就出于此。既不是中国人笨拙,亦不是文化进步迟慢,而是文化发展另走一路了。"[①]我们认为,梁先生在此实际上是以文化路向的不同来解释中国古代为什么没有出现科学,这种解释实际上是以文化来解释科学,此种解释不仅没有真正解释问题本身,实际是回避了问题本身。采取意欲持中调和的中国文化,为什么就不能发展出科学呢,梁先生实际上对此并没有详细展开和说明。在我们看来,要想真切

---

① 梁漱溟:《中国文化要义》,《梁漱溟全集》第3卷,第269—270页。

回答中国在近代为什么没有发展出科学这个十分棘手的问题,一个基本的前提便是要搞清楚到底什么是科学得以产生的最起码的条件,只有根据这些条件作出的分析,才能算合理和中的。

在当代新儒家学者熊十力(1885—1968)有关哲学与科学关系的思考中,可以看出他的观点是科学知识论需要以本体论作为自己的前提,哲学成为科学的基础,科学与哲学的关系被归结为依附与被依附的关系。"科学思想,源出哲学。西洋科学之有今日,实由希腊时代哲学家,惊奇于宇宙之伟大与自然律之微妙,而富于求知欲。……科学发达,哲学为其根荄,此稍留心西洋文化者所共知,无需赘言。"①可见,哲学所探究的玄学真理成为科学所探究的科学真理的基础,正因此,哲学真理相对于科学真理便具有了逻辑的先在性,哲学真理与科学真理便具有了真谛与俗谛之分。科学对于玄学的依附,也就是科学的哲学依据,被熊先生归结为三个方面:作为科学可能之主观条件而存在的后天的理性的活动力,作为科学可能之客观条件而存在的客观事物或日常经验,以及作为科学可能之主客兼具条件的法则。

作为科学可能条件之一的知性主体即"量智",它是必不可少的,起一种了别作用的主体,但它是依赖于本心或性智而形成的。可见,从认识主体形成的条件来看,哲学本体论对于科学知识论的统领作用依然十分明显。然而,如果以这种哲学本体——宇宙论笼罩下的知识论来探究科学知识,我们将很难对知识作一个独立的、合理的说明。作为科学可能条件之二的客观事物属于现象界,很显然,这一领域必然存在,否则我们将无从获得知识。但是,熊先生认为,与本体界相比,现象界并不具有最终的绝对的实在性,它只不过是为了成就科学知识而不得已"施设"出来的。如果不"施设"现象界,我们日常生活的宇宙即经验世界便不会形成,于是科学知识便不会可能。于是,在他看来,我们只有"遮拨"现象界才能获得哲学真理的依据,只有扫相才能证体。以佛家俗谛与真谛、境不离识来言说现象界的客观存在,本体论的统领地位依然很明显。在熊先生这里,现象界的客观存在更多指的是"观念性的存在""价值性的存在",与现象界不同的客观物质世界显然与其具有本质的区别。在玄学本体论的笼罩下,现象界成为乾元本体的大用流行。作为万有之总

---

① 熊十力:《熊十力全集》第 4 卷,第 559 页。

名的现象界,实际上是形上本体"现起"之作用而假立的种种名。作为科学可能条件之三的客观事物的规律性或法则性,是一个内容丰富的广义概念,它包括规律、形式、条理、秩序、型范等多种意义。法则与事物的关系是理在事中、事具此理。在熊先生看来,最基本的法则便是范畴。范畴是我们人的认识能力对于经验材料进行抽象概括而从外物当中抽象出来的,于是范畴兼属主客,是认识主体与客体共同作用的产物,它既具有主观性又具有客观性。就范畴的客观性一面来讲,指的是范畴为客观事物所具有的形式或法则;就范畴的主观性一面来讲,指的是范畴为量智抽象、概括而成。从熊十力对于范畴的论述来看,其范畴理论既不同于亚里士多德的形而上学的纯粹客观范畴观,也不同于康德的作为知性领域中的纯粹主观的范畴观。此种独特的范畴观,主要探讨了肯定宇宙客观实在性的时空范畴,肯定具体事物存在的有无范畴,揭示事物量的规定性的数量范畴,揭示事物质的规定性的同异范畴,以及揭示事物间本质关系的因果范畴等五对范畴。就熊十力兼具主客的范畴观而言,我们很难说其清楚地阐发了这一理论。作为处于认识关系之中的基本法则即范畴,当然既具有客观性又具有主观性,但是没有进入认识关系之中时的那些基本法则,难道不具有不依赖于人而转移的纯粹客观性吗?法则所具有的纯粹客观性与这些法则是通过人来认识而具有的主观性是有区别的两个方面。在各种认识活动中,尽管我们人是认识的主体,是认识和把握客观法则的主动性的一面,但是这一点绝不是说法则或规律本身具有主观性的一面。

　　熊先生所提出的关于科学知识之可能的上述三个条件,并没有实现对于科学之可能的证成,这一证成既不具有普遍性的意义,即任何民族据此三个条件都可以发展出科学;也不具有特殊性的意义,即中国历史上没有发展出科学不是没有发展科学的根据,反而依据中国哲学是可以发展出科学的。熊先生对于科学知识之可能的三个条件的分析,以及对于中国哲学自身可以发展出科学的判断,显然很难站得住脚。单不说将知识可能的条件定义为三个方面有失武断,就其认为中国哲学不是不能发展出一套科学理论来讲,体现出来的也是一种文化保守主义的姿态,以这样的姿态来审视科学知识的实质及其生成,很明显是混淆了科学知识背后的价值规约与科学知识自身形成和增长之间的根本性区别。

　　由于熊先生对于哲学形而上学与科学知识论之间关系的不合理定

位,即以本体论统领知识论,量智依赖于性智、习心依赖于本心;由于其对科学知识之可能的三个条件的非科学说明,所以,他一生也没有完成一部真正有系统的知识论。熊先生所提供的科学之可能的三个条件,实际上并不真正是科学之可能的条件,而只不过是对科学认识活动诸要素的哲学分析。如果抛开文化史、思想史、社会史以及思维方式等来思考科学之可能的问题,显然是无益于思考这一问题的。

熊先生关于哲学本体论与科学知识论之间关系的思想理路,直接影响了其弟子牟宗三先生有关儒学与科学的关系以及科学之可能性的思考。

牟先生为了安排科学与真实,提出了良知自我坎陷说。这一学说套用了自我分离(self-diremption)概念,在实践上却产生了困境。"'绝对精神'是上帝的化身,所以不可能也没有必要'自我分离';只有在有血有肉的个人的意识中才会发生自我分离。相反地,依照新儒家之说,良知则是人人所具有的,良知的坎陷也是每一个人所必有的。所不同者,只有极少数的人才能长驻于良知呈现的境界,绝大多数的芸芸众生则无此经验。圣凡两途即由此而加以判别,关键在于证悟之有无。这些极少数的儒家圣贤虽然也有血有肉,表面上似与凡人无异,事实上却具有非常特殊的精神身份。如果依据康德的话来说,他们是具有'智的直觉'的本体我;如果依据黑格尔的话来说,则他们是'绝对精神'或上帝的化身。新儒家的道统'开出'政统和学统之说必预设自己处于价值之源的本体界(圣域),而将从事政与学以及一切人世活动的人置于第二义以下的现象界(凡境)。"[①]

抛开实践层面不谈,如果从理论层面上来讲,道统究竟怎样才能开出政统与学统呢?按照余英时先生的推测,这存在三种可能性:(1)只有悟道而进入道统的人才能开出民主与科学。但是由于这一限制太严格了,因此这一可能性并不是牟先生的想法;(2)以先觉觉后觉的方式激发中国人的良知,然后通过良知的自我坎陷来开出民主与科学。这种可能性虽然比较接近牟先生的理想,但依然存在一个难以解决的困境:既然牟先生等新儒家学者并不是以传教为本业,那么他们将以何种身份并通过何种方式来点拨中国人的良知并使其遵从呢?更何况事实上,中国人追求科学与民主至少有一百余年的历史,这早在牟宗三等新儒家出

---

[①] 〔美〕余英时:《现代儒学论》,上海:上海人民出版社1998年版,第213页。

现之前,这是不是说,良知早已经启用而不必等待先觉的激发呢? (3)"开出"指的是百余年来中国人的努力方向事实上已经由良知暗中规定,只不过为之者不自觉罢了。这种说法符合良知本自现成的含义,也可以澄清民主、科学与儒家传统互不兼容的偏见。但如此来理解,牟先生等新儒家则不免思想上永远落后了,因为由内圣开出新外王显然并不等同于这种思想中误解的澄清。① 总之,"'良知的自我坎陷'的理论最多只能说明人的一切创造活动都受'良知'的主宰,但却无法说明政统与学统必须等道统来'开出'。因为如果人人都有现成的良知,则他们在发现了民主或科学的价值之后,良知自然会'自我坎陷',用不着也不可能等待道统中人的指点"②。

　　余英时先生有关当代新儒家知识论的批判,显然很中的也很深刻。那么,我们到底该如何来看待当代新儒家有关知识与科学的安排呢? 应当承认,当代新儒家有观儒学与科学、儒学与知识之关系的上述种种看法及其内在思想困境,是源于中国文化与西方文化所具有的内在特质上的区别造成的。中国文化通过内在超越所形成的是一种内倾的文化,西方文化通过外在超越所形成的则是一种外倾的文化。与中国文化不同,西方的外倾文化精神恰恰有助于科学系统的形成和发展。"整个地看,中国文化只对价值的超越源头作一般性的肯定,而不特别努力去建构另外一个完善的形而上的世界以安顿世界,然后再用这个世界来反照和推动实际的人间世界。后者是西方文化的外在超越的途径。在实际的历史进程中,西方的外在超越表现了强大的外在力量。西方人始终感到为这股超越外在的力量所支配、所驱使。"③而就中国文化而言,儒家的"求诸己""尽其在我"、道家的"自足精神"、佛家的"依自不依他"等,都是这种内倾文化在不同思想派别中的具体体现。这种内倾的文化系统导致中国人的逻辑学与知识论并不发达,从而并不鼓励人们去系统性地认识外在的客观世界以形成科学。当代新儒家学者的知识论,很显然是延续了中国文化作为一种内倾文化而存在的传统。

---

① 〔美〕余英时关于道统开出政统与学统三种可能性的推测,见上书,第214—215页。
② 同上书,第215页。
③ 〔美〕余英时:《中国思想传统的现代诠释》,南京:江苏人民出版社1995年版,第18—19页。

美国的中国思想史研究专家约瑟夫·R.列文森(Joseph R. Levenson,1920—1969)在其《儒教中国及其现代命运》中,曾提出了一个值得深思的问题:即使没有西方工业主义的催化作用,一个看上去平稳的、传统的十七八世纪的中国社会,凭借自身的力量会迈入一个具有科学取向的社会吗?对于这个问题,约瑟夫·R.列文森依据冲击—回应的说统,当然予以了否定的回答。"现代中国的许多历史学家力图找到一个令人信服的现代科学的中国根源。他们的努力似乎是徒劳的,因为这种根源根本就不存在。就科学而言,它的威望和在西方的迅速发展,给上一世纪中国人的精神在理智上以很大的压力,这样就产生了一种情感上的需要,即为中国思想史辩护,反对任何有关它失败的说法。"①约瑟夫·R.列文森对于以儒家文化为核心的中国文化传统未能出现科学的断言,显然具有思想的合理性和现实的明证性。的确,现代中国的科学意识并不是以往中国历史的自然产物,而且由西方资本主义生产方式所带来的中西方的冲击和碰撞,也确实表明西方科学的先进乃至因其而产生的对于古老中国的彻底颠覆和破坏,而这些后来被历史证明都是不可避免的。今日,如果还有谁提出到中国传统文化的遗产中去寻找科学的依据,显然会被视为迂阔之谈。问题的实质在于,中国传统思想家根本不能发展出一套科学传统,而绝不是愿不愿意的问题。他们的思想中心是关注于普遍的人文主义精神,而不是具有十足功利性的科学主义精神。"中国的士大夫是这样一种类型的人文主义者,即在本性上要求掌握一门定型的文化,或一种人文学科的遗产;在表面上,同时也在心中,他们对科学没有产生任何兴趣,因为科学精神只能是对传统主义的一种颠覆,而传统主义又如此天然地适合他们的社会本性,并在思想上与他们所遵循的儒家原则如此紧密地联系在一起。"②"五四"时期所提出的二先生之一的"赛先生",确实抓住了近代科学何以未能诞生在中国这一问题的实质,"赛先生"的科学精神口号,不仅具有强烈的救亡意识,更具有深远的历史启蒙意义。此外,中西方不同的文化超越类型也决定了道德与宗教的不同关系。"在外在超越的西方文化中,道德是宗教的引申,道德法则来自上帝的命令。因此上帝的观念一旦动摇,势必将产生价值源头被

---

① 〔美〕列文森:《儒教中国及其现代命运》,郑大华、任菁译,第11页。
② 同上书,第42页。

切断的危机。在内在超越的中国文化中,宗教反而是道德的引申。"①例如,中国人从内心价值自觉的能力这一事实出发来推出一个超越性的"天"的观念,但是"天"是不可知的,只有"人"才是可知的。通过尽心、尽性,便可以知天。

列文森的问题可以用后来在中国科学史界非常闻名的李约瑟问题(Needham's Grand Question or The Needham Question)来加以表达。关于李约瑟问题,我们之前已经在本章第三节有所涉及。在此,我们将进一步关注这一问题,即为什么与古代和中世纪科学相对的现代科学(以及现代科学所蕴含的各种政治优势)只能在西方世界发展起来? 也就是说,与原始科学、中世纪时期的经验技术不同的现代科学为什么诞生于西方欧美文明,而不是诞生在中国文明之中? 简单说来,为什么现代科学没有在中国产生? 由于除了印度文化之外,只有中国文化在文化的范围和复杂性上堪比西方文化,于是这一问题成为文明史研究中的一个最大问题之一。

对此问题的回答,李约瑟当然不赞同冯友兰先生在《为什么中国没有科学》的回答。"哲学家冯友兰的著名论文《为什么中国没有科学》的标题是不正确的。中国有大量古代哲学、中世纪科学技术,只是缺乏现代科学(直到西学东渐)。"②李约瑟的回答是,在中国文明中存在着抑制现代科学生长的因素。"我认为中国文明中存在着抑制现代科学生长的因素,而西方文明中则存在着有利于现代科学生长的因素。"③地理因素、水文因素、社会因素和经济因素,它们是造成近代科学没有在中国产生的四种因素④。具体讲来,从地理因素来看,中国是一个以农业为主的大陆国家,与此不同,欧洲一直是多岛地带,从事海洋贸易的城邦众多。从水文因素来看,中国的降雨受季节影响很大,并且因年而异,这导致需要远比西方庞大的灌溉工程、蓄水工程、江河治理、排水系统和内河航行。从社会因素来看,中国有某种形式的民主制度,如科举取士制度;士农工商四种阶层之间有较大流动性。但是,中国缺少与商人阶层掌权

---

① 〔美〕余英时:《中国思想传统的现代诠释》,第39页。
② 〔英〕李约瑟:《文明的滴定:东西方的科学与社会》,张卜天译,北京:商务印书馆2016年版,第136页。
③ 同上书,第140页。
④ 〔英〕李约瑟关于这四个因素的详细论述,见上书,第138—140页。

相联系的特殊民主制度,缺少与技术变迁意识相联系的革命性民主制度,缺少那种与基督教的、个体主义的代议制相联系的民主制及其煽动活动。从经济因素来看,在中国取代封建制度的是亚细亚官僚制度或官僚封建制度,而不是存在于欧洲的商业资本主义制度和工业资本主义制度。

李约瑟对于中国未能产生近代科学的因素的分析可谓十分丰富,不过这些因素概括起来主要有地理上的孤立性,水利上的对大规模灌溉网络的需求,数学与逻辑上的思想与符号体系的缺失,政治上的中国官僚政治压倒一切的统治,哲学上有关自然、时间和宇宙的独特看法,以及缺少实验传统,缺失创世者思想和自然法则观念等。整体上看,李约瑟的分析具有马克思主义和唯物主义的倾向,但是这种庞杂因素的分析,很难说是很成功的一种解释。在这些如其所考察的众多因素中,它们之间的关系如何?它们在中国未能诞生近代科学的过程中具有主次地位的不同吗?到底什么因素才是导致近代科学未能诞生在中国的根本原因?再有,即便承认这些因素的存在,我们依然想追问这些因素到底怎样阻碍了近代科学在中国的诞生,而不仅仅停留在是什么因素这一初始层面的追问。例如,"尽管李约瑟断言官僚政治'绝对阻碍了商人的兴起和资本主义的到来',但是他并没有系统地追寻这一结论对于科学家角色的发展及对近代科学的兴起的意义"①。李约瑟并没有进一步深入地探究,中国传统社会长期存在的管理制度究竟如何阻碍了社区、城镇、行会、学院和大学等自发性社会团体的兴起,以及又如何建立了一套奖励传统的、伦理的和文学方面的学术成就的奖励体系,从而系统而整体地消减了人们对自然哲学和科学研究的孜孜以求。

从李约瑟对现代科学技术在欧洲社会而没有在中国发展起来的原因分析中,我们可以发现,他是将这一问题等同为一种科学与社会之间关系的问题,即主要是从社会学的观点来进行回答的。"追问为何现代科学技术在欧洲社会而没有在中国发展起来,就等于追问为何中国没有产生资本主义,没有文艺复兴,没有宗教改革,没有产生15至18世纪剧

---

① 〔美〕托比·胡弗:《近代科学为什么诞生在西方》(第二版),周程、于霞译,北京:北京大学出版社2010年版,第34页。

变时期的所有那些划时代现象。"① 然而事实是,现代科学未能诞生在中国,这虽然与地理因素、经济因素、社会因素尤其是制度因素有关,但是这些都是外在的因素,并不起决定性的作用。现代科学虽然在文艺复兴、宗教改革、资本主义制度等多种因素影响下最终诞生,但是现代科学的产生主要还是源于理论理性的思维方式与科学实验传统的有机结合。前者提供了严明的推导和论证,后者通过实验予以了客观的证实。近代欧洲的文艺复兴、宗教改革以及伴随而来的资本主义制度的建立,确实为这种思维方式和实验传统提供了有利条件,但现代科学之所以诞生在欧洲,主要还是源于理性的思维方式与科学实验传统这两者。理论理性的思维方式传统,早在古希腊时期便已经得到奠定。即使是在中世纪,此种传统也得到了延续。当然,在以神而不是以人、自然为最高统领的中世纪,现代科学当然难以诞生。而随着人的发现与自然的发现,随着思想启蒙时代的来临和不断走向深入,当这种思维传统与现代科学实验方法结合起来的时候,当人们重新以客观的精确的视角重新审视自然的时候,现代科学的诞生便毫无疑问了。与此不同,中国先秦子学所开创的中国传统哲学文化,并不具备逻各斯的传统,以人为中心的生命学问的探究往往采取的是直观体验的思维方式,这种思维方式背后存在着极其强烈的主观私人色彩,而这显然与寻求客观性、非私人性的科学是相悖的。于是,中国哲学突显的是人文性而不是科学性便在所难免了,加之中国传统文化在实验方法运用上的不发达,现代科学未能诞生在中国、未能诞生在东方世界,便是一种必然的结果了。即便在中国产生了资本主义,存在文艺上的复兴,进行了所谓的宗教改革,在直觉思维占据主导的中国文化传统中,现代科学依然难以诞生。正如本书前文所述,我们对于李约瑟问题的回答,主要是从中西方不同的思维方式入手来进行相关阐发的。

除了李约瑟之外,美国科学史专家托比·胡弗(Toby E. Huff,1942—  )也回答了近代科学为什么会诞生在西方这一问题。

胡弗是从法律、宗教、哲学、神学等众多思想领域,来解答近代科学诞生在西方文明而不是东方文明这一谜题的。很显然,这些领域都是非科学的领域,胡弗的解答明显是从文化及制度等因素来探究近代科学兴

---

① 〔英〕李约瑟:《文明的滴定:东西方的科学与社会》,张卜天译,第163页。

起之原因的。从社会学视角来探究近代科学兴起的原因,这历来是学者们研究的热点。对此,学术界采取了不同的四条路向:一是借助科学家角色的概念进行研究,如约瑟夫·戴维(Joseph Ben-David,1920—1986)的《社会中的科学家角色:一种比较研究》(1971);二是通过科学的社会规范或科学的精神气质来进行研究,如罗伯特·默顿(Robert K. Merton,1910—2003)的《社会理论与社会结构》(1949)、《科学社会学》(1973)、《论社会结构与科学》(1996);三是通过科学共同体或科学范式来进行研究,如托马斯·库恩(Thomas Samuel Kuhn,1922—1996)的《科学革命的结构》(1962);四是通过对科学进行比较的、历史的和文明的研究,如李约瑟的《文明的滴定:东西方的科学与社会》(1969)等。

胡弗认为,科学社会学有关近代科学兴起原因探究的这四种路向,以往都是独立加以展开的而没有互相汲取营养。他本人采取的是一种整合的策略,通过突出这四种路向的一些长处和不足,来力图通过一种科学的、文明的、比较的、历史的社会学角度,对近代科学未能诞生在中国、阿拉伯—伊斯兰世界而是西方进行了别有特色的探究。他的基本观点是:"近代科学革命既是一场制度革命也是一场智识革命,这场革命重组了自然知识图景,并提出了一套有关人及其认知能力的全新概念。古希腊哲学、罗马法,以及基督教神学三者融合的产物——理性和合理性形式——为形成人与自然在根本上合乎理性的信念奠定了基础。更为重要的是,中世纪社会的文化和法律机构为这种新形而上学综合提供了一个制度化的家园,也就是大学。它们一起为中立的制度空间的创立奠定了基础,在这个中立的制度空间里知识分子能够探究各种问题并追求其智识理想。奠定这些基础之后,西方世界的大部分地区在文艺复兴后就能够伴随着科学运动以及经济和政治发展大步前进。"①

可见,对于近代科学兴起于西方而不是东方,胡弗主要是从外在的制度化因素来进行相关思考的。"科学是一种制度性结构,是植根于特殊的知识分子气质和法律背景土壤中的角色和角色丛的新体现。从智识上讲,近代科学代表了关于证明和证据的新准则;而从制度上讲,它代

---

① 〔美〕托比·胡弗:《近代科学为什么诞生在西方》(第二版),周程、于霞译,第337页。

表了角色结构的新形式。"① 也就是说,在 12—13 世纪,在中国文明和阿拉伯—伊斯兰文明都没有发生一场广泛的智识革命、社会革命和法律革命,而在同一时期西方文明世界恰恰发生了这些革命,这些革命从根本上改变了中世纪的社会本质,孕育了现代社会和现代文明的基础,并为近代科学的兴起和发展提供了最适宜的土壤。例如,在这一时期发生的法律革命,使得所有领域的社会组织性质得到了重新定义,赋予了各种团体或行会以及专业协会以合法地位。同时,这场法律革命也使得宗教领域和世俗政府区分开来,为包括科学家团体在内的专业团体的出现奠定了法律基础。此外,要想保障科学思想和智识创造力在总体上具有活力,并能够发展出新的研究和创造领域,必须得创造免于政治和宗教权威压迫的自由,必须存在不同层次的普遍的代表、参与和交流。从制度角度来看,中国的官僚制度却并不鼓励自主的思想和行为,自由而开放地寻求无私利性知识的行为遇到了强大的阻碍力量,而教育制度也是倾心于道德教化和人文教育。"在商业(和民主参与)方面,根植于中国法律和行政管理中的障碍,阻挡了前进的道路,行动自由、契约自由和自我管理的自由全部缺失。中国文明未能创建出任何中立空间,也未能创建出任何智识自治地带——其内人们可以独立地进行智识探索而不受政府权威的干涉,这即使不是最重要的,也是主要的阻碍因素。"② 于是,中国法律体系未能在宗教领域和世俗领域即政府领域造成有效的区分,科学研究也被排除在智识活动之外。胡弗的这一整合策略,确实有上面提到的四个路向不具有的理论优势,但是这一优势也恰恰是其理论的劣势。胡弗整合的研究虽全面,却并不深刻,且依然是从外在的因素而不是内在的因素来思考"李约瑟问题",而且,他的这种研究主要关注的重心还是制度方面的因素。

胡弗认为,"科学的核心是关于世界处于什么样的状态以及世界如何运作的系统理论知识。科学是相对于技艺(techne)的认知(episteme),它具有思辨性"③。与西方不同,中国的知识研究主要用力于人

---

① 〔美〕托比·胡弗:《近代科学为什么诞生在西方》(第二版),周程、于霞译,第 63 页。
② 同上书,第 297 页。
③ 同上书,第 229 页。

文与道德领域。"在中国,知识分子的形象首先是而且最重要的是一个开明的并且在伦理道德方面遵循传统的人。学者们的典范是那些掌握了儒家经典并且通过长时间苦学领会了人在和谐宇宙中的地位的人。"①同时,中国传统哲学也缺少苏格拉底与柏拉图式的推理性对话、亚里士多德式的证明、欧几里得的数学证明所展现出来的严密逻辑性。在近代,中国当然也就缺少了对近代科学兴起扮演了重要角色的大学及其制度的建立。中国传统哲学形成了一种不同于西方的形而上学观,即一种建立在关联性思维基础上的有机体哲学。在中国哲学的宇宙论中,"没有第一推动者,没有上帝,没有立法者。当然,它假定了存在具有一定的模式,而且还假定存在着一种万物共同遵循的独特方式(道)。但是,对于存在模式的解释不能在一组定律或机械过程中寻找,而要在有机统一的整体结构中寻找。此外,中国的宇宙论思想强调自然和人类的和谐统一"②。可见,中国传统哲学中关联性的、类比性的、直观性的思维方式,与西方机械式的、因果式的、思辨式的思维方式具有基本的区别。

如上所述,众多的学者承认近代自然科学是诞生在西方而不是东方的中国,并从中西科学史的比较中力图发现造成这一结果的包括儒家文化在内的种种原因。但是,与这种主流的看法不同,在加州大学圣巴巴拉分校的佛朗西斯卡·布蕾(Francesca Bray)与首尔国立大学的林宗台(Lim Jongtae)编辑的《东亚的科学和儒家治国之道》(Science and Confucian Statecraft in East Asia,BRILL,2019)一书中,学者们恰恰探索了科学与技术在近代中国和韩国政府中的实践。与东亚官僚机构作为阻碍自由探究和科学进步的普遍消极力量的偏见相反,林宗台更细致地描述了科学和技术是如何被调动起来以服务于东亚国家治理的。通过展示大多数由国家资助的科学、天文学、医学、火药生产和水力学的丰富文本案例,他解释了统治者和学者官员对有效和合法治理的关注,以及它们是如何形成了自然知识和有用技术的生产、流通和应用的。

应当承认,近代自然科学并没有诞生在中国,这已经是一个不可否

---

① 〔美〕托比·胡弗:《近代科学为什么诞生在西方》(第二版),周程、于霞译,第336页。
② 同上书,第239页。

认的事实。尽管依据一种长期的基于日常经验为基础的发展,中国在技术层面曾经并不落后西方,甚至在相当长的历史时期比西方发达。但是作为一种思想理论而存在的科学本身,中国自身的文化中并没有产生出来,这一点事实上已经为中国现代科学发展的历史所证明。所以,如牟宗三先生那样,提出以所谓的"良知自我坎陷"说来从儒家内圣之学中开出科学这种新外王的说法是很难成立的。今天,我们将科学这一现代性社会的基本成分与儒家思想结合起来进行探究,其目的在于扭转相当长时期内一些学者力图从儒学本身开出科学的想法。当然,如何依据儒家一套思想价值系统来对现代科学理性背后的技术异化或科学一层论思想进行批判,这已经是另外一个不同层面的问题了,是科学之外的价值规约的问题,这一问题已经完全不同于中国到底有没有科学,以及如果没有又是如何从自身文化传统中开出的问题了。

很显然,探究儒学与科学的关系这种现代性主题,恰恰可以使我们重新反思儒学在当代社会所应当具有的意义和价值。例如,近些年来,有相当一部分的学者便从儒学与当代政治哲学之关系的角度对此展开了研究。在他们看来,儒学的当代意义和价值,可以很好地体现在其与自由、民主及宪政的相关性上。那么,这种有关儒学的政治哲学方向的思考,会给儒学带来新的生机吗?对于这一问题的探索,将是本书下一章研究的主题。

# 第五章
# 当代新儒学与自由、民主及宪政

现代社会是整个人类社会发展史中的一个重要阶段,它给人类社会的发展带来了前所未有的变化,而且这种变化一直持续到今天。在现代社会形成和发展的过程中,我们逐渐认识到了现代社会与传统社会相区别的非常丰富的方面。现代社会所展现给我们的现代性内容也非常多,在这些众多的现代性内容中,由现代科学技术所支撑的充满现代性的商品生产,以及由自由、民主、权利、平等等所支撑下的充满现代性的政治制度,无疑是其中非常重要的组成部分。

现代性的上述两个部分,正是 20 世纪之初的中国社会所缺失的。于是,五四新文化运动时期所提出的科学与民主的口号,便具有了鲜明的现代性和世界性特征。几千年来,中国社会坚守的是一套以儒家文化为核心的文化价值系统,于是中国的现代化历程的思考,必然离不开作为传统而存在的儒家文化系统与西方现代性系统之间的比较。自由、民主、权利、人权、平等等现代性思想的重要范畴,也在一些学者的思想中成为重要的论述对象,他们围绕中国传统儒学到底有没有自由、民主、权利、人权和平等等相关问题展开了充满争论的研究。如果有的话其根据何在,又该如何实现其在当代社会的转型?如果没有的话其根据又何在,又该如何在当代社会进行崭新的建构?此外,由于西方现代性文明背后的技术理性与工具理性的盛行所带来的技术异化与人的异化,以及以个人主义为基础的自由民主模式日渐显露出自身难以克服的种种理论困境与实践难局,也促使一些学者从强调社群主义的古老的东方儒家文化中去寻求破解时代难题的思想智慧。

本章将主要从儒学与自由、儒学与民主、儒学与宪政这三个方面入手,来审视儒学意义和价值问题探究背后纷繁复杂的现代性问题。此章结束之后,我们将把儒学的意义和价值问题思考与生态、人格修身、责任伦理、价值观塑造等当代性问题结合起来。

## 第一节  当代新儒学与自由

近些年来,儒学与自由、儒学与自由主义、儒学与人权之关系的问题,往往成为儒学与现代性问题思考背后一个重要的子课题。因为儒学包含政治哲学方面的丰富内容,于是从西方政治哲学中的自由思想、自由主义思想来研究儒家政治哲学,便成为一种较为流行的思想研究倾向。儒家政治哲学与西方以自由为核心内容的政治哲学体系,虽然是不同文化系统的产物,但是往往可以进行一种比较性的研究,并具有较大的相互诠释的空间。近代以来,更确切地说,从"五四"时期之始一直到今天,从自由、自由主义角度来重新审视儒学价值的研究,一直在学术界不同程度地进行着。纵观儒学研究的发展史,有关儒学(Confucianism)、亚洲价值与自由(Asian Values and Freedom)、人权(Human Rights)之间关系的研究,长期以来都是学者们关注的一个热点问题。学者们关注的问题有:儒家传统与西方对自由、人权的理解是否相容?无论文化差异如何,是否有一些世界各国人民共同拥有的基本人类价值观?

当代新儒家学者徐复观便对儒学与自由民主人权之关系的问题进行过阐发。他一方面对孔子、孟子与荀子的政治思想之分别做了探讨和研究,同时也阐述了儒家的内在价值论与民主政治之间所具有的关系,并以民主政治来言说儒家的内在价值论;另一方面,徐复观先生也认为儒家思想中含藏着丰富的自由精神,儒家是以德性来建立积极的人生,而政治的自由于是需要以德性的自由作为思想基础。当然,徐复观先生的相关立场后来也遭到了一些学者的批判。例如,黄俊杰在《"儒家民主政治"如何可能?——从当代新儒家出发思考》(《开放时代》2012年第9期)一文中,便从理论与实践两个方面的困难对徐复观先生的儒家式民主政治进行了批判①。

国外学者有关儒学与人权的相关著述比较丰富。整体上来看相关研究成果,我们发现,绝大多数学者认为儒学与民主之间是相容的。例如,由杜维明、狄百瑞主编的《儒学与人权》一书②,是一部近年来有关儒学与自由、人权之关系问题的非常具有代表性的一部论文集。书中一共提供了15位杰出学者有关儒家思想在处理普遍人权问题中的作用的论文。此书包括狄百瑞(William Theodore de Bary,1919—2017)的1篇序言和1篇引言。正文由15篇文章组成,此外还包括2篇结语。这15篇正文是:夏布·特维斯的《讨论儒学与人权的一种建设性框架》(A Con-

---

① 国内相关的著述还有:于锦波(Yu Kam Por)的《人权与中国伦理思想》(*Human Rights and Chinese Ethical Thinking*, Hong Kong: University of Hong Kong, 1996)、陈祖为(Joseph Chan)的《从儒家视角看当代中国人权》(A Confucian Perspective on Human Rights for Contemporary China, in Joanne R. Bauer and Daniel A. Bell, eds, *The East Asian Challenge for Human Rights*, Cambridge: Cambridge University Press, 1999, chap.9)、《道德自主、公民自由与儒学》(Moral Autonomy, Civil Liberties, and Confucianism," *Philosophy East & West*, vol. 52, no. 3, 2002, p. 281)、海纳·罗兹(Heiner Roetz)的《权利与责任》(Rights and Duties, in Karl-Heinz Pohl and Anselm W. Müller (eds), *Chinese Ethics in a Global Context*, Leiden: Brill, 2002)。黄俊杰的《儒学与人权——古典孟子学的观点》(收录于刘述先主编:《儒家思想与现代世界》,台北:"中央研究院"中国文哲研究所1997年版)、李明辉的《儒家传统与人权》(收录于黄俊杰编:《传统中华文化与现代价值的激荡》,北京:社会科学文献出版社2002年版)、张志宏的《德性与权利:先秦儒家人权思想研究》(北京:人民出版社2012年版)、梁涛主编的《美德与权利——跨文化视域下的儒学与人权》(北京:中国社会科学出版社2016版)、黎汉基的《儒家权利观念?——疑难与反思》(《天府新论》2015年第5期)、陈乔见的《儒学中的权利重构及其意义》(《华东师范大学学报》(哲学社会科学版)2019年第6期)等。

② William Theodore de Bary, Tu Weiming (edited), *Confuciansim and Human Rights*, New York: Columbia University Press, 1998.

structive Framework for Discussing Confucianism and Human Rights/Summer B. Twiss)、罗思文的《人权:担忧法案》(Human rights:A Bill of Worries/Henry Rosemont)、秦家懿的《人权:一个有效的中国概念?》(Human rights:A Valid Chinese Concept? /Julia Ching)、郭颖颐的《论成人中的礼仪与权利》(On the rites and rights of being human/D. W. Y. Kwok)、艾琳·布鲁姆的《孟子与人权》(Mencius and human rights/Irene Bloom)、张伟仁的《儒家规范理论与人权》(The Confucian theory of norms and human rights/Wejen Chang)、成中英的《将儒家德性转换成人权》(Transforming Confucian virtues into human rights/Chung-ying Cheng)、冯玉的《与儒学相对照的黄帝传统》(The yellow emperor tradition as compared to Confucianism/Yu Feng)、朱荣贵的《中国明朝的礼仪与权利》(Rites and rights in Ming China/Ron Guey Chu)、艾莉森·W·康纳的《儒学与正当程序》(Confucianism and due process/Alison W. Conner)、琼·扎兹的《晚晴民权概念》(The concept of people's rights (Minquan) in the late Qing/Joan Judge)、沙培德的《20世纪早期中国思想中的公民身份与人权》(Citizenship and human rights in early twentieth century Chinese thought/Peter Zarrow)、兰德尔·皮尔因霍姆的《儒家和谐与思想自由》(Confucian harmony and freedom of thought/Randall Peerenhoom)、默尔·戈德曼的《儒家对新中国知识分子的影响》(Confucian influence on intellectuals in the Peoples' Republic of China/Merle Goldman)、杰里米·T·帕尔蒂尔的《儒学论争:人权与当代中国政治话语中的中国传统》(Confucianism contested:human rights and the Chinese tradition in contemporary Chinese political discourse/Jeremy T. Paltiel)。两篇序言分别是:杜维明的《作为一种儒家话语的人权》(human rights as a Confucian moral discourse/Tu Weiming)与路易斯·亨金的《儒学、人权与文化相对主义》(Confucianism,human rights,and 'cultural relativism'/Louis Henkin)。

此外,狄百瑞的《亚洲价值与人权:儒家社群主义的视角》[①]《中国自由主义传统》(1983),也认为儒学与自由、人权有相容的地方。在他看

---

[①] William Theodore de Bary,*Asian Values and Human Rights:A Confucian Communitarian Perspective*,Cambridge,MA:Harvard University Press,1998;尹钛译,北京:社会科学文献出版社2012年版。

来,中国文化传统中固有一些并非西方的自由思想和观念。《亚洲价值与人权:儒家社群主义的视角》一书,是一部有关儒学与人权关系的代表性著作。在书中,狄百瑞探讨了个人主义与人格、法与礼、学与社、乡约、中国的宪政主义与公民社会、女性教育与女权、中国共产主义与儒家社群主义等相关主题。众所周知,"亚洲价值"(Asian Values)通常是由威权政府提出来的一个概念,人们借此概念来将建立在儒家基础上的亚洲发展模式,与西方的个人主义、自由民主及人权基础上的西方模式区别开来。狄百瑞站在儒学与历史的视角认为,儒学中的人格观与西方人权思想是相容的。他在研究过程中,既突显儒学的哲学发展,也强调共同体、宪政、教育及女权的中国历史经验,因此,他认为儒家的人格观在某些方面不同于西方的个人自由主义观念,但它并不是与人权不相容的,反而可以增进人权。同时,狄百瑞也主张,儒家社群主义在历史上一直是抵制国家统治的,而且中国的人权思想,可以通过吸收了西方市民社会要素的真正的儒家社群主义而得到进一步的增进。

此外,贝淡宁在《超越自由民主:东亚背景下的政治思考》[①]一书中,则主要围绕人权、民主和资本主义三个方面,谈论了自由民主是否适合东亚的问题。他认为,这三个方面在由非自由实践和价值所塑造的东亚社会的传播过程中得到了实质性的改变。他指出了实施西方模式的危险,并提出了可能更适合东亚社会的替代性选择和实践。也就是说,如果人权、民主和资本主义要在东亚扎根并产生有益的结果,就必须适应当代东亚社会的政治和经济现实,以及像儒家和法家这样非自由的东亚政治价值传统。因此,地方性知识对于在本地区政治改革辩论中做出现实上和道德上的有智识的贡献,以及对于相互学习和丰富政治理论,都是必不可少的。

除了上述著述之外,有关儒学与自由、人权的相关研究成果还有:贝淡宁(Daniel A. Bell)与乔安妮·R.鲍尔(Joanne R. Bauer)共同编辑的

---

① Daniel A. Bell, *Beyond Liberal Democracy:Political Thinking for an East Asian Context*, New Jersey and Oxford:Princeton University Press,2006.

《东亚对人权的挑战》①,史蒂芬·安格尔(Stephen Angle)的《人权与中国思想:一种跨文化的探究》②,迈克尔·C. 戴维斯(Michael C. Davis)编辑的《人权与中国价值:法律、哲学与政治的视角》③,玛莎·梅杰(Martha Meijer)的《处理人权问题:亚洲和西方的人权价值观》④。此外,罗伯特·威瑟利(Robert Weatherley)的《中国的人权话语:历史的与意识形态的视角》⑤也是一部相关研究著作,书中主要考察了中国权利概念的产生和演变,同时也关注了儒家、共和制和马克思主义对这一概念的影响。信广来(Kwong-Loi Shun)和黄百锐(David B. Wong)编辑的《儒家伦理学:关于自我、自主、共同体的一种比较研究》⑥一书的"权利与社群"部分,有四篇文章是从儒学角度来思考人权问题的。瑞典隆德大学东亚与东南亚研究中心主任史雯(Marina Svensson,1961— )在《中国人权争论:一种概念与政治史的探究》⑦一书中,主要追溯了晚清以来中国政治话语中的人权概念,她认为人权概念早在1948年《世界人权宣言》通过之前就已被中国人民所应用,1949年后人权概念继续具有强烈的吸

---

① Joanne R. Bauer, Daniel A. Bell(edited), *The East Asian Challenge for Human Rights*, Cambridge University Press, 1999. 此书除了包括二人共同撰写的一篇导言之外,还呈现了14篇学术论文,其中与此处探讨主题相关的论文有:井上达索的《自由民主与亚洲东方主义》(Liberal Democracy and Asian Orientalism/Inoue Tatsuo),杰克·唐纳利的《人权与亚洲价值:抵御"西方"的普遍主义》(Human Rights and Asian Values: A Defense of "Western" Universalism/Jack Donnelly),以及陈祖为的《当代中国人权的儒家视角》(A Confucian Perspective on Human Rights for Contemporary China/Joseph Chan)。

② Stephen Angle, *Human Rights and Chinese Thought: A Cross-Cultural Inquiry*, Cambridge University Press, 2002.

③ Michael C. Davis(edited), *Human Rights and Chinese Values: Legal, Philosophical, and Political Perspectives*, Hong Kong and New York: Oxford University Press, 1995.

④ Martha Meijer(edited), *Dealing with Human Rights: Asian and Western Views on the Value of Human Rights*, Bloomfield: Kumarian Press, 2001.

⑤ Robert Weatherley, *The Discourse of Human Rights in China: Historical and Ideological Perspectives*, Palgrave Macmillan, 1999.

⑥ Kwong-Loi Shun, David B. Wong(edited), *Confucian Ethics: A Comparative Study Of Self, Autonomy, And Community*, Cambridge University Press, 2004.

⑦ Marina Svensson, *Debating human rights in China: a conceptual and political history*, Rowman & Littlefield Publishers, 2002.

引力。勒罗伊 S. 鲁纳(Leroy S. Rouner)编辑的《权利与世界宗教》①中,也载有罗思文的《为什么要认真对待权利?——来自儒家的批判》(Why take rights seriously? A Confucian critique/Henry Rosemont)和安乐哲的《作为权利的礼:儒家的选择》(Rites as rights:the Confucian alternative/Roger T. Ames)这两篇相关研究文章。

通过以上相关文献的简单梳理,我们发现,有相当一部分学者认同儒家与人权之间是相容的。

当传统儒学与现代自由遭遇的时候,势必会出现儒学与现代社会中的自由、人权是否具有关联性这一新问题。一些力图实现儒学现代性转换和创新性发展的思想家和学者们,便有意地在儒学与现代自由之间建构起了一座相同的桥梁。有的学者为了化解传统儒学与现代自由、人权之间的紧张,为了避免西方自由主义自身存在的种种弊端,甚至提出了一种所谓的自由儒学的主张。自由儒学思想的提出者,主要指的是山东社会科学院国际儒学研究与交流中心的郭萍,其相关思想主要体现在《自由儒学的先声——张君劢自由观研究》(济南:齐鲁书社 2017 年版)、《"自由儒学"导论——面对自由问题本身的儒家哲学建构》(《孔子研究》2018 年第 1 期)、《自由儒学:"生活儒学"自由之维的开展》(《当代儒学》2017 年第 1 期)、《"自由儒学"纲要——现代自由诉求的儒家表达》(《兰州学刊》2017 年第 7 期)、与维思大学哲学系安靖如合作撰写的《德性、自由与"有根的全球哲学"——关于"进步儒学"与"自由儒学"的对话》(《齐鲁学刊》2017 年第 4 期)、《自由何以可能?——从"生活儒学"到"自由儒学"》(《齐鲁学刊》2017 年第 4 期)、《"自由儒学"简论——走出自由困惑的一种理论探索》(《人文天下》2017 年第 1 期)、《儒家的自由观念及其人性论基础——与西方自由主义的比较》(《国际儒学论丛》2016 年第 2 期)中。其他学者,如任剑涛的《自由儒学与自由主义儒学》(《当代儒学》2018 年第 2 期)、涂可国的《自由儒学与价值儒学的展开》(《当代儒学》2018 年第 2 期)、宋大琦的《自由儒学的时代意义》(《当代儒学》2018 年第 2 期),也对自由儒学进行了相关阐发。

自由儒学不同于自由主义儒学和儒学自由主义,后者是力图将西方

---

① Leroy S. Rouner (edited), *Human rights and the World's Religions*, Notre Dame:University of Notre Dame Press,1988.

自由主义与东方的儒学结合起来,因而西方的味道很重。自由儒学则试图通过以儒家话语来重新厘清"自由"概念,并通过本源自由、良知自由与政治自由的统一,来追溯自由的存在本源,来重建儒家超越性的形而上自由和儒家现代性的形而下自由。针对这种自由儒学的建构,我们首先应当具有同情的理解。毕竟当儒家思想传统面对以自由、民主、理性化、合理化、市场经济等为标识的现代性思想理念冲击时,如何对此加以思想的回应并重新审视传统儒学的当代价值与意义,显然已经成为儒学现代性转换的必然环节。自由儒学提纲的提出,想必便是学界目前众多尝试和努力的一种。

然而,这种自由儒学建构的背后,却依然有众多艰深的理论问题需要系统性地回答。

其一,到底何谓自由?自由范畴是我们今日所面对的众多人文社会科学范畴之中极难予以清晰规定的一个范畴,不同的学科领域往往赋予自由不同的含义。借助儒家哲学,将现代意义的自由理解为"摆脱束缚"与"自作主宰",这究竟合理吗?此外,我们是否可以抛开因不同的学科视域所带来的不同的自由含义,即不问政治自由、哲学自由、意志自由、信仰自由、社会自由、经济自由、法律自由等具体的自由,而去追问自由本身到底是什么这一问题?自由儒学以一套儒家的话语体系来重新厘清自由范畴,这似乎提出了一种具有自身特色的儒家自由概念[①]。但是,这种极具中国儒家文化色彩的自由概念,难道不会因为被儒学化了而渐离自由本真的含义?这种儒家式的自由可以称为是一种真正的现代自由吗?

其二,追溯自由的存在本源具有合法性吗?追问自由何以可能的前提是自由是否可能,因为自由绝对不是作为一种价值理想而本然地存在于我们日常生活之中的,它也绝对不是一个既定的生活实情。自由是在

---

[①] 在关于儒学与民主、自由、人权之关系的讨论中,余英时先生依据思想史的视角而展开的研究是非常新颖、平实和富有智慧的。他认为,在非西方的中国文化中,虽然我们找不到像"民主""人权"这些特殊的西方概念或术语,但是并没有证据表明,在这一文化中就不存在这些西方概念所表达的普遍精神。Ying-shih Yü, *Chinese History and Culture* ( volume 1) : *Sixth Century B. C. E. to Seventeenth Century*, *Chinese History and Culture* ( volume2) : *Seventeenth Century Through Twentieth Century*, Columbia University Press, 2016.

历史中生成的,并且是一个不断处于变化和生成中的范畴和概念。从拥有不断变化着的自由内涵出发,去追问现实自由何以可能的根据和存在本源,即便通过存在论意义上的生活之在而被找到了,也会因为传统儒家义务伦理主要起着维护传统的宗族或家族的主体价值,而明显与维护个体自由权利的现代自由相冲突,因此根本不可能成为现代自由的形而上基础。倡导自由儒学的学者认为,本体观念并不是从来就有或恒常不变的东西,因此良知的自由需要本源的自由来提供依据,可是,本源的自由其根据又源于何处呢?为此,再去追问形而上的自由,这只能将自己陷入无穷的理论退溯之中。此外,本源自由既然关涉的是存在本身,可存在本身到底是什么?受存在主义哲学家海德格尔的启发,自由儒学主义者认为,存在本身指的是事情本身、生活本身。尽管此处的"生活"一词被规定为是存在论(theory of Being)意义上的、作为一种本源而存在的"生活"(life),而不是日常经验意义上的现成化的生活,可是,我们依然很难将这样的生活与存在自身等同起来。生活究竟是如何成为形而上学之基础的?姑且承认这种作为形而上学基础的生活存在,它又是如何提供形而上良知自由与形而下政治自由的?这种对于生活的存在论或生存论意义上的理解,已经不同于我们参与其中并深深熟悉的日常生活本身了,当然也就与日常化和生活化的真正的儒家哲学相区别了。再有,生活被理解为是一种未经自我选择的、浑沌一体的"无我之境",它不同于与绝对主体性相应的本体自由,不同于与相对主体性相应的政治自由,而是与前主体性相应的自由。可问题是,任何自由都是针对主体而言的,不管这种主体是个人的还是社会的,一种未针对任何主体而存在的前主体性自由,究竟是如何而可能的呢?也许自由儒学主义者的真义,是想将本源自由看作本体自由与政治自由的基础,而不是将其看作一种自由类型。但是,即便如此,正像我们可以追问本体自由与政治自由的基础一样,我们也可以追问作为这一基础而存在的生活的基础又是什么呢?

其三,本源自由与良知自由、政治自由的统一,即存在主义自由与形而上道德自由与形而下政治自由的统一,这究竟何以可能?在自由儒学中,形而上自由对应的是绝对的主体性,形而下自由对应的是相对的主体性。可此处的主体性究竟指的是何种意义上的主体性呢?因为针对不同的主体,我们相应地会获得不同的主体性概念。例如,实践主体对应的是实践主体性,认识主体对应的是认识主体性,价值主体对应的是价值主体性,审美主体对应的是审美主体性。此外,在自由儒学中,像认知自由、道德自由、经济自由、政治自由等,被规定为具体领域中的主体享有的自由。可我们都知道,即使在这些具体的领域中也有形而上自由的存在,因此才有众多思想家们对道德形而上学自由、政治形而上学自由等纷繁复杂的探讨。在自由儒学中,形上自由即本体自由,它被规定为是作为整个存在者领域中唯一至上的存在者所体现的自由,意志自由、心性自由、精神自由等当属此列。可是,具有绝对自主性与能动性的绝对主体在自由儒学中,可以指的是神性的上帝,也可以指的是外在于人的客观"理念""绝对精神"或"天理"。很显然,这些绝对主体绝对不是个人意义上的人。如果其指的不是个体意义上的具体的人,所谓形而上的良知的自由还存在吗?此外,既然由绝对自主性与能动性构成的绝对主体只能有一个,那么它究竟是具有神性的上帝,还是作为客观精神而存在的理念或绝对精神,还是作为自己体认出来的天理?在自由儒学论纲中,形而下的自由依赖于形而上的自由,形而上的自由依赖于本源的自由,三种自由显然在重要性上具有不同的程度和等级。然而,在中国儒家哲学中,形而上与形而下本来是不分的,道即器,即体即用。既然形而上与形而下不分,又何来的形而上良知自由与形而下的政治自由的区分呢?作为统领形而上与形而下的本源自由,究竟是如何统领这二者的?实际上,在哲学领域,形而上学指称的已经是一种终极的存在,既然是终极的存在便绝对不再需要所谓的本源的自由来加以言说,反而是用来言说本源自由的。

  总之,自由儒学为了化解传统儒学与现代自由之间的张力,而提出一种对于现代自由的儒家哲学建构,同时,这是通过吸收传统儒学与现代自由的长处,并通过批判现代自由的弊端来加以实现的。基于当下的生活,自由儒学以仁爱的生活情感作为自由的本源,以此来试图重建儒家超越性与现代性的良知形而上自由与形而下的政治自由。究其实质,自由儒学是想基于儒家仁学来建构一种所谓儒家式的自由理论,即基于儒家仁学本体论来建构的自由体系。如果真能建构一种既吸收儒家哲学和现代自由的长处,又避免现代自由弊端的自由儒学,这当然是一件幸事,想必于己于人都是一件好事情。可是,我们上文一再指出这种建构所必然面临的种种阻碍,而且,在我们看来,这些阻碍是所谓的自由儒学建构难以通过自身的理论来加以克服的。自由儒学最多给我们呈现的是一种草图,一种大纲,其很难活生生地呈现在社会的面前。即使其被建构出来,那么它也终究因为既不能把握现代自由思想的精神实质,又不能把握儒家哲学的精髓而最终停留在一种空想的虚幻之中。自由儒学的建构既不利于我们很好地吸收现代自由的精神,也无益于儒家思想价值的现代彰显。在儒家哲学与现代自由之间进行随意的嫁接和拼凑,这终将是一种理论上失败的尝试。而通过自由儒学来为现代政治哲学问题提供一种儒学参照系,来在超越现代民族国家的意义上重新理解政治自由以推动现代自由进一步发展的这一理论梦想,也终将因客观的自由发展史而彻底遭到颠灭。

## 第二节 当代新儒学与民主

儒学与民主的关系问题,长期以来一直是学者们思考儒学在现代社会进行转换和创新时要处理的主要问题之一[①]。同儒学与自由的关系问题一样,关于儒学与民主之关系问题的探讨也十分复杂,这既有如何理解儒学本身的问题,也有到底该如何理解民主的问题。对于这两个问题中的任何一个问题的不同理解,都会给我们带来对于儒学与民主关系问题的不同立场。由于民主的问题涉及儒学的现代性转换的问题,其探讨的背后不仅涉及民族性的问题,也涉及儒学是否可以提供一种不同于西方民主模式的另一种民主类型的问题,因此,相当数量的学者一直力图从建构一种儒家式的民主模式出发,探讨儒学与民主的关系问题。

### 一、儒学与民主关系的三种立场

近些年来,一些学者已经发现:去探究孔子或古典儒学为何没有发现民主的重要性而始终停留于民本思想的狭小视域,儒家为何只认识到德性的重要而不重视以制度来约束人,儒家为什么不知道单靠德性不能解决帝王及官僚腐败滥权问题等理论问题,并不是无关痛痒的。只有对

---

[①] 有关儒学与民主关系研究的著作非常多。例如,方朝晖的《文明的毁灭与新生:儒学与中国现代性研究》(北京:中国人民大学出版社2011年版)第3章"儒学与民主关系再思考",围绕现代新儒家的民主思想、民主的历史文化基础、从东亚文化的特征看民主、重思儒学与民主等几个方面进行了相关论述。何信全的《儒学与现代民主》(北京:中国社会科学出版社2001年版),也是近些年来在此方面较有代表性的著作。

这些问题打破砂锅问到底,才有益于在实践上实现儒学与民主的某种联姻。一些学者据此认为,我们切不可因在中国文化环境中建立民主有困难之处,便否认抽象地、理性地探讨儒学与民主关系相结合所具有的意义;我们不能只承认儒学与民主之间的实践结合,而将儒学与民主在形而上学本体论与人性论意义上的理论结合看成是一个假问题;我们切不可将儒学的精神只看作是为制度提供基础性的价值,而是应当将建立某种制度也看作是儒学精神的基本方面。

很显然,儒学与民主之间关系的问题,是中西之际背景下因思考现代性问题而引发的一个问题,那么,我们究竟该如何看待儒学与民主之间的关系呢? 从相当数量学者的大量研究成果来看,他们关于儒学与民主关系的立场粗略地可以分为以下三种。

第一种立场认为,儒学是反对民主的。持有这种否定性立场的学者认为,儒学包含了与民主异质的成分,如对权威的强调、社会等级体系的服从、群体利益的优先以及道德哲学中的理想主义等,这些均与现代民主政治中的平等政治参与格格不入,因此儒学与民主相违背,儒学传统是自由民主制的障碍。这种立场在国外以塞缪尔·亨廷顿为代表。他强调儒学与民主之间是相互冲突的关系,儒学与民主不相容,它不支持个人主义,不赞同将法律放在权威之上。"'儒家民主'从术语上看便明显是一个矛盾。"① ( Confucian democracy is clearly a contradiction in terms) 此外,费正清( John K. Fairbank,1907—1991) 在《新中国史》(1998)中也认为,中国传统社会没有自由与民主,这主要是中国人受到儒家思想传统影响而崇尚权威所致。当然,后来在柯文( Paul A. Cohen, 1934— )的《在中国发现历史:中国中心观在美国的兴起》(1984)一书中②,费正清的这种观点遭到了批判。

与第一种较为极端的立场相比,第二种立场则是温和得多的中性立场。持有这种立场的学者认为,儒学是非民主的,因此儒学既不支持也

---

① Samuel P. Huntington, *The Third Wave : Democratization in the Late Twentieth Century*, Norman: University of Oklahoma Press, 1991, p. 307.

② Paul Cohen, *Discovering History in China : American Historical Writing on the Recent Chinese Past*, New York: Columbia University Press, 2010. 〔美〕柯文:《在中国发现历史:中国中心观在美国的兴起》,林同奇译,北京:社会科学文献出版社 2017 年版。

不反对民主。尽管儒学中可能包含有利于民主的因素,但儒学本质上不是一种民主学说。① 例如,方朝晖认为,"儒家政治思想本质上不是一种民主学说;虽然儒学中确有许多有利于民主的成分,但也有许多与民主异质的成分;确有不少人严重夸大了儒学的反民主性质,但也有不少人过分强调了儒学的民主性质"②。"儒家政治学说本来就不是民主学说,其核心精神是道德——文化精英治国,这一儒家思想传统,加上儒家'三纲'所代表的'从大局出发,从做人的良知与道义出发'的精神,乃是现代社会中校正民主之弊异常宝贵的资源。因此,真正应该强调的不是儒学如何拥抱民主,而是儒学如何发挥自身'非民主'的传统,来与民主的消极后果作斗争。现代新儒家的浪漫主义和理想化特点还体现在对于民主实践过程的高度复杂性缺乏清醒认识。中国诚然需要民主,但中国社会进步的主要动力不寄托于民主,而寄托于以任贤举能为原则的精英政治能否从制度上落实;不寄托于党争,而寄托于公平、公开透明的参政议政模式能否在实践中确立。"③此外,美国中央华盛顿大学(Central Washington University)哲学系主任李晨阳教授也认为儒家非民主,但是二者可以具有内容与形式上的关系。"从儒家的角度看,现代理想的儒家和民主的关系是'民主的形式和儒家的内容'。"④所谓"民主的形式",说的是社会的基本政治机制是民主的机制,也就是说,包括立法机构和政府的组织形式在内的社会政治组织形式,应该采用民主的形式。所谓"儒家的内容",说的是在民主的社会里起主导作用的应该是儒家的理念和价值,即政府注重民生,人民配合政府,人们尊老爱幼,家庭和睦,贵教育,崇道德,义而有信,知书达礼。

将儒家的精英政治与自由民主制精神相结合的政治制度,显然是超

---

① 例如,胡少华便赞同儒学本质上不是一种民主学说的观点,在他看来,儒学是以家庭而不是以个人为本位的,其没有公民选举思想。Shaohua Hu, "Confucianism and western democracy", *Journal of Contemporary China*, 6:15 (Jul, 1997), pp. 347-363.

② 方朝晖:《文明的毁灭与新生:儒学与中国现代性研究》,第 105 页。

③ 同上书,第 171 页。

④ 李晨阳:《天—地—人之天,还是超越天—地—人之天?——兼论"民主的形式和儒家的内容"》,见范瑞平、贝淡宁、洪秀平主编:《儒家宪政与中国未来》,上海:华东师范大学出版社 2012 年版,第 67 页。

越儒家的精英政治和自由民主制之上的更好的制度,也是一种很理想的制度,但是它可以付诸实践吗?即便可以,又如何付诸实践呢?没有民主政治的模式作为保证,所谓儒家式的精英政治又如何得以实现呢?众所周知,在曾长期以儒学为核心的中国传统文化背景下的专制、帝制模式下,儒家精英政治的施展难以实现。如今,如果不能实现一种具有中国特色的民主政治,所谓精英政治的实现必然落空。应当承认,对于中国人而言,民主政治远比精英政治重要,它具有逻辑的先在性。今天我们再谈论精英政治的逻辑先在性,高谈以此来纠正民主政治之偏,可以说是一种思想上的退步,即一种对于儒学传统的强烈的保守与尚古态度,其思想上的成就,反而远远不如牟宗三先生等人所代表的20世纪上半叶当代新儒家们所达到的水平。

当然,绝大多数学者对于儒学与民主之间的关系持有的是第三种立场,即儒学支持民主。持有这一主张的人数多的主要原因,想必是他们本身是研究儒家思想的学者。早在王韬(1828—1897)、康有为(1858—1927)、孙中山(1866—1925)等先生那里,便有了儒学与民主是相容的、儒学支持民主的主张。孙中山先生主张,中国传统文化中已经有民主思想。"有其思想而无其制度。"①当然,他们阐发这一观点时,往往是站在西方民主如何加以中国化的角度来加以展开的。辜鸿铭(1857—1928)同样给予中国存在民主的肯定性回答,他甚至极端地认为,欧洲人所热切希望并极力去实现的民主主义文明,就是中国人两千多年来一直保持的东西。"在中国古代,在两千多年以前,孟子就有了民主思想,它同古希腊的民主思想是何其相似!"②孟子的确说过:"民为贵,社稷次之,君为轻。是故得乎丘民而为天子,得乎天子为诸侯,得乎诸侯为大夫。"(《孟子·尽心下》)但是,将孟子这里所说的强调民的重要性的说法等同于希腊的民主思想,即只有成年男性公民当家作主的少数人民主政治制度,还是有不小的问题的。

在当代新儒家的早期开创者熊十力(1885—1968)先生那里,也提出要依据自由、独立、平等等观念来建立民主政治,这种民主政治的最终目

---

① 《孙中山全集》第7卷,北京:中华书局2011年版,第60页。
② 辜鸿铭:《中国人的精神》,黄兴涛、宋小庆译,北京:人民出版社2010年版,第146页。

标是依据"天下为公"原则而建立起来的大同社会,并与现代化的民主模式有所区别。当然,熊十力先生的民主政治思想具体是通过其"治化"理论来展开的,而这种治化的政治理论依然是以德治为基础,仁是治之体,需要本仁以立治体,民主思想在他的思想中体现出来的是"仁以为体"的治化思想。这种民主包含"民有""民享""民治"三种内涵。"民有"指人人都有自由而互相友爱、扶助,它是民主的本质规定;"民享"指人人共同开发、享受社会利益,它是民主的标准;"民治"则指人人成为主人而共同治理天下,它是民主的保障。以德治来言说民主政治,使得熊先生认为中国传统文化中已经具有民主的根芽,六经的治化理论之中已有民主思想的端绪。"儒学本有民主思想,其变儒而为法亦甚易。"[①]为了实现儒学的现代性转换,熊先生将西方社会的自由民主与作为亚洲传统之一的儒学传统结合起来进行思考,这种思考方式的确值得我们以一种同情的态度加以对待。但是,这种思考范式无疑过分夸大了传统思想文化在当代社会与政治中的重要性。这种思想论调力图从古老的儒学传统中寻找民主的思想与价值。但事实证明,这样的寻找不仅忽略了儒学传统在过去时代发挥作用的时代背景,而且也将难以真正在传统儒学与现代民主之间架构起真正的桥梁。更为严重的是,这种寻找恰恰失却了儒学本有的真正思想价值。

此外,与熊先生的观点相一致,唐君毅(1909—1978)先生也认为,儒家虽无民主制度,但拥有最高的民主精神。刘述先先生也承认,儒家的终极理想与现代社会中的民主政治并不相互违背,我们可以向往一个既能够实施民主法治又能够创造精神文化,即政治民主化与文化创造均健全发展的未来。但是,刘述先先生更为强调的是,由传统民本思想到现代民主转变所必然遭逢的一些困难和问题,强调的是要改变政治是道德教化的延长这一传统政治观念,强调的是如何实现对现代个人主义、法治、人权等观念的合理吸收。[②]

作为当代新儒家的最富于哲学化和体系化的哲学家,牟宗三先生对

---

[①] 熊十力:《原儒》,载《熊十力全集》第6卷,武汉,湖北教育出版社2001年版,第373页。

[②] 刘述先先生有关儒家民本思想与现代民主政治之关系的论述,可参看其《从民本到民主》一文,参见景海峰编:《儒家思想与现代化:刘述先新儒学论著辑要》,北京:中国广播电视出版社1992年版,第17—40页。

儒学与现代民主的关系问题也十分感兴趣①。他的立场也是坚持儒学与民主的相容性。"牟先生提议以'曲通'的方式吸纳近代西方的民主制度。他的'良知坎陷'开出民主说，引起了许多误解与争议。其实他从来没有意思说，中国文化传统自己会产生出民主制度，而是力主向西方取经，把政治的领域由道德的领域独立出来。当然仁政的基础还是在'道德主体'，但'新外王'所取的是近代西方曲通的方式，不再是传统中国直贯的方式。"②牟宗三先生所提出的"良知自我坎陷说"，不仅是为了解决科学存在的问题，也是为了解决民主产生的问题。内圣必须开出的"新外王"即民主与科学，我们千万不能理解为从儒学传统内部可以开出民主政治与科学理论。牟宗三先生的理论实质，是想将现代民主政治制度与科学发展建立在一种道德的形而上学基础之上，是为了以儒学的道德价值理性形而上学来匡正现代民主政治与科学理性、技术理性，是为了避免民主政治万能与"科学一层论"。儒学的现代性，并不体现在其可以产生出一套科学与民主理论，而是要将传统的儒家内圣之学与科学、民主这些现代主题联系起来，从而实现儒学的现代性转型，实现传统儒学在现代的意义和价值的彰显。今日看来，这样的理论致思方向是正确的，并具有深远的学术价值与实践意义。当然，牟宗三先生为此而提出的直通或曲通理论，往往具有其思想自身的种种限制，而在强调内圣与新外王的关系以实现儒学现代性转换的同时，也往往忽视了儒学内圣与旧外王的关系问题。必须承认，在齐家、治国、平天下的旧外王事业中，依然可以开出儒学的现代性意义和价值。儒家君子人格与现代政治主体政治功能发挥之间的问题是非常值得研究的。但是，究竟如何以儒家道德传统来纠正民主政治之偏，如何以儒家道德传统在中国建立一种具有中国特色的民主政治，当代新儒家的确未能提出某种富有建设性的、可能的、具有实践操作意义的制度构想③。应当承认，中国传统儒家思想中并不存在民主思想，至多只能说是一种民主思想的萌芽。同时，

---

① 牟宗三先生的相关思想体现在《政道与治道》《历史哲学》《道德理想主义》《心体与性体》《中国哲学的特质》等著作中。
② 刘述先：《论儒家哲学的三个大时代》，第201页。
③ 例如，梁漱溟先生曾认为，中国没有出现科学与民主是源于没有西方那种"向前面要求"的开拓进取精神或人生态度。这种唯意志论的解释曾遭到了许多学者的批判。

也就更别奢谈什么拥有最高的民主精神了,因为我们得先搞清楚最高的民主精神究竟意谓如何这一棘手问题。

除了熊十力、唐君毅、牟宗三等当代新儒家学者之外,一些外国学者也坚持儒学支持民主的立场。例如,李约瑟在《四海之内:东方和西方的对话》一书中也认为,虽然中国的传统并没有受到希腊文化的任何影响,但是一种天生的民主气息却深深地含藏在中国文化之中。"我们可以断言:虽然在中国的历史传统中从来没有西方国家所说的那种'代议制'的民主政体,但是中国也决不是象有些人所想象的那样是一个纯粹的专制独裁的国家。中国是一个高度立宪化的国家(宪法是不成文的),是依靠风俗习尚进行统治的。现在所说的那种代议制度,由人民选举国家机构的成员,如州长、市长等等,这对中国人说来完全是新的东西。但是,我深信,在中国的传统中坚强的民主因素是一直存在的。"①此外,在郝大维、安乐哲提倡的社群主义民主思想中,儒学同样被认为具有与民主不相违背的一面,儒家追求个人尊严及人格独立完整,恰恰彰显了儒学与民主之间的积极联系。再有,弗朗西斯·福山也认为,科举考试选拔精英参政具有平等主义色彩;儒学重视教育是民主得以发展的必要条件;儒家在宗教与意识形态方面的宽容精神符合民主内涵。与政治儒学不同,体现个人伦理的生活儒学很显然不与现代民主相冲突。②布鲁克·A.阿克利(Brooke A. Ackerly)甚至认为,儒学强调性善论,这为人人参政提供了理论基础。政治的功能在于人的德性的培育和健全,儒学具有对德性培育机构、政府官员以及公民职责与行为的民主批评传统。③

在儒学与民主之关系的当代定位中,有相当一部分学者继续持有儒学支持民主的立场,他们或者认为儒学传统比西方传统优越(以蒋庆为代表),儒学传统中早已有民主,即儒学传统可以开出现代民主;或者认为儒学对于现代民主可以提供思想资源,即儒学传统与西方传统之间可

---

① 〔英〕李约瑟:《四海之内:东方和西方的对话》,劳陇译,第 54—55 页。

② Fukuyama, Confucianism and Democracy, *Journal of Democracy*, 6:2(1995), pp. 20-33.

③ Brooke A. Ackerly, Is liberalism the only way toward democracy? Confucianism and democracy, *Political Theory*, vol. 33, no. 4, Aug., 2005, pp. 547-576.

以实现调和,从而可以建构一套社群主义的民主模式而不是一套自由主义的民主模式,可以建构出一种贤能政治基础上的议会制(以贝淡宁为代表)。我们看到,学者们在做这样的思考过程中,往往将民主的普遍性与民主的特殊性结合起来进行思想,既体现了民主的全球性的普遍特质,又补之以具有地方性色彩的儒家文化资源。这种探究儒学与民主关系的路向,最终是为了形成一种所谓的儒家式的民主模式。① 上海交通大学国际与公共事务学院林冈的《中国对民主的长期求索》一书②,通过在中国儒家主义的政治传统与当代中国社会民主思想进行比较,从思想史上探讨了鸦片战争以来中国人民对于民主的认识和实践。此书尤其考察了改革开放以来中国民主制度建设过程,同时展望了这种民主制度的未来发展前景。

整体上来看,在持有儒学支持民主立场的当代学者中,更多的人是从儒家与民主相结合的角度来思考二者关联性的,即力图将传统儒家和现代西方民主二者的优点结合起来,以便建构出一种不同于西方现代民主的、可以与之相抗衡的儒家式民主,而不是如早期学者主要从论证儒

---

① 持有儒家与民主二者之间具有相容性的著述非常多。例如,李明辉的《儒学与现代意识》(台北:台大出版中心 2016 年增订版)、《当代儒学之自我转化》(台北:"中央研究院"中国文哲研究所 1994 年版)、《孟子重探》(台北:联经事业出版公司 2001 年版),陈祖为(Joseph Chan)的《民主与精英:儒家的视角》(Democracy and Meritocracy: Toward a Confucian Perspective, *Journal of Chinese Philosophy*, vol. 34, no. 2, 2007.),陈弘毅(Albert H. Y. Cheng)的《儒学与自由宪政民主是否相容?》(Is Confucianism Compatible With Liberal Constitutional Democracy?, *Journal of Chinese Philosophy*, vol. 34, no. 2, 2007, pp. 195-216.)。主张儒家与权利之间具有相容性的成果有:李承焕(Seung-hwan Lee)的《以儒家德性为基础的道德性存在权利概念吗?》("Was There a Concept of Rights in Confucian Virtue-based Morality?" *Journal of Chinese Philosophy*, vol. 19(1992), p. 241)、《自由权利或/和儒家德性?》("Liberal Rights or/and Confucian Virtues?", *Philosophy East & West*, vol.46(1996), P. 367),成中英(Chung-ying Cheng)的《将儒家德性转换成人权》(Transforming Confucian Virtues Into Human Rights, in Wm. Theodore de Bary and Tu Weiming(edited), *Confucianism and Human Rights*, New York: Columbia University Press, 1998, Chap. 7.)。

② Lin Gang, *China's Long Quest for Democracy*, Palgrave Macmillan, 2016.

家传统中具有与现代民主相一致的角度来思考二者关系的。① 也就是说,与早期新儒家学者更多是从西方的民主模式出发来谈民主的开出不同,即更多的是言说存在民主种子的儒家传统该如何开出民主不同,当代学者不是将理论的中心点放在儒学与民主之间存在相容性的论证方面,而是力图提出一套不仅理论上合理而且在现实上可以实践的儒家式民主模式来。当然,在进行儒家式民主模式的阐发过程中,学者们的立论角度是不同的,因此得出的观点也便有了不同。

有的学者将美国实用主义与儒学联系起来,从而提倡建立一种区别于西方自由民主模式的儒家式民主模式。例如,对于儒家与民主二者之间的联姻,郝大维与安乐哲完全持赞同立场。他们以杜威实用主义思想为基础而主张一种儒家民主模式或民主的儒学模式,并认为这是一种基于社群社会的儒家民主模式。在他们看来,传统儒学虽然在孤立少数民族、性别歧视以及对法治的整体淡漠等方面存在缺点,但是在儒学传统中又的确存在可以利用的政治思想资源。他们通过考察作为儒家模式基础的个人(individual)、共同体(community)和人权(human rights),认为基于社群主义基础上的儒家式民主可以克服西方以个人主义和权利为基础的自由主义的种种弊端。"在儒学传统内仍有不少可资利用的东西,可以借以构建一个有活力、充满人情味、有条理的民主模式。这个民主模式一方面可以与传统中国的社群主义意识相吻合,另一方面又可以避免建立在权利基础之上的自由主义的许多弊端。"②这种对于儒学与民主关系的看法,显然更多的是从二者的一致性角度来分析的。但是,这种理解视角背后的思想限制也是非常明显的。对此,我们后面还会详

---

① 邓小军的《儒家思想与民主思想的逻辑结合》(成都:四川人民出版社 1995年版),陈素芬的《儒家民主:杜威式重建》(吴万伟译,北京:中国人民大学出版社 2014 年版),贝淡宁(丹尼尔·贝)的《社群主义及其批评者》(李琨译,北京:生活·读书·新知三联书店 2002 年版)、《超越自由民主》(李万全译,上海:上海三联书店 2009 年版)、《中国新儒家》(吴万伟译,上海:上海三联书店 2010 年版)、《东方遭遇西方》(孔新峰、张言亮译,上海:上海三联书店 2011 年版)、《贤能政治:为什么尚贤制比选举民主制更适合中国》(吴万伟译,北京:中信出版集团股分有限公司 2016 年版),均是持有这种立场的代表作品。

② 〔美〕郝大维、安乐哲:《先贤的民主:杜威、孔子与中国民主之希望》,何刚强译,南京:江苏人民出版社 2010 年版,第 10 页。

细展开论述。

除了郝大维、安乐哲之外,新加坡管理大学社会科学学院哲学教授陈素芬(Sora-hoon Tan),也依据杜威有关民治政府的本质、民主参与所需要的条件、合作探究的方式等相关思想,以社群主义视角将杜威的实用主义与儒家思想结合起来,从而认为儒家与杜威实用主义在社会个体、和谐共同体、自由民主等方面,均可以提供一种不同于西方主流自由民主政治哲学的伦理——政治秩序理想。"儒家民主是儒家社会能够为未来提供的另一种选择,既不是向西方自由民主投降的历史的终结也不是西方文明和儒家文明的冲突,而是既不同于西方自由民主又能与其他文明和平共处的新选择。"①儒家民主不仅不会与西方自由民主相冲突,反而会成为与这种西方自由民主模式相竞争的另一种政治哲学理想。儒家民主,是一种建立在具有内在社会性的个体概念基础上的民主,这种民主承诺要建立一种和谐共同体,在其中每个人都能够根据自身的能力、需要和参与而为之做出自己的贡献,同时也会从这一共同体中受益。于是,儒家民主便被陈素芬视为一种可以确保民享政府的最好方法。除了陈素芬之外,日本九州大学语言与文化学院的肖恩·奥德怀尔(Shaun O'Dwyer),也主张儒学与民主是相容的,他也是依据杜威实用主义民主思想,而提倡一种不同于贝淡宁的对于社群主义民主的工具性证明,并认为在受儒家道德传统影响的社会更适合一种更为社群主义的民主实践形式。②

除了从实用主义哲学的角度来探讨儒学与民主之间的关系之外,有的学者是基于社群主义的角度来提倡建构一种儒家式的民主模式。例如,贝淡宁站在一种社群主义的立场,主张我们都是植根于自己生存于其中的社会的动物,因此我们不能站在高度的个人主义立场来思考政治哲学的问题,不能从抽象的个人以及他们的需要、利益和道德要求出发来寻找一些普遍适用的政治原则,而是应当将关注的重点放在如何理解同一社群中的共同政治理念问题上来。"必须将我们的生活经验与社群

---

① 〔新加坡〕陈素芬:《儒家民主:杜威式重建》,吴万伟译,北京:中国人民大学出版社2014年版,第239页。

② Shaun O'Dwyer, Democracy and Confucian Values, *Philosophy East and West*, Vol. 53, No. 1, Jan., 2003, pp. 39-63.

的利益结合起来,因为这些社群构成了我们属性的一部分。"①尤其是在我们临死之前,会更加珍视具有构成性的社群,这种构成性的社群包括地区性社群、记忆性社群以及心理性社群三种。

有的学者从一种致善主义的角度提出建构一种儒家式的民主模式。香港大学政治与公共行政系陈祖为(Joseph Chan,1960—  )教授,主要研究领域为儒家政治哲学、当代自由主义与致善主义、公民社会等②。自从1996年开始撰写《当代中国的儒家人权观》一文后,陈祖为便开始正式撰写与儒家相关的著述。他站在不反对现代而是如何面对现代的立场,认同港台新儒家所强调的中国文化要与西方文化相结合的理论立场,但是不同意全面接受西方政治制度背后的全部价值,而是主张将儒家思想价值与西方政治中的自由民主制度相结合。同时,陈祖为也认为,自由、民主、人权这些西方价值并不能从儒家思想里找到,因此他不同意港台新儒家们认为传统儒家文化里已经有所谓民主思想种子的说法。而且,他认为,儒家所排除的是以个人的主权或个人的拥有权来讲自由和主权在民,以道德原则而不是以制度原则来理解政治上的平等,以及以权利为基础的政治哲学的方法等。他也同意儒家思想并不会排斥所有的自由、民主与权利价值,因而可以与自由民主制度相融合。例如,虽然我们可以接受民主制度本身,但是可以用儒家本身所具有的执政为民理念和执政要获得民心,来取代西方"主权在民"的说法。陈祖为将儒家政治权威基础的这两个理念概括为"服务概念"(service conception)和"互信关系"(mutual commitment)。

可见,陈祖为的研究是力图达到传统儒学的精神价值与现代制度和

---

① 〔美〕丹尼尔·贝尔(贝淡宁):《社群主义及其批评者》,李琨译,北京:生活·读书·新知三联书店2002年版,"引言",第19页。

② 其有关儒家宪政的相关思想论述,还可参看其《儒家致善主义》(Confucian Perfectionism:A Political Philosophy for Modern Times,Princeton University Press,2013.《儒家致善主义:现代政治哲学重构》,香港:商务印书馆(香港)有限公司2019年版)一书,以及《当代中国的儒家人权观》(A Confucian Perspective on Human Rights for Contemporary China,Joanne R. Bauer,Daniel A. Bell(edited),The East Asian Challenge for Human Rights,Cambridge University Press,1999.)、《民主与精英:儒家的视角》(Democracy and meritocracy:toward a Confucian perspective,Journal of Chinese Philosophy,2007,34(2):179-193)等文章。

价值相对平衡的一种现代性,因此,在民主政治制度与贤能政治制度的比较中,虽然他认为应当从理想情况(最好的情况)、现实情况(一般的情况)和最坏的情况这些不同情形中来进行比较,但是他所赞同的是吸收儒家贤能因素的一种民主制度,即以民主为基础而辅之以儒家的理想。陈祖为所赞同的这种制度模式,实质上是一种西体中用,以西方的民主制度为体,以中国儒家贤能政治为辅。于是,儒家政治伦理对于西方的自由民主制度只能起到一种补充和修改的作用了。例如,以儒家的责任伦理来修订西方以权利为基础的民主制度,以儒家的公民道德教育来化解西方民主制度中的冲突。陈祖为所设想的这种政治制度模式,从整体上来看,折中与理性的色彩还是浓厚了一些。单就民主政治制度而言,我们既可以吸收西方的一套,但决不排除因地制宜从自己原本没有的文化系统中建构出一套适合自己的民主制度体系来。再有,这种儒家政治制度模式,实际上是将西方自由民主制度与政治伦理价值杂糅在一起,但是制度和价值如何才能够在现实政治运行中得到实现或落实呢?此处的政治制度模式是否存在"两张皮"的嫌疑呢?最后,西方民主政治制度自身也存在诸多的问题,这些问题难以通过自身来加以解决,难道便可以通过诉诸异域文化的儒家思想来加以解决吗?解铃还须系铃人,西方民主政治制度的问题客观存在及难以解决,都表明了以此制度为基础的任何一种缝缝补补的、换汤不换药的改变,都不是一种理想与现实中的合理政治制度模式建构策略。

既然辅之以儒家贤能政治智慧的自由民主制度是一种非常好的政治制度模式,那么是不是所有的国家都要实行这种民主呢?对此,陈祖为明确提供了一种否定性的回答。因为在他看来,这种民主制度的实行需要诸多的条件,如经济上的发展、教育与公民素质的发展、管理制度与国家管理的能力、社会存在的矛盾不要太大、政治文化上的包容精神。应当承认,这些民主制度实行的条件的提出,显然难以解释不是所有国家都要实行民主这一问题。第一,陈祖为所提供的这些民主制实现的条件并不是充分的,这些条件足够充足吗?完全满足这些条件的中国传统社会有好多个时期,但是显然那时的中国社会并不是民主制社会。第二,自由民主制度实行的诸多条件,往往是需要自由民主制度本身来作为基础的。一方面说自由民主制度的实行需要这些条件,一方面这些条件又需要民主制度来作为基础,这是不是一种思想上的循环论证呢?即使权宜地以传统与现代社会的区分来言说现代社会民主制度的实行需要这些条件是必需的,也难以真正摆脱这一悖论。因为,民主制度与民主制度的条件并不是以谁为基础的问题,二者也许是相互生成与成就的,处于一种你中有我、我中有你的若即若离的关系。

陈祖为不仅仅提出了一种儒家思想修补后的理想的民主政治制度模式、实行这种制度的种种条件,而且他还设计出了具体的政治模式实施方案。比如在民主政治制度的运行中实行所谓的两院制。下议院是由民主选举产生的,上议院是由推荐和挑选出来的贤能人士组成的。上议院的设计源于两个前提,现实社会中毕竟不是人人有文化,并非都是贤能之士;二是资深的有政绩的具有通才的政治贤能人士,需要伯乐的存在,这包括他们的同事和自己人,为他们服务的行政官僚和秘书,跑政治、跑公务线的记者。很显然,陈祖为的政治设计方案确实与其理想的政治制度理念相一致,体现了儒家修补后的西方民主制度理念。但是,随着这种政治制度模式变得更加具体化,其背后所彰显出来的问题就更大和更明显了。这种由两院制来支撑的民主制度真的可行吗?到底谁才是贤能之士呢?"贤"就是你是公正的,你个人比较有开明的态度接受不同的意见,有原则,也有责任感。"能"就是对一般的公共事务的掌握能力,具备思考的能力,清楚、准确和到位的表达能力等。这些能力表达的都是一些"共性"(generic qualities)的东西。"贤"与"能"果真是此处所规定的内涵吗?公正、开明、有原则和责任感对于一个贤人就足够了吗?即便参照这些标准,我们该如何区分出贤人呢?"能"指的即掌握公共事务的能力、具备思考的能力、表达的能力吗?"贤"与"能"难道不是一个历史性的概念吗?难道不是因时代的发展而有所变化的东西吗?抛开何谓贤能的标准不谈,我们该如何发现它们?难道是通过贤能之士的同事和为其服务的行政官僚和秘书,跑政治与公务线的记者吗?这样的伯乐范围是否有些过于狭窄而未能体现民主精神本身?我们难道不可以在大数据的时代依靠科技的力量来参与贤能人士的选拔吗?

再有,将资深的有政绩的通才政治专家定位为政治贤能人士,是不是忽视了那些不具备资深资格的青年才俊呢?"资深"如何来决定呢?是靠时间?"有政绩"如何评判呢?因为有些政绩是无法量化的,有些有政绩的人并不适合作为贤能人士。"通才"确实是所需要的贤能之士,但是在今天专业化分工日益加剧的当代社会,难道不更需要一些专家式的贤能之士吗?可见,儒学与西方民主制的联姻,无论是在基本理念,还是在实现条件和具体实践模式设计上,都存在种种的思想难局。①

以上便是众多学者所坚持的儒学支持民主这一立场。那么,该如何评价这一普遍性的立场呢? 一方面,我们需要承认,儒学与现代意义上的民主本身还存在众多不一致的地方,如何深刻揭露并进而进行批判性地研究,也应当是思考儒学与民主关系时不可缺少的一环。否则的话,便会过高估计儒学在民主化历程中的作用。"我们的文化视角要求我们探究与中国有关的民主制度的价值所在,而这种价值可能从其自身的文化基础之中被找到,而且与那些源于别国文化的种种价值格格不入。"② 当代中国的中国特色社会主义民主制度,恰恰以现实否认了这种将儒学与民主过分联姻的做法。当代中国特色社会主义民主制度或模式,当然与中华优秀传统文化尤其是儒家文化具有联系,但更直接和密切的关联对象则是中国文化传统之外的马克思主义思想传统,而且这种民主制度或模式也与其他文化之间存在交流互鉴的关系,而绝对不是格格不入的关系。

另一方面,上述有关儒学与民主的理解视角,依然是从西方出发的,即与欧洲中心论(Eurocentrism)不同的美国实用主义中心论。"不管儒学和实用主义如何继续各有千秋,在它们的核心信仰中,存在充分的能产生积极作用的重叠部分;在它们对各自文化与外界的责任感中,也存在充足的共同性。因此,两者的真正联姻是有可能的。在这样一种联姻中,每一方的意识都能加强另一方,由此引导世界沿着一条至少要稍微美好一些的道路行进。"③以美国实用主义来建构起儒学与民主的联系,这实际上依然是采取西方中心论的视角来诠释儒学与民主的关系。在郝大维与安乐哲看来,美国实用主义与中国儒学之间至少存在六个方面

---

① 与此论述相关的著述有:唐君毅的《中西社会人文与民主精神》《民主理想之实践与客观价值意识》(见《人文精神之重建》)、《儒家政治思想的构造及其转进》《儒家政治思想与民主自由人权》(见《学术与政治之间》)、《中国人文精神之发展》等,徐复观的《儒家思想与现代社会》,张君劢的《儒家哲学之复兴》《中华民国民主宪法十讲》《政制与法制》,梁漱溟的《东西文化及其哲学》,以及张岱年、程宜山的《中国文化与文化论争》(北京:中国人民大学出版社 1990 年版,第 93—115 页)等。

② 〔美〕郝大维、安乐哲:《先贤的民主:杜威、孔子与中国民主之希望》,何刚强译,第 11 页。

③ 同上书,第 92 页。

的共同点。实用主义与儒学都拒绝与欧洲启蒙运动相联系的本质主义,都是一种社会接触交往的哲学即社群主义的哲学,都强调自我教化(self cultivation),都强调政治上的谏议,都注重习惯、风俗与传统,都有各自的民主视野。① "中国能够更富有成效地转向其自己的传统过去,并最终转向诸如西方的实用主义这样的知识运动,以帮助自己解决伴随它进入现代世界而来的各种紧张关系、冲突和矛盾。"②难道美国实用主义真的可以解决中国进入现代世界而面临的各种关系、冲突和矛盾吗?20世纪之初,美国实用主义在中国的水土不服,无力解决中国的实际问题,已经以铁的历史事实证明了这种基于实用主义基础上的儒学与民主的联姻,只能是一种奇思妙想和美好的愿景,但实际上对于中国现代性问题的解决是于事无补的。

从消极意义上来讲,儒学当然开不出现代民主来。但是,从积极的意义上来讲,难道就可以利用儒学中积极的政治原则和理念来建立一种儒家式的民主政治,从而实现政治人与伦理人的结合,以便以一种价值理性来建构一种真正的民主精神吗?

## 二、儒学化的民主模式及其限制

事实上,一些学者不仅仅提出儒学与民主之间是相容的,他们还进一步具体探讨了儒学与民主相容之后到底能够提供一种什么样的区别于西方自由民主模式的政治哲学系统。

就民主本身而言,到底何谓民主?回答这一问题显然是极其复杂的。民主到底是一种思想抑或一种制度?如果民主主要指的是一套制度,那么中国传统儒家社会是没有民主可言的。如果民主主要指的是一种思想,民主在中国传统社会中便存在吗?民主到底是一种规范性概念,还是一种功能性概念?民主理念的进步价值到底体现在哪里?民主制度背后的问题又有哪些?对于这些问题,很显然不是能够从某种抽象的人性论、价值论或者形而上学(本体论)的角度予以解决的。就民主

---

① 关于实用主义与儒学的这六点联系,具体参见〔美〕郝大维、安乐哲:《先贤的民主:杜威、孔子与中国民主之希望》,何刚强译,第83—92页。
② 〔美〕郝大维、安乐哲:《先贤的民主:杜威、孔子与中国民主之希望》,何刚强译,第27页。

的类型而言,我们既可以将其分为选举型民主、协商型民主、精英型民主,亦可以将其划分为规范型民主与程序型民主两类。规范型民主是从规范性的价值论立场将民主与人民当家作主联系起来,程序型民主是从经验性的角度将民主看作是一套可以客观衡量的操作程序。

除了民主的含义和类型的规定是十分复杂的问题之外,民主到底是否一种普世的价值也是学者们争论的问题之一。有的学者直接否认民主是一种普世的价值。例如,方朝晖便认为,民主制与君主制一样也是特定社会历史条件下出现的一种社会制度,它绝不是超越一切历史时代和民族国家文化差异而普遍有效的政治制度。甚至是在当代社会条件下,民主制也不是普遍有效的。"儒学与民主关系中的理解误区主要在于:忽视民主只是人类社会特定历史条件下的特定政治制度安排,不知其在公民社会的合理性与君主制度在古代宗法制度下的合理性程度大致相当;从一种抽象人性论的角度来理解民主产生的原因,不自觉地预设了民主是普遍适用于人类一切时代的、最理想的政治制度,认为民主就是人民主权或人民当家作主,是最大限度地体现人的尊严的方式,并构造了民主/专制二元对立的人为神话。"①他认为,与以修德、尊贤为特征的精英政治或贤能政治相比,以党争和大众政治为特征的民主政治并不是一种有效的政治模式。他进而主张,"并不是所有现代民族国家都应以民主为核心价值,而儒家的贤能或精英政治理想仍可能是未来中国政治文化的基石"②,于是重新定位儒家在民主时代的功能,便不是如何与民主相结合的问题,而是与其根深蒂固的问题做斗争。"儒学与民主关系研究的前提之一就是假定民主已成为现代社会不可避免的趋势之下如何让儒学发挥作用来抵制民主的消极后果,以及认清中国文化的习性对于民主政治之实行所可能有的消极影响和负面障碍。"③顺此而言,儒学在今天便也没有什么必要去拥抱民主制,而是以批判的态度来诊治民主所带来的现代社会的大众化、庸俗化、从众效应、平均化倾向等一些主要弊端。

---

① 方朝晖:《文明的毁灭与新生:儒学与中国现代性研究》,第107页。
② 同上书,第104页。
③ 同上书,第183页。

对此,我们当然同意民主制不是伴随人类全部发展史而存在的一种政治制度模式,它也的确是现代社会历史条件下的产物。但是,自从这种制度诞生以来,它便成为现代社会之所以为现代的社会而不是传统的社会的基本标志之一,它绝不是像君主制一样的东西。因此,我们不能否定其普遍适用的一面。民主制是对应专制而言的,现代社会区别于传统社会的一个重要标志便是非专制。民主与专制二分并不是现代人人为制造出来的神话,这种思维方式的精神实质也并不在于将民主作为衡量一切制度进步与否的价值准绳,也绝非将民主制看作是超越了一切具体的历史处境而普遍有效的政治制度。任何一个步入现代社会的民族国家,都难免要以民主作为自身现代性的不可缺少的一部分。毫无疑问,民主确实是现代民族国家必须坚守的一种核心的全球共同价值观。民主制本身标识了现代社会的基本特征,但这并不是说民主制是现代社会中一种完满的政治制度。民主制自然有其缺陷,不过,我们绝不能以民主制有缺陷而看不到这一政治制度的众多优点,想必言论自由、政治透明、人民参政、公平竞争等这些优点也是大家所认同的。民主制作为一种政治制度,也是处于不断完善和发展之中的制度,其成熟需要漫长的历程,就如同君主制经历了漫长的历史发展一样。如果认识不到这一点,显然是一种思想上的偏见。既然不否认精英政治有众多的缺陷,如选拔精英或贤能的现实操作性不强,可能导致专制和腐败的集权制,大众的权利、自由和尊严易于被剥夺,社会参与度不高,公平公开透明的竞争不够等,那么,又如何以精英政治来校正自由民主制所具有的根深蒂固的问题呢?既然儒学和民主之间的关系不是理论而是实际上如何结合的问题,那么势必存在精英政治与民主制在实践层面到底通过何种程序、何种手段来实现有机结合的问题。强调以人情为基础来制定的礼节规矩,而不是以规章和制度来规范和约束人们的行为,虽然避免了硬性的、没有人情味的法度,可又如何避免人情大于法律、对策胜于政策、人脉胜过能力等这些与现代性政治不相符合的历史顽疾呢?

此外,民主制也有许多模式,以党争和大众运动为特色的政治并不是唯一的民主制模式,以个人自由为中心和出发点的民主制与以社群为中心和出发点的民主制也不同,以全过程人民民主为本质属性的中国式的人民民主即是不同于此的一种具有自身特色的民主政治模式,尤其是其中的基层群众自治形式。我们承认,在现代社会,民主化既是一种浪潮,也是一种具有多样化的政治运行制度。在追寻现代性的中国社会里,需要一种中国式而非西方式的民主是毫无疑问的。"一个民主化的全球化形式的实现,其希望很大程度上存在于这样一种可能性:亚洲——主要是中国——将能够提供文化价值观和典章制度,而且这些价值观和典章制度足以对世界的其余部分产生吸引力,以弱化在全球化进程中西方的支配地位。"①虽然我们在此强调一种中国式的民主,但是这种民主模式是一种人民民主,而绝对不是一种先贤式的民主。儒家的贤能或精英政治理想确实与人民民主模式不同,其在当代中国社会的具体操作确实存在困难。究竟如何判定一些人为贤能之士或文化精英?究竟如何通过发挥儒学在道德教化和精英示范方面的功能来对治民主制度的限制,以便抵制民主制所可能带来的根深蒂固的社会问题呢?正如方朝晖所言,改造的具体方案是无法预测的,也没有必要预测。可是,对此真的没有必要预测吗?一种不能对之进行预测的、改造和完善民主制的儒家精英政治,究竟有多少存在的价值呢?现代社会治理的极其复杂性与多元性,单靠所谓的儒家式的贤能或精英政治便可以处理吗?儒学"三纲"精神难道真的可以成为中国未来推行民主政治必不可少的思想资源和前提条件?其对于民主化实践难道依然有意义?换句话说,修德、任贤比制度更重要?到底是精英统治还是人民统治?人民主权与政治平等,难道不是现代社会应当坚守的民主底线?将"三纲"的精神实质归结为以大局为重、从国家民族大义出发、从做人的良知和道义出发,这是否符合"三纲"本义?试想,如果没有大众的广泛参与,一个有效的和充满活力的现代治理究竟何以可能?纯粹的精英政治与纯粹的大众政治都是一种极端的政治,也许在二者之间寻求一种中道,可能会更符合儒家政治哲学的精神实质。

我们赞同,在思考一个国家和民族在政治上拥有现代性这一问题时,多重现代性理论要求我们万万不能以西方开创的民主模式作为唯一的模式。尽管民主已经成为现代性的重要组成部分,民主也成为现代人日常生活方式的一部分,但是究竟采取哪一条具有自身特色的民主模式,则取决于该民族和国家自身的独特文化传统。例如,在东亚受儒家

---

① 〔美〕郝大维、安乐哲:《先贤的民主:杜威、孔子与中国民主之希望》,何刚强译,南京:江苏人民出版社 2010 年版,第 7 页。

政治深深影响的国家,它们的民主模式往往存在权威主义、社群主义的因子。"要想在东亚塑造民主,就不能依赖那种抽象而且非历史(unhistorical)的普遍主义,西方的自由民主主义者就经常在这个问题上栽跟头。相反,东亚的民主只能从内部建成,经由东亚人民自身在日常道德与政治争论中使用的特定事例与论争策略加以实现。"①

可以说,在寻求将一国自身传统的文化与现代民主结合起来的政治模式过程中,不同的学者提出了五彩斑斓的论说。其中甚嚣尘上的一种看法是,中国的民主制应当采取两院制,上议院是由那些通过公平公开的竞争性考试而选拔出来的士大夫构成的贤士院(house of scholars)或学者院(parliament of scholars),下议院则是由民主选举出来的代表构成的。② 这种所谓的二院制的议会制难道真的会适合中国吗?这种两院制实际上是将中国的"贤者政治"与西方的"多数政治"杂糅的一个产物。早在梁漱溟先生那里,便已经提出一种调和法治与人治、人治与民治的所谓"人治的多数政治"或"多数政治的人治"。"政治上的分别,不外多数政治与少数政治,我们现在的这种尊尚贤智,多数人受其领导的政治,自一方面看,的的确确是多数政治,因多数是主动,而非被动;但同时又是人治而非法治,因不以死板的法为最高,而以活的高明的人为最高。"③这种因将两种政治杂糅在一起而产生的所谓两院制说法,其背后必然存在重重的思想困局。下议院及由贤士构成的上议院究竟如何产生?任何以考试来进行的选拔都存在其自身的限制,即使我们采纳考试的方式来选拔所谓的贤士,难道不同年龄段的人在是否符合贤士称谓上存在很大的不同吗?一个涉世不深的年轻人与一个饱经风霜的老者,显然不可相提并论。贤士不仅仅体现在专业技术能力方面,更重要的是具有肩负天下与社会责任和使命的良好德性,而德性的标准却很难通过一次考试来体现。即便是由所谓的民主选举而组成的下议院,其真正实践

---

① 〔加拿大〕贝淡宁:《东方遭遇西方》,孔新峰、张言亮译,上海:上海三联书店2011年版,第12页。

② 有关中国两院制的探讨,可参看〔加拿大〕贝淡宁:《东方遭遇西方》一书的第5章"有中国特色的民主:一项政治提议"。在此章中,作者通过虚拟的北京大学王教授与美国人权与民主国家基金的东亚项目官员山姆·德谟之间充满睿识的对话,具体思考了在中国实行由贤士院(上院)和下院构成的政治制度的可行性。

③ 梁漱溟:《乡村建设理论》,《梁漱溟全集》第2卷,第292—293页。

起来也困难重重。十四亿多人的中国如果采取西方一人一票的选举方式,难道真的可行吗?单不说选举要求选举人具备良好的政治素养和知识水平,就是十四亿人背后所涉及的众多不同的利益诉求,其选举出来的代表势必成为不同利益群体的代表,当他们成为政治主宰者的时候,国家将很快因利益的不同与冲突而陷入四分五裂,更何况不同的民族利益的差异会对这种分离起到推波助澜的作用呢?退一步讲,即使两院真的构成了,那究竟是贤士院的权力大,还是民主选举出来的下议院的权力大呢?由贤士院所体现的人治与下议院所体现的法治,二者究竟该如何协调一致呢?人治毕竟不同于法治,到底应该是采取依法治国还是以人治国?

应当承认,儒学中的确包含了与民主同质的成分,如在政治实践上的问责传统,提出不同意见的直谏传统,以及平等与群体意识等,因此儒学与民主并不相违背。因此,有如牟宗三先生等人所认为的那样,虽在儒家思想传统中有民主精神,但其并未开出一套具有现代意义的民主政治与制度。于是,他本人才煞费苦心地探讨如何在中国传统中开出"新外王"的问题,不管问题的解决是采取"直通"还是"曲通"的方式。今天我们如何能够指出儒家政治思想背后与民主相悖的方面,并对中国过去未出现民主政治的原因进行恰切的分析,都是在思考儒学与民主关系时有必要考量的问题。今日观之,这种分析是十分具有理论意义和实践意义的。于是,我们探讨问题的中心,不应当放在中国古代为何没有出现民主,怎样开出民主的问题,以及在中国文化中如何与民主政治的消极后果做斗争这些问题上。

也就是说,在思考儒学与民主关系问题的时候,万万不能忽视中国社会迫切需要的是如何建构本来未能产生的民主政治的问题。我们思考的重心不应当放在如何从本来没有民主的传统中开出民主来,甚至是如何纠偏民主政治的消极后果这样一些问题上。民主政治本身是迄今为止人类建构的一种好的政治制度。我们当然需要建立起这样一种现代社会所需要的制度模式。当然,正如上文所言,这绝不是说只有一种西方式的民主政治,这种类型的民主政治今天正日益突显出来自身的种种限制。我们认为,任何一个现代的民族国家都应当结合自身的国情,来建构一种适合自身发展的民主政治模式,也许这样一种不是雷同而是具有特色、具有创新的民主政治模式,才能避免西方业已展开的民主政治的种种消极后果。换句话讲,并非以个人为本位的西方文化才适合于民主政治,而中国的集体主义文化便不适合于民主政治。适合不适合、应当不应当推行民主政治,不是看其是否建立在个人本位还是集体至上的基础上,而是看其是否认同民主政治是现代人类社会管理和运行的一个更为合理的方案,是一个国家和社会由传统走向现代、由愚昧走向文明、由迷信走向科学借以依靠的现代治理模式。

应当承认,将儒家思想与民主政治结合起来是有必要的,儒家思想研究的主要任务,绝不是站在民主政治的外围以一种不同于民主政治的他者的身份来纠偏民主政治的消极后果。相反,儒家思想会成为有中国特色的民主政治的内在有机组成部分,从而来实现民主政治在中国的自我纠偏功能。另外,我们在民主政治的问题上一定不能采取一种理想化的评判标准,如果以这样的标准来审视民主政治,它当然有许多问题。但是,我们不要忘记,民主政治自身也具有一个不断随着人类社会现代与后现代生活的延续而不断得到发展和完善的历程,这一点已经从民主政治自诞生以来所取得的巨大成就中得到了明证。一句话,现代民主政治确实是人类政治文明的一个伟大成果。

在某种程度上,我们并不反对探讨中国过去未能产生民主政治这一问题,而只是反对借着对这一问题的探讨来过分批判现代民主本身,重新步入因过分强调传统意义而产生的复古主义之中。反思文化传统为何未能产生现代民主制,这确实是一个十分有意义和必要的问题。既然我们承认民主与科学是现代文明的基本要素,那么,我们便理应承认,去追问中国古代为什么没有出现科学和民主便不是毫无意义之举。恰恰相反,只有追问清楚,找到病根,才可以开出有用的良方。尽管科学乃至民主都是在特定西方社会历史条件下产生的,都是相对于特定的社会历史条件而言的,但西方出现科学与民主,绝不是什么历史偶然的产物,不是一种特定历史与环境的产物,它们实际上是西方社会历史发展到一定阶段的必然产物,是西方社会长期存在的思辨理性精神和市民社会兴起与发达的必然产物。以思维方式来总结科学与民主未在近代中国诞生,显然是有重大的理论与实践意义的。自从现代民主理念诞生以来,它便理所当然成为现代性的基本方面。尽管对于到底应当采取何种具体的民主模式或类型这一问题,不同学者之间还存在争论,但是,就民主本身对现当代社会的意义而言,我们却不应当对其提出疑义。民主对所有现代社会、现代民族、现代国家、现代文化都具有普遍性的价值。

于是,当代新儒家努力的主要方向之一,便不是体现在与民主政治的不良现象进行斗争上,不是提出公天下、为政以德、为政以礼、任贤使能、三纲五常、移风易俗、正名等用于指导政治运作的法则上①,而是反思儒家传统未能开出民主政治的根由,揭露儒家政治传统的种种局限性或缺陷,论证民主政治制度的合法性,以及积极面对和吸收民主政治给我们带来的积极成就。相当一部分当代新儒家学者,正因此而花费了相当大的精力回答这些问题。他们思考这一问题的独特性是:不是从阶级分析与社会结构的立场出发,而是以传统儒家思维方式视角来审视儒学未能开出民主的主要原因。

以上是关于儒学与自由及民主关系的论述,通过这些论述,可知儒学与自由、儒学与民主之间关系的讨论充满了复杂性,但是这种复杂性不会影响今后相当长时期内学者们对于这些问题探讨的持续性热情。接下来,将把理论探讨的视野转向儒学与宪政的关系问题上,即从宪政的角度进一步审视儒学与民主之间的关系问题。关于这一关系问题的探讨,近些年来持续成为思考儒家政治哲学的一个热点问题。探讨儒学与宪政之关系的问题,构成了本章第三节的内容。

---

① 熊十力在《原儒》(1956)中便阐发了所谓"公天下"思想。近来,关于"天下"制度的研究,还有赵汀阳的《天下的当代性:世界秩序的实践与想象》(北京:中信出版社 2016 年版),此书深入探寻了中国古代自周朝以来"天下"制度的内涵、外延和实践,并力图从政治哲学的角度挖掘其在当前世界现实中的价值,以期在未来世界建立一个以共在为原则的世界存在秩序。相关的著述还有:甘怀真编:《东亚历史上的天下与中国概念》,台北:台大出版中心 2007 年版。陈廷湘、周鼎:《天下·世界·国家:近代中国对外观念演变史论》,上海:上海三联书店 2008 年版。赵汀阳:《天下体系:世界制度哲学导论》,北京:中国人民大学出版社 2011 年版。许纪霖、刘擎主编:《新天下主义》,上海:上海人民出版社 2015 年版。王永平:《从"天下"到"世界":汉唐时期的中国与世界》,北京:中国社会科学出版社 2015 年版。许纪霖:《家国天下:现代中国的个人、国家与世界认同》,上海:上海人民出版社 2017 年版。〔美〕埃里克·沃格林:《天下时代:秩序与历史(卷四)》,叶颖译,南京:译林出版社 2018 年版。蔡东杰:《中华帝国:传统天下观与当代世界秩序》,台北:暖暖书屋文化事业股份有限公司 2019 年版。

## 第三节 儒家宪政主义及其限制

20世纪初以来,中国面临的一个时代问题便是如何实现救亡图存与民族复兴。中国社会于是进入了如何摆脱传统社会而步入现代社会的一个新的历史发展时期。众所周知,由于儒学与传统社会长期保持着密切关系,因此随着传统社会在现代的解体,儒家思想与文化也遭遇了前所未有的挑战和危机。这期间虽然有梁漱溟、熊十力等人开启的所谓新儒家思潮,但是儒学在社会中的地位已经不可与昔日同语。然而,随着中国改革开放之后经济腾飞所带来的整体性大发展,随着深受儒家文化影响的东亚地区出现的长期繁荣发展,儒家文化渐渐重新成为人们思考问题的一个核心,而且在中国社会长期以来出现了对于儒家传统文化价值与生活的当代转向。各地国学学院、孔子研究院纷纷建立起来,各种与儒学研究相关的会议及著述大量涌现。尤其是21世纪之始,儒学在学术上大有全球化与国际化的势头,许多以英文为主的外文著作的出版,即是一个明显的证明。

整体上来看,以民族性、现代性为主题的有关儒学的创造性转换和创新性发展的研究,长期以来一直是学术界持续关注的热点。因此,如何在当代重塑或重新发现儒学的意义和价值,便成为学术界争相研究的对象。在这些研究当中,一些学者往往是将儒家与宪政主义传统联系起来作为自己的致思方向。他们的政治儒学是围绕如下一些问题展开的:儒家政治哲学是"皮之不存,毛将焉附",还是"潜龙在渊,大有可为"?儒家思想中到底有没有自己的自由与民主思想?儒家是完全吸收西方所有政治制度的价值,还是只吸收其中的某一个方面?如果需要吸收西方政治制度的价值,我们又该如何对其加以吸收呢?相当数量的学者对这些问题的回答,往往是从儒学与宪政之关系的角度加以展开的。

众所周知,通过将儒学与宪政联系起来思考儒家政治哲学,以展现儒学在现当代的意义和价值的做法,早在中国近代时期便已经存在。例如,以康有为与张君劢为代表的儒宪说即是代表。在当代中国思想界,则有蒋庆、姚中秋、任锋、白彤东、干春松等人为代表的儒家宪政主义国家说法。有的学者甚至具体地提出了所谓的儒家宪政主义的"三院制"或"两院制"的具体操作方案。今天,我们首先应当正视这种对于儒学当代意义和价值的宪政主义诠释路径,只有如此,才既能够洞悉这种诠释背后的种种思想限制,也能够对于儒学与民主之间的所谓联姻进行批判性回应。对这些思想限制的揭露和批判性回应,均将有助于思索 21 世纪儒学的当代使命问题。

## 一、儒家宪政主义及其代表人物

众所周知,当代学者在将儒学与民主政治联系起来思考儒学当代价值的时候,其立论角度并不一致。在众多的研究成果中,一种较为典型的做法是从儒家与宪政相联系的角度来审视儒学与民主政治的关系,此做法一时成为学术界研究的一个热点。较早的儒家宪政主义主张便有康有为与张君劢的儒宪说,此后,这种将儒家与西方宪政主义传统结合起来进行儒学当代意义和价值的思考,一直都是一部分学者探究的主要方向。但是,在儒学与宪政关系的背后,实际上涉及很多问题:由儒家来指导的宪政主义国家究竟何以可能?对此,有的学者提出建立一个由儒生组成的通儒院、民选代表组成的庶民院、社会贤达组成的国体院构成的当代议会三院制。可是究竟何谓当代意义的儒生?究竟如何选出能够代表民众利益的代表?我们又以何种标准来选拔所谓的社会贤达呢?这种所谓的议会三院制很显然在当代的中国并不具有实践上的可操作性。

我们知道,儒家传统的现代性危机,主要应体现为这一传统背后的思想价值观念系统与现代性社会所开创的科学知识、民主法治、自由人权等之间的张力。儒家伦理思想限制的一面,则体现为其为君主专制服务的别尊卑、明贵贱的等级制度,束缚个性与压抑人性的封闭礼教,以及重义轻利讲究虚文的人生价值观。但是,尽管儒学因与中国传统政治社会紧密相连而具有种种限制,一些学者依然在当代儒学意义和价值的思索中,将宪政及宪政主义作为思想探究的资源。例如,2010 年 5 月在香港城市大学便举行了一次"儒家宪政与中国未来"国际学术研讨会。依据一种保守主义与宪政主义的立场,一些学者提出了"儒家宪政主义"这一说法,并围绕儒家宪政或政治儒学的合法性与正当性、可行性与可取性乃至未来走向,展开了系统性研究。2016 年出版的《中国必须再儒化:"大陆新儒家"新主张》(蒋庆、陈明、康晓光、余东海、秋风,新加坡:世界科技出版公司 2016 年版)一书,更是以集体发声的形式,集中展现了所谓当代大陆新儒家们对于中国问题的基本看法和主要主张,既立论直言当代中国社会中所出现的问题,又回击辨析了各种思想流派对于儒家的种种批判。

可以说,在当代中国思想界,倡导儒学与现代民主具有相通性的学者大有人在。基于此,他们依据中体西用、儒化中国等主张,明确提出了一种儒家宪政主义的立场。上文已经提到,将儒学与宪政结合起来进行问题研究,对于我们来说并不陌生。早在 20 世纪上半叶,张君劢(1887—1969)便曾严厉批判中国传统社会的君主专制而主张宪政民主。同时,他依然给予儒家思想一种积极的承认和安排,即我们可以从儒家的观点和立场出发来提倡民主宪政。儒家思想与民主、人权等现代社会价值之间具有相容性,这是他晚年所力倡的一个主张。在他看来,儒家思想完全可以为中国宪政民主提供宝贵而丰富的思想资源。例如,在《儒家哲学之复兴》一书中的《新儒家政治哲学》一文里,张君劢认为,孟子所言汤武革命推翻的是暴君而不是弑君,统治者应当重视民意,应当选贤与能,谏议大夫与御史制度,乃至黄宗羲的天下为公思想,这些都是儒家传统中有助于现代民主发展的宝贵思想资源。

在当代中国,提倡儒家宪政主义的典型代表是所谓的大陆新儒家学者蒋庆(1953—  )。在《公羊学引论:儒家的政治智慧与历史信仰》(福州:福建教育出版社 2014 年修订版)、《政治儒学:当代儒学的转向、特质与发展》(北京:生活·读书·新知三联书店 2003 年版)、《以善致善:蒋庆与盛洪对话》(上海:上海三联书店 2004 年版)、《生命信仰与王道政治:儒家文化的现代价值》(台北:养正堂文化事业股份有限公司 2004 年版)、《儒家社会与道统复兴:与蒋庆对话》(范瑞平主编,上海:华东师范大学出版社 2008 年版)、《儒学的时代价值》(成都:四川人民出版社 2009 年版)、《再论政治儒学》(上海:华东师范大学出版社 2011 年版)、《儒教宪政秩序》[①]、《广论政治儒学》(北京:东方出版社 2014 年版)、《政治儒学默想录》(福州:福建教育出版社 2015 年版),以及与别人合著的《中国必须再儒化:"大陆新儒家"新主张》(新加坡:世界科技出版

---

① Jiang Qing, *A Confucian Constitutional Order: How China's Ancient Past Can Shape Its Political Future*, Edmund Ryden, Daniel A. Bell, Ruiping Fan (Translator), Princeton University Press, 2012.

公司 2016 年版)等著作中,他系统性、整体性地阐发了与政治儒学、儒家宪政相关的思想与主张。

除蒋庆外,另一位力倡儒家宪政主义的学者是姚中秋(1966—   )。他提倡的是一种社会儒教,一种儒家宪政民生主义。在《儒家宪政论》(香港:香港城市大学出版社 2016 年版)、《嵌入文明:中国自由主义之省思》(南京:江苏文艺出版社 2014 年版)、《儒家宪政主义传统》(北京:中国政法大学出版社 2013 年版)、《儒家式现代秩序》(桂林:广西师范大学出版社 2013 年版)、《治理秩序论:经义今诂》(桂林:广西师范大学出版社 2013 年版)、《重新发现儒家》(长沙:湖南人民出版社 2012 年版)、《华夏治理秩序史(第 1 卷):天下》(上、下)(海口:海南出版社 2012 年版)、《华夏治理秩序史(第 2 卷):封建》(上、下)(海口:海南出版社 2012 年版)、《寻找中道:当自由遭遇传统》(北京:语文出版社 2012 年版)、《现代中国的立国之道(第 1 卷):以张君劢为中心》(北京:法律出版社 2010 年版)、《立宪的技艺》(北京:北京大学出版社 2005 年版)、《道统与宪法秩序》(北京:中央编译出版社 2017 年版)等著述中,他在中国制度变革方面提出了自己的儒家宪政方案,即以儒家作为中国宪政文明的思想基础。

姚中秋主要依据中国数千年的儒家政治治理实践,并通过对相关的儒家经典的疏解,阐发了儒家中国治理之道的常在常新。他具体探讨了儒家宪政之形而上本源,天下为公与儒家宪政之根本原则,儒家宪政之义理与制度,儒家宪政之历史大势:第二次立宪等内容。此外,他还具体探讨了当代中国通往儒家宪政的具体道路、八二宪法与儒家宪政、儒家宪政与宪法修订、儒家宪政民生主义,以及儒家宪政论申说等内容。通过这些探讨,姚中秋力图提出一种既不同于自由民主主义也不同于儒教宪政的第三种所谓具有中国特色的宪政方案,即一种儒家式的现代社会治理秩序。以治道为追寻鹄的,他以道统与宪制研究了儒家在当代的政治意义,并具体围绕道统、儒家与宪法秩序,汉武帝归宗道统,孙中山之道统自觉,20 世纪历史中的激进化与保守化,以及儒家作为现代中国之构建者等问题展开了主题性的阐发。在这样的一种思考背后,体现了姚中秋浓厚的回复传统的情结,文明复兴、仁本政治、中国时刻、中国之道、中国思想也便构成了其思想文本中的主要范畴。总之,在他看来,当代中国宪法学理论的发展和宪制变革的开展,均需要一种立于中国之道的文化自觉,以便在转型中的中国社会建立一种底线稳定的宪法秩序。

除了蒋庆和姚中秋之外,范瑞平、贝淡宁、洪秀平主编的《儒家宪政与中国未来:我们是谁? 我们向何处去?》(上海:华东师范大学出版社 2012 年版),杜维明、姚中秋、任锋等的《儒家与宪政论集》(北京:中央编译出版社 2015 年版),也是围绕儒家与宪政而展开的众多研究成果的集体亮相。此外,任锋的《道统与治体:宪制会话的文明启示》(北京:中央编译出版社 2014 年版)一书中的第二单元,其立论题目便是"儒家与宪政",此部分包括《宪政儒学的传统启示》《期待开放的宪制会话:国族崛起下的儒家与自由主义》《正统论与中华文明的宪政时刻》《旧邦新命与天下公民:宪制会话视野下的现代认同问题》《儒家宪政的传统与展望》这 5 篇相关的学术论文。

## 二、儒家宪政主义的思想前提:心性儒学与政治儒学的二元判分

20 世纪 80 年代末至 90 年代初,基于将传统儒学分为心性儒学和政治儒学这两大传统,儒家宪政主义的主要代表人物蒋庆,大力提倡传统政治儒学在当代的价值,并对政治儒学、王道政治的理念、儒教宪政的理念、儒教宪政的制度安排等一系列思想进行了长期的思考。

在《公羊学引论:儒家的政治智慧与历史信仰》中,蒋庆已经明确意识到了中国儒学传统中存在"政治儒学"这一传统。在《政治儒学》中,他明确主张当代儒学的发展必须得由心性儒学、生命儒学转向政治儒学,即在心性儒学之外另外开辟一个政治儒学的路向,因为政治儒学是儒家特有的外王儒学、制度儒学、实践儒学、希望儒学。借此两条路向,心性儒学安立的是中国人的精神生命,政治儒学建构的则是中国式的政治制度,即建构具有中国文化特色的政治礼法制度,以便以中国固有的文化作为中国政治的发展方向,并以此来矫正中国百年来政治发展方向的歧出。《再论政治儒学》一书,则对儒教宪政四个方面的具体内容进行了系统性阐发,并发展修订了《政治儒学》一书中的部分思想。

基于儒学发展的两条路向的理论,蒋庆认为,当代新儒学的最大危机便是未能开出新外王,而这又被他归结为当代新儒学在生命与心性上

的四个极端化表现①。一是极端个人化倾向,这指的是当代新儒学关注纯属个人事情的生命与心性;二是极端形上化倾向,即当代新儒家忙于编制深奥繁密的哲学体系,乐于从事概念的推理思辨;三是极端内在化倾向,即关注的重心在于生命与心性领域;四是极端超越化倾向,即当代新儒学关注的是个人内在的生命与心性,而不关心活生生的现实社会以及历史与时间中的存在。诚如蒋庆所言,当代新儒学确实具有自身的思想限制,但是,这种限制并不是如其所言未能开出新外王。实际上,对于儒学在当代如何开出新外王的问题本身,便是值得质疑的,提出这样的问题事实上是当代儒学不能承受之重。而且,尽管冯友兰、牟宗三、唐君毅等人都在儒学的现代形而上学建构上下了大功夫,并都有所阐述,但他们不是不关注现实社会以及历史与时间中的存在,而且他们所延续的将儒学作为生命境界之学、作为君子人格养成之学的基本路向,是完全符合儒学在当代的意义彰显目的的。

正是因为以所谓的政治儒学路向作为评判标准,蒋庆才将当代新儒学未能开出新外王看作具有严重后果的事情,这在他看来主要体现在四个方面②。其一,当代新儒学使儒家的政治理想不能够落实到当代中国的社会现实中,从而使得儒家的天道性理挂空飘荡,成为诱人玩赏的无畏光景;其二,当代新儒学不能建立起体现儒家理想的政治法律制度,单靠心性抵挡不住现代社会中的邪恶;其三,当代新儒学只把儒学理解为心性儒学而抛弃了政治儒学传统,因此未能继承儒学的全副精神;其四,当代新儒学不从现实政治入手来发展儒学,因而远离了当代中国人所迫切关心的现实政治问题,并使中国现代的政治变迁未能从儒学中吸取任何政治智慧和指导原则。

蒋庆不仅分析了当代新儒学所谓的四个危害,他还进一步从历史与学统两个方面阐发了当代新儒学未能开出新外王的原因。从历史原因来看,儒学在过去两千多年中都是维护君主专制的意识形态,因此猛烈批判儒学便成为理所当然的事情;当代新儒学的代表人物耻谈儒家的政

---

① 蒋庆有关当代新儒学在生命与心性上的四个极端化表现,参见其《政治儒学:当代儒学的转向、特质与发展》(修订本),福州:福建教育出版社2014年版,第21—23页。

② 蒋庆有关当代新儒学未能开出"新外王"的四个思想限制的论述,参见其《政治儒学:当代儒学的转向、特质与发展》(修订本),第24—26页。

治理想,不愿在政治上同儒学纠缠;当代新儒学为了回应西方文化的冲击,不得已回到宋明理学来复兴儒学义理之学,而无暇顾及儒家的外物事业。在学统原因方面,当代新儒学在儒学范围内继承的是心性儒学的传统,其本质上具有非政治的倾向,如心性儒学把政治问题的解决完全归结为生命问题的解决,忽视礼在心性儒学中的地位,而且在制度层次上对中国政治也没有大贡献。基于此,蒋庆提出,"当代新儒学只有从心性儒学走向政治儒学,才能解决当代中国所面临的政治问题,从而才能完成自己的现代发展。所以,我们可以说,从心性儒学走向政治儒学是当代新儒学开出新外王与继承发展的必由之路"①。对于当代新儒学的另一种所谓发展路向,蒋庆还具体列举了其九大特征②,即政治儒学是较能体现儒学本义的经学,是关注社会的儒学,是关注现实的儒学,是主张性恶的儒学,是用制度来批判人性与政治的儒学,是关注当下历史的儒学,是重视政治实践的儒学,是标出儒家政治理想的儒学,是能开出外王的儒学。

从上面的阐发来看,蒋庆抛开当代中国社会所面临的政治现实到底是什么这一问题不谈,将"内圣"与"外王"看作是并列的关系,并强调后者在儒学发展中的特殊意义与价值,这显然已经与传统儒学"内圣外王"之学的精神实质产生了疏离。传统儒学的"内"与"外"之别,已经点明了德性对于外王事业的逻辑优先性,当代新儒家们显然延续了传统儒学内圣外王之道,尽管他们基于道德本位主义未能开出所谓的"新外王"(科学与民主)。"传统'内圣外王'的理想的实际内容或实行的方术自不能不有极大的变动,但其规约原则的意义则与两千年前并无大变化。"③不过,将政治儒学与心性儒学并列的说统,依然难以成就儒学在

---

① 蒋庆:《政治儒学:当代儒学的转向、特质与发展》(修订本),第30—31页。
② 蒋庆关于政治儒学的九个特征的具体论述,可参见其《政治儒学:当代儒学的转向、特质与发展》(修订本)。此外,蒋庆还曾将政治儒学的基本特征概括为四个方面:政治儒学依据的是政治理性而不是道德理性,政治儒学开出的是政治实践而不是道德实践,政治儒学优先考虑的是完善制度而不是完善个人,政治儒学体现的是政治批判而不是道德批判,政治儒学追求的是历史中的希望而不是形而上的道德理想。(蒋庆:《政治儒学:当代儒学的转向、特质与发展》(修订本),第81—87页)
③ 景海峰编:《儒家思想与现代化:刘述先新儒学论著辑要》,北京:中国广播电视出版社1992年版,第48页。

当代的意义和价值。当代新儒家们力图开出新外王之路的不通,绝不意味着政治儒学之路便是我们所应行之路。这两条路向的不通均提醒我们,或者我们将重新定义外王,而不是单一地以现代的科学和民主来对其加以定义;或者我们将继续坚持儒家内圣外王之道,重新找回原始儒家的本真意蕴,并将儒学继续定位为一种人学之思。

事实上,如果以心性儒学或生命儒学作为评判的标准,蒋庆所谓的儒学的政治路向,同样会存在种种思想限制。尽管儒学具有漫长的历史发展史,并委实曾经在现实政治社会中发挥了重要的作用,但是在当代中国,儒学的意义必然因时代的变化而发生创造性的转化和创新性的发展。这种转化和发展既不是一些当代新儒学所形而上学化的儒学和能够开出新外王的儒学,更不是政治化的儒学即宪政主义的儒学,而是应当重回儒学作为成就君子与圣王理想人格的方面,尤其是在成就理想人格过程中如何拥有德性、如何肩负责任方面。道德境界与圣人境界、道德自由与道德责任,的确是当代中国需要的思想精神。对此,我们后文还将详加论述。

### 三、王道政治的三重合法性与儒家宪政主义

正是有了对于重新建构政治儒学的说统,蒋庆才提出了所谓的儒家宪政主义。

那么究竟何谓其所畅谈的"儒教宪政"呢?"所谓'儒教宪政',就是'中国式宪政',说具体点,就是具有中国历史文化特色的中国宪政,也就是人类离开自由民主政治之外的另一条政治发展之路。"①在蒋庆的儒教宪政思想中,"主权在天"是其在义理上的根本特性,其内容包含作为儒教宪政义理基础的王道政治,议会三院制的议会形式,太学监国制的监督形式,以及虚君共和制的国体形式。可问题是:以"主权在天"来言说所谓的儒教宪政(王道政治)的基础,真的可行吗? 小康之世的治法真的在于儒士统治吗? 蒋庆认为,儒家的王道政治是"三才之道"在政治领域中的体现,是"三才之道"在政治合法性领域的体现,它表征的是超越神圣的天的合法性、历史文化的地的合法性、人心民意的人的合

---

① 蒋庆:《再论政治儒学》,上海:华东师范大学出版社 2011 年版,"序"。

法性这三重合法性，政治权力的三重合法性成为其王道政治思想的核心内涵，王道政治则被视作人类政治的新起点和人类历史的新希望。在他看来，三重合法性之间的关系是立体统摄、相互区别，同时也具有一多无碍、等差分殊的性质，因此它们之间是同时共存和相互制衡的。王道政治的根本特色在于政道制衡，然而三者之间的制衡究竟如何展开和加以实现呢？三重合法性之间的关系体现了儒家的中和精神，它实际上是一种中道合法性。于是，中国政治的根本特征便被蒋庆规定为体现三重合法性并存在制衡的"中和"精神方面。

那么，何者又谓蒋庆所说的"宪政"呢？"'宪政'是以具有最高效力的不成文法或成文法的形式，规范国家权力行使与国家活动运行的根本政制形态。'宪政'不仅要用国家根本制度去限制权力作恶，更要用国家根本制度去促使权力行善，这是对权力而言。对民众而言，'宪政'不仅要用国家根本制度去保障公民权利，更要用国家根本制度去促进国民道德。"[①]以此来规定宪政的含义，必然将实现道德而非保障权利看作儒教宪政的目的，而权力保障只是被看作最底线的政治秩序要求。这种以主权来实现神圣超越的宗教道德价值，以善的宪政制度安排来规范主权并促使主权行善的儒教宪政，显然主张的是德性优先而不是权利优先，其最终目的是以宗教道德来限制权力。在蒋庆看来，这种儒教宪政最根本的特征便是太学监国，而太学监国便是太学宪政。太学具有国家最高监国权、最高养士考试权、最高礼仪祭祀权、最高罢免权、最高仲裁权、最高维持风教权等六大国家最高权力，它在宪政意义上便成为国家的最高权力机构。可是，太学祭酒在现实社会中真的可以通过30名儒学家委员会产生吗？太学成员真的可以由国家征辟、民间察举、儒林荐举、现代科举以及太学祭酒选拔任命的方式产生吗？即使太学祭酒和太学成员产生了并拥有监国权，那么又如何才能够监督他们呢？

可见，儒教宪政实际上是一种士人统治的精英政治，而绝不是一种主权在民的大众式民主政治。这种儒教宪政将所谓的"虚君共和制"看作是国体形式，"所谓'虚君共和制'，就是'政体形式'在较长的历史时期内不可逆转地处于共和制的前提下，体现'国家历史性'与'国家持续

---

① 蒋庆:《再论政治儒学》，第135页。

性'的'国体'由世袭国家元首——'虚君'——来体现与代表的'国体形式'"①。在蒋庆看来,此处的"虚君"指的是不具体掌握行使政治权力,并且依靠学统的传承方式即世袭方式来产生,即以衍圣公来作为虚君。这样的政制设计,显然因为含藏太多的血缘宗法的成分而与当代现实政治实际不符,而且,政治上的传统性并不必然非得由所谓的"虚君"来体现,中国的国家历史性也不必然非得由所谓的虚君制度来保障。事实上,君与民的划分本身,无疑体现了二者在政治生活中的不平等。

### 四、治道政治的议会制与儒家宪政主义

儒家宪政主义的提倡者们不仅提出了一套儒家宪政主义的说统,还在这种政治理想的操作方面提出了具体的实施方案。

例如,有的学者认为,"未来中国社会进步的必由之路是以王道代替霸道,其核心内容之一是行业的自治与理性化;从社会整合上说,未来中国社会的整合之道仍将是伦理本位的、治人而不是治法的、贤能主导而不是制度主导的;中华文明的核心价值仍将是仁、义、礼、智、信、忠、孝等,但它将不是一个缺乏自由、民主、法治和人权的社会,也不会反对后者"②。"王道政治——或曰儒家宪政——在治道上的体现,就是'以孝治天下'。"③然而,这些现实策略的考虑,将不得不面对如何化解道统与政统、政道与治道之间难以统一的思想困境,因此很难说能够在现实社会中开展起来。与此不同,更多的学者则是借鉴西方的道路和模式,提倡以一种议会制的方式来具体实施儒家宪政主义。对于这种议会制的儒家宪政主义方案,有的学者提出的是两院制的方案。例如,为了超越自由民主制,贝淡宁(Daniel A. Bell,1964— )提倡建立一种最低限度的民主政治(minimal democracy),应当以儒学为基础建立一种由贤士院(上议院)和代表院(下议院)所组成的两院制,其中贤士院由儒家精英组成,体现的是任贤使能与精英统治;代表院由人民选出的代表组成,体

---

① 蒋庆:《再论政治儒学》,第178页。
② 方朝晖:《文明的毁灭与新生:儒学与中国现代性研究》,第344页。
③ 杨汝清:《以孝治天下——儒家治国思想在当代中国的可行性初探》,见范瑞平、贝淡宁、洪秀平主编:《儒家宪政与中国未来》,上海:华东师范大学出版社2012年版,第173页。

现的是民主政治和多数人统治。贝淡宁提出要基于贤士来组成上议院，实际上是力图提出一种与西方主流民主制不同的另一种贤能政治或尚贤制(Political meritocracy)，但是，这种政治设想也存在种种理论问题。①

再如，儒家宪政主义的另一位主要倡导者白彤东(1970—　)认为，下院或人民院由选民直接选出，上院或贤能院由智力和道德出色的人所组成。他甚至设想出来可以互补的三种上院议员的选拔方式，一是从低一级的立法机构成员中产生或从低一级的上、下议员中产生；二是通过考试的办法；三是通过配额系统将上院名额分配给那些在政治事务中表现出色并愿意献身于公共事务的人。②

上述儒家宪政主义者，实质上是想在中国推行议会民主制，而不是人民民主制。这种所谓的两院制设想，其背后存在诸多明显不合理之处。单不说其缺少社会现实国情与历史文化传统的支撑，就是从理论致思本身来讲，此种设想也是行不通的。下院所采取的直选依然是西方那一套政治选举模式，与人民代表制相比，其很难具有现实可操作性。更成问题的是上院或所谓的贤能院，如其所言说的智力出色和道德出色究竟何以能甄别出来呢？智力低下的人当然不应当成为上院议员，但智力

---

① 例如，山东大学儒学高等研究院黄玉顺教授便认为：“所谓'meritocracy'，应当译为'精英主义'或'精英体制'，乃是纯粹的西方话语；但它并非民主制的对立物，而是民主制下的一种政治现象；它也并非民主制度的普遍本质特征，而只是民主国家在现阶段的一种政治现象。”(黄玉顺：《"贤能政治"将走向何方？——与贝淡宁教授商榷》，《文史哲》2017年第5期，第6页)在黄玉顺看来，"精英主义"作为西方现代性所衍生出来的一个民主制概念，其本身是现代西方民主制度下的一种产物，不仅与这种民主制度不冲突，而且也不同于中国传统中的尚贤、选贤与能。他具体从"贤能政治"的概念混乱、"贤能政治"与民主政治关系论述上的自相矛盾等"贤能政治"的混乱逻辑，所谓民主的四大缺陷、"贤能政治"前提的四个假设、"贤能政治"三大问题的辩护、"贤能政治"的三种模式等"贤能政治"的一些主要观点存在谬误，"贤能政治"具有对人民主权的公然否定、工具理性的思维方式、极权主义的危险图景等一些要害，以及对于"选贤与能"等儒家传统思想本义的歪曲这四个方面进行了非常系统和有分量的批判。"贤能政治"实际上是一种力图回到前现代的政治方案。

② 参见白彤东：《民本的，但不是民主的：儒家之混合政体及其优越性》，见杜维明、姚中秋、任锋等：《儒家与宪政论集》，北京：中央编译出版社2015年版，第240—271页。白彤东的儒家与现代民主之关系的相关论述，还可以参看其《旧邦新命：古今中西参照下的古典儒家政治哲学》，北京：北京大学出版社2009年版。

超群的人便必然能够胜任社会治理吗？智力过人与政治能力显然并不能等同起来。再有，道德出色的人又如何进行甄别呢？难道是如论者所说的可以通过考试这一方式？即使我们可以通过论者所提出的三种方式把道德出色的人选拔出来作为上院或贤能院的成员，这些道德出色的人真的就可以履行好所身负的政治职责吗？

与白彤东的两院制不同，儒家宪政主义的另一位主要倡导者蒋庆提出了具体的三院制方案。他不仅在理论上提出了王道政治的三重合法性意涵，而且在治道上阐发了王道政治的具体落实，其在治道上的宪政安排便是实行通儒院、庶民院与国体院的"议会三院制"。与王道政治的三重合法性相对应，通儒院代表的是超越神圣的合法性，由推举和委派产生。通儒院的议长由儒教公推的大儒担任，可以长期任职，通儒院的议员则或者由社会公推的儒家民间贤儒组成，或者由国家成立通儒学院来培养；庶民院代表的是人心民意的合法性，由普选与功能团体选举而产生，议长和议员是按西方民主政治议会产生的规则与程序而产生的；国体院代表的是历史文化的合法性，由世袭与指定来产生国体院的议长由孔府衍圣公世袭，议员由衍圣公指定的历代圣贤后裔、君主后裔、历史文化名人后裔、国家忠烈后裔、大学国史教授、国家退休高级行政官员司法官员外交官员、社会贤达以及道教界、佛教界、回教界、基督教界人士产生。三院都具有实质性的议会权力，但在治道上具有一种立体性的横向的制衡关系。

上述这种提倡建立一个由儒生组成的通儒院、民选代表组成的庶民院、社会贤达构成的国体院共同构成的当代议会三院制的主张，其背后显然也存在种种的思想限制。究竟何谓当代意义的儒生？究竟如何选出能够代表民主利益的代表？我们又以何种标准来选拔所谓的社会贤达？这种所谓的议会三院制，很显然在当代的中国完全不具有实践上的可操作性。

具体讲来，儒教宪政的构想显然是按照儒家王道政治并遵循政治儒学理路而提出的，可是，具有中国特色的政治发展道路难道必须得离开自由民主政治这条道路吗？在当代和未来中国难道不可以继续完善一种中国特色社会主义的民主政治吗？姑且如蒋庆所说，我们必须离开自由民主政治之外而另外寻求一条政治发展道路，难道这道路必然就是儒教宪政之路吗？正如有的学者所言："无论儒家经典是否展示了真理，基于公民和谐的考虑,蒋氏的'儒教宪政'并不可取。蒋氏所提议的,无疑是一种政教合一的方案,企图把儒学打造成唯我独尊的统治思想;但在当代中国社会,市民过着不同的生活,拥有不同的生活理念,并对各种意识形态以及宗教信仰持有不同的看法,这是任何当代儒者不能忽视的一个现实。公民和谐对当代中国社会是相当重要的,它要求政府和市民思想开放,并尽量减少彼此间的分歧,甚至在议政时作适当的让步;但蒋氏的'儒教宪政'却以儒家的世界观和人生观作为宪政基础,这意味着相信自由主义、社会主义、佛教或基督教等的中国公民在宪政上要全军覆灭。如此方案,必然严重损害公民和谐,也与社会现实背道而驰。"①也就是说,王道政治果真可以代表中国政治中的独特文化形态吗?君主专制、个人集权、宗法血缘关系,难道不是中国古代政治的特色吗?中国政治重建的文化形态即使不是王道政治,也依然会彰显自身的文化自性和文明属性。因此,说王道政治是当今中国政治的发展方向和今后中国政治必须选择的道路,显然值得商榷。"孔子综合三代创制的智慧正是我们今天在重建王道政治时必须学习的智慧,古代圣王已经为我们确立了王道政治永恒不变的'政道'标准,我们今天的责任就是为了实现这一'王道'标准而在'治道'上创立与之相应的新的政治制度。这是现代儒家的历史使命。"②为了回应西方文化的挑战而主张中国政治的方向是王道政治而不是自由民主政治,这种主张与当代新儒家一代学人相比,显然是一种思想上的倒退。这种对于王道政治的极端重视,必然会尊孔,从而最终也会神化孔子。

事实上,我们依然可以通过施行中国特色社会主义的自由民主政治,来回应西方个人主义基础上的民主制的挑战,而大可不必恢复到儒家传统的王道政治传统之中。自由民主政治自然有其自身的弊病,它绝对不是一种最完满的政治模式。但这并不表明其基本原则存在着严重的问题,也不能成为我们抛弃这一政治模式的充分理由。正相反,因抛弃自由民主政治而采取的王道政治,会更不契合当代中国社会,反而会显露更多的弊病,这一点已为历史所证明。因此,与其说王道政治是对

---

① 陈祖为:《儒家宪政的合法性问题》,见范瑞平、贝淡宁、洪秀平主编:《儒家宪政与中国未来》,第78—79页。
② 蒋庆:《再论政治儒学》,第13—14页。

民主政治的扬弃与超越,倒不如说民主政治是对王道政治的扬弃与超越。其次,包含超越的神圣合法性的王道政治,其在政道上如何才能对治民主政治在政道上的民意合法性"一重独大"的弊端?又如何作为一种实质性道德而体现了道德的政治?政治与道德虽有密切联系,但泛道德化的政治能保障政治的独立性吗?政治与道德分属于不同的领域,它们之间存在着根本的区别。王道政治可以因为在政道上参通天地人而作为一种高标理想的政治吗?理想与现实毕竟存在差别,高悬理想的王道政治,如何去面对和解决好现实的政治问题呢?再次,王道政治所包含的天道合法性即超越的神圣合法性可以根本上解决生态问题吗?王道政治显然并不是一种生态政治,在没有搞清楚何谓真正的生态问题之前,我们终将难以奢求可以通过体现天道合法性的王道政治来解决生态问题。从王道政治被赋予的种种任务而言,它显然是一种思想上的大拼盘,这里面既有古代的君主政治和神权政治观念,又有近代民主制与现代生态政治的观念,甚至有可以为非西方的政治发展提供思想借鉴的历史文化的合法性观念。最后,为了将所谓的王道政治具体落实到现实政治层面,蒋庆提出了所谓的议会三院制的具体议会形式,其间存在的问题则更为突出和明显。三院既然都具有实质性的议会权力,那么它们之间如何才能实现相互的制衡呢?议会三院制难道真正体现了政道与治道的制衡制度?议会三院产生的方式也存在着义理上的冲突,有采取选举的方式,有采取世袭的方式,有采取公推的方式,有采取指定的方式,可谓五花八门。在此,我们要问:王道政治果真可以实现对于民主政治的扬弃与超越?王道政治难道是人类迄今所能构想的最完善的政治?很显然,这样的断想还停留于想象的层面,也很难在现实中具体落实下去。我们难以认同如下有关王道政治构想的断言:"当今中国的政治发展必须超越民主,王道政治是当今中国政治的发展方向。"[①]此处所断言的王道政治,不仅不是一种最完善的政治,因为它只能带来对于王道政治的一种过度诠释,而且也完全不符合中国的历史传统和现实国情。

---

① 蒋庆:《再论政治儒学》,第27页。

### 五、公羊政治儒学与儒家宪政主义

由于将春秋公羊学作为传统政治儒学的典范,于是蒋庆多年一直用力于春秋公羊学性质、公羊学的创立与传承、公羊学基本思想等方面的阐发上。在他看来,与心性儒学相比,公羊学为代表的政治儒学具有四大基本特征:其一,它是具有区别于心性儒学的一种政治儒学,因为公羊学的焦虑是制度性的焦虑而不是实存性的焦虑,它主张在制度中来完善人性,其实践目标也不在成己成德而在于改制立法;其二,它是具有区别于将君主制度绝对化、君主制度永恒化、君主制度神圣化的政治化儒学的一种批判儒学;其三,它因为具有向世界开放的结构性思维方式,因而是区别于内生儒学的一种外王儒学;其四,它是在黑暗时代提供希望的一种实践哲学,因而注重希望和关注历史。① 那么,究竟该如何看待这四个基本特征呢?

其一,诚然,我们可以按照人类焦虑性质的不同区分实存性的焦虑和制度性的焦虑。实存性的焦虑作为一种生命的焦虑,其焦虑的对象是生命的价值、存在的意义、人格的增进和道德的完善;制度性的焦虑作为一种政治的焦虑,其焦虑的对象是政治的价值、政治的意义、规范的设立和政治制度的改进。但是,儒家思想中果真可以明确地区分为实存性焦虑与制度性焦虑吗? 即使可以,制度性焦虑难道是解决实存性焦虑的前提吗? 事实正好相反,儒家思想家们恰恰将制度性焦虑的解决建立在实存性焦虑解决的基础上的,先有不忍人之心,才会有不忍人之政,治国的前提是修身。没有个体生命的成德成圣,何谈政治社会的大一统? 没有下学上达、知性知天、天人合一的实存性境界,何谈政制秩序上的改正朔、易服色、设官法天? 没有修德讲学与正心诚意,何谈政制制度的通三统与大居正?

其二,在蒋庆看来,政治化的儒学"是指儒学完全丧失了社会批判的功能,不再具有评判与反抗现存制度的能力,对现实政治无原则地完全接受,自甘沦为维护君主专制权力的工具,完全变质为为统治者利益

---

① 蒋庆关于公羊学四个性质的详细说明,参见其《公羊学引论:儒家的政治智慧与历史信仰》(修订本),福州:福建教育出版社 2014 年版,第 7—53 页。

服务的意识形态"①。而他主张的政治儒学,则不同于政治化的儒学或意识形态化的儒学,它是一种具有对现存政治制度具有批判能力的儒学。可是,任何一种能够作为统治阶级意识而存在的思想观念,难道不都具有意识形态的社会功能吗?没有成为一种意识形态的儒学,何以可能成为一种政治儒学?又何以能够发挥这种政治儒学的社会批判功能呢?一种批判的政治儒学如何与一种提倡君主制度的绝对化、永恒化、神圣化的政治化儒学区别开来?所谓的心性儒学难道除了人性批判之外不重视政治批判与制度批判?政治化的儒学和儒学化的政治,正突显了儒学与政治之间密不可分的关系。

其三,心性儒学难道不具外王儒学之名而是内圣儒学,公羊政治儒学不具内圣儒学之名而是外王儒学?内圣儒学与外王儒学难道可以看作是儒家传统中两种不同种类与不同性质的儒学?既然儒学之所谓儒学,其根本特征便是主张内圣外王,因此无论是心性儒学也好,还是政治儒学也罢,都应当兼具内圣与外王两个方面,否则便不是一种真儒学。只有逻辑上先讲内圣方面个体生命的成圣成德,才能在逻辑上后讲外王方面政治社会的事功制度。事实上,从时间先后的角度来看,内圣与外王是密不可分、不分先后,同时存在的,只有如此,儒学才可谓真正的儒学,儒者可谓真正的儒者。因此,所谓的心性儒学完全不是将儒学封闭在生命心性的领域,完全不是将儒学局限在个体存在的领域,完全不是将儒学禁锢在形而上学超越的领域,如果如此,儒学便不是一种存在于日常生活中的思想观念,其自身也便不能够称为儒学了。

其四,公羊政治儒学,虽然产生于中国历史上所谓极度黑暗的时代,但其历史信仰难以为当时的乱世提供希望。公羊学的历史信仰认为,历史是变动不居的,决不会停留在某一个点上,而会朝着某种理想而不断演进。其言称的简单的、线性的据乱世、升平世、太平世的三世历史发展观,显然是一种历史循环论,其背后缺少深刻的理论说明和论证,更没有对不同历史时期不同社会性质的分析,而只是简单地以一乱一治来看待纷繁复杂的历史现实,委实理想多了一些,现实少了一些。公羊政治儒学的"三世说"恰恰突显了其历史哲学的思想限制,理想毕竟并不等于

---

① 蒋庆:《公羊学引论:儒家的政治智慧与历史信仰》(修订本),福州:福建教育出版社2014年版,第14页。

现实,公羊政治儒学在今日不是极度黑暗反而是极度光明的社会里,其意义又在哪里呢?公羊家所提供的太平大同世界理想,难道不是一种乌托邦空想吗?乌托邦空想并不等同于理性的希望或逻辑的希望,乌托邦空想并不等于一种关于历史的理性学说。与其说用理性来解释历史、用逻辑来推出希望是一种乌托邦空想,倒不如说不依据理性而依赖盲目的历史信仰来建立希望的公羊学更接近于一种乌托邦的空想。与建立在一种盲目历史理性基础上的思想相比,建立在一种盲目历史信仰上的思想更应该称之为一种乌托邦空想。建立在一种非理性的历史信仰上的公羊学,才会对未来社会只做出一种极为简单的勾勒。只能用"天下为公,选贤与能,讲信修睦"等数十句话语来描述的未来理想社会,难道不更像是一种乌托邦式的乐园空想吗?不在历史理性中来把握理想,而是在历史信仰中达到对理想的终极关切,难道不是一种缺少理性逻辑的虚构和一种缺少现实根基的乐园空想吗?将这样的乌托邦式历史空想付诸现实的政治实践,显然难以取得任何的收获,并且只能将历史看作是人的一种创造,是人按照自己主观的善恶意志创造了历史,这种历史观既忽视了历史客观必然性的一面,更漠视了人在历史生产劳动中来创造历史的基本史实。始终关注历史现实中的责任担当,才是政治儒学的实质,也是其价值在当代得以彰显的基本方向。

### 六、以宪政主义重新将儒学政治化难以准确定位儒学

抛开以上具体四点不谈,我们还可以追问:中国儒学按其所关注的对象不同,果真可以简单地分为心性儒学和政治儒学两种类型吗?心性儒学果真即是以曾子子思学派与宋明儒学为代表的儒学吗?政治儒学即是以公羊学为代表的儒学吗?

我们应当谦逊地看待儒家在当代社会的功能,绝不能过分夸大儒家在当代社会所具有的意义和价值。"如果不回到儒家,现在中国所面临的严重问题,就不可能解决,甚至人们都不可能准确地知道,问题究竟在哪里。如果不回到儒家,中国就没有自我,也就没有未来,因为中国没有灵魂。"[①]"儒家宪政民生主义自尧舜以降的中国治理之道基本制度架

---

① 姚中秋:《儒家宪政民生主义》,见杜维明、姚中秋、任锋等:《儒家与宪政论集》,第13页。

构,也就是中国之正统。今日中国欲有效地解决各种严重问题,就必须回到这个正统。"①这些对于儒家社会功能的定位,很显然是儒家思想所不能承受之重,这些功能的赋予实际上是妖魔化了儒家。今日奢谈所谓回归儒家,回归正道,回到华夏治理之正道,回到现代中国之正统,实际上是一种十分明显而强烈的文化复古主义和极端文化民族主义立场。况且,究竟何谓当代中国所面临的严重问题,我们依然难以取得完全一致的意见。退一步讲,即便我们达成了一致意见,儒家难道真的可以解决这些问题吗?单就生态危机这一严重的时代问题,很显然是儒家所万万不能加以解决的。

一些学者之所以有如上对于儒家社会功能的过度诠释和过高定位,往往是与他们以宪政主义来定位儒学是密不可分的。"事实上,从政治倾向上看,儒家就是宪政主义的。"②在这些人看来,宪政主义因为只关心宪制即权力的安排,于是便不是一种整全的意识形态,它没有重新安排整个生活秩序的雄心。于是,宪政主义没有自己的伦理学,它仅仅致力于建造一个强大有效、权力却受到控制和节制的治理架构。进而,通过对政府的权力进行切割、配置、制衡等制度上的设计,便不至于使这种权力造成祸害的发生,而我们人的尊严和自由也可以得到保障。从实质上来看,这种主张完全是注重一种政治运行体制中的宪政体制。

然而,通过将儒家与西方民主制中的宪政主义联系起来而恢复儒学政治哲学意义的想法是错误的,也是荒谬的。"儒学与宪政是两套核心价值完全不同的制度安排和规则体系,在'政道'逻辑上存在着文化基因上的非兼容性。"③任何一种宪政主义都掩盖不了自己作为一种意识形态的存在,它当然拥有自己的价值判断,因而有自己所支撑的一套伦理学。我们无法将宪政主义仅仅看作是对权力进行控制和节制的一套治理架构,而必须认识到在这套治理架构背后所掩藏的道德价值判断及其意识形态属性。宪政主义的目标,绝对不是如儒家宪政主义者们所说

---

① 姚中秋:《儒家宪政民生主义》,见杜维明、姚中秋、任锋等:《儒家与宪政论集》,第29页。
② 同上书,第13页。
③ 李宪堂:《儒学与宪政的非兼容性——评儒家宪政派的理论谬误》,《天津社会科学》2015年第4期,第143页。

的是单纯的,只为人们的美好生活提供所谓的公共性制度保障。任何政治思想和政治主张都具有意识形态属性这一事实已经表明,对宪政主义目标的这种单纯的理解是错误的。以此来定位的宪政主义,对于究竟何谓美好的生活也就不能作答了,而这恰恰是我们所关注和必须追问的问题。力图通过尊重传统来确定何谓美好生活,显然具有复古主义的味道,这种复古主义将很难迎合今天的大众。一方面倡导宪政为人们的美好生活提供公共性的制度保障,另一方面又主张美好的生活决定着正确的宪政,这背后所体现的难道不是一种循环论证吗?

归根结底,儒家宪政主义者的主张,是力图以西方的宪政主义来将儒学重新政治化。将儒学宪政化的尝试必然会失败,这一点早已经通过近代中国的历史发展得到了明证。正如前文所言,儒家宪政主义的论调不仅是错误的,更是荒谬的。宪政主义的确是当今一些国家政治运行体制所依赖的一种主义,但是其付诸现实政治生活中往往需要一定特殊的文化与历史背景,需要特殊的社会发展现实。抛开这些不谈,宪政主义本身有其自身不可克服的种种困境,在宪政主义支撑下的治理架构,很难真正实现人的尊严和保障人的自由。妄图以儒家与宪政主义的嫁接来恢复儒家的当代社会功能,这不仅不切实际,更是与历史事实相违背的。更何况,美好生活的实现,美好生活的保卫和改善,可以有多重不同的模式,而不是只有宪政主义这一条路可走。因此,与其奢谈儒学的宪政化,还不如退一步来思考一下"儒学精神价值究竟为何"这一更加现实和更加有意义的问题,因为将宪政主义与儒家的信仰和价值进行嫁接本身便是不合法的。儒家绝不是如儒家宪政主义者所说的是一种完备性的价值与理念体系,绝不是一种古典的完备性学说,其构想的治理架构也绝不是宪政主义的。他们以宪政主义来诠释儒家思想,显然是一种过度诠释,其牵强附会之处也十分显然。

一些学者之所以认为儒家就是一种宪政主义,缘于他们对于何谓宪政主义有了自己的规定。宪政被区分为社会的自主治理、法律之治、权力的分立与制衡,以及作为一种普遍的公共决策程序的民主。"宪政的基本原理就是规则之治,与权威的分享和相互制约。用这样的标准来考察,儒家就是宪政主义的。"①运用这一标准,周人建立的封建制,董仲舒——汉武帝时代形成的士大夫与皇权共治体制,中华民国时期(1912—1949)的现代宪政政体,都被看作是具有宪政主义指向的制度形态。可问题恰恰是,究竟何谓宪政主义? 对此,学者们的看法实际上并不相同,并没有形成一个统一的认识,而且有时这些认识立场之间甚至是截然相反的。但不管怎么说,学者们普遍性的态度是从权力的限制和权利的保障来思考宪政含义的。就此处所区分的宪政的四个面相来看,它们显然忽视了宪政背后的权利的维度。退一步讲,这四个面相也显然不是宪政所独有的,与立宪制不同的共和制显然也可以具有这四个面相。再有,宪政主义有好多种,这些学者主张的到底是君主立宪制呢,还是非君主立宪制呢? 宪政主义强调对于权力的限制,这是否与民主的诉求存在一种张力呢? 权力究竟来源于宪法还是人民呢?

---

① 姚中秋:《儒家宪政民生主义》,见杜维明、姚中秋、任锋等:《儒家与宪政论集》,第16页。

# 第六章
## 当代新儒学与生态问题

儒家思想的研究不仅有民族性与现代性的问题,更有儒学是否具有当代意义和价值以及如何去把握它们的问题。儒学拥有自己的当代性问题是毋庸置疑的,这一点可以由儒学研究者正在研究诸多当代问题这一事实来加以表明。

儒学的当代性问题,即学者们在阐释儒学本身和利用儒学来阐释当代社会过程中所面对的一些问题。由于儒学本身思想的丰富内涵,由于儒学思想是一个既有深厚的历史性又有发展性的一个变动的整体,由于当代社会面临的问题的多样性和复杂性,于是在阐释儒家思想的当代意义和价值,在以儒学阐释当代社会问题的时候,便出现了不同的角度、不同的立场、不同的系统。绝大多数学者是通过中西方思想文化比较的角度来从事学理阐释的。例如,许多学者是借助于西方哲学来阐发儒家思想的,如牟宗三等借助康德的理性批判哲学来诠释中国哲学,成中英以逻辑分析哲学和诠释学来解释儒家哲学,王治河等借助怀特海过程哲学来阐释儒家思想①,安乐哲等以美国实用主义哲学来解释儒家思想②,刘东以存在主义来诠释儒家思想③,冯耀明以分析哲学的角度来批判性分析当代新儒学④等。

在上述有关儒学当代性问题的思考中,以生态角度来审视儒家思想的当代意义和价值,近年来是一种比较具有代表性的理论倾向。伴随当代中国四十余年改革开放所带来的举世瞩目的发展成就,儒学在当代中国的复兴作为一种文化复兴和文化自信的具体表现相应而生。与儒学的民族性主题相应,同时也为了回应当代社会发展中所出现的生态问题,学术界以生态视角展开了有关儒学的创造性转化和创新性发展的当代性主题的探究,并一时成为研究的热点。在寻求儒家思想的当代价值并回应当代社会发展所出现的生态危机的大背景下,诸多学者以生态视角对此思想的当代价值进行了诠释,从而提出一种所谓的儒家生态伦理的主张。他们或者将这种儒家生态伦理的实质归结为"天人合一",或者归结为"以仁为本"的生生哲学。

然而,这种对于儒家思想当代价值的生态学化理解,不仅难以提供当代生态问题解决的思想资源,更谈不上有效化解这些问题。这种儒家思想诠释中的生态向度实际上并没有把握住儒家思想的实质,其所采取的儒家思想生态学化理解也终究难以提供化解当代生态危机的有效思想资源,更无助于当代生态文明的构建。对儒家思想当代价值进行生态学化诠释背后所出现的种种限制,均表明我们今天在实现儒家思想创造

---

① 成中英:《怀特海与宋明儒之比较》,见李翔海编:《知识与价值:成中英新儒学论著辑要》,北京:中国广播电视出版社1996年版,第204—230页。王治河:《过程与多元:中国和而不同思想研究》(*Process and Pluralism: Chinese Thought on the Harmony of Diversity*, Ontos Verlag, 2013.)。

② 以实用主义来研究儒学的另一个代表性学者是顾红亮(1971—   ),在其撰写的《实用主义的儒化:现代新儒学与杜威》(北京:社会科学文献出版社2016年版)一书中,他以生存之境、生活之境、生命之境为切入点,围绕民族生命的生存进化、民族国家的政治生活、生活睿智与反省思维、生命教养与生活方法、生命理想与宗教性等问题进行了系统性研究。

③ 刘东:《天边有一块乌云:儒学与存在主义》,南京:江苏人民出版社2018年版。

④ 冯耀明:《"超越内在"的迷思:从分析哲学观点看当代新儒学》,武汉:崇文书局2023年版。

性转化和创新性发展的时候，必须得将儒学定位为一种"学以成人"的有关生命的学问，只有如此才能有所转化和创新。

## 第一节　儒家思想当代价值的生态学诠释

当代人类社会发展中的生态问题的凸显使得相当数量的研究儒家思想的学者认为，儒家可以在回应这一当代问题的时候拥有一席之地。也就是说，伴随当代人类社会发展中所出现的种种生态危机，如何通过将儒学与生态主义联系起来以审视其当代价值，一时间成为学者们研究的一个中心问题，这种研究可以归属在儒学当代性主题问题的范围之内。

当代学术界热衷于儒学与生态关系问题的研究，具有深刻的社会历史背景。这一方面源于当代人类社会生态问题日渐凸显，生态文明作为继原始文明、农业文明、工业文明后人类社会发展所面临的另一个文明形态正在逐步形成。另一方面源于"生态文明"在中国共产党第十七次全国代表大会上，被作为一种国家战略发展总体布局之一首次提了出来。在如火如荼的有关生态文明、生态问题的研究过程中，不同领域的学者往往是从不同角度加以展开的。有的学者从生态经济学的角度，将生态要素纳入经济学学科体系中来从事相关研究；有的学者通过吸收西方生态学马克思主义的研究成果，再次反思了经济理念与生态理念何者优先的问题，并从制度层面批判了资本主义的生产逻辑与资本逻辑；有的学者从生态伦理学的角度，探讨了生态文明构建中人类所应肩负的道德权利、责任与义务问题；有的学者以生态批评角度，反思了百年中国文学史缺少生态维度的书写范式。由于中国传统文化拥有丰富的关于天人关系的思想智慧，于是中国思想中的古典智慧再次引发了学者们探究的积极热情。例如，在对儒家思想当代转型问题的思考过程中，相当一批学者对于儒学背后的生态意蕴进行了大量诠释，并据此对由西方开启的现代性问题进行了批判性的反思。他们站在多元现代性的视角，提出了现代性问题诊治的中国方案和中国智慧。

在21世纪的头20余年，有些学者围绕儒学与生态关系问题展开了不同程度的研究，一些与此议题相关的重要学术会议，可以说在其中起到了推波助澜的作用。我们在此仅介绍比较重要的几次会议，借此从整体上展现国内外学者的相关研究主题。在这之后,我们还将选择一些具有代表性的儒家思想生态学化诠释的学者,通过他们的相关著述来呈现生态学化儒学研究的基本面向。最后,将提出我们对于儒家思想生态学化诠释的基本看法。

2002年8月5日,在北京举行了由《中国哲学史》编辑部和中国社会科学院哲学所中国哲学研究室发起的"儒家与生态"讨论会。此次会议,是"当代中国思想论坛"的第二次会议。参加讨论的有任继愈、汤一介、杜维明等20余名学者。发起这个讨论会的机缘是:一方面,随着波及全球的生态问题的日益凸显,一些学者开始寻求东方思想资源进行问题的探讨,但是相当一部分学者对于儒家思想与生态关系问题视而不见;另一方面,《中国哲学史》2002年第1期刊载了杜维明先生的《新儒家人文主义的生态转向:对中国和世界的启发》一文,此文在学术界引起了很大的反响。此次会议之后,《中国哲学史》2003年第1期专门以《儒家与生态》为专栏,发表了杜维明的《儒家人文精神与生态》、蒙培元的《中国哲学生态观论纲》、郑家栋的《自然和谐与差等秩序》、李存山的《自然的"经济体系"还是"道德体系"?》、卢风的《天人合一与敬畏上帝》,以及雷毅的《当代环境思想的东方转向及其问题》这6篇代表性笔谈文章。此次会议及随后发表的笔谈文章,标志着儒家思想生态学化诠释的第一次集体发声。

2009年9月23至26日,在北京又举行了一次由国际儒学联合会、联合国教科文组织和中国孔子基金会共同主办的"纪念孔子诞辰2560周年学术研讨会"。与会学者围绕"儒学与世界和平""儒学与全球经济发展""儒学的实质和核心价值""儒学与现代人生""儒学与全球多元化""当代儒学研究与儒学教育"等主题展开了学术讨论。在滕文生主编的《儒学的当代使命:纪念孔子诞辰2560周年国际学术研讨会论文集》①中,我们同样可以找到多篇儒家思想生态学化诠释方面的论文。例如,王杰的《中国文化的生态智慧及其当代启示:以儒家思想为例》、祥瑜的《儒学与生态文明》、林纬毅的《哲学基础、丰富资源:儒家的生态文明思想》、郑彝元的《生态文明与天人合一发展观》,以及商孟华的《儒

---

① 滕文生主编:《儒学的当代使命:纪念孔子诞辰2560周年国际学术研讨会论文集》(第1—4卷),国际儒学联合会编,北京:九州出版社2010年版。

学与生态文明》等。

2009年12月12日至13日,在珠海召开了由北京师范大学与香港浸会大学联合国际学院主办的"儒家思想与生态文明——第五届儒学国际学术研讨会"。这是海内外儒家学者对当代人类社会面临的严峻生态问题的第一次整体性回应,因而标志以生态角度研究儒学当代意义和价值的一个高峰。当时的与会学者为了实现儒学与世界其他文化的交流和对话,为了展现儒学对于当今世界发展的思想回应,以"心灵转向、文明转型与共建生态家园"为主题联署发表了《第五届儒学国际学术研讨会生态宣言》,共同呼吁全球儒学界深度开掘和创造转化儒学中蕴藏的生态智慧,广泛借鉴和吸取其他文化和理论的营养,融合创新,通过构建生态儒学来推进儒学的现代发展和强化儒学的时代效用。美国夏威夷大学成中英教授,更是在大会上发表了题为《本体与生态:导向环境伦理天人关系八原则》的主题演讲,提出了儒家天人生态伦理学的阴阳自然创生原则、人存涵摄天地原则、仁者和乐一体原则、涵养致知克治原则、天人德性互通原则、良知贯通知行原则、返本善意笃行原则、生生更新文明原则这八个原则。①

2012年12月2日至3日,在中国人民大学举办了以"儒学与生态文明"为主题的第九届国际儒学论坛②。这次会议围绕"儒家思想与学术""儒家一般生态理论""儒家具体生态理论""儒家生态理论的现代意义"以及"儒家生态智慧与实践"五个分论题,就儒学与生态文明的关系问题展开了专门的探讨和交流。

以上是近些年国内举办的比较有代表性的关于儒学与生态关系问题的学术研讨会情况。从中可以看出,20多年来学术界对于这一问题一直保持着持续性的关注和研究。尽管学者对于儒学与生态关系的阐释角度有所不同,但他们都认为儒家思想具有生态意蕴或智慧。接下

---

① 关于此次会议的简单介绍,可以参看伍红玉、王琴、杨勇:《儒家思想与生态文明——第五届儒学国际学术研讨会综述》,《光明日报》2009年12月21日第12版。

② 关于此次会议中学者们的主要立场,可以参看黄星的《儒学与生态文明:"国际儒学论坛·2012"学术会议综述》(《黑龙江社会科学》2013年第1期),以及刁生虎、王喜英的《儒学与生态文明——第九届国际儒学论坛综述》(《高校社科动态》2013年第1期)这两篇文章。

来,我们便集中介绍几位对儒家思想进行生态学化诠释的代表性人物及其主要观点。

中共中央党校哲学教研部乔清举(1966— )依据儒家道德共同体思想,系统性地探讨了道德共同体中的动物、道德共同体中的植物、道德共同体中的土地、道德共同体中的山川,同时对"气""通""和""生""时""道"等儒家生态哲学范畴,以及儒家生态哲学中的天人合一的工夫论与仁的境界论进行了研究①。这种以西方生态学思想来审视儒家哲学,从而将儒家哲学生态主义化的做法,其思想目的无疑是为了结合新启蒙运动中所出现的人类生产方式的生态学转向,来实现儒学的当代价值转换。此外,上海交通大学科学史与科学文化研究院陈业新(1967— )的《儒家生态意识与中国古代环境保护研究》,则更为具体地从儒家生态意识与中国古代环境保护的关联性出发,对以先秦和秦汉为代表的传统环境意识和生态保护实现进行了系统化的研究,详细地从制度性层面探究了儒家意识在保护古代生态方面的意义②。

乔清举和陈业新对儒家思想的生态学化理解,显然都是一种思想史范围内的研究,他们二人都力图以生态学向度来实现儒学的创造性转化和创新性发展。然而,我们也必须看到,在这种以生态学视角,进而运用"六经"和一些史书中的资料来提供儒家思想中存在丰富生态思想的诠释和证明,是否偏离了儒家思想的实质呢?例如,"仁者浑然与物同体",体现了一种具有生态意蕴的境界论,还是德性自我修持所实现的伦理境界呢?原始儒家是否具有生态意识?中国古代的环境保护真的是我们今天言说的生态意义上的保护吗?儒家的人与自然之间、天与人之间的和谐,果真是我们今天所言说的具有生态意蕴的人与自然之间的关系吗?

---

① 乔清举:《儒家生态思想通论》,北京:北京大学出版社 2013 年版,另参见其著《泽及草木 恩至水土:儒家生态文化》(济南:山东教育出版社 2020 年版)。乔清举对于儒学的生态学化诠释,还体现在其撰写的《论儒家生态哲学的范畴体系》(《道德与文明》2016 年第 4 期)、《论〈易传〉的生生思想及其生态意义》(《南开学报》2011 年第 6 期)、《论"仁"的生态意义》(《中国哲学史》2011 年第 3 期)等论文中。

② 陈业新:《儒家生态意识与中国古代环境保护研究》,上海:上海交通大学出版社 2012 年版。

与上述两位学者不同,河南省社会科学院哲学研究所原所长崔大华(1938—2013),则是从儒学与现时代的重要社会思潮的关系中来审视儒学的现代命运,来对儒家思想传统进行现代诠释的①。在他看来,从人与自然的关系来看,无论是先秦儒学还是宋代儒学,都体现了人对自然所具有的责任,强烈的责任意识成为儒家思想的一个基本特质。然而,整体上来看,儒学中的责任意识所体现的主要是一种伦理责任,责任伦理学的彰显是儒学具有当代性的一个重要思想点。与此相比,人与自然的关系也不是体现在具有现代生态义涵的关系上,而是更多体现在道德境界基础上的天人一致的世界观、人生观与价值观上。

与上述三名学者都不同,香港中文大学崇基学院神学院的赖品超与复旦大学哲学学院的林宏星(1963— ),主要是从儒家与基督教的比较中来透视儒学生态意蕴的。他们抛开传统思想界主要从人性论、内在与超越等方面来审视儒家与基督教的一贯做法,从儒家与基督教共同关注的生态问题入手来谈二者的关系,并认为儒家的生态伦理与基督教的生态神学具有共同的生态向度②。通过对张载、程颢、王阳明等人的生态伦理思想的阐发,他们力图阐发基督教生态神学可以向儒家生态伦理吸取的元素。这种通过生态关切来进行儒耶比较的做法,确实抛弃了学界主要从人性论、内在超越、外在超越的角度来进行比较研究的传统。可是,传统的比较研究视域难道不更适合儒耶的比较吗?基督教的宗教维度与儒家的道德维度,难道不是我们在思考儒耶比较时所应当遵循的基本维度吗?

此外,在中国人民大学孔子研究院院长、中国传统文化研究中心主任张立文(1935— )主编的《天人之辨:儒学与生态文明》一书中,儒学与生态文明再次被关联起来③。此书主要探讨了从生态学角度关照儒学、儒家生态学的根本特质及其可能依据、儒学核心生态理念及其现实意义、儒学生态智慧应用中的优势及其问题等相关主题。对这些主题的回答所形成的论文,可以说代表了近些年来一些学者将儒家思想生态学

---

① 崔大华:《儒学的现代命运:儒家传统的现代阐释》,北京:人民出版社2012年版。

② 赖品超、林宏星:《儒耶对话与生态关怀》,北京:宗教文化出版社2006年版。

③ 张立文主编:《天人之辨:儒学与生态文明》,北京:人民出版社2013年版。

化的典型立场。不同于那种将儒学与生态文明关联起来的做法,张立文则提出要以所谓的和合哲学来解决当今社会发展中人类与生态之间出现的资源有限性、气候变暖、水生态环境恶化、沙漠化、物种大灭绝甚至是食品安全的冲突。因为在他看来,儒家和合生态智慧包括丰富的生态智慧,例如天人合一、敬畏尊重、仁民爱物、中和并育、顺应自然等方面的智慧①。与相当一部分学者一样,这种以当代生态问题域来诠释儒学的做法,无疑赋予了传统儒学所不能承受之重。此种理论,实际上再次远离了将儒学作为生命之学来彰显其当代价值的应有主线。

此外,在实现儒学在当代的创造性转化与创新性发展的过程中,"深层生态学"范畴得到了一些儒家学者的青睐。除了上述学者的思想之外,蒙培元(1938—2023)认为,"中国哲学是深层生态学,即不是科学层面上的生态学(但是与后现代科学能够相通),而是哲学、宗教层面上的生态学。由于它具有强烈的人文精神,又可称之为人文主义生态学"②。蒙培元的相关思想体现在《人与自然:中国哲学生态观》(北京:人民出版社2004年版)一书,以及《为什么说中国哲学是深层生态学》(《新视野》2002年第6期)、《中国哲学生态观论纲》(《中国哲学史》2003年第1期)、《关于中国哲学生态观的几个问题》(《中国哲学史》2003年第4期)、《中国哲学生态观的两个问题》(《鄱阳湖学刊》2009年第1期)、《生的哲学:中国哲学的基本特征》(《北京大学学报》(哲学社会科学版)2010年第6期)等文章中。此外,任俊华的《论儒家生态伦理思想的现代价值》(《自然辩证法研究》2006年第3期),以及由曾繁仁、谭好哲主编的《生态美学的理论建构》③(北京:人民出版社2016年版),单虹泽的《中国文化的新开展:儒家生态哲学》(《中国社会科学报》2017年8月22日第2版)、《儒家生态哲学视域下的人类命运共同体》(《中国社会科学报》2018年9月18日第2版),伍鸿宇主编的《儒家思想与生态文明:第五届儒学国际学术研讨会论文集》(台北:台湾学生书局

---

① 张立文:《儒家和合生态智慧》,《黑龙江社会科学》2013年第1期,第1页。
② 蒙培元:《中国哲学生态观论纲》,《中国哲学史》2003年第1期,第8页。
③ 此书中的《儒家的生态观与审美观》《中国古代"天人合一"思想与当代生态文化建设》《试论〈周易〉"生生为易"之生态审美智慧》《〈周易〉与生态美学》《〈周易〉"生生"之学的生态哲学及其生态审美智慧》等文章,便是以一种生态美学的视角阐发了儒家思想。

2011年版),也是以生态学视角来诠释儒学的。

在此,我们具体以蒙培元的相关思想为例进行批判性的分析。他认为,"中国哲学是深层次的生态哲学"①。在他看来,中国哲学的本质特征是生态学的,作为一种关于"生"的哲学有三层内涵:"生"的哲学是一种生成论哲学而不是什么西方式的本体论哲学;它是一种生命哲学而不是什么机械论哲学,因此包括生态哲学这层意义;它就是一种原本意义上的生态哲学,即在生命的意义上来讲人与自然界的和谐关系。"生"的哲学,体现出一种目的性。"所谓'生'的目的性,是指向着完善、完美的方向发展,亦可称之为善。善就是目的。"②儒家"生"的哲学的目的性,可以从"天命"与"天地之心"处得到说明。而"仁"不仅具有与人相关的人存在价值方面的意思,还具有天人关系背后的实现自然界生命目的的意思。可见,这种对于"生"的哲学内涵的三重规定,更多地方涉及的是其特征而不是内涵本身。而且,即使这些特征本身存在,其关系到底为何也是值得怀疑的。也就是说,生成论哲学、生命哲学、生态哲学这三者之间到底是什么关系?生成论哲学重点谈过程和变化,生命哲学重点谈的是个体的生命,生态哲学重点谈的是自然。我们如何能够将生成论哲学、生命哲学与生态哲学相混淆而谈"生"的哲学呢?更何况,抛开到底何谓"生"的哲学不谈,单就"生"的哲学到底是不是一种生态哲学,也还存在大大的疑问。

蒙培元先生不仅判定中国哲学是一种深层的生态学,而且还力图为此判定寻求某种根据。他提出要以"回到原典"的方法来寻求这一根据。回到原典指的便是回到传统,回到探究和解决人与自然关系的究天人之际的问题之中去。"'原典'也就是'传统'(大传统),'回到原典'也就是'回到传统'。中国哲学的传统是什么呢?就是古人和今人经常说的'究天人之际',其实质是探究和解决人与自然的关系问题。"③他认为,中国哲学的基本问题是"究天人之际"的问题,作为主流哲学的天人合一论,其核心便是关于"生"的问题,而"生"的实质就是一种生态哲

---

① 蒙培元:《人与自然:中国哲学生态观》,北京:人民出版社2004年版,第1页。

② 同上书,第7页。

③ 蒙培元:《为什么说中国哲学是深层生态学》,《新视野》2002年第6期,第42页。

学,主要解决的是人与自然的关系问题。"所谓'生'的哲学,不能被认为是中国哲学中的一个从属的部分或其中的一个问题,它是全部中国哲学的实质所在,就是说,中国哲学就其本质特征而言是生态学的。"①

上述看法背后确实存在许多可以争论的地方:中国哲学的本质特质体现在它是一种深层生态学或生态哲学吗? 生态学的问题难道是中国古已有之的吗? 作为一种以生命哲学来理解的生的哲学,难道就是一种生态哲学吗? 中国哲学"生生之谓易"中的"生生"难道具有生态意蕴吗? 在此,我们承认中国哲学是一种生命哲学,即关于人的生命存在与生命创造的成人之学。但是,这种成人之学虽然涉及天与人、人与自然的关系,但其实质绝不是一种生态哲学或所谓的深层生态学。中国哲学家讲生命哲学更多的是从道德入手而不是生态入手来讲的。"究天人之际"指的是探究自然现象与人类社会之间的关系,但这种关系绝对不是一种生态意义上的关系。而且这里的"天"是不能狭隘地被理解为"自然界"的,否则,天人之际所言说的便成为一种生态意义上的人与自然的关系。即便我们将"天"狭隘地理解为自然界,那么人与自然界的关系也不能被理解为一种生态的关系,而是应当被理解为一种有机的内在生命之间的联系。

在国外,由 M. E. 塔克尔(Mary Evelyn Tucker)与 J. 白诗朗(John Berthrong)主编的《儒家与生态》一书②,是国外学者对于儒家思想进行生态学化诠释成果的集中展现。作为《世界宗教与环境》系列著作的第二卷,此书共包括 17 篇相关主题的代表性文章,其中有杜维明的《超越启蒙心态》《存有的连续性:中国人的自然观》《当代新儒家人文主义的生态转向》,艾周思的《感应与责任:周敦颐与环境伦理的儒家资源》,桑子敏雄的《朱熹的环境关联性哲学》,卢蓉灿的《李栗谷宇宙论的生态含义》,塔克尔的《气的哲学:一种生态宇宙论》,成中英的《儒家人格中宇宙论、生态学和伦理学的三位一体》,白诗朗的《现代新儒家生态观的主

---

① 蒙培元:《中国哲学生态观的两个问题》,《鄱阳湖学刊》2009 年第 1 期,第 96 页。

② Mary Evelyn Tucker and John Berthrong, *Confucianism and Ecology:The Interrelation of Heaven, Earth, and Humans*, Center for the Study of World Religions, Cambridge, MA:Harvard University Press,1998. Mary Evelyn Tucker、Tohn Berthrong 编:《儒学与生态》,彭国翔、张容南译,南京:江苏教育出版社 2008 年版。

题》,南乐山的《取向、自我与生态观》,沙绘圣子、秦家懿的《儒学与园林设计:小石川后乐园和沃里兹公园的比较》,李惠莉的《儒家思想与生态女性主义》,罗维勒、包弼德的《从天地到自然:中国的环境观及其对政策实施的影响》,罗泰勒的《民胞物与:儒家生态学的源与流》,艾文荷的《早期儒学与环境伦理学》,迈克尔·凯尔顿的《拓展新儒学传统:21世纪的问题与观念重构》。

此外,韩国湖南神学院崔广三教授的《生态化时代的灵性:神、人性与宇宙的交响曲》[1],基于生态灵性与生态神学的视角,认为托马斯·贝里(Thomas Berry,1914—2009)与周敦颐强调了上帝、宇宙与人性的整体性关系,他们的著述对于当前的生态危机提供了洞见,他们的宇宙论有助于发展生态学化时代的灵性,有助于提供一些明确的价值和伦理规范以便人类在地球上更真实地存在。唐纳德·克罗斯比(Donald A. Crosby)与杰罗姆·斯通(Jerome A. Stone)的《劳特利奇宗教自然主义手册》[2],约翰·格里姆(John Grim)、威利斯·J. 詹金斯(Willis J. Jenkins)、玛丽·伊夫林·塔克(Mary Evelyn Tucker)编辑的《劳特利奇宗教与生态手册》[3],也是从宗教的道德价值与解释系统角度来谈论儒家与生态之间的关系的。相关学者认为,在人们如何设想可持续性的挑战以及社会如何调动起来以增强生态系统修复与人类福祉方面,儒学具有至关重要的意义。他们在著作中从整体上展现了儒家宗教在环境研究和政策制定方面的意义。另外,尼古拉斯·S. 布拉索万在《理学中的生态人文主义:一种关于王夫之思想的阐释》[4]中,也以生态人文主义的视角论述了明代哲学家王夫之的理学思想。根据自己编造的"世界中的人"(person-in-the-world)这一术语,布拉索万认为,王夫之的"气"论体现了人与自然之间的一致性。香港浸会大学的道格拉斯·罗宾逊(Douglas

---

[1] Kwang Sun Choi, *Ecozoic Spirituality: The Symphony of God, Humanity, and the Universe*, Peter Lang Inc., International Academic Publishers, 2015.

[2] Donald A. Crosby, Jerome A. Stone, *The Routledge Handbook of Religious Naturalism*, Routledge, 2018.

[3] John Grim, Willis J. Jenkins, Mary Evelyn Tucker(edited), *Routledge Handbook of Religion and Ecology*, Routledge, 2016.

[4] Nicholas S. Brasovan, *Neo-Confucian Ecological Humanism: An Interpretive Engagement with Wang Fuzhi(1619—1692)*, SUNY Press, 2017.

Robinson)更是将孟子和亚里士多德都看作社会生态主义者,并认为两个思想家都具有强烈的社会生态倾向,他们都支持并探索了一种关于能量循环与社会群体价值的集体主义思考方式。① 由曾繁仁、谭好哲主编的《生态美学的理论建构》(北京:人民出版社 2016 年版)一书,其中的《儒家的生态观与审美观》《中国古代"天人合一"思想与当代生态文化建设《试论〈周易〉"生生为易"之生态审美智慧》《〈周易〉与生态美学》《〈周易〉"生生"之学的生态哲学及其生态审美智慧》等文,均以生态美学的视角阐发了儒家思想的生态维度。

可以说,当代人类社会发展中生态问题的凸显,使得相当数量的学者认为儒家可以在回应这一当代问题的时候具有一席之地。针对一些学者将儒学与生态联系起来思考儒学当代意义和价值的思想倾向,我们究竟该如何看待这一立场呢? 儒家可以成为一种生态主义吗? 或者换句话说,儒家思想在当代的价值可以体现为一种生态价值观吗?

众所周知,关于人与自然的关系,中国传统文化中占主导地位的观点是"天人合一",即认为人与自然是统一的,人是自然界的一部分。据此,儒家思想的生态学化理解便出现在了思想家们的思想中。"人类的生活理想应该符合于自然界的普遍规律。天人合一的最高原则是:'先天而天弗违,后天而奉天时','财成天地之道,辅相万物之宜'(《周易大传》),使人与自然达到协调的境界。"②这种将"天人合一"关系与生态问题结合起来的看法,已成为一种流行的看法,可是,这种对于"天人关系"的生态式解读,果真具有合理性吗? 这背后当然涉及我们究竟如何理解"天人合一"这一概念?

有观生态儒学的说法,杜维明的相关论述较为典型。③ 他反对儒家人文主义的世俗化,这是因为,这种世俗化的儒家人文主义采取了儒学的现代主义转向,它将儒学与西方定义下的现代化是否吻合看作断定儒学价值的唯一标准。在他看来,只要儒学的重建被纳入现代主义的话语

---

① Douglas Robinson, *The Deep Ecology of Rhetoric in Mencius and Aristotle: A Somatic Guide*, SUNY Press, 2016.
② 张岱年:《文化传统与现代化建设》,《张岱年全集》第 6 卷,石家庄:河北人民出版社 1996 年版,第 161 页。
③ 杜维明:《新儒家人文主义的生态转向》,参见其《对话与创新》,第 185—220 页。

中,它的人类——宇宙统一的洞见就会失落,它所倡导的一种整体的、非人类中心的、一视同仁的、环境保护的世界观,它的尊重自然和用同情之心来对待生命的一切形式的可能性,就会大大降低。据此,他认为钱穆、唐君毅、冯友兰思想中所蕴含的伦理和宗教价值,对于人类与地球的关系的思考具有深远的意义,这些思想家强调仁爱之心和同情共感是人性的特性,而人的独特之处就在于能够以爱心关怀宇宙间所有形态的存在。杜维明对于儒学的这种规定,很显然是过分强调了儒学的后现代转向,单不说这种后现代转向何以可能的问题,就儒学与现代性的关系问题来讲,实际上在今天也依然具有理论阐发的必要,也不会因为儒家人文主义的世俗化而失去其存在的价值。

依据一种超越西方启蒙的批判心态和全球在地化(Glocalization)基调,上述一些学者认为,儒家思想展示了重新思考人地关系的丰富资源,他们从以下三个角度论述了生态危机与儒学问题:历史性地描述东亚传统的自然观、社会伦理观和宇宙学,这可能会对当代生态问题的解决具有思想的启发性;以对话方式将儒学与其他哲学和宗教传统联系起来;着眼于儒学对具体生态问题的参与来审视儒学。他们进而主张,人类不仅是生态危机的制造者也是真正解决生态问题的主体,而生态的问题绝不仅仅是环境保护的问题,而是更多涉及人的世界观和存在方式的问题。据此,解决生态问题除了需要不断发展科技条件来解决生态问题之外,更需要儒家思想价值与观念作为思想资源。不仅早期儒学与环境伦理学密切相关,儒家的"民胞物与"思想也是儒家生态学的源与流,这些儒学智慧均成为21世纪拓展新儒学传统的基础。

在此,我们势必要问:儒学实质上是一种生命伦理学还是一种生态伦理学?姑且承认儒学具有某种生态意识,那么就"生态"一词的现代意义而言,儒学也只是提供了一些零零散散的生态观念,而没有形成一种完整化、系统化的生态伦理理论。现代生态问题产生之后,才真正出现了所谓的生态伦理学、环境伦理学等应用伦理学的分支。生态伦理主要对保护生态这一道德要求提供合法性的根据和论证。对于此任务,儒学零散化的生态观念显然难以完成。我们并不赞同如下的看法:"儒家把适用于人与人、人与社会之间的道德范畴扩及自然界和自然万物,提出了相应的合理利用生态资源和保护生态资源的主张,并以礼、法相约束,成就了当时能够成就的儒家生态意识或生态学说架构,并对中国古代的环境起到了积极的保护作用。"①我们认为,传统儒学把对人与社会的伦理规定泛化到对自然万物的理解,这是一种亲亲、仁民、爱物的爱有差等的、由近及远的泛道德主义,以这样的一种泛道德主义来理解的自然,显然不具有保护生态的意蕴和目的。因此,将儒学定义为一种生态哲学或生态伦理学,很显然并不科学和合理。② 进一步讲,对于今天人类社会发展所面临的生态问题,我们更多应当从经济增长方式的转型、经济结构的调整、法律制度的制定、科学技术上的革新与创新、全球化的生态合作等多种手段,来真正落实保护生态的道德要求,而不是仅仅停留在对这一道德要求的种种说明和论证上来。

## 第二节 天人合一、生生哲学与儒家生态学

一些学者对儒学的当代价值不仅进行了生态学化的诠释,而且还提出了儒家生态伦理之所以存在的三点主要理由。

第一点理由,儒家"天人合一"思想表明儒学是一种生态伦理。

有些学者将儒家生态伦理思想的根据规定为"天人合一",他们甚至将儒家"天人合一"思想视作儒家生态哲学的基本原则。例如,汤一介(1927—2014)先生曾主张:"我们讨论'天人合一'这样一种思维模式,是要说明'人'和'自然'存在着一种内在的关系,我们必须把'人'和'自然'的关系统一起来考虑,不能只考虑一个方面,不考虑另外一个方面。……'天人合一'作为一种思维模式对今天解决'人'和'自然'的关

---

① 陈业新:《儒家生态意识特征论略》,《史学理论研究》2007 年第 3 期,第 50 页。

② 例如,学者胡发贵便认为,儒家生态伦理包括"钓而不网,弋不射宿"的善待之意、仁者无伤的"仁术"、人为天地之灵杰,人有责任善待万物、"生生大德"与"爱惜物命"的观念、"以事亲之道以事天地"的"民胞物与"说、"万物一体"说这六个方面的具体内容。(胡发贵:《儒家生态伦理思想刍论》,《道德与文明》2003 年第 4 期)此外,乐爱国也认为:"儒家要求人们遵循自然规律,强调人'与天地参',与自然相和谐,认为自然界是互相联系、互相作用的有机整体,并且提出'仁民爱物'的生态伦理观和'以时禁发'的合理利用与开发自然资源的思想,都充分反映了儒家具有丰富的生态思想。而且更为重要的是,儒家的这些思想对于今天依然具有重要的价值。"(乐爱国:《儒家生态思想初探》,《自然辩证法研究》2003 年第 12 期,第 19 页)

系应该说有着正面的积极意义。"①尽管有如此解释,汤先生也承认,儒家的天人合一思想是不可能解决当前人类社会存在中的生态问题的,但认为其可以提供一种天人相即不离的无用乃为大用的境界之学。显然,境界意义上的天人合一关系,我们很难赋予其生态诠释的向度。以人与自然之间的关系来诠释"天人合一",突显了对于儒学思想观念的不相应。除汤先生之外,中南财经政法大学哲学院的王雨辰(1983— )也认为,儒家生态伦理的哲学根据和基本精神便体现为"天人合一"(此处的"天"被其理解为自然之天与德性之天两种含义)理念②。山东社会科学院文化研究所所长涂可国(1961—2025),从义理结构方面较为详细地分析了儒家的生态责任伦理。在他看来,天人相分构成了儒家生态责任伦理的根据,天人一体、天人合道、天人合德构成了天人合一的儒家生态责任伦理的前提③,泛爱忠恕、恩及禽兽、与物同体、仁心慈念构成了仁民爱物的生态责任伦理的情感,顺时取物、取予有度构成了儒家生态责任伦理的行为,尽心知天、并育不害、强本善治构成了天人相参的儒家生态责任伦理的追求④。

众所周知,关于人与自然的关系,中国传统文化中占主导地位的观点是"天人合一",即认为人与自然是和谐统一的,人是自然界的一部分。据此,儒家思想的生态学化诠释便出现在了一些思想家们的儒学思

---

① 汤一介:《儒家思想与生态问题——从"易,所以会天道、人道也"说起》,《中国文化研究》2004年第2期,第3页。

② 王雨辰:《略论儒家生态伦理的基本精神与价值取向》,《中南财经政法大学学报》2003年第5期,第48页。另外,牟钟鉴(1939— )在《生态哲学与儒家的天人之学》(《甘肃社会科学》1993年第3期)一文中,也是通过将儒家的天人观看作一种整体性的大生命观而赋予其生态哲学意蕴,并进而主张儒家的天人之学与现代生态学说在方向上很自然地保持一致,并且十分有利于推动我国生态与环境方面的教育。

③ 例如,早在20世纪90年代初,葛荣晋(1935—2023)便从儒家"天人合德"的角度来言说其与现代生态伦理学之间的关联,并认为儒家基于"天人合德"观念而提出的"取物以顺时""取物不尽物",是一些明确具有生态环保理念的思想。参见葛荣晋的《儒家"天人合德"观念与现代生态伦理学》(《甘肃社会科学》1995年第5期)、《试评儒家生态哲学思想及其现代价值》(《长安大学学报》2002年第1期)二文。

④ 涂可国:《儒家生态责任伦理的义理结构》,《伦理学研究》2017年第2期,第26—33页。

想阐发中。"支持儒家生态伦理的精神主要是一种'天人合一'、与自然和谐的精神。"①这种将"天人合一"关系与生态问题结合起来的看法,已经成为一种流行的看法。可是,这种对于"天人关系"的生态式解读,果真具有合理性吗?这背后当然涉及我们究竟该如何理解"天人合一"这一概念的问题。对此,我们将在后文予以详细分析。

第二点理由,儒家以仁为本的生生哲学表明儒学是一种生态伦理。

与一些学者从"天人合一"角度来论证儒家生态伦理思想不同,有的学者则将儒家生态伦理思想的根据规定为"以仁为本"。例如,曲阜师范大学马克思主义学院的杨世宏(1964— )认为,由爱亲到爱人再到爱物所体现的仁爱之心的扩展,表明的是由人际伦理向生态伦理扩展。仁所达到的境界是浑然与物同体,所形成的秩序是万物并育而不相害,所实现的是大自然的生生之德。② 因为将儒家生态理论思想的实质规定为仁,儒家生生哲学便成了论述的主题。天道、天德实际上是生道、生德。"天地之大德曰生。"万物的生命力和天地的创造力主要表现在生生不已,儒家生的哲学所体现的是一种生成论意义上的生命哲学,而绝不是西方本体论意义上的机械论哲学。于是,天生万物、生命存在、生命创造、生命和谐,便自然成为儒家哲学关注的重要问题之一。

首先,尽管儒家的生生哲学所追求的的确是一种人与自然之间的和谐,但很显然,这种和谐并不是我们今天所谈论的社会发展论意义上的人与自然的和谐,后者往往指涉的是绿色的、环保的发展理念。其次,儒家生生哲学所强调的自然之天生成万物,这与人利用技术理性和工具理性来认识、利用和改造自然所引起的生态问题,也并无实质性的联系。最后,强调自然之天可以作为生命主体存在与创造的价值来源,也很难体现出一种生态的含义。总之,从儒家生生哲学的角度而将儒家思想生态学化的做法,是很值得商榷的。这种将儒家生态伦理思想的根据归结为"以仁为本"的主张,突出的是儒家思想中的"仁"这一范畴并将其赋予生态的意蕴。可是,儒家的仁学到底是一种人际伦理还是一种生态伦

---

① 何怀宏:《儒家生态伦理思想述略》,《中国人民大学学报》2000 年第 2 期,第 35 页。

② 杨世宏:《以仁为本:儒家生态伦理思想的特质》,《齐鲁学刊》2015 年第 2 期,第 27—33 页。

理呢？事实上，人际伦理与生态伦理这二者之间分际甚明，而作为一种典型的人际伦理来理解的儒家思想，才具有创新性发展和创造性转化的可能，才具有当代性价值。

第三点理由，儒家的宗教生态意蕴表明儒学是一种生态伦理。

有关生态儒学的说统，哈佛大学亚洲中心资深研究员、北京大学高等人文研究院院长杜维明的相关论述是较早和较为典型的。例如，在《新儒家人文主义的生态转向：对中国和世界的启发》①(《中国哲学史》2002 年第 2 期)、《存有的连续性：中国人的自然观》(《世界哲学》2004 年第 1 期)、《儒家视阈之创造力》(《求是学刊》2008 年第 6 期)等文章中，他以一种具有宗教性的深层生态学的视角重新审视了儒学的当代价值。但是，与前面提到的一些学者更多从"天人合一""生生哲学"角度来言说儒学是一种生态伦理的观点不同，他是从儒家作为一种具有宗教性的深层生态学，即从一种生态宗教学的角度来论证儒学是一种生态伦理的。

杜维明直言不讳地认为，作为关切现实政治、社会与文化的儒家，应当"对生态环保，对天地万物有关切"②，从而实现新儒家人文主义的生态转向。"人类——宇宙统一的世界观通过强调天人之间的互动共感唱出了不同于当代中国世俗人文主义的曲调。就重估儒家思想而言，这种世界观通过强调人与大地之间的相互作用标志着儒学的生态转向。"③在他看来，这种儒学的生态转向具有重要的意义和价值。"新儒家生态转向对于中国精神的自我认同具有重大意义，因为它敦促中国转身回家，重新发现自己的灵魂。"④杜维明不仅提出了儒学应当实现生态转向的主张，还更为具体地提出了实现儒学生态转向的路径。"儒学的生态转向作为一种可供选择观念，意义尤其重大。落实这一转向并最终

---

① 此文又见〔美〕杜维明：《对话与创新》，第 185—220 页。
② 〔美〕杜维明：《儒家人文精神与生态》，《中国哲学史》2003 年第 1 期，第 6 页。
③ 〔美〕杜维明：《新儒家人文主义的生态转向：对中国和世界的启发》，《中国哲学史》2002 年第 2 期，第 5 页。
④ 同上文，第 20 页。

影响政策的制定,迫切需要知识分子的公众意识。"①"新儒家的生态转向清楚表明,可持续的天人关系的一个不可分割的方面是通过人类社会全体成员的自我修养来创建和谐的社会和仁慈的政府。"②可见,落实杜维明先生所说的儒学的生态转向,公共的知识分子是关键。

杜维明因反对儒家人文主义的世俗化,而主张一种神圣的儒家人文主义即天人合一的人文主义。杜维明曾提出新儒家人文主义有一个后现代的生态转向(ecological turn),而这种转向的本质则呈现为四个特征:

(1)自身与社群之间富有成效的相互作用。"由于社群作为'家'必须扩展到'地球村'甚至更远,自身与社群之间富有成效的相互作用就必须不仅超越独我和区域,还要超越民族主义和人类中心主义。"③但是,果真可以通过自我修身而达到自身与社群之间富有成效的相互作用吗?一个人可以将同情从自身扩展到家庭、社群、国家乃至全人类,从而超越自私、裙带关系、地方主义乃至大国沙文主义吗?

(2)人类与自然之间可持续的和谐关系。"只有把宗教和自然的层面完全整合到新儒学之中,儒家的世界才能避免以牺牲宇宙——人类的统一为代价,只强调社会控制、工具理性、直线进步、经济发展和专家统治的危险。"④可是,如何才能做到将宗教和自然的层面完全整合到新儒学之中呢?人类的现代发展自有其问题,但是这种现代的发展难道不需要我们付出代价吗?而在付出代价的同时,我们是否也应当将人类的现代故事进一步表演得更好,而不是超越这种现代主义的思想方式?

(3)人心与天道的互动。"'天人合一的人文主义'既不是世俗的,也不是人类中心主义的。它充分认识到我们植根于大地、身体、家庭和社群之中,因此它从不否认我们与宇宙秩序的和谐。为大地的、身体的、家庭的和社群的存在注入超越的意义,不仅是儒家的一个超迈的理想,也是儒家的基本实践。"⑤这种强调人心与天道的互动的主张,实质上是力图将自然神圣化,将地球的神圣性视为天授,以便在更扩大的人—神

---

①② 〔美〕杜维明:《新儒家人文主义的生态转向:对中国和世界的启发》,《中国哲学史》2002年第2期,第19页。

③④ 同上文,第15页。

⑤ 同上文,第16页。

关系中来思考有关自然的理论。这种思考方式事实上是将儒学宗教化了,是以生态宗教学的诠释方式来理解儒学的当代发展。可是,这种思考方式与儒学的真谛相符吗?儒学如果真如一些学者所说的,其具有的是一种内在的超越性,那么,这种内在的超越可以与作为外在超越的宗教联系起来吗?

(4)知性、修身以达到三才同德。"儒家相信,上天赋予人性,所以人通过自我认识,就能够知道天道。儒家还相信,为了理解天命,我们必须不断地修养我们自身。这是实现天、地、人三才同德。"①以人心与天道的互动以及达到的天、地、人三才同德,来摆脱人类征服自然的欲望果真可以实现吗?人可以单单通过自我认识而指导天道吗?人可以单单通过自我修养而实现天、地、人之间的同德吗?不同于天与地的人,其人性的依据难道不应当从人自身出发去探问吗?

基于新儒家人文主义的后现代生态转向的四个特征所面临的种种困难,想通过超越世俗人文主义而实现儒家的生态转向的任务,显然是难以实现的。当然,对于这一难以实现的任务,杜维明先生并没有放弃,他将公共知识分子作用的发挥看作儒学生态转向得以落实的途径。"当中国的公众知识分子开始领会儒家生态转向所蕴含的深刻宗教意味时,当他们感到回归和重新评价本土资源以发展环境伦理的重要性时,他们就会参加到不同文明有关宗教和生态的对话中来。"②但是,究竟何谓公共知识分子呢?难道他们就是关心政治、参与社会活动、具有文化的敏感性且对宗教生态问题热忱关注的一些人吗?这些所谓的公共知识分子,如何有能力超越世俗人文主义所塑造的民族主义,如何愿意在人类尊严和自我实现的思索中严肃对待宗教问题?如果他们没有这种能力,也没有这种意愿,我们又将如何落实新儒家人文主义的生态转向呢?他们真的会参加我们有关宗教和生态的不同对话吗?

---

① 〔美〕杜维明:《新儒家人文主义的生态转向:对中国和世界的启发》,《中国哲学史》2002年第2期,第16页。
② 同上文,第19页。

## 第三节 儒家思想生态学诠释的思想限制

"生态学"(德文,Ökologie;英文,Ecology)一词,是1866年德国动物学家恩斯特·海克尔(Ernst Heinrich Philipp August Haeckel,1834—1919)提出的。Ecology一词源于希腊文,由表示住所或房屋的词根"oikos"和表示学问或学科的"logos"合成而来的。生态学是"研究动物与其有机及无机环境之间相互关系的科学",特别是研究动物与其他生物之间的有益和有害关系的科学。后来,"生态学"一词大体上指的是研究生物体与其周围环境(包括非生物环境和生物环境)相互关系的科学,它属于自然科学范围。1973年,挪威哲学家阿伦·奈斯(Arne Naess,1912—2009)提出了"深层生态学"[1],他以"生态自我""生态平等""生态共生"等重要生态哲学概念阐发了人与自然平等共生、共在共容等重要的生态哲学问题。"深层生态学"是相对于"浅层生态学"而言的。"浅层生态学"基于人类本位来进行环境和资源的生态保护,"深层生态学"则把生态保护看作是一种改良主义的环境运动,它主张在不变革现代社会的基本结构,不改变现有的生产模式和消费模式的条件下,通过依靠现有的社会机制和技术进步来改变环境现状。"深层生态学"的提出,实现了将属于自然科学实证研究的生态学与人文科学世界观的探索相结合的先河,并据此形成了生态存在论哲学。这种新哲学理论力图摆脱传统的主客二元对立的机械论世界观而主张一种系统整体性的世界观,反对"人类中心主义",主张人与自然、社会应保持协调和统一,反对自然无价值的理论而赞同自然具有独立价值的观点。[2]

---

[1] 关于"深层生态学"的进一步理解,可以参照以下两本书:比尔·德韦尔等人的《深层生态学》(Bill Devall, George Sessions, G., *Deep Ecology*, Salt Lake City: Gibbs M. Smith Inc., 1985),以及由弗雷德里克·P. 米勒与范多梅·阿格尼斯共同编辑的《深层生态学》(Frederic P. Miller, Vandome Agnes F., McBrewster John (ed.), *Deep Ecology*, Alphascript Publishing, 2011)。

[2] 学者们对于人类中心主义的看法并不一致。例如白奚在《儒家的人类中心论及其生态学意义——兼与西方人类中心论比较》(《中国哲学史》2004年第2期)一文中,提出了所谓以道义为中心的儒家式人类中心主义与以利益为中心的儒家人类中心主义的区别,并认为儒家式人类中心主义是一种生态伦理。

就杜维明先生所谈到的生态转向中的"生态"一词而言,显然它是从广义上来被理解的。这种广义上来理解的生态,包含生态伦理学或环境伦理学的含义,即为保护生态和实现人与自然的和谐发展而提供道德上的理由和依据。纵使我们有很好的生态道德理由和依据,这种生态伦理学依然面临无法保证人们在实践上必定会遵循这些生态道德要求的风险。这种广义上来理解的生态,也包含生态美学的含义,即对人类的生存状态进行哲学美学的思考,以及对人类环境进行美学体验。但中国儒家哲学所呈现的整体性思维模式,显然具有强烈的主观因素而缺乏精确性,因此其很难被运用于科学和技术的方面。生态美学似乎只是提供了一种美学上的欣赏以及对于过去传统的怀旧情绪,而它对于我们现实生活中必然面对的令人棘手的生态危机却无能为力。这种广义上来理解的生态,更包含生态宗教学的含义,即通过研究宗教与自然之间的关系而赋予自然以神圣性与超越性。可是,儒家思想突显的恰恰是人文性而不是宗教性,新儒学真的可以将宗教层面与自然层面融合到自身之中吗?

那么,为什么杜维明先生等人要以一种广义的深层生态学来诠释传统儒学呢?我们认为,其主要根由是为了回应现代性问题。众所周知,人类社会的现代化发展产生了众多的现代性问题,如生态危机、科技异化、消费主义至上、功利主义盛行、享乐主义滋生、人文精神危机、人际关系淡漠等,而其中非常重要的问题便是生态危机。于是,杜先生等人力图通过将儒学与生态危机的化解问题结合起来,以期通过儒学对于这一重要的现代性问题进行回应,来实现儒学的创造性转化和创新性发展。但时至今日,我们却发现,此种有关儒学的生态诠释向度,有关儒学的重新定位,并没有达到儒学转化和发展的目的,也没有真正改变儒学魂不附体的基本情形,反而是离儒学的真精神渐行渐远。

对于"生态"这一范畴,我们采取的是一种狭义的理解。如果过于宽泛地去理解"生态"这一范畴,那么人与自然的关系问题本身便被视作生态问题,中国传统哲学中的究天人之际基本问题背后的"天人合一论"理念的实质便被归结为人与自然关系问题的探究和解决,"天人合一"理念的基本内涵便被归结为人与自然的内在统一。但是,正如有的学者所说的:"不少人把'天'理解为自然界,认为'天人合一'就是'人与自然合一',并在相当大范围内赋予它以人与自然和谐、环境保护、可持续发展等意义……这些意义其实都是今人附加的,不是天人合一的本义。"①这种以人与自然的关系来解读天人合一的做法,不仅抛弃了"天人合一"理念在中国传统哲学中所具有的丰富内涵,同时也使得我们即便从人与自然关系角度来理解"天人合一"理念,也会将其过度诠释为一种具有生态意蕴的人与自然的关系。事实上,我们也很难将儒家的人文主义精神仅看作天人合一、人文化成,即实现人与自然的和谐统一。我们认为,儒家的人文精神主要处理的还是我们自身生命意义和价值的问题,它关注的是人的理想与现实人格塑造的人学问题,强调的是人生的成就源于道德自我的反省与塑造。正因此,安身立命、修己治人等君子、贤人乃至圣人的理想人格养成,才真正成为儒家思考人生与社会的终极目的。在这种孜孜以求的背后,尽管存在天人合一,但它主要指的还不是具有生态意蕴或宗教性意蕴的人与超越性的天或自然界的关系问题,而是"尽心、知性、知天""万物皆备于我"意义上的人生道德境界提升的问题。

在分析完一些学者关于儒家思想的生态学阐释及其根据之后,我们接下来将就儒学与生态的关系本身进行探究。

对于儒学与生态之间的关系问题,我们可以追问:儒学可以成为一种生态伦理学吗？以生态向度来诠释儒家哲学,进而提出一种所谓的儒家生态伦理,并将其放在当代生态文明的建设视野下来予以牵强附会的理解,确实是当今不少学者在以生态向度误读儒学的过程中所呈现出来的较为普遍的理论倾向。例如,一些学者认为,"儒家生态伦理,特别是儒家的和合思维模式以及与之相适应的生态价值诉求,是传统文化的核心价值之一,是我们当下倡导生态文明建设的可资借鉴的有益资源"②,"以先秦儒家为开端形成的中国传统生态伦理思想,成为建设社会主义生态文明的无穷宝藏,为当前我国生态文明建设提供了丰富的思想资源和理论基础"③。那么,我们究竟该如何看待这种以生态视角来诠释儒学当代价值的做法呢？

---

① 李申:《"天人合一"不是人与自然合一》,《历史教学》2005年第5期,第55页。
② 罗本琦、方国根:《"天人之辨"视域下的儒家生态伦理价值》,《哲学动态》2013年第4期,第21页。
③ 霍功:《先秦儒家生态伦理思想与现代生态文明》,《道德与文明》2009年第3期,第107页。

诚然，儒学研究中的生态主义确实把握住了儒家是一种"经世之学"的实质，但是，对儒家思想进行生态学诠释，显然并不能彰显这一实质。儒家思想在本质上并不是生态的，儒学在当代能够成为一种"经世之学"，也并不是体现在生态这一方面，而是体现在其所追求的君子与圣人的理想人格上，体现在家国天下的责任意识与责任担当上。以生态主义视角来审视儒学的学者，实际上秉持的是一种与科学层面的生态学不同的哲学与宗教层面上的深层生态学，即一种具有强烈人文精神的人文主义生态学。这种人文主义生态学主要是以儒家"天人合一"思想为基础的。一些当代新儒家学者，都将"天人合一"看作儒家传统对于现当代世界具有普遍意义的理念。例如，冯友兰先生主张天人之间和谐所达到的天地境界，钱穆先生提出的人心与天道的合德，唐君毅先生借助内在超越而强调通过理解人心而领悟天命的主张等。受此影响，杜维明先生认为，儒学在当代应当坚守住自己的内在超越精神取向。① "新儒家的天人合一观念标志着一个生态转向，这个转向对于中国和世界具有深刻的意义。"② 乔清举也认为，"生态即意味着和谐，意味着人类应然的存在状态。儒家'天人合一'的价值观与上述生态的价值性含义是一致的，因而在本质上可视为生态哲学"③。乔清举进而从宗教、道德与政治三个方面，详细阐发了所谓的儒家生态哲学的内容。

可见，从天人合一，即人与自然的和谐角度来诠释儒家生态哲学意

---

① 杜维明先生一直长期提倡儒学的内在超越说。在他的《现代精神与儒家传统》"第十讲：传统的生命力"里，有一部分专门讲"儒学的内在超越"问题。"一个具有儒家特色的精神取向是内在的超越。""儒家是既在这个世界里又不属于这个世界的轴心文明，所体现的是一种内在而超越的精神价值。"（〔美〕杜维明：《现代精神与儒家传统》，第447—448页）在他看来，儒家既在这个世界里因而具有现实性，又不属于这个世界而具有理想性。杜维明理论的根据是：儒家的终极关切是要在复杂的人际关系、政治网络与有着权力色彩的凡俗世界中另外创造一套精神领域，从而对现实世界进行全面的否定和批评。也就是说，儒家既主张我们是现实世界的一部分，因此必须设身处地地投入社会之中，同时更认为社会参与的后面拥有历史意识、文化意识和社会良知的支撑。儒学不仅仅是要了解这个世界，更是要转化这个世界。儒学的资源也不是来自这个世界，而是来自历史、文化，来自超越，来自替天行道的思想。

② 〔美〕杜维明：《新儒家人文主义的生态转向：对中国和世界的启发》，《中国哲学史》2002年第2期，第6页。

③ 乔清举：《儒家生态哲学的基本原则与理论维度》，《哲学研究》2013年第6期，第62页。

蕴,是目前学者们一个非常普遍的思想倾向。有些学者出于将儒家思想生态学化的需要,往往以人与自然之间具有和谐关系的角度来规定"天人合一"的真义。然而,正如有的学者所指出的:"儒家'天人合一'虽然包含某些珍爱自然万物的合理因素,但是其主要目的并不在于论证人类与自然界的和谐统一,而在于'推天道明人道''推人道达天命',借'天'的权威来为封建君主专制、伦理纲常、人格理想等作辩护,以求得天道与王道、天道与人伦、天道与人性、天道与圣人等的'合一'。"[①]一个不争的事实是,我们对于"天人合一"思想的理解依然没有达成一致,而是众说纷纭。"天人合一"中"天"这一范畴,在中国传统哲学中往往具有自然之天、物质之天、主宰之天、命运之天、义理之天等多重含义[②],而在儒家思想传统中"天"主要具有的是道德义理与主观意志的含义。"天人合一"中"人"这一范畴,也主要指的是"大人""圣人""君子"等理想人格,不是与自然界相对应的生态意义上的人类。"天人合一"中的"合"这一范畴,也不是生态意义上的人与自然之间所达到的相辅相成、共生共存的和谐状态。

我们不要忘记,人类生态问题产生之前对于人与自然和谐关系的理解,与生态危机出现后所需要达到的人与自然之间的和谐,并不是具有

---

① 郝海燕:《儒家的"天人合一"与人和自然的和谐》,《哲学研究》2012年第5期,第59页。

② 学术界关于"天"的含义到底有几种,一直没有一致的看法。不过冯友兰先生关于"天"有五种含义的说法影响较大。冯友兰先生认为,"在中国文字中,所谓天有五义:曰物质之天,即与地相对之天;曰主宰之天,即所谓皇天上帝,有人格的天、帝;曰命运之天,乃指人生中吾人所无奈何者,如孟子所谓'若夫成功则天也'之天是也;曰自然之天,乃指自然之运行,如《荀子·天论篇》所说之天是也;曰义理之天,乃谓宇宙之最高原理,如《中庸》所说'天命之为性'之天是也"(冯友兰:《中国哲学史》(上),《三松堂全集》第2卷,郑州:河南人民出版社2000年版,第281页)。德国汉学家卜松山也将"天"的含义归结为物理意义上的天空、君王和上帝、天命、自然、伦理原则五个方面(《中国传统文化对现代世界的启示:从"天人合一"谈起》,国刚译,《传统文化与现代化》1993年第5期)。卜松山的规定,显然是冯先生思想的翻版。"天人合一"在此理解下,便被归结为以气为基础的外在的、原始的天人合一,以及以天德和生之仁为基础的伦理学与形而上学意义上的"天人合一"这两种。与此不同,傅伟勋则在冯友兰先生的基础上认为"天"字应有天地之天、天然之天、皇天之天、天命之天、天道之天以及天理之天六种含义(傅伟勋:《儒家思想的时代课题及其解决线索》,见其《从西方哲学到禅佛教》,北京:生活·读书·新知三联书店1989年版,第451页)。

相同含义的同一种和谐。两种不同含义的人与自然之间的和谐,实际上体现了人类社会前现代与现代性的区别。只有在现代性支撑下的人类现代文明兴起之后,生态问题才逐渐成为人类现当代社会日益面临的一个严峻问题。尽管现代之后,生态地存在已经日益凸显为人类根本的存在方式之一,但是我们绝不能回到儒家"天人合一"的思想中去寻求生态哲学的意蕴。因此,那些即使是主张以儒家天人合一思想来诠释儒家生态哲学思想的学者,也不得不承认,"儒家生态哲学并非鉴于严重的生态危机所提出,而是基于农业经验所产生的顺应自然的生态自觉"。"儒家哲学不是为解决生态危机而建立体系的,其主题不是生态,理论和现实存在脱节,不能把它的全部丰富内容单纯地归约为生态哲学。""'与天地万物为一体'在宋明根本上属于精神境界,而不局限于人与自然的和谐。"①

此外,"'天人合一'显然包涵不同层次的内容,不同哲学流派和哲学家个人对此也有不同解释,比如,道家更看重'自然'一面,儒家更看重'人文'一面,但是,这一理念的基本涵义则是人与自然的内在统一"②。此处的"天"这一概念,往往被理解为自然界的总称,其形而上超越的层面指的是天道与天德;"人"这一概念指的是可以实现与天地合其德、以自然与人之间的和谐为目的的德性主体。"天不是上帝,也不是绝对超越的精神实体,天是自然界的总称,但是有超越的层面。其'形而上者'即天道、天德,便是超越层面;其'形而下者'即有形天空和大地,便是物质层面。……人是自然界的产物,也是自然界的一部分,不是凌驾于自然界之上的主宰者。人以其文化创造而成为主体,能'为天地立心',但这所谓主体,是以实现人与自然和谐统一为目的的德性主体,不是以控制、征服自然为目的的知性主体,也不是以'自我'为中心、以自然为'非我'、他者的价值主体。"③"在中国哲学中,天有不同层面的意义,其中有超越的意义,有精神层面的意义。但是,我认为,天不是绝对超越的精神实体,而是创造生命的有机整体。天就是自然界本身,人在

---

① 乔清举:《儒家生态哲学的基本原则与理论维度》,《哲学研究》2013年第6期,第70页。
② 蒙培元:《中国哲学生态观论纲》,《中国哲学史》2003年第1期,第8页。
③ 蒙培元:《人与自然:中国哲学生态观》,北京:人民出版社2004年版,第3页。

其中,而不在其外。中国的天人之学,就是以生为核心的人与自然的关系的大学问。这是由人在自然界的地位所决定的。其中,人与万物构成了生命流行中的有机系统,即所谓生态系统。"[1]据此,中国哲学所具有的所谓的宗教精神,便不仅被理解为敬畏天命,还被理解为对自然界的感激与报恩。

上述这种对于"天"与"人"的生态学理解,明显是将"天人合一"诠释为人类与宇宙相统一的世界观,此种理解与儒家思想中天、人范畴背后所具有的道德形而上学意蕴、道德境界意蕴是相悖的。具有多重内涵的"天",怎么能被狭义地理解为一种创造生命的自然界有机整体呢?在儒家哲学中,"天"更多是从具有伦理价值意蕴的"天理"这一角度来理解的,"人"则主要是从现实生活关系中的道德主体、价值主体等含义来理解的。于是,"天人合一"所涉及的天人相通和天人互动,主要是讲主体与客体如何实现融为一体而达到崇高的人生境界与价值追求。儒家的天人合一思想,更多是从道德精神境界方面来谈论的一种主客不分、物我一体的状态,在这一状态之下,人与自然之天当然处于一种和谐的关系。但是,不要忘记,人类的认识和发展却是以人与自然之间的区别,以主体与客体之间的区分为前提的。人类发展中的问题实质上并不是主体与客体、人与自然相分的结果,而是我们在这种区分的前提下,如何在保护自然的基础上实现绿色发展、可持续发展问题。对于此问题的解决,如果想到儒家天人合一的观念下去寻求某种资源,显然是完全不中的的。

一些学者之所以对天人合一做出生态学理解,源于他们将天人关系看作中国哲学的基本问题,将天人合一看作中国哲学的基本精神,而且进一步将天人关系背后的人文化成关系,理解成是让人在自然界中具有生命意义和自身内在价值。自然界于是不仅仅被视作人类生命和一切生命之源,而且被视作人类价值之源。但问题是,中国哲学的基本问题果真是天人关系吗?中国哲学的基本精神果真是天人合一吗?很显然,关于这两个问题的回答,中国哲学家们的看法并不相同。再有,姑且承认自然界拥有自身的生命意义与内在价值,可是自然界意义上的生命与

---

[1] 蒙培元:《生的哲学——中国哲学的基本特征》,《北京大学学报》2010年第6期,第7页。

不同于自然界的人的生命背后的意义和价值难道一样吗？如果不一样，我们又如何认为人类价值之源是自然界呢？难道人类价值不是更多地源于人类自身的建构吗？

众所周知，20世纪上半叶兴起于西方的生态伦理学或环境伦理学，其思想宗旨在于谋求生态保护的道德根据，它除了与生态学有直接关联而属于应用伦理学的一个分支学科之外，还与环境哲学、环境政治学、环境社会学、环境心理学、环境科学相联系，其理论探究涉及以功利主义为代表的后果主义与生态伦理的关系、义务论与生态伦理的关系、德性论与生态伦理的关系问题，处理的是人与环境之间的道德原则、标准与规范，强调的是正当行为与道德权利范畴在生命与自然中的彰显。以此学科界定来审视儒家哲学，我们很难将其做生态学的处理。"仁民爱物""民胞物与"终究难以被归结为人与自然关系的生态伦理问题。

总之，我们完全可以提出儒家生态伦理是否拥有合法性的问题。无论我们以何种角度来理解儒家思想的生态向度，这都是一种无的放矢。人类发展中的生态问题乃至生态危机，很显然是18世纪下半叶所步入的与农业文明不同的工业文明的一个结果，这一结果在后工业时代依然是我们人类发展进程中必须得加以正视和解决的一个难题。在工业文明之前，并不存在现代意义上的普遍生态问题。据此，我们势必要问：中国文化传统并未经验当代人类发展过程中出现的生态问题，何谈提供了生态上的智慧？儒家思想真的如有的学者所说的，可以回应当代社会发展中的生态问题而实现一种生态转向吗？"我们不能因为儒学没有解决现代化的问题而否定它的价值。它能够在开放、包容的意识下吸收科学解决现代化的问题，但是它不能被别的宗教所代替。如果真正有了这种自觉，就能够避免现代化所带来的破坏生态、污染环境的问题。"①现代化所带来的生态环境的破坏和危机，很显然是难以通过这种自觉意识加以改变和化解的。事实上，我们的确可以反问，以生态向度来诠释儒家思想，难道不是一种当代人对古代思想的一种过度诠释吗？退一步讲，假使我们今天以生态向度诠释儒家思想，从而实现所谓的儒学的创造性转化和创新性发展，但是儒学和生态真的可以嫁接成为一种儒家生态伦

---

① 蒙培元：《人与自然：中国哲学生态观》，北京：人民出版社2004年版，第37页。

理或生态哲学吗？也就是说，当我们站在今天人类社会面临的生态危机背景下来以生态学视角诠释儒学的时候，是不是在相当的程度上造成了儒家思想生态学诠释与儒学基本精神方面的一些理论冲突呢？这是因为，儒家思想传统中的天人关系、生生哲学，与今日我们所熟悉的生态理念之间毕竟有着天壤之别。儒家思想传统中所存在的以修己成人为核心的人学立场，所展现的人与人之关系的先在性，与生态伦理学所强调的人与自然的和谐毕竟也不是一回事。更为严重的问题是，儒家建立在宗法血缘基础上的爱有差等与生态伦理所强调的泛爱众生是明显不同调的。

生态与儒学的不相应，事实上已经给我们提供了否定的答案。尽管一种深层的生态学可以涉及自然科学之外的范围广泛的社会科学与人文科学，但是我们不应忘记，生态学是一门主要关涉生物体在一定的自然环境下生存和发展状态的科学，因此对于生态问题的解决还得主要靠科学与技术的手段，还得靠我们人类改变以往的不环保的发展理念，乃至改变我们的生活方式。

总而言之，一些学者在挖掘传统儒学解决现实问题的潜力时，实际上却依据当代人的视域对传统儒学进行了过度的诠释。这种过度的诠释，不仅难以奢谈什么可以解决当代人类社会发展的生态危机问题，也不知不觉地漠视了儒家思想的真正意义及价值。事实上，儒学的创造性转化和创新性发展，必须得沿着一条非生态主义的生命儒学、生活儒学、社会儒学的路向才会有所进展和突破。否则，对于儒家思想的生态学诠释，实际上造成的便是对于儒学当代性问题的种种不恰当回应，而这也必然促进儒学在当代的死亡而不是重生。

# 第七章
# 儒家思想与君子人格

通过以上章节的阐述,我们对于儒学现代性问题,对于儒学的生态学诠释问题,都一一进行了处理。正如上文所言,儒学的生态学诠释,明显是受到了当代世界日益凸显出来的现代化发展过程中所出现的生态危机而提出来的。这种儒学当代意义和价值的诠释路向,的确给我们提供了一种新的符合时代问题的思考。但是,如果我们从整个儒学的漫长发展历程来看,生态问题并不是儒家学者所处理的时代问题。因为他们所处的时代还没有出现当今全球性的生态问题。尽管因儒家道德思想中的仁民爱物、成己成人乃至天人合一的主张,在他们的思想当中蕴含了生态智慧,但是这种智慧毕竟是初步的。儒学思想整体显然并不是对于生态问题的回应。因此,我们今天无论怎样去阐释儒家文本,都难以建构出一套解决当今生态问题的所谓的儒家深层生态学来。儒家深层生态学更多是一些从事宗教比较研究的学者提出来的一种主张,而这种主张背后却存在着一个非常棘手的问题,即儒家到底是不是一种宗教。

儒学生态学诠释所面临的种种思想困境提醒我们,在儒学当代性问题思考的过程中,在儒学当代意义和价值的追寻过程中,我们应当从拥有漫长历史发展历程的儒学实际出发,从儒学的思想整体出发。只有如此,我们才能找到将历史中的儒学与现实世界的问题联系起来的真正儒家智慧。本章及接下来的第八章、第九章、第十章,便主要是采取这样的思考路向思考儒学当代性问题的。接下来,让我们先从儒家思想与君子人格的关系入手,去探究儒学的当代性问题。

## 第一节　儒学的当代价值

20世纪,儒学曾经在许多亚洲国家被边缘化。但是,在21世纪初的二十多年里,当我们从全球伦理、环境伦理、生命伦理等当代性问题角度来思考儒学意义和价值问题的时候,儒学似乎迎来了一阳来复的新发展机遇。那么,儒家思想在21世纪果真会如一些学者所说的成为一种世界文化吗?

### 一、儒学在现代社会中的张力

在寻求儒学当代意义和价值的过程中,尽管学者们普遍拥有的是一种儒学价值优先的立场,但是,在回答应该建构何种与以往有别的儒家思想体系问题上,学者们往往持有不同的见解。单从儒学研究的思想形态上来看,便包括以任继愈、李申等为代表的宗教儒学,以林安梧、龚鹏程、黄玉顺等为代表的生活儒学,以杜维明、彭国翔为代表的人文儒学,以蒙培元、乔清举为代表的生态儒学,以蒋庆、安靖如、贝淡宁、白彤东、姚中秋、干春松等为代表的政治儒学或制度儒学,以张再林为代表的身体儒学,以谢晓东、韩星、涂可国等为代表的社会儒学,以赵法生为代表的乡村儒学,等等。而从儒学体系建构的角度来,则有李泽厚的情本体论哲学,蒙培元的情感儒学,张立文的和合学,陈来的仁学本体论,牟钟鉴、吴广的新仁学,杨国荣的具体的形而上学,郭沂的道哲学,等等。

上述有关儒学思想形态与思想体系的建构,无疑给当代儒学的发展提供了丰富的思想资源。这些研究成果是儒学在现代社会中面临的张力的产物,是对现代社会所产生的现代性的一种儒家式回应。对于现代中国学术在西学冲击下丧失"学统"的困境与出路,对于该如何正确看待"中学"与"西学"之关系,对于该如何处理儒学与现代性之关系这样一些问题,美国人文科学院杂志《代达拉斯》(Daedalus)2000 年在冬季号上第一期,出版了一个"多元现代性"(Multiple Modernities)专号,发表了多篇从非西方视野看待现代性的论文。这个专号上所发表的论文言说了这样一个事实:越来越多的有识之士开始认识到现代性不可能只有西方一种模式,21 世纪人类文明的多样化、多极化已日益成为许多人的广泛共识。对于非西方国家来说,多元现代性带来的真正挑战是,如何结合自身的传统、根据自身的处境创造出一种适合本国或本民族的现代性,特别是如何回答一系列西方价值观在本土的适用性问题,以及如何重估本民族文化的核心价值。例如,史忠义(1951— )在《现代性的辉煌与危机:走向新现代性》一书中,便从思想史的角度首先梳理了西方现代性的内涵,包括启蒙理性的主要价值观、自然法与个人主义、历史发展的方向和意义等,并从中西思想比较的角度辨析了理与理性及理念概念的差异;其次梳理了西方现代性危机的发展阶段、表现形式,以及思想界和学术界对西方现代性的典型批判;最后分析了西方现代性危机与前现代思想资源的关联。①

事实上,现代性文明的内在张力,不仅表现为马克思所指出的以私有制为基础的现代资本主义社会所具有的劳动异化的现象,也表现为埃米尔·杜尔凯姆(Émile Durkheim,1858—1917)所说的,以劳动分工或社会分工为基础的现代工业社会中的,因个人与社会之间的不协调而造成的社会失范问题,更表现为马克斯·韦伯(Max Weber,1864—1920)所言说的,工具理性与价值理性或形式合理性与实质合理性之间的两难抉择问题。对于拥有悠久历史传统的中国社会而言,现代性的张力则更为明显地表现在传统与现代性之间的张力方面。如果说西方的现代性是一种内发的、自觉的和自主的现代性,那么中国的现代性则属于一种外发的、不自觉的、被动的现代性。西方五百余年的现代性,在提供给我们工业化、信息化、都市化、民主化、市场化等一系列现代性文明内容的时候,也突显出来自身的病灶,如以个体为中心的个人主义至上,放任的经济自由主义,消费主义时代下的拜金主义和享乐主义等,却也十分鲜明地

---

① 史忠义:《现代性的辉煌与危机:走向新现代性》,北京:社会科学文献出版社 2012 年版。

彰显出这种现代性类型的种种限制。尽管现代社会具有不同于以往社会的众多积极方面,但是人情味缺乏、制度官僚化、对亲情的淡薄,却也突显了现代社会与传统社会相比在仁慈、友善、和谐、亲切、坦率、安全、个性化等众多优良品质方面的弱化。21世纪初人类的新发展任务,便主要是如何突破这些限制来完善和修订人类的现代性方案。只有如此,才会在竞争的世界上迈出坚实的步伐。在中国的现代化历程中,除了西方的现代性所面临的一些限制之外,我们还存在传统与现代性之间的张力,与其他一些已经和正在进行现代性事业的国家和民族相比,它们之间的张力更为明显和更为强烈。中国的现代性离不开自身的以儒家文明为核心的文明传统,现代性与传统之间不能彻底地断裂,传统将会持续为中国的现代性事业注入源源不断的活水。

但是,另一方面,我们也应该清醒地认识到,儒学在现代的发展也存在种种困境。正如我们前面的章节所探讨的,当代新儒学的现代性主题包括民主与科学这些方面,而正是在处理儒学与民主、儒学与科学关系的过程中,我们恰恰发现了儒学的现代困境。再有,就儒学传统而言,伦理与政治的若即若离,甚至是以德性来统领政治,确实突显了当代新儒学在政治领域依然具有的道德理性主义的思想困境。事实上,如果能够有效地将伦理与政治分开,这不仅有助于一种真正的民主制度的建立,同时也有利于人伦秩序在当代中国的继续构建。伦理与政治这二者的关系可谓"离则双美,合则两伤"。

儒学的当代性问题,实质上是全球化时代下的儒学是否有当代价值,如果有又该如何加以开展的问题。儒学在当今中国乃至全世界到底是否具有价值,如果有价值,其价值又体现在哪里?这是任何一个思考儒学当代性主题的人必须面对的一个极其严肃的问题。对于这样一个严肃的问题,绝大多数学者是以承认儒学在当代具有价值为前提进行思考的。例如,蒋庆将儒学在当代中国之用归结为八个:通过儒学中所体现的超越神圣信仰与价值来安顿中国人的个体生命,通过儒学来重建中国人的社会道德,通过儒学重塑中华民族的民族精神,通过儒学重建中国人的信仰与希望,通过儒学所提供的"神圣天道的合法性""历史文化的正当性""人心民意的正当性"来重建中国政治文明,通过儒学中的"王道政治"来建立具有中国文化特色的政治文明,通过儒学奠定中国现代化的道德基础,通过儒学的"天人合一"思想来解决中国的生态环保问题。① "环顾当今中国的思想界,没有哪一种思想学说能够解决上述八个方面的问题,因而没有哪一种思想学说在解决当今中国的问题上能够比儒学更有用。因此,只有儒学才是当今中国最有用的思想学说!只有儒学才能救中国!"②以上赋予儒学的八个功用,显然是对于儒学当代功能的过度诠释,它最终带来的是儒学的妄自尊大。

与蒋庆不同,有些学者是以哲学是否具有科学性这一标准来判定儒学的当代意义和价值的。与从哲学之外的宗教向度来审视儒学及其时代性问题不同,一些学者往往是从科学向度来进行这种审视的。我们知道,近代思想家眼中的"哲学"范畴,并不是中国人的发明。哲学,日本人读为 Tetsugaku。Philosophie 这一术语的汉文翻译即"哲学",也是由日本学者西周(1829—1897)在 1874 年出版的《百一新论》一书中来完成的。张之洞(1837—1909)曾主张,哲学为西洋之科学,它与自由平等相联。后来,张东荪(1886—1973)先生也将哲学与科学联系起来去谈论哲学。科学知识有实验知识与理论知识两种,关于科学的解释即哲学,科学的理论知识实质上就是一种哲学。同时,科学研究需要科学方法,而科学方法本身又属于哲学③。这种以科学与哲学之间的相互影响、互相为用的角度来定位哲学的看法,确实看到了哲学史中哲学与科学之间的紧密关系。但是,这种看法对于西方哲学似乎要比对于中国哲学更具有合理性。众所周知,中国哲学与张东荪先生这里所谈的科学的理论知识及科学方法之间的联系,远远不如西方哲学。中国传统中更多存在的是经验知识或科学技术层面的东西,张东荪这里面所谈论的实验知识与理论知识在中国并不发达,于是在中国也就没有形成一套与西方科学知识系统不同的另一套科学知识系统。

正是因为看到中国哲学与西方哲学相区别的一面,后来许多中国学者往往是将中国哲学看作一种与西方哲学不同的、具有自身传统与特色的学问。例如,梁启超的《中国历史研究法补编》,就曾有意识地把中国哲学史称为"道术史"。章太炎(1869—1936)1922 年讲《国学概论》时,

---

① 蒋庆:《儒学在当今中国有什么用?》,见范瑞平、贝淡宁、洪秀平主编:《儒家宪政与中国未来》,第 3—16 页。
② 蒋庆:《儒学在当今中国有什么用?》,同上书,第 16 页。
③ 张东荪先生的相关思想,详见其《知识与文化》一书的第二编"从文化而说到知识(关于知识的制限)"中的第三章"哲学"。

也说"今姑且用'哲学'二字罢"。王国维(1877—1927)也主张,哲学即传统儒学中的理学,为中国固有之学。其对于"可信"与"可爱"之间的截然区分,正突显了他对于科学话语的怀疑。"夫但就人生日用之生活言,则岂徒哲学为无益,物理学、化学、博物学,凡所谓纯粹科学,皆与吾人日用之生活无丝毫之关系。"①在1924年自己写《简易哲学纲要》时,蔡元培这位1903年曾经翻译过《哲学要领》的人,也将哲学看作是"道学",但又无奈地强调"我国的哲学,没有科学作前提;永远以'圣言量'为标准;而不能出烦琐哲学的范围。我们现在要说哲学纲要,不能不完全采用欧洲学说"②。如果以擅长于分析方法的西方哲学为标准,中国哲学的确与西方哲学区别很大。所以,张东荪先生也认为中国哲学只可名为中国思想,不能称为"哲学",也就是说,中国哲学本身与西洋哲学在性质上有很大区别,它不是为了"调解传统与新兴之争而始发展的"③。

由上文可知,儒学意义和价值的判定标准问题的探讨,离不开儒学与当代问题之关系的思考。依据一种经过审慎反思而获得的具有丰富内涵的现代性理念,我们深知,当代社会中生存的人们依然需要终极关怀、人文精神、价值理性,而在这些方面尤其见长的儒家哲学,对于当代中国社会乃至人类社会便具有十分重要的意义。因此,如何透过儒家精神资源,来解决因消费主义至上、功利主义至上、技术异化等给当代人带来的人文精神失落的生存矛盾,确实是当代社会为思想工作者提出的一个迫切的时代课题。借用冯友兰先生的"基本道德"思想,希尔斯的"实质性传统"思想,马克斯·韦伯的"实质合理性"(价值合理性)思想④,我们承认,儒学之中包含一些普遍的、具有超越特殊历史时代的伦理思想价值。"在一个新的文化结构中,不但有民主、科学等制度化的建构,以及形式合理性的经济结构及为其所提供的人的利益动机,而且应使儒

---

① 王国维:《哲学辨惑》,《王国维全集》第14卷,杭州:浙江教育出版社、广州:广东教育出版社2009年版,第7页。
② 蔡元培:《简易哲学纲要》,北京:北京出版社2016年版,第12页。
③ 张东荪:《科学与历史之对比及其对中西思想不同之关系》,《知识与文化》,第179页。
④ 马克斯·韦伯在《新教伦理与资本主义精神》中提出了形式合理性(目的——工具合理性)与实质合理性(价值合理性)区分。

学仍然成为中国人价值来源之一,提供给中国人做人的道理、人生的意义及处世的原则规范,乃至对宇宙、自然、社会、人类命运的基本态度。"①"中国人特别注重自我的修养,是一个值得注意的文化特色。这当然不是说中国人个个都在精神修养方面有成就。但两三千年来中国社会能维持大体的安定,终不能说与它的独特的道德传统毫无关系。社会上只要有少数人具有真实的精神修养,树立道德风范,其影响力是无法低估的。"②那么,这种注重自我修养的德性,在当代社会是不是已经远离我们而只是成为一种历史上的记忆呢?当然不是,正如余英时先生所言:"以整个中国民族而言,我深觉中国文化的基本价值并没有完全离我们而去,不过是存在于一种模糊笼统的状态之中。中国人一般对人、对事、处世、接物的方式,暗中依然有中国价值系统在操纵主持。"③因此,如何面对当代社会发展的某些问题,以一种合理的交往理性和实践理性来实现林毓生(1934—2022)先生所说的这些思想的创造性转化和创新性发展,便显得非常有意义。

按照梁漱溟先生的《东西文化及其哲学》中所提出的"文化三路向"的说法,未来的文化应该是中国意欲持中调和的中国文化占主导。美国芝加哥大学历史及东亚语言和文化系教授艾恺(Guy Salvatore Alitto, 1942— ),对于梁漱溟先生的预测给予了高度的评价:"从今日世界种

---

① 陈来:《传统与现代:人文主义的视界》,第29页。
② 〔美〕余英时:《中国思想传统的现代诠释》,南京:江苏人民出版社1995年版,第40页。除了余英时之外,由信广来和黄百锐编辑的《儒家伦理学:关于自我、自主与共同体的一个比较研究》(Kwong-loi Shun, David B. Wong(edited), *Confucian Ethics: A Comparative Study of Self, Autonomy, and Community*, Cambridge University Press, 2004.)的第一部分,也是围绕自我与修身(Self and Self-cultivatio)而撰写的论文。这些论文有:乔尔·库普曼的《性格与自我形成中的传统与社群》(Tradition and community in the formation of character and self/Joel J. Kupperman)、成中英的《儒家的自我理论:儒家哲学中的自我修养与自由意志》(A theory of Confucian selfhood: self-cultivation and free will in Confucian philosophy/Chung-ying Cheng)、布莱恩·范诺登的《孟子的义德》(The virtue of righteousness in Mencius/Bryan W. Van Norden)、信广来的《早期儒家思想中人的概念》(Concept of the person in early Confucian thought/Kwong-loi Shun)、阿拉斯代尔·麦金泰尔的《儒家的问题:反思关于自我、自主与共同体的比较性研究》(Questions for Confucians: reflections on the essays in comparative study of self, autonomy, and community/Alasdair MacIntyre)。
③ 〔美〕余英时:《中国思想传统的现代诠释》,第45页。

种变动中显示,中国的儒家文化将会取代西方物质科技文化,成为未来的世界文化。我的看法,在七十年以前已由梁漱溟先生首先提出来。梁漱溟七十年前的预言,今日证明是确实不虚的金玉良言。"① 与这种十分乐观的态度相比,杜维明先生的看法显然要平实得多。对于 21 世纪的儒学,杜先生提出了需要儒学来回答的五个问题:何为人,即人的存活问题;我们为什么在这,即人的生存的意义问题;如何知,即认识论的问题;如何行,即伦理学的问题;人的希望何在,即神学问题。② 他虽然一方面承认文化多元的 21 世纪绝对不是儒家的一枝独秀,但另一方面,他也坚信儒家在 21 世纪的意义,即它可以发扬光大自己所具有的与凡俗的人文主义(启蒙主义)不同的精神性的人文主义,与以人类为中心的世俗的人道主义不同的超越启蒙的精神性的人文主义。③

## 二、儒学"三辨"与道德的人

尽管儒学在现代社会面临传统与现代之间的张力,尽管在儒学当代意义和价值判定标准问题上存在以上种种争论,儒学在面对当代性问题的时候依然具有自身独特的意义和价值,这一点应当是毋庸置疑的。那么,我们究竟该从哪里出发去探讨这一意义和价值呢? 在此,我们认为,儒家道德哲学预设的道德的人应当是我们谈论儒学在当代的意义和价值问题的思想出发点。

抛开儒学所强调的贵贱等级、家族本位、信古好古、轻商轻利等一些不符合时代发展的消极思想不同,儒学在当代依然具有自身存在的光辉价值。儒家肯定人的价值。"天地之性,人为贵。"(《孝经·圣治》)儒家注重人的现实生活及其价值存在,注重以仁义忠信等为基本内容的道德意识的提升,这是一种典型的人文主义,它关注人的人格尊严、人的独立意志、人的义利取舍、人的积极进取等多个人文化成的方面。接下来,我们将从人禽之辨、善恶之辨、义利之辨三个方面来探析儒学的当代意义

---

① 〔美〕艾凯:《二十一世纪的世界文化会演化至儒家化的文化吗?——重新阐释梁漱溟〈东西文化及其哲学〉》,《读书》1996 年第 1 期,第 44 页。
② 〔美〕杜维明相关思想的阐发,详见其《二十一世纪的儒学》,北京:中华书局 2014 年版,第 35—97 页。
③ 相关的论述,还有钱穆先生的《中国文化对人类未来可有的贡献》一文,此文是钱穆先生最后一篇文章,原载于 1990 年 9 月 26 日的《联合报》。

和价值。

1. **儒学中的人禽之辨**

生命是有价值的,但是在人的存在中,还有比生命更重要的东西。儒学的重点不是关注我们的生命和身体本身,而是关注人的生命之所以为生命的独特性到底在哪里。正如张岱年先生所言:"中国古代哲学特别重视'为人之道',强调独立人格的价值。"①人尽管与万事万物都是宇宙中的存在,是万物之一,但是,人这一生而秀灵的独特生命存在,又具有与其他万事万物相区别的一面。正是这种难得的区别,才真正铸就了人的尊严,才最终形成了人的伟大。

在彰显人与其他万事万物之所以不同的过程中,首先应当辨明的是人与禽兽之别。在人禽之别的辨析中,孟子无疑给我们提供了一种典范。孟子曾讲:"生亦我所欲也,所欲有甚于生者,故不为苟得也。死亦我所恶,所恶有甚于死者,故患有所不辟也。……一箪食,一豆羹,得之则生,弗得则死,呼尔而与之,行道之人弗受;蹴尔而与之,乞人不屑也。"(《孟子·告子上》)"人能充无受尔汝之实,无所往而不为义也。"(《孟子·尽心下》)廉者不受嗟来之食,当面对生死存亡的时候,如果别人"呼尔而与之""蹴尔而与之",不把自己当人看,不尊重自己的人格,也是不能接受此人施舍的。大丈夫可杀不可辱。只有坚持住"无受尔汝"这一生命的底线,才能保持自我的人格尊严。孟子还提出了作为大丈夫而存在的标准人格。"居天下之广居,立天下之正位,行天下之大道;得志,与民由之;不得志,独行其道。富贵不能淫,贫贱不能移,威武不能屈。此之谓大丈夫。"(《孟子·滕文公下》)在儒家学者看来,当面对人格尊严和个体生命之间进行抉择的时候,人应当义无反顾地保持自己的人格尊严。孔子的"杀身成仁",孟子的"舍生取义",即是这种儒学立场的宣言。孔孟的这种人学立场,后来影响了无数士大夫的生命存在。例如,文天祥曾讲:"孔曰成仁,孟曰取义,惟其义尽,所以仁至。读圣贤书,所学何事,而今而后,庶几无愧。"(《宋史·卷四百一十八·文天祥

---

① 张玉安:《自强不息厚德载物——访著名哲学家张岱年先生》,《群言》2003年第6期,第27—28页。

传》)①始终保持人格的尊严和独立,无疑增强了中华民族的凝聚力、向心力,提升了中国人的爱国情怀。"成仁取义",这是何等的道德高度与人生境界啊!

与禽兽不同,一个堂堂正正的人,他不仅应当拥有人格的尊严,还应该具有独立的意志。正如孔子所言:"三军可夺帅也,匹夫不可夺志也。"(《论语·子罕》)"不降其志,不辱其身,伯夷、叔齐与!"(《论语·微子》)《周易·蛊卦·象传》也讲:"上九:不事王侯,高尚其事。"《周易·象传》:"不事王侯,志可则也。"《周易·大过·象传》:"泽灭木,《大过》。君子以独立不惧,遁世无闷。"《周易·恒卦·象传》:"雷风,《恒》。君子以立不易方。"《周易·困卦·象传》:"泽无水,困。君子以致命遂志。"这些话语都表明,儒家对于具有独立意志的高尚人格的推崇与赞扬。生命的意志,体现在对自我生命的不放弃、不放纵。人生"不可自暴、自弃、自屈"(《陆九渊集·语录下》)②。人处于天地之间,方方正正为人,堂堂正正做事,方不枉来人生一场。"上是天,下是地,人居其间。须是做得人,方不枉。"(《陆九渊集·语录下》)③"人生天地间,如何不植立。"(《陆九渊集·语录下》)④"须是有智识,然后有志愿。"(《陆九渊集·语录下》)⑤"人要有大志。常人汩没于声色富贵间,良心善性都蒙蔽了。今人如何便解有志,须先有智识始得。"(《陆九渊集·语录下》)⑥

人的人格尊严与独立意志的存在,突显的正是人禽之别,有关此种分别的探讨,便成了儒家学者思想研究的核心问题。人之所以异于禽兽,是"人人有贵于己者"(《孟子·告子上》)。正如荀子所言:"水火有气而无生,草木有生而无知,禽兽有知而无义。人有气、有生、有知,亦且

---

① 《宋史》第36册,北京:中华书局2011年版,第12540页。
② (宋)陆九渊:《陆九渊集》,钟哲点校,北京:中华书局1980年版,第433页。
③ 同上书,第450页。
④ 同上书,第466页。
⑤ 同上书,第450页。
⑥ 同上。

有义,故最为天下贵也。"(《荀子·王制》)①"人之所以为人者,何已也?曰:以其有辨也。……夫禽兽有父子而无父子之亲,有牝牡而无男女之别,故人道莫不有辨。辨莫大于分,分莫大于礼。"(《荀子·非相》)②人与禽兽之别,是在于人有礼仪之别的道德价值追求,而不是完全依靠本能来生活。

### 2. 儒学中的善恶之辨

人的生命价值主要体现在其道德维度上,提升道德意识、践行道德行为成为儒学探讨的一个主题,而道德上的善恶之辨则是其中的关键。人禽之辨突显的是人与人之外的动物的区别,善恶之辨则是人自身的事情,是不同的人与人之间的道德性的衡量与比较。

孟子宣扬性善,认为道德原于人皆有之的道德上的同情心。"所以谓人皆有不忍人之心者,今人乍见孺子将入于井,皆有怵惕恻隐之心——非所以内交于孺子之父母也,非所以要誉于乡党朋友也,非恶其声而然也。"(《孟子·公孙丑上》)人人都具有同情别人的道德心,这是出于人的本性使然。与孟子不同,荀子则提出性恶。"今人之性,生而有好利焉,顺是,故争夺生而辞让亡焉。"(《荀子·性恶》)③"争则乱,乱则穷。先王恶其乱也,故制礼义以分之。"(《荀子·礼论》)④道德不是出于人性内在本具的同情心,而是原于有智慧的圣人为了消弭人间的争乱而进行的一种外在规定。不过,尽管孟子与荀子有关人性善恶的观点表面上看是矛盾的,但实际上是兼存无碍的。这两种对于人性的观点,往往是从不同的角度来分析善恶问题的。孟子是从人的内在的社会之性、道德之性出发来分辨人性善恶的,荀子则是从人的生物之性、自然之性出发来分辨人性善恶的。善恶之辨表征的是人应当是一个有道德价值规定的存在物这一客观事实,而在现实生活中,人性之善可以具体表现为仁义廉耻、父慈子孝、诚实守信、勤俭节约等具体的道德规范和道德

---

① (清)王先谦:《荀子集解》上册,沈啸寰、王星贤点校,北京:中华书局1988年版,第164页。
② 同上书,第78—79页。
③ (清)王先谦:《荀子集解》下册,沈啸寰、王星贤点校,北京:中华书局1988年版,第434页。
④ 同上书,第346页。

行为。

### 3. 儒学之中的义利之辨

与善恶之辨相同,儒学思想中的义利之辨依然是言说人的故事。但是,与善恶是从人与人的分别出发不同,义利之辨则更多的是一个人自身的道义抉择。重视人格的尊严而采取舍生取义的人生价值取向,体现在义利上便是注重义利之别。孔子曰:"君子喻于义,小人喻于利。"(《论语·里仁》)孟子亦曰:"何必曰利? 亦有仁义而已矣。"(《孟子·梁惠王上》)尽管在义利之辨中,孔孟尤其强调道义的重要性。但是,儒家并不反对公利,而只是反对一己之私的私利。这正如孔子所说:"因民之所利而利之。"(《论语·尧曰》)"子适卫,冉有仆。子曰:'庶矣哉!'冉有曰:'既庶矣,又何加焉?'曰:'富之。'曰:'既富矣,又何加焉?'曰:'教之。'"(《论语·子路》)董仲舒也曾讲:"利以养其体,义以养其心。心不得义不能乐,体不得利不能安。义者心之养也,利者体之养也。体莫贵于心,故养莫重于义,义之养生人大于利。"(《春秋繁露·身之养重于义》)①董仲舒站在儒家道德哲学的立场而认为,对于一个现实生活中的人而言,义利之别是极端重要的。天生成人,人这一万物之灵自然地具有义与利两个方面,利是用来滋养我们的身的,义是用来滋养我们的心的。如果我们不用义来滋养我们的道德心便不能获得心灵的快乐,如果我们不用利来滋养我们的身体便不能获得身体的安定。义与利、心与身、心之养与体之养,都是我们完整的人所需要的。然而,从逻辑的先在性角度来看,心要比体重要,因此在滋养我们身心的时候,义便显然要比利更为重要。如果一个人有大义而甚无利,那么即便当他处于贫贱的时候,也能够做到尚荣其行、洁身自好,从而获得一种快乐的人生。如果一个人有大利而缺少大义,那么即使他很富有,也是一种羞辱大恶,难以快乐度过一生。忘义殉利、去理走邪,于己于人、于家于国都是不利的。

具体来说,孟子便十分注重提倡制民之产,主张分配给农民固定的土地,他认为百姓无恒产则无恒心,即稳定的思想。"民之为道也,有恒产者有恒心,无恒产者无恒心。"(《孟子·滕文公上》)"若民,则无恒产,

---

① (清)苏舆:《春秋繁露义证》,钟哲点校,北京:中华书局1992年版,第263页。

因无恒心。"(《孟子·梁惠王上》)因此,要制民之产,"是故明君制民之产。"(《孟子·梁惠王上》)他也主张:"五亩之宅,树之以桑,五十者可以衣帛矣。鸡豚狗彘之畜,无失其时,七十者可以食肉矣。百亩之田,勿夺其时,数口之家可以无饥矣。"(《孟子·梁惠王上》)只有这样,才能"仰足以事父母,俯足以畜妻子,乐岁终身饱,凶年免于死亡;然后驱而之善,故民之从之也轻"(《孟子·梁惠王上》)。可见,统治者应先考虑人民的生活,人民也就容易服从统治者的教导。为了制民之产,孟子主张实行井田制。井田制就是国家把土地分给各级官僚地主,即所谓"分田制禄"(《孟子·滕文公上》),然后地主把土地租给农民耕种。具体讲来,"方里而井,井九百亩,其中为公田。八家皆私百亩,同养公田;公事毕,然后敢治私事,所以别野人也"(《孟子·滕文公上》)。每一平方里的土地为一个井田,每一井田有九百亩,当中一百亩是公田,此外八百亩分给八家作私田。这八家共同来耕种公田,公田的收入归土地所有者,其私田的收入,农民可自己享用,这是一种"以私养公"的劳役地租形式。除了倡导实行井田制之外,孟子还主张轻刑薄税。他说:"王如施仁政于民,省刑罚,薄税敛,深耕易耨。"(《孟子·梁惠王上》)又讲道:"有布缕之征,粟米之征,力役之征。君子用其一,缓其二。用其二而民有殍,用其三而父子离。"(《孟子·尽心下》)孟子也认为,"易其田畴,薄其税敛,民可使富也"(《孟子·尽心上》)。因此,必须给老百姓起码的生活条件,否则"此惟救死而恐不赡,奚暇治礼义哉"(《孟子·梁惠王上》)!

尽管儒家并不反对利的寻求,但是,利益的获取背后必须得有道义的衡量。陆九渊曾讲:"世人只管理会利害,皆自谓惺惺,及他己分上事,又却只是放过。争知道名利如锦覆陷阱,使人贪而堕其中,到头只赢得一个大不惺惺去。"(《陆九渊集·语录上》)①"古人之学,不求声名,不较胜负,不恃才智,不矜功能。今人之学,正坐反此耳。"(《陆九渊集·语录上》)②儒家不反对与私利不同的公利,但是在面对义利之辨的时候,他们还是要强调人们不要"见利忘义",而应当"见利思义"。正如孔子所言:"不义而富且贵,于我如浮云。"(《论语·述而》)有了义利上的分别,才会真正具有一种摆脱功利至上之后的积极进取的人生精神。

---

① (宋)陆九渊:《陆九渊集》,钟哲点校,第 412 页。
② 同上书,第 441 页。

"其为人也,发愤忘食,乐以忘忧,不知老之将至云尔。"(《论语·述而》)以修身为志业,能够以此而做到废寝忘食并以之为乐,恰恰是一个谦谦君子所应为之事。"天行健,君子以自强不息。"(《周易·乾卦·象传》)"日新之谓盛德。"(《周易·系辞上》)这种奋发有为、刚健日新的乐观主义人生态度,对于激励人心、鼓舞斗志是具有很强的提振作用的。

通过以上所述,我们知道,儒学在当代尤其是21世纪的的确确拥有自身的独特价值和魅力。这种价值和魅力,源于儒学漫长的发展史所始终没有放弃的一个思想中心,寻求人的道德生成。道德的人,可以透过儒学围绕人禽之别、善恶之辨、义利之辨得到合理性的说明。可以说,道德的人是儒家思想一个基本的前提预设。然而,基于这种道德的人的预设,我们究竟该如何审视儒学的当代价值呢?有的学者提出以一种角色伦理学的视角来阐释儒家的道德哲学。接下来,我们将围绕儒家思想与角色理论学之间的关系来展开讨论,看一看这种以角色伦理学视角来探析儒学当代性价值的致思方式到底合理与否?

## 第二节 儒家思想与角色伦理学

我们究竟该以何种解释框架来诠释儒学?对此,学术界一直都存在不小的争辩。较早的一种儒学解释框架是以意大利传教士利玛窦(Matteo Ricci,1552—1610)等人为代表的基督教的解释框架,即以基督教视角来审视儒学,力图实现以基督教话语体系来言说儒家思想。这种解释框架可以涵盖一直持续到今天的以民间宗教、宗教性等角度进行的儒学诠释模式。除此之外,关于儒家的诠释模式,还有从自由、民主、人权、宪政等政治角度来开展的政治儒学诠释模式,以宗教生态学角度来进行的生态儒学诠释模式,以及日常生活儒学视角下的儒学诠释模式等。在众多的诠释模式中,当然少不了从伦理学的角度进行诠释的模式。众所周知,由于儒学实质上是一种道德哲学,因此以伦理学视角来诠释儒学的模式在学术界一直都很盛行。

然而,在以伦理视角诠释儒学的时候,学者们的立场也不同。虽然儒学实质上是一种伦理学,这是学术界普遍持有的一种立场。可是,当我们进一步追问,儒家伦理到底是何种意义上的伦理时,学术界便出现了明显的分歧。一直以来,学者们或将儒家伦理看作一种规范伦理(规则伦理),或看作一种德性伦理(美德伦理)。规范伦理强调的是行为方面的优先性,它以普遍的人为前提。德性伦理强调的则是品质的优先性,它也是以普遍的人为前提。近些年来,又出现了对于儒家伦理的第三种理解,即将儒学定位为一种角色伦理即关系伦理,它强调的是角色上的优先性,这种关系伦理不是以普遍的人为前提,而是以特殊的人为前提。与这三种立场都不同,有的学者明确反对把规范理论或德性伦理或角色伦理等套用到儒家伦理思想中。"在儒家伦理思想的研究中,我们可以研究其中的德性论,也可以研究其中的角色论,因为这些本身就是儒家伦理思想涵有的内容,但不可轻易将儒家伦理思想的性质交给'德性伦理学'或者'角色伦理学'等概念。在文化交融的舞台上和比较研究的过程中,将儒家伦理思想装入对方任何一个筐内,都可能会使自己因削足适履或被肢解而残缺不全,从而在文化对话中只能沦为附庸或被边缘化。"①

在此,我们将以儒学的角色伦理学诠释模式作为探讨的对象,去分析如下一些问题:到底何谓角色理论学? 以角色伦理学定位儒学的根由是什么? 对于儒学的角色伦理学诠释,其背后的思想限制究竟表现在哪些方面?

**一、角色伦理学的代表人物及其著述**

持有角色伦理立场的有海外的安乐哲(Roger T. Ames,1947—　)、罗思文(Henry Rosemont,1934—2017)、郝大维(David L. Hall)等人。国内学者,则以田辰山、潘文岚(1964—　)、黄裕生(1965—　)等人为代表②。2013 年 12 月 14 日至 15 日,在山东大学儒学高等研究院举办的"儒学前沿问题高端论坛·儒家角色伦理"国际学术研讨会上,八场学术讨论中有五场都是直接以角色伦理学为标题的讨论,这次讨论会标志

---

① 赵清文:《儒家伦理是"角色伦理"吗?》,《学术界》2012 年第 12 期,第 110 页。

② 田秀云等撰写的《角色伦理:构建和谐社会的伦理基础》(北京:人民出版社 2014 年版)的第二章"角色伦理的思想资源",也将角色伦理学与中国传统儒家思想结合起来进行了探讨,并具体围绕"以名定责"的角色伦理模式、"仁"人的角色伦理期待、仁义之道的角色冲突调适、以礼正名的角色伦理实现这四个具体方面进行了探讨。

着海内外学者有关儒家角色伦理学谈论的第一次集体亮相。

角色伦理学的确在规范伦理学、德性伦理学、非西方伦理学以及感兴趣于我们日常生活中角色重要性的应用伦理学中,引起了一些学者研究的热情。针对角色伦理学,我们可以问好多问题:什么是角色,它们的标准意义是什么?角色和角色伦理在多大程度上是伦理学的核心,而不是一般的美德和一般的义务?在商业、法律和医学等职业中,角色义务是否与普通道德政治特性上是不相容的?与角色相关的实践理性是如何发挥作用的?在以角色伦理学来定位儒家伦理的学者当中,罗思文与安乐哲应当是最具有代表性的二位,并且围绕这一主题撰写了不少著述。安乐哲与此相关的最主要的著作是《儒家角色伦理学:一套特色伦理学词汇》①,在这本书中,他围绕西方视野中的"儒学"、儒学的诠释域境、儒家人生观;至于"仁"、儒家"角色伦理"、儒家思想"人为中心"的宗教感五章内容,阐述了儒家伦理学中的责任主题。

第二部相关的代表作则是罗思文的《反对个人主义:道德、政治、家庭与宗教的儒学重思》②一书。在此书中,罗思文系统性地反对了个人主义,他的独特贡献在于从个人主义与儒家思想的比较中展开对个人主义的批判,也就是说是从一种东西方比较哲学的视角来开展研究的。他在此书第三至第五章,从哲学、神经科学、社会、政治和道德等多个角度,论证了个人主义充其量只是一种混乱的想法,是根本站不住脚的和不正义的。此书的第一部分阐发了作为自由、独立和自主的个体的人类观,在过去如何以及为什么是并一直是一种为自由功能服务的幻想,但是这一观点现在甚至不利于清楚地思考问题,更不用说不利于实现社会正义、经济正义和维护民主,或解决当今世界面临的各种环境和其他问题了。在这本书分量更大的第二部分中,罗思文通过搜集古典儒学文本而提出了一种不同的人类观,即我们首先是相互关联、相互依存的人,其独特性在于我们每个人通过我们的生活所恪守的多重角色。他在"作为拥

---

① Roger T. Ames, *Confucian Role Ethics: A Vocabulary*, Hong Kong: The Chinese University Press, 2011. 〔美〕安乐哲:《儒家角色伦理学:一套特色伦理学词汇》,〔美〕孟巍隆(Benjamin Hammer)译,济南:山东人民出版社2017年版。

② Henry Rosemont Jr., *Against Individualism: A Confucian Rethinking of the Foundations of Morality, Politics, Family, and Religion*, Lanham, Md.: Lexington Books, 2016.

有最完全自由的、理性的、自主的个体自我的人"(human beings as most fundamentally free and rational, autonomous individual selves),与"作为拥有角色担当的人"(humans as role-bearing persons)之间作了严格区分①。这种人类观导致了一种基于相互角色而产生的伦理观,它与个人主义道德观形成鲜明对比,但它仍然很好地反映了我们日常生活的事实。最后,此书还探讨了角色伦理对以不同方式思考政治、家庭生活、正义,以及发展以人为中心的真正宗教信仰所具有的多种意义。

第三部角色伦理学的代表性著作是安乐哲与罗思文合著的《角色伦理学:21世纪的道德视界》②一书。此书所收集的论文,将儒家角色伦理确立为当代伦理话语中的一个技巧性术语。书中提出的整体哲学,是以关系的首要性和人的叙述理解为基础的,是对基本的自由个人主义的一种挑战,这种个人主义将人定义为离散的、自主的、理性的、自由的、经常是自私的行为主体。与此不同,儒家角色伦理则是从一个由关系而构成的人的概念出发,将家庭角色和家庭关系作为道德能力发展的切入点,以便通过激发关系中的道德想象和人际关系来产生人类道德实体。这种伦理学是以人为中心的,并且是一种与亚伯拉罕式宗教形成鲜明对比的无神论宗教。

第四部关于角色伦理学与儒学之关系的研究著作是由蒂姆·戴尔(Tim Dare)与克里斯汀·斯旺顿(Christine Swanton)编辑出版的《角色伦理学的视角:美德、理由与义务》③一书。在书中,一些学者认为,尽管我们的道德生活没有角色将是不可辨认的,但角色很少受到分析道德哲学

---

① 相关的文章还有:罗思文的《权利个体与角色的人》(Henry Rosemont, Jr., Rights-Bearing Individuals and Role-Bearing Persons),安乐哲的《反思儒家自我:对芬格莱特的一个回应》(Roger Ames, Reflections on the Confucian Self: A Response to Fingarette, in Mary I. Bochover, ed., *Rules, Rituals, and Responsibility: Essays Dedicated to Herbert Fingarette*, La Salle, Illinois: Open Court, 1991),艾琳·布鲁姆的《儒家个体与集体观》(Irene Bloom, Confucian Perspectives on the Individual and the Collectivity, in *Religious Diversity and Human Rights*, ed. Irene Bloom, J. Paul Martin and Wayne L. Proudfoot, NY: Columbia University Press, 1996)。

② Confucian Henry Rosemont Jr, Roger T. Ames, *Role Ethics: A Moral Vision for the 21st Century?*, V&R Academic, 2016.

③ Tim Dare, Christine Swanton (edited), *Perspectives in Role Ethics: Virtues, Reasons, and Obligation*, Routledge, 2019.

家的关注。角色是我们生活和彼此交往的关键,应该结合我们的道德核心概念,如美德、理由和义务等来分析角色。于是,这些学者力图通过正视分析哲学史与儒家传统之间围绕公正道德和角色义务概念之间的紧张,来纠正对角色伦理的忽视。他们通过审视专业伦理和应用伦理中的争论,通过挑战角色如何产生理由的现有说法,通过质疑伦理理由中的霸权,以及通过探索专长与美德之间的关系,找到了角色在不同方面的伦理意义。[①]

除了这四本著作之外,安乐哲还有一些关于儒家角色理论学的一般性阐释的著述,如小亨利·罗斯蒙特的《从全球化背景下的人权视域看儒家的角色伦理》(张文智译,哈佛燕京学社主编:《波士顿的儒家》,南京:江苏教育出版社2009年版)、《儒家的角色伦理和人格认同》(《中国社会科学报》2010年1月26日第6版)、《〈论语〉的"孝":儒家角色伦理与代际传递之动力》(《华中师范大学学报》2013年第5期)、《心场视域的主体——论儒家角色伦理的博大性》(《齐鲁学刊》2014年第2期)、《澄清西方误读,还原儒家角色伦理价值》(金梦整理,《文汇报》2017年12月6日第8版)等文章。另外,有些文章则属于以儒家角色伦理学来批判西方个人主义的意识形态的文章,如《儒家的角色伦理学与杜威的实用主义——对个人主义意识形态的挑战》(李慧子译,《东岳论丛》2013年第11期)、《儒家角色伦理学:挑战个人主义意识形态》(《孔子研究》2014年第1期)、《第二次启蒙:超越个人主义走向儒家角色伦理》(田辰山译,《唐都学刊》2015年第2期)。

### 二、世界难题与无限游戏:角色伦理学提出的根由

提倡儒家角色伦理学的学者认为,我们应当在关系中成为自己最好的角色,因做人而变成"人"。正如安乐哲所言:"儒学是什么?它是一种关系性;而个人主义是孤立的,这个虚构的概念是如怀特海所言的'简单定位的谬误'。儒学中人由关系构成,通过'礼'我们发现了自己的身份。"[②]由于反对这种个人主义对于"人"的含义的规定,于是安乐哲等人转向以关系的角度来重新定义"人"的内涵。"儒学的'人'是一个较强

---

① Tim Dare, Christine Swanton (edited), *Perspectives in Role Ethics: Virtues, Reasons, and Obligation*, Routledge, 2019.

② 〔美〕安乐哲:《澄清西方误读,还原儒家角色伦理价值》,金梦整理,《文汇报》2017年12月6日第8版。

的关系网,关系是事实,它就是事物本来存在的样子。师生、夫妻、朋友,这些关系都是已经被规定好的角色关系。伦理学的伦,就是人伦,就是一种角色,一种传统。伦理就是我们不断增长的关系,我们行事的方式。如果缩减这种关系,那就是不友善、非道德的。因此,道德是我们如何基于最基础的关系来行事,在日常之中,把这些普遍的关系最大化。这就是儒家角色伦理学。"①

安乐哲儒家角色伦理学立论的社会前提是,新世纪伊始,人类社会面临的全面性危机,例如气候变化而引起的极端恶劣天气、世界人口的爆炸、全球公民收入和分配上的不平等和大量贫困人口的出现、部分地区的粮食和水资源的短缺、自然环境与社会环境的恶化、传染病的全球蔓延、资源与能源的短缺、国际上恐怖主义的存在、核扩散,乃至大量的生活上的消费垃圾等。不过问题是,面对这些日益危急的局面,我们难道可以如其所说的,要通过儒家角色伦理来实现在全球范围的人类意志、价值与行为的彻底改变,来实现人类社会的有效治理和抑制吗?

为了摆脱当代人类社会的全面性危机,安乐哲将目光投向了儒家伦理,并进一步将其阐释为一种角色伦理学。② 角色伦理学的提出源于对有限游戏与无限游戏的理解。"有限游戏"与"无限游戏"是美国哲学家J. P. 卡斯(James P. Carse)提出的两个概念。③ "有限游戏"是日常生活中常见的一些竞赛;进行游戏是为了获胜,而获胜之时便是游戏结束之

---

① 〔美〕安乐哲:《澄清西方误读,还原儒家角色伦理价值》。
② 安乐哲、田辰山:《儒家文化的世界意义》,杨朝明主编:《孔子学刊》第3辑,上海:上海古籍出版社2012年版,第176页。
③ 詹姆斯·卡斯在《有限游戏与无限游戏:作为一种游戏和可能性而存在的生活观》(James P. Carse, *Finite and Infinite Games: A Vision of Life as Play and Possibility*, New York: Free Press, 1986.《有限与无限的游戏:一个哲学家眼中的竞技世界》,马小悟、于倩译,北京:电子工业出版社2019年版)中,提出了"有限游戏"与"无限游戏"的区分。卡斯具体回答了什么是无限游戏,以及它们是如何影响我们玩有限游戏的方式的,当我们玩有限或无限时我们在做什么,无限的游戏又是如何影响我们的生活方式的等诸多相关问题。在他看来,有限游戏的目的在于赢得胜利,无限的游戏则致力于让游戏永远进行下去。有限的游戏在边界内玩,无限的游戏玩的就是边界。有限的游戏具有一个确定的开始和结束,拥有特定的赢家,规则的存在就是为了保证游戏会结束。无限的游戏主张为了游戏而游戏,在这里,规则要保证游戏的无限性,所以规则是可变的。无限的游戏被联系到了人生观的阐发之中。卡斯认为,有限的游戏可能提供财富和地位、权力和荣耀,但无限的游戏提供了更微妙和更宏大的东西。

时。与此不同,"无限游戏"更加神秘。无限游戏的目标不是为了获胜,而是为了确保比赛的继续。只要游戏永远不被允许结束,规则可以改变,界限可以改变,甚至参与者也可以改变。"有限游戏,是指在有限的规则下、有限的时间内,两个人同时玩游戏,取得的结果是一个人全输一个人全赢。它是基于个人主义哲学理念的。""相对于有限游戏,无限游戏讲的是双方的关系,没有赢也没有输,并且为了解决越来越复杂的问题要加强关系。它的理念是维护双方的密切关系,实现双赢,唯一的目标是继续游戏。"①

这种借用有限游戏与无限游戏概念而将儒学定位为一种角色伦理学的立场的确具有新意,但是,这种借喻无限游戏来定位儒学的做法合理吗?

首先,我们知道,任何游戏,无论是有限的游戏还是无限的游戏,其本质都是在一些特定的时间与空间内,因遵循特定的规则而满足精神世界需求的一种行为方式。这种行为方式,既可以提供一种精神上的娱乐,更可以成为减压降压的一种有效手段。姑且承认有所谓的有限游戏与无限游戏的区分,这两种游戏的区别显然也不在于什么前者强调个人主义而后者强调关系主义的不同。既然是游戏,体现的便都是关系,处于游戏关系之中的人因游戏而联系起来。游戏的顺利进行,至关重要的是游戏背后的规则,只有按照不同游戏的规则来进行不同的游戏,才会真正进入并完成游戏。由于游戏是极其庞杂的,不仅数量众多,而且每一种游戏自身的规则也在不断变化。与这种纷繁复杂的游戏世界相比,儒家伦理虽规定了个体所具有的基本道德规范,但它们主要体现于父母、兄弟姐妹、同事、朋友、陌生人之间这几种基本人际关系中。这些基本的人际关系背后,的确需要关系得以顺利维系和开展的规则,但是这些规则往往不是如游戏那样不断改变的。游戏规则的设定,无论是有限的还是无限的游戏,按照规则最后是必然要有胜负的,没有胜负的无限的游戏又有多少人愿意参与呢?

其次,抛开以游戏来诠释儒学为一种角色伦理学的合理性问题不谈,即便我们以所谓的无限游戏来将儒学定位为一种角色伦理学,那么

---

① 安乐哲、田辰山:《儒家文化的世界意义》,杨朝明主编:《孔子学刊》第3辑,上海:上海古籍出版社2012年版,第176页。

其背后也隐藏着种种问题。无限游戏如某些学者所说,是强调游戏双方共赢的一种关系优先的游戏。但是,任何游戏都是以遵循游戏的规则为基础,规则是游戏得以开展的最根本的前提条件。无论你是男人,还是女人;无论是大人,还是小孩。在游戏面前大家因遵循游戏的规则而是平等的存在。但是,在日常现实生活中,人与人之间往往因为作为不同的行为人而处于不同的伦理关系之中。而且,至关重要的是,即便在所谓的无限游戏当中,规则也是第一位的。然而在儒家伦理思想中处于关系之中的行为人,不仅要遵守基本的规范原则,他还应当具有原则遵循背后的责任担当。可是无论何种游戏,在其进行的时候往往是不讲道德责任与义务的。

最后,儒家伦理不仅仅强调一个人在各种行为关系中恪守道德的重要性,它更强调的是关系之外的道德自我的修身问题。一个生命主体,其内在的自我修持,其明明德、新民、止于至善,其诚意、正心、格物、致知、修身,都是他步入关系之中而存在的前提。对于任何的游戏,包括所谓无限游戏而言,道德的考量是可有可无的。事实上,我们也无法进行这种道德的考量。因为游戏即是因遵循规则而进行的一种行为方式。一个具有高水平修养的谦谦君子,与一个道德极其败坏的卑鄙小人,都可以成为游戏对决的一方。因此,对于儒学而言,比规则更为重要的是行为主体的道德主宰与操存自律。"己欲立而立人,己欲达而达人"的确重要,但其背后的伦理基石是一个人所具有的仁者爱人的仁爱之心,是恭、宽、信、敏、惠等多个方面的高尚品质。可见,比关系或角色伦理、规范理论更为重要的是德性伦理或义务伦理。

借有限游戏与无限游戏将儒学定位为一种角色伦理学,这种主张确实很吸引人。一些学者之所以提出这一主张,想必是为了提供一种与西方伦理学不同的中国伦理学,为了避免以西方中心主义来诠释中国思想。我们当然承认中国的伦理思想具有自身独具特色的方面,但是,既然承认其是一种伦理学,那么中国伦理学与西方伦理学难道就没有共同的理论问题吗? 二者不存在思想与精神相通的一面吗? 在提出一种儒家角色伦理学的同时,绝不应当忽视各种类型的伦理学背后所具有的普遍性一面,否则这种伦理学便会陷入一种特殊主义的泥潭之中而不能自拔。反观这种以无线游戏来定位的儒家角色伦理学,又何尝不是以西释中呢? 因为有限游戏与无限游戏的区分本身,即是西方人所提出的一套说统。这难道不是依然将中国人的脚(中国儒家哲学)放进西方人的鞋子里(西方哲学框架)去吗?

### 三、"阐释域境"与角色伦理学的方法论

依据上文所述,我们发现,一些学者以角色伦理学来定位儒学,其理论初衷是为了化解当代世界发展中所出现的一些问题,而且他们还以无限游戏思想进行了类别说明。除此之外,他们还以"阐释域境"对儒学的角色伦理学定位进行了方法论上的说明。

从解释学的角度来看,角色伦理学的提出源于一些学者在阐释域境(interpretive context)上的中西之分。那么,什么是这里面所涉及的"阐释域境"呢?"'阐释域境'就是在你对待一件什么事物,对它加以分析理解时,需要将它放到它自己本来的语义环境中去。"①以"域境化"(contextualization)的角度来诠释中国哲学,显然背后强调的是"以中释中"的解释范式。我们承认,在长期的有关中国哲学的诠释过程中,确实存在叠床架屋的不足,因为这种诠释体现的是对中国哲学的一种外在的、片面的、僵化的理解,因此未能真正把握好中国哲学的本真意蕴。这样的阐释,的确给原原本本地把握中国哲学带来了思想上和实践上的诸多困境。安乐哲等人提出以"阐释域境"的不同,来作为中西方哲学比较的方法论,从而将中国哲学与西方哲学看作依据各自不同的语义环境下的不同类型的叙述,每一种叙述类型均有自己不同的一套范畴系统和话语体系。这种阐释方法带来了不同的范畴效果图和话语体系,并由此产生了不同的哲学类型。这具体体现为,中西方两种哲学类型在形而上学本体论与宇宙论上,在认识论和价值论上,乃至在思维方式上都呈现出了不同的路向。例如,中国哲学中所独具的自然宇宙观,便铸就了其自身独具特色的"阐释域境",从而形成了自己天人合一的一套天道观、认识论和人性观。

以"阐释域境"角度来实现"以中释中"的目的,即达到对于中国传统哲学的有滋有味的把握,这听起来的确很吸引人,但是,以这样的诠释方法果真能够把握和理解本真的儒家哲学吗?

---

① 田辰山:《角色伦理:让中国哲学讲中国话的典范》,贾磊磊、杨朝明主编:《第七届世界儒学大会学术论文集》,北京:文化艺术出版社 2016 年版,第 429 页。

首先,单就"阐释域境"方法论的提法本身来讲,这又何况不是一种西方的副产品呢?中国传统哲学中并没有阐释学或解释学的传统,有的只是和这里所谈的不同的注疏系统,即更多是从校勘、训诂、考证的角度来对文本本身进行解释,并在这种解释中表达解释者本人的思想。尽管在这种解释之中难免存在解释者本人的思想主张,但是,解释者与所解释的文本本身相比,重要性要低得多。此处为一些学者所提出的"阐释域境"的方法,无疑是受到了西方解释学传统的影响,运用这种西方式的解释学传统来阐释中国儒家哲学,从根本处讲,难道不是一种隐藏的"以西释中"的诠释路向吗?

其次,即便我们同意在不同的"阐释域境"中来诠释中国儒家哲学,那么我们如何能够做到不同"阐释域境"下不同哲学类型的比较和融通呢?比较哲学的目的不是寻求不同哲学系统的不同,更具意义的目标是要在这种比较的过程中达到思想上的视域融合。融会贯通与"和而不同",才是比较哲学应该追寻和达到的真正目标。如果我们一味将不同的"阐释域境"作为比较的出发点,那么,很可能会依据两种不同的"阐释域境"将中国哲学与西方哲学系统进行严格的划分,以此造成了一方面完全将两种哲学系统割裂开来,另一方面又试图将二者联系起来的尴尬局面。

最后,退一步来讲,我们如果依据中国所具有的"阐释域境"来诠释中国儒家哲学,那么,我们真的就能把握到本真的儒家哲学的真谛吗?任何诠释过程都是诠释者与诠释对象之间的故事。文本本身与文本背后的真义,文本与写作者之间的真义,文本与解释者的真义,这些在解释过程中所必然面对的多重关系,想必并不是易如反掌把握得了的。就以"阐释域境"的方法而提出的"角色伦理学"来讲,难道真的实现了对于儒家哲学的本真把握了吗?任何一种解释往往都具有不断变化和生成的特质。不同时间和地点、不同历史境遇和文化背景下的阐释者,其阐发出来的儒家哲学都具有自身作为解释者所加到文本之中的烙印,这是以角色伦理学来定位儒家哲学的学者们不能否认的一点。因为将不同于西方的中国"阐释域境"作为阐释儒家哲学的方法论,一些学者才提出了所谓的儒家思想的角色伦理学定位。抛开这种诠释路向到底能否把握儒学真精神这一点不谈,单就角色伦理定位本身也存在诸多的难题。对于这些难题,下文将会逐条加以分析。

### 四、角色伦理学视角下的西方个人主义限制

一些学者不仅从正面角度对所谓的儒家角色伦理学进行阐释,还通过激烈批判西方个人主义而从反面论证了儒家角色伦理学的合法性。

在安乐哲看来,西方个人主义的意识形态依据的是"独立个体"概念,而它最终导致了两个恶果:其一,"它使得极端自由主义资本家在数目上与日俱增";其二,"'独立个体'概念是危险的;其危险性是,它在西方知识分子的思想意识中,具有普遍性"①。西方的"独立个体"概念基础上建立的个人主义,显然是与建立在家庭、社群以及自然关系基础上的中国伦理具有基本的区别。"儒家角色伦理不诉诸抽象的主体、行为、动机、理性、选择、结果、人格特征等等,而是植根于对人更为整体和多变的叙述性理解。"②各种客观关系存在的事实,无疑成为儒家角色伦理的一个思想起点。"儒家的和谐不是那种试图用先验的必然形式展示一切的理性法则,它对于生命和进步的观念不是辩证的黑格尔和马克思之后的科学化的历史观。相反,儒家是一种以将个人和他人联系起来的方式、在日常生活的具体环境中来理解人。"③在澄清了"独立个体"概念的两个恶果,并在西方个人主义与东方关系主义进行对比之后,安乐哲对于建立在"独立个体"基础上的个人主义进行了直接的批判。"这样一种'个体主义',不仅不能给我们提供对家庭、社区共同生活的任何可行有效理解,而且还与经验事实的、互系不分的生命生活构成紧张的对立。其实,这样一种'杜撰'性'个体主义',无视构成真实家庭关系不同特征的亲密性、相互性与特殊性。抽象的'个体主义',无法容纳家庭身份角色——这种人生过程的、丰富地密植的、变动不居模式的自然和社会当然构成的差异性;它本身成为简化性、暴力性的,理由是,它不惜一切不可接受代价地、强迫地、加给真实存在的多样性及其创新性的潜力身上

---

① [美]安乐哲:《第二次启蒙:超越个人主义走向儒家角色伦理》,田辰山译,《唐都学刊》2015年第2期,第55页。
② [美]安乐哲:《心场视域的主体:论儒家角色伦理的博大性》,王堃译,《齐鲁学刊》2014年第2期,第5页。
③ [美]乔治·麦克林:《传统与超越》,干春松、杨凤岗译,北京:华夏出版社2000年版,第95页。

一种千篇一律性。"①那么,对于这种针对个人主义的强烈批判,以及因此而提出的有关儒家伦理的角色化理解,到底该如何评价呢?

儒家角色伦理,实际上是将理想化的儒学与充满现实困境的西方社会进行了某种不对称的比较。"安乐哲的'儒家角色伦理'把中国儒学视为西方价值观、西方制度的一个可行性替代方案,但他对两种文明的比较也包含着许多夸张和省略。他实际所做的是对两千多年以前理想型的儒学与当今西方社会的混乱状态加以比较,换言之,他比较的是儒学设想之美好和西方理念身陷之困境。"②那么,在儒家伦理思想中,道德个体难道不重要吗?以关系主义来取代所谓的个人主义,是否导致一种因关系主义至上而产生的特殊主义的伦理学呢?因为每个人都面临不同的关系,在这些不同的关系中,他也会相应地具有不同的伦理关系存在,因此要遵循不同的伦理规范。即使在同一种伦理关系中,一个人也会因面对不同的现实生活背景和社会历史情境而遵循不同的伦理规范。进一步讲,当代儒家伦理已经远远不同于传统儒家伦理所处的时代和世界了。过去那种建立在血缘亲情基础上的、由近及远的具有差异的伦理,在今天这个充满现代性的全球化时代,正面临前所未有的冲击和挑战。面对现代性的流动,各行各业的人们早已不像过去那样固守在某一个田园之中,存在于一个相对封闭的空间和特殊的时间中的行为人。一种开放式的充满现代感的人际关系,早已成为每个现实生活中的人所面对的常态。当代社会,独立个体的存在及其道德上的自我修持,已经变得比以往更为重要,因为这种修持往往长久而深远地决定了他在社会上是否能够成功,以及最终能够走得多远。

应当承认,我们不能因为儒家伦理一直注重关系之中的人的存在,从而忽视现代人的存在方式而严厉地批评独立的个体的存在。这样做的结果,不仅与"五四"以来所寻求的、我们自古所缺少的个性存在相违背,同时也会造成以关系的多少来规定道德的内涵这一理论困局。"儒家最基本的问题——道德是什么。如果某一行为是扩大关系的,则是道

---

① 〔美〕安乐哲:《第二次启蒙:超越个人主义走向儒家角色伦理》,田辰山译,《唐都学刊》2015年第2期,第55页。
② 〔美〕Ben K. Hammer(孟巍隆):《文化比较的思想误区:兼评安乐哲"儒家角色伦理"》,《文史哲》2016年第1期,第152页。

德性的;如果某一行为是减少关系的,则是非道德性的。"①我们到底是依靠关系的扩大或减少,还是依靠规范及规范背后的德性来定义道德呢?关系与原则相比,哪一个更为重要呢?实际上,对于这一问题的回答非常复杂,但不管这一问题的回答有多么复杂,以关系来定义道德还是有不少问题的。内圣才能外王,先有身处关系之中的自我修持,才会有在处理各种关系背后的行为时充满道德的考量。儒学中的行为主体概念,虽然不是一蹴而就的,但也不是没有本质规定的。儒家依据天道与人道的合一、天命与人性的一致而对德性主体的规定,依据人性本善与良知本能而对人的本质的规定,确实成为儒家学者理论阐发和躬行实践的出发点。儒家伦理中的个体的确有过程与变化的方面,但绝不是没有西方所具有的对于人的某种本质的、不变的、个体的规定。正是在这种变与不变、认知与践行、本体与工夫、个体与群体的相互作用中,才成就了儒家所追求的理想人格。

### 五、以角色伦理学定位儒学的思想限制

总体上来看,安乐哲等人以角色伦理学视角来诠释儒学,的确给儒学当代意义和价值的阐释提供了一条新的途径。角色伦理学的解释框架,力图实现以儒家话语体系本身来言说儒家思想。角色伦理学在摆脱学界长期以来的西方中心主义、个人中心主义乃至道德虚无主义上,在重新审视中国传统儒学以实现其创造性转化和创新性发展上,在强调中国儒家哲学的中国性上,很显然是有意义的。但是,这种以角色理论学视角而展开的儒学诠释模式,又的确存在种种思想上的限制。"儒家的'角色伦理'指人如何在由个人构成的角色和关系中最佳地生活,它起源并延伸于具体的家庭情感,构成了儿童与其长辈间的代际关系以及他们生活中的相互依存的角色。"②的确,如安乐哲所说,人一生下来便不是孤立的存在,他往往是受到一些独特的、相互作用的关系模式而影响和培育的。但是将儒家伦理诠释为一种角色伦理到底可不可以呢?尽

---

① 安乐哲、田辰山:《儒家文化的世界意义》,杨朝明主编:《孔子学刊》第3辑,上海:上海古籍出版社2012年版,第178页。
② 安乐哲:《儒家的角色伦理和人格认同》,《中国社会科学报》2010年1月26日第6版。

管儒家的确强调一个人处在关系中的存在,因而便需遵守这一关系背后最为基本的一些规范或约定,正如"君君,臣臣,父父,子子"中所说的,但是,如果完全以角色伦理来定位儒家伦理,又的确具有不合理之处。

第一,儒学的角色伦理学诠释未能合理定位好"角色"与"角色理论"范畴的含义。

就"角色"一词来讲,我们对于这一范畴的理解往往是多重的,迄今并没有取得思想上的一致。学术意义上的"角色"指的当然不是文学、电影或戏剧中的人物。不过,就学术著作中的"角色"一词而言,当我们仅从社会心理学的角度来看,也往往被学者们解释为不同的东西。例如,有的学者将角色定义为与一定的社会结构划分相应的社会地位,有的认为角色是个人作为一定地位占有者的行为,有的认为角色是一些行为期待或行为规范,有的则认为角色是一定背景中的一个人或许多人的某些行为特点。"儒家并没有恰当的术语来描绘所谓的社会角色。把父亲、母亲或朋友描述成我们在社会舞台上扮演的角色,似乎不够真实,而且还有些令人厌恶。毋宁说,我们是通过做父亲、母亲、朋友、儿子、女儿、兄弟或姐妹的切身体验而表现为一个成熟的人的。"[①]

就"角色伦理"的定义来讲,问题依然不小。安乐哲此处以角色伦理来规定儒家伦理,并将儒家角色伦理定义为"人如何在由个人构成的角色和关系中最佳地生活",这样的定义也是不准确和模糊的。此处,"最佳地生活"到底指什么呢?"最佳地生活"难道是一种伦理吗?另外,安乐哲此处主要是以家庭关系为基础来定位儒家角色伦理的,而实际上比这种家庭伦理关系更为基础的是个体自身的正心、诚意和修身,是修己之学。"子路问君子,子曰:'修己以敬。'曰:'如斯而已乎?'曰:'修己以安人。'曰:'如斯而已乎?'曰:'修己以安百姓。修己以安百姓,尧舜其犹病诸。'"(《论语·宪问》)儒家更强调的是道德自我挺立,更关注的是一个人如何成为一个顶天立地的大丈夫。儒家伦理所强调和所关注的中心是为仁由己,而这显然是不能通过这种角色伦理的定位加以表达的。"尽管确实存在着社会角色对于人们道德行为的影响,但是人们并未因此而画地为牢,将自己的行为限制在角色范围内,从而只做分

---

[①] 〔美〕杜维明:《中庸:论儒学的宗教性》,段德智译,北京:生活·读书·新知三联书店2013年版,第128页。

内之事,而是往往突破角色的限制做出一些角色范围之外的分外之事。"①

第二,关联性思维难以把握儒学思想背后所具有的丰富的超越性智慧。

角色伦理特别重视社群语境和亲子关系,其背后的理论支撑是以关联性思维来诠释中国传统哲学。"正是这种旨在最大限度地利用关联性生活以提高和改善我们的生活角色与人际关系的持续过程,促使我们把儒家道德描述为一种'角色伦理',并主张儒家角色伦理学是一个有别于西方哲学而自成一格的伦理学取向。"②角色伦理学所依据的关联性思维本身也存在问题。角色理论学背后的方法论限制,即体现在这种方法论背后的二元对立思维模式上。安乐哲的儒家角色伦理思想显然是一种中西方文化比较方面的研究,而这种研究的方法论依据的则是一种二元对立的思维模式,即突出西方文化与中国文化、西方伦理与中国伦理之间的区别,通过不同文化和伦理殊异性的定位,来进行孰优孰劣的价值判断。"两极化的思维误区具有三方面的弊端:1. 它是不能反映实际情况的错误描述,被比较的文化个体的真实面貌被扭曲,学者难以就其文化本质获取全面、综合的认识;2. 两极化思维将个别文化内在的复杂情况过于简单化,将每一文化个体视为清一色的独块巨石;3. 两极化的叙述会产生失调的价值判断。"③西方伦理依据个人主义而建构,这种个人主义在安乐哲看来具有致命的缺陷。相反,中国伦理所彰显的关系伦理特质则具有自身的优势,于是将儒家角色伦理作为解决现代社会角色冲突乃至全球性危机的灵丹妙药便是必然的结论了。我们认为,这种二元对立的文化比较方法论,显然是有问题的。

此种关联性思维的思想基础,是怀特海的过程哲学与以杜威为代表的实用主义经验流变说。这些哲学思想虽在阐释儒家变化之道方面有一定的意义,但是对于变化之道背后的常道,却又有不及之处。作为角

---

① 吴先伍:《超越义务:儒家责任伦理辨析》,《道德与文明》2018年第3期,第49页。
② 〔美〕安乐哲、罗斯文:《〈论语〉的"孝":儒家角色伦理与代际传递之动力》,《华中师范大学学报》2013年第5期,第50页。
③ 〔美〕Ben K. Hammer(孟巍隆):《文化比较的思想误区:兼评安乐哲"儒家角色伦理"》,《文史哲》2016年第1期,第147页。

色伦理学思维方法基础的实用主义经验流变说、过程哲学所存在的问题,当然也是角色伦理学自身所必然要面对的。基于经验主义的角色伦理,强调的是经验层面的变化之流,很显然难以表达儒家经验背后超越经验的普遍性和超越性的思想精髓。况且,以关联性思维方式本身来定位儒家基本方式,尚且是一个很值得商榷的地方。儒家极其丰富的道德哲学,事实上很难用角色伦理来涵盖和解释。对于儒家的角色伦理学诠释,很显然未能考虑到儒家就其实质而言是一种强调自我主宰的成人之学。慎独与不自欺,很显然在儒家角色伦理的诠释中未能得到彰显。因此,每个人虽然因为处于不同的关系中而有不同的角色,因而肩负着不同的使命,但是从儒家道德哲学实质上是一种心性哲学或德性伦理学而言,以角色伦理来定位儒家,虽具有中西方文化比较背景下对于儒家思想意义和价值重新挖掘的好处,但终究未能抓住儒家思想的实质和要义。

第三,儒学的角色伦理学定位容易陷入伦理特殊主义的困境而面临伦理普遍主义的挑战。

我们究竟该如何看待上述这种将人的独立性存在与关系性存在进行区分的看法呢?应当承认,儒家强调关系性的存在,这的确是一个事实。但是,如果以关系来言说儒家伦理,则容易陷入一种相对主义和特殊主义的窠臼之中。以角色伦理来定位儒家伦理是不是更容易成为一种道德的相对主义,从而使得儒学变得非普遍化?这种角色伦理更多的是强调一种内在关系,即关系相的性质因为进入关系才存在,因此也就不能离开关系而拥有自身独立的存在。但是,我们都知道,道德主体在进入相应的关系之前,他显然不是作为关系相而存在的而是独特的个人,可以作为独立的道德主体而存在,可以拥有自身存在的客观实在性。进入伦理关系之前的个体与进入关系之中的个体,其关系是所谓的道与权的关系、体与用的关系。在这种关系背后,道与体是主要的,权与用则是次要的。当然道与权、体与用是不分的,但它们毕竟地位不同,逻辑上的先后不同。如果缺少了成己的内在自律性修持,那么成人、成物的外的、关系中的存在便失去了存在的根基。相比于西方的所谓"个人主义",中国儒家伦理缺少的恰恰是对自由的、自立的、理性的个体的考量,缺少对具有正当地寻求私利的个体性存在的重视。儒家角色伦理学(Confucian Role Ethics)的诠释模式,无疑忽视了儒学传统长期具有的丰富的有关个体君子人格乃至圣王境界的思想智慧。

如果我们像有的学者那样,简单地用"角色伦理"的视角来考察和评价儒家伦理,那么便很容易否定个体人格的塑造,忽视超越于角色之外的内圣外王之道的意义,忽略自我个性与自由的彰显,从而可能造成消解儒家伦理背后所存在的超越性和境界性的一面。"血缘亲情、家庭道德在儒家伦理中占有重要地位,但同时儒家也非常重视个体性人格的培养和塑造,这体现在'为己之学''慎独''修身'等方面。人有与生俱来的内在独立的'心'与'性',而不仅仅是处于各种社会关系和角色之中。"①由儒家伦理支撑的中国传统社会,其社会的主要弊端之一,便是因为重视血缘亲情等人伦关系而导致了裙带主义、关系主义、人情主义泛滥,从而成为社会公平正义追寻道路上的一种障碍。"儒家伦理学不是从功能性的关系角度来建构伦理学基本规范的,而是植根于人性之中,并有超越的天道根据。儒家重视孝道伦理、仁民爱物,也具有本相意蕴和规则伦理。无论是儒家伦理的当代转化,还是对其现代价值的探索,都需要超越西方的抽象普遍原则,对儒家伦理超越性和终极性的层面加以认识。以西方德性伦理(美德伦理)或角色(关系)伦理解释儒学,虽有部分可比性,但都容易产生一定的偏颇和歧见。"②可见,将儒家伦理定位为一种角色伦理,无疑强调的是行为人拥有的不同关系所造成的影响,对这些影响的考量明显强调的是儒学功能性的一面。但是很明显,这种从角色背后的功能性角度来诠释儒家伦理的说统,无疑缺失了功能背后的儒学本身真义的考量。我们只有对儒家思想的真义有所把握,才能接下来探讨受儒家思想影响的人在各种社会关系中扮演何种角色和遵循何种角色规则的问题。

在儒家学者看来,一个人所拥有的不学而能、不虑而知的心性良知,是贯穿于个体成长全过程的,有了它作为基础,个体才能在处于角色关系时有可能承担相应的责任和义务,并尽量解决好不同角色之间的冲突问题。"在用'角色伦理学'来解读中国传统哲学时,应突出儒家伦理的

---

① 郭齐勇、李兰兰:《安乐哲"儒家角色伦理"学说析评》,《哲学研究》2015年第1期,第48页。

② 同上。

终极性、普遍性的一面,而不应陷入相对主义和特殊主义之一维。"①儒家思想的角色伦理定位,造成了对中西方伦理思想不同这一面的强调,但却忽视了中西方伦理学相通的一面。既然两种伦理学都是关于人的伦理学,那么相关的伦理问题的探讨必然有大量相通的地方。儒家思想的角色伦理定位,显然违背了儒家常常讲到的"人同此心,心同此理"的伦理定位,同时也造成了对儒家思想主要是从社会性的道德主体的规范角度来理解人的片面性,也就是说,对于行为主体往往没有从实质性的方面来规定。于是,"作为一种伦理学说(在安乐哲看来,儒家角色伦理学是作为义务论伦理学、功利主义伦理学和德性伦理学的替代),'儒家角色伦理'的主张者并不能很好地应对来自各方面的批评和挑战"②。从经验的、关系层面的角色伦理视角来诠释儒学的路径,很显然忽视了儒学背后普遍性的一面。儒家思想不仅仅具有中国性,更具有世界性。儒家思想的根本基础在于以血缘亲情为纽带的家庭的存在,而当今人类社会无论怎样发展,无论发展到何种程度,家庭作为社会最基本的细胞这一客观事实并没有改变。以家庭伦理为基础并在此基础上推而广之的儒家伦理,即使在当代世界依然具有重要的意义。

事实上,儒家伦理从整体上来说是存在普遍性的规定与特殊性的规定两个方面的。"儒家伦理在结构上被划分为两个层次。第一个层次,人所共有的道德观念和所有人应当遵循的具有普遍意义的道德要求,这是由人之所以为人所特有的属性决定的,无论是'三达德'还是'五常',都具有这个性质。在这个层面上,儒家突出了人与禽兽之间的分界,人生的目的之一,就是努力获得或者保存这些德性,成为真正意义上的人,实现人格的完善。这一层次上的行为要求保障了人作为万物之灵的优越性的实现。第二个层次,以'五伦之道'和'三纲'等所包含的'忠孝'伦理等为代表,强调的是不同角色的人所具有的不同的道德义务。这一层次保障了尊卑等级的社会秩序的稳定。"③儒家兼具普遍性与特殊性的内容,而且普遍性与特殊性的内容又是有机地统一在一起的。所以,

---

① 郭齐勇、李兰兰:《安乐哲"儒家角色伦理"学说析评》,《哲学研究》2015年第1期,第47页。
② 同上书,第48页。
③ 赵清文:《儒家伦理是"角色伦理"吗?》,《学术界》2012年第12期,第107页。

如果我们过分强调儒家伦理背后的角色伦理即关系伦理的一面,便明显是一种以偏概全,一曲之蔽。正如有的学者所讲:"在这两个层次中,具有普遍意义的德性,才是与人之'性'直接联系的,体现了'道'的要求,对于人的德性养成和德性完善具有根本性的意义。从道德修养的角度来说,只有抓住根本,在普遍德性的统摄下实现两个方面的道德品质的统一,并且做到矢志不渝,才能够成为'成人''大丈夫'。"①也就是说,如果我们承认人需要有一种普遍的德性,那么在我们思考人的本质的时候,便不能过分强调特殊情境下或各种特殊关系下人的存在。"在儒家思想中,固然强调特殊情境下对个体道德品质养成和道德行为活动的重要意义。但是,对作为道德主体的人的理解,却不尽是'焦点——场域'式的自我,人之为人,除了在人与人之间的关系和自身所扮演的角色中印证其存在之外,还有着更为根本的普遍性和确定性,这就决定了此种道德主体所持有的道德观念和所遵循的活动准则,并非完全去本质化的、实用主义的,其伦理学的性质,也非'角色'一词所能涵盖。"②在以伦理角度理解人的时候,本质与非本质、实用与非实用的考量都应该兼顾,否则便会因过分强调某一个方面而陷入普遍主义或特殊主义、本质主义或个体主义的极端立场之中。

这样看来,如果我们单一地以角色伦理学来定位具有丰富性内涵的儒家伦理,必然造成将本具有普遍性的儒家伦理特殊化的限制。实际上,早在冯友兰先生那里,便已经通过所谓的"抽象继承法"的讨论,明确了儒学普遍性意义和价值的一面。如果儒家伦理成为一种非普遍化的、外在的一套规范,便极有可能扼杀了本具有勃勃生机和丰富解释力的儒学真精神。失去了真精神的儒学,在当代多元的文化世界中最终将失去文化自信的力量,失去创造性转化和创新性发展的动力。"如果失去了具有普遍意义的道德规则以及与此相应的内在道德品质的支撑,以角色和情境为依托的道德选择便可能成为权宜之计,道德也就沦为了外在化的规范手段,脱离了主体的整体自我的本质和人类向善的精神寄托和文化价值。作为人类向善过程中的基本载体,道德在人们生活之中,

---

① 赵清文:《儒家伦理是"角色伦理"吗?》,《学术界》2012年第12期,第107页。

② 同上书,第106页。

总会蕴涵一些具有终极意义的目的和追求在里面。对包含具有普遍性和必然性的道德价值的体认和体验,是人生理想和人格实现的重要组成部分。正是在这个意义上,道德在人生意义的寻求中成为了一种值得敬畏的存在和力量,因此也才有了对道德的拳拳服膺和主动践行。"① 换句话说,个人道德生命的普遍性生成,在逻辑上要优先于个人在伦理关系中的生成。一个行为主体所拥有的普遍性德性,是其能够在特殊的情境下以德性为人行事的思想基础与前提。

第四,以角色伦理学所诠释的儒学难以摆脱因角色冲突而带来的困境。

不同的角色往往是相互冲突的。角色往往是由人的社会地位和社会身份所决定的而不是由自我决定的,角色也体现为一套社会行为模式,角色更体现为对社会规范、社会责任、社会义务等社会期望的符合。社会心理学意义上的角色往往赋予人不同的角色,而这些角色之间往往是相互冲突的。儒家伦理恰恰不仅重视角色中伦理个体的存在,更重视的是处于和谐关系而不是冲突关系中的存在。更明显的是,儒家伦理特别强调学以成人背后的自我主宰力,很显然,这与受角色关系及其背后的角色规范规定的角色伦理是不同的。

早在韩非子的《五蠹》篇中,便提到了一个忠孝角色冲突的例子②。说的是楚国有个叫直躬的人,他到令尹那儿告发自己的父亲,因为父亲偷了人家的羊。令尹认为此人忠于君,但对父亲不孝,便命人杀掉了他。这里便出现了是做忠君之人还是做孝子的角色冲突时的选择。这种角色冲突时的选择事关重大,正像韩非子所列举的直躬之人,因为做了一个角色选择和遵循这一角色规范,反而招来杀身之祸。韩非子紧接着列举的另一个角色冲突的例子,是鲁国有个人跟随君王去打仗,却总是临

---

① 赵清文:《儒家伦理是"角色伦理"吗?》,《学术界》2012年第12期,第109页。
② "楚之有直躬,其父窃羊而谒之吏。令尹曰:'杀之!'以为直于君而曲于父,报而罪之。以是观之,夫君之直臣,父之暴子也。"(《韩非子·五蠹》)与此角色冲突相类似的另一处记录:"楚有直躬者,其父窃羊而谒之上,上执而将诛之。直躬者请代。将诛矣,告吏曰:'父窃羊而谒之,不亦信乎? 父诛而代之,不亦孝乎? 信且孝而诛,国将有不诛者乎?'荆王闻之,乃不诛也。"(《吕氏春秋·仲冬纪·当务》)

阵脱逃。孔子向他询问原因，这个人说是因为家中有年老的父亲，怕自己战死后就再没有人养活他了。孔子认为此人是孝子，于是推荐他做了丁官。这里同样出现了是做一个孝子还是做一个精忠报国之人的角色冲突。此人选择的是做一个孝子，反而得到了提拔。韩非子列举了两个角色冲突的例子，其目的是想批判"儒以文乱法"。抛开此点不谈，我们发现韩非子所提供的忠孝角色冲突例子，的确带来了极其不同的后果。一个人选择忠君和不孝而被杀掉，一个人选择逆君和孝子反而得到了提拔。

可见，在日常社会生活中，面对不同的情境，行为人到底该遵循哪一种行为规范呢？这一点确实是以角色伦理来诠释儒家道德思想的学者们必须面对的难题。也就是说，当我们即便选择了以角色伦理来定位儒学，在一个人面对不同的角色选择与角色规范遵守的过程中，冲突也往往是难以避免的。正如上文所言，在中国传统社会，一个人的道德原则与政治实践之间往往会产生尖锐的矛盾和冲突。在中国不同朝代中忠孝两难全都是一种平常的社会现象，君臣关系上的尽忠与父子关系上的尽孝之间的角色冲突问题，一直都是人们努力想破解的一个难题。

在发生道德角色观念冲突的时候，常见的思路是在正义与道德（justice and morality）、对的与好的（correct and good）、程序性价值与实质性价值（Procedural value and Substantive value）之间进行有效的区分。前者更强调社会活动规则中的公平价值，例如，法律面前人人平等，人们有言论自由和信仰自由的权利等。后者更重视我们有关美好生活的观念，我们可以选择更好生活方式的观念等。将传统儒家伦理进行角色化理解，往往更强调实质性的价值。但是，在一个行为主体进行行为选择的时候，往往考虑的不是善而是正义。那么当面对因角色不同而产生的不同价值概念之间的冲突时，有时是很难真正进行取舍的。角色伦理学将人看作在社会生活舞台上表演的承担不同社会角色的个体，不仅面临角色与责任的冲突问题，还面临并不能完全根据一个人的角色来定义他的问题。一个人的现实日常生活存在，不仅体现为种种充满角色担当的社会行为，还体现为一个不断进行自我发现与自我创造的过程。在中国儒家哲学中，成就一种理想的君子人格，往往是与一个人的自我发现与自我创造分不开的。本章第三节将主要围绕儒学与君子人格继续展开探讨。

## 第三节 儒学与君子人格

长期以来,国内外学术界对于儒学当代价值的思考往往存在两种较为极端的立场。一种是将儒学看作是在当代没有价值的思想传统,其提供的理由是,儒学在传统社会中与专制紧密相连,与等级制密不可分,与小农经济体制纠缠在一起等。这样来看待的历史中的儒学,显然与现代性支撑之下的现代社会所要求的一些基本价值,如政治上的自由平等,经济上的市场经济,以及社会上的市民社会等价值是不相应的。一种是将儒学看作在当代依然具有广泛价值的思想传统,儒学可以再次实现复兴。通过前面几章所述可知,此种立场所提供的理论思考点主要是,儒家能够通过心性德性的自我否定而开创现代性的科学与民主精神,能够以文明对话的方式透过儒家人文主义精神传统对西方启蒙精神中的种种限制进行深刻的反思,能够为当代社会提供一种不同于西方自由主义传统的精英宪政主义或儒家式民主模式,能够通过自身极强的宗教性传统为当代人提供一种不同于基督教等其他宗教的内在超越式信仰生存方式,能够通过天人合一背后的人与自然之间的和谐关系提供一种对于当代生态问题的儒家式解决方案。根据前文所述可知,这些有关儒学当代价值思考的路向,均存在种种思想限制。接下来将侧重从君子人格角度来审视一下儒学的当代价值问题。

### 一、学以成人与儒家当代价值的凸显

针对究竟该如何看待儒学当代价值这一极其艰深而复杂的问题,在此可以大致采取上述第二种立场。不过,除了承认儒学在当代依然具有价值这一共同点之外,本书的看法是与上述立场存在重要区别的。

一是本书并不认同一些主张,如在全球化所带来的多元主义文化并存的时代会出现所谓的儒学复兴局面,21世纪是儒学的世纪等诸如此类的主张。这些对儒学价值充满激情和想象式的展望,毫无疑问是一些有争议的展望。这样的一些展望,与我们今天言说古希腊哲学的复兴或经院哲学的复兴一样,都将会是一厢情愿。人类社会在今日面对的一些问题,绝不是通过回到历史传统中便能寻找到解决办法的,有些当代问题的解决需要未来世代的人们的智慧,有些则需要我们当代人提供解决

的方案。也许正是在这些智慧和方案的促进之下,才会真正诞生不仅影响现在,更可以启迪未来的思想家。二是面对全球化时代人类所面临的各种全球性问题,并不应该寄希望于儒学能够提供一种灵丹妙药。如果我们抱有这样的想法,无疑是对儒学的一种过度诠释,实际上是过度依赖传统来解决现代化背后所出现的种种现代性问题乃至后现代性问题。这是因为,现代性之所以能够以压倒性的态势战胜传统,从而使人类社会步入一个不同的时代,便已经以铁的历史事实充分证明了,从传统步入现代是我们人类一旦开始便没有回头路的一段旅程。

接下来将具体围绕儒学当代意义和价值阐释的两种基本立场展开相关的论述。

有的学者认为,儒学的当代复兴和意义追寻应该通过对于科学、民主、宗教、心理等这些西方文明所体现的价值进行建设性的回应,并以此来实现儒学的创造性转化和创新性。"当我们讨论儒家传统能不能继续发展的课题时,至少有四个方面的问题需要做出回应。这都是西方文化提出来的。它们是:(一)科学精神的问题;(二)民主运动的问题;(三)宗教情操的问题;(四)心理学方面对人性的理解。以上问题都是儒家传统所缺乏的,而又都是现代西方文明所体现的价值。这是中国现代化所必须要发展、必须要掌握的价值。如果儒家传统不能对其作出创建性的回应,乃至开出一些类似的崭新价值,那么连健康的传统价值都可能因异化而变质,更不会有进一步发展的可能性。也许有人认为,儒家传统有它自己的价值,它可以充分地发展,自己走出一条路来。但我认为,如果儒家传统不面对西方所提出的这些课题做创建性的回应,也就没有办法进行创造转化的工作,以建立新的价值。这是我们对中国的传统文化进行反思的时候所不能回避的挑战。"①然而,以西方现代性文明所开创的科学精神、民主运动、宗教情操、心理分析等诸多方面作为寻求儒学当代性意义与价值的出发点,这明显是有问题的。以此作为出发点,依然体现出一种西方中心主义的立场,体现的是"以西化中"的立场,即用西方的一套统绪和范畴来阐发本只具有自身特征的思想资源。事实上,儒学既可以根据自己的由悠久历史传统积淀下来的真精神来谋

---

① 〔美〕杜维明:《"公共知识分子"与儒学的现代性发展》,《贵州师范大学学报》2001年第1期,第30页。

求自身的一贯性发展,也可以面对当代社会人的发展和社会发展中所存在的问题来提出儒家方案。例如,我们既可以通过儒家的修身立世与道德理想诉求来解决消费主义时代下人文精神重建的问题,也可以通过儒家的责任使命担当意识来重塑当代人的社会信用、社会责任感、社会使命感等人文精神价值。

与上述立场不同,有的学者则认为,关于儒学意义和价值的当代性思考,应该从儒学的生活化角度立论。这些学者据此提出了生活儒学的说统。以生活儒学来探究儒学在当代的意义和价值,确实体现了儒学在历史中长期以来所具有的与现实社会密不可分的基本事实。可问题在于,生活儒学里的生活范畴究竟是如何加以理解的?通过借用西方存在主义哲学和中国老子道家的智慧,黄玉顺对此给予了回答,"生活"是先行于包括人(主体性的存在者)在内的任何物、任何存在者的,它就是一种无物的存在。生活本身,既包括作为生活本源情境的共同生活,也包括作为生活本源结构的在生活并且去生活,更包括诸如"怵惕恻隐之心"之类的生活的情感显现。可问题是,这种力图通过先行于概念性的思维、对象化的把握乃至形而上学的生活领悟,来达到一种所谓的前形而上学的、前概念式的领悟,究竟是如何而可能的呢?这种主要依据海德格尔存在主义哲学来进行的生活儒学构思,难道不是一种理性和概念思维及其结果吗?其构思的难道不是一种哲学形而上学吗?再有,一种无物的存在难道是真正具有现实性的生活吗?将活生生的生活本身抽离为一种存在主义式的抽象的无物的存在,于是才会得出生活即存在,生活之外并无别的什么存在这一强判断。这种对于"生活"的阐发,与儒学背后的生活真义显然存在根本的区别。

那么,今天我们究竟该如何谦逊地谈论儒学的当代价值呢?事实上,要想回答好这一问题,首要的一点便是要把握好不同于其他思想传统的儒学到底具有什么样的基本特征,没有这一点作为理解的前提,我们将很难理性和客观地回答好儒学的当代价值到底是什么这一极具挑战性的问题。

儒学与其他思想派别相区别的一个基本特质便在于:它具有很强烈的实践性和日常化特征。作为一名儒家思想家或一般的儒家研究人员,他所研究和传达的儒家思想,是否能够在人们的日常生活之中得到充分的和有影响力的落实,往往是这种儒学本身是否堪称真儒学的主要标志。"儒学的一个基本信念是,所谓知识精英,不管他是先觉还是后觉,假如他讲的这套不能在日常生活中起作用,不能在一般的老百姓中起作用,那么它就不是真正的儒学,儒家最高的价值必须在人伦日用之间体现。"[①]情况为什么是这样的呢?我们其实很好能理解这一点。儒家自诞生之日起,便始终以人本身为研究和探讨的出发点,此处的人是活生生的具体的从事日常生活实践的人。儒家对于人本身的道德之维的本质性规定,离不开每一个人现实的日常生活实践。因为人在现实生活中是一种关系性的存在,人与自然的关系、人与人的关系、人与社会的关系、人与国家的关系、人与自身的关系都涉及一种道德的规约。儒家的德性优先主义,通过每一个以德性立身立世的人的日常生活实践,体现为首孝悌而后次谨信、尊德性而后道问学的先后次序。真正能够在自己的日常生活之中贯彻儒家德性之维的人,便是不同于小人的君子,便有可能成为贤人和圣者。正是儒学与其他思想派别相比而具有的这些基本特质,才是我们在充满现代性思想的时代思考传统儒学价值的思想原点。

一方面,儒学当代意义和价值的思考是离不开现代性视域的,而现代性包含自由、民主、平等、权利等一些基本价值理念。另一方面,我们也不必纠缠于以中国儒家为核心的传统文化是否包含了这些现代性的价值理念,或者是否可以产生这些现代性价值理念,而是应当更冷静地将历史中的儒学放在现代性的视域之中加以反思,即反思儒学如何与人类社会现代化所产生的现代性价值相适应的问题。也就是说,儒学在当代社会如何能够通过创造性转化与创新性发展成为现代性思想的有机部分,可以为现代性的进一步发展和完善提供儒家的思想资源,而不是游离开这个时代而真正成为历史中的一种记忆。无论我们采取何种发展和转化立场,如"当代儒学的自我转化"(李明辉)、"儒家传统的现代转化"(杜维明)、"儒学的现代转折"(陈少明)、"中国传统的创造性转化"(林毓生)、"传统的反省与转化"(刘述先)等,都是站在现代化及其背后的现代性视角,并以现代性的基本思想理念为参照系来重新审视儒家思想,来改变其原有的价值实现形式,并最终以此来实现其现代性的

---

① 〔美〕杜维明:《多元现代性中的儒家传统》,《文化纵横》2010年第2期,第42页。

生存和现代化的转型的。

作为一种精神性的人文主义,儒家传统的意义和价值的彰显,离不开这一传统的创造性转化和创新性发展。在杜维明先生看来,"儒家是精神性的人文主义,是比较有涵盖性的人文主义"①。儒家传统缺乏科学精神、民主运动、宗教情操乃至深层意识方面的问题,而这些又都是西方文明所体现出来的价值。② 于是,他认为,儒家传统如果不能对这些西方思想价值进行创建性的回应,乃至开创出一些类似的崭新价值,那么甚至那些传统价值都可能异化而变质,儒学无法进行创造性的转化工作,也不会有进一步创新性发展的可能性。这种对于儒学创造性转化的说法,很明显依然是"以西化中"的论调,这种论调依然是以西方所有、中国所无来进行儒学的评判,其背后所体现的依然是西方中心主义的立场。如果我们以中国所有、西方所无来作为评判标准的话,西方文化当然也有自身的缺陷和不足。单不说科学精神、民主运动、宗教情操乃至深层意识心理学自身存在着种种问题,姑且承认这些价值,我们也不能将其赋予儒学发展之中,因为这是儒学不能承受之重,也不是儒学在当代实现创造性转化和创新性发展过程中应当寻求的思想着力点。

众所周知,在传统社会中,儒家存在的经济基础是小农经济,社会基础是家族制度,政治基础是权威主义。由于中国进入现代社会以来,儒家过去所依托的经济、社会、政治基础遭到了彻底颠覆,于是儒学好像如余英时先生所说的成为一种无身体相依的"游魂"。可是,事实果真如此吗?在客观审慎理解儒学当代意义和价值的时候,我们需要将民族性与现代性统一起来加以思考。"中国文化以及儒家思想,不仅要完成文化的现代性的转换,还要处理好文化的民族性传承问题。"③不能离开民族性来谈论现代性,确实具有相当的理由和意义,但是,不能离开现代性来谈论民族性,却是我们优先应当强调的民族性与现代性之间辩证关系的方面。因为,在今天现代性已经席卷世界的全球化时代,任何有关民族性问题的思考,都难以离开具有普遍性特质的现代性这一视域去展

---

① 〔美〕杜维明:《体知儒学》,杭州:浙江大学出版社2012年版,第58页。
② 〔美〕杜维明:《现代精神与儒家传统》,第486—491页。
③ 〔德〕杜崙:《全球化视角下的儒家现代性转型》,《东方论坛》2010年第4期,第36页。

开。所谓的现代化或现代性,便不仅是一个国家和民族的内部问题,更是一个是否跟上时代而不落后于世界潮流的国家之间、民族之间的具有世界历史意义的问题。

无论我们是从文化的民族性角度来思考儒学,还是从文化的时代性角度来思考儒学,都不能忽视儒学讲的是做人的道理这一立论前提。儒学的价值取向"在于如何使人深入到身、心、灵、神各个层面进行通盘的反省,在于促进人格的无穷无尽的发展,从个人修身一直到成圣成贤……它的意义,绝对不仅仅限于道德实践的范畴,而是有着相当深厚的宗教内涵。因为在现实世界中,任何人都不可能成为圣人,即使孔子也不敢以圣人自居。但是,圣贤人格作为体现其超越性的最高理想,却可以激励人们进行长期不断的奋斗,成为现实世界中的人体其生命价值的内在动源"①。此种主张,可谓抓住了儒学的真谛。无论在何时代,只要有人的存在,便必然存在何以成人的问题。如何做一个堂堂正正的真正的人,这是任何一个现实生活中的人均应当反思的一件事情。正如熊十力先生所言:"为人不易,为学实难。"②只要人存在,便有做人的道理的需要。"儒学作为人的自觉,人的生命的自觉,显示了人的生命的更新与发展。在这种情况下,儒学也就是一个个别的人发展的学问,一个人的群体发展的学问,一个人自我实现的学问,一个人要实现整体人性的学问,一个社会群体要实现每个个别的人的整体性的学问。"③也正因此,儒学绝不是无家可归的"游魂",无论现在还是将来,它都将有其存在的意义和价值。儒学所具有的超越时间和空间的意义和价值,体现在其始终关注如何以德立身立世的现实追求和现实践行上。以此来看,儒学当然具有当代意义和价值,它当然可以广泛地适用于整个人类社会,它具有普遍运用于世的意义和价值。作为新时代中的中国人,我们更不应当漠视儒学在当代中国乃至世界的意义。我们绝不能"抛却自家无尽

---

① 〔美〕杜维明:《儒学第三期发展的前景问题:大陆讲学、答疑和讨论》,第115—116页。

② 参见牟宗三:《为学与为人》,《生命的学问》,台北:三民书局2003年版,第132页。

③ 〔美〕成中英:《孔子的当代意义:儒家伦理是全球伦理的基础》,《世界的儒学——记世界儒学大会发起国际会议论文集》,2007年9月27日,第43页。

藏,沿门持钵效贫儿"①。以儒家思想为优秀传统文化基本内容的文化中国②,不仅对于中国,即使对于整个世界也意义重大。

不过,这里面强调儒学具有普遍运用于世的意义和价值,绝不是提倡一种张之洞所提出的"中学为体,西学为用"。实际上,无论是"中学为体,西学为用",还是"西学为体,中学为用",抑或折中派的中西合璧之说,都很难具有说服力。在全球化时代,文化的多元化已经成为一个不争的事实,每一种文化都难以也不应当自称是一种具有全球宰制力的文化,而只能谦逊地在世界文化万花筒中彰显自己独特的价值和魅力。因此,对于儒家来讲,我们完全不能缺乏理性而充满情感色彩地认为21世纪是儒学的世纪,是中国文化的世纪。作为一种具有悠久历史传统的中国文化精神,儒家在当代乃至未来通过自身不断充满创新性和创造性的力量,可以发挥其成就一种理想人格的社会作用。

今天,当我们整体上审视当代新儒家学者对于儒学民族性与时代性关系问题思索的时候,我们发现他们对于西方现代社会所呈现的现代化和现代性并不排拒,他们也力图实现以儒家为代表的中华优秀传统文化的现代化,但是其现代性问题思索背后的民族性立场是非常强烈的。现代新儒家们虽然不漠视西方现代性背后的工具理性、技术理性的现代与当代意义,但是他们为了彰显儒学在当代的意义和价值,还是更多地站在一种民族主义文化本位的立场,或者去大肆批判西方现代性症结的一面,或者是依据儒家文化立场来提供一种近乎尽善尽美的现代性方案。

---

① 此句话见王阳明的《咏良知四首示诸生》,此诗原文是:"个个人心有仲尼,自将闻见苦遮迷。而今指与真头面,只是良知更莫疑。问君何事日憧憧?烦恼场中错用功。莫道圣门无口诀,良知两字是参同。人人自有定盘针,万化根源总在心。却笑从前颠倒见,枝枝叶叶外头寻。无声无臭独知时,此是乾坤万有基。抛却自家无尽藏,沿门持钵效贫儿。"吴光等编校:《王阳明全集》中册,上海:上海古籍出版社2011年版,第870页。

② 杜维明在《代达拉斯》(Daedalus,1989)上发表的《文化中国:以边缘为中心》(Cultural China:the Periphery as the Center)一文中,首次使用了"文化中国"这一概念。在他看来,文化中国主要包括三个层面的意义世界:第一个层面的意义世界以汉人为主,包括各种其他民族,主要指中国内地、中国台湾、中国香港、中国澳门、新加坡;第二个层面的意义世界,指的是散布世界各地的华人;第三个层面的意义世界,指的是和中国既无血缘又无婚姻关系但是和中国有接触、愿意了解认识中国文化的外籍人士。〔美〕杜维明:《体知儒学》,第24页。

他们力图以自有的儒家人文精神来建构起与西方工具理性、技术理性的联姻,并以此提出一种有别于以往中体西用或西体中用的调和论,有别于全盘西化派之路的中国现代化之路。

尽管上述这种互补的相互联姻的做法很好,但充满了理想浪漫的一厢情愿色彩,而且造成了儒学与西方现代性文化之间持久的一种思想张力。究其实质,当代新儒家的现代性方案,依然属于一种调和派的论调,因此也就依然难以摆脱任何调和派所具有的思想弊端。两种本来难以最终调和在一起的东西被人为生硬地调和在了一起,一方面造成对由西方开创的现代性的西方化或地域性的片面理解,即未能将现代性视作人类社会文明发展至现代阶段所拥有的一些现代特征,未能将其视作任何一个民族或国家步入现代社会均必须迈向的一条普遍的必由之路,尽管这条道路背后也确实呈现出各自民族文化所赋予的民族性特色;另一方面,这样的现代性致思之路,也造成了一些学者在思考儒学当代价值时步入种种思想上的歧途,造成了张扬儒学意义和价值有余,但在深入反思和批判儒学局限方面却明显不足。也正因此,这种思索背后所存在的保守的文化主义立场与浪漫的理想主义色彩便昭然若揭。既吸收西方现代性的优点,又力图通过儒家思想来诊治西方现代性带来的诸多病症,如果说这不是一种乐园空想,也难以在现时代付诸实践。事实证明,任何步入现代社会的国家和民族,都必然要面对现代社会所带来的一系列问题。因为现代化是一把"双刃剑",其所呈现出来的现代性便必然具有肯定性的一面,当然也有否定性的一面。现代社会的诸多病症是任何一个已经和即将步入现代社会的国家和民族必然面临的社会发展中的困局。以一把"双刃剑"来看待的现代性,我们不可能做到一方面拥有其带来的好处,而不同时必须接受其带来的负面效应。在此,我们是别无选择的。何况儒家传统到底能否和如何避免现代社会业已带来的种种负面效应,也是需要打上一个大大问号的事情。

当代新儒学者将自己的学术任务之一,定位在如何由内圣开出新外王即科学与民主的问题。在他们依据这样的定位而进行的种种儒学创新中,的确存在诸多的思想困境。正如沈小勇所指出的:现代新儒家因为过分强调了民族性的价值传承而使现代性问题无法得到合理的理论解释和社会机制落实,因而最终以民族性问题掩盖了时代性问题;现代新儒家因为过分注重超越性价值的抉发而忽视了现代性背后的世俗性本质,因而最终无法解决儒家世俗价值的落实问题;现代新儒家因为过分突出地方知识的普遍性而忽视了现代性的普遍价值和意义所在,因而实际上是以地方性掩盖了普遍性。① 针对这些困境,沈小勇提出要对儒学的现代图景进行反思和超越,而合理的对待儒学的态度,一方面应当是从儒学转化立场转变到文化再生和文化自觉的立场,即采取文化传承和文化延展的立场;另一方面应当是实现从儒学现代性到中国现代性的立场转变。依据这两个立场上的转变,他进而提出了儒学当代创生的三个基本路径,即普世化改造、本土化实践与全球化对话。

应当说,这种对于现代新儒学困境的反思及解决路径的探析,是具有较强的理论价值和实践意义的。在理论层面上,切实地反思当代新儒家们在儒学现代性转换过程中的种种问题,无疑有益于今天我们如何超越他们的研究,以便重新在学理上以一种新的方向和思路来实现儒学在当代的创造性转化和创新性发展。在实践层面上,切实地反思当代新儒家们在儒学世俗化过程中的种种问题,也有利于我们今天如何完成将儒家思想资源落实到现实的社会人生之中这一任务。"儒学固然是生命的学问,但儒学更应是面向民众的学问;儒学固然是世界的价值,但儒学首先是中国本土的价值。"②因此,从不同于心性儒学、知识儒学、政治儒学乃至生活儒学的世俗儒学角度来思考儒学的现代性问题,是具有一定的思想意义的。但是,依据中国现代性的立场来探究儒学当代创生的路径,依然存在种种进一步思考的空间。以中国现代性来实现儒学的当代创生,这依然强调的是以中国性为主,当然就忽视了世界性、普遍性的一面。因此,这种研究背后往往对普遍性的现代性本身的意义重视不够,对中国传统儒学背后的限制揭示不够,而对具有普遍性的现代性背后的问题则反而揭示和批判的过多了。

此外,普世化改造、本土化实践与全球化对话究竟该如何加以具体落实,也显然是一个值得深思的问题。究竟何谓普世化呢,它与世俗化有何区别? 儒学的普世化内容是什么,在物质主义与消费主义大行其道、文化思潮和社会信息多样化、大众媒介与融媒体技术高度发展的时

---

① 有关现代新儒家所面对的这三个困境,具体见沈小勇:《百年回眸:儒学的现代之境》,杭州:浙江大学出版社 2014 年版,第 149—153 页。

② 同上书,第 172 页。

代,我们究竟以何种方式来实现这些儒学内容的普世化呢？究竟何谓本土化呢？将儒学本土化实践归结为儒学传统重新回归社会并发生作用而实现自身的新传统化，归结为儒学在社会实践层面与现代世俗价值的融合互动，均是一种宽泛的、宏观的学理上的思考，缺少的恰恰是实践上可行的具体操作的意义。究竟何谓全球化呢？在全球化对话中，儒学所参与完成的新的甚至超越西方现代性的中国现代性精神，又如何而可能呢？"儒学当代创生要走向全球化，但是这种全球化依然不能离开中国现代性的基本精神面貌，依然不能脱离中国现代化的现实发展需要。"① 忽视现代性背后的普遍性、世界性一面，反而强调全球化背后的地方化，难道真的可以实现文明的全球化对话吗？

可见，将儒学现代化的根本途径定位于儒学的世俗化，将实现儒学世俗化的基本方法定位于融入中国的现代化，显然更强调的是中国现代化对于儒学的意义，而不是儒学对于中国现代化的意义。"儒学复兴需要走世俗化的路数，但是世俗化的根本方法却在于中国的现代化，并且儒学的世俗化要能够促进中国现代性的构建，从而真正让儒学融入中国社会，在中国社会发生切实的作用和影响。"② 儒学确实需要现代性的转换以便融入中国式现代化之中，但其关联的不是应当不应当的问题，而是如何将儒学融入中国式现代化之中的问题，更何况儒学的现代性转换本身也是一个需要加以系统性思考的艰难问题，更何况儒学的现代化难以用单一的儒学世俗化来进行规定，更何况儒学的世俗化、日常化、大众化还缺少传统社会的基础呢！

我们认为，当代新儒学更重要的任务是在面对现代性之后的人文精神危机时，如何以儒家君子人格思想来参与重塑一种当代人的理想人格，真正实现人的一种具有整全性的现代化，从而获得一种与传统现代性与西方现代性不同的新的现代性。这种寻求理想人格塑造之途，才是儒学现代身份认同和拥有自身时代合法性的正途。之所以这样说，是因为今天我们谈论儒家哲学的用处或功能，更应当从一种做人处世的态度，从一种人生正确价值观塑造的角度来定位儒家哲学的意义和价值。因为，哲学"其用处就在于有了它则我们可以变更我们自己做人处世的

---

① 沈小勇：《百年回眸：儒学的现代之境》，第169页。
② 同上书，第175—176页。

态度。故任何形而上学在本质是有道德功用的。至于在形而上学之后显然在附以人生观更不必提了"①。由于中国传统哲学的基本致思方向一向如此,所以探究中国哲学尤其是儒家哲学当代意义和价值便显得非常必要。

在当代社会,我们虽然不会有一种儒学再次复兴的奢望,但是这也不意味着对于传统儒学的抛弃。"如果对新文化的接受不是有组织的吸收的形式,而是采取突然替换的形式,因而引起旧文化的消亡,这确实是全人类的一个重大损失。因此,真正的问题可以这样说:我们应怎样才能以最有效的方式吸收现代文化,使它能同我们的固有文化相一致、协调和继续发展?"②儒家理想人格所要求的以乐为中心的生活之道、家国天下的社会使命感与责任感、人际交往中的居敬守诚、自我修持过程中的道德自律意识,以及对外在物欲的自我控制等,都可以成为后物质主义时代人的自我发展的精神资源。儒家修身所力图实现的理想人格是一种君子人格。"孔子整个的教化思想体系或许可以被归纳为一句话:君子之道。"③

进一步讲,那种认为儒学可以实现当代复兴,即儒学在当代能够获得其在过去所曾经具有的辉煌存在的观点,现在看来无疑是一种天方夜谭。谦逊地讲,与其奢谈什么儒学的现代复兴,不如在多元文化与多元价值并存的世界里,去思考儒学的普世化和世俗化,去避免儒学仅仅成为象牙塔里少数人的学问,可能对于儒学的当代意义和价值的思考会更平实一些。但是,儒学的普世化和世俗化绝对不能与儒学的生活化相等同。儒学的当代意义和价值的彰显不能通过所谓的一种生活儒学来完成。由多元文化和价值构成的当代人的日常生活,难以由某种单一的文化来加以规定,我们很难从情感上在大众媒介化的时代去普遍地、真诚地认同儒学。儒学的确与我们的日常生活分不开,但这绝不是提倡生活儒学的学者们所认为的,这种分不开是基于一种具有本体性意义的生活的存在。

---

① 张东荪:《知识与文化》,第 91 页。
② 胡适:《先秦名学史》,《胡适全集》第 5 卷,合肥:安徽教育出版社 2003 年版,第 10 页。
③ 辜鸿铭:《中国人的精神》,黄兴涛、宋小庆译,北京:人民出版社 2010 年版,第 36 页。

宽泛来讲,儒学自创立之日起便是一种人学,是一种成人之学。每一个人,无论其从事何种工作,取得何种成就,单就其为一个人而言,便离不开如何成就一个人之本身的问题。儒家的致思方向是从道德处入手的,即从每一个人在现实社会中所处的不同关系,从这些不同关系所规约的基本道德规范中,来成就一个人之所以为人之存在的道德方面。这种对于儒学当代意义和价值的思考方向和定位路向,才会使我们既不失却在漫长历史中所形成的儒学的真精神,也能够在面对当代人自我存在方面的生存困境时去汲取儒学的资源予以摆脱。

应当承认,儒学对于当代社会、当代人最具意义和价值的部分,既不是曾经制度化的儒学而今日欲再制度化的儒学,也不是曾经孔教化而今天予以宗教化的儒学,更不是曾经倡谈人与自然和谐而今天予以生态学化的儒学。儒学在当代意义和价值的凸显,还是应当从儒学的真精神、从学以成人与成就理想人格的角度来入手。与儒学的制度化、宗教化、生态学化、生活化等相比,儒家思想的真精神更体现在成人之学的价值观方面。在历史上,儒学与权力、政治的互动,客观上造成了儒学(文化)与专制(政治、制度)的高度联姻。如今,早已从专制政治中解放出来的儒学,虽然好像成了游魂,但实际上恰恰是儒学回归自身真正彰显价值的时候。正因为儒学无家可归,反倒是其四海为家的好时候。面对当代人类社会发展中的一些问题,尤其是在何以成人、做人这一根本的人学问题上,儒学的意义和价值正好可以彻底显露出来。无论人类社会发展到什么样的时代,无论是在农耕文明、工业文明,还是在信息时代与人工智能的时代,只要有人的存在,便有一个人应当以何种方式真正存在的问题。在面对这一任何时代都回避不了的问题时,儒学作为传统文化价值的一部分,正可以发挥出自己的独特的当代思想价值魅力来。

## 二、儒家君子人格的多重面向

儒学实际上是一种成人之学、君子之学,而君子之德无疑具有一种普遍性的思想价值魅力,其形成的是一种心灵中呈现出来的天人合一、物我一体的精神境界。冯契先生便曾提出与圣贤人格不同的平民化的理想人格。这种处于道德人生境界中的人,有功利之需,无功利之心;形体上的生命色彩淡,精神上的生命色彩浓,精神上的生命情怀重。也就是说,儒家主要是从道德角度出发来阐发理想人格塑造的,一些最为基本的道德准则是理想人格塑造的基本要求。个体正心、诚意、格物、致知与修身、齐家、治国、平天下，都体现着理想人格塑造过程中内在与外在的不同方面，即内在修持与经世治国的区别。理想人格的典范是圣人与君子，圣人即是神圣的凡俗。"圣人，吾不得而见之矣；得见君子者，斯可矣。"(《论语·述而》)"若圣与仁，则吾岂敢？"(《论语·述而》)"子贡曰：'如有博施于民而能济众，何如？可谓仁乎？'子曰：'何事于仁，必也圣乎！尧舜其犹病诸！'"(《论语·雍也》)除此之外，还有"君子笃于亲"(《论语·泰伯》)、"君子不忧不惧"(《论语·颜渊》)、"君子泰而不骄"(《论语·子路》)、"君子和而不同"(《论语·子路》)等。儒家学者所提出的圣人与君子人格，主要言说的是人应当期望成为什么样的一个人这一安身立命的大问题。圣人作为拥有完满人格的存在，显然更具有理想性和超越性的特质。圣人的理想人格："为天地立心，为生民立道，为去圣继绝学，为万世开太平。"(《张载集·近思录拾遗》)①君子则是一个人所期望成为的较为具体的人格，其更具有现实性和内在性的特质。正是在理想与现实、内在与超越的双向互动中，儒家理想人格思想才具有了一种辩证性特质，其内部充满了灵活性和丰富性、过程性。

在中国传统中，儒士与文士是有区别的。即便儒士本身，也存在不同的类别。《荀子·儒效》将儒分为俗儒、雅儒、大儒三种，《荀子·表公》则将人分为庸人、士、君子、贤人、大圣。不管是关于儒的三种分类，还是关于人本身的五种分类，都表明了人的不同等级层次的区别。这样的区别显然并不是一种主观臆测，而是对于现实日常生活中不同道德水平之人的客观呈现。儒家君子人格与小人人格之间是根本不同的。"君子而不仁者有矣夫，未有小人而仁者也。"(《论语·宪问》)儒家所寻求的理想人格，最高的表现和极端便是完全能够实现由内圣而达外王的圣人人格。儒家提倡为己之学，注重个体理想人格的塑造。为己之学是需要在此生此世去努力实现的，它体现了儒家知识分子具有强烈的社会使命感与道德责任感。"儒家相信'善'是人的内在本性，提倡'为己之学'，即通过知识、修养、践行达到人性的自我实现，儒家社会理想的'仁义'是指博爱、平等、正义的原则，这些是儒家伦理的'体'，是本质的

---

① (宋)张载：《张载集》，章锡琛点校，北京：中华书局1978年版，第376页。

内容。"①

在此,我们姑且笼统地将儒家有关理想人格的思想概括为一种君子人格。"何谓'儒者'?何谓'儒者气象'?须识者自己去体会,殊难确切下一定义,其实也不必呆板说定。最概括简单地说,凡有学问技能而又具有道德修养的人,即是儒者。儒者就是品学兼优的人。"②儒者是德才兼备的人。儒家君子人格的特征体现为:以家庭为中心,肯定处于道德限制之下的物质财富获取,追求具有差等而不是平均的利他主义,善于建立关系以维护和谐③。有儒者气象与以君子人格为一生志业的人,才堪称具有豪杰之精神,大丈夫之勇气。"千古之英雄豪杰经世宰物莫有外焉。"(孙奇逢《两大案录序》,《夏峰先生集》卷四)"从来豪杰之精神,不能无所寓。老、庄之道德,申、韩之刑名,左、迁之史,郑、服之经,韩、欧之文,李、杜之诗,下至师旷之音声,郭守敬之律历,王实甫、关汉卿之院本,皆其一生之精神所寓也。"(黄宗羲《靳熊封诗序》,《南雷诗文集》上)④"有豪杰而不圣贤者矣,未有圣贤而不豪杰者也。能兴即谓之豪杰。兴者,性之生乎气者也。"(王夫之《俟解》)⑤

真正的儒者人格,应当具有合理性、合人情、合时代的品质。这种君子人格的思想,不仅在过去,即使是在现在乃至未来,都具有不因时代而失去的价值硬核。"儒家道德能帮助填补常常伴随现代化而来的道德真空。"⑥例如,儒家在政治方面所提出的政治主体虽然未能开出民主政治,但可以用德性来规约政治主体,从而实现儒学的当代价值的彰显。此外,儒家在社会方面所提出的社会主体性,则可以充分发挥其家庭与

---

① 陈来:《传统与现代:人文主义的视界》,第57页。
② 贺麟:《儒家思想的新开展》,见《文化与人生》,第18页。
③ 范瑞平:《我们是谁?我们向何处去?——重塑儒家人格,填补道德真空》,见范瑞平、贝淡宁、洪秀平主编:《儒家宪政与中国未来》,上海:华东师范大学出版社2012年版,第260—261页。
④ 黄宗羲:《黄宗羲全集》第10册,杭州:浙江古籍出版社2012年版,第62页。
⑤ (明)王夫之:《船山全书》第12册,长沙:岳麓书社2011年版,第479页。
⑥ 〔加拿大〕贝淡宁:《儒家学说与社会主义的和解?——中国传统的复兴》,见范瑞平、贝淡宁、洪秀平主编:《儒家宪政与中国未来》,第235页。

社会教化的功能①。总之,君子之儒遵守忠恕之道而达致中庸之境。己所不欲,勿施于人。己之所欲,亦施于人。己欲立而立人,己欲达而达人。"礼之用,和为贵。先王之道,斯为美;小大由之。有所不行,知和而和,不以礼节之,亦不可行也。"(《论语·学而》)然而,众所周知,君子境界并不是能够轻而易举地获得的一种精神修养境界。"圣人,吾不得而见之矣;得见君子者,斯可矣。"(《论语·述而》)"若圣与仁,则吾岂敢?"(《论语·述而》)"文,莫吾犹人也。躬行君子,则吾未之有得。"(《论语·述而》)在追问君子人格如何实现之前,我们应当先知道何为君子人格。正如苏格拉底所言,德性在某种程度实际上是一种知识。

### 1. 君子人格强调自我修身

前文已言,人与人之外的禽兽之间的区别并不大,此种区别主要是由于人的道德存在来规定的。"人之所以异于禽兽者几希,庶民去之,君子存之。"(《孟子·离娄下》)君子与普通人的区别,往往主要体现在君子时时不忘自己生命存在的道德追求,而一般的普通人则没有将其看作自己一生的志业。"君子所以异于人者,以其存心也。君子以仁存心,以礼存心。"(《孟子·离娄下》)君子与小人之间的一个重要区别,便体现在君子常常追寻自己的道德心,并以仁与礼对其加以涵养,也就是说,常常念及自我的道德成长。一个真正的君子,无论遇到什么样的境遇,都不会也不愿放弃自我修身的志业。"见贤思齐焉,见不贤而内自省也。"(《论语·里仁》)"吾日三省吾身——为人谋而不忠乎?与朋友交而不信乎?传不习乎?"(《论语·学而》)以德立身立世的君子,善于经常性地反思自我生命,时时反思自己在尽伦尽职上的不足。这样的君子不担心别人不懂自己,而是时常担心"不知人"和"不能"。"人不知而不愠,不亦君子乎?"(《论语·学而》)"不患人之不己知,患不知人也。"(《论语·学而》)"不患人之不己知,患其不能也。"(《论语·宪问》)君子修身的过程,更多体现的是道德主体或道德自我的自我主宰与自我觉醒。君子修养背后含藏着强烈的道德自觉性和自律性。"君子求诸己,小人求诸人。"(《论语·卫灵公》)"颜渊问仁。子曰:'克己复礼为仁'。一

---

① 有关这方面的阐述,可以参看徐复观的《两汉思想史》与《中国人性论史》两部著作。

曰克己复礼,天下归仁焉。为仁由己,而由人乎哉?"(《论语·颜渊》)"仁远乎哉? 我欲仁,斯仁至矣。"(《论语·述而》)"已矣乎,吾未见能见其过而内自讼者也。"(《论语·公冶长》)做到自我修持的君子,不忧不惧,具有强大的内心定力和坚强的生命力。"司马牛问君子。子曰:'君子不忧不惧。'曰:'不忧不惧,斯谓之君子已乎?'子曰:'内省不疚,夫何忧何惧?'"(《论语·颜渊》)君子的道德自觉性与自律性,体现在日常生活中的夙夜强学、心怀忠信、力行自立的精神超拔等众多方面。

君子的为己之学,采取的是一种特殊的认识方法,即杜维明先生提出的体知的认识方法。体知,即体验之知、亲身体验,它完全是一种体之于身的理解,它不是一般理解的经验之知,而是一种自证自知。"待文王而后兴者,凡民也。若夫豪杰之士,虽无文王犹兴。"(《孟子·尽心上》)儒家所宣扬的德性之知,虽然不能离开经验知识,但是却不等同于经验知识,它即是一种内在体验之知。"唯天下至诚为能尽其性,能尽其性则能尽人之性,能尽人之性则能尽物之性,能尽物之性则可以赞天地之化育,可以赞天地之化育则可以与天地参矣。"(《中庸·第二十二章》)当然,体知背后也存在我们需要进一步思考的问题。体证之知背后的主体间交流对话是如何实现的? 体证之知的真实性又该如何加以判断呢?

## 2. 君子人格是一种全面的德性

君子之学也博,君子的品行体现在自我与自我、自我与他人、自我与社会乃至自我与世界各个层面,因此它含藏着极其丰富的内容。这种内容的广泛性和丰富性,也决定了孔子在回答弟子们关于"仁"的内涵时的多样性答案上。"敢问儒行。"孔子对曰:"遽数之不能终其物,悉数之乃留,更仆未可终也。"(《礼记·儒行》)[①]温良恭俭让、仁义礼智信、恭宽信敏惠,都是君子人格所要求的方面。

"仁"无疑是众多君子德性中最重要的一个,所以,有时甚至可以称儒家君子人格思想即一种仁学。"仁"是君子的本质,君子之道即体现为仁道,而仁道体现在方方面面。仁者拥有的仁德具体体现在多个方面。"君子不器。"(《论语·为政》)"君子知夫不全不粹之不足以为美

---

[①] 王文锦译解:《礼记译解》下册,北京:中华书局2001年版,第885页。

也。"(《荀子·劝学》)①在尊重谦让美德方面，君子之儒的表现也是多方面的。"温良者，仁之本也。敬慎者，仁之地也。宽裕者，仁之作也。孙接者，仁之能也。礼节者，仁之貌也。言谈者，仁之文也。歌乐者，仁之和也。分散者，仁之施也。儒皆兼此而有之，犹且不敢言仁也。其尊让有如此者。"(《礼记·儒行》)②仁的根本是温和善良，仁的质地是恭敬谨慎，仁的兴作是宽宏大量，仁的功能是谦逊待人接物，仁的外貌是礼节，仁的文采是言谈，仁的和谐是歌乐，仁的施与是分财散物。

君子之儒在何种境况下都能坚守恒道。"君子去仁，恶乎成名？君子无终食之间违仁，造次必于是，颠沛必于是。"(《论语·里仁》)无论是顺境还是逆境，君子都能够坚守如一而不会有丝毫的改变。"君子道者三，我无能焉：仁者不忧，知者不惑，勇者不惧。"(《论语·宪问》)"儒有不陨获于贫贱，不充诎于富贵；不恩君王，不累长上，不闵有司，故曰儒。今众人之命儒也妄，常以儒相诟病。"(《礼记·儒行》)③君子之儒，不会因为贫贱而困窘失志，不会因为富贵而骄奢失节，不会因为受到困辱、恐吓、刁难而违背自己所坚守的常道。

君子之儒能够做到内仁与外礼之间的有机统一。仁需要外在的礼的行为来落实，礼则需要内在的仁作为思想的依据。"人而不仁，如礼何？人而不仁，如乐何？"(《论语·八佾》)"君子义以为质，礼以行之，孙以出之，信以成之。君子哉！"(《论语·卫灵公》)"礼云礼云，玉帛云乎哉？乐云乐云，钟鼓云乎哉？"(《论语·阳货》)"质胜文则野，文胜质则史，文质彬彬，然后君子。"(《论语·雍也》)一个谦谦君子，不仅在外在的言行举止上符合礼的规范，而且要在内在仁德处彰显君子人格的实质。不仅要有外在的形式规范的约束，还要有内在的自我把持的实质内涵。

君子之儒体现出一种恻隐之心和羞恶之心。以仁为内核的君子人格，其一言一行体现在方方面面，君子的仁德是一种全面的整体的规定。君子理想人格首先体现的是一种仁爱精神。仁者爱人，要有关爱他人、将人看作是目的的人文关怀之深情。儒家视角下的理想人格，既要关心

---

① (清)王先谦：《荀子集解》上册，沈啸寰、王星贤点校，第18页。
② 王文锦译解：《礼记译解》下册，第893页。
③ 同上书，第894页。

和尊重他人,也要在情感上与他人相通。仁者爱人,仁者成人之美,不成人之恶。"仁者以其所爱及其所不爱。"(《孟子·尽心下》)"情者,性之质也。"(《荀子·正名》)①君子人格体现出一种羞耻之心。"耻之于人大矣。"(《孟子·尽心上》)"耻"即"羞恶之心"。"无羞恶之心,非人也。"(《孟子·公孙丑上》)君子以不能诚身立世为羞耻,以巧言令色为羞耻,以与小人为伍为羞耻,以不能仗义执言为羞耻,以不能淡泊名利为羞耻,以精致的利己主义为羞耻,以欺言惑众为羞耻,以碌碌无为甘于沉沦为羞耻,以不学无术游手好闲为羞耻。

君子之儒要时常具有恐惧戒慎之心。君子时常通过切己的反思,来寻求本心良知的自我操存。"君子所以异于人者,以其存心也。君子以仁存心,以礼存心。仁者爱人,有礼者敬人。爱人者,人恒爱之;敬人者,人恒敬之。有人于此,其待我以横逆,则君子必自反也:我必不仁也,必无礼也,此物奚宜至哉?其自反而仁矣,自反而有礼矣,其横逆由是也,君子必自反也,我必不忠。自反而忠矣,其横逆由是也。"(《孟子·离娄下》)"存心"即保存有道德之心,君子时常以此道德心来保持戒慎恐惧,来提醒自己在成德成圣的道路上始终前行,一言一行都不敢有一丝怠慢。"君子深造之以道,欲其自得之也。自得之,则居之安;居之安,则资之深;资之深,则取之左右逢其原,故君子欲其自得之也。"(《孟子·离娄下》)君子的心安,源于自得,自得源于以道立身立世,源于以戒慎恐惧之心始终没有放弃自我修持。"故君子尊德性而道问学,致广大而尽精微,极高明而道中庸,温故而知新,敦厚以崇礼。是故居上不骄,为下不倍,国有道其言足以兴,国无道其默足以容。诗曰:'既明且哲,以保其身',其此之谓与!"(《中庸·第二十七章》)君子的戒慎恐惧之心使其在成德之路上始终不放弃,始终保持清醒头脑,因此才能保持道与自己始终在一起,能够做到尊德性与道问学、致广大与尽精微、极高明与道中庸、温故与知新、敦厚与崇礼之间的有机统一。

君子之儒在与朋友相交时能做到持守善道并寻求志同道合。"儒有合志同方,营道同术;并立则乐,相下不厌;久不相见,闻流言不信;其行本方立义,同而进,不同而退。其交友有如此者。"(《礼记·儒行》)②

---

① (清)王先谦:《荀子集解》下册,沈啸寰、王星贤点校,第428页。
② 王文锦译解:《礼记译解》下册,第893页。

君子之儒相互之间志趣相合,方向一致,营求道艺,路数相同。君子之儒立于世就都高兴,地位互有上下也不彼此相厌弃。好久不见,也会相信对方的品行,听到关于对方的流言蜚语也绝不会相信。君子之儒的行为本乎方正,建立于道义之上。与自己志向相同的就进一步交往,与自己志向不同的就退避疏远。君子之交是志同道合,而绝不是臭味相投。"儒有闻善以相告也,见善以相示也;爵位相先也,患难相死也;久相待也,远相致也。其任举有如此者。"(《礼记·儒行》)①对于志同道合的朋友,君子之儒不会拆朋友的台,反而会补朋友的台。不会嫉妒朋友的发展,反而会助其一臂之力。君子之儒相互之间听到好事便共同分享快乐,听到善言就互相转告;有了职位上的竞争则可以做到互相推让而不会背后下黑手,处于患难之时则能做到共同渡过;朋友久久不能有所发展和提升,朋友在远方不得意,就设法帮助他并引荐其来此共同谋事创业。

君子之儒在规范自己的行为方面始终保持君子风范。"慎静而尚宽,强毅以与人,博学以知服;近文章,砥厉廉隅。"(《礼记·儒行》)②君子之儒能够做到谨慎安详而崇尚宽和,刚强坚毅而善与人交,广博学习而又知所当行,接近礼乐法度并砥砺公方正直的品格。"君子养心莫善于诚。"(《荀子·不苟》)③"子以四教:文,行,忠,信。"(《论语·述而》)君子时常以诚德给养自己的道德心,以典制、德行、忠诚、守信教育弟子。"父子为亲矣,不诚则疏。"(《荀子·不苟》)④"与朋友交,言而有信。"(《论语·学而》)"信"对于君子之所以非常重要,是因为"人而无信,不知其可也。大车无輗,小车无軏,其何以行之哉"(《论语·为政》)!

君子之儒沐浴身心于道德之中而能够做到特立独行。"儒有澡身而浴德……不临深而为高,不加少而为多,世治不轻,世乱不沮;同弗与,异弗非也。其特立独行有如此者。"(《礼记·儒行》)⑤面对地位比自己低的人也不显示自己的高贵,不把自己很少的成就妄自增加而自诩为成就很多,世局大治的时候可以做到群贤并处而不自轻,世局混乱的时候

---

① 王文锦译解:《礼记译解》下册,第891页。
② 同上书,第892页。
③ (清)王先谦:《荀子集解》上册,沈啸寰、王星贤点校,第46页。
④ 同上书,第48页。
⑤ 王文锦译解:《礼记译解》下册,第891—892页。

也能够做到坚守正道而不沮丧。与自己政见相同的人不和他营私结党,与自己政见相异的人也不对其诽谤诋毁。

君子之儒体现出的是一种智仁勇的大丈夫精神。"知者不惑,仁者不忧,勇者不惧。"(《论语·子罕》)"所谓大圣者,知通乎大道,应变而不穷,辨乎万物之情性者也。"(《荀子·哀公》)①君子人格不是柔弱的象征,它更多的是体现一种谦谦背后的强大生命力和勇气。"三军可夺帅也,匹夫不可夺志也。"(《论语·子罕》)"未知;——焉得仁?"(《论语·公冶长》)君子能够做到顶天立地,能够做到独善其身或兼济天下,能够做到立德、立功、立言,其人格体现为有智慧、有仁德、有勇气、有志气、有节操、有作为、有原则、有分寸、有真情。

君子之儒能够以容人的度量做到任人唯贤。"儒有内称不辟亲,外举不辟怨;程功积事,推贤而进达之,不望其报,君得其志;苟利国家,不求富贵。其举贤援能有如此者。"(《礼记·儒行》)②君子之儒能够按照德才兼备的原则来推荐人才,唯才是举;能够根据一个人的能力和业绩来推荐其升迁,而不寻求他们对自己有所报答。君子之儒并不通过荐贤来达到富贵的目的,只要选拔的人才能够满足领导用贤的心愿,只要有利于国家和社会就够了。

君子之儒在功利与道义之间以义为重。"儒有不宝金玉,而忠信以为宝;不祈土地,立义以为土地;不祈多积,多文以为富。"(《礼记·儒行》)③道义当先、先劳后获。君子之儒不是把金玉而是把忠信当作宝贝,不祈望土地而是把建立道义当作土地,不祈望多积财富而是把多学得文化知识作为财富。"往者不悔,来者不豫;过言不再,流言不极;不断其威,不习其谋。"(《礼记·儒行》)④君子之儒清廉奉公,不忘百姓之疾苦,在货物钱财和娱乐嗜好面前,从来不会见利害义。不追悔过去的机遇,不欢欣到来的机遇。不再说曾经说错的话,听到流言也不屑于刨根问底;不断保持自己的威重,不专心于权术谋略。其今世之行可以为后世之楷模,且拥有不可剥夺的志向。

---

① (清)王先谦:《荀子集解》下册,沈啸寰、王星贤点校,第541页。
② 王文锦译解:《礼记译解》下册,第891页。
③ 同上书,第887页。
④ 同上书,第888页。

君子之儒具有刚强坚毅自立的性格特质。"儒有可亲而不可劫也,可近而不可迫也,可杀而不可辱也。其居处不淫,其饮食不溽,其过失可微辨而不可面数也。"(《礼记·儒行》)①君子,可以亲近而不可以劫持,可以接近而不可以强迫,可以杀掉而不可以侮辱。君子之儒的居处不奢淫,饮食不丰厚,可以委婉的辨析其过失而不可以当面数落。他们自立而行,坚守忠信礼义,面对死亡也不会改变自己的操守,不以己力不足而不敢为。君子之儒博文笃学、笃行不倦、学无止境,独处而不淫邪放纵,通达于上而不失态困窘,遵循礼和为贵,倡导忠信之美,拥有宽容大度之心,仰慕贤能而包容群众依随众人。君子之儒要有弘毅进取的精神,君子体现出无欲则刚。"刚、毅、木、讷近仁。"(《论语·子路篇》)"'吾未见刚者。'或对曰:'申枨。'子曰:'枨也欲,焉得刚?'"(《论语·公冶长篇》)"不得中行而与之,必也狂狷乎!狂者进取,狷者有所不为也。"(《论语·子路篇》)。巧言令色是小人之举,君子坦荡荡,虽然出言迟钝,但体现的是一种真性情。君子的刚强坚毅自立的性格,体现的是一种中庸之道,既有所为也有所不为。

君子之儒体现出一种坚定的意志品格。这种坚定的道德意志品格,要求君子能够在任何情况下都能坚守住道的立场。"笃信好学,守死善道。危邦不入,乱邦不居。天下有道则见,无道则隐。"(《论语·泰伯》)"得志,与民由之;不得志,独行其道。"(《孟子·滕文公下》)又如:"王子垫问曰:'士何事?'孟子曰:'尚志。'曰:'何为尚志?'曰:'仁义而已矣。'"(《孟子·尽心上》)道德修身,源于道德主体要立大智大愿,具有坚强的道德成长道路上的意志力。"故天将降大任于是人也,必先苦其心志,劳其筋骨,饿其体肤,空乏其身,行拂乱其所为,所以动心忍性,增益其所不能。"(《孟子·告子下》)强大的意志品格必呈现为一种强大的道德勇气。"仁者必有勇。"(《论语·宪问》)"天下不知之,则傀然独立天地之间而不畏:是上勇也。"(《荀子·性恶》)②这种强大的道德意志力,甚至决定了一名道德的勇士可以赴汤蹈火,甚至牺牲自己宝贵的生命,此孟子所谓舍生取义是也。"志士仁人,无求生以害仁,有杀身以成仁。"(《论语·卫灵公》)"志士不忘在沟壑,勇士不忘丧其元。"(《孟

---

① 王文锦译解:《礼记译解》下册,第888页。
② (清)王先谦:《荀子集解》下册,沈啸寰、王星贤点校,第447页。

子·滕文公下》)强大的道德意志力,体现出一个人的崇高、坚守与操守,而这种道德上的意志力在关键时刻才能够更好地彰显出来。"岁寒,然后知松柏之后凋也!"(《论语·子罕》)

君子之儒在言行容貌上保持君子风格。"儒有衣冠中,动作慎;其大让如慢,小让如伪;大则如威,小则如愧;其难进而易退也,粥粥若无能也。其容貌有如此者。"(《礼记·儒行》)①具有君子人格的儒者,在穿着打扮时要保持适中,动作则要谨慎而不粗鲁,在面临大的利益时辞让有如傲慢,在面临小利的时候则能够做到谦让有如虚伪。君子之儒在做大事时保持审慎如同有所畏惧,做小事时也保持恭谨如同心怀惭愧。君子之儒难于躁进而易于谦退。君子之儒柔弱谦卑的样子好像是无能,实则含藏无穷的力量。

君子之儒日常言行起居方面具有很强的自我修养能力。"儒有居处齐难,其坐起恭敬;言必先信,行必中正;道涂不争险易之利,冬夏不争阴阳之和;爱其死以有待也,养其身以有为也。其备豫有如此者。"(《礼记·儒行》)②君子之儒在日常起居时能够做到庄重小心,无论是坐还是站都能保持恭敬的姿势,讲话的时候也一定以信用为先,行为之举能够做到中正不偏,不与人争利,注重珍爱生命与保养身体。

### 3. 君子人格既要成己又要成物

章太炎先生后期曾谈到"儒学的功用主要是修己治人"③。可以说,这种对于儒学的定位是准确的,因为贯穿孔子仁学的一个核心便是"忠恕之道"。"'参乎!吾道一以贯之。'曾子曰:'唯。'子出,门人问曰:'何谓也?'曾子曰:'夫子之道,忠恕而已矣。'"(《论语·里仁》)按照冯友兰先生的理解,忠是为仁肯定性的一面,即己欲立而立人、己欲达而达人,己之所欲亦施于人。恕是为仁否定性的一面,即己所不欲勿施于人。"子路问君子。子曰:'修己以敬。'曰:'如斯而已乎?'曰:'修己以安人。'曰:'如斯而已乎?'曰:'修己以安百姓。修己以安百姓,尧舜其犹

---

① 王文锦译解:《礼记译解》下册,第886页。
② 同上书,第887页。
③ 章太炎先生的相关论述,可参看蔡志栋:《章太炎后期哲学思想研究》,上海:上海社会科学院出版社2013年版,第20页。

病诸？'"(《论语·宪问》)"夫仁者,己欲立而立人,己欲达而达人。"(《论语·雍也》)"其恕乎! 己所不欲,勿施于人。"(《论语·卫灵公》)"可欲之谓善,有诸己之谓信,充实之谓美,充实而有光辉之谓大,大而化之之谓圣,圣而不可知之之谓神。"(《孟子·尽心下》)无论是安人、安百姓,还是立人达人,体现的都是一个儒家理想人格养成的特殊道路,即一个人的自我实现、自我发展、自我完满,一定离不开我之外的他人、他事、他物的完成。我自身的成长成人是以我之外的人和事物的达成为前提的。

可见,在君子身上体现出一种成己之后的成物,君子终生肩负着一种强烈的责任意识。儒家讲求的是微言大义,恪守的是内外一如、诚实守信、责任担当。君子的诚信之道体现的是一种信任伦理。信任(trust)与本体性安全具有紧密地联系。本体性安全指的是:"大多数人对其自我认同之连续性以及对他们行动的社会与物质环境之恒常性所具有的信心。"①"就其维系了过去、现在与将来的连续性并连接了信任与惯例性的社会实践而言,传统提供了本体性安全的基本方式。"②儒学不仅仅是一种典型的信念伦理或意图伦理,它也包含丰富的责任内容。勇于担当社会责任,这是儒家君子理想人格的内在要求。儒家修身之道,不仅要求个人自主德性修身的践行,更注重一个人对于社会责任感与使命感的担当。个人修持只是手段,社会责任的担当才是目的。一个人的理想人格塑造绝不是为了自己人生境界的提升,为了自己的道德精神的建构,而是为了社会理想与目标的实现。成己乃是为了成物,具有理想人格的人,一定体现在其安邦济世、经纬天地与治国平天下的社会责任感与使命感的承担上。"可以托六尺之孤,可以寄百里之命,临大节而不可夺也——君子人与? 君子人也。"(《论语·泰伯》)"老者安之,朋友信之,少者怀之。"(《论语·公冶长》)"儒者在本朝则美政,在下位则美俗。"(《荀子·儒效》)③

任何一种思想理论都面临理论与实践的双重考验,任何一种思想理论都没有尽善尽美的,任何一种思想理论都需要面对其所处的时代而与

---

① 〔英〕安东尼·吉登斯:《现代性的后果》,田禾译,第80页。
② 同上书,第92页。
③ (清)王先谦:《荀子集解》上册,沈啸寰、王星贤点校,第120页。

时俱进。儒家君子理想人格思想,也同样会面对这些问题。在我们在以一种同情理解的立场来认同儒家君子理想人格思想的当代意义和价值的同时,当然时刻也不能忽略儒家君子理想人格将面临的众多挑战。居安思危,对儒家君子人格思想的发展本身,我们也应当具有一种忧患意识。在当代乃至今后相当长的一段时间内,儒家君子理想人格思想至少要面对如下四个大问题的挑战:

(1) 儒家君子人格理想,强调的是对于一种具有类型性的君子理想人格的诉求,也就是说,这样的理想人格是对人本身一种道德上的规约,它适用于每一个有志于成就君子人格的人。可这种诉求是否会影响和制约个人的自由和个性的发展呢? 这样的具有类型性的君子理想人格思想的诉求,当与一个人的自由意志相冲突时,我们究竟该如何化解呢?

(2) 儒家君子人格理想,强调的是具有个人义务的道德诉求,这是否与文化大众的规范性伦理之间存在冲突呢? 一直以来,有关伦理的规范解释与义务解释之间都是充满张力的两种伦理学,到底孰是孰非呢? 我们难以在二者之间做出一个简单的道德上的选择,这无疑增加了我们在成就君子理想人格道路上的种种障碍。众所周知,儒家君子理想人格强调的是人格发展中的理想性。"圣人,人伦之至也。"(《孟子·离娄上》)"可欲之谓善,有诸己之谓信,充实之谓美,充实而有光辉之谓大,大而化之之谓圣,圣而不可知之之谓神。"(《孟子·尽心下》)这种过高要求的理想性人格,与人的现实性非伦理的人格之间难道不存在一种冲突吗? 我们又该如何化解不同人格特性之间的冲突呢?

(3) 儒家君子理想人格,强调的是一个人在利益面前能够分辨公与私,在谋利与明道之间、在成己与成人成物之间、在自我修身与责任担当之间、在个体良知与社会规范之间等众多方面达到一致和平衡。然而,每个人自我生命中所本具的自私、自利之情到底如何减之又减、损之又损呢? "有生之初,人各自私也,人各自利也。天下有公利而莫或兴之,有公害而莫或除之。有人者出,不以一己之利为利,而使天下受其利;不以一己之害为害,而使天下释其害。此其人之勤劳必千万于天下之人。夫以千万倍之勤劳而己又不享其利,必非天下之人情所欲居也。"(王夫之《明夷待访录·原君》)①"人必有私,夫私者,人之心也。人必有私,而

---

① 《黄宗羲全集》第 1 册,杭州:浙江古籍出版社 2012 年版,第 2 页。

后其心乃见;若无私,则无心矣。"(李贽《藏书·德业儒臣后论》)尤其是在全球化时代物质主义和消费主义盛行的大背景下,儒家君子理想人格依然面临所谓天理与人欲、道心与人心之间的艰难自我抉择问题。

(4)儒家思想的一个十分鲜明的也可以说是其独具的特色和优势是:伦理规范与诉求不仅仅是一种思想和理论,其更多的意义和价值体现在现实日常生活中的践行上。可是,如果一个人不选择儒家君子理想人格为终生志业的时候,我们又该如何加以面对呢?除了个人是否愿意寻求一种儒家式的理想人格存在不谈,儒学在历史中的发展、复兴和繁荣,也往往需要一种制度层面的推行,而当今与儒学不同的社会制度,究竟会不会以及该如何支持儒家君子理想人格的日常化和生活化呢?

很显然,以上问题都是儒学乃至儒家理想人格付诸实践所必然面对的一些非常棘手而复杂的问题。对于这些问题的深入探讨,只能留待日后有机会慢慢加以展开。在此,仅对究竟如何成就儒家理想人格谈一点粗浅的看法。简言之,儒家理想人格的塑造可以从以下几方面予以考量。

(1)儒家理想人格的塑造,主要还是应该依靠道德自我的挺立和修持。"人性不是一架机器,不能按照一个模型铸造出来,又开动它毫厘不爽地去做替它规定好了的工作;它毋宁像一棵树,需要生长并且从各方面发展起来,需要按照那使它成为活东西的内在力量的趋向生长和发展起来。"①为仁由己,儒家理想人格是成己之学,其实现更主要的是依靠道德上的自我约束与自我追求。"君子之守,修其身而天下平。"(《孟子·尽心下》)孟子认为,修身的关键在于修诚立道,在于养心、养气和寡欲,要做到尽心知性知天、反身而诚乐莫大焉的道德工夫。"万物皆备于我矣。反身而诚,乐莫大焉。"(《孟子·尽心上》)"孟子于'万物皆备于我'之下,说个'反身而诚,乐莫大焉',是何等境界!"(王夫之《读四书大全说·卷十·尽心上》)②理想人格与诚道紧密相连。"仁者安仁,知者利仁。"(《论语·里仁》)"'安仁''利仁',总是成德后境界。"(王夫之《读四书大全说·卷四·里仁篇》)③:"到得'君子无终食之间违仁',则

---

① 〔英〕约翰·密尔:《论自由》,许宝骙译,第 70 页。
② (明)王夫之:《船山全书》第 6 册,第 1121 页。
③ 同上书,第 626 页。

他境界自别:赫然天理相为合一。"(王夫之《读四书大全说·卷四·里仁篇》)①君子的人生气节、道德操守、发奋直立,往往是先从自身修养开始的,然后才以此成就天下太平的外王事业。因此,儒家的理想人格不仅仅是一种成己、成人、成物之学,还是一种人之所以为人的道德上的自我追寻,更是一种人生境界的自我选择。

(2) 儒家理想人格的养成之路,离不开外在礼教的教化与约束。儒家理想人格所塑造的仁人,其外在即体现为一系列合乎礼仪的东西。反过来,这些外在的礼仪规范也有助于一个人内在的君子人格养成。子曰:"君子博学于文,约之以礼,亦可以弗畔矣夫!"(《论语·雍也》)"颜渊问仁。子曰:'克己复礼为仁。一日克己复礼,天下归仁焉。为仁由己,而由人乎哉?'颜渊曰:'请问其目。'子曰:'非礼勿视,非礼勿听,非礼勿言,非礼勿动。'颜渊曰:'回虽不敏,请事斯语矣。'"(《论语·颜渊》)与孟子更多关注道德自我的内在修持即道德良知的觉识不同,荀子更多是从外在的礼仪教化的角度,从辅之以法治约束的角度来实现君子人格塑造的。这体现为孟子与荀子在人性判定上性善与性恶的分别。"今人之性恶,必将待师法然后正,得礼义然后治。今人无师法则偏险而不正,无礼义则悖乱而不治……今之人,化师法,积文学,道礼义者为君子;纵性情,安恣睢,而违礼义者为小人。"(《荀子·性恶》)②

(3) 儒家君子理想人格的塑造,需要一个倡导并力行德治与仁政的制度。在过去的社会,君子理想人格的塑造,要求统治者要有不忍人之心,行不忍人之政。以德治治理国家和社会,要以德服人而不是以力服人。子曰:"为政以德,譬如北辰居其所而众星拱之。"(《论语·为政》)孟子曰:"以力假仁者霸,霸必有大国;以德行仁者王,王不待大——汤以七十里,文王以百里。以力服人者,非心服也,力不赡也;以德服人者,中心悦而诚服也,如七十子之服孔子也。《诗》云:'自西自东,自南自北,无思不服。'此之谓也。"(《孟子·公孙丑上》)"请问为国?曰:闻修身,未尝闻为国也。君者,仪也,仪正而景正;君者,槃也,槃圆而水圆;君者,盂也,盂方而水方。君射则臣决。楚庄王好细腰,故朝有饿人。故曰:闻

---

① (明)王夫之:《船山全书》第6册,第629页。
② (清)王先谦:《荀子集解》下册,沈啸寰、王星贤点校,第435页。

修身,未尝闻为国也。"(《荀子·君道》)①儒家君子人格中的社会使命感和责任感的完成,需要一个强有力的制度支撑。虽然在当代社会,伦理并不是政治的延长,但是,处于一个良好政治制度下的个体,才更有机会成为一名君子。良好的德性养成背后的制度性保障,是君子人格养成的一个必要的外在条件。

(4)除了国家制度层面的一系列安排职务,儒家君子理想人格的塑造还需要有一种良好的社会环境和氛围的营造。"除了国家制度、法律、机构的改革之外,还需要两种民间组织的建立和发展:儒家宗亲组织;儒家专业团体。"②儒家宗亲组织提倡的是编修家谱与族谱,以此来敬宗以收族;恢复祠堂建设并重建宗庙礼仪,以此来效天而法祖。今日儒家人格的养成,不能再通过宗亲组织与儒家专业团体的建立来实现,不能通过建立基于血缘亲情基础上的人际关系来实现。我们更需要的是通过营造一种良好的社会环境和社会氛围,来促使人们以追求君子人格养成作为人生志业。每个社会成员生活在一个见小人而唾弃的环境里,其自身的道德修身事业也将会获得不断前行的动力。如若不然,一个人终将难以在那样的社会有丝毫的容身之处,也就更别奢谈什么道德上的自我发展与自我实现了。

接下来的一章将体现君子理想人格的诚敬作为思考的对象,看一下存诚与居敬在道德自我成长中的意义和价值。同时,我们也力图将这样的思考与当代中国社会的社会主义核心价值观的培育和践行结合起来进行探讨。这些理论点将构成下一章论述的主要内容。

---

① (清)王先谦:《荀子集解》上册,沈啸寰、王星贤点校,第234页。
② 范瑞平:《我们是谁?我们向何处去?——重塑儒家人格,填补道德真空》,见范瑞平、贝淡宁、洪秀平主编:《儒家宪政与中国未来》,第272页。

# 第八章
## 诚敬与社会主义核心价值观

在上一章有关君子之儒众多规定的阐发中,我们并没有专门谈论"诚"与"敬"的内容。儒家仁学系统的阐发,显然离不开"诚""敬"二字。然而,通过儒学的发展史,这两个范畴往往是在不同意义上被使用的。作为儒家伦理思想中的两个核心范畴,"诚"主要体现为一种德性本体,它具有根源性、贯通性和实践性的特征。"敬"则更多涉及存养工夫的修养论。"诚""敬"即使在21世纪的当代社会,依然具有自身不可磨灭的意义和价值。在某种程度上讲,儒学的创造性转化与创新性发展也可以借此找到突破口。修身立诚与敬业乐事,都是我们这个时代所需要的伦理精神。

存诚、居敬与社会主义核心价值观,尤其是与以爱国、敬业、诚信、友善为基本内涵的个人层面的核心价值观具有直接的关联性。因此,实现对儒家伦理思想中的存诚与居敬的认知、认同乃至践行,对于当今社会主义核心价值观的建设具有重要的理论意义与现实价值。社会主义核心价值观是当代中国社会的主流文化意识形态,其认知、认同与践行都离不开中国传统儒家伦理的支撑。尤其是在思考个人层面的社会主义核心价值观的过程中,能够从儒家伦理角度进行相关研究则是题中应有之义。接下来将主要从"存诚"与"居敬"这两个方面,系统性地分析社会主义核心价值观构建中的儒家伦理资源。借此,来表明在马克思主义中国化时代化的历程中,儒家思想所提供的思想资源到底是如何发挥作用的,以及儒学在资源供给的过程中又是如何面对当代世界而具有全球意义和价值的。儒家思想传统中的"诚"与"敬"思想,的确会成为中国化时代化马克思主义的一种十分有益的文化资源,它们彰显了经济社会关系之外的道德自我成长的重要价值。事实上,正是因为有了具有民族性的儒家思想资源的有效利用,社会主义核心价值观的培育和践行才有了深深的文化传统的基因,马克思主义中国化时代化的事业才得以更顺利地开展。

## 第一节　存诚与儒家伦理哲学中的本体论

"诚"的最初含义,往往是与上古时代的鬼神崇拜传统相连的。"鬼神无常享,享于克诚。"(《尚书·商书·太甲下》)此处的"诚"作"虔诚"来讲,即对待鬼神要笃信而保持言行一致。后来,"诚"逐渐演变成一种沟通天道与人道的媒介,从而成为儒家伦理哲学的一个核心范畴,具有了德性本体的地位。在儒家哲学系统中,"诚"具有非常丰富的内涵,中国哲学家一般将其内涵规定为"真诚""真心实意""诚实无妄""不欺妄""既不欺人也不自欺"等。

### 一、"诚"范畴的多重内涵

整体而言,"诚"指的是一个人要有道德上的真至精神,它是一个言说形而上学本体的范畴。关此,我们可以从以下六个方面具体地理解其内涵。

其一,诚与不欺。就此点而言,诚一方面指不欺骗别人,另一方面指不欺骗自己。正如程颐所言:"无妄之谓诚,不欺其次矣。"(《河南程氏遗书·卷六》)[1]无妄体现的是要没有虚妄、没有虚假,它是一种不自欺

---

[1] (宋)程颢、程颐:《二程集》上册,北京:中华书局2004年版,第92页。

的要求。不仅欺骗别人是不诚,自欺欺人也是不诚。不妄语是不欺人,脚踏实地则属不自欺。不欺与不自欺的统一,要求一个人要做到言行一致、表里如一。

其二,诚与信实。早在《论语》中便已经出现了"诚"与"信"两个字。"诚"字共出现了 2 次,一为"诚不以富,亦祇以异"①(《论语·颜渊》),一为"诚哉是言也!"(《论语·子路》)这两个"诚"字分别做副词和动词,指的是真正、真实,它们并不是作为具体德目而存在。在《论语》中,"信"字出现的频率远高于"诚"字,共出现了 38 次,有的做动词,如"朋友信之"(《论语·公冶长》),有的则做副词和形容词,如"信乎,夫子不言,不笑,不取乎"(《论语·宪问》)。"信"为一个德目,它主要是从一种一般的道德规范角度被加以使用的。作为一般的道德规范,它要求一个人能够做到诚实不欺,得到别人的信任和信赖。例如,"人而无信,不知其可也"(《论语·为政》)、"民无信不立"(《论语·颜渊》)、"子以四教:文,行,忠,信"(《论语·述而》)等。《论语》中有的地方还针对特殊的人即在上者,提出了关于"信"的道德规范要求,如"上好信,则民莫敢不用情"(《论语·子路》),"宽则得众,信则民任焉"(《论语·尧曰》)等。作为一般性的道德规范要求来讲的"信",体现在言行方面,便成为一种特殊的道德规范要求。这种特殊的道德规范,要求一个人在言说上应当真实无妄,如"与朋友交,言而有信"(《论语·学而》)、"信近于义,言可复也"(《论语·学而》)、"言忠信,行笃敬"(《论语·卫灵公》)等。作为一种特殊的道德规范,信要求一个人在做事方面要严谨认真、一丝不苟,不自欺欺人,如"敬事而信,节用而爱人"(《论语·学而》)、"谨而信,泛爱众"(《论语·学而》)。

那么,诚与信之间到底有何区别,又有何联系呢?"诚"的含义是实,它属于形上学领域,因此,在朱熹等理学家那里又被称为实理。实理也可以称为"诚悫"。"诚"指的是自然之实,它言说的是自然无妄,就像水只是水,火只是火。仁彻底是仁,义彻底是义。与"诚"不同,"信"是与仁、义、礼、智同等重要的五种常德之一,它与"诚"是有区别的。"诚与信相对论,则诚是自然,信是用力;诚是理,信是心;诚是天道,信是人

---

① 《论语》中的这句话,出自《诗经·小雅·我行其野》"成不以富,亦祇以异"。此处的"成"是"诚"的假借字,"诚"的含义是"确实"。

道;诚是以命言,信是以性言;诚是以道言,信是以德言。"(陈淳《北溪字义·诚》)于是,诚者天之道言说的是诚,诚之者人之道言说的是信。诚与信的区别,体现在天道与人道之别、自然与有为之别、圣人与凡夫之别上。就像爱不足以尽仁一样,信也不足以尽诚。也就是说,诚表达的是自然如此的实有之理,而信则是因为人而产生出来的一种德行。诚者天之道言说的是圣人之信,而众人之信只可称作信,而不能称其为诚。诚与信二者又有密切的联系,它们均与实相联,因此我们常说诚实与信实。"诚,实也。"(朱熹《四书章句集注·大学章句》)①"诚是自然无妄之谓""诚是自然底实,信是人做底实"(朱熹《朱子语类·卷六》)②。于是,诚与信可以组合为"诚信"一词,诚信是个人立身处世、不断走向成功的一个条件。诚信也是市场经济所需要的具有普世价值意义的基本生活道德要求。

其三,诚与真至。此点表明的是一个人的为人行事,一定要有真至的精神。立身以诚与为学以真,二者是相辅相成的。"古之学者为己,今之学者为人。"(《论语·宪问》)"君子养心莫善于诚。"(《荀子·不苟》)③道德上的为学要真,因为这是要树立道德自我、挺立人格。修身养性不是给别人看的,而是自我人格成长中所需要的。知识上的为学也要真,学习知识和研究学问都应当具有真诚的精神,不剽窃、不造假、不虚伪、不做作、不摆样子。只有保持真至的精神,一个人才能最终实现学以成人。

其四,诚与仁。诚与仁这二者是有区别的,不能将其混同起来。诚自是诚,仁自是仁。在朱熹哲学中,如果从理这一形而上本体来看,"诚"与"仁"又是相通的,它们都是来言说理本体的。理本体因其实有而被称之为"诚",理本体从体方面来讲,是有仁义礼智之实的,从用方面来讲,是有恻隐、羞恶、恭敬、是非之实的。可见,"诚"既可以被用来言说理本体的体的一面,也可以被用来言说理本体的用的一面。"诚"对于阐发理本体而言,其地位是十分重要的。五常百行如果没有"诚"作为基础,便会失去其存在的根据。

---

① 朱熹:《四书章句集注》,北京:中华书局2012年版,第3页。
② (宋)黎靖德编:《朱子语类》第1册,北京:中华书局1994年版,第103页。
③ (清)王先谦:《荀子集解》上册,沈啸寰、王星贤点校,第46页。

其五,诚与性。从虚实角度来看,性是实,是理之名;诚是虚,是好处之名。例如,以扇子为例进行说明。说扇子相似是从性来讲的,说扇子做得好是从诚来讲的。从心、性、天角度来看,诚者是天之道,中者是性之道,仁者是心之道。

其六,诚与敬。"诚"与"敬"相联,但还是有区别的。"诚"是从不欺妄角度来谈的,更多的是与"实"相联,因此,妄诞欺诈是不诚的表现。"敬"则是从不放肆的角度来谈的,更多的是与"畏"相联,因此,怠惰放肆是不敬的表现。与"诚"不同,"敬"总有着力之处,而不如"诚"那样是自然之道。

### 二、"诚"所具有的多重特性

整体上来看,以上述含义来理解的"诚",具有三个方面的特性。

首先,"诚"具有根源性。

在儒家学说中,"诚"这一哲学范畴不仅仅是一种具体的德性规范,即指称的是人与人之间的一种真诚,而且它更主要的是被理解为一种本体论意义上的范畴,属于儒家境界形而上学的领域。作为一种德性本体来理解的"诚",它属于天理之本然的层面,彰显的是所以然之故与所当然之则,因此是一种根源性的存在。本体意义的诚,体现了人的生命活动具有崇高的精神目标与超越的终极关怀。"诚"是与"仁""中"具有同等规模的范畴,"仁"体现的是天理的至公,"中"体现的是天理的至正,"诚"体现的则是天理的至诚。因此,在儒家哲学中,形而上学意义上的"诚"便与作为具体德目的"信"明确区分开来,"信"只是形而下具体的实践理性法则。"信"注重的是不欺人,它对别人的成分多;"诚"更为注重的是不自欺,它对自己的成分多。"若对于信与诚作分别,说信则注重不欺人,说诚则注重不自欺。"[1]不过,"诚"与"信"虽然具有各自的界限,但它们二者则是体用一源、显微无间的。"若对于信与诚不作分别,则诚可兼包不欺人、不自欺,信亦可兼包不欺人、不自欺。"[2]不欺与不自欺都是实,因此,"诚"与"信"都有实的性质,我们常说诚实、信实即源于

---

[1] 冯友兰:《新世训》,《三松堂全集》第4卷,郑州:河南人民出版社2000年版,第443页。

[2] 同上。

此。诚信实际上内含着形而上道德本体与形而下规范负载这两个方面。

其次,"诚"具有贯通性。

通过"诚",天道与人道、物与我、本体与现象等诸多领域紧密结合起来。"在理学范畴体系中,'诚'既有天道的意义,又有人道的内涵,'诚'是一个贯通天人的哲学范畴。"①在中国传统儒家学者看来,"诚者,天理之实然,无人为之伪也。"(王夫之《张子正蒙注·诚明篇》)②天道无邪,天道自然,自然万物的生成时时彰显了其至真的一面。人是自然万物中的一种具体存在物,他所遵循的人道,当然就与天道具有形而上的一致性。诚者是天道,诚之者则是人道,未能真实无妄而成就真实无妄,它属于人事之当然的层面,凸显的是德性主体的自我修持力量。天道与人道密不可分,"诚者"与"诚之者"紧密相连。当然,天道与人道之间的和谐一致是一个生生和谐的过程,而这一过程中的主宰者便是人,诚的修行工夫,体现在道德自我的主动发力、自作主宰,它既体现为"自诚明"的内在修养上,也体现为"自明诚"的外在学习中;既体现为"诚必信"的由内在的心诚到外在的守信的修养,也体现为"信必诚"的由外在的守信到内在的心诚的修养;既是"不自欺"的精诚恻坦,也是"不欺人"的德性操守;既是一种"内诚于心"的自我修持工夫,更是一种"外诚于事""外诚于人""外诚于理"的践履行为。

最后,"诚"更具有现实性与实践性。

"诚于事"体现的是以诚议事、以诚谋事、以诚成事,"诚于人"体现的是以诚待人、诚而无欺,"诚于理"体现的是要遵循做人之理、做事之理。"意诚而后心正,心正而后身修。"(《大学·第一章》)在这种内外合一的践行过程中,最终实现了儒家学者所力图实现的内在与超越、有限与无限、人道与天道、凡俗与神圣、现实与理想之间的有机统一。

由以上所述来看,在儒家思想之中,诚不仅是我们平日里所谈的一种形而下的价值规定和内在品性,即诚实守信,它更是一种超越日常生活而具有形而上学意蕴的道德本体,真可谓形而上与形而下、体与用之间的一源无间。"人能弘道,非道弘人。"(《论语·卫灵公》)《中庸》也

---

① 朱人求:《真德秀对朱子诚学的继承和发展》,《哲学动态》2009年第11期,第46页。
② 王夫之:《张子正蒙注》,北京:中华书局1975年版,第116页。

讲:"诚者,天之道也;诚之者,人之道也。诚者不勉而中,不思而得,从容中道,圣人也。诚之者,择善而固执之者也。"(《中庸·第二十章》)《孟子》中更是提到:"诚者,天之道也;思诚者,人之道也。"(《孟子·离娄上》)朱熹后来对此解释道:"诚者,真实无妄之谓,天理之本然也。诚之者,未能真实无妄,而欲其真实无妄之谓,人事之当然也。"①对于这种兼具形上与形下的诚道的拥有,需要人这一道德主体不断进行自我反思和自我建构,同时也需要不断在现实行为中践行诚道,即所谓"践仁以知天",这也就是孟子所强调的尽心、知性、知天。天道与人道,天道之本然与人道之当然是合而为一的,天道与人道合一的主体是人而不是天,在人而不在物。

借助诚而寻求的天道与人道的和谐统一,并不是一蹴而就的事情,而是长期不间断的修行。《中庸》曾讲:"诚者自成也,而道自道也。诚者物之终始,不诚无物。"(《中庸·第二十五章》)"故至诚无息。不息则久,久则征,征则悠远,悠远则博厚,博厚则高明。博厚,所以载物也;高明,所以覆物也;悠久,所以成物也。"(《中庸·第二十六章》)张载也讲道:"天地之气,虽聚散、攻取百涂,然其为理也顺而不妄。"(《正蒙·太和》)②"天不言而信,神不怒而威;诚故信,无私故威。"(《正蒙·天道篇》)③王夫之后来对此解释道:"不妄者,气之清通,天之诚也。"(《张子正蒙注·太和篇》)④"气无妄动,理之诚也,无妄,信也。"(《张子正蒙注·天道篇》)⑤可见,在中国传统儒家哲学中,"诚"不仅仅是一个关涉人之德的价值论范畴,更是一个关涉天地之大德的形而上学本体论范畴。

作为形而上学本体范畴,"诚"是与君子、圣人这些理想人格分不开的。"意既诚,大段心亦自正,身亦自修。"(《语录一·传习录上》)⑥"虽有仁智,必以诚信为本。故以诚信为本者,谓之君子;(言虽有仁智,苟无

---

① 朱熹:《四书章句集注》,第31页。
② (宋)张载:《张载集》,章锡琛点校,第7页。
③ 同上书,第14页。
④ 王夫之:《张子正蒙注》,第5页。
⑤ 同上书,第52页。
⑥ (明)王守仁:《王阳明全集》上册,吴光等编校,上海:上海古籍出版社2011年版,第29页。

诚信则不可以为君子也。)以诈伪为本者,谓之小人。(言小人必无诚信也。)君子虽殒,善名不减;(身没而名扬也。)小人虽贵,恶名不除(位隆而恶著也。)"(《臣轨·诚信章》)诚与圣人这一理想人格是分不开的。李翱曾言:"是故诚者,圣人性之也。"(《李文公集卷二·复性书上》)周敦颐曾言:"诚者,圣人之本。……'大哉乾元,万物资始',诚之源也。……'乾道变化,各正性命',诚斯立焉。……纯粹至善者也。"(《通书·诚上第一》)①"圣,诚而已矣。……诚,五常之本,百行之源也。"(《通书·诚下第二》)②"诚,无为;……几,善恶。……性焉、安焉之谓圣。……复焉、执焉之谓贤。"(《通书·诚几德第三》)③"诚",构成了圣之为圣的基本品格,是儒家圣王理想人格的体现,它成就的是一种儒家式的道德与境界的形而上学。

总之,在儒家哲学中,本体与工夫不可分离,本体即工夫,于是以"诚"来规约的儒家道德形而上学便与存养工夫论紧密相连。正如高攀龙所言:"程子曰'主一者谓之敬,一者谓之诚,主则有意在'。是诚者,本体也;敬者,工夫也。不识诚亦不识敬;不识敬亦不识诚。"(《高子遗书·卷一》)接下来,我们将探讨与存诚本体论直接相关的居敬修养论。

## 第二节 居敬与儒家伦理哲学中的修养论

拥有或恢复诚之本体,既可以从寡欲入手,更可以从持敬、居敬这一存养工夫处来入手。"有真至精神是诚,常提起精神是敬。"④"居敬或用敬,即是提起精神,'令自家思虑精神尽在此'。"⑤"就一方面说,诚敬是一种立身处世的方法。就又一方面说,诚敬是一种超凡入圣的途径。"⑥当然,敬不仅仅是一种立身处世的实践方法,也是一种超凡入圣的修养

---

① (宋)周敦颐:《周敦颐集》,陈克明点校,北京:中华书局2009年版,第13—14页。
② 同上书,第15页。
③ 同上书,第16—17页。
④ 冯友兰:《新世训》,《三松堂全集》第4卷,郑州:河南人民出版社2000年版,第445页。
⑤ 同上书,第447页。
⑥ 同上书,第441页。

途径,更是一种为人处世的道德责任。作为与一种圣王理想相对应的、具有强烈现实实践生命力的道德责任,敬更是一种我们时下应当拥有和现实所需的敬德。

## 一、"敬"范畴的含义

从思想史上来看,作为一种拥有道德价值的存在,"敬"一词的含义起初源于在祭祀仪式中,对于天、祖先等祭祀对象所具有的恭敬肃穆的恭敬之德。敬德在中国思想传统中具有悠久的历史。① "肆惟王其疾敬德? 王其德之用,祈天永命。"(《尚书·周书·召诰》)"惟不敬厥德,乃早坠厥命。"(《尚书·周书·召诰》)"则皇自敬德。"(《尚书·周书·无逸》)"敬之敬之,天维显思,命不易哉!"(《诗经·周颂·敬之》)"山川神祇有不举者为不敬。"(《礼记·王制》)② "宾客主恭,祭祀主敬,丧事主哀,会同主诩。军旅思险,隐情以虞。"(《礼记·少仪》)③ 统治者为人处世应当时常保持警惕或警戒或戒惧之心,因为天命昭彰而承受不易。"敬,德之聚也。能敬必有德。德以治民,君请用之!"(《左传·僖公三十三年》)④

后来,"敬"的含义得到延伸,由一种对天、鬼神、祖先的恭敬虔诚的心理,逐步演变为一种日常的道德德目,从而特指一种道德主体的自我规范与内在修养,其关涉的领域则主要在社会人伦道德秩序上。正如当代新儒家学者徐复观先生在解释"敬"时所言:"礼之中,必含有敬之精神状态。然'敬'字之本身,已有演变。'敬'之原义,或同于向外警戒之'警'。但周初所流行之'敬',已多系指内心之敬慎而言。敬与礼相结

---

① 对此,狄百瑞便是从宗教层面来理解"敬"字的。"'敬'字固与人本性善、必须发扬的这个重要的价值观有关,但'敬'字更与典型新儒家的道德与宗教精神相结合。朱熹强调'敬'乃是个人对自己道德及精神生活不断地用心和关注;是正心和慎独所不可或缺的态度。但是敬也是民胞物与、仁民爱物的宗教情操,在生命的过程中把个人和其他人联结起来;它接受个人道德修养中的宗教面,把人生命中活动和静修的两面也联贯了起来。"见狄百瑞:《中国的自由传统》,李弘祺译,北京:中华书局2016年版,第39—40页。
② 王文锦译解:《礼记译解》上册,第166页。
③ 王文锦译解:《礼记译解》下册,第504页。
④ 杨伯峻编著:《春秋左传注》(修订本)第1册,北京:中华书局1990年版,第501页。

合,亦由此逐渐演变而来,且多出于以敬要求礼,防止礼之太过;并非认为'敬系礼之所自出',亦非谓礼与敬之观念系同时存在。周初所谓'敬',其目的在对于其所敬之对象求能相'通'。敬天所以求自己之精神能通于天,敬事所以求自己之精神能通于事,敬民所以求自己之精神能通于民。"①居敬的修养工夫,强调的是德性主体心中时常思虑对高尚道德情感的培养,对道德原则的敬重,常提起真至的精神。

就孔子而言,他不仅仅继承了周礼,更重要的是通过赋予其"敬"的精神而予以了补充。《论语》中共出现21次"敬"字,一些地方依然保持了"敬"与祭祀鬼神、山川、亲人与祖先活动相联系的一面,如"祭如在,祭神如神在"(《论语·八佾》)、"祭思敬,丧思哀"(《论语·子张》)、"敬鬼神而远之"(《论语·雍也》)等。《礼记》中也有:"祭礼,与其敬不足而礼有余也,不若礼不足而敬有余也。"(《礼记·檀弓》)②《论语》另一些地方,也依然保持了"敬"所具有的在下者对在上者的谦卑与尊敬的含义。例如,"上好礼,则民莫敢不敬"(《论语·子路》)、"事君,敬其事而后其食"(《论语·卫灵公》)等。孔子对"敬"的精神的贡献主要体现在其发展的一面,敬在他那里不仅仅具有与祭祀活动和上下等级相联系的信仰与谦卑的一面,更具有君子自我修德行为背后应当坚守的基本准则的含义,于是敬更多地具有了现实的道德规范的意义。以君民互敬、敬孝亲友为标识的执事以敬,以敬慕圣贤与敬慕友人为标识的修己以敬,以恭敬礼节为标识的为礼以敬,具体体现了敬的精神在孔子这里的创新性发展。朱熹深受程颐的影响,对于"敬"提出了主一无适、整齐严肃、常惺惺法、心收敛不容一物等多种说法,成为敬说的集大成者。"'敬'字工夫,乃圣门第一义,彻头彻尾,不可顷刻间断。'敬'之一字,真圣门之纲领,存养之要法。一主乎此,更无内外精粗之间。"(《朱子语类·卷十二》)③"如今看圣贤千言万语,大事小事,莫不本于敬。"(《朱子语类·卷十二》)④作为道德之大端,敬成为涵养省察、格物致知、反躬践实的基础。

---

① 徐复观:《中国思想史论集》,北京:九州出版社2014年版,第247页。
② 王文锦译解:《礼记译解》上册,第83页。
③ (宋)黎靖德编:《朱子语类》第1册,第210页。
④ 同上书,第206页。

敬具有极其丰富的内涵,居敬不仅涉及对己的一面,也涉及对人的一面,更涉及对事的一面。可见,敬是一个具有多层面含义的中国哲学范畴。下文将从三个方面来归纳总结一下"敬"的内涵。

首先,敬涉及对己的一面。

"敬",指的是要时常提起道德上的真至精神,要有对待自己认真负责的自觉之心,即"修己以敬"(《论语·宪问》)。敬己,如敬畏、敬慎,体现着对某种天道性命的畏惧谨慎而不是戏豫驰驱,对天命、天罚的积极而主动的承认。"居敬"成为安身立命之本。正如孔子所言:"居敬而行简,以临其民。"(《论语·雍也》)"颜回将西游,问孔子曰:'何以为身?'孔子曰:'恭敬忠信,可以为身。恭则免于众,敬则人爱之,忠则人与之,信则人恃之。人所爱,人所与,人所恃,必免于患矣。可以临国家,何况于身乎!……'"(刘向《说苑·敬慎》)孟子也曾讲:"陈善闭邪谓之敬。"(《孟子·离娄上》)荀子则认为:"凡百事之成也必在敬之,其败也必在慢之。故敬胜怠则吉,怠胜敬则灭。"(《荀子·议兵》)①"敬"在宋明理学家思想中,依然是一个十分重要的德性范畴。宋初理学家程颢更多是将诚与敬一起来谈。"诚者天之道,敬者人事之本。敬则诚。"(《河南程氏遗书·卷十一》)②"诚则无不敬,未至于诚,则敬然后诚。"(《河南程氏粹言卷一·论道篇》)③程颐和朱熹十分强调居敬、集义。"敬只是涵养一事。必有事焉,须当集义。只知用敬,不知集义,却是都无事也。"(《河南程氏遗书·卷十八》)④"涵养须用敬,处事须是集义。"(《朱子语类·卷十二》)⑤不过,无论是强调居敬行简,还是强调居敬集义,都强调的是德性主体要以敬来立身立世,来肩负自己应尽的责任。

其次,敬还涉及对人的一面。

一个人应当以恭敬与尊敬的态度来对待人,敬成为人与人交往中应当遵循的一种道德规范。仁者爱人,"敬"是"仁"所必需的,真切的仁爱之情需要有发自内心的某种"敬"的精神的存在。敬人,如敬肃、尊敬、孝敬、敬重、敬意、恭敬、虔敬等,它既体现为对宗庙祭祀及其与之关联的

---

① (清)王先谦:《荀子集解》下册,沈啸寰、王星贤点校,第278页。
② (宋)程颢、程颐:《二程集》上册,第127页。
③ (宋)程颢、程颐:《二程集》下册,第1170页。
④ (宋)程颢、程颐:《二程集》上册,第206页。
⑤ (宋)黎靖德编:《朱子语类》第1册,第216页。

祖先形象的敬肃雍和，也体现为对长者的尊敬和敬重。可见，敬是一种涵盖己、人、物多重内涵的君子自我人格修养的德性，是待人接物应当遵循的基本规范。敬在内在方面体现了一种身心修养工夫，以道德心作为主宰，调控心以达到内无妄思，调控身以达到外无妄动。敬是一种重要的德性，即敬德，它要求一个人时时处处不忘自己心中本有的道德良知，要以心中的这一明德提斯自己去为人处世，要做到"内无妄思，外无妄动"(《朱子语类·卷十二》)①，从而拥有一种德性修养之路上的自我涵养与自我省察的工夫。敬在外在方面既体现为做人也体现为做事，既是一种临事处事的态度，也是调整人际关系的行为规范。由前者衍生出尊敬、恭敬等词，后者则衍生出敬事等词，包含谨慎、小心、认真、严肃、畏惧、努力等含义。持敬的端绪，体现在日常生活中的言语、行为、思维与动作之中。

由此可见，"敬"含有不放肆之意。如果说诚和实紧密相连，则敬与畏是紧密相连的。与坐禅入定和绝圣弃智的佛道两家相比，儒家的居敬修养工夫论，不是强调主静而是主敬，这样的修养工夫更具有人生现世情怀，因此在人们的日常生活中更能发挥引领人心向上和指导社会生活的功能。例如，在张载的思想中，"敬"是"仁"的极致和成仁的原因。"'恭敬撙节退让以明礼'，仁之至也，爱道之极也。"(张载《正蒙·至当篇第九》)②"盖敬则实为之，实为之故成其仁。"(张载《横渠易说·上经·坤》)③作为仁爱所需要的真性情精神体现的孝，也离不开"敬"。"今之孝者，是谓能养。至于犬马，皆能有养；不敬，何以别乎？"(《论语·为政》)朋友之间的日常交往也需要"敬"，"晏平仲善与人交，久而敬之"(《论语·公冶长》)。这正如朱熹所言："爱而不敬，非真爱也；敬而不爱，非真敬也。敬非严恭俨恪之谓，以此为敬，则误矣。只把做件事，小心畏谨，便是敬。"(《朱子语类·卷二十三》)④真爱体现在敬上，真敬也体现在爱上，敬与爱、真敬与真爱是辩证统一的。敬体现于日常生活中的行为举止、做人做事上，体现在谨畏之心上，而不是体现在严恭

---

① (宋)黎靖德编：《朱子语类》第 1 册，第 211 页。
② (宋)张载：《张载集》，章锡琛点校，第 36 页。
③ 同上书，第 82 页。
④ (宋)黎靖德编：《朱子语类》第 2 册，第 564 页。

俨恪上。

最后，敬还涉及对事的一面。

"敬"显然是直接对"事"而言的，是一种积极的临事态度，严肃认真地对待事情，勤勉努力地对待事情，恐惧畏惧地对待事情。敬事，表现为深厚的职业情感与强烈的责任意识。例如，"敬业"，即对某种职业和事业的专心致志而不是三心二意；"敬事"，指的是对某种事情的严肃认真、谨慎而不是马马虎虎；"敬勉"，即对某种事情的勤勉努力而不是怠慢放荡。"敬事而信。"(《论语·学而》)"居处恭，执事敬。"(《论语·子路》)"事君，敬其事而后其食。"(《论语·卫灵公》)"执事须是敬，又不可矜持太过。"(《河南程氏遗书·卷三》)①当我们以一种认真的态度，小心谨慎、认认真真、全神贯注地去做一件一件事情的时候，我们才能"执事敬"。在《论语》中所出现的 21 次"敬"中，共有 18 次是关于敬事的。《礼记·学记》中也谈道："古之教者，家有塾，党有庠，术有序，国有学。比年入学，中年考校。一年视离经辨志，三年视敬业乐群。"②这里的"业"即指"学业"，而"敬业"则是专心致力于"学业"的意思。唐代孔颖达对"敬业"的注疏，超越了"学业"层面，强调"敬业，谓艺业长者，敬而亲之；乐群，谓群居朋友善者，愿而乐之"(《礼记正义·学记》)③。程颢也曾讲："谓敬为和乐则不可，然敬须和乐，只是中心没事也。"(《河南程氏遗书·卷二上》)④朱熹从主体的心态层面，将"敬业"解释为一般的行为态度，即"敬业者，专心致志以事其业也"(《仪礼经传通解·卷第十六》)⑤一个人应当专心致志、尽职尽责、尽心尽力、勤奋认真地对待自己所从事的一份职业。

综上所述，"敬"作为一种德性指的是态度恭敬、行为端肃，以及对他人的尊敬和敬重，其反面是怠惰安逸。"就积极作用而言，敬的工夫在涵养人内心高尚的道德情操及奋力实践的道德实践力。从消极作用而

---

① （宋）程颢、程颐：《二程集》上册，第 61 页。
② 王文锦译解：《礼记译解》下册，第 514 页。
③ （汉）郑玄注、（唐）孔颖达等正义：《礼记正义》下册，上海：上海古籍出版社 1990 年版，第 647 页。
④ （宋）程颢、程颐：《二程集》上册，第 31 页。
⑤ （宋）朱熹：《朱子全书》第 2 册，第 537 页。

言,敬的工夫旨在自觉的杜防邪念。"①"'敬以直内',有主于内则虚,自然无非僻之心。"(《河南程氏遗书·卷十五》)②持敬或居敬体现的是一个人内在心灵中始终存有安身立命之本。"曰'居敬是存养工夫,穷理是穷事物之理。'曰:'存养个甚?'曰:'是存养此心之天理'。"(《语录一·传习录上》)③因此,不要放逐敬心,要让敬心待在腔子里,要操存敬心。要有提起精神的朝气,不要有萎靡怠惰的暮气。敬表征的是一个人对于人伦义礼规范的敬重,并在日常生活行为中虔敬地施行这些规范,因为此举对于道德理想人格的追求至关重要。执事要敬,即一定要认真和全神贯注地去做事,勤而无逸。居敬不仅体现为对那些由天道规定下的人道的敬重,更体现在借此而获得的一种道德理想人格的拥有上。

### 二、与"敬"相关的范畴

对于"敬"这一范畴,我们可以通过将其与其他范畴进行比较而更好地予以理解。

其一,敬与礼。

"敬"与"礼"密切相连,不过二者的联系经历了春秋时代的《诗》学传统,与以《诗论》为代表的儒家《诗》学传统的不同阶段。"在春秋时期,敬畏、敬慎之情被用以劝诫、批评违礼的言行,以维护礼的秩序、规范。相对于这种消极或负面的努力,宗庙之敬所容纳的宗祀所固有的肃敬与亲和之情,以及由此引申而来的敬重与喜爱之情,都为礼的内在依据提供了更为积极的因素。"④可见,"敬"与"礼"起初的联系,体现在戒慎之情对于违礼言行的消极威慑。后来,"敬"与"礼"的关系演变为由敬重之情所产生的对于礼的积极遵守与维护。"敬"与"礼"之关系的演变,体现了敬的宗教意识的逐渐淡化与人文意识的逐渐增强。"敬"与"礼"所具有的密切关系,体现在作为仁德表现的敬是外在的礼的内在的或本质的规定。"毋不敬。"(《礼记·曲礼上》)⑤"治礼,敬为大。"

---

① 曾春海:《儒家人文生命的实践——由"敬"的工夫入路省察》,国际儒学联合会编:《国际儒学研究》第5辑,北京:中国社会科学出版社1998年版,第142页。
② (宋)程颢、程颐:《二程集》上册,第149页。
③ (明)王守仁:《王阳明全集》上册,吴光等编校,第38页。
④ 孟庆楠:《论早期〈诗〉学中敬的观念》,《哲学研究》2011年第4期,第81页。
⑤ 王文锦译解:《礼记译解》上册,第1页。

(《礼记·哀公问》)①在国家的治理活动中,需要敬和礼的统一。"事大国,无失班爵而加敬焉,礼也。"(《左传·成公十八年》)②在社会生活的众多活动中,也需要"敬"与"礼"的统一。"敬,礼之舆也。不敬,则礼不行;礼不行,则上下昏。"(《左传·僖公十一年》)③在个人的修养上,更需要"敬"与"礼"的统一。"礼,身之干也;敬,身之基也。"(《左传·成公十三年》)④"仁者,人也,亲亲为大;义者,宜也,尊贤为大。亲亲之杀,尊贤之等,礼所生也。"(《中庸·第二十章》)⑤"恭敬之心,礼也"(《孟子·告子上》),"有礼者敬人"(《孟子·离娄下》)。恭敬之心是道德心整体中的重要组成部分,恭敬之心体现在仁义礼智信五种常德之中。亲亲之差与尊贤之等这些礼的表现,离不开恭敬之心的存在,它们本身体现的便是一种恭敬之心。

其二,敬与义。

"敬""义"夹持,"敬"与"义"是一个事物的两个方面,其关系是内在根据与外在表现的关系。在持敬或居敬的过程中,要始终结合义来进行。"君子敬以直内,义以方外,敬义立而德不孤。"(《周易·坤卦·文言传》)"切要之道,无如'敬以直内'。"(《河南程氏遗书·卷十五》)⑥也就是说,"敬"是无事时候的"义","义"是有事时候的"敬"。"敬"是立身之道,"义"是处事之道,"敬"即"义","义"即"敬",立身与处事是成就一个君子或圣贤人格的两个不同侧面。内圣修身与外王事功是合而为一的。"涵养须用敬,进学则在致知。"(《河南程氏遗书·卷十八》)⑦"敬立义行,无适而非天理之正矣。"(《朱熹集·卷四十三》,《答林择之》)⑧"敬主乎中,义防于外,二者相夹持。要放下霎时也不得,只得直

---

① 王文锦译解:《礼记译解》下册,第735页。
② 杨伯峻编著:《春秋左传注》(修订本)第2册,北京:中华书局1990年版,第914页。
③ 杨伯峻编著:《春秋左传注》(修订本)第1册,第338页。
④ 杨伯峻编著:《春秋左传注》(修订本)第2册,第860页。
⑤ 王文锦译解:《礼记译解》下册,第784页。
⑥ (宋)程颢、程颐:《二程集》上册,第152页。
⑦ 同上书,第188页。
⑧ 朱熹:《朱熹集》第4册,成都:四川教育出版社1996年版,第2047页。

上去,故便达天德。"(《朱子语类·卷九十五》)①"伊川先生甚爱〈表记〉中说'君子庄敬日强,安肆日偷'之语,盖常人之情才放肆则日就旷荡,自检束则日就规矩。"(《河南程氏外书·卷十二》)②"敬者义之主宰,在内而言谓之敬;义者敬之裁制,在外而言谓之义。"(《明儒学案·卷二十四》)③"敬",于是有了"活敬"与"死敬"的区别。敬施之于外成为义,才能够成为活敬而不是死敬。"敬有死敬,有活敬。若只守着主一之敬,遇事不济之以义,辨其是非,则不活。若熟后,敬便有义,义便有敬。静则察其敬与不敬,动则察其义与不义。"(《朱子语类·卷十二》)④只有在现实的具体的社会道德实践中做到义,敬才有活力,才成为真正的"实敬"。"敬者,守于此而不易之谓;义者,施于彼而合宜之谓。"(《朱子语类·卷十二》)⑤"方未有事时,只得说'敬以直内'。若事物之来,当辨别一个是非,不成只管敬去。敬、义不是两事。"(《朱子语类·卷十二》)⑥

总之,作为内在立身之本的敬与作为外在处世之则的义是相摄无碍的。居敬的工夫,是"敬以直内"的德性自律与"义以方外"的规范约束的统一,是涵养与察识、尊德性与道问学、博学于文与约之以礼的有机结合。

其三,敬与内外。

"居敬"是一种内外兼修的工夫,既不妄思也不妄动。敬体现的"只是内无妄思,外无妄动"(《朱子语类·卷十二》)⑦。从外在方面来说,"惟是动容貌、整思虑,则自然生敬,敬只是主一也。主一,则既不之东,又不之西,如是则只是中"(《河南程氏遗书·卷十五》)⑧。"俨然正其衣冠,尊其瞻视,其中自有个敬处。"(《河南程氏遗书·卷十八》)⑨"言

---

① (宋)黎靖德编:《朱子语类》第 6 册,第 2450 页。
② (宋)程颢、程颐:《二程集》上册,第 445 页。
③ (清)黄宗羲:《明儒学案》(修订本)上册,北京:中华书局 2008 年版,第 553 页。
④ (宋)黎靖德编:《朱子语类》第 1 册,第 216 页。
⑤ 同上。
⑥ 同上。
⑦ 同上书,第 211 页。
⑧ (宋)程颢、程颐:《二程集》上册,第 149 页。
⑨ 同上书,第 185 页。

不庄不敬,则鄙诈之心生矣;貌不庄不敬,则怠慢之心生矣。"(《河南程氏遗书·卷一》)①朱熹也认为:"持敬之说,不必多言。但熟味'整齐严肃','严威俨恪','动容貌,整思虑','正衣冠,尊瞻视'此等数语,而实加工焉,则所谓直内,所谓主一,自然不费安排,而身心肃然,表里如一矣。"(《朱子语类·卷十二》)②"'坐如尸,立如齐','头容直,目容端,足容重,手容恭,口容止,气容肃',皆敬之目也。"(《朱子语类·卷十二》)③"'出门如见大宾,使民如承大祭',不敬时如何?'坐如尸,立如齐',不敬时如何?须敬义夹持,循环无端,则内外透彻。"(《朱子语类·卷十二》)④"详考从上圣贤以及程氏之说论下学处,莫不以正衣冠、肃容貌为先。盖必如此,然后心得所存而不流于邪僻。"(《朱熹集·卷三十三》,《答吕伯恭》)⑤从内在方面来说,"敬,只是收敛来。"(《朱子语类·卷十二》)⑥"敬只是常惺惺法。所谓静中有个觉处,只是常惺惺在这里,静不是睡著了。"(《朱子语类·卷六十二》)⑦"惺惺,乃心不昏昧之谓,只此便是敬。今人说敬,却只以'整齐严肃'言之,此固是敬。然心若昏昧,烛理不明,虽强把捉,岂得为敬!"(《朱子语类·卷十七》)⑧"'整齐严肃',亦只是'主一无适'意。且自看整齐严肃时如何这里便敬。常惺惺也便是敬。收敛此心,不容一物,也便是敬。此事最易见。试自体察着,便见,只是要教心下常如此。"(《朱子语类·卷十七》)⑨

可见,心的恭敬与身的收敛是相辅相成的同一件工夫事情中的两个方面,存心与收敛是密不可分的。一方面,内在之心的居敬会影响身之收敛。"心无不敬,则四体自然收敛,不待十分着意安排,而四体自然舒适。"(《朱子语类·卷十二》)⑩另一方面,身之收敛也可导致心之常惺惺。"问:'上察说:敬者,常惺惺法也。此说极精切。'曰:'不如程子整

---

① (宋)程颢、程颐:《二程集》上册,第7页。
② (宋)黎靖德编:《朱子语类》第1册,第211页。
③ 同上书,第212页。
④ 同上书,第216页。
⑤ 朱熹:《朱熹集》第3册,第1414页。
⑥ (宋)黎靖德编:《朱子语类》第1册,第208页。
⑦ (宋)黎靖德编:《朱子语类》第4册,第1503页。
⑧ (宋)黎靖德编:《朱子语类》第2册,第373页。
⑨ 同上书,第371页。
⑩ (宋)黎靖德编:《朱子语类》第1册,第211—212页。

齐严肃之说为好。盖人能如此,其心即在此,便惺惺。未有外面整齐严肃,而内不惺惺者。如人一时间外面整齐严肃,便一时惺惺;一时放宽了,便昏怠也。'"(《朱子语类·卷十七》)①居敬的道德修养工夫,强调的是一个道德主体务必在内外两个方面都做到对自己本有的道德良知的明觉状态,而不是处于一种痿痹的、麻木不仁的状态。

其四,敬与畏。

"敬"与"畏"是相统一的。"敬,警也,恒自肃警也。"(《释名·释言语》)"敬不是万虑休置之谓,只要随事专一谨畏,不放逸耳,不须许多闲说话也。"(《朱熹集·卷六十四》,《答易简》)②可见,敬只是一个畏字。"圣人言语,当初未曾关聚。……到程子始关聚说出一个'敬'来教人。然敬有甚物?只如'畏'字相似。不是块然兀坐,耳无闻,目无见,全不省事之谓。只收敛身心,整齐纯一,不恁地放纵,便是敬。"(《朱子语类·卷十二》)③与程颐一样,朱熹更强调的是道德自我的严谨克制与自我约束。

其五,敬与动静。

与佛道主静,周敦颐主静不同,朱熹等理学家强调主敬,并将敬与静统一起来,认为敬贯通动与静。居敬的工夫可以涵盖静,当我们静坐而收敛此心与断绝思虑的时候,都是主敬工夫的一种表现。"敬字通贯动静,但未发时则浑然是敬之体,非是知其未发,方下敬底工夫也。既发则随事省察而敬之用行焉,然非其体素立,则省察之功亦无自而施也。故敬义非两截事,必有事焉而勿正,心勿忘,勿助长,则此心卓然,通贯动静,敬立义行,无适而非天理之正矣。"(《朱熹集·卷四十三》,《答林择之》)④敬贯动静,强调的是无论是在未发还是在已发之时,都应当提斯自己的道德本心。敬是超越形而下现实动静的形而上的静之理,居敬是主一无适地存天理、灭人欲而保持本心的明觉状态。

同时,居敬绝不是一个人一时一刻的修养工夫,绝不是在一种特定条件下的工夫。一个人无论是在动时还是在静时,都时刻应当坚守住居

---

① (宋)黎靖德编:《朱子语类》第2册,第372页。
② (宋)朱熹:《朱熹集》第6册,第3361页。
③ (宋)黎靖德编:《朱子语类》第1册,第208页。
④ (宋)朱熹:《朱熹集》第4册,第2047页。

敬所要求的主一无适与谨畏严肃的状态。"有事无事,吾之敬未尝间断也。"(《朱子语类·卷十二》)①敬的工夫,"造次颠沛必于是,不可须臾间断"(《朱子语类·卷十二》)②。"未发之前,是敬也固已主乎存养之实;已发之际,是敬也又常行于省察之间。"(《朱熹集·卷三十二》,《答张钦夫》)③敬贯动静,强调的是主敬要贯穿知与行、未发与已发的整个过程。无论是"事物未至,思虑未萌"的未发时候,还是"事物交至,思虑萌焉"的时候,只有居敬或持敬,才能在静时达到"一性浑然,道义全具"的中的状态,在动时达到"七情迭用,各有攸主"的和的状态。这正如高攀龙所言:"但征色发声之间,皆为锻炼琢磨之助,亦自得力。因此愈知直方之工,动静一体而成。静中有毫发私念搀和,便不能直;动中有毫发世情黏滞,便不能方。"(《高子遗书·卷八·与子往三》)"动时工夫,要在静时做;静时工夫,要在动时用。动时差了,必是静时差。"(《高子遗书·卷五》)可见,与朱熹不同,高攀龙"更强调动静一体,指出动中和静中的主敬相互联系彼此影响,动静两方面的主敬工夫有相须并进之效"④。可以说,不是主静,而是贯通动静的主敬才是真正的为学之方和修养之道。

其六,敬与穷理。

本体与工夫不分,居敬与穷理是相互促进的两个方面。正如朱熹所讲:"学者工夫,唯在居敬、穷理二事。此二事互相发。能穷理,则居敬工夫日益进;能居敬,则穷理工夫日益密。"(《朱子语类·卷九》)⑤作为存养工夫的居敬与究事物之理的穷理是相统一的。王阳明更进一步认为,"一心皆在天理上用功,所以居敬亦即是穷理。就穷理专一处说,便谓之居敬;就居敬精密处说,便谓之穷理。却不是居敬了,别有个心穷理;穷理时,别有个心居敬:名虽不同,功夫只是一事。就如《易》言'敬以直内,义以方外。'敬即是无事时义,义即是有事时敬,两句合说一件"(《语

---

① (宋)黎靖德编:《朱子语类》第1册,第213页。
② 同上书,第208页。
③ 朱熹:《朱熹集》第3册,成都:四川教育出版社1996年版,第1404页。
④ 李卓:《中庸的主敬修养论:以高攀龙思想为例》,《伦理学研究》2015年第5期,第59页。
⑤ (宋)黎靖德编:《朱子语类》第1册,第150页。

录一·传习录上》)①。在对敬的诠释中,阳明显然是以工夫与本体相互贯通的角度诠释了敬这一实践工夫。自我修身与探究物理是同一事物的两个方面,它们是相互促进的,穷理即居敬,居敬即穷理。

其七,敬与主一。

"居敬",又可称之为主敬或持敬。作为一种自我操存和修养的工夫,居敬也包含着主一无适的意思。"人心不能不交感万物,亦难为使之不思虑。若欲免此,唯是心有主。如何为主? 敬而已矣。"(《河南程氏遗书·卷十五》)②程颐于是强调:"入德必自敬始。"(《河南程氏粹言·卷一》)③在他看来,敬既是外在的整齐严肃,更是内心的主一无适的常惺惺然。"或问敬。子曰:'主一之谓敬。''何谓一?'子曰:'无适之谓一。''何以能见一而主之?'子曰:'齐庄整敕,其心存焉;涵养纯熟,其理著矣。'"(《河南程氏粹言·卷一》)④"所谓敬者,主一之谓敬。所谓一者,无适之谓一"(《河南程氏遗书·卷十五》)⑤。"二程专教人持敬,持敬在主一。"(《朱子语类·卷十二》)⑥能够做到主一无适与敬以直内,才会在道德上拥有浩然之气。能够做到敬便会自虚静,但是绝不能将虚静等同为敬。

"主一"体现在不敢欺、不敢慢、尚不愧于屋漏、容貌恭顺、言语畏谨等诸多方面。一个人在内心涵养方面修持好,能够自觉地保持整齐严肃,便可以说是做到敬了。也就是说,"主一"是常惺惺与收敛此心,要一心一意、整齐严肃,不受外在纷繁诱惑的干扰。"伊川所谓的'一',是心的'无适',是心处于'一'的状态。也就是外在保持整齐严肃,内心常收敛凝定、摒退杂念,意念不散乱、不走作,使心之灵明主宰此身而天理透发的明觉状态。"⑦那么究竟如何才能做到"主一"呢?"一者,无他,只是整齐严肃,则心便一,一则自是无非僻之奸。此意但涵养久之,则天理

---

① (明)王守仁:《王阳明全集》上册,吴光等编校,第38页。
② (宋)程颢、程颐:《二程集》上册,第168—169页。
③ (宋)程颢、程颐:《二程集》下册,第1194页。
④ 同上书,第1173页。
⑤ (宋)程颢、程颐:《二程集》上册,第169页。
⑥ (宋)黎靖德编:《朱子语类》第1册,第208页。
⑦ 李卓:《中庸的主敬修养论:以高攀龙思想为例》,《伦理学研究》2015年第5期,第60页。

自然明。"(《河南程氏遗书》卷十五)①"'庄整齐肃,则心便一,一则自无非僻之干,存之久而天理明矣。'至其门人谢良佐之言,则曰:'敬是常惺惺法'。尹焞之言则曰:'人能收敛其心,不容一物,则可以谓之敬矣。'此皆切至之言,深得圣经之旨。"(《朱熹集·卷十五》,《经筵讲义》)②"主一"不同于"专一",心存敬意,一心一意地保持端敬的态度,既需要常惺惺的戒慎恐惧的工夫,也需要收敛此心,做到不蔽于外物而为人欲所干扰和诱惑。

程颐的主敬说深深影响了朱熹并得到了他的高度评价。"自秦汉以来,诸儒皆不识这'敬'字,直至程子方说得亲切,学者知所用力。"(《朱子语类·卷十二》)③"程先生所以有功于后学者,最是'敬'之一字有力。"(《朱子语类·卷十二》)④在朱熹的思想中,敬更是得到了系统化的表达。他强调持敬与居敬密切相关,持敬是穷理之本,而居敬则是涵养本心。只有做到对各种私欲进行控制,才能达到内心湛然的境地。"彼其外物不接、内欲不萌之际,心体湛然,万理皆备,是乃所以为纯于善而无间断之本也。"(《朱熹集·卷五十四》,《答徐彦章》)⑤"将个'敬'字收敛个身心。"(《朱子语类·卷十二》)⑥"敬,只是此心自做主宰处。"(《朱子语类·卷十二》)⑦人应当求其放心,而心却只是个敬,人才敬时,心便在身上了。敬是实现身心统一、物质上的肉体与精神上的道德心相统一的关键。以敬来收敛身心,以敬来自作主宰,敬彰显的实际上是道德主体的自我挺立。"虽能立志,苟不能居敬以持之,此心亦泛然而无主,悠悠终日,亦只是虚言。立志必须高出事物之表,而居敬则常存于事物之中,令此敬与事物皆不相违。言也须敬,动也须敬,坐也须敬,顷刻去他不得。"(《朱子语类·卷第十八》)⑧

---

① (宋)程颢、程颐:《二程集》上册,第150页。
② 朱熹:《朱熹集》第2册,第590—591页。
③ (宋)黎靖德编:《朱子语类》第1册,第207页。
④ 同上书,第210页。
⑤ 朱熹:《朱熹集》第5册,第2747页。
⑥ (宋)黎靖德编:《朱子语类》第1册,第208页。
⑦ 同上书,第210页。
⑧ (宋)黎靖德编:《朱子语类》第2册,第419页。

## 第三节　诚敬与个人层面的核心价值观

诚如上文所述,"诚"与"敬"当然具有区别,一是从本体论的层面强调不自欺和不欺人,一是从工夫论的角度强调不怠慢和毕恭毕敬。然而,本体即工夫,"立诚以致敬"则又强调"诚"与"敬"二者是密切相连的。诚是实,是不欺妄,妄诞欺诈体现的是不诚;敬是畏,是不放肆,怠惰放肆体现的是不敬。"'敬以直内,义以方外',便是立诚。"(《朱子语类·卷九十五》)①"凡人所以立身行己,应事接物,莫大乎诚敬。诚者何?不自欺不妄之谓也。敬者何?不怠慢不放荡之谓也。今欲作一事,若不立诚以致敬,说这事不妨胡乱做了,做不成又付之无可奈何,这便是不能敬。人面前底是一样,背后又是一样;外面做底事,内心却不然;这个皆不诚也。学者之心,大凡当以诚敬为主。"(《朱子语类·卷一百一十九》)②敬是实而不说谎,不自欺,敬也成为一种畏。

儒家存诚本体论与居敬工夫论,是人自觉其具有内在德性存在并以此提升自我生命存在的重要思想资源,这一思想资源在提升主体的道德自觉、道德超越、道德尊严,在引发主体的道德情感、道德理性、道德行为方面,都具有重要的意义和价值。这些意义和价值均有助于社会主义核心价值观的培育和践行。谈到了儒学与马克思主义理论中的社会主义核心价值观的联系,不能不涉及儒学与马克思主义之间的关系这一宏大而复杂的问题。在此,因为所阐发主题缘故,我们只对此进行简单的分析,待日后进行专门的研究。

自从马克思主义传入中国以来,将儒学与马克思主义联系起来的做法,一直是学术界感兴趣的一个理论点。左派儒学是时下一些学者所倡导的一种儒学。例如,贝淡宁便认为,"左派儒学是把社会主义传统和儒家传统结合起来的尝试,让儒家传统来丰富和改造社会主义"③。左派儒学体现在许多方面上,建立在社会和谐与信任基础之上并以温和与谦

---

① (宋)黎靖德编:《朱子语类》第6册,第2445页。
② (宋)黎靖德编:《朱子语类》第7册,第2878页。
③ 〔加拿大〕贝淡宁:《儒家学说与社会主义的和解?——中国传统的复兴》,见范瑞平、贝淡宁、洪秀平主编:《儒家宪政与中国未来》,第237页。

逊的方式而展开的独立的社会和政治批评,关心弱势群体并为他们提供帮助,重视经济平等与经济权利而关心人们的基本物质生活,重视与陌生人之间的团结,通过建立通儒院或贤士院来实行贤能政治而彰显全球正义,对宗教采取宽容的态度等,这些都可以从马克思主义的角度进入并予以分析①。

近些年来,已经有几部关于儒学与马克思主义之关系的研究著作。李毅的《中国马克思主义与现代新儒学》②一书,从时代课题的挑战与马克思主义、现代新儒学不同的思想回应、新儒家哲学的体系化和马克思主义对它的理论批判、中国现代化道路与梁漱溟的"乡村建设"运动、传统论题的再认识与内地的现代新儒学研究、马克思主义哲学的发展与现代新儒学的前景等八个部分探讨了现代新儒学与中国马克思主义之间的关系问题。董爱玲在《儒学与马克思主义文化的会通与融合研究》(北京:人民出版社 2017 年版)一书中认为,儒学与马克思主义之间存在实质性的相通相容、互补互美之处,她进而从文化和人性的视角研究了儒学与马克思主义文化之间的会通与融合问题,并具体阐发了儒学在民族文化培养和主体性文化认同方面的积极价值。美籍华人窦宗仪(1917—  )的《儒学与马克思主义》(刘成有译,兰州:兰州大学出版社 1993 年版),从思维和存在的关系、世界的物质统一性、认识的辩证性质和辩证方法、实践观等四个方面,在儒学与马克思主义之间进行了比较,以此来探求儒家思想和马克思主义认识论之间的相同之处。此外,相关的研究成果还有,崔龙水、马振铎主编的《马克思主义与儒学》(北京:当代中国出版社 1996 年版),张腾霄、张宪中的《马克思主义与儒学》(北京:中国人民大学出版社 2000 年版),陕西省社会科学研究院研究员张建新的《儒学与马克思主义》(西安:陕西人民出版社 2003 年版)。

近些年来,尽管有相当数量的学者感兴趣于儒学与马克思主义的关系问题并进行了相关的研究,但是,在儒学与马克思主义之间到底存在什么关系的问题上,学者们的意见明显出现了分歧。第一种立场是对立

---

① 〔加拿大〕贝淡宁:《儒家学说与社会主义的和解?——中国传统的复兴》,见范瑞平、贝淡宁、洪秀平主编:《儒家宪政与中国未来》,第 237—244 页。
② 李毅:《中国马克思主义与现代新儒学》,天津:天津教育出版社 2007 年版。

论,有的学者站在儒家的立场强调儒学与马克思主义之间的对立,有的学者站在马克思主义的立场来强调儒学与马克思主义之间的对立。第二种立场是并存说,这种观点认为,儒学与马克思主义不是一个反对另一个的关系,二者井水不犯河水,都是多元文化中的两种文化,可以同时存在。第三种立场是融合说,这种立场在第二种立场的基础上更进一步,强调儒学与马克思主义之间可以相互融合发展。"虽然中西方两大思想传统有结构性差异,但马克思主义仍比西方其他思想更多、更深地与中国儒家传统发生对话。近现代众多西方思想学派如潮水般涌入中国,而只有马克思主义在中国被接受下来,正是因为它比西方其他学派对儒家体系更有融通性,当时的历史和社会政治条件更造成了融通的契机。"①杨国荣曾从马克思主义自身的发展与儒学本身的发展这两个角度,概要地谈论了儒学与马克思主义之间的关系,即当代儒学与马克思主义是如何形成良性互动的。② 持有融合说立场的学者,又可以细化为三类,一类是站在儒家的立场提出儒化的马克思主义,一类是站在马克思主义的立场提倡马克思主义化的儒学,一类是站在双方的立场提出综合创新说。

在此,我们提倡一种马克思主义与儒学的融合说。具体来说,我们持有的是一种儒学与马克思主义之间的综合创新说。我们认为,儒学在当代中国的创造性转化和创新性发展,必然离不开作为当代中国主流意识形态的马克思主义的滋养,脱离开马克思主义的视域,儒学不仅成了无根之魂,也会渐离现实政治生活而沦为象牙塔内一部分人的高雅追求,并最终造成儒学的边缘化地位。另一方面,马克思主义的中国化时代化历程的继续发展,中国化时代化马克思主义理论的继续发展,都免不了中国传统儒家文化的滋养。如果我们抛开了作为中华优秀传统文化核心的儒家思想,那么马克思主义将会失去中国文化之根,将会失去自身的中国特色、中国风格和中国气派。基于此理解,我们接下来将把儒学的诚敬思想与当代中国社会的社会主义核心价值观培育和践行问

---

① 〔美〕田辰山:《"后现代儒学"与"构建后现代儒学体系"》,《江西社会科学》2008 年第 12 期,第 28 页。
② 李耐儒:《当代儒学对接现代社会的有效路径——杨国荣教授访谈录》,《探索与争鸣》2017 年第 6 期,第 55—56 页。

题有机结合起来,以期获得儒学当代性问题思索的另一个新的视域。

**1. 爱国、敬业、诚信、友善:个人层面的核心价值观**

作为个人层面的核心价值观,爱国、敬业、诚信、友善是密切相连的四个方面。作为一国之民,理应具有坚强的爱国心。没有国家怎能有小家。个人的成长及其家庭生活离不开国家的繁荣和发展。爱国对于一个人来讲,主要体现为做好本职工作,体现为敬业精神。在敬业以成就事业的过程中,诚信是基本的内在道德要求。"自古皆有死,民无信不立。"(《论语·颜渊》)友善则是外在的给予他人的表现,一个人不仅要成己,还要成人成物。"己欲立而立人,己欲达而达人。"(《论语·雍也》)有了这种最基本的内在道德上的要求,才能做到敬业和乐业。梁启超先生在《敬业和乐业》(1922)一文中,曾对此进行了典范性的阐发。"敬业乐业四个字,是人类生活不二法门。"(《敬业与乐业》,饮冰室文集之三十九)①

敬业是我们生命的一部分,它构成了一个人生命中最为真切的部分。我们不仅仅是为了生活而从事一份劳动,更是为了劳动而生活。劳动成为一个人拥有真生命的基本部分。因此,就生命存在的意义而言,对于事业保持一种敬的态度,便是应然的事情了。有了这样的看待生命的态度,对于业便会持一种神圣的态度,以一种虔敬的精神来看待自己所从事的那份业。"作为一项神圣的教令,天职是必须服从的东西:个人必须把自己'托付'给它。"②每个人的"天职"即现世工作,是通过其社会与职业的位置来加以定位的,有责任去拥有职业的天职,"意味着一种个人应当对他们的'职业'活动的内容进行体验与承当的责任的概念。无论这一活动的特殊性质是什么,也无论这一活动是否只涉及利用他们的能力"③。幸福的人生,往往是靠我们的职业奋斗精神得来的,而敬业则是基础。

---

① 梁启超:《饮冰室合集》文集第 14 册,北京:中华书局 2015 年版,第 25 页。
② 〔德〕马克斯·韦伯:《新教伦理与资本主义精神》,苏国勋、覃方明、赵力玮、秦明瑞译,北京:社会科学文献出版社 2010 年版,第 51 页。
③ 同上书,第 30 页。

## 2. 存诚、居敬与个人层面核心价值观的关联性

"存诚"与爱国、诚信、友善密切相连。爱国不是体现在口号上,不是体现在花言巧语上,而是实有其为,要以存诚的精神爱国。要脚踏实地工作,要真真切切在一言一行的细节上下真功夫。在爱国价值观的坚守上不能感情用事,心血来潮。儒家存诚精神,直接要求一个人要以诚信立身、以友善与他人交往。做事之前先学会做人,不与他人交恶,不勾心斗角,不自私自利,不妄自菲薄他人。要以友善的同情心面对他人的失误,要以慈善之心让利于人。总之,要有社会共同体意识。

"居敬"与敬业密切相连。"可愿莫如善,敬立前则百善从。宜远莫如邪,敬立则百邪息。敬也者,存心之要法,检身之切务也。"(张鉴《浅近录·卷四·主敬》)居敬要求一个人时常提斯自己,要以诚而无欺的真至精神来脚踏实地的工作,要热爱自己的本职工作,要在本职工作的履行中勤勤恳恳,将职业的勤勉与努力看作自己人格提升与人生意义把握的尺度。总之,要有社会责任担当意识。

## 3. 存诚、居敬背后的道德自我与个人层面核心价值观的养成

社会主义核心价值观,作为当代中国社会公民个体应当操守的基本道德,其践行需要一种习惯的养成,养成则需要道德自我或曰道德主体的挺立,存诚与居敬则突显的正是这种自我或主体的建构。

存诚与居敬背后的道德自我的建构,需要一种自律性的反省和自主性的实践。"性于人无不善,系其善反不善反而已。"(《正蒙·诚明》)[①]道德主体要不断切己反省自己,以便在德性的塑造过程中时时刻下好工夫。诚与无妄、不欺相联,天道无妄,要祛除私心、私念。人道不欺,则要求戒谨恐惧。天道与人道的一致,必然要求作为自然之诚的无妄与着力去做的不欺是统一的。存诚与居敬背后的道德自我的建构,需要一种他律性的规范。对于缺少诚敬的人,可以通过惩罚性的规范来进行约束,可以利用大数据时代下的信息资源,提高违背诚敬的人的惩罚力度。借此,让缺少诚敬的人在当代社会无处立身,也难以实现发展。存诚与居敬是通向道德自我之路的正确法门,其对目前个人层面的社会主义核

---

[①] (宋)张载:《张载集》,章锡琛点校,第 22 页。

心价值观的构建不无裨益,因此如何将存诚与居敬的儒家德性伦理,化为个人价值主体的内在德性精神与外在行为规范,便成为一种时代所需与当务之急的事情。

除了他律性的规范,存诚与居敬背后的道德自我的建构,更需要做到涵养与进学、诚意与致知、尊德性与道问学的有机统一。"涵养、穷索,二者不可废一,如车两轮,如鸟两翼。"(《朱子语类·卷九》)①"学者工夫,唯在居敬、穷理二事。此二事互相发。能穷理,则居敬功夫日益进;能居敬,则穷理功夫日益密。譬如人之两足,左足行,则右足止;右足行,则左足止。又如一物悬空中,右抑则左昂,左抑则右昂,其实只是一事。"(《朱子语类·卷九》)②一个人能够做到存诚与居敬,既需要道德上的认识,借此获得道德之理;也需要道德上的工夫,借此实现道德之润。

以上是我们从儒家存诚本体论与居敬工夫论角度对于儒学当代意义和价值的阐发,这主要是结合社会主义核心价值观的培育和践行加以进行的。下文将从责任伦理的角度再次审视儒学的当代意义和价值,这一内容构成了本书第九章的基本内容。

---

① (宋)黎靖德编:《朱子语类》第 1 册,第 150 页。
② 同上。

# 第九章
## 儒家责任伦理与当代社会

众所周知,当我们将伦理学与其他学科相结合的时候,便会产生相应的交叉学科的伦理学,如法律伦理学(Legal Ethics)、政治伦理学(Political Ethics)、行政伦理学(Executive Ethics)、社会伦理学(Social Ethics)、发展伦理学(Development Ethics)、职业伦理学(Professional Ethics)、职场伦理学(Workplace Ethics)、管理伦理学(Management Ethics)、组织伦理学(Organizational Ethics)、工程伦理学(Engineering Ethics)、生物医学伦理学(Biomedical Ethics)、医学伦理学(Medical Ethics)、环境伦理学(Environmental Ethics)、信息技术伦理学(Ethics of Information Technologies)、预算伦理学(Budget Ethics)、商业或企业伦理学(Business Ethics)、金融伦理学(Financial Ethics)、会计伦理学(Accounting Ethics)等。在这些交叉学科伦理学的背后,我们当然可以通过伦理学的基本概念、范畴和问题,来分析相应学科背后所涉及的伦理问题,其中当然包括有关责任问题的分析,因此责任伦理学(Ethics of Responsibility)与这些交叉伦理学相比,便具有了更为普遍的伦理意义和价值。

在现实社会生活中,我们常常谈到政府责任、行政责任、媒体责任、新闻责任、生态责任、医疗责任,以及法律责任(这其中包括宪法责任、刑事责任、侵权责任、民事责任、证明责任、违约责任)等各种具体领域的责任。那么,我们究竟该如何审视这些责任背后的伦理意涵呢?在此,我们仅从中国传统儒家责任伦理角度对这一问题进行相应的阐发。

## 第一节 信念伦理与责任伦理

众所周知,马克斯·韦伯(Max Weber,1864—1920)在信念伦理(Ethic of intentions)与责任伦理(Ethic of responsibility)之间进行了有效的区分。这样的区分,多年来在学术界持续性地引起了研究的热情。例如,艾蒂安·德维莱尔(Etienne de Villiers)在其《重访马克斯·韦伯的责任伦理学》[①]一书中,对马克斯·韦伯的责任伦理作出了一种令人满意的解释和整体评估,并就如何设计当代责任伦理提出了简要的建议。他认为,马克斯·韦伯的责任伦理尽管存在着严重的缺陷,但它作为一种可解决现代化对伦理生活的破坏性影响的二级层次的规范伦理方法,又的确提供了一种当代所需的责任伦理。这样一种当代的责任伦理,无疑为如何在我们这个时代负责任地加强道德生活提供了良好的思想资源。

### 一、"信念伦理"与"责任伦理"之分

在《以政治为业》这篇长文中,马克斯·韦伯认为,一切有伦理取向的行为都可能受到两种有着本质区别的准则中的一个支配,而这两个准则是势不两立的。"指导行为的准则,可以是'信念伦理'(Gesinnungsethik),也可以是'责任伦理'(Verantwortungsethik)。"[②]如果信念伦理是一种涉及价值合理性的伦理的话,那么责任伦理则是一种涉及形式合理

---

[①] Etienne de Villiers, *Revisiting Max Weber's Ethic of Responsibility*, Mohr Siebeck, 2018.

[②] 〔德〕马克斯·韦伯:《学术与政治》,冯克利译,北京:生活·读书·新知三联书店2005年版,第107页。

性的伦理。

尽管马克斯·韦伯承认信念伦理并不等同于不负责任,责任伦理也不等同于一种毫无信念的机会主义,但是他依然认为,作为宗教意义上的"基督行公正,让上帝管结果"的恪守信念伦理的行为,与必须顾及自己行为的可能后果的遵循责任伦理的行为之间,存在着极其深刻的对立。"如果由纯洁的信念所引起的行为,导致了罪恶的后果,那么,在这个行动者看来,罪责并不在他,而在于这个世界,在于人们的愚蠢,或者,在于上帝的意志让它如此。然而,信奉责任伦理的人,就会考虑到人们身上习见的缺点,就像费希特正确说过的那样,他没有丝毫权利假定他们是善良和完美的,他不会以为自己所处的位置,使他可以让别人来承担他本人的行为后果——如果他已预见到这一后果的话。他会说:这些后果归因于我的行为。信念伦理的信徒所能意识到的'责任',仅仅是去盯住信念之火,例如反对社会制度不公正的抗议之火,不要让它熄灭。他的行动目标,从可能的后果看毫无理性可言,就是使火焰不停地燃烧。这种行为只能、也只应具有楷模的价值。"①也就是说,在马克斯·韦伯看来,持有信念伦理的信徒,作为一个持有普遍主义伦理观的理性主义者,是不会容忍这个世界在道德上是无理性的。

可以说,马克斯·韦伯有关信念伦理与责任伦理的区分,的确具有深刻的思想见地,但是这种区分也至少存在两个明显的思想限制。

一方面,信念伦理与责任伦理尽管并不被认为是完全无关联的,信念伦理并不等同于不负责任,责任伦理也不等同于一种毫无信念的机会主义,可信念伦理与责任伦理在马克斯·韦伯这里,还是具有势不两立的区别的。然而,信念伦理与责任伦理果真具有这种水火不容的区别吗?二者果真不可以和谐共处吗?一个行为主体难道不可以同时持有一种信念伦理和一种责任伦理吗?一个持有信念伦理的行为主体难道不可以同时肩负各种责任,难道一定意味着对后果不负责任吗?一个持有责任伦理的行为主体难道不可以同时持有各种信念吗?事实上,马克斯·韦伯理想中的具有政治使命的人,便是一个能够同时持有信念伦理与责任伦理的人。"我们每一个人,只要精神尚未死亡,就必须明白,我们都有可能在某时某刻走到这样一个位置上。就此而言,信念伦理和责

---

① 〔德〕马克斯·韦伯:《学术与政治》,冯克利译,第107—108页。

任伦理便不是截然对立的,而是互为补充的,唯有将两者结合在一起,才构成一个真正的人——一个能够担当'政治使命'的人。"①当然这种统一是以责任伦理为基础和核心的统一,因为马克斯·韦伯认为,真正能够打动人心的,是一个成熟的人能够意识到对自己的行为后果负责任,是真正发自内心感受到这种责任。

另一方面,马克斯·韦伯对于信念伦理的理解过于狭窄,他是以宗教意义上的"基督行公正,让上帝管结果"来理解信念伦理的。可是,我们都知道,信念伦理不仅仅在宗教领域中存在,也在非宗教的哲学、政治学、法律等多个领域存在。例如,儒家道德哲学便存在一种强烈的信念伦理的传统。而马克斯·韦伯以必须顾及自己行为的可能后果来言说责任伦理行为的说法,这也是不准确的。注重行为的后果,既可以引致一个行为主体成为负有责任担当的人,也可以引致一个行为主体成为功利至上的人。与马克斯·韦伯关注对于自己行为后果的顾及不同,我们更关注的是在信念伦理的引领之下,一个行为主体如何在具体的行为中,在不同的社会角色中,来践行各种责任的问题,而不仅仅是对于行为主体责任的自我意识和内心感受方面。

抛开马克斯·韦伯两种伦理划分的思想限制不谈,他的两种伦理类型划分本身的确具有重要的理论与实践价值,这一划分凸显了信念伦理的有效性离不开责任伦理的有效支撑。"通过'责任伦理',一方面可以导出目标合理性行动,为经验理性的行动方式提供伦理价值;另一方面又与'信念伦理'相接,为抽象的道德理念奠定现实的实践基础。换言之,在当今现代性条件下,任何一种信念,唯有当它与责任伦理结合在一起时,才可能是有效的。"②责任伦理在现代社会日益成为规范现代人行为方式的重要方面。由现代性所表征的现代社会,主要体现在生产的市场化、社会化、专业化、科技化,政治的民主化、社会的城市化、经济的全球化和社会的信息化,以及不断增强的社会流动、日趋分化的社会结构、文化的大众媒介化等诸多方面。充满现代性的社会,更加普遍而广泛地需要责任伦理的存在和运用。"责任伦理是一种与现代人所面临的特定

---

① 〔德〕马克斯·韦伯:《学术与政治》,冯克利译,第116页。
② 冯钢:《责任伦理与信念伦理:韦伯伦理思想中的康德主义》,《社会学研究》2001年第4期,第38页。

价值处境相适应的价值立场,它为现代人如何阐释生命的意义、如何做出自己的价值抉择提供了方向。"[1]很显然,在这样一种现代类型的社会里,人与人、人与社会、人与国家之间的关系,已经与传统社会有了明显的区别。交往主体之间也相应于这样的社会必须遵循一些基本的伦理规范准则,而在这些规范准则之中责任伦理规范准则显得尤为重要,并业已成为一个人是否能够成为真正具有现代性公民身份的基本判别标准。那么,我们究竟该如何进一步具体理解责任伦理呢?

## 二、责任伦理的科学内涵

为了能够更好地把握好责任伦理的内涵,我们可以通过将其与义务伦理、角色伦理、商谈伦理、功利主义伦理进行比较来加以探讨。

责任伦理更与义务伦理、角色伦理紧密相连。因此,虽然责任伦理实质上是一种强调道德责任的伦理,但是,当我们思考这种责任伦理的时候,的确少不了义务伦理、角色伦理与责任伦理的考量。责任伦理在某种意义上讲,它也是一种义务伦理,它们二者都含藏着角色伦理的色彩。一个人在社会中担负不同的角色,决定了他必须相应地担负不同的责任和义务。责任伦理、义务伦理与信念伦理,体现的是社会伦理治理的治标和治本的关系。当然,治本的确难,可是治标也不易。道德责任的担当绝不能只靠一种道德上的主动和自愿,同时还需要外在义务上的规范和约束。责任伦理的建构是一项长期而复杂的社会工程,绝不是一朝一夕能够完成的,也许这是一项人类文明自诞生之始便永远有待完成的一项事业,我们永远不能做完,而只能做到更好。不过,尽管义务伦理与责任伦理之间有密切联系,但二者之间却也存在区别。与义务不同,责任更多不是同具有法律意义上的权利相对应,而主要是与道德上的应为相关联,它更多是强调某种担当,因此,更具有行为上的主动性和自觉性。例如,仁以为己任与爱亲敬长,说的便是将自身的道德修为责任担当起来。于是,未能履行责任更多是要受到道德上的惩罚。一种义务伦理当然以价值理性为主导,但是,义务伦理所强调的价值理性与道德价值,只有与出于责任的行为相关联时,才是一种真正的义务伦理。一种

---

[1] 贺来:《现代人的价值处境与"责任伦理"的自觉》,《江海学刊》2004 年第 4 期,第 44 页。

伦理行为,最终取决于被规定的准则而不是其实现的义务。伦理责任是一种尊重具有普遍性和必然性的、作为定然命令而存在的道德法则的必然行为,有了这种行为,义务伦理才真正具有了现实意义和价值。

责任伦理虽然与商谈伦理存在相一致的地方,但我们不能将二者等同起来。责任伦理与商谈伦理都涉及人们日益扩大化的交往和多层次化的交往现实,但是商谈伦理的核心原则是自主与公正,是对话和协商,是交往行动的合理性。与此不同,责任伦理的核心原则是"同情""参与"与"温暖"①,它更为关注的是德性主体的自我担当意识,即自为自主的道德自我挺立。

与义务伦理紧密相连的责任伦理,也不同于功利主义伦理。功利主义伦理观是以工具理性为主导的,虽然这种伦理观也与责任相连,但是功利主义者虽然承认个人也需要履行一定的道德责任,但认为,这种履行不是源于个人的德性而是源于某种外在的、社会的或个人的功利目的。不过,责任伦理是否一定意味着一种纯粹的奉献而毫无索取,即与功利毫无关系呢?抑或责任伦理具有功利的道德和非功利的道德之分?应当承认,功利性的道德强调的是我们应当成为负有道德义务和道德责任的人,其目的是享有相应的权利和利益。非功利性的道德,强调的是我们应当成为负有道德义务和道德责任的人,这是我们作为目的本身,而不是作为一种手段来获得相应的权利和利益。也就是说,一个人在现实社会中可以拥有某些权利和利益,但他同时可能是一个非功利主义者。功利性的道德之人与非功利性的道德之人,在现实社会中都存在。责任伦理主要是与非功利的道德相关,而与功利主义的道德相区别。这样来说,一个富有责任与义务的人,尽管不会将功利和利益放在优先考量的位置,但也可以有自己的非功利意义上的利益诉求。与功利主义不同,责任伦理在承认利益诉求和满足具有正当性的同时,更加注重在获取利益的过程中保持道义的考量,即所谓"不义而富且贵,于我如浮云","君子爱财,取之有道"。当利益的谋求不符合道义的时候,则决不会去加以实施。

总之,与义务伦理紧密相连的责任伦理,是与商谈伦理、功利主义伦

---

① 甘绍平:《交谈伦理能够涵盖责任伦理吗?》,《哲学动态》2001年第8期,第15页。

理相区别的一种伦理。有了责任伦理与信念伦理的基本理解之后,我们便可以将其与儒家伦理的实质问题联系起来。接下来,将要考察的便是这样一个非常棘手的问题:儒家伦理究竟是一种信念伦理还是一种责任伦理?

## 第二节 儒家伦理的信念与责任之争

长期以来,学术界在儒家伦理的实质到底是什么这一问题上,往往存在明显相异的主张。由于学者们对这个问题的回答主要是从信念伦理与责任伦理两个角度来予以回答的,所以这个问题也就变成了儒家伦理到底是一种信念伦理还是一种责任伦理的问题。归纳起来,学者们的相关立场主要有三种:儒家伦理是一种责任伦理而不是什么信念伦理,儒家伦理是一种信念伦理而不是什么责任伦理,儒家理论既是一种信念伦理也是一种责任伦理。

关于何谓儒家伦理实质的第一种立场,是认为儒家伦理是一种信念伦理而非一种责任伦理。

通过将马克斯·韦伯的伦理学与儒家伦理进行比较性的研究,一些学者发现,马克斯·韦伯的伦理学主要强调的是政治主体必须对自己所言所行的后果承担某种责任,因此这种伦理学主要是一种责任伦理。与此不同,他们认为中国儒家伦理重视的是动机或"志",而不是效果或"功",一种好的动机而不是行为的效果,才成为行为是否具有道德价值的判定标准。因此,儒家伦理是一种信念伦理。在《如何做个政治家?——为祝贺新生代台北市议员当选而作》[①],以及《两种关于如何构成政治秩序的观念——兼论容忍与自由》[②]一文的第八部分"两种关于如何形成政治秩序的观念",第九部分"今后中国自由主义进展的具体步骤",台湾"中央研究院"的林毓生明确认为,以儒家传统为核心的中国传统文化欠缺责任伦理。自由与民主所必需的法治基础并不易为中

---

① 注:林毓生的这篇文章1982年3月发表在《时报杂志》第118期,见林毓生:《中国传统的创造性转化》,北京:生活·读书·新知三联书店1988年版,第373—382页。

② 注:此篇文章1985年7月发表在纽约《知识分子》第1卷第4期,见林毓生:《中国传统的创造性转化》,第98—144页。

国人所坚持,他们不是依靠责任伦理的精神,而是擅长以道德与思想的信念来建立政治秩序。

关于何谓儒家伦理实质的第二种立场,是认为儒家伦理是一种责任伦理而不是一种信念伦理。

与将儒家伦理看作是一种信念伦理的立场针锋相对,有的学者认为儒家伦理强调的是与天地参,人道与天道、地道是紧密相连的,人在宇宙中的功能,往往是通过人所肩负的责任来加以实现的,因此,儒家伦理是一种非常典型的责任伦理。有的学者还从"责任"一词在汉语系统中的三个基本义项对此进行了论证。责任一词"一是指分内应做之事;二是指因未能做好分内之事而产生的过错或过失;三是指未能做好分内之事产生的不利后果"①。按照对于"责任"的这种理解,马克斯·韦伯所讲的责任伦理,可以从第三个义项进行理解。儒家的伦理强调的则是第一个义项,因此是一种典型的责任伦理,它强调的是对自己的行为及其后果的评价与担当意识。一些学者认为,如果不是从与信念伦理相对立的角度,不是单单从政治伦理责任的角度来看,而是从君子人格塑造的角度,从一种广义的责任伦理来看,也可以将儒家思想看作一种提倡责任伦理的思想系统。实际上,早在梁漱溟大概于 1951 年 10 月 21 日写的一封信中,便讲道:"我的生命就寄于责任一念。处处皆有责任,而我总是把最大的问题摆在心上。所谓最大的问题即所谓中国问题。而我亦没有把中国问题只作中国问题看。不过作为一个中国人要来对世界人类尽其责任,就不能不从解决中国问题入手。"②近些年来,有的学者便将儒学看作一种责任伦理。例如,蒋庆在《政治儒学:当代儒学的转向、特质与发展》③一书中,明确承认中国传统政治儒学中存在责任伦理。吴先伍也认为,"儒家的伦理学不是强调在职责范围内被动地承担义务,而是强调要积极地突破分内分外的界限为他人、为社会勇敢地担当责

---

① 朱俊林:《儒家责任伦理及其现代反思》,《道德与文明》2014 年第 6 期,第 21 页。

② 梁漱溟:《寄青甥》,《梁漱溟全集》第 8 卷,济南:山东人民出版社 2005 年版,第 343 页。

③ 详见蒋庆:《政治儒学:当代儒学的转向、特质与发展》(修订本)第 2 章第 2 节"政治儒学中的责任伦理资源",福州:福建教育出版社 2014 年版。

任,因而,儒家伦理并非义务伦理,而是超越义务的责任伦理"①。顾红亮同样认为,儒家包含一种与西方不同的特殊的责任伦理,即一种"以塑造仁智统一的道德责任人格为目的的伦理话语体系"②。此外,湖南师范大学马克思主义学院的朱俊林也主张,儒家责任伦理的本体论建构模式蕴含着合理的思维方式,"儒家责任伦理强调个体自身修养的自律意识,对责任积极承担的担当精神"③。

关于何谓儒家伦理实质的第三种立场,是认为儒家伦理既是一种信念伦理也是一种责任伦理。

由于责任与义务紧密相连,因此提倡儒学为一种责任伦理的学者,也认为儒学是一种义务伦理(权利与义务),即将儒家伦理看作一种强调义务平等的伦理,从而区别于西方强调权利平等的伦理。例如,山东社会科学院文化研究所所长涂可国认为,"儒学所阐发的责任伦理既包含意图伦理或义务伦理又包含结果伦理,但它又区别于严格意义上的道德功利主义"④。再如,台湾"中央研究院"中国文哲研究所研究员李明辉,依据康德道德哲学与马克斯·韦伯道德哲学思想,也持有第三种立场,并且重点探讨了信念伦理与责任伦理之间的关系问题。"以孔、孟为代表的儒家主流思想基本上包含两个伦理学面向,这两个面向分别对应于康德的'存心伦理学'与韦伯的'责任伦理学'。……这两种伦理学不但在逻辑上彼此兼容,前者甚至在概念上涵蕴后者。"⑤此外,相关的研究成果还有陈嘉明的《中国现代化视角下的儒家义务论伦理》(《中国社会科学》2016 年第 9 期)、戴木茅的《孝:从家庭伦理到政治义务——基于〈孝经〉的分析》(《求是学刊》2012 年第 6 期),张芃、张熙惟的《中国

---

① 吴先伍:《超越义务:儒家责任伦理辨析》,《道德与文明》2018 年第 3 期,第 52 页。
② 顾红亮:《儒家责任伦理的现代诠释与启发》,《河北学刊》2015 年第 3 期,第 26 页。
③ 朱俊林:《儒家责任伦理及其现代反思》,《道德与文明》2014 年第 6 期,第 27 页。
④ 涂可国:《儒家之"义"的责任伦理意蕴》,《孔子研究》2017 年第 5 期,第 6 页。
⑤ 李明辉:《存心伦理学、责任伦理学与儒家思想》,《浙江学刊》2002 年第 5 期,第 17 页。

传统伦理义务法律化探析》(《孔子研究》2015年第1期)等。义务相应于权利而来,强调的是承担,具有被动性和强迫性。享受权利而不履行相应的义务,不仅仅要受到道德的谴责,更多的是要受到法律上的惩罚。

在有关儒家伦理实质的信念与责任之争问题上,我们赞同的是上述第三种立场。以辩证法的视角审视儒家伦理,那么,儒家的责任伦理不能被简单地归结为政治领域中的责任伦理,即马克斯·韦伯意义上的责任伦理。我们认为,一种民主政治必然含蕴的一个理念便是责任政治与责任政府,以这种意义来理解的责任伦理与儒家的责任伦理是有区别的。同时,在儒家道德哲学中,政治儒学与生命儒学是有机统一的,责任伦理与信念伦理、工具合理性与价值合理性也是有机统一的。接下来的一节内容将侧重从责任伦理的角度来阐发儒家的伦理哲学。

## 第三节 责任与儒家伦理

如果从责任伦理学的角度来看,儒家哲学不宣扬离世遁俗,超然遁世显然不是儒者对于人生的某种现实选择,儒者具有释、道所不可比拟的面对现实社会发展事业的个人与社会责任的担当意识和精神勇气。儒家主张理论与实践、思想与行动、认知与行为相统一,这无疑便强调了在实践、行动与行为当中责任的意义和重大。强烈的个人责任与社会责任担当意识,使得个人与家庭、社会、国家乃至人类整体的利益和命运紧密联系在了一起。尽管在这种人生选择之路上充满了无比的艰辛和困苦,布满了种种荆棘与障碍,但儒者依然怀有"知其不可而为之"(《论语·宪问》)的勇气与担当。

在儒家伦理思想中,义务与责任是相互统一的。儒家对于政治中的责任伦理更多的是结合信念伦理来谈的。在志与功方面,他们更重视的是志的方面。儒家思想中的这种信念伦理,存在于众多的儒家思想文本之中。"君子喻于义,小人喻于利。"(《论语·里仁》)"王!何必曰利?亦有仁义而已矣……苟为后义而先利,不夺不餍。未有仁而遗其亲者也,未有义而后其君者也。王亦曰仁义而已矣,何必曰利?"(《孟子·梁惠王上》)"正其谊不谋其利,明其道不计其功"(《汉书·卷五十六》,董仲舒传第二十六)①一个符合道义的仁人,体现在能够做到端正他的义而不去谋取私利,能够做到阐明他的道而不去计较自己的功劳。正如董仲舒所言:"明明求仁义,常恐不能化民者,卿大夫意也;明明求财利,常恐困乏者,庶人之事也。"(《汉书·卷六十六》,杨恽传)②"'君子喻于义,小人喻于利。'惟其深喻,是以笃好。"(《河南程氏经说·卷六》)③"小人"与"大人"、"小体"与"大体"之别,对于一个人的成长而言十分重要,而二者区别的根本,在儒家学者看来,便主要体现在义利之别上。

"人之所喻由其所习,所习由其所志。志乎义,则所习者必在于义,所习在义,斯喻于义矣。志乎利,则所习者必在于利,所习在利,斯喻于利矣。故学者之志不可不辨也。"(《陆九渊集·白鹿洞书院论语讲义》)④儒家信念伦理是一种以至善为追寻目标的伦理。在儒家思想家们看来,人的首要性存在不是个体性的而是群体性的,因为人总是处于某种关系中的现实存在。正如张东荪先生所言:"在中国思想上,所有传统的态度总是不承认个体的独立性。如问个人存在的由来,必追溯到其父母。儒家在这一点不但不反对,并且还想作改正后的维持。照这种思想来说,总是把个人认作'依存者'(dependent being)。不是指其生存必须倚靠于他人而言,乃是说其生活在世必须尽一种责任,即无异为了这个责任而生。"⑤处于现实关系中的存在,当然需要道德主体遵循每一种关系所赋予的基本规范,这些规范之中当然离不开最为基本的责任规范。

儒者将自我生命的幸福与其社会使命的担当有机结合起来。个人幸福与社会幸福、个人发展与社会发展,在儒者这里是合而为一的。于是,儒家的责任伦理不同于马克斯·韦伯所讲的责任伦理。"儒家话语中的'责'包含有现代意义上的'责任'的基本要义,它既指职责、尽责、位责、任务、使命等分内应做的事,也指因自己的失误而应对不利后果承担的处罚。相对而言,儒家所言的责任伦理更为强调第一义项,而马克

---

① 《汉书》第8册,北京:中华书局2015年版,第2524页。
② 《汉书》第9册,北京:中华书局2015年版,第2896页。
③ (宋)程颢、程颐:《二程集》下册,王孝鱼点校,第1138页。
④ (宋)陆九渊:《陆九渊集》,钟哲点校,第275页。
⑤ 张东荪:《理性与民主》,长沙:岳麓书社2010年版,第81—82页。

斯·韦伯所讲的责任伦理,侧重于第二义项。"①儒家伦理所强调的责任担当意识,要求任何一个社会成员都应当重视其社会团体中的团结互助精神,而不是突显个人的英雄主义式的傲世独群和孤芳自赏,更不是将凡事看作与己无关而退避三舍的利己主义者和冷漠主义者。正是有了这种人生价值的伦理抉择,"利"对于"义"而言,在儒者那里,便始终居于次要的地位,荣华富贵的背后时时伴随着的是道义的权衡和价值的思量,而人生之乐便不是停留于物质生活上的殷实和享乐,而是体现于君子圣贤人格的不断成长与锤炼之中,因为正是在这种成长和锤炼中,充满了精神上无比的快乐和幸福。一个真正具有君子人格或圣贤品行的具体生命,无疑是兼具道德责任与社会责任双重使命的充满合法性的社会主体。

儒家哲学的责任担当意识,强调的是一种由近及远、由内到外的自律意识与担当精神。儒家的理想人格不仅体现为成己,更体现为成人与成物。"修己以安人。""修己以安百姓。"(《论语·宪问》)"诚者非自成己而已也,所以成物也。"(《礼记·中庸》)②儒学强调一个人不仅要注重个人的自我修持与克己内省,更应当肩负对他人与社会的责任担当与无私奉献。就"责任"一词的含义来讲,十分复杂,我们在此可以通过"任"一词的含义来透视"责任"的内涵。"'任'最为常见的义项就是任用、委派、担任、负担、担当、使用、负责、主持,等等。此外,它还有相信、信赖、信任以及听凭、听随、听信、由着、纵使等各种意蕴。而在中国古代汉语中,作为名词性的'任'主要是指担子、行李、任务、责任、职位、能力、劳役等。"③责任则具有主体分内的承担和任贤使能的任之责的含义。对自己而言,则体现为普遍的对待家国社会的责任与为己成人恪尽职守的自我责任。

在讨论完儒家伦理的信念与责任之争后,接下来的一节内容将探讨儒家责任伦理的义利观基础,借此在当代视野中审视儒家责任理论的具体体现及其得失所在。

---

① 涂可国:《儒家责任伦理考辨》,《哲学研究》2017年第12期,第99页。
② 王文锦译解:《礼记译解》下册,北京:中华书局2001年版,第791页。
③ 涂可国:《儒家责任伦理考辨》,《哲学研究》2017年第12期,第100页。

## 第四节　义利观与儒家责任伦理

回答完儒家伦理到底是不是一种责任伦理的问题之后,我们马上会面临另一个问题:一向以责任伦理为言说基本内容之一的儒家伦理,虽然产生于传统社会之中,可是,在迫切需要一种责任伦理的当代社会,儒家这种基于信念而存在的责任伦理是否可以继续彰显自身的理论优势呢? 也就是说,儒家责任伦理与现代责任伦理到底兼不兼容?

对此,有的学者明确持有一种否定的态度,即儒家责任伦理与现代责任伦理不兼容,也就是说儒家责任伦理是一种只适合于过去社会的传统责任伦理。"责任伦理作为一种新的道德思维,'新'就新在它是一种他者思维,因而不同于传统伦理的以'己'为本位的道德思维;它是一种复杂思维,因而不同于传统伦理的简单道德思维;它是一种境遇思维,因而不同于传统伦理的律法主义思维。正是因为责任伦理学突破了传统道德思维的局限,才为解决当代人类社会所面临的道德难题提供了根本前提。"[①]这种将现代责任伦理完全与儒家传统伦理截然分开的主张,很显然是站在西方中心主义立场来立论的。如果我们承认传统与现代是一个有机的整体,那么,我们便依然可以坚守儒家伦理是一种责任伦理的立场,据此便可以探讨这种责任伦理的理论基础问题,以及它的现代性转换及其当代意义的问题。接下来先探讨第一个问题。

关于儒家道德哲学的探究,20世纪80年代到90年代末期,学者们主要着眼于义利之辨来阐发儒家的义利观及其现代转换。步入21世纪之后,以郭齐勇、黄玉顺、颜炳罡、张曙光等人为代表,则致力于吸收约翰·罗尔斯的正义论思想,来观照中国传统与正义有关的思想文化资源,特别是注意挖掘儒家的义学要义,试图建构儒家正义论乃至中国正义论系统。在此,我们将从义利观的角度进一步诠释儒家责任伦理。

如果我们以狭隘的功利主义视角来评判儒者的人生价值追求,他们确实是一些十足的迂阔之人。与日常生活中时时处处都以功利来计算个人得失、来结交他人的现实功利主义者不同,儒者寻求的则是超越功

---

① 曹刚:《责任伦理:一种新的道德思维》,《中国人民大学学报》2013年第2期,第70页。

利的仁义生活之道,立身立世都以德性为第一要义。从功利主义者的视角来看,这些人很傻很愚,有些不食人间烟火的味道。但是,正是儒者所具有的不顾个人利益得失的救世与入世情怀,才真正凸显了人之存在的真实意义与价值,也真实地表征了儒家思想中存在着在具体历史存在背后所具有的超越历史而存在的永恒价值。这些意义与价值在已经流逝的无数个时代里,都感召和吸引着无数个生命个体成为志士仁人,成为时代楷模,而且正是他们构成了中华民族精神源远流长、生生不息的主流,构成了中华民族亘古弥新的不竭动力。

在儒者看来,凡事是利字当头还是义字为先,事关重大。"正其义不谋其利,明其道不计其功"这一主张,虽有些义利取舍间的极端,但也彰显了儒家德性优先的一贯宗旨。"义"的实质不是不要任何利益,绝对不是不要私利而只要公利。君子爱财,取之有道。"不义而富且贵,于我如浮云。"(《论语·述而》)一个现实生活中的完人,看到利益时会首先思考其是否合乎道义,当遇到危难的时候则愿意献出自己宝贵的生命,当处于长久困顿的时候能够做到始终不忘平生所立的志言。"今之成人者何必然?见利思义,见危授命,久要不忘平生之言,亦可以为成人矣。"(《论语·宪问》)这样的完人是在合乎道义的时候才去索取,别人反而不讨厌他的索取。"义然后取,人不厌其取。"(《论语·宪问》)

因此,真正的儒者在利益面前从不会患得患失、斤斤计较,君子之间的交往也便抛开了功利的思量而变得淡如水。"君子之交淡如水,小人之交甜如蜜。"君子和小人,体现了梁漱溟先生所区别的"孔家的人生"与"算账的人生"这两种不同的人生。"算账的人生"注重的是个体性原则、功利主义、个人主义,"孔家的人生"则重视的是群体性原则、道德主义和群体主义,忧国忧民是这种人生必然追求的目标和价值。儒家的义利之辨和儒家正义论论说,都彰显了儒家责任伦理对儒学当代价值的重要性。"义"这一儒家哲学的重要范畴,既具有由"义理"与"义行"所体现的"适宜"含义,也具有由正身、正心、正己、正人、正立、公正、正直等来表达的"正义"含义;既具有由公私之辨而展现出来的"公义"内涵,也具有贵义尚道的"道义"含义,更具有由义者循礼、义以生利来表达的"责任"含义。"义"的丰富性内涵,不仅表明儒家哲学是一种德性伦理学,更是一种基于信念而存在的责任伦理学。

有了义利取舍上的抉择,儒家的君子理想人格要求一个人不仅要

"修己以敬""修己以安人",更要"修己以安百姓"(《论语·宪问》)。真正的儒者不是"自了汉",而是有强烈社会使命感的人。"己欲立而立人,己欲达而达人。"(《论语·雍也》)"夫天未欲平治天下也;如欲平治天下,当今之世,舍我其谁也?"(《孟子·公孙丑下》)一个真正的仁人志士,始终不能忘却的情怀是天下的太平和百姓的幸福,而绝对不是个人的一己之私。儒家思想中蕴含着很强烈的社会责任感和使命感意识,天下家国情怀十分突出。为了死守善道与经世济民,一个仁人甚至可以牺牲自己的宝贵生命。有了义利取舍上的抉择,儒家的君子理想人格,便要求一个人一定要肩负家国天下的政治责任与使命,要坚守"天下兴亡,匹夫有责"的以天下为己任、心忧天下的爱国主义情怀。儒家所提供的社会治理方式,也是一种倡导责任政治的治理方式。正如有的学者所言:"儒家的'责'包含现代意义上的'责任'的基本要义,它既指职责、尽责、位责、任务、使命等分内应做的事,也指因自己的失误而对不利后果应承担的处罚。从人我、己他的人伦关系视角阐释个体责任,这与当代责任伦理学把责任看成由社会关系所决定的理论,有相同的旨趣,体现了责任的利他性价值导向。"①

从责任伦理来思考儒家伦理,的确是我们把握儒家道德哲学本质意蕴的一个重要角度,这也是我们在今天谈论儒学当代意义和价值时所应出发的一个思想起点。那么,儒家伦理作为一种责任伦理其意义到底体现在哪里呢?这种责任伦理又有没有自身的限制呢?对于这两个问题的回答,将构成下一节讨论的主要内容。

## 第五节 儒家责任伦理的意义及限制

"责任"(Responsibility)一词,的确是一个充满歧义的词,因为在不同的领域有不同的责任及责任问题。政治哲学中有与平等相联系的政治责任,经济学中有与分配正义相联系的经济责任,法学中有与惩罚等相联系的法律责任,社会学中有与社会担当相联系的社会责任,伦理学中有与自由意志相连的道德责任。当我们添加形容词"道德的"(moral)之后,"责任"一词含义的多样性无疑会减少。例如,道德责任不能与因

---

① 涂可国:《儒家责任伦理考辨》,《哲学研究》2017年第12期,第97页。

果责任相混淆。但是,与道德责任相关的问题,其复杂性的程度也是相当可观的。

有的学者甚至直接反对道德责任的存在。例如,布鲁斯·N.沃勒(Bruce N. Waller)便认为,尽管当代思想家对道德责任进行了创造性的辩护,但道德责任在我们的自然主义科学体系中是不可能存在的。通过探讨道德责任中基本信念的起源,通过提出一种对于自由意志的自然主义理解,他提供了一种反驳道德责任的详细论证,并且批判了支持道德责任的众多论证。同时,他也一般性地描述了一个没有道德责任的世界将会是什么样子,并审视了放弃道德责任的社会与心理方面的问题。他认为,对人类行为和塑造人类性格的原因的科学理解,并没有给道德责任留下余地。所有形式的道德责任,包括刑事正义、分配正义和所有声称是正义的放弃,从根本上讲都是不公平的和有害的。因此,废除道德责任将避免受限制并产生益处。我们真正想要的是人的自然的自由意志、道德判断、有意义的人际关系、创造性的能力,这些都将在没有道德责任的情况下生存和发展。①

抛开上述这种极端的反对道德责任存在的立场不谈,就绝大多数学者所承认的道德责任而言,它会因责任主体的不同而不同。面对个人,我们有个人责任,如面对自我行为选择时的个体道德责任(Individual Moral Responsibility);面对集体,我们有集体责任,如面对气候变化时的集体道德责任(Collective Moral Responsibility)。此外,对于道德责任的分析,不仅涉及元道德哲学的思考,如决定论与意志自由之关系的问题,即二者是相容的还是不相容的问题;而且还涉及如何从心理学和神经科学等经验科学角度来把握行为人的经验研究问题。我们在此可以将学者们对道德责任的近些年研究,概括为如下几个方面。

## 1. 道德责任所关涉的问题

当我们的行为以某些特定的方式(例如,当我们的行为表达了我们真实的自我,或者当我们对自我行使某些种类的控制时)而与我们有联系时,我们在道德上便要对这些行为负责。正是因为我们对自己的行为

---

① Bruce N. Waller, *Against Moral Responsibility*, Cambridge: The MIT Press, 2011.

承担着这些关系,我们才愿意接受表扬和责备。与道德责任相关的问题非常多,我们在此可以列举出一些。我们该如何以及在多大程度上对我们的性格、我们的生活、我们的不幸、我们的关系以及我们的孩子负责? 这个问题是"道德责任"的核心,它涉及如何对待特定行为的道德责任,如何处理对性格的道德责任的指责和否认,以及运气和命运在伦理中的作用是什么等问题。作为一种报应主义惩罚理论的基础,道德责任是与宽恕、父母责任、集体责任等相关的。大多数人都会同意,一个小孩或者一个认知障碍的成年人,对自己的不管是好是坏的行为,都要比一个未受伤害的成年人负更少的责任。但是,我们该如何解释这种差异,以及人们因其所作所为能被赞扬或指责到什么程度呢? 什么是自由意志,道德责任需要自由意志吗? 我们对自己的行为所造成的不可预见的后果负责吗? 责怪人们做了他们认为正确的事,这公平吗? 精神病患者会受到道德责备吗?①

### 2. 道德责任的本质

在上述有关道德责任问题的追问中,必然涉及道德责任的本质究竟是什么的问题。一个人对某件事负有道德责任,这究竟指的是什么? 事实上,学者们对于道德责任本质的探究,其分歧还是非常大的。于是,有些学者主张我们应该区分出不同种类的道德责任,如果一个人要承担其中的一种或另一种责任,就必须满足不同的条件。关于道德责任本质的争论,在某种程度上已经转变成一个人值得受指责或受赞扬时所做出的各种适当反应的争论。许多学者认为,与责任归属相关的这些反应,包括诸如怨恨和感激这样的反应,但是,他们对这些态度的本性往往持有不同意见,他们的分歧也同样体现在道德责任、道德失责与惩罚之间的联系上。许多学者认为,不管适当的反应是什么,这些反应都是对一个行为人意志品质的反应,但他们对于反应的结果并没有达成共识。是行为人关于自身行为的道德身份的信念重要,还是其所关注的重要,抑或

---

① 与这些道德责任问题相关的研究著作有:Christopher Cowley, *Moral Responsibility*, Routledge, 2014. Matthew Talbert, *Moral Responsibility: An Introduction*, Polity, 2016。

其所判断的重要?①

### 3. 道德责任中的形而上学维度

由于道德哲学或价值论是哲学研究的基本领域,所以,有关道德责任的形而上学思考,一直是学者们主要处理的一个非常棘手而复杂的问题。多年来,关于道德责任的形而上学追问,则主要是围绕自由意志与决定论之间的争论而展开的。② 道德责任的合法性,要求有一种与决定论不同的自由意志的存在。自由意志的思想经宗教从中世纪一直传到现代。但是,道德责任与决定论之间是相容的还是不相容的(Compatibility or incompatibility)呢? 决定论论断(the Arguments for Determinism)与自由意志论断(the Arguments for Free Will)有哪些,它们具有合理性吗?

大致来讲,决定论主张过去的事实和自然规律包含了所有真理。一个与责任相关的长期存在的两难问题,可以浓缩为如下一个三段论推导:如果决定论要么是真的,要么不是真的,我们就缺乏"责任基础"的限制。决定论要么是真的,要么不是真的。所以,我们缺乏"责任基础"的限制。如果被剥夺了这种限制,便没有人对任何事情负有道德责任。可见,道德责任面临的强有力的威胁便是决定论(determinism)的挑战。但是,避免决定论的威胁而捍卫道德责任的事业,可能是一项无止境的并且在很大程度上是消极的事业。只要反对声音存在,对于道德责任的捍卫事业便会持续下去。为此,一些学者坚持一种相容主义责任理论(compatibilist responsibility theory),并探讨了这种理论在实际环境范围

---

① 近几年关于道德本质研究的代表性著作是:Randolph Clarke, Michael McKenna, Angela M. Smith(Editor), *The Nature of Moral Responsibility: New Essays*, Oxford University Press, 2015。

② 近十年来,有关这方面的一些研究著作有:Nicole A. Vincent, Ibo van de Poel, Jeroen van den Hoven(Editor), *Moral Responsibility: Beyond Free Will and Determinism*, Springer, 2011. Herman Harrell Horne, *Free will and human responsibility: a philosophical argument*, Hard Press Publishing, 2012. Ishtiyaque Haji, Justin Caouette(Editor), *Free Will and Moral Responsibility*, Cambridge Scholars Publishing, 2013. Katrina Hutchison, Catriona Mackenzie, Marina Oshana(Editor), *Social Dimensions of Moral Responsibility*, Oxford University Press, 2018。

内的扩展或应用。例如,免受决定论威胁的、狭隘的哲学上的责任概念,是如何与在日常话语中存在的多元责任概念相关的?这种对责任更精细的理解是如何为相容主义理论开辟新的前景和挑战的?在为自身健康负责的情形下对获得公共福利进行政治争辩,通过在法律上争辩自己醉酒对责任的影响,相容主义可以带来什么样的光明,什么样的光明可以照耀在它上面?最初是为了分析个人行为而设计的相容性理论,它是否可以扩展为涉及集体行为和集体责任的情形,例如因人类引起的气候变化所造成的危害?

例如,K. E. 博克斯(K. E. Boxer)在《重思责任》一书中,便详细探讨了责任与因果决定论(Responsibility and Causal determinism)的关系问题,尤其是探讨了道德责任是否与因果决定论相容的问题。他转变了前期的道德责任与因果决定论不相容的立场,转而赞同一种二者相容的立场。在这一问题探讨的背后,往往涉及如下一系列的问题:道德责任与因果决定论是否相容?在任何一种可能的理解上,道德责任是否要求行为人以一种与因果决定论不相容的方式对其行为承担最终责任?道德责任与因果决定论相容还是不相容的争论,实际上涉及很多相关的问题,例如,是什么使一种缺陷成为道德缺陷,使某一特定批评成为道德批评的?道德义务是受行为支配还是受意志支配?道德反应态度与报应情绪之间的联系是什么?责任能力与参与日常人际关系的相关性是什么?是否有可能以那些可交流的术语来理解道德失责的惩罚问题?①

### 4. 道德责任中的社会维度

我们对自己的行为需要负责到什么程度?哲学研究者开始将注意力从对于自由意志和决定论的传统形而上学关注中转向了社会因素方面。近来的理论界已经注意到作为道德责任实践核心的人际之间的相互作用,以及道德环境在行政机构工作平台中的作用。然而,社会不平等和社会权力对我们道德责任实践的影响,仍然是一个令人惊讶的被忽视的话题。如果假设我们的实践行为关涉到权力等同与责任处境之间的相互作用,那么与当前道德责任方法相关的行政机构概念便被过分理想化了。近年来,一些学者对于这个假设进行了系统性的挑战,他们开

---

① K. E. Boxer, *Rethinking Responsibility*, Oxford University Press, 2013.

始探讨诸如权力关系与社会等级、家长式管理、种族、性别和阶层等社会因素对道德责任的影响。这些社会因素不仅与行为人的行为环境相关,也同样与人们赞同行为人为其行为负责相关。此外,社会因素也与将道德判断施加给行为人的政党相关。

将道德责任与分配正义(Responsibility and Distributive Justice)联系起来,是从社会因素角度来思考道德责任问题的一个集中表现。① 在新近的规范政治理论中,责任与分配正义的问题是学者们感兴趣的一个理论热点。人们因正义而应得的东西依赖于他们对其负有责任的东西吗?例如,医疗保健的提供应在多大程度上依赖于患者过去的选择?哪些价值会被实现,哪些价值会因正义敏感于责任而受到阻碍?人们应得的会给予他们吗?人们应得的是促进了平等还是阻碍了平等?

**5. 道德责任中的认知维度**

很长时间以来,哲学家们一直都同意道德责任可能不仅有一个自由的条件,而且还有一个认知上的条件。因此,近来有的学者开始探讨责任与认知(Responsibility and epistemic dimension)的关系问题。② 在哪些条件下,人们对自己的选择和选择的结果负责?自由社会如何培养这些条件呢?为了对自己的行为负责,行为人必须既自愿地履行这些行为,也要在某种意义上知道他们在做什么。在这些要求中,学者对自愿条件的讨论较多,而对认知的条件则极少关注。道德责任与知识是相互作用的,但这二者是如何相互作用的?无知可能构成一种推卸责任的借口,但无知何时构成了一种借口?令人可喜的是,有关道德责任认知条件的研究,近年来已经引起学者们的关注。他们关注的相关问题有:责任的认知条件需要考虑意志力薄弱因素吗?为什么不存在无可非议的无知借口?道德上的无知可以借助某人的文化借口而维持下去吗?责任的认知条件是否涉及对某人行为的错误或错误特征的知识?责任的认知条件是一个独立的条件,还是源于某人的意志品质或意图?责任的

---

① Carl Knight, Zofia Stemplowska(Edited), *Responsibility and Distributive Justice*, Oxford University Press, 2014.

② Philip Robichaud, Jan Willem Wieland(edited), *Responsibility: The Epistemic Condition*, Oxford University Press, 2017.

认知条件对不同程度的困难敏感吗？是否存在不同种类的道德责任并因此而有多种多样的责任认知条件？责任的认知条件是可以修正的吗？责任的认知条件的基本结构是什么？责任与能力的关系是什么？历史追溯在无行为能力免责价值打折中的作用是什么？报应惩罚的正当性是什么？

在关于自由与责任(freedom and responsibility)之关系的研究中,认知神经科学和心理学已经提供了大量的证据,证明我们的行为往往是由我们没有意识到的信息所决定的。一些心理学家也得出结论,我们实际上极少意识到我们所反映的事实。但是,绝大多数学者认为,我们需要意识到我们所反映的事实,以便对我们的所作所为负责。一些学者认为,这种天真的假设是错误的,我们不必意识到要负责任的这些事实;另一些学者则认为,这种假设是正确的,因此我们从不负责任。澳大利亚弗洛里神经科学与精神健康研究所尼尔·利维(Neil Levy)在《意识与道德责任》一书中,从神经伦理学的角度认为,上述两种观点都是错误的。① 意识在我们的行为中扮演着一种特别重要的角色。只有当我们意识到使我们的行为具有道德品质的事实时,我们才会借助我们行为的道德意义对这些需负责的行为拥有足够的控制权。此外,只有当我们意识到这些相同的事实时,我们的行为才能表达作为行为人的我们到底是谁。因此,存在一些好的理由来认为,"道德责任需要意识"这一素朴的假设实际上是正确的,而这意味着人们比我们想象的要负更少的责任,但意识条件并不意味着我们从来无须肩负道德责任。

从上述所谈的道德责任问题的广阔视域来看,我们应当承认,儒家责任伦理的确存在一些思想上的限制。传统儒家哲学强调的是责任担当,儒家责任伦理更为关注的是"应干事"的道德责任意识和"真干事"的道德责任行为,而不是"能干事"的责任能力,"可干事"的责任制度,以及"干成事"的责任成果。也就是说,儒家责任伦理对于责任与权利的关系、责任与追责的关系、道德责任与经济利益的关系、个体责任与社会责任的关系、道德责任与意志品质(Quality of Will)的关系,道德责任与道德上的可指责性(Moral Blameworthiness)的关系问题,却谈论不足

---

① Neil Levy, *Consciousness and Moral Responsibility*, New York: Oxford University Press, 2014.

或未曾涉猎。事实上,我们只有在认知或了解了究竟什么才是正确的,才能对其负责,这涉及深入思考道德责任的认知条件(Epistemic Condition of Moral Responsibility)问题。

正如上文所谈,责任伦理问题的思考往往涉及责任背后的精神基础问题。① 也就是说,我们将责任归于人,其背后的精神状态上的理由是什么?如何规定责任主体对自己的行为与不行为的可预见后果的认知能力,如何理解责任主体的情感在审慎的道德推理中的作用,如何理解能够证明责任主体在稍后的时间里对稍早的行为负责任是正当的个性概念,如何把握作为科学而存在的神经生物学在我们思考自由意志与责任时的意义,如何将哲学中的自由意志、责任思想与法律案例、变态心理学、神经病学、精神病学结合起来思考责任问题。责任伦理问题的思考也涉及责任背后的规范结构的问题。② 不仅在道德领域,在法律与语言领域也涉及责任的问题。例如,在语言的正式和非正式运用场合,便常常存在责任的问题。存在各种类型的责任概念、责任构想和责任条件,而它们又与各种不同的规则相互作用。因此,我们应当通过分析伦理、法律以及日常语言来探究完全具有规范性的责任,而不能将责任完全归结为一些描述性的因素。学者们常常通过伦理学、神经科学和形而上学来提供一些论证,以便支持对责任的描述性理解,然而这些论证常常是有问题的。

除此之外,儒家责任伦理背后的德性优先说,道德哲学背后的王道政治理想,却也突显出儒家责任伦理之思对于政治制度意义的有限性。因为,我们"不能指望道德性来产生好的国家宪政,反倒是要指望好的国家宪政来产生一个民族的良好道德教养"③。然而,当我们抛开儒家责任伦理的限制之时,便会发现,儒家的自我责任担当意识又的确彰显了人的社会性,它不仅可以成为当代社会公民道德建设的重要内容,更可以体现为人的现代化生存的一种标识。在全球化时代,人与人之间的关系更明显地存在于陌生人社会,而不是像传统社会那样主要存在于熟人社会。在陌生人社会中,人与人的交往很显然依据的不再是以血缘亲情

---

① Walter Glannon, *The Mental Basis of Responsibility*, London: Routledge, 2018.

② Federico L. G. Faroldi, *The Normative Structure of Responsibility*, Rickmanswort: College Publications, 2014.

③ 〔德〕康德:《论永久和平》,李秋零主编:《康德著作全集》第8卷,北京:中国人民大学出版社2013年版,第372页。

为核心的关系存在,而是依据普遍性的交往规则加以展开。普遍性的交往规则背后,更需要的是当代人成为一个具有伦理责任的主体。全球化时代人与人的交往与合作背后的伦理责任的凸显,正可以表明儒家传统责任伦理思想之意义和价值的当代生成。

那么,儒家责任伦理思想的当代意义和价值到底体现在哪些方面呢？我们又将如何去建构一种儒家责任伦理呢？

首先,基于信念的儒家责任伦理体现为一种自我责任担当意识。

儒家责任伦理首先体现为一种关爱自我的责任担当意识。成己、成人、成物的圣贤事业,其价值表征便是一种关爱自我的责任担当意识。一个现实生活中具有君子人格的人,便是能够拥有弘毅致远精神的人。"士不可以不弘毅,任重而道远。仁以为己任,不亦重乎？死而后已,不亦远乎？"(《论语·泰伯》)一个仁人志士不可以不具备刚强果断的精神,因为他以实行仁德作为自己生命中的重大责任,以一生一世来完成这一重大责任。这种自我责任的担当意识,要求一个人在现实的工作和生活中,应当始终把责任人格挺立作为追求生命存在意义的一个基本方面。一个真正具有自由的人,必然是一个拥有责任人格的人,必然是一个始终关爱自我道德生命成长的人。儒家的自我责任担当意识,突显了权利背后的义务的重要性,突显了儒家伦理在培育和践行爱国、敬业、诚信、友善等个人层面社会主义核心价值中的重要价值。这样看来,儒家责任理想人格在成就人之自由存在方面,在促进社会公民道德建设方面,都十分明显地显示了自身的独特优势。

儒家伦理所强调的个人责任担当意识,更突出地体现在儒家所寻求的内圣之学方面。《论语·微子》中谈到的长沮、桀溺这样一些隐者,是躲避乱世而洁身自保的"辟世之士",而孔子等人则是避开恶人的"辟人之士"。由于一个人是一种在世之在,他是社会的一个成员,于是要遵守社会成员之间最基本的几种关系伦理规范。在中国古代社会,父慈子孝、兄良弟悌、夫义妇听、长惠幼顺、君仁臣忠,彰显的正是道德主体的道德责任担当,在这些基本的人伦关系规范背后,体现的是一种不可否认的道德律令和精神感召。儒家思想强调一个人应当具有对他人的同情心与对集体存在感的分享,而君子人格既体现为努力成为志士仁人的人生理想,更体现为对社会道德责任的勇于担当。正如冯友兰先生在《新原人》中所区分的,人伦责任与职位责任是不同的,因此才有所谓尽伦尽职的说法。就道德自我的人伦责任而言,他应当在其所处的各种社会关系中秉持各种道德的规范并积极成为一个践行者。例如,要做到父慈子孝、兄友弟恭、夫义妻贤等。此外,就道德自我而言,他应当时时处处注重学以成人。正心、诚意、格物、致知、修身这一内圣工夫,是成就儒家道德理想人格的内在要求。

其次,儒家基于信念的责任伦理还体现为一种关爱他人的责任担当意识。

任何一个具有社会身份的人,都应当肩负起自身的社会角色相应的责任,以此体现关爱他人的精神。以一种责任担当意识来关爱他人,源于一个人能够设身处地地思考问题。"己欲立而立人,己欲达而达人。"(《论语·雍也》)"禹思天下有溺者,由己溺之也;稷思天下有饥者,由己饥之也。"(《孟子·离娄下》)一个人在不同年龄段负有不同的责任。学生时代要肩负汲取知识获得社会生存能力的责任,要踏实勤奋地学习,做一个有理想有抱负的学子。工作时代则要肩负起职业担当和事业有成的责任,要兢兢业业勤勤恳恳,做一个奋斗有为的职业工作者。一个人在同一时期也可以具有不同的责任。他(她)既是一个为人父、为人母的责任主体而肩负起教育子女的责任,也是一个为人子、为人女的责任主体而肩负起孝道的责任。

最后,儒家基于信念的责任伦理更体现为一种社会的责任担当意识。

儒家强调社会责任担当,更突显的是儒家的外王之学一面。儒家宣扬的君子理想人格,不仅要求其独善其身,更要求其兼善天下;不仅要躬行仁义,更要修己济世与仁民爱物。齐家、治国、平天下,是儒家思想的题中应有之义。"责己与责人是儒家用以处理己他关系或人我关系的重要伦理规范,也是儒家责任伦理思想的有机构成,同时还是当代中国推动人履行社会责任的不可多得的美德传统资源。儒家不仅论述了以己任为枢纽的己责和人责思想,还将思考的重心置于责己和责人以及责善、责过和责志问题上,阐释了作为道德活动的责任伦理主体指向——责己和责人,从而极大地丰富了儒家的责任伦理学和角色伦理学。"①

---

① 涂可国:《责己和责人:儒家责任伦理主体指向的二元结构》,《中国哲学史》2018年第4期,第27页。

儒家的社会责任担当意识,要求我们在个人利益与集体利益、集体利益与国家民族利益、小家与大家之间进行有机的协调与平衡,在功利性需求的背后时时处处不忘道义的考量,绝不能作为"群体失语"与"集体冷漠"的一员。现实生活中那些野蛮的"钉子户"、利欲熏心的"出租户"、唯利是务的"救援队"、肆无忌惮的"黑商户",都显然在道德责任担当与社会责任担当上出了问题,完全没有做到尽伦尽职。"一切视探索尝试为畏途、一切把负重前行当吃亏、一切'躲进小楼成一统'逃避责任的思想和行为,都是要不得的,都是成不了事的,也是难以真正获得人生快乐的。"①"在实现中华民族伟大复兴的新征程上,应对重大挑战、抵御重大风险、克服重大阻力、解决重大矛盾,迫切需要迎难而上、挺身而出的担当精神。"②儒家责任担当意识,也与如今领导干部问责制具有密切关联。领导干部始终应当肩负社会使命感和责任感,这是儒家责任伦理的题中应有之义。

为了实现儒家责任理论的上述意义和价值能够落地生根,我们可以从以下几个方面具体落实。其一,将责任担当纳入个人业绩考量体系之中,在人才选拔、干部提升、工作聘用等众多方面,利用大数据的手段进行担当考核评价。借此,让那些缺乏责任担当的人渐渐为社会所不容和淘汰。其二,利用新媒体尤其是自媒体的手段宣传儒家责任担当意识及其典型,营造广泛的舆论气氛,提升大众对其行为及其后果的责任担当意识。同时,将儒家责任担当意识纳入国民教育体系中,使之成为国民教育体系中的重要内容。其三,建立有效的伦理道德制度和规范体系,以便用其约束和引导社会主体承担并良好完成自身肩负的伦理责任。为保障这些道德制度和规范体系得到有效运行,责任担当的追责体系和惩罚制度是必需的。借此,可以严格的制度来约束缺少责任担当行为的发生,来惩罚责任担当缺失的主体。《关于实行党风廉政建设责任制的规定》(2010年)、《领导干部干预司法活动、插手具体案件处理的记录、通报和责任追究规定》(2015年)、《中国共产党问责条例》(2019年)、《党政主要负责人履行推进法治建设第一责任人职责规定》(2016年)、

---

① 习近平:《在纪念五四运动100周年大会上的讲话(2019年4月30日)》,《党建》2019年第5期,第6页。
② 同上。

《关于进一步激励广大干部新时代新担当新作为的意见》(2018年)等中国共产党党内重要法规的规定,无疑对儒家社会责任担当意识的落实提供了强有力的法律和制度保障。其四,通过学校思想政治理论教育和社会公民道德教育,培育和养成社会主体的伦理精神和道德气质,这也是一种彰显责任伦理的必要手段。

整体来看,前三个方面的对策主要是从外在的角度来加以思考的,第四个方面则主要是从内在的角度来加以思考的。在塑造责任伦理主体的过程中,外在的方面与内在的方面缺一不可。不过,内在的方面必定是主导的一面,他律背后的自律是根本的。只有内化于心才能做到外化于行,而外化于行最终要提升为内化于心的道德精神和气质。以此,一个敢于和勇于担当责任使命的责任主体才会挺立出来,一个充满责任担当意识和行为的和谐社会才会建构起来!

通过以上四章内容,我们将儒家思想与自然生态、君子人格、核心价值观、责任伦理联系起来进行了考察。对于儒学所牵涉到的当代性主题,我们整体上从伦理主体的人格养成、价值塑造、责任担当等多角度深入进行了分析,从而反对以生态视角来探讨儒学的当代意义和价值。接下来的论述将从另外一个角度,即人类命运共同体的角度来重思儒学的当代性问题。有关此问题的阐发,构成了本书最后一章的主要内容。

# 第十章
# "和而不同"与人类命运共同体意识

　　人类命运共同体意识的提出,不仅具有全球性问题的现实根基,也有源远流长的中华优秀传统文化智慧的支撑。人类命运共同体意识实质上是一种利益共同体意识,即因利益而形成的共同体意识。但是,利益共同体意识的形成则需要通过合作共赢来实现,因此,利益共同体意识最终体现的是一种合作的共同体意识或命运的共同体意识。在人类命运的共同体意识中,平等、合作、安全、共赢、共享、共存、共商、共建、求同、存异、交流等一系列范畴,成为人类命运共同体意识思想体系建构中的基本范畴。打造人类命运共同体意识,既需要各个国家和民族秉持合作共赢、互惠互鉴、相助互信、开放包容的发展理念,更需要各个国家和民族坚守"和而不同"的思维模式与交往原则。

　　21世纪之始,坚守平等、共同合作、维护安全与相互包容,已经成为人类社会发展的主旋律。2012年11月举行的党的十八大会议"倡导人类命运共同体意识"(Consciousness of the community of human destiny),并指出"合作共赢,就是要倡导人类命运共同体意识,在追求本国利益时兼顾他国合理关切,在谋求本国发展中促进各国共同发展,建立更加平等均衡的新型全球发展伙伴关系,同舟共济,权责共担,增进人类共同利益"①。当代中国社会的新发展观,不仅强调科学自主地发展、开放共享的发展、协调绿色的发展乃至创新驱动的发展,更强调一种共同合作、互利互惠的发展。在2017年10月举行的党的十九大会议上,我国进一步提出要"坚持推动构建人类命运共同体。中国人民的梦想同各国人民的梦想息息相通,实现中国梦离不开和平的国际环境和稳定的国际秩序。必须统筹国内国际两个大局,始终不渝走和平发展道路、奉行互利共赢的开放战略,坚持正确义利观,树立共同、综合、合作、可持续的新安全观,谋求开放创新、包容互惠的发展前景,促进和而不同、兼收并蓄的文明交流,构筑尊崇自然、绿色发展的生态体系,始终做世界和平的建设者、全球发展的贡献者、国际秩序的维护者"②。

众所周知,当今世界的主题依然是和平与发展,竞争和矛盾一直是世界发展中的常态。但是,各国之间的竞争应当是良性的而不是恶性的竞争,应当在相互竞争中寻求广泛的合作,达成普遍的共识,扩展共同的利益。"中国坚持以合作谋和平、以合作促发展、以合作化争端,同其他国家建立和发展不同形式的合作关系,致力于通过同各国不断扩大互利合作,有效应对日益增多的全球性挑战,协力解决关乎世界经济发展和人类生存进步的重大问题。"③

在经济全球化、政治多极化、文化多样化、社会信息化的时代里,世界各国之间的依存度越来越高,这就更需要世界各国之间在相互尊重各自发展道路模式与文化传统的前提下,来实现利益上的共同发展,借此,才能为世界的和平稳定与可持续性发展提供坚实的基础。"中国坚持奉

---

① 中共中央文献研究室:《十八大以来重要文献选编》上,北京:中央文献出版社2014年版,第37页。

② 习近平:《决胜全面建成小康社会 夺取新时代中国特色社会主义伟大胜利——在中国共产党第十九次全国代表大会上的报告》(2017年10月18日),北京:人民出版社2017年版,第25页。

③ 中华人民共和国国务院新闻办公室:《中国的和平发展》,北京:人民出版社2011年版,第5页。

行互利共赢的开放战略,坚持自身利益与人类共同利益的一致性,在追求自身发展的同时努力实现与他国发展的良性互动,促进世界各国共同发展。中国真诚期待同世界各国并肩携手,实现共同发展繁荣。"①人类命运共同体意识的提出,彰显了一个发展中的中国在世界现实与未来发展中的大国责任与人类关切。"和平、发展、公平、正义、民主、自由,是全人类的共同价值,也是联合国的崇高目标。打造人类命运共同体,是中国国际秩序观的创新与发展,是对联合国宪章宗旨原则的继承和弘扬,为国际关系发展提供了新理念、开辟了新远景。"②

## 第一节 人类命运共同体意识产生的基础及根源

人类命运共同体意识不仅具有全球文明整体发展背后的深厚客观历史基础,也具有世界政治经济形势深刻变化的国际社会背景依据;不仅具有全球性问题的现实根基,也具有源远流长的中华优秀传统文化智慧的支撑。

第一,人类命运共同体意识的产生源于全球文明的整体发展史。

作为一名研究全球史的历史学家,威廉·麦克尼尔(William H. McNeill,1917—2016)在其出版于1963年的《西方的兴起:人类共同体史》这部名著中,以全球史的视野为我们呈现了中国、印度、中东、欧洲等不同的世界主要文明,而在这些不同文明之间所实现的文明互动,则使得人类跨越了民族、国家和地区的樊篱。③ 麦克尼尔将人类历史划分为中东统治的时代、欧亚文明均势的时代和西方统治的时代这三个历时性的阶段,因而其思想具有简单的线性思维的限制。但是,他以运动变化的辩证思维来审视全球文明整体的发展史,主张不同文明之间的互动交往是实现文明演化与历史变革的基本动力,这的确具有深远的思想意义和价值,它彰显了共存于地球上的不同民族和国家,应当同呼吸、共命运的价值理念。

---

① 中华人民共和国国务院新闻办公室:《中国的和平发展》,第5页。
② 王恬、牟宗琮、张梦旭:《同心打造人类命运共同体——以习近平同志为总书记的党中央创新外交理念与实践述评》,《人民日报》2016年1月27日第1版。
③ 〔美〕威廉·麦克尼尔:《西方的兴起:人类共同体史》,孙岳等译,北京:中信出版社2015年版。

第二，人类命运共同体意识的产生是全球政治经济形势变化的产物。

21世纪之始，国家与地区间的相互依赖程度是旷古未有的，非国家行为主体在国际事务中的作用越来越明显。"每一历史时代主要的经济生产方式和交换方式以及必然由此产生的社会结构，是该时代政治的和精神的历史所赖以确立的基础，并且只有从这一基础出发，这一历史才能得到说明。"①世界范围内的生产方式和交换方式以及在此基础上所产生的整个社会结构，都发生了前所未有的巨大变化。面对这种剧烈的变化，人类必须以一种以往所没有的政治智慧和精神来予以回应。因世界多极化与经济全球化的深入发展，因文化多样化与社会信息化的持续推进，当今世界国际形势正持续发生深刻复杂的变化，全球国际格局和国际秩序正处于加速调整演变时期。

面对这种与以往不同的世界国际形势，世界上各个国家都在通过不断调整各自社会发展中的战略举措，推动自身的变革创新，转变自己的经济发展方式，以及调整自己的经济结构来进一步开拓自己新的社会发展空间。不仅世界国际形势在不断变化，世界国际经济形势也处于深刻的变化之中。"世界经济仍处于深度调整期，低增长、低通胀、低需求同高失业、高债务、高泡沫等风险交织，主要经济体走势和政策取向继续分化，经济环境的不确定性依然突出；地缘政治因素更加突出，局部动荡此起彼伏。"②寻求一种联动包容的世界经济已经成为一种全球性的普遍共识。面对全球化时代下世界政治与经济形势的众多变化，人类社会比以往任何一个时代都需要打造一种命运共同体意识，通过采取对话与合作的方式来实现自身利益的最大化。

第三，人类社会发展中面临的全球性问题是人类命运共同体意识产生的现实根基。

和以往任何一个时代相比，在21世纪之始，当今世界各国人民对于同呼吸、同发展、共命运具有了前所未有的紧迫感和共识感。"经济全球

---

① 马克思、恩格斯：《共产党宣言》，1888年英文版序言，北京：人民出版社2018年版，第12页。

② 习近平：《迈向命运共同体 开创亚洲新未来——在博鳌亚洲论坛2015年年会上的主旨演讲》，《人民日报》2015年3月29日第2版。

化成为影响国际关系的重要趋势。不同制度、不同类型、不同发展阶段的国家相互依存、利益交融,形成'你中有我、我中有你'的命运共同体。"①经济全球化虽然已经成为当代人类社会的一个最为显著的特征,但这种全球化的发展正面临众多全球性挑战的威胁。"全球性挑战成为世界主要威胁。人类共同安全问题日益突出,恐怖主义、大规模杀伤性武器扩散、金融危机、严重自然灾害、气候变化、能源资源安全、粮食安全、公共卫生安全等攸关人类生存和经济社会可持续发展的全球性问题日益增多。任何国家都不可能单独解决这些问题,国际社会必须携手应对。如果不能通过全面持续的国际合作抑制各种负面因素,世界和平与发展将面临重大障碍,甚至可能遭受更大灾难。"②

人类社会的发展正在遭遇前所未有的全球性问题的挑战。恐怖主义、粮食安全、资源短缺、气候变化、自然灾害、网络安全、人口爆炸、环境污染、重大疫情、毒品威胁、跨国犯罪等全球非传统安全和全球性问题层出不穷,这些问题正严峻地挑战现存的国际秩序和人类生存。

发达国家与发展中国家围绕市场重新配置而必然存在种种冲突,这构成了我们当今必须面对的第一个全球性发展困境。全球化的市场和消费,使得有效的人类生产资源日趋枯竭,这需要这些资源在世界范围内重新有效加以配置。而在帝国生活方式和全球资本逻辑的宰制之下,发达国家与发展中国家的巨大贫富差别,导致不同的国家、地区之间的经济冲突、政治冲突、文化价值冲突,乃至局部地区的军事冲突时有发生。不稳定的冲突,显然十分不利于人类世界的和平和发展。人类社会发展在新世纪所面临的众多全球性问题,是我们必须面对的第二个全球性发展困境。工业化革命所带来的现代消费主义、现代物质主义时代的来临,其导致的一个直接性后果便是生态危机、能源危机。全球变暖和生态环境恶化是任何一个人类社会发展成员都必须加以共同面对的普遍性危机,而在消费至上、享乐至上推动背后的腐败性问题也日益显露出来,于是,全球性的合作和全球性的治理日趋重要。同时,因利益和价值冲突所衍生的全球性恐怖主义,更是人类和平发展进程中极其令人头疼的一件难事。此外,那些全球性疾病、重大自然灾害也需要全球力量的支持与合作。全球化时代的文化和价值冲突也伴随着信息技术时代

---

①② 中华人民共和国国务院新闻办公室:《中国的和平发展》,第23页。

的来临而日益凸显出来,并成为人类面临的第三个全球性发展困境。在全球交往中如何在承认殊异的同时来寻求具有普遍性规制的普遍理性,这无疑是当今人类社会发展过程中必须加以面对的问题。

面对如此众多的全球性发展困境,任何国家都难以将自身置之度外。因此,一个国家和地区的发展便不能仅仅独善其身,更要具有兼济天下的普世情怀。世界上的各个国家和民族,只有秉持一种同舟共济、携手前行、权责共担、利益共享的发展和交往理念,即拥有一种普遍的全球意识,才能最终增进人类的共同利益。互相拆台、损人利己、他国威胁,于人于己都是坏理念、错价值,都必然无法面对21世纪人类所时刻面对的全球性发展困境。"人类只有一个地球,各国共处一个世界。历史昭示我们,弱肉强食不是人类共存之道,穷兵黩武无法带来美好世界。要和平不要战争,要发展不要贫穷,要合作不要对抗,推动建设持久和平、共同繁荣的和谐世界,是各国人民共同愿望。"①人类的可持续生存和发展,需要我们秉持一种只有一个地球的"极限意识"。当代人类社会发展进程中的全球性的、普遍性的问题,必然要求人类改变观念与转换思维方式,不仅要强调矛盾辩证法,也要注重和谐辩证法;不仅要有分析性思维,也要有整体性思维。传统社会所持有的不是你死就是我活的零和思维、丛林法则,将很难最终彻底和有效化解问题本身。

因此,新时期的人类发展,需要在利益追求上坚守普遍性、包容性、平等性、共享性,只有如此才会在全球化的时代将不同的国家和民族凝聚在一起去面对共同的人类发展中的问题。全球性的人类发展面临的普遍困境的化解,也将十分有利于一个国家发展中出现的内部矛盾的化解和内部困难的排除。每一个拥有独立主权的民族国家,在全球化的时代都应当成为全球治理(global governance)的参与者、合作者、倡导者和推动者,其自身也将最终因此而成为受益者。总之,面对机遇与挑战共存的人类世界发展,必然需要一种能够治理全球问题的人类命运共同体意识,以此来使各个共同体成员把握机遇与回应挑战。

第四,人类命运共同体意识的提出不仅具有人类文明发展史和当代全球问题的基础,更具有中华优秀传统思想文化的深厚历史渊源。

人类命运共同体意识,是当代中国基于当今世界新形势而结合自己

---

① 中共中央文献研究室:《十八大以来重要文献选编》上,第36页。

悠久的历史文化传统所给予的中国智慧和中国答案。"以和为贵"与"协和万邦"之道,集中体现了中华优秀传统文化在当代社会的意义与价值。"礼之用,和为贵。先王之道,斯为美。"(《论语·学而》)"穷则独善其身,达则兼善天下。"(《孟子·尽心上》)"计利当计天下利"的天下情怀,"己所不欲,勿施于人"的普世价值,"四海之内皆兄弟"的世界胸襟,都无一不彰显着中华优秀传统文化背后的人类命运共同体意识。全球化时代的国家和地区之间,由过去的天涯海角,一转而成为如今的近在咫尺。国家与国家之间,民族与民族之间,更需要的是一种和谐的思维与和谐的理念。"修之于身,其德乃真;修之于家,其德乃余;修之于乡,其德乃长;修之于邦,其德乃丰;修之于天下,其德乃普。故以身观身,以家观家,以乡观乡,以邦观邦,以天下观天下。吾何以知天下然哉?以此。"(《老子·五十四章》)"恰是受惠于传统和合文化的内生影响,才使得中华民族伟大复兴能够有超越单一国家层面的心向天下的胸怀,追求'协和万邦''天下大同'的整体和谐精神。凭此,中国才能提出命运共同体意识,这充分体现了中国立足世界、构建大同世界的美好愿景,和将中国人民的利益同世界各国人民的共同利益结合起来,扩大同各方利益的汇合点的全方位的战略构想。"①以儒家"和"文化为核心的中国传统文化历久弥新、弥足珍贵,无疑成为当今化解世界难题所提出的中国方案的深层历史文化根源。

## 第二节 人类命运共同体意识的意涵及内容

那么,究竟何谓人类命运共同体意识呢?

正如鲍曼(Zygmunt Bauman,1925—2017)所倡导的,"共同体"这个词所传递的总是一种很美妙的感觉,共同体提供的是一个温暖而舒适的场所,一个温馨的我们彼此能够信任、互相依赖的家园。但是,"共同体"却不是一个已经获得和享受的世界,而是一个我们热切希望栖息并希望重新拥有的世界。这是一个失去了的天堂,或者说是一个人们还希望能找到的天堂。人类命运共同体意识,是一种能够为 21 世纪的人类

---

① 蔡亮:《共生国际体系的优化:从和平共处到命运共同体》,《社会科学》2014 年第 9 期,第 30 页。

提供共同合作、共同发展与共同进步理念的意识。这种意识的生成并转变为现实的一种实践的力量当然需要漫长的过程,可它确实是我们人类在全球化时代的一种新希望。在鲍曼看来,尽管共同体体现了一种人类需求的安全感,但是,一个人要想真正成为共同体中的一个成员,就要付出某种失去自身自由的代价。在现实生活中,共同体所提供的确定性和因归属于某个共同体而失去的自由,对于一个人而言往往是两个同样珍贵和同样令人渴望的事物,二者之间可以或好或坏地获得某种平衡,但是它们不可能永远处于和谐一致的状态。尽管确定性和自由、共同体和个体之间的冲突永远也不可能得到真正的、最后的解决,但是我们却可以对存在的机遇和危险作出某些评估,并至少可以避免重蹈覆辙。

鲍曼对"共同体"的理解,显然更多是从社会学的角度来加以阐释的。实际上,这个词可以被放置于不同的领域而具有不同的含义,例如,有科学共同体、社会共同体、道德共同体、政治共同体、宗教共同体、经济共同体、法律共同体、文化共同体、东盟共同体、欧洲共同体、东亚共同体、非洲共同体等不同的称谓。社会学中的"共同体"一词,最早由德国古典社会学家斐迪南·滕尼斯(Ferdinand Tönnies,1855—1936)在其《共同体与社会》中引入,滕尼斯将共同体分为血缘共同体、地缘共同体和精神共同体。滕尼斯认为:"血缘共同体作为行为的统一体发展为和分离为地缘共同体,地缘共同体直接表现为居住在一起,而地缘共同体又发展为精神共同体,作为在相同的方向上和相同的意向上的纯粹的相互作用和支配。"① 正如地缘共同体可以被理解为动物的生活的相互关系,精神共同体可以被理解为心灵的生活的相互关系。在与从前的各种共同体相互结合中,精神共同体可以被看作真正的人的和最高形式的共同体。人类命运共同体意识,很显然属于一种精神共同体意识。

作为一种精神共同体意识,人类命运共同体意识是对现在和未来世界发展的一个充满善意并具有全球性战略远见的良好期盼,它承载着互利共赢的新型国际关系与全球共同发展的新理念。作为全球化时代需要的一种交往理念,人类命运共同体意识指的是一个国家或地区在社会发展中所应当坚持的利益共享、责任共担、价值互认等集体主义和合作

---

① 〔德〕斐迪南·滕尼斯:《共同体与社会——纯粹社会学的基本概念》,林荣远译,北京:商务印书馆1999年版,第65页。

主义意识。人类命运共同体意识在经济领域体现为合作共赢,在政治领域体现为相互信任,在文化领域体现为互相认同,在安全领域体现为共同维护,在对外领域体现为相互包容。人类命运共同体意识,以生动的情感术语更强调的是全球化时代下各个国家或地区之间的合作共赢,它真实地表明当今和未来世界各国的发展都离不开"他者"的存在,都不可能实现所谓的独善其身,都与其他国家的境遇脱离不了干系。

究其实质,人类命运共同体意识是一种体现了以人为本、合作共进的利益共同体意识。因利益而形成共同体,这表明共同体的实质是一种利益的共同体,但是,利益的共同体需要通过合作共赢来实现,因此利益的共同体最终体现的是一种合作的共同体或命运的共同体。在命运共同体中,平等、合作、安全、共赢、共享、共存、共商、共建、求同、存异、交流等一系列范畴,成为人类命运共同体思想体系建构的基本范畴。"中国把中国人民的利益同世界各国人民的共同利益结合起来,扩大同各方利益的汇合点,同各国各地区建立并发展不同领域不同层次的利益共同体,推动实现全人类共同利益,共享人类文明进步成果。"[1]作为一种人类现实与未来发展应当秉持的发展理念,人类命运共同体意识与国家利益至上是不冲突的。全球化时代下不同国家和地区之间的利益交融格局,已经成为当今世界发展活动中的一种新常态,其必然需要一种合作共赢的人类命运共同体意识的提出与运用,以便共担责任、共享利益与共同发展。

人类命运共同体意识指的并不是一种理想社会意识。有的学者认为,"'人类命运共同体'的倡导和行动,正以另一种思维为'自由人的联合体'创造契机"[2],"探索理想社会之路依旧敞开,而对于实现'自由人的联合体'来说,'人类命运共同体'不失为一种积极的现实行动"[3],于是"人类命运共同体"被等同为一种理想社会,被等同为马克思所谈论的由自由人的联合体所构成的真正的共同体即共产主义社会。这种理解实际上是对我们当代中国所提出的"人类命运共同体"的一种极大的

---

[1] 中华人民共和国国务院新闻办公室:《中国的和平发展》,第18页。
[2] 卢德友:《"人类命运共同体":马克思主义时代性观照下理想社会的现实探索》,《求实》2014年第8期,第41页。
[3] 同上文,第44页。

误解,抱着这种误解,便会乐观地认为不同社会形态的人们会真正走到一起,并奢谈人类命运共同体与马克思的理想社会具有理论与现实的等同之处。事实上,与其将人类命运共同体等同为一种理想社会,倒不如将其看作全球化时代解决国家与地区之间冲突以实现共同发展的一种外交上的思想方法与思想原则更为科学。共同体不同于社会,人类命运共同体当然不应当解读为一种理想的社会。马克思意义上的真正共同体,实际上具有强烈的阶级分析色彩,因此由自由人联合体构成的真正共同体,实际上是共产主义社会中存在的、以自由个体的全面发展为条件的共同体,而实现的力量则是资产阶级社会的掘墓人——无产阶级。在这样一个理想的社会中,共同体中每个人的自由发展,便成为一切人自由发展的条件。

当然,"人类命运共同体意识"的确彰显了个体发展中的共同体向度。在马克思的思想理论视野中,共同体与个体成为表征人类存在方式的一对主要范畴。在他看来,共同体的存在主要有三种主要类型:以血缘关系为基础的原始共同体或自然形成的共同体,主要指的是包括亚细亚共同体、古代共同体、日耳曼共同体在内的前资本主义共同体;以协调特殊利益与共同利益为基础的共同体,指的是以国家与阶级形式而存在的虚幻的政治共同体或资本主义市民社会共同体,以及以货币与资本形式而存在的抽象的共同体;以自由人联合体为基础的真正共同体或人道主义共产主义共同体。马克思有关共同体问题的思考昭示我们:个体的发展史构成了人类社会的发展史,因为"人们的社会历史始终只是他们的个体发展的历史,而不管他们是否意识到这一点"[1]。但是,个体的自由发展又永远离不开个体存在于其中的共同体的发展,因为"只有在共同体中,个人才能获得全面发展其才能的手段,也就是说,只有在共同体中才可能有个人自由"[2]。在不同的共同体中,个体的发展也会有不同的表现、不同的发展结果。全球化时代下的人类命运共同体,是当今世界中的个体实现其发展所需要的一种共同体,在这种共同体的保障之下,当代个体的自由及其发展才会真正得以实现,而全球治理体系也将最终不断合理化和完善化。

---

[1] 《马克思恩格斯选集》第 4 卷,第 409 页。
[2] 《马克思恩格斯选集》第 1 卷,北京:人民出版社 2012 年版,第 199 页。

就人类命运共同体意识的具体内容而言,2015年9月28日,习近平在纽约联合国总部出席的第七十届联合国大会一般性辩论中提供了一次经典的表述。他在大会上发表的《携手构建合作共赢新伙伴,同心打造人类命运共同体》的重要讲话,对于人类命运共同体思想进行了详细的阐述。在讲话中,他从建立平等相待、互商互谅的伙伴关系,营造公道正义、共建共享的安全格局,谋求开放创新、包容互惠的发展前景,促进和而不同、兼收并蓄的文明交流,构筑尊崇自然、绿色发展的生态体系这五个方面,系统阐发了人类命运共同体意识的具体内容。①

习近平关于人类命运共同体意识具体内容的另一次全面阐述是在2017年1月18日。他在日内瓦出席"共商共筑人类命运共同体"高级别会议时,发表了《共同构建人类命运共同体》的主旨演讲,该演讲进一步深刻、全面而系统地阐述了人类命运共同体五大具体理念,再一次主张全面通过对话协商、共建共享、合作共赢、交流互鉴、绿色低碳等各个方面来共同推进构建人类命运共同体这一伟大进程,从而在新时代建设一个持久和平、普遍安全、共同繁荣、开放包容、清洁美丽的世界。习近平从伙伴关系、安全格局、经济发展、文明交流、生态建设等五个方面,再次提出了构建人类命运共同体的五个具体内容:一要坚持对话协商,建设一个持久和平的世界;二要坚持共建共享,建设一个普遍安全的世界;三要坚持合作共赢,建设一个共同繁荣的世界;四要坚持交流互鉴,建设一个开放包容的世界;五要坚持绿色低碳,建设一个清洁美丽的世界。②

总之,在中国近些年的大力倡议下,人类命运共同体意识已经"由处理大国关系的外交政策思路拓展到中国处理国际关系的外交战略理念,由'利益共同体'拓展到全方位的'命运共同体',从而上升到与中国特色社会主义的和平发展特征联系在一起的国际战略新理念"③。近些年来,尽管国内一些学者从各种不同的角度对人类命运共同体意识的内涵进行了较为丰富而殊异的理论探讨,但是在围绕共同安全、共同发展、

---

① 习近平:《携手构建合作共赢新伙伴,同心打造人类命运共同体》(2015年9月28日),《习近平谈治国理政》第2卷,北京:人民出版社2017年版,第521—526页。

② 习近平:《共同共建人类命运共同体》(2017年1月18日),《习近平谈治国理政》第2卷,北京:人民出版社2017年版,第537—548页。

③ 陈锡喜:《"人类命运共同体"视域下中国道路世界意义的再审视》,《毛泽东邓小平理论研究》2017年第2期,第88页。

责任共担等方面也形成了一些理论共识,"一是人类命运共同体源自人类相互依存关系的发展;二是人类命运共同体涉及人类活动所构成的各个关系领域;三是人类命运共同体孕育着新的全球共同价值"①。

## 第三节　从"和而不同"看人类命运共同体意识

21世纪之初,当代人类社会发展呈现为经济的全球化、政治的多极化、文化的多样化、社会的信息化等诸多方面,这些都呼唤着人类命运共同体意识在全球性范围内的牢固树立与广泛传播。共同利益观、全球治理观、可持续发展观、国际权力观,为人类命运共同体意识提供了坚实的价值观基础。我们发现,以人类命运共同体意识来重新审视中国与世界各国、各地区之间的关系,则中国与非洲从来都是命运共同体,中国与东盟、中国与亚太、中国与拉美等也是命运共同体。

人类命运共同体意识凸显的是共同发展、共同价值、共同利益、全球治理、相互依存的国际权力和可持续发展的全球基本价值观。在承认人类在生存、健康、安全、自由、可持续发展等方面具有普遍价值的前提下,跨文化的对话、协商与合作便成了当代的主题,而且要以全球性的国际体系、国际规范和国际机制来共同面对这些全球性的问题,同时,商品资本、技术信息、人才人员的国际流动也因此成为一种常态。

人类命运共同体意识倡导,既注重本国发展也要促进他国发展,既追求本国利益也要对他国利益进行合理关切。"迈向命运共同体,必须坚持合作共赢、共同发展。""只有合作共赢才能办大事、办好事、办长久之事。要摒弃零和游戏、你输我赢的旧思维,树立双赢、共赢的新理念,在追求自身利益时兼顾他方利益,在寻求自身发展时促进共同发展。"②既要谋求本国的发展,也要考虑如何促进各国共同发展、如何实现各国共同利益。"提出人类命运共同体的概念并促进人类的共同发展,意味

---

①　刘传春:《人类命运共同体内涵的质疑、争鸣与科学认识》,《毛泽东邓小平理论研究》2015年第11期,第87页。

②　习近平:《迈向命运共同体 开创亚洲新未来——在博鳌亚洲论坛2015年年会上的主旨演讲》,《人民日报》2015年3月29日第2版。

着我们完全承认人类的'共同利益'和'共同价值'。"①人类命运共同体意识不仅是一种具有创新性的外交理念,它更是人类新千年应当坚守的一种具有普遍性的发展理念,这种理念必将成为一种具有全球意义的普世价值。坚持人类命运共同体意识的前提,是要承认不同国家具有不同的社会制度,其采取的是不同的发展模式,但是这些特殊性的差异并不影响国与国之间的和谐共处。世界历史交往中的相互依存与利益交融,必将形成一种具有普遍性的人类命运共同体意识。打造人类命运共同体需要多重建构,要"树立国际权力观,迈向政治共同体;弘扬共同利益观,迈向利益共同体;倡导新型文明观,迈向文明共同体;坚持整体安全观,迈向安全共同体;构筑全球生态文明体系,迈向生态共同体"②。

具体来讲,一方面,打造一种人类命运共同体意识,需要各个国家和民族秉持合作共赢、互惠互鉴、相助互信、开放包容的发展理念。任何一个国家和民族不仅要发展,更要和平发展、共同发展、合作发展,只有避免产生重大冲突、重大伤害的危险行动,才能建立一种更加平等均衡的新型的全球发展伙伴关系。"迈向命运共同体,必须坚持实现共同、综合、合作、可持续的安全。""当今世界,没有一个国家能实现脱离世界安全的自身安全,也没有建立在其他国家不安全基础上的安全。我们要摒弃冷战思维,创新安全理念,努力走出一条共建、共享、共赢的亚洲安全之路。""各国都有平等参与地区安全事务的权利,也都有维护地区安全的责任,每一个国家的合理安全关切都应该得到尊重和保障。要通盘考虑亚洲安全问题的历史经纬和现实状况,多管齐下、综合施策,协调推进地区安全治理,统筹维护传统和非传统领域安全。要通过对话合作促进各国和本地区安全,以合作谋和平、以合作促安全,坚持以和平方式解决争端,反对动辄使用武力或以武力相威胁。要坚持发展和安全并重,以可持续发展促进可持续安全。"③一个国家的发展要有深远的世界历史眼光和广阔的世界历史视域,"一花独放不是春,百花齐放春满园",只

---

① 张曙光:《"类哲学"与"人类命运共同体"》,《吉林大学社会科学学报》2015年第1期,第131页。
② 徐艳玲、陈明琨:《人类命运共同体的多重建构》,《毛泽东邓小平理论研究》2016年第7期,第74页。
③ 习近平:《迈向命运共同体 开创亚洲新未来——在博鳌亚洲论坛2015年年会上的主旨演讲》,《人民日报》2015年3月29日第2版。

有自己好,别人才会好;只有别人好,自己也才会好。利益追求中的辩证法告诉我们,只有兼顾好自身利益与高远的人类利益才能在共赢的良好局面下实现自身的发展。"一荣俱荣,一损俱损",已经成为当今世界发展的新常态。"他国威胁论"显然是不合时宜的、自私自利的、狭隘的自我中心的表现。每一个民族和国家都有自己的发展梦想,人类命运共同体意识将凝聚每一种梦想,最终形成人类千年世纪的共同发展、共同繁荣的梦想。"一带一路""亚投行"的具体战略举措,即人类命运共同体意识在实践上的具体展开。

另一方面,打造人类命运共同体意识,更需要各个国家和民族秉持"和而不同"的思维模式与交往原则。

"打造人类命运共同体,是着眼于整个人类的文明进步而不是某一部分人的文明进步,是以和平、发展、合作、共赢的理念来超越不同国家、民族和宗教之间的隔阂、纷争和冲突,强调彼此之间要弘义融利、风雨同舟、命运共担。"①人类命运共同体意识下的交往理念,必然要求我们在国家与国家的交往中避免霸权主义和单边主义,必然需要命运共同体各方利益主体采取"和而不同"的思维模式。"从'你中有我、我中有你'的判断到'人类只有一个地球,各国共处一个世界'的感言,从'牢固树立命运共同体意识'的号召,到'让命运共同体意识在周边国家落地生根'的期盼,从'共筑亚太梦想'的呼吁到'迈向亚洲命运共同体'的方案的提出……我们可以深刻感受到其中的核心价值诉求——坚持求同存异、和而不同,努力把握人类利益和价值的通约性,在国与国关系中寻找最大公约数。"②西方的归纳法需求的是取同略异,而中国的"理一分殊"恰恰强调的是求同存异。全球化思维与在地化行动是合二而一的(Think globally, Act locally),二者之间的有效结合才能铸就全球多元主义、全球共同体的存在。"和而不同"思维真正得以坚守和实践的出发点,是要敢于、勇于和积极地承认差异,承认不同的国家和地区之间的民族与历史文化的差异、政治制度与体制的差异、发展道路与模式的差异、信仰与

---

① 王恬、牟宗琮、张梦旭:《同心打造人类命运共同体——以习近平同志为总书记的党中央创新外交理念与实践述评》,《人民日报》2016年1月27日第1版。

② 邹广义:《人类命运共同体意识的文化关切——学习习主席G20杭州峰会重要讲话精神》,《光明日报》2016年9月24日第1版。

价值的差异。"要尊重世界文明多样性、发展道路多样化,尊重和维护各国人民自主选择社会制度和发展道路的权利,相互借鉴,取长补短,推动人类文明进步。"①就文明而言,既有东方文明与西方文明的不同,也有中国文明与印度文明的不同,这些不同的文明之间交相辉映、相得益彰,共同编织了一幅多彩的人类文明发展的画卷。

打造人类命运共同体意识的前提是尊重文化的多样性。"人类作为命运共同体,必须倡导文化多样性,尊重文明的多样性。这种文化多样性既是对文化个性与特殊性的表达,也是人类共同文化品质的展示,正所谓'越是民族的,才越是世界的'。只有尊重文化多样性,尊重文化的独立性、异质性和完整性,我们才能深切感受到世界文化的多姿多彩。"②不同的文明之间绝对没有优劣之分,有的只是特色之别,因此,不同的文明与文化之间要包容互鉴。只有在承认文化差异的前提下,才能实现不同文明类型间的兼容并蓄与交流互鉴。只有在承认利益差异的前提下,才能实现不同民族国家之间的真正交流与合作。"迈向命运共同体,必须坚持各国相互尊重、平等相待。""相互尊重、平等相待,首先要尊重各国自主选择的社会制度和发展道路,尊重彼此核心利益和重大关切,客观理性看待别国发展壮大和政策理念,努力求同存异、聚同化异。"③国家利益与人类利益、国家治理与全球治理之间完全是一致的。不承认不同的国家利益、国家治理的所谓的全球一致的利益和治理,是一种不切实际的幻想。不承认差异的以同裨同,这是"同而不和"的"小人"思维。"和而不同"思维真正得以坚守和实践的落脚点是共同发展,它力图实现的是长期而稳定的周边环境和全球性繁荣,形成的是能源与资源的全球性交往的畅通,以此才能打破缺少公平与正义的世界旧秩序、旧格局,形成"你中有我,我中有你""我离不开你,你离不开我"的充满全球公平与正义的世界新秩序、新格局。

换言之,人类命运共同体意识所秉持的是"和而不同"的思维,但其中存在着一个"共"字。在国际事务中要注重共商、共建、共享、共赢,以此来

---

① 中共中央文献研究室:《十八大以来重要文献选编》上,第37页。
② 邹广文:《人类命运共同体意识的文化关切——学习习主席G20杭州峰会重要讲话精神》,《光明日报》2016年9月24日第1版。
③ 习近平:《迈向命运共同体 开创亚洲新未来——在博鳌亚洲论坛2015年年会上的主旨演讲》,《人民日报》2015年3月29日第2版。

避免单向的狭隘思维。"迈向命运共同体,必须坚持不同文明兼容并蓄、交流互鉴。""要促进不同文明不同发展模式交流对话,在竞争比较中取长补短,在交流互鉴中共同发展,让文明交流互鉴成为增进各国人民友谊的桥梁、推动人类社会进步的动力、维护世界和平的纽带。"①"只许我发展,不准别人发展","只要我发展得更好,不管别人的更坏",这是与命运共同体所要求的"和而不同"思维相悖的形而上学思维。"理一"背后存在着"分殊",各个国家民族自身的发展过程中,也存在全球化与地域化、世界化与本土化、世界性与民族性、普遍性与特殊性、传统性与现代性之间的辩证统一。人类命运共同体意识也追求政治的多极化、经济的均衡化、文化的多样化、安全互信化、环境可持续化的和谐世界观。人类命运共同体意识背后的"和而不同",凸显了人类社会发展进程中的特殊性与普遍性相统一的辩证法,它要求我们在不断对话和合作中共同增进人类的福祉和利益。

综上所述,当今世界与未来人类社会的发展必然不断面临种种困境、矛盾和冲突,只有打造一种人类命运共同体意识,才能真正面对问题并最终化解问题。可以期待,人类命运共同体意识首先会在周边国家和地区,然后在全世界生根发芽并逐渐成为一种全球性共识,最终使其成为不同民族和国家为实现自身梦想而奋起航行的灯塔。在这一思想灯塔的指引下,人类社会未来的发展将不断走向充满理想和幸福的明天,新世纪的人类社会成员也将更加享受人类命运共同体意识所带给他们的无尽的福祉!应该深知,尽管这条道路充满了种种挑战和不确定性,但是,人类命运共同体意识毕竟承载了人类现实与未来发展的众多美好愿景,以这样一种充满人类智慧的意识来引领人类社会的现实与未来发展,才会迎来人类更加美好的未来!

---

① 习近平:《迈向命运共同体 开创亚洲新未来——在博鳌亚洲论坛2015年年会上的主旨演讲》,《人民日报》2015年3月29日第2版。

# 附录
# 冯友兰新儒学中的民族性与现代性

民族性与现代性范畴,是我们从整体上诠释冯友兰(1895—1990)新儒学思想的两个十分重要的范畴。冯先生以共相或文化的类型来言说的现代化及其现代性,突出的是西方社会所具有的以社会为本位的文化,强调的是西方优势在于以工业化而实现的现代化。以殊相或文化的个体来言说的民族性,突显的则是以家为本位的中国社会现代化及其现代性背后的中国特色。冯先生有关中西方文化比较的研究,实质上是在现代性背景下的有关中国现代性模式的思考,这样的思考既避免了一味以西方现代性为参照系,从而缺少多样化考量的对于现代性的单一理解,也摆脱了因过分强调多样性的传统,从而忽视一元现代性的一曲之蔽。

作为中国传统思想文化的核心,儒学在现代既面临民族性的一面,也存在现代性的一面。民族性彰显的是中华民族集体性的精神记忆与文化传统,体现为中国社会发展背后的民族精神与中国特色;现代性一面则必然要求传统儒学要适应时代发展的要求而进行创造性的转换和创新性的发展。

20世纪之始,在中西方文化碰撞及其反思已经成为重要思想主题的现代时期,民族性与现代性问题也成为中国现代新儒家必然面临和解答的一个问题,反思和建构一种适合中国社会的现代性已经成为其必然肩负的一种文化历史使命。"与中国传统社会相比,中国近现代社会的最大变化就是中国走向世界,世界走向中国,处在由传统到现代的变化过程中。现代性问题是世界性的核心话题,当然也是中国现代新儒学的核心话题。现代新儒学的一个重要任务就是探索如何利用儒学的思想资源建构适合中国社会发展需要的现代性,如何避免西方社会现代性已经暴露出来的弊端。"①可见,当代新儒家们也必然面临如何处理好传统与现代、民族化与现代化、民族性与现代性、全球化与在地化之间张力的问题。在这些问题背后,充满着文化的特殊性与普遍性或曰个别性与一般性、中华文化与世界文化、中国的民族性与世界的现代性之间的辩证关系。

## 第一节　冯友兰思想中的民族性与现代性主题

作为当代新儒家开创者之一的冯友兰先生,其学思历程中往往充满了对上述问题满怀时代性的思考与回应。因此,从民族性与现代性的角度来把握其哲学思想,毫无疑问是我们同情理解其哲学所应遵循的一个方向。

20世纪40年代初,"中国哲学史完结了经学时代,进入了现代化的新时代;写的中国哲学史,也开始了新的一页"②。按照冯先生的总结,现代化时代的哲学家虽然沿用的是宋明道学的词句,但是他们并不是依傍于宋明道学,不是"照着讲",而是"接着讲"。那么,"照着讲"与"接着讲"有何分别呢?"中国需要现代化,哲学也需要现代化。现代化的中

---

① 宋志明:《现代新儒学的走向》,北京:北京师范大学出版社2009年版,第37页。
② 冯友兰:《中国哲学史新编》第7册,《三松堂全集》第10卷,郑州:河南人民出版社2000年版,第602页。

国哲学,并不是凭空创造一个新的中国哲学,那是不可能的。新的现代化的中国哲学,只能是用近代逻辑学的成就,分析中国传统哲学中的概念,使那些似乎是含混不清的概念明确起来,这就是'接着讲'与'照着讲'的分别。"①因此,与科学不同,哲学可以有民族的分别。尽管没有民族科学,但是可以有民族哲学。

然而,将中国哲学的现代化单一地理解为以近代的逻辑学来加以重新解释,这是不是对中国哲学现代化的一种误解?直面现代性的社会问题,以此来使中国哲学从传统走向现代,这也许是中国传统哲学现代化不可避免的一个主题,而单一地以逻辑分析重新诠释中国传统哲学,至少必然面临两个思想上的限制。一是对于中国传统哲学以逻辑分析的方法进行重新的诠释,是否会破坏中国哲学传统固有的话语体系和致思方式。二是即使最终实现了以逻辑分析方法对中国传统哲学进行重新诠释,可是经过此种诠释后的中国哲学难道真的具有现代性吗?难道这种解释后的哲学不依然是前现代的哲学吗?

在中国哲学开始现代化的时期,冯友兰和金岳霖成为新理学的代表,熊十力则是新心学的代表。就金岳霖的《论道》体系而言,它不仅是现代化的而且是民族化的。"现代化与民族化融合为一,论道的体系确切是'中国哲学',并不是'哲学在中国'。"②逻辑分析方法的运用集中体现了金岳霖形而上学的现代性,而"道"这一概念则是金岳霖形而上学体系具有浓厚的民族性的体现。"每一文化区有它底中坚思想,每一中坚思想有它底最崇高的概念,最基本的原动力。"③中国的中坚思想似乎是儒道墨兼而有之,而"道"则是中国思想中最崇高的概念。金岳霖具有原创性的形而上学著作《论道》,即是以"道"为题材的形而上学。正如其所言:"对于这样的道,我在哲学底立场上,用我这多少年所用的方法去研究它,我不见得能懂,也不见得能说得清楚,但在人事底立场上,我不能独立于我自己,情感难免以役于这样的道为安,我底思想也难免以达于这样的道为得。"④

---

① 冯友兰:《中国哲学史新编》第7册,《三松堂全集》第10卷,第621页。
② 同上书,第618页。
③ 金岳霖:《论道》,"绪论",《金岳霖全集》第2卷,北京:人民出版社2013年版,第19—20页。
④ 同上书,第20页。

除了哲学现代化的需要之外,冯友兰的哲学创造兴趣的动力也体现在抗战方面,其两卷本的《中国哲学史》中的"自序"明确表达了这一点。"此第二篇最后校改时,故都正在危急之中。身处其境,乃真知古人铜驼荆棘之语之悲也。值此存亡绝续之交,吾人重思吾先哲之思想,其感觉当如人疾痛时之见父母也。吾先哲之思想,有不必无错误者,然'为天地立心,为生民立命,为往圣继绝学,为万世开太平',乃吾一切先哲著书立说之宗旨。无论其派别为何,而其言之字里行间,皆有此精神之弥漫,则善读者可觉而知也。'魂兮归来哀江南';此书能为巫阳之下招欤?是所望也。"①可见,冯先生习惯于从民族的观点了解周围的事物。例如,在抗战时期,中日两国的民族斗争加强了他的民族观点。他也认为,中国过去的正统思想既然能够团结中华民族使其成为伟大的民族和世界上的泱泱大国,也一定能够帮助中华民族渡过抗日战争的困难时期,恢复旧物而出现中兴。

与金岳霖先生的《论道》一样,冯先生的形而上学著作《新理学》也是现代性与民族性相结合的典范。胡适曾讲过:"哲学是受它的方法制约的,也就是说,哲学的发展是决定于逻辑方法的发展的。"②冯先生对新实在主义的逻辑分析方法的广为运用,体现的是他力图实现传统儒学的现代性转换,并成为其形而上学中具有现代性的一面,而"理""太极""气""两仪""四象""道""天道""人道""性心""势""义理""鬼神""圣人"等术语,则明显充满了民族性的特色。除了形而上学之外,"新理学"哲学体系对于政治思想、社会思想的诠释也是以近代逻辑学来实现其现代化的。例如在《新事论》中,在冯友兰看来,现代化即是以社会为本位的社会取代了以家为本位的社会。对于宋明理学的政治思想与社会思想,他依然利用近代逻辑学的形式主义和形而上学的思想方法来加以说明。

整体上来讲,冯先生以东西文化比较的视角来探究民族性与现代性问题的时候,其背后的哲学基础是《新理学》中所谈论的共相与殊相、一般与个别的关系问题。在他看来,现代性主要是依据共相来立论的,其重点是中西方文化背后的相同点;民族性主要是依据殊相来立论的,其

---

① 冯友兰:《中国哲学史》下,《三松堂全集》第3卷,第3—4页。
② 胡适:《先秦名学史》,《胡适全集》第5卷,第6页。

重点是中西方文化背后的区别点。《新事论》即试图以《新理学》中对此问题的探讨为基础来解决当时的实际问题,于是《新事论》成为《新理学》实际应用的一个例证。在《新事论》中,冯先生认为,以工业化为标识的现代化是中国通向自由之路,而中国的传统道德中不变的部分仍可以用来组织社会活动和协调精神生活。《新事论》一书的前后两部分,充满了他本人对民族化与现代化、民族性与现代性之关系的思考。

从文本上来看,冯先生有关民族性与现代性问题的思考,主要体现在如下一些文章中:《与印度泰谷尔谈话:东西文明之比较观》(1921年)、《论"比较中西":为谈中西文化及民族性者进一解》(1922年)、《为什么中国没有科学》(1922年)、《中国现代民族运动之总动向》(1936年)、《论民族哲学》(1937年)、《抗战的目的与建国的方针》(1942年)、《从中国哲学会说到哲学的用处》(1937年)。此外,冯先生的"贞元六书"(《新理学》(1939年)、《新事论》(1940年)、《新世训》(1940年)、《新原人》(1943年)、《新原道》(1945年)、《新知言》(1946年),也是有关民族性与现代性问题思考的代表作。在抗日战争时期颠沛流离将近十年的生活中,冯先生写成了这些著作。颠沛流离不仅没有妨碍冯先生写作,中华民族兴亡与历史的变化反而为其写作提供了诸多的启示和激发,于是借助这一外因他才写出来上述六本书。"'为天地立心,为生民立命,为往圣继绝学,为万世开太平。'此哲学家所应自期许者也。况我国家民族值贞元之会,当绝续之交,通天人之际、达古今之变、明内圣外王之道者,岂可不尽所欲言,以为我国家致太平,我亿兆安心立命之用乎?虽不能至,心向往之。非曰能之,愿学焉。"①抗战时期,是中国处于"空前底挫折"与"空前底耻辱"的时期,这也是中华民族复兴的一个时期,如果没有这一时期的兴亡与变化,即使冯先生的书写出来也不会是我们今天看到的样子。六本书实际上是一本书,其主要内容即"对于中华民族的传统精神生活的反思"②,是对中国如何从传统走向工业化的现代性反思。可见,"贞元六书"的民族性、现代性特质是十分鲜明的。

---

① 冯友兰:《新原人》,"自序",《三松堂全集》第4卷,郑州:河南人民出版社2000年版,第463页。

② 冯友兰:《三松堂自序》,《三松堂全集》第1卷,郑州:河南人民出版社2000年版,第209页。

围绕民族性与现代性主题,冯先生对于中国文化与西方文化异同的比较经历了不同的发展阶段。1982年9月10日下午,冯友兰先生在由哥伦比亚大学举行的博士学位赠与仪式上所发表的答词上,将自己对于中西文化差别的研究概括总结为如下三个阶段:在第一阶段,他是用地理区域来解释文化差别,认为中西方的文化差别是东方与西方的差别;在第二个阶段,他是用历史时代来解释文化差别,认为中西方的文化差别是古代与近代的差别;在第三个阶段,他是用社会发展来解释文化的差别,认为中西方的文化差别是社会类型的差别。① 与此不同,陈来先生认为,以"中西"和"古今"为核心的冯友兰的文化观,可以分为四个阶段。"20世纪20年代完成了从文化冲突的东西说向古今说的转变。30年代通过生产社会化程度把握古今社会类型的区别,并在整体上表现为受马克思历史哲学影响的近代化(工业化)的'体—用'文化观。40年代开始关注文化近代化过程中的民族化问题,通过'质''文'的模式以肯定文化形式的民族性,从而使得其文化观的结构和特质无法归结为某一种'中西体用'的模式,形成了前期冯友兰文化观的成熟形态。50年代以后,与40年代以前注重'新命'不同,'旧邦'代表的文化意义即文化连续性与文化认同问题突出起来,重写中国哲学史的实践在文化观上是以历史唯物论与历史辩证法的结合为之论证。"②

抛开我们到底应当以几个阶段来定位冯友兰先生的文化观不谈,我们能够从其有关文化问题的一生探究中,清楚地看到他在文化的民族性与现代性问题上始终一贯的热情,而在问题的探究背后却充满了种种思想上的艰辛。在冯先生的文化观中,隐含着由求同到存异的发展历程。无论是中方与西方,还是中古与现代的对比,他都力图凸显出来文化背后的现代性维度。但是20世纪30年代以后,随着民族危机的加深,冯先生在以现代性来思考文化的过程中更加强调了民族文化认同的方面,他对文化异质的强调实际上是文化的现代性思考背后的民族性的加强。冯先生对有关文化的民族性与现代性之关系的艰辛探索,无疑为我们今天客观准确地把握中国现代性问题提供了重要的思想资源。

---

① 这三个差别参见冯友兰:《三松堂自序》,《三松堂全集》第1卷,第307页。
② 陈来:《冯友兰文化观的建立与发展》,见陈来:《传统与现代:人文主义的视界》,北京:北京大学出版社2006年版,第162页。

## 第二节　冯友兰保守主义视野下的文化与民族性

为了处理儒学现代性问题,在此将特别以冯友兰先生有关民族性与现代性问题的思考作为个案性的研究,借此来一窥20世纪上半叶冯先生是如何以当代新儒家学者的立场来研究儒学的现代性问题的。

整体而言,冯友兰先生既认同由西方开创的现代性的历史意义,也对民族文化精神具有深深的认同感,也正因此,他对现代性背景下传统文化的现代意义进行了深入研究。"如果说,那种关怀人本身的、人类社会道德——文化秩序的、人类社会正义公平博爱的价值理性是古典时代,中古乃至近现代社会共同的需要,反映了人类社会的共类之理,那么,在中国文化环境中,以儒家价值理想所代表的传统的价值理性形式,就仍然是现代中国社会不可或缺的文化因素。"①中国哲学正是在人学方面凸显了自身的价值。"中国的文化讲的是'人学',着重的是人。中国哲学的特点就是发挥人学,着重讲人。无论中外古今,无论哪家的哲学,归根到底都要讲到人。不过中国的哲学特别突出地讲人。它主要讲的是人有与天地参的地位,最高的地位,怎样做人才无愧于这个崇高的地位。人在宇宙而能与天地参,就是上顶天,下立地,每个人都是顶天立地的人。"②

作为一名典型的文化保守主义者,虽然冯先生不是一个文化复古主义者,而是力图以西方的现代性来弥补中华传统文化在现代的不足,但是,他所理解的现代性是涵盖民族性的。作为保守主义的代表,他"始终认为科学、民主、市场经济、民主政治都不能自发产生公民道德或导致共同体的伦理秩序,不能满足人生价值的需要,并认为近代社会抑制不力的个人主义和功利主义适足以危害群体生活和社会道德。现代性是现代社会之所以不同于传统社会的要素,但实存的现代社会并不能仅靠现

---

① 陈来:《新理学与现代性思维的反思》,见陈来:《传统与现代:人文主义的视界》,第177页。
② 冯友兰:《中国哲学的特质》,《三松堂全集》第13卷,郑州:河南人民出版社2000年版,第460页。

代性而存在"①。按照我们今天的观点,冯先生所思考的现代性是包涵民族性、中国性的,因此其关注的不仅仅是现代性问题,而是中国现代性问题。

对于东西问题,冯友兰先生早在五四新文化运动时期便产生了兴趣,后来他逐渐认识到这不是一个东西的问题,而是涉及古今的一个问题。

早在发表于1921年10月的《与印度泰谷尔谈话》一文中,便可以看到冯先生心中时常关注中西文化比较问题,也正因此,他向泰戈尔提出"东西洋文明的差异,是等级的差异(Difference of degree),是种类的差异(Difference of kind)"②这样的问题。当然,此时的冯先生还只是提出问题,因而对这一问题并没有进行系统性的解答。此篇文章整体上来讲也主要是泰戈尔的观点。在20世纪20年代的《人生理想之比较研究》中,冯先生开始着手探讨上述问题,并认为各派的人生理想是世界各国哲学史中都有的,因此很难说哪些理想是西方所特有的,哪些理想是东方所特有的。

在《论"比较中西":为谈中西文化及民族性者进一解》一文中,冯先生以普遍性与特殊性的角度来理解"文化"与"民族性"这两个概念。他认为,这两个范畴都是空的抽象的字眼,不能离开具体的东西而独立。例如,中国文化就是中国的历史、艺术、哲学等的综合体。除此之外,再没有别的东西可以单叫作中国文化。那么何谓民族性呢?"它就是中国从古及今,一切圣凡贤愚之行为性格之总和体,除此之外,别无中国民族性。"③"所谓民族性者,实不过是某民族于某一时所有底习。"④针对有关中国民族性好与坏的辩论,冯友兰先生以辩证的否定观予以回应。针对主张中国人酷爱和平是莫大的美德,他反驳道:这正是中国懦怯的表

---

① 陈来:《现代中国文化与儒学的困境》,见陈来:《传统与现代:人文主义的视界》,第95页。
② 冯友兰:《与印度泰谷尔谈话》,《三松堂全集》第11卷,郑州:河南人民出版社2000年版,第4页。
③ 冯友兰:《论"比较中西":为谈中西文化及民族性者进一解》,《三松堂全集》第14卷,郑州:河南人民出版社2000年版,第232页。
④ 冯友兰:《论民族哲学》,《三松堂全集》第5卷,郑州:河南人民出版社2000年版,第273页。

现;针对主张中国人注重智慧,以士为社会领袖,因此可以使社会往善美一路走,他反驳道:中国人多空言而少实际,多虚想而轻实验,弊正在于只重读书人;针对中国重视道德,有才无德之人不为社会所重,由此则坏人不易逞其才以为恶,他反驳道:中国人头脑不清,混道德与才艺为一谈,因此使许多天才不能充分发达;针对中国人缺少同情心,他反驳道:中国主张爱有差等,施由亲始,这最合中庸之道;针对中国人无主义、好调和,他反驳道:中国历史上忠义之多为世界所罕见,宁为断头将军,不为降将军,非无主义。调和正是从容之道,不可谓非;针对中国人不重个性,他反驳道:中国人教人视社会为重,自己为轻,重利他不重利己,正是好处,不得为非。① 因此,在冯先生看来,空谈文化和民族性的优劣是没有用的,它们的优劣全靠我们此时此地的信仰。

冯先生对于民族性含义及其相关问题的思考,主要集中体现在《新事论》第九篇"判性情"中。他首先区分了逻辑学上的所谓"性"与生物学上的所谓"性"。前者指的是:"凡是某一类底事物,都必有其所以为某类底事物者。其所有之所以为某类底事物者,即属于此类底事物之某性。"② 例如,桌子的方性、封建社会性、资本主义社会性、以家为本位的社会性、以社会为本位的社会性等,都是逻辑学上的所谓"性"。后者指的是:生之谓性、食色性也中所表示的"性",即生物所有的一种与生俱来的、不学而能的要求或倾向。有了两种不同的"性"的区别,冯先生据此而认为,普通所谓民族性或国民性,指的既不是逻辑学上的所谓"性",也不是生物学上的所谓"性"。那些主张有所谓民族性者所说的民族性,实际上不是"性"而是"习"。于是,冯先生不承认有所谓民族性或国民性,"我们不承认有所谓民族性或国民性。普通说民族性者所说某民族的特点,有些是某民族于其时所行底社会制度的特点,有些是某民族的特点。所谓某民族某民族的特点,我们亦承认是有底,不过我们不谓之为'性',而谓之为'习'"③。这是因为,性是不变的,而各民族的特点没有不变的。也就是说,依据冯先生有关共相与殊相的理论,作为

---

① 以上内容参见冯友兰:《论"比较中西":为谈中西文化及民族性者进一解》,《三松堂全集》第 14 卷,第 234—235 页。
② 冯友兰:《新事论》,《三松堂全集》第 4 卷,郑州:河南人民出版社 2000 年版,第 288 页。
③ 同上书,第 294 页。

共相而存在的"性"当然是不变的,而民族性或国民性是变的,它们当然属于殊相。尽管冯先生不承认所谓民族性或国民性,但他依然承认有所谓的国情。一个社会如果有一种新性,虽一方面不合乎旧情,但在另一方面又必须根据旧情。不合乎旧情与必须根据旧情,便是一个社会中的开来与继往。社会上的事情,新的都是旧的继续,有继往而不开来者,但是绝没有开来者不在一方面是继往。事实上,冯先生这里以辩证的智慧所谈论的继往与开来的关系,便是一个社会发展中传统与现代的关系。中国的现代性背后所继往的东西,突显的正是中国发展道路选择过程中的中国特色。

如果将民族性理解为行为性格的总和体,则自然充满了好与坏的不同争论。但是,民族性并不等同于国民性。那么,究竟何谓民族性?可以说,民族性指的是一个国家或地区的民族所创造并长期使用的与其他民族相区别的特色或个性。第一,这些特色或个性可以体现在器物形态、建筑风格、饮食习惯、服饰样式等物质文化方面,也可以体现在政治制度、法律制度、经济制度、民间的礼仪俗规等制度文化方面,更可以体现为思维方式、思想观念、价值取向、道德风尚、审美情趣、理想人格、心理状态、文学艺术等精神文化方面。第二,这些特色或个性是通过某一民族基于自身传统而形成的语言、文字、文学、艺术、历史甚至哲学而历史地形成的。第三,这些特色或个性一旦形成,便会在某一民族内相当长时间内存在,而不会轻易得到改变。第四,这些特色或个性会逐步形成一个民族的民族传统和民族精神,从而对此民族的发展发挥深远的影响力。第五,这些特色或个性直接关乎一个国家或地区的基本文化认同。中华民族的民族性集中体现为自强不息、爱国主义、和谐宽容、崇尚道德、有容乃大、忧患意识、勤劳勇敢、敬业爱家、热爱和平、团结统一等诸多方面。基于这样的民族性规定,冯先生将民族性归属于"习"的主张是有问题的。尽管可以不同意冯先生有关民族性含义的规定,但是他将民族性理解为一种不断生成的东西则是我们所认同的。"中国人一日不死尽,则中国文化及中国民族性即一日在制造之中。它们并不是已造的东西,Something made,乃是正在制造的东西,Something in the making。

我们就是制造它们的工程师和工人,它们的好坏,就是我们的责任。"①

此外,冯先生并不觉得哲学中的民族性重要。哲学的民族性不在乎内在的思想,而在乎外在的形式,即某民族哲学是接着某民族的哲学史来讲的,是用某民族的语言来说的。就哲学来讲,这些表面的、在外的方面的分别对于哲学来讲并不重要,但对于民族来说则很重要,它们对于一个民族在精神上的团结及情感上的满足有很大贡献,可以成为一个民族的内在精神生活。"哲学总是要接着某民族的哲学史讲底,总是要用某民族的言语说底。接着某民族的哲学史讲,用某民族的言语说,对于哲学是偶然底,是表面底,但对于某民族的人的情感上底满足,及精神上团结,却是有大关系底。所以某民族底哲学家,就其是哲学家说,他接着任何哲学史讲,用什么言语说,是没有关系底。但就其是某民族的哲学家说,他必须接着他的民族的哲学史,讲他的哲学,以他的民族的言语,说他的哲学。"②在他看来,如果一个哲学家受民族性的拘囿,那么哲学通过寻求普遍的公共的义理便可以打破这些拘囿。如果有所谓的民族性,哲学家讲哲学的时候正是要超过它。"我们以为,未必有所谓民族性,民族哲学之所以为民族底,未必是由于有民族性的缘故,即令其是如此,如此底民族哲学亦是哲学的进步的阻碍,亦正是哲学所要超过底。"③

冯先生的上述看法是不能完全令人赞同的。将哲学的民族性与民族精神结合起来这的确有合理之处,但是哲学的民族性的价值仅仅体现在提供情感上的满足和精神上的团结作用吗?"事实上,中国文化,无论是它的各种意识活动形式,还是它的传统价值、精神、境界,都既不是'类型—个体'的分析所能充分肯定,也不是'民族在精神上底团结及情感上底满足'所能充分体现的。"④事实上,冯先生本人是极其看重中国文化未来的力量的。"西方是外向的,东方是内向的;西方强调我们有什

---

① 冯友兰:《论"比较中西":为谈中西文化及民族性者进一解》,《三松堂全集》第 14 卷,第 236 页。

② 冯友兰:《论民族哲学》,《三松堂全集》第 5 卷,郑州:河南人民出版社 2000 年版,第 279—280 页。

③ 同上书,第 273 页。

④ 陈来:《冯友兰文化观的建立与发展》,见陈来:《传统与现代:人文主义的视界》,第 154 页。

么,东方强调我们是什么。如何调和这二者,使人类身心都能幸福,这个问题目前难以解答。无论如何,中国的人生观也许错了,但是中国的经验不会是一种失败。如果人类将来日益聪明,想到他们需要内心的和平和幸福,他们就会转过来注意中国的智慧,而且必有所得。"①冯先生仅从表面或外在的角度来谈哲学的民族性显然是有问题的。对于不同文化类型下的哲学而言,它们的区别往往主要体现为内容上的不同。例如,中国哲学与西方哲学即是两个不同传统文化下的两种不同类型的哲学。中国哲学家所探讨的道体、理气、心性等哲学内容,很显然不同于西方哲学中的存在、实体、主客、上帝等内容;中国哲学中惯用的直觉思维方式,也很显然不同于西方所普遍使用的逻辑分析方法。抛开冯先生忽视从内容或内在的角度来谈民族性不谈,即使是从表面的或外在的角度来看,即从中西方哲学史和哲学语言的区别来看,这些区别也未必如他所言是不重要的。

冯先生的上述看法实际上涉及哲学的普遍性与特殊性的问题。任何一种可以称为哲学的东西,都有一些共同的东西,如相同的哲学问题、采取哲学的思维方式、运用哲学的语言、继承以往的哲学传统等。不过,哲学的特殊性也是明显的,不同地域的文化都有自己的哲学传统。每一种哲学传统都深深地打上了自己本民族的深深烙印,因此具有浓厚的民族性。"现代社会相对于传统社会而言具有某些特性或特色,但现代社会并非仅仅依靠于这些特色就能存在。特殊主义的现代性观念只是一个认识的范畴,而不是一个存在的范畴。就存在而言,现代社会之所以能存在,是因为不仅要依照与传统不同的现代社会之理(工具理性),还要依照一切社会之理(包括价值理性)。"②

我们很难想象一种全世界通用的共同的哲学的出现。不同类型的哲学的出现和继续,正是体现了哲学文化上的"和而不同",而世界上哲学文化的多样性正是哲学文化继续保持价值和寻求创新的基础。可以发现,即使是冯先生自己的著作,其中的民族性特征也是极其鲜明的。

---

① 冯友兰:《为什么中国没有科学:对中国哲学的历史及其后果的一种解释》,《三松堂全集》第 11 卷,第 53 页。
② 陈来:《新理学与现代性思维的反思》,见陈来:《传统与现代:人文主义的视界》,第 177 页。

因此,可以说冯先生是一名哲学家,但是更准确地说他是一名具有中国特色的哲学家。冯先生对于哲学民族性意义的贬低,主要是源于他的哲学观,"哲学与科学之区别,即在科学之目的在求真;而哲学之目的在求好"①。他认为,哲学就理这一方面来说只有一个。但是,哲学的目的只在于求好而不求真、不求美吗?世界上就理而言果真只有一种哲学吗?就现实的世界哲学的发展而言,很难能够对此给出一种肯定性的回答。

与对哲学的理解不同,冯友兰对于文化的理解则明显兼顾了文化的普遍性与特殊性的问题。《新事论》一书的前七篇主要是就文化的普遍性即文化类来阐发的,因此文中不说所谓的东方文化与西方文化,而只说生产家庭化的文化与生产社会化的文化。这种有关中西文化比较方面的阐述,其重点显然在于两种文化的相同而不是相异之处。《新事论》一书的第八篇以后,则主要是就文化的特殊性即文化的个体来阐发的,其重点显然在于两种文化的相异而不是相同之处。一方面,冯先生以"的"与"底"的区别来言说文化的特殊性,一个民族的文化的特殊性,主要体现在文学艺术方面。就工业与科学来讲,我们只能说英国"的"工业、科学,而不能说英国"底"工业、科学。英国"的"工业、科学,只是说英国人所拥有的工业、科学。但是如果说英国"底"工业、科学,则是说英国的工业、科学与其他国家的工业、科学是不同的,而这是说不通的。与工业、科学不同,在文学艺术方面,恰恰可以有英国"底"文学艺术。另一方面,冯先生也以"质"与"文"的区别来言说文化的特殊性。"质"指的是一个社会的生产方法、经济制度以及社会制度等。"文"则指的是一个社会的艺术、文学等。

正因为冯先生确实是一名典型的中国哲学家,因此,在他的哲学思想诠释中才处处体现出民族性的向度。"冯友兰不是在全球化与民族性之间只作一种非此即彼的选择,而是试图在全球化与民族性之间寻找一种必要的张力。"②例如,对于中学为体、西学为用是否可说的问题,他的回答是:如果中学为体指的是组织社会的道德是中国人所本有的,如果西学为用指的是西洋的知识、技术与工业,则当然是可说的。因为在他

---

① 冯友兰:《对于哲学及哲学史之一见》,《三松堂全集》第11卷,第66页。
② 李维武:《冯友兰在全球化与民族性之间的探寻》,《南阳师范学院学报》2003年第4期,第9页。

看来,清末以来,中国所缺的是某种文化的知识,即技术与工业;中国所有的则是组织社会的道德。坚持中国的传统道德这是继往,吸收西方的知识、技术、工业这是开来,继往开来的中国发展观,体现了冯先生对于社会发展理解的辩证态度,也表明了他所理解的中国现代性背后的民族性一面。

## 第三节 冯友兰现代化思想中的工业化与现代性

除了民族性的主题之外,身处特殊时代的中国,冯先生更深深地关切中国的现代化发展,因为这一发展问题在他看来关系到中华民族生死存亡的大问题。"中国若不能成为一个近代式底国家,则所谓中国,无论它是如何底地大物博,将来会只成一个地理上底名词,所谓中国人,无论他是如何底聪明优秀,将来会只成一个人种学上底名词。所谓中国文化,无论它是如何底光辉灿烂,将来会只成历史博物馆中底古董。所以中国非求成为一个近代式底国家不可。"①不过,想要建立一个现代化的国家,前提是应该对于现代化背后的现代性问题进行合理的把握。

鸦片战争以来,对于什么才是一个现代化国家最核心的要素,中国的思想家们在不同的时期往往提供了不同的解答。由开始的船坚炮利这一器物层面的要素到君主立宪这一制度层面的要素,再到科学民主这一文化层面的要素,往往众说纷纭。现代性社会的存在离不开科学的支撑,可究竟何谓科学呢?"我们把事实研究之后,用系统的方法记述他,用道理去解说他,这记述和解说,就是科学。记述和解说自然事实的,就是自然科学;记述和解说社会事实的,就是社会科学。"②过去的中国并没有自然科学,而这成为中国在近代落后于西方的主要原因。可过去的中国没有科学的原因到底在哪里呢?在《为什么中国没有科学:对中国哲学的历史及其后果的一种解释》一文中,冯先生认为,文化的差别即是东方与西方的差别,他力图借此对上述问题做出解答。"中国没有科学,

---

① 冯友兰:《抗战的目的与建国的方针》,见《三松堂全集》第5卷,第402页。
② 冯友兰:《与印度泰谷尔谈话》,《三松堂全集》第11卷,第7页。

是因为按照她自己的价值标准,她毫不需要。"①那么中国的价值标准是什么呢?中国哲学家并不认为知识权力本身是好的,因此为知识而知识、为权力而权力的中国哲学家少之又少。即使是直接能够为人增加幸福的知识,中国哲学家也只愿意通过实行来增加人的幸福,而不愿意对其进行空言讨论。进一步来讲,冯先生认为,中国未曾发现科学方法,这是因为中国思想从各人自己的心出发。中国哲学家喜爱的是知觉的确实,而不是概念的确实,因此他们不想也没有把他们具体的所见转成科学的形式。"中国没有科学,是因为在一切哲学中,中国哲学是最讲人伦日用的。"②中国理想是取享受而舍力量,因此中国不需要科学。中国哲学家不需要科学的确实性,因为他们希望知道的只是他们自己;他们不需要科学的力量,是因为他们希望征服的只是他们自己。与此不同,西方思想家力求认识外在的世界,他们通过确实性与力量的寻求而创制了科学。

冯先生对中国近代为什么没有诞生科学这一李约瑟命题的回答,很显然是有问题的。中国哲学家注重人伦日用的思考,不喜欢为知识而求知识,也未能将我与非我的世界分开,因此缺乏逻辑学的和知识论的思考,这确实是一个事实。"中国的儒家,并不注重为知识而求知识,主要的在求理想的生活。求理想生活,是中国哲学的主流,也是儒家哲学精神所在。"③"中国人重是什么而不重有什么,故不重视知识权力。不重知识权力,故不重科学。不重科学,故仅有科学的萌芽,而无正式的科学。"④但是,以中国哲学家不需要科学的确实性、不需要科学的力量来解释科学未诞生在中国,这显然是有问题的。中国古代社会未能诞生科学,这绝不是需不需要的问题,也不是重不重视知识权力的问题,而是按照中国哲学的内在本性来讲,它是如何也不能诞生近代意义上的科学的。西方注定要有科学,这也不是如冯先生所说的源于他们认为人性本身是不完善的,是愚、弱、无助的,因此,为了变得完善、坚强、聪明就需要知识和力量。科学诞生的前提是独立的认识主体与认识对象的区分,

---

① 冯友兰:《为什么中国没有科学:对中国哲学的历史及其后果的一种解释》,《三松堂全集》第 11 卷,第 32 页。
② 同上书,第 51 页。
③ 冯友兰:《儒家哲学之精神》,《三松堂全集》第 11 卷,第 468 页。
④ 冯友兰:《泛论中国哲学》,《三松堂全集》第 11 卷,第 133 页。

同时采取客观可靠的实验观察与理性思辨的逻辑分析方法。这些条件在主客未分而注重天人合一的中国传统哲学中,很显然是极其贫乏的。

抛开科学为什么没有诞生在中国不谈,冯先生究竟是如何理解所谓的现代性范畴呢? 他的解答是,现代化国家背后的现代性主要体现为工业化要素。于是,抗战的目的与建国的方针便是争取工业化与赶紧工业化,即主要是以机器大生产为主要特征的工业化。工业化的来临,将使中国由以家为本位的社会转变为以社会为本位的社会。在他看来,"一般人所说的西洋文化,实际上是近代文化。所谓西化,应该说是近代化"①。东西之分实际上不过是古今之异,即社会各种类型的不同,其实质上是共相与殊相的关系问题。冯先生认为,一类的事物都会依照某理而有某性,一类的事物所共同依照的是普遍的共相即理,而特殊的个体作为殊相,指的是一件一件的事物,它可以属于许多类,因此有许多性。《新事论》第一篇"别共殊"所探讨的共相与殊相的区分,是冯先生展开文化思想比较的哲学思想基础。

依据共相与殊相相区分这一哲学基础,冯先生便借助文化类型的区别来分析中西方文化的区别,以类的角度来看待西洋文化。"某一种社会类型是共相,某一个国家或民族是殊相。某一个国家或民族在某一时期是某一类型的社会,而在另外一个时期可以转化或发展成为另一种类型的社会。这就是共相寓于殊相之中。"②不同的国家是殊相,而它们的社会性质是共相,于是中国文化与西方文化的区别便是"以家为本位的社会"与"以社会为本位的社会",后一种社会类型拥有一种体现了工业化的社会革命。"所谓西洋是一个体,在文化方面,他代表许多类型。如耶教文化,科学文化,工业文化等。我们说学西洋,实在是学他所代表之某一文化类型或某几文化类型。例如科学文化,或工业文化。"③《新事论》一书的副标题是"中国到自由之路",而这条路就是工业化道路。而中国的工业化就是进入资本主义社会,补资本主义工业化的课。冯先生这种以不同的文化类型、以近代文化或现代文化来指称西方文化的主

---

① 冯友兰:《三松堂自序》,《三松堂全集》第1卷,第218页。
② 同上书,第219页。
③ 冯友兰:《从中国哲学会说到哲学的用处》,《三松堂全集》第5卷,第321页。

张,显然要比早期以地理学上的东方与西方来探讨文化的区别要合理多了。但是,此种主张依然没有很好地解决中国现代性问题,反而以西方现代性为唯一的现代性了。

依据这样的理解,中国文化的改变首先是全盘的、完全的、彻底的,因为这是将此种文化从一种类型转入另一种类型,即由"以家为本位的社会文化"转向"以社会为本位的社会文化"。其次,中国文化的改变又是部分的,因此这只是将中国文化从一类转入另一类,而不是将中国文化这一特殊文化转变成西方文化这一特殊的文化。中国文化中与"以社会为本位的社会文化"相关的诸性应当且必须改变,但是与其无关的诸性则不应当也不必改变。最后,中国文化的改变又是中国本位的,因此这是将中国文化从一类转入另一类,而不是将中国文化这一特殊的文化改变为西方文化这一个特殊的文化。可见,冯友兰从类与个体即共相与殊相之区分入手而展开的中西方文化比较的研究,很好地协调好了在此问题上看似针锋相对的全盘西化、部分西化、中国本位文化这三种不同的文化立场。以类的角度来看待西方文化,发现西方文化是以社会为本位的文化,它带来的是工业化和现代化,因此中国是可以学习西方的。以个体的角度来看待中国文化,则发现在学习西方的现代化的同时,并不能放弃本民族固有的积极的东西。在以类与个体、共相与殊相来看待中西方文化的思想背后,体现了冯先生思想辩证的一面。有了这种辩证的智慧,他的文化观在中西文化体用问题上确实超过了其同时代及之前的许多思想家。

正因为以文化类型的角度来看待西方文化,冯先生认为,西方的进步主要体现在其以工业化为标识的现代化。那么,在一个社会的现代化历程中,何种因素是其主要作用的呢? 受马克思主义历史哲学的影响,《新事论》强调的是发展生产力的重要性,生产力等经济基础是"体",政治、文化等上层建筑是"用"。如果"体"改了,则"用"会跟着改。跟着改并不是说不需要人的努力,人的努力是需要的,不过人会跟着努力的。事实上,早在发表于 1936 年 8 月的《中国现代民族运动之总动向》一文中,冯先生便强调了经济在社会发展中的力量。"只有经济的力量,才是最后的、决定的力。"①"现代社会的根本因素是工业化经济。"②以经济为判定标准,他于是将当时世界上的民族分为经济先进的民族即所谓"城里人",以及经济落后的民族即所谓"乡下人"。英美以及西欧等国之所以能够取得"城里人"的地位,被冯友兰归因于产业革命,用以社会为本位的生产方法、经济制度取代了以家为本位的生产方法、经济制度,并引发了政治革命与社会革命,从而实现了近代化或现代化。中国之所以处于"乡下人"的地位,这是因为中国未近代化或现代化,因为中国没有用以社会为本位的文化来取代以家为本位的文化。乡下靠城里,东方靠西方,中国向西方学习的结论自然形成了。当时中国民族的活动方式,其主要的目的是求自由平等,而这主要指的是经济上的自由平等而不是政治上的自由平等。由于当时的世界是工业化的世界,当时世界的文明是工业文明,因此中国民族欲获得经济上的自由平等,非工业化不可。中国由于处于农业文明阶段,于是其现代化主要体现为去学习工业文化类型代表的西洋文化。这种工业化既包含物质文明方面的也包括精神文明方面的。但由于持有经济是决定力量的主张,于是,冯先生主张以物质为根据,精神文明一定要以物质文明为基础。如果有了某一种物质文明,那么某一种精神文明便会不叫自来。

从上文分析来看,冯友兰对于文化现代化问题的思考,突显了其作为时代知识分子的历史使命感和责任感。"冯友兰这种把工业化看做中国文化或中国民族国家在世界民族之林获得自由平等的当务之急和根本出路的思想,不论其接受的影响从何而来,可以说在很大程度上反映了同时代知识分子在中国近代化过程中的新的文化自觉,以及以工业革命救亡图存的民族意识。"③但是,工业化必然指代的就是资本主义社会类型吗?冯先生用社会本位与家庭本位来概括古今社会的区别,这合理吗?而且,生产社会化的社会在他看来也有两种,一种是生产社会化而支配家庭化的资本主义社会,一种是生产社会化亦支配社会的社会主义

---

① 冯友兰:《中国现代民族运动之总动向》,《三松堂全集》第 14 卷,第 265 页。
② 冯友兰:《在中国传统社会基础的哲学》,《三松堂全集》第 11 卷,第 598 页。
③ 陈来:《新理学与现代性思维的反思》,见陈来:《传统与现代:人文主义的视界》,第 165 页。

社会(这包括国家社会主义与共产主义)。因此,按照冯先生的逻辑,工业化便不仅仅有资本主义的工业化,也应当有社会主义的工业化。

抛开此点不谈,冯先生由脱离以家为本位的生产方法、生产制度而言说以社会为本位的生产方法、生产制度,由脱离以家庭为中心的文化到以社会为中心的文化的转变,由产业革命而言说政治革命、社会革命,这无疑抓住了社会发展进程中的经济要素、经济革命的决定性力量,这是一种历史哲学中的唯物主义。此外,在《新事论》中,他认为存在文化理解上的两种模式,体用模式凸显的是现代性维度,质文模式凸显的则是民族性维度。"这两个模式在冯友兰文化观中的地位,也许可以说,'体—用'模式为主,文质模式为辅。"①在文化的现代性与民族性之间,显然存在着一种张力。以体—用模式为主,无疑表明冯先生更重视现代性问题,尽管这种现代性离不开民族性且需要有中国特色。作为共相的现代性是涵盖多样性的一元。当我们思考中国现代性问题的时候,首先应当强调的便应当是现代性,然后再谈其背后的中国性。冯先生有关现代性与民族性关系的理解,显然符合这样的致思理念。

## 第四节 冯友兰民族性与现代性之思的限制

以上是以民族性与现代性视角对冯友兰先生文化思想的探究,那么,我们今天究竟该如何来评价他的相关思想呢?这一思想的背后实际上涉及的是儒学与现代性之张力的问题。儒学对于现代社会到底是一种负面的作用,还是有其积极的意义?对此,思想家们往往存在两种截然不同的看法。

一种观点认为,儒学对于一个社会的现代化只具有负面的消极作用。这种观点以德国著名的社会学家、哲学家马克斯·韦伯为代表,在其宗教社会学著作《儒教与道教》一书中,他探讨的即是儒家伦理精神对于东方资本主义发展所造成的阻力问题,其结论是儒家伦理阻碍了中国资本主义的发展。"同(儒教的)理性地适应世界相对的是(清教的)理性地改造世界。儒教要求始终清醒地自我控制,维护各方面都完美无

---

① 陈来:《冯友兰文化观的建立与发展》,见陈来:《传统与现代:人文主义的视界》,第160页。

瑕的善于处事的人的尊严,清教伦理要求自我控制,则是为了把调整的标准有计划地统一于上帝的意志。"①在马克斯·韦伯看来,儒家慎独的出发点是为了保持外表仪态举止的尊严,是为了顾全自己的"面子",其实质是美学的、消极的。因为这些"举止"本身并无特定内容,但被推崇和被追求。与此不同,清教徒虽然也讲清醒的自我控制,但却有积极的目的,即拥有一定质的行为,此外还有比较内在的东西,即系统地控制自己那种邪恶的、堕落的、内在的本性。通过不同的伦理传统之间的对比,马克斯·韦伯力图证明新教伦理精神与西方资本主义的发展具有内在的生成关系,而儒家伦理精神则对东方的资本主义发展起到了阻碍的作用。

与马克斯·韦伯等人的观点不同,余英时在《中国近世宗教伦理与商人精神》(1987)、《现代儒学的回顾与展望:从明清思想基调的转换看儒学的现代发展》(1994)、《士商互动与儒学转向:明清社会史与思想史之表现》(1997)等著述中则认为,儒学对于一个社会的现代化确实具有正面的积极作用,因此反对马克斯·韦伯的中国近世的宗教伦理尤其是儒家伦理不能为中国资本主义的出现提供精神基础的主张。同样,杜维明也明确指出列文森的观点即使不能算是错误,但也只是一偏之见,因此他反对其言说的儒家思想传统受现代化与西方文化冲击后而逐渐被边缘化与被解构的主张。从现代性中的传统问题以及现代化的多元取向问题为切入点,杜维明认为,"不应该把现代性与中国性对立起来"②。他尤其在工业东亚模式与宋明以来的儒家精神之间的关系问题上进行了长时期的研究,在儒家与东亚现代性之关系问题上提出了不少的新见。

上述两种针锋相对的关于儒学现代功能观点,均是难以令人认同的。无论是将儒学与现代性对立起来的观点,还是将儒学与现代性竭力联系起来的观点,即认为在东亚现代性或工业东亚模式与儒家思想资源之间具有密切的关联性,都是站不住脚的。第一种观点显然太注重现代性的一元性而忽视了多样性,即过分强调了与西方现代性方案的同质

---

① 〔德〕马克斯·韦伯:《儒教与道教》,王容芬译,第306页。
② 〔美〕杜维明:《东亚价值与多元现代性》,北京:中国社会科学出版社2001年版,第18页。

化、理性化与霸权化。第二种观点则过分强调了多样性而忽视了一元性,即过分强调了地方性与民族性,从而忽视了全球性与世界性维度。

应当说,儒家伦理与现代社会之间当然具有相容性,儒家伦理在现代性社会中往往可以发挥价值理性重塑的作用。例如,"礼制/礼治仍将是中国现代性的应有之义,这又进一步说明儒学的复兴在中国文化中至今仍有牢固的基础"①。儒家伦理在物欲主义、消费主义充斥的社会里显然具有化解当代人文精神失落的重大意义。"儒家的价值系统,在经过实践层面的与现代社会结合及转化之后,与其他宗教体系协同,可为现代社会的人提供意义的统一性基础,道德规范的基础,人类理想追求的基础,以及人类用以批判现实的资源。"②应当承认,工具理性在现代社会形成和发展过程中具有无可置疑的功用,但必须反对将技术理性和工具理性看作解决人类问题唯一良剂的唯科学主义或科学一层论。

因此,中国传统儒学并不是如约瑟夫·R.列文森在《儒教中国及其现代命运》(*Confucian China and its modern fate*)中以"博物馆"比喻所言说的已经死亡。"如同列宁格勒的'修道院'一样,全中国的宫殿,庙宇和各种各样的历史遗迹、遗物——这些东西原本与共产主义原则格格不入——一律为共产主义者拥为己有,并失却了原本的负面作用,其原物得到了保护,与这些历史遗物相同,共产党也没有必要非从精神上彻底抛弃孔子不可。所以,孔子也能受到一定的保护,也有存在的价值,共产党不是要剥夺他生存的意义,而是取代他所拥有的文化作用。简而言之,保护孔子并不是由于共产党官方要复兴儒学,而是把他作为博物馆的历史收藏物,其目的就是要把他从现实的文化中驱逐出去。"③这种将儒家思想视作"博物馆"陈列品的主张,只会将儒学看作只具有历史意义与审美价值的东西,而这显然是缺少系统化论证的言之甚简的论调,它也不符合涵盖儒家思想资源的中国特色社会主义文化的发展现实。

可以说,以民族性与现代性视角来审视儒学的当代价值,实际上涉及的是在地化与全球化之间的关系问题。现代性具有全球的特征,全球

---

① 方朝晖:《文明的毁灭与新生:儒学与中国现代性研究》,第 98 页。
② 陈来:《新理学与现代性思维的反思》,见陈来:《传统与现代:人文主义的视界》,第 177 页。
③ 〔美〕列文森:《儒教中国及其现代命运》,郑大华、任菁译,北京:中国社会科学出版社 2000 年版,第 337—338 页。

化成为现代性的一个必然结果,但是在不同的民族和国家步入现代社会的过程中,其现代性往往打上了本民族文化的烙印,因此具有了在地化的特征。于是,现代性并不是西方所独有的一个发展故事,现代性虽然是一元的但充满了多样性,其中即包括寻求现代性发展的中国现代性。"'中国的'现代性在不久的未来可能成为世界多元现代性景观中一道独特的风景。一方面,它既有许多与西方现代性相通之处,比如社会空间的独立、自治与理性化,以及民主与法治等等;另一方面,它也有自己与西方迥然不同的地方,包括:精神文化传统在社会空间理性化过程中的作用远大于西方,以道德/文化精英为主导的社会整合方式,一个伦理的、治人的、以礼为主的社会,等等。"①

既然全球化与在地化、现代性与民族性之间是不冲突的,那么究竟该如何看待它们之间的不同地位呢？正如有的学者所主张的,"当前全球现代性趋同的成分要比多重现代性视角的倡导者所承认的要更多;或者更确切地说,我认为大多数发展中国家与更早的现代国家以及与正在现代化的其他国家的相似性要比它们与它们自己过去的相似性更多"②。简言之,就现代性的全球性与民族性、一元性与多样性成分而言,现代性的全球性的一面要远远多于现代性的民族性的一面,现代性的一元性一面要远远多于现代性的多样性一面。

以上述理解为评判标准,冯先生对于儒学民族性与西方现代性的探究,无疑具有深远的历史意义和强烈的现实价值。一方面,不像牟宗三先生等道德的理想主义者过分寻求从传统内部开出现代性所需要的科学与民主,不像一些思想家因将儒学与东亚经济社会发展直接而武断地关联起来而过分强调了民族性,冯先生无疑强调的是西方现代性中的工业化文明对于中国社会的意义,并将其视作具有普遍性的价值,这样的主张与现代性所实现的全球化结果是一致的。另一方面,他也不像激进的自由主义者所提倡的完全彻底的西方现代性,而是极力为由儒学所彰显出来的民族性摇旗呐喊,这正体现了他力图在实现全球现代性的同时能够保持中国性、民族性。正如其所言:"只有继承和发扬传统,才能真

---

① 方朝晖:《文明的毁灭与新生:儒学与中国现代性研究》,第258页。
② 〔意〕艾伯特·马蒂内利:《全球现代化:重思现代性事业》,李国武译,第181页。

正走向未来。"①"中华民族的古老文化虽然已经过去了,但它也是将来中国新文化的一个来源,它不仅是过去的终点,也是将来的起点。将来中国的现代化成功,它将成为世界上最古也是最新的国家。这就增强了我的'旧邦新命'的信心。新旧结合,旧的就有了生命力,就不是博物馆中陈列的样品了;新的也就具有了中国自己的民族特色。"②简言之,现代化并不是西化,可以进行现代化,但是不可以进行西化。中国要完成自己的现代性故事,这是时代所需,但是,这种故事的展开并不是照搬西方,而是充满着中国情结。因此,这是一个充满中国特色的现代性故事。整体而言,冯先生的文化思考,既避免了一些全盘西化论者只注重文化的时代性一面的一曲之蔽,也避免了一些文化本位主义者只注重文化的民族性一面的褊狭之见。

客观来讲,围绕西化与现代化这一问题,往往涉及现代化是以农业为主还是以工业为主,是采取资本主义模式还是社会主义模式,是坚守中国文化本位还是提倡全盘西化等众多复杂的问题。五四新文化运动以后,以冯先生为代表的中国思想家在20世纪二三十年代,便对现代化的问题进行了深切的反思。这种反思的确难能可贵,因为这种反思要比20世纪50年代末至60年代初才开始在美国流行的以现代化取代西化的研究,起码早了30余年。虽然面临以日本为首的帝国主义的侵略外患,以及军阀割据的内忧,依然有相当数量关心中国政治与社会的知识分子展开了对中国现代化问题的深入思考。"当时的知识分子已明确指认现代化并非西化,20世纪二三十年代的中国知识界就已提出这样的看法:中国的现代化必须走一条融合古今、会通中西的道路。"③无论是胡适先生起初提倡的全盘西化乃至后来所提倡的充分现代化,还是冯先生早期提出的东西方区别乃至后来的古今之别,都已经明晰了西化与现代化之间的基本分野。

但是,无论是以东方与西方这一空间的视角,还是以古代与近代这一时间的视角,还是以家庭与社会这一社会类型的视角,冯先生都简单

---

① 冯友兰:《立足现在 发扬过去 展望未来》,《三松堂全集》第13卷,第477页。
② 冯友兰:《三松堂自序》,《三松堂全集》第1卷,第313页。
③ 〔美〕杜维明:《儒家传统与文明对话》,彭国翔编译,第175页。

地将现代化等同于工业化。对于中国传统社会中的那些基本道德,在他看来,是无所谓现代化或不现代化的。然而,即使是这些基本道德,在现代社会中也是需要变革的,以便适应新的社会现实。传统的道德也需要现代化,因此才会成为现代道德。由于对现代性的简单化理解,冯友兰先生因此将西方视作工业化的典范,从而忽视了现代化背后的现代性实际上是包括市场经济、民主法治、市民社会、个人尊严等多个层面的事实。正如杜维明先生所言:"从空间性的西方化观念向时间性的现代化观念的转换是耐人寻味的,它意味着我们不能把最早出现在西欧的发展进程,如工业化,仅仅视为'西方的'东西,因为这个进程在其发展中卷入了日本、俄罗斯、中国、土耳其、印度、肯尼亚、巴西和伊朗等地区。出于这个理由,我们最好以那种非地缘的、时间性的现代化观念来取代全球化转型过程中出现的鲜明的西方化特征。"① 全球化背后的现代性是一个充满多面向的一个极其复杂的过程,它不仅仅是一个经济过程,不仅仅是工业化的过程,它还包括政治与文化等多个方面,因此这是包含着异质性的一个过程。冯先生单以工业化来谈中国的现代化,显然忽视了现代化背后的科学化、合理化、社会化、民主化、自由化等诸多方面,这无疑突显出他对现代性理解的片面性和局限性。

总之,西化不同于现代化,现代化不同于全球化。因时代所限,冯先生无法以全球化与在地化的视角来探讨民族性与现代性之间的关系问题。但是,不管怎样,冯先生在他那个时代能够围绕民族性与现代性之关系问题进行种种独创性的思考,对于我们今天来反思全球现代性、中国现代性尤其是中国式现代化,无疑都将具有很强的历史意义与现实价值。

---

① 〔美〕杜维明:《儒家传统与文明对话》,彭国翔编译,第80页。

# 参考文献

## 一、中文原文著作(以出版时间为序)

[1] 蔡仁厚:《新儒家的精神方向》,台北:台湾学生书局1982年版。

[2] 黄俊杰:《儒学传统与文化创新》,台北:东大图书公司1986年版。

[3] 〔美〕魏斐德:《关于国民性的探索》,见复旦大学历史系编:《中国传统文化的再估计:首届国际中国文化学术讨论会(1986)文集》,上海:上海人民出版社1987年版。

[4] 〔美〕魏斐德:《现代中国文化的民族性探寻》,见汤一介主编:《中国文化与中国哲学·1987》,深圳大学国学研究所编,北京:生活·读书·新知三联书店1988年版。

[5] 林毓生:《中国传统的创造性转化》,北京:生活·读书·新知三联书店1988年版。

[6] 〔美〕成中英:《中国文化的现代化与世界化》,北京:中国和平出版社1988年版。

[7] 罗荣渠主编:《从西化到现代化:五四以来有关中国的文化趋向和发展道路论争文选》,北京:北京大学出版社1990年版。

[8] 〔美〕艾恺:《世界范围内的反现代化思潮:论文化守成主义》,贵阳:贵州人民出版社1991年版。

[9] 金耀基:《中国现代化与知识分子》,台北:时报文化出版企业公司1991年版。

[10] 李明辉:《儒学与现代意识》,台北:文津出版社1991年版。

[11] 岳华编:《儒家传统的现代转化——杜维明新儒学论著辑要》,北京:中国广播电视出版社1992年版。

[12] 翟志成:《当代新儒学史论》,台北:允晨文化实业股份有限公司1993年版。

[13] 李瑞全:《当代新儒学之哲学开拓》,台北:文津出版社1993年版。

[14] 邓小军:《儒家思想与民主思想的逻辑结合》,成都:四川人民出版社1995年版。

[15] 杨深编:《走出东方:陈序经文化论著辑要》,北京:中国广播电视出版社1995年版。

[16] 张汝伦编选:《理性与良知:张东荪文选》,上海:上海远东出版社1995年版。

[17] 林安梧:《当代新儒家哲学史论》,台北:文海学术思想研究发展文教基金会1996年版。

[18] 〔美〕杜维明:《现代精神与儒家传统》,北京:生活·读书·新知三联书店1997年版。

[19] 罗荣渠、董正华编:《东亚现代化:新模式与新经验》,北京:北京大学出版社1997年版。

[20] 方克立:《现代新儒学与中国现代化》,天津:天津人民出版社1997年版。

[21] 林安梧:《儒学革命论:后新儒家哲学的问题向度》,台北:台湾学生书局1998年版。

[22] 金耀基:《从传统到现代》,北京:中国人民大学出版社1999年版。

[23] 韩水法编:《韦伯文集》下,北京:中国广播电视出版社2000年版。

[24] 郑家栋编:《断裂中的传统:信念与理性之间》,北京:中国社会科学出版社2001年版。

[25] 何信全:《儒学与现代民主》,北京:中国社会科学出版社2001年版。

[26] 陈昭瑛:《台湾儒学的当代课题:本土性与现代性》,北京:中国社会科学出版社2001年版。

[27] 崔大华:《儒学引论》,北京:人民出版社2001年版。

[28] 哈佛燕京学社、三联书店主编:《儒家与自由主义》,北京:生活·读书·新知三联书店2001年版。

[29] 〔美〕杜维明:《东亚价值与多元现代性》,北京:中国社会科学出版社2001年版。

[30] 郭齐勇、郑文龙编:《杜维明文集》(第1—5卷),武汉:武汉出版社2002年版。

［31］国际儒学联合会主编:《儒学现代性探索》,北京:北京图书馆出版社 2002 年版。

［32］唐文明:《与命与仁:原始儒家伦理精神与现代性问题》,保定:河北大学出版社 2002 年版。

［33］刘青峰、岑国良编:《自由主义与中国近代传统:"中国近现代思想的演变"研讨会论文集》(上),香港:香港中文大学出版社 2002 年版。

［34］方朝晖:《"中学"与"西学":重新解读现代中国学术史》,保定:河北大学出版社 2002 年版。

［35］刘擎、关小春编:《自由主义与中国现代性的思考:"中国近现代思想的演变"研讨会论文集》(下),香港:香港中文大学出版社 2002 年版。

［36］许纪霖、田建业编:《杜亚泉文存》,上海:上海教育出版社 2003 年版。

［37］蒋庆:《政治儒学:当代儒学的转向、特质与发展》,北京:生活・读书・新知三联书店 2003 年版。

［38］谈远平:《中国政治思想:儒家与民主化》,台北:扬智文化事业股份有限公司 2004 年版。

［39］胡治洪:《全球语境中的儒家论说:杜维明新儒学思想研究》,北京:生活・读书・新知三联书店 2004 年版。

［40］张昭军:《传统的张力:儒学思想与近代文化变革》,长春:吉林人民出版社 2004 年版。

［41］李幼蒸:《仁学解释学:孔孟伦理学结构分析》,北京:中国人民大学出版社 2004 年版。

［42］李明辉、陈玮芬主编:《当代儒学与西方文化:哲学篇》,台北:"中央研究院"中国文哲研究所 2004 年版。

［43］李明辉:《儒家视野下的政治思想》,北京:北京大学出版社 2005 年版。

［44］李翔海:《民族性与时代性:现代新儒学与后现代主义比较研究》,北京:人民出版社 2005 年版。

［45］夏光:《东亚现代性与西方现代性:从文化的角度看》,北京:生活・读书・新知三联书店 2005 年版。

［46］李晨阳:《道与西方的相遇:中西比较哲学重要问题研究》,北京:中国人民大学出版社 2005 年版。

［47］景海峰:《新儒学与二十世纪中国思想》,郑州:中州古籍出版社 2005 年版。

［48］〔美〕杜维明:《对话与创新》,桂林:广西师范大学出版社 2005 年版。

［49］陈来:《传统与现代:人文主义的视界》,北京:北京大学出版社 2006 年版。

［50］赵卫东:《分判与融通:当代新儒家德性与知识关系研究》,济南:齐鲁书社2006年版。

［51］刘述先:《全球伦理与宗教对话》,石家庄:河北人民出版社2006年版。

［52］陈嘉明:《现代性与后现代性十五讲》,北京:北京大学出版社2006年版。

［53］蔡德麟、景海峰主编:《文明对话》,北京:清华大学出版社2006版。

［54］周可真:《明清之际新仁学:顾炎武思想研究》,北京:中国大百科全书出版社2006年版。

［55］李申:《简明儒学史》,北京:中国人民大学出版社2006年版。

［56］张君劢:《新儒家思想史》,北京:中国人民大学出版社2006年版。

［57］彭国翔:《儒家传统:宗教与人文主义之间》,北京:北京大学出版社2007年版。

［58］乐爱国:《宋代的儒学与科学》,北京:中国科学技术出版社2007年版。

［59］谢军:《责任论》,上海:上海人民出版社2007年版。

［60］李明辉、林维杰主编:《当代儒学与西方文化:会通与转化》,台北:"中央研究院"中国文哲研究所2007年版。

［61］郭金鸿:《道德责任论》,北京:人民出版社2008年版。

［62］陈来、甘阳主编:《孔子与当代中国》,北京:生活·读书·新知三联书店2008年版。

［63］黄俊杰编:《东亚儒学研究的回顾与展望》,上海:华东师范大学出版社2008年版。

［64］范瑞平主编:《儒家社会与道统复兴:与蒋庆对话》,上海:华东师范大学出版社2008年版。

［65］罗荣渠主编:《从"西化"到现代化:五四以来有关中国的文化趋向和发展道路论争文选》(上、中、下),合肥:黄山书社2008年版。

［66］方克立:《现代新儒学与中国现代化》,长春:长春出版社2008年版。

［67］金惠敏:《后儒学转向》,开封:河南大学出版社2008年版。

［68］李泽厚:《中国现代思想史论》,北京:生活·读书·新知三联书店2008年版。

［69］李泽厚:《历史本体论·己卯五说》(增订本),北京:生活·读书·新知三联书店2008年版。

［70］〔美〕成中英、麻桑:《新新儒学启思录:成中英先生的本体世界》,北京:商务印书馆2008年版。

［71］刘梦溪:《中国现代学术要略》,北京:生活·读书·新知三联书店2008年版。

［72］〔美〕杜维明主编:《思想·文献·历史:思孟学派新探》,北京:北京大学

出版社 2008 年版。

[73] 香港浸会大学宗教及哲学系编:《当代儒学与精神性》,桂林:广西师范大学出版社 2009 年版。

[74] 哈佛燕京学社主编:《波士顿的儒家》,南京:江苏教育出版社 2009 年版。

[75] 宋志明:《现代新儒学的走向》,北京:北京师范大学出版社 2009 年版。

[76] 彭国翔:《儒家传统与中国哲学:新世纪的回顾与前瞻》,石家庄:河北人民出版社 2009 年版。

[77] 黄卓越编:《儒学与后现代视域:中国与海外》,开封:河南大学出版社 2009 年版。

[78] 郭齐勇:《中国儒学之精神》,上海:复旦大学出版社 2009 年版。

[79] 杜维明、卢风:《现代性与物欲的释放:杜维明先生访谈录》,北京:中国人民大学出版社 2009 年版。

[80] 李幼蒸:《儒学解释学:重构中国伦理思想史》(上、下),北京:中国人民大学出版社 2009 年版。

[81] 吴圣正:《德性与民主:与现代新儒家谈政治哲学》,银川:宁夏人民出版社 2009 年版。

[82] 吴汝钧:《当代新儒学的深层反思与对话诠释》,台北:台湾学生书局 2009 年版。

[83] 程东峰:《责任伦理导论》,北京:人民出版社 2010 年版。

[84] 郑宗义:《儒学、哲学与现代世界》,石家庄:河北人民出版社 2010 年版。

[85] 刘小枫选编:《施特劳斯与现代性危机》,上海:华东师范大学出版社 2010 年版。

[86] 蔡仁厚:《儒学传统与时代》,石家庄:河北人民出版社 2010 年版。

[87] 蔡仁厚:《孔子的生命境界:儒学的反思与开展》,长春:吉林出版集团有限责任公司 2010 年版。

[88] 刘述先:《儒家思想的转型与展望》,石家庄:河北人民出版社 2010 年版。

[89] 刘述先:《儒家哲学研究:问题、方法及未来开展》,东方朔编,上海:上海古籍出版社 2010 年版。

[90] 刘述先:《生命情调的抉择》,长春:吉林出版集团有限责任公司 2010 年版。

[91] 滕文生主编:《儒学的当代使命》(第 1—4 卷),国际儒学联合会编,北京:九州出版社 2010 年版。

[92] 梁家荣:《仁礼之辨:孔子之道的再释与重估》,北京:北京大学出版社 2010 年版。

[93] 薛晓源编:《天与人:儒学走向世界的前瞻・杜维明范曾对话》,北京:北

京大学出版社 2010 年版。

［94］金耀基:《从传统到现代》(第1—2卷),北京:法律出版社 2010 年版。

［95］姚中秋:《现代中国的立国之道(第 1 卷):以张君劢为中心》,北京:法律出版社 2010 年版。

［96］楚渔:《中国人的思维批判:导致中国落后的根本原因是传统的思维模式》,北京:人民出版社 2010 年版。

［97］余英时:《现代儒学论》,上海:上海人民出版社 2010 年版。

［98］林安梧:《牟宗三前后:当代新儒家哲学思想史论》,台北:台湾学生书局 2011 年版。

［99］范瑞平:《当代儒家生命伦理学》,北京:北京大学出版社 2011 年版。

［100］奚刘琴:《第三代新儒家的儒学诠释与创新:以成中英、杜维明、刘述先、蔡仁厚为例》,北京:中国社会科学出版社 2011 年版。

［101］张法:《走向全球化时代的中国哲学:从世界思想史看中国哲学的现代转型与当代重建》,北京:北京大学出版社 2011 年版。

［102］费孝通:《乡土中国·生育制度·乡土重建》,北京:商务印书馆 2011 年版。

［103］贺照田主编:《西方现代性的曲折与展开》(上、下),长春:吉林人民出版社 2011 年版。

［104］陈来:《孔夫子与现代世界》,北京:北京大学出版社 2011 年版。

［105］陈来:《回向传统:儒学的哲思》,北京:北京师范大学出版社 2011 年版。

［106］林安梧:《儒学革命:从"新儒学"到"后新儒学"》,北京:商务印书馆 2011 年版。

［107］方朝晖:《文明的毁灭与新生:儒学与中国现代性研究》,北京:中国人民大学出版社 2011 年版。

［108］李宗桂:《传统与现代之间:中国文化现代化的哲学省思》,北京:北京师范大学出版社 2011 年版。

［109］杨念群:《儒学地域化的近代形态:三大知识群体互动的比较研究》,北京:生活·读书·新知三联书店 2011 年版。

［110］种海峰:《时代性与民族性:全球交往格局中的文化冲突问题研究》,北京:中国社会科学出版社 2011 年版。

［111］童萍:《文化民族性问题研究》,北京:人民出版社 2011 年版。

［112］李泽厚:《说儒学四期》,上海:上海译文出版社 2012 年版。

［113］李泽厚:《说西体中用》,上海:上海译文出版社 2012 年版。

［114］汪明安:《现代性》,南京:南京大学出版社 2012 年版。

［115］彭国翔:《儒家传统的诠释与思辨:从先秦儒学、宋明理学到现代新儒

学》,武汉:武汉大学出版社 2012 年版。

［116］李泽厚:《说文化心理》,上海:上海译文出版社 2012 年版。

［117］李泽厚:《说巫史传统》,上海:上海译文出版社 2012 年版。

［118］方东美:《新儒家哲学十八讲》,北京:中华书局 2012 年版。

［119］陈致:《余英时访谈录》,北京:中华书局 2012 年版。

［120］甘阳:《古今中西之争》,北京:生活·读书·新知三联书店 2012 年版。

［121］史忠义:《现代性的辉煌与危机:走向新现代性》,北京:社会科学文献出版社 2012 年版。

［122］崔大华:《儒学的现代命运:儒家传统的现代阐释》,北京:人民出版社 2012 年版。

［123］姚中秋:《重新发现儒家》,长沙:湖南人民出版社 2012 年版。

［124］范瑞平、贝淡宁、洪秀平主编:《儒家宪政与中国未来:我们是谁? 我们向何处去》,上海:华东师范大学出版社 2012 年版。

［125］干春松:《重回王道:儒家与世界秩序》,上海:华东师范大学出版社 2012 年版。

［126］干春松:《制度化儒家及其解体》(修订版),北京:中国人民大学出版社 2012 年版。

［127］沙莲香:《中国民族性(一):一百五十年中外"中国人像"》,北京:中国人民大学出版社 2012 年版。

［128］沙莲香:《中国民族性(二):1980 年代中国人的"自我认知"》,北京:中国人民大学出版社 2012 年版。

［129］沙莲香:《中国民族性(三):民族性三十年变迁》,北京:中国人民大学出版社 2012 年版。

［130］方东美:《中国人生哲学》,北京:中华书局 2012 年版。

［131］〔美〕余英时:《现代危机与思想人物》,北京:生活·读书·新知三联书店 2012 年版。

［132］〔美〕余英时:《现代儒学的回顾与展望》,北京:生活·读书·新知三联书店 2012 年版。

［133］〔美〕杜维明:《体知儒学:儒家当代价值的九次对话》,杭州:浙江大学出版社 2012 年版。

［134］牟钟鉴:《新仁学构想——爱的追寻》,北京:人民出版社 2013 年版。

［135］张灏:《幽暗意识与民主传统》,成都:四川教育出版社 2013 年版。

［136］黄玉顺:《中国正义论的重建——儒家制度伦理学的当代阐释》,合肥:安徽人民出版社 2013 年版。

［137］方东美讲述:《人生哲学讲义》,黄振华笔记,北京:中华书局 2013 年版。

[138] 秋风:《儒家式现代秩序》,桂林:广西师范大学出版社 2013 年版。
[139] 姚中秋:《儒家宪政主义传统》,北京:中国政法大学出版社 2013 年版。
[140] 金耀基:《中国现代化的终极愿景:金耀基自选集》,上海:上海人民出版社 2013 年版。
[141] 彭国翔:《重建斯文:儒学与当今世界》,北京:北京大学出版社 2013 年版。
[142] 张立文主编:《天人之辨:儒学与生态文明》,北京:人民出版社 2013 年版。
[143] 龚鹏程:《儒学思录·二集》,台北:台湾学生书局 2013 年版。
[144] 刘伟:《儒学传统与文化综合创新》,北京:中国社会科学出版社 2013 年版。
[145] 〔美〕杜维明:《道·学·政:儒家公共知识分子的三个面向》,北京:生活·读书·新知三联书店 2013 年版。
[146] 〔美〕杜维明:《儒学第三期发展的前景问题:大陆讲学、答疑和讨论》,北京:生活·读书·新知三联书店 2013 年版。
[147] 〔美〕杜维明:《仁与修身:儒家思想论集》,北京:生活·读书·新知三联书店 2013 年版。
[148] 〔美〕杜维明:《现代精神与儒家传统》,北京:生活·读书·新知三联书店 2013 年版。
[149] 〔美〕杜维明:《龙鹰之旅:从哈佛回归东海的认同和感悟(1966—1970)》,北京:北京大学出版社 2013 年版。
[150] 〔美〕杜维明:《迈进"自由之门"的儒家:伯克利十年(1971—1981)》,北京:北京大学出版社 2013 年版。
[151] 〔美〕杜维明:《现龙在田:在康桥耕耘儒学论述的抉择(1983—1985)》,北京:北京大学出版社 2013 年版。
[152] 任剑涛:《复调儒学:从古典解释到现代性探究》,台北:台湾大学出版中心 2013 年版。
[153] 〔美〕成中英:《新觉醒时代:论中国文化之再创造》,北京:中央编译出版社 2014 年版。
[154] 〔美〕余英时:《中国近世宗教伦理与商人精神》(增订版),北京:九州出版社 2014 年版。
[155] 李泽厚:《李泽厚对话集·中国哲学登场》,北京:中华书局 2014 年版。
[156] 李泽厚:《李泽厚对话集·浮生论学》,北京:中华书局 2014 年版。
[157] 李泽厚:《李泽厚对话集·廿一世纪(一)》,北京:中华书局 2014 年版。
[158] 李泽厚:《李泽厚对话集·廿一世纪(二)》,北京:中华书局 2014 年版。

[159] 李泽厚:《李泽厚对话集·八十年代》,北京:中华书局 2014 年版。
[160] 李泽厚:《李泽厚对话集·九十年代》,北京:中华书局 2014 年版。
[161] 李泽厚:《李泽厚对话集·与刘再复对谈》,北京:中华书局 2014 年版。
[162] 李泽厚:《回应桑德尔及其他》,北京:生活·读书·新知三联书店 2014 年版。
[163] 陈来:《仁学本体论》,北京:生活·读书·新知三联书店 2014 年版。
[164] 陈来:《陈来讲谈录》,北京:九州出版社 2014 年版。
[165] 汤一介:《瞩望新轴心时代:在新世纪的哲学思考》,北京:中央编译出版社 2014 年版。
[166] 蒋庆:《政治儒学:当代儒学的转向、特质与发展》(修订本),福州:福建教育出版社 2014 年版。
[167] 彭春凌:《儒学转型与文化使命:以康有为、章太炎为中心(1898—1927)》,北京:北京大学出版社 2014 年版。
[168] 蒋庆:《广论政治儒学》,北京:东方出版社 2014 年版。
[169] 蒋庆:《公羊学引论:儒家的政治智慧与历史信仰》(修订本),福州:福建教育出版社 2014 年版。
[170] 翟奎凤选编:《陈来儒学思想录:时代的回应和思考》,上海:华东师范大学出版社 2014 年版。
[171] 沈小勇:《百年回眸:儒学的现代之境》,杭州:浙江大学出版社 2014 年版。
[172] 张祥龙:《复见天地心:儒家再临的蕴意与道路》,北京:东方出版社 2014 年版。
[173] 葛荣晋:《儒学精蕴与现代文明》,北京:中国人民大学出版社 2014 年版。
[174] 孔祥来、陈佩钰编:《杜维明思想学术文选》,上海:上海古籍出版社 2014 年版。
[175] 方朝晖:《"三纲"与秩序重建》,北京:中央编译出版社 2014 年版。
[176] 林维杰、黄雅娴主编:《跨文化哲学中的当代儒学:工夫论与内在超越性》(《当代儒学研究丛刊》(31)),台北:"中央研究院"中国文哲研究所 2014 年版。
[177] 景海峰主编:《儒学的当代发展与未来前瞻》,北京:人民出版社 2014 年版。
[178] 〔美〕杜维明:《二十一世纪的儒学》,北京:中华书局 2014 年版。
[179] 钟肇鹏:《儒学与人生》,北京:社会科学文献出版社 2014 年版。
[180] 李泽厚:《哲学纲要》(最新修订版),北京:中华书局 2015 年版。
[181] 干春松:《康有为与儒学的"新世":从儒学分期看儒学的未来发展路

径》,上海:华东师范大学出版社 2015 年版。

[182] 干春松:《保教立国:康有为的现代方略》,北京:生活·读书·新知三联书店 2015 年版。

[183] 陈少明:《做中国哲学:一些方法论的思考》,北京:生活·读书·新知三联书店 2015 年版。

[184] 宋志明:《中国古代哲学研究方法新探》,北京:中国人民大学出版社 2015 年版。

[185] 陈来:《中华文明的核心价值:国学流变与传统价值观》,北京:生活·读书·新知三联书店 2015 年版。

[186] 陈来:《从思想世界到历史世界》,北京:北京大学出版社 2015 年版。

[187] 李焯然:《中心与边缘:东亚文明的互动与传播》,桂林:广西师范大学出版社 2015 年版。

[188] 张立文等:《裂变与传承:儒学思想的现代诠释》,盛丹艳选编,上海:上海人民出版社 2015 年版。

[189] 杜维明、姚中秋、任锋等:《儒家与宪政论集》,北京:中央编译出版社 2015 年版。

[190] 李洪卫:《根基与歧异:政治儒学与心性儒学的理念与方向》,上海:上海三联书店 2015 年版。

[191] 王中江:《儒家的精神之道和社会角色》,北京:中华书局 2015 年版。

[192] 刘宗贤、蔡德贵主编:《当代东方儒学》,北京:中国社会科学出版社 2015 年版。

[193] 景海峰:《当代儒学的新开展:景海峰说儒》,贵阳:孔学堂书局 2015 年版。

[194] 郭齐勇:《儒学与现代化的新探讨》,北京:商务印书馆 2015 年版。

[195] 赵汀阳:《天下的当代性:世界秩序的实践与想象》,北京:中信出版集团股份有限公司 2016 年版。

[196] 劳思光:《当代西方思想的困局》,上海:华东师范大学出版社 2016 年版。

[197] 顾红亮:《儒家生活世界》,上海:上海人民出版社 2016 年版。

[198] 林维杰、黄冠闵、李宗泽主编:《跨文化哲学中的当代儒学:工夫、方法与政治》,台北:"中央研究院"中国文哲研究所 2016 年版。

[199] 韩星:《儒学新诠》,北京:中国社会科学出版社 2016 年版。

[200] 程东峰:《责任论:一种新道德理论与实践的探究》,合肥:合肥工业大学出版社 2016 年版。

[201] 肖红军、郑若娟、李伟阳:《责任价值论:让社会责任真正对社会负责

任》,北京:经济管理出版社 2016 年版。

[202] 景海峰主编:《儒学的历史叙述与当代重构》,北京:人民出版社 2016 年版。

[203] 李承贵:《儒学的形态与开展》,北京:社会科学文献出版社 2016 年版。

[204] 顾红亮:《论责任》,上海:上海人民出版社 2017 年版。

[205] 郭齐勇:《现当代新儒学思潮研究》,北京:人民出版社 2017 年版。

[206] 林安梧讲述:《儒道佛三家思想与二十一世纪人类文明》,王冰雅、张贝整理,济南:山东人民出版社 2017 年版。

[207] 林安梧讲述:《林安梧访谈录:后新儒家的焦思与苦索》,山东大学尼山学堂采访整理,济南:山东人民出版社 2017 年版。

[208] 黄玉顺:《时代与思想:儒学与哲学诸问题》,济南:山东人民出版社 2017 年版。

[209] 黄玉顺:《爱与思:生活儒学的观念》(增补本),成都:四川人民出版社 2017 年版。

[210] 周桂钿:《中国儒学讲稿》,福州:福建教育出版社 2017 年版。

[211] 干春松:《制度儒学》(增订版),北京:中央编译出版社 2017 年版。

[212] 〔美〕安乐哲、贾晋华编:《李泽厚与儒学哲学》,上海:上海人民出版社 2017 年版。

[213] 〔美〕成中英:《儒家哲学的本体重建》(成中英文集·第 3 卷),北京:中国人民大学出版社 2017 年版。

[214] 〔美〕成中英:《儒学、新儒学、新新儒学》(成中英文集·第 4 卷),北京:中国人民大学出版社 2017 年版。

[215] 程志华:《中国儒学史》,北京:人民出版社 2017 年版。

[216] 林存光:《论儒教作为一种文教:孔子、儒学与儒教问题评论集》,北京:学习出版社 2017 年版。

[217] 沈清松:《返本开新论儒学》,贵阳:孔学堂书局 2017 年版。

[218] 陈鹏:《现代之后的儒学:冯友兰新理学及现代新儒学研究》,北京:华夏出版社 2017 年版。

[219] 孙铁骑:《正义及其文化进路:从"生活儒学"到"修身儒学"》,济南:山东人民出版社 2018 年版。

[220] 黄俊杰:《东亚儒学视域中的徐复观及其思想》(修订版),台北:"国立"台湾大学人文社会高等研究院东亚儒学研究中心 2018 年版。

[221] 曾亦:《儒家伦理与中国社会》,上海:上海三联书店 2018 年版。

[222] 林存光:《儒教中国的形成:早期儒学与中国政治文化的演进》,北京:学习出版社 2018 年版。

［223］郭齐勇：《中国思想的创造性转化》，上海：上海教育出版社2018年版。

［224］龚鹏程：《儒学与生活》，北京：东方出版社2018年版。

［225］李幼蒸：《〈论语〉解释学与新仁学：仁学与现代人文科学的关系论》（上、下），北京：中国人民大学出版社2018年版。

［226］《谭嗣同集》整理组整理：《谭嗣同集》（上、下），杭州：浙江古籍出版社2018年版。

［227］张立文：《中国传统文化与人类命运共同体》，北京：中国人民大学出版社2018年版。

［228］刘建飞：《引领——推动构建人类命运共同体》，北京：中共中央党校出版社2018年版。

［229］江学时：《人类命运共同体研究》，北京：世界知识出版社2018年版。

［230］李爱敏：《从无产阶级国际主义到人类命运共同体：马克思主义的国际主义思想发展研究》，北京：中国社会科学出版社2018年版。

［231］许利平、王俊生等：《构建人类命运共同体视阈下的中国与世界》，北京：中国社会科学出版社2018年版。

［232］吴涧生、杨长湧等：《在合作共赢中推动构建人类命运共同体》，北京：中国言实出版社2018年版。

［233］陈岳、蒲俜：《构建人类命运共同体》（修订版），北京：中国人民大学出版社2018年版。

［234］景海峰主编：《儒学的当代理论与实践》，北京：人民出版社2018年版。

［235］冯晨：《孔子仁学思想研究》，北京：人民出版社2018年版。

［236］林月惠主编：《中国哲学的当代议题：气与身体》（中国文哲专刊53），台北："中央研究院"中国文哲研究所2019年版。

［237］张战等：《构建人类命运共同体思想研究》，北京：时事出版社2019年版。

［238］王彤：《世界与中国：构建人类命运共同体》，北京：中共中央党校出版社2019年版。

［239］王公龙等：《构建人类命运共同体思想研究》，北京：人民出版社2019年版。

［240］牟钟鉴主编：《尼山铎声："新仁学"与儒学创新专题》，尼山圣源书院编，北京：人民出版社2019年版。

［241］范玉秋：《马克思主义中国化与儒学的关系》，天津：天津人民出版社2019年版。

［242］李梅编：《儒学与现代：重估儒学价值》，北京：商务印书馆2019年版。

［243］干春松：《儒学小史》，上海：上海人民出版社2019年版。

［244］方旭东：《新儒学义理要诠》，北京：生活·读书·新知三联书店2019年版。

［245］李晨阳：《比较的时代：中西视野中的儒学哲学前沿问题》，北京：中国社会科学出版社2019年版。

［246］杨泽波：《焦点的澄明：牟宗三儒学思想中的几个焦点问题》，上海：上海三联2019年版。

［247］黄勇：《当代美德伦理：古代儒家的贡献》，上海：东方出版中心2019年版。

［248］黄玉顺：《哲学断想："生活儒学"信札》，成都：四川人民出版社2019年版。

［249］郭瑞：《中国近现代社会转型中的儒学现代化》，北京：人民出版社2019年版。

［250］徐建勇：《现代性与新儒家》，北京：人民出版社2019年版。

［251］卢兴：《牟宗三哲学与中国现代性建构》，北京：社会科学文献出版社2019年版。

［252］李泽厚：《寻求中国现代性之路》，马群林编选，北京：东方出版社2019年版。

［253］陈勋武：《现代性与时代意识论》，北京：中国社会科学出版社2019年版。

［254］荆雨：《儒家"道德的政治"之当代重探》，北京：中国社会科学出版社2019年版。

［255］朱晓虹、鲍铭烨、张应杭：《传统伦理文化的现代性研究》，杭州：浙江大学出版社2019年版。

［256］刘东：《国学的当代性》，北京：中华书局2019年版。

［257］李群山：《"民族性"诠释与重建：毛泽东文化民族性思想研究》，北京：中国社会科学出版社2019年版。

［258］谢晓东主编：《社会儒学与儒学的多元开展》，厦门：厦门大学出版社2019年版。

［259］蔡方鹿：《中华道统思想发展史》，北京：人民出版社2019年版。

［260］国家图书馆（国家古籍保护中心）、北京大学《儒藏》编纂与研究中心编：《孔子·儒学·儒藏：儒家思想与经典》，北京：北京大学出版社2019年版。

［261］程志华：《美国儒学史》，北京：人民出版社2019年版。

［262］陈来主编：《儒学第三期的人文精神：杜维明先生八十寿庆文集》，北京：人民出版社2019年版。

［263］吴震、肖卫民主编：《儒学传统与现代社会》，上海：复旦大学出版社2019

年版。

[264] 汤一介:《中国传统文化的特质》,乐黛云、杨浩编,上海:上海教育出版社 2019 年版。

[265] 李海超:《阳明心学与儒家现代性观念的开展》,北京:中国社会科学出版社 2019 年版。

[266] 邓安庆主编:《美德伦理新探》,上海:上海教育出版社 2019 年版。

[267] 陈来:《儒学美德论》,北京:生活·读书·新知三联书店 2019 年版。

[268] 陈泽环:《儒学伦理与现代中国:中外思想家中华文化观初探》,上海:上海人民出版社 2020 年版。

[269] 陈苏镇:《〈春秋〉与"汉道"——两汉政治与政治文化研究》,北京:中华书局 2020 年版。

[270] 张学智:《儒学的精神与演进》,贵阳:孔学堂书局 2020 年版。

[271] 〔日〕王柯:《从"天下"国家到民族国家:历史中国的认知与实践》,上海:上海人民出版社 2020 年版。

[272] 刘述先:《刘述先文集》(第 1—10 卷),北京:中国人民大学出版社 2020 年版。

[273] 陈来:《中国哲学合法性与儒学世界化》,北京:商务印书馆 2020 年版。

[274] 〔美〕安乐哲、李文娟:《文明互鉴境域中的夏威夷儒学:安乐哲教授访谈录》,北京:中国社会科学出版社 2020 年版。

[275] 郭沂主编:《尼山铎声:"儒学与政治"专题》,北京:人民出版社 2020 年版。

[276] 谭小翠:《现代化视野中的埃兹拉·庞德儒学研究》,北京:科学出版社 2020 年版。

[277] 李景林:《教化的哲学:儒学思想的一种新诠释》,北京:中国社会科学出版社 2020 年版。

[278] 李景林:《教化儒学续说》,北京:中国社会科学出版社 2020 年版。

[279] 杨肇中:《历史观照中的经世儒学》,北京:人民出版社 2020 年版。

[280] 丁耘:《儒家与启蒙:哲学会通视野下的当前中国思想》(增订版),北京:生活·读书·新知三联书店 2020 年版。

[281] 陈来:《儒家文化与民族复兴》,北京:中华书局 2020 年版。

[282] 张君劢:《儒学与民族复兴》,上海:上海人民出版社 2020 年版。

[283] 洪梅:《北宋新儒学生态伦理思想研究:从周敦颐到二程》,湘潭:湘潭大学出版社 2020 年版。

[284] 庞朴:《忧乐圆融——中国的人文精神》,冯建国编,上海:上海教育出版社 2020 年版。

[285] 张昭炜:《中国儒学缄默维度》,北京:中国社会科学出版社 2020 年版。

[286] 朱贻庭、施炎平主编:《儒学的时代担当》,上海:上海远东出版社 2020 年版。

[287] 涂可国:《多元一体的社会儒学》,济南:济南出版社 2020 年版。

[288] 黄玉顺:《生活儒学:面向现代生活的儒学》,胡骄键编,济南:济南出版社 2020 年版。

[289] 颜炳罡:《中国儒学的现代转化》,济南:济南出版社 2020 年版。

[290] 〔美〕安乐哲:《儒学与世界文化秩序变革》,济南:济南出版社 2020 年版。

[291] 徐洪兴:《儒学文化的历史演变研究》,济南:济南出版社 2020 年版。

[292] 杨国荣:《再思儒学》(增订版),上海:华东师范大学出版社 2021 年版。

[293] 何中华:《马克思与孔夫子:一个历史的相遇》,北京:中国人民大学出版社 2021 年版。

[294] 陈荣捷:《中国哲学论要》,朱荣贵编,上海:华东师范大学出版社 2021 年版。

[295] 张绍军:《传统的张力——儒学思想与近代文化嬗变》,北京:北京师范大学出版社 2021 年版。

[296] 刘振东:《仁与共在:儒学思想今释》,北京:社会科学文献出版社 2021 年版。

[297] 朴银姬、姜娜、孙蕴主编:《东亚视域中的儒家人文学》,北京:商务印书馆 2021 年版。

[298] 杨肇中:《旧邦新命:儒学公共精神的现代展开》,北京:中华书局 2022 年版。

[299] 宋志明:《儒学转型与中国哲学精神》,济南:济南出版社 2022 年版。

[300] 张恺之主编:《中国儒学思想史》,北京:中华书局 2023 年版。

[301] 郭萍:《自由儒学:儒家政治伦理的现代重建》,北京:商务印书馆 2024 年版。

[302] 邓天颖:《儒学现代性的实践逻辑》,北京:社会科学文献出版社 2024 年版。

[303] 牟钟鉴:《儒学与新儒学》,济南:山东教育出版社 2024 年版。

## 二、中文翻译著作(以出版时间为序)

[1] 〔美〕威廉·K.弗兰克纳:《伦理学》,关键译,北京:生活·读书·新知三联书店 1987 年版。

[2] 〔以〕S.N.艾森斯塔德:《现代化:抗拒与变迁》,张旅平等译,北京:中国人

民大学出版社 1988 年版。

[3]〔美〕R.霍夫亨兹、K.E.柯德尔:《东亚之锋》,黎鸣译,南京:江苏人民出版社 1995 年版。

[4]〔韩〕黄秉泰:《儒学与现代化:中韩日儒学比较研究》,刘李胜、李民、孙尚扬译,北京:社会科学文献出版社 1995 年版。

[5]〔美〕郝大维、安乐哲:《孔子哲学思微》,蒋弋为、李志林译,南京:江苏人民出版社 1996 年版。

[6]〔美〕墨子刻:《摆脱困境:新儒学与中国政治文化的演进》,颜世安、高华、黄东兰译,南京:江苏人民出版社 1996 年版。

[7]〔日〕池田大作、〔英〕阿·汤因比:《展望二十一世纪:汤因比与池田大作对话录》,荀春生、朱继征、陈国梁译,北京:国际文化出公司 1997 年版。

[8]〔德〕孔汉思、K.库舍尔编:《全球伦理:世界宗教议会宣言》,何光沪译,成都:四川人民出版社 1997 年版。

[9]〔德〕马克斯·韦伯:《学术与政治:韦伯的两篇演说》,冯克利译,北京:生活·读书·新知三联书店 1998 年版。

[10]〔美〕安东尼·吉登斯:《现代性与自我认同:现代晚期的自我与社会》,赵旭东、方文译,北京:生活·读书·新知三联书店 1998 年版。

[11]〔美〕郝大维、安乐哲:《汉哲学思维的文化探源》,施忠连译,南京:江苏人民出版社 1999 年版。

[12]〔美〕乔治·麦克林:《传统与超越》,干春松、杨凤岗译,北京:华夏出版社 2000 年版。

[13]〔美〕安东尼·吉登斯:《现代性的后果》,田禾译,南京:译林出版社 2000 年版。

[14]〔美〕约瑟夫·R.列文森:《儒教中国及其现代命运》,郑大华、任菁译,北京:中国社会科学出版社 2000 年版。

[15]〔美〕罗兰·罗伯森:《全球化——社会理论和全球文化》,梁光严译,上海:上海人民出版社 2000 年版。

[16]〔英〕马丁·阿尔布劳:《全球时代:超越现代性之外的国家和社会》,高湘泽、冯玲译,北京:商务印书馆 2001 年版。

[17]〔美〕丹尼尔·贝尔:《社群主义及其批评者》,李琨译,北京:生活·读书·新知三联书店 2002 年版。

[18]〔美〕赫伯特·芬格莱特:《孔子:即凡而圣》,彭国翔、张华译,南京:江苏人民出版社 2002 年版。

[19]〔美〕柯文:《在中国发现历史:中国中心观在美国的兴起》(增订本),林同奇译,北京:中华书局 2002 年版。

[20]〔英〕齐格蒙特·鲍曼:《后现代伦理学》,张成岗译,南京:江苏人民出版社2003年版。

[21]〔美〕安乐哲、罗思文:《〈论语〉的哲学诠释:比较哲学的视域》,余瑾译,余文译,北京:中国社会科学出版社2003年版。

[22]〔美〕乔纳森·弗里德曼:《文化认同与全球性过程》,郭建如译,北京:商务印书馆2003年版。

[23]〔美〕艾恺:《最后的儒家:梁漱溟与中国现代化的两难》,王宗昱、冀建中译,南京:江苏人民出版社2003年版。

[24]〔英〕葛瑞汉:《论道者:中国古代哲学论辩》,张海晏译,北京:中国社会科学出版社2003年版。

[25]〔德〕于尔根·哈贝马斯:《现代性的哲学话语》,曹卫东等译,南京:译林出版社2004年版。

[26]〔美〕塞缪尔·亨廷顿、彼得·伯杰主编:《全球化的文化动力:当今世界的文化多样性》,康敬贻、林振熙、林雄译,北京:新华出版社2004年版。

[27]〔美〕郝大维、安乐哲:《通过孔子而思》,何金俐译,北京:北京大学出版社2005年版。

[28]〔匈〕阿格尼丝·赫勒:《现代性理论》,李瑞华译,北京:商务印书馆2005年版。

[29]〔法〕朱利安·班达:《知识分子的背叛》,余碧平译,上海:上海人民出版社2005年版。

[30]〔美〕安乐哲:《自我的圆成:中西互镜下的古典儒家与道家》,彭国翔编译,石家庄:河北人民出版社2006年版。

[31]〔美〕杜维明:《儒家传统与文明对话》,彭国翔编译,石家庄:河北人民出版社2006年版。

[32]〔英〕埃里克·霍布斯鲍姆:《民族与民族主义》,李金梅译,上海:上海人民出版社2006年版。

[33]〔以色列〕S.N.艾森斯塔特:《反思现代性》,旷新年、王爱松译,北京:生活·读书·新知三联书店2006年版。

[34]〔德〕阿尔布莱希特·韦尔默:《后形而上学现代性》,应奇、罗亚玲编译,上海:上海译文出版社2007年版。

[35]〔日〕池田大作、〔美〕杜维明:《对话的文明:谈和平的希望哲学》,卞立强、张彩虹译,成都:四川人民出版社2007年版。

[36] Mary Evelyn Tucker, John Berthrong编:《儒学与生态》,彭国翔、张容南译,南京:江苏教育出版社2008年版。

[37]〔以色列〕S.N.艾森斯塔特:《日本文明:一个比较的视角》,王晓山、戴茸

译,北京:商务印书馆 2008 年版。

[38]〔美〕杜维明:《〈中庸〉洞见》,段德智译,北京:人民出版社 2008 年版。

[39]〔美〕弗雷德里克·詹姆逊:《单一的现代性》,王逢振、王丽亚译,北京:中国人民大学出版社 2009 年版。

[40]〔美〕安乐哲:《和而不同:中西哲学的会通》,温海明等译,北京:北京大学出版社 2009 年版。

[41]〔德〕罗哲海:《轴心时期的儒家伦理》,陈咏明、瞿德瑜译,郑州:大象出版社 2009 年版。

[42]〔美〕狄百瑞:《儒家的困境》,黄水婴译,北京:北京大学出版社 2009 年版。

[43]〔美〕爱德华·希尔斯:《论传统》,傅铿、吕乐译,上海:上海人民出版社 2009 年版。

[44]〔加拿大〕贝淡宁:《超越自由民主》,李万全译,上海:上海三联书店 2009 年版。

[45] 辜鸿铭:《中国人的精神》,黄兴涛、宋小庆译,北京:人民出版社 2010 年版。

[46]〔美〕欧文·白璧德:《性格与文化:论东方与西方》,孙宜学译,上海:上海三联书店 2010 年版。

[47]〔美〕郝大维、安乐哲:《先贤的民主:杜威、孔子与中国民主之希望》,何刚强译,南京:江苏人民出版社 2010 年版。

[48]〔英〕戴维·米勒:《论民族性》,刘曙辉译,南京:译林出版社 2010 年版。

[49]〔意〕艾伯特·马蒂内利:《全球现代化:重思现代性事业》,李国武译,北京:商务印书馆 2010 年版。

[50]〔加拿大〕贝淡宁:《中国新儒家》,吴万伟译,上海:上海三联书店 2010 年版。

[51]〔美〕罗思文、安乐哲:《生民之本:〈孝经〉的哲学诠释及英译》,何金俐译,北京:北京大学出版社 2010 年版。

[52]〔美〕托比·胡弗:《近代科学为什么诞生在西方》(第 2 版),周程、于霞译,北京:北京大学出版社 2010 年版。

[53]〔德〕于尔根·哈贝马斯:《现代性的哲学话语》,曹卫东等译,南京:译林出版社 2011 年版。

[54]〔美〕欧文·白璧德:《民主与领袖》,张源、张沛译,北京:北京大学出版社 2011 年版。

[55]〔美〕安乐哲、郝大维:《切中伦常:〈中庸〉的新诠与新译》,彭国翔译,北京:中国社会科学出版社 2011 年版。

[56]〔美〕J. J. 克拉克:《东方启蒙:东西方思想的遭遇》,于闽梅、曾祥波译,上海:上海人民出版社2011年版。

[57]〔加拿大〕贝淡宁:《东方遭遇西方》,孔新峰、张言亮译,上海:上海三联书店2011年版。

[58]〔日〕沟口雄三:《作为方法的中国》,孙军悦译,北京:生活·读书·新知三联书店2011年版。

[59]〔美〕包弼德:《历史上的理学》(修订版),〔新加坡〕王昌伟译,杭州:浙江大学出版社2012年版。

[60]〔美〕艾历克斯·英格尔斯:《国民性:心理——社会的视角》,王今一译,北京:社会科学文献出版社2012年版。

[61]〔英〕杰拉德·德兰蒂:《现代性与后现代性:知识、权力与自我》,李瑞华译,北京:商务印书馆2012年版。

[62]〔加拿大〕查尔斯·泰勒:《自我的根源:现代认同的形成》,韩震等译,南京:译林出版社2012年版。

[63]〔以色列〕S. N. 艾森斯塔德:《大革命与现代文明》,刘圣中译,上海:上海人民出版社2012年版。

[64]〔美〕阿里夫·德里克:《全球现代性:全球资本主义时代的现代性》,胡大平、付清松译,南京:南京大学出版社2012年版。

[65]〔法〕葛兰言:《中国文明》,杨英译,北京:中国人民大学出版社2012年版。

[66]〔加拿大〕贝淡宁、〔以〕艾维纳:《城市的精神》,吴万伟译,重庆:重庆出版社2012年版。

[67]〔美〕白诗朗:《论创造性:朱熹、怀特海和南乐山的比较研究》,陈浩译,北京:中国社会科学出版社2012年版。

[68]〔美〕狄百瑞:《东亚文明:五个阶段的对话》,何兆武、何冰译,南京:江苏人民出版社2012年版。

[69]〔美〕迈克尔·赫克特:《遏制民族主义》,韩召颖等译,北京:中国人民大学出版社2012年版。

[70]〔意〕詹尼·瓦蒂莫:《现代性的终结》,李建盛译,北京:商务印书馆2013年版。

[71]〔美〕罗纳德·英格尔哈特:《发达工业社会的文化转型》,张秀琴译,北京:社会科学文献出版社2013年版。

[72]〔美〕迈克尔·布林特:《政治文化的谱系》,卢春龙、袁倩译,北京:社会科学文献出版社2013年版。

[73]〔美〕詹姆斯·卡斯:《有限与无限的游戏:一个哲学家眼中的竞技世界》,

马小悟、余倩译，北京：电子工业出版社 2013 年版。

[74]〔美〕杜维明：《儒家思想》，曹幼华、单丁译，北京：生活·读书·新知三联书店 2013 年版。

[75]〔美〕杜维明：《青年王阳明(1472—1509)：行动中的儒家思想》，朱志方译，北京：生活·读书·新知三联书店 2013 年版。

[76]〔美〕杜维明：《中庸：论儒学的宗教性》，段德智译，北京：生活·读书·新知三联书店 2013 年版。

[77]〔美〕杜维明：《新加坡的挑战：新儒家伦理与企业精神》，高专诚译，北京：生活·读书·新知三联书店 2013 年版。

[78]〔美〕阿里夫·德里克：《全球现代性之窗：社会科学文集》，连煦、张文博、杨德爱等译，北京：知识产权出版社 2013 年版。

[79]〔美〕巴林顿·摩尔：《专制与民主的社会起源：现代世界形成过程中的地主和农民》，王茁、顾洁译，上海：上海译文出版社 2013 年版。

[80]〔美〕塞缪尔·P. 亨廷顿：《第三波：20 世纪后期的民主化浪潮》，欧阳景根译，北京：中国人民大学出版社 2013 年版。

[81]〔法〕托克维尔：《论美国的民主》(全两卷)，董果良译，北京：商务印书馆 2014 年版。

[82]〔秘鲁〕阿兰·加西亚·佩雷斯：《儒学与全球化》，沈庆译，北京：人民出版社 2014 年版。

[83]〔新加坡〕陈素芬：《儒家民主：杜威式重建》，吴万伟译，北京：中国人民大学出版社 2014 年版。

[84]〔美〕史蒂文·卢坡尔：《伦理学是什么》，陈燕译，北京：中国人民大学出版社 2014 年版。

[85]〔美〕詹姆斯·雷切尔斯、斯图亚特·雷切尔斯：《道德的理由》(第 7 版)，杨宗元译，北京：中国人民大学出版社 2014 年版。

[86]〔美〕弗朗西斯·福山：《历史的终结与最后的人》，陈高华译，桂林：广西师范大学出版社 2014 年版。

[87]〔美〕顾立雅：《孔子与中国之道》(修订版)，高专诚译，郑州：大象出版社 2014 年版。

[88]〔挪威〕奎纳尔·希尔贝克：《多元现代性：一个斯堪的纳维亚经验的故事》，刘进、王寅丽、翁海贞译，上海：上海人民出版社 2014 年版。

[89]〔法〕皮埃尔·阿多：《作为生活方式的哲学：皮埃尔·阿多与雅妮·卡尔利埃、阿尔诺·戴维森对话录》，姜丹丹译，上海：上海译文出版社 2014 年版。

[90]〔美〕安靖如：《当代儒家政治哲学：进步儒学发凡》，韩华译，南昌：江西人民出版社 2015 年版。

[91]〔美〕弗朗西斯·福山:《大断裂:人类本性与社会秩序的重建》,唐磊译,桂林:广西师范大学出版社2015年版。

[92]〔美〕狄百瑞:《中国的自由传统》,李弘祺译,北京:中华书局2016年版。

[93]〔英〕李约瑟:《文明的滴定——东西方的科学与社会》,张卜天译,北京:商务印书馆2016年版。

[94]〔日〕涩泽容一:《论语与算盘》,高望译,上海:上海社会科学院出版社2016年版。

[95]〔加〕贝淡宁:《贤能政治:为什么尚贤制比选举民主制更适合中国》,吴万伟译,北京:中信出版集团股份有限公司2016年版。

[96]〔法〕皮埃尔·阿多(Pierre Hadot):《古代哲学研究》,赵灿译,上海:华东师范大学出版社2016年版。

[97]〔法〕朱利安:《论"时间":生活哲学的要素》,张君懿译,北京:北京大学出版社2016年版。

[98]〔美〕安靖如:《圣境》,吴万伟译,北京:中国社会科学出版社2017年版。

[99]〔美〕成中英:《儒家与新儒家哲学的新向度》(成中英文集·第5卷),阮航译,北京:中国人民大学出版社2017年版。

[100]〔德〕多明尼克·萨赫森迈尔、〔德〕任斯·理德尔、〔以〕S.N.艾森斯塔德编著:《多元现代性的反思——欧洲、中国及其他的阐释》,郭少棠、王为理译,北京:商务印书馆2017年版。

[101]〔英〕巴克:《民族性》,王世宪译,上海:上海社会科学院出版社2017年版。

[102]〔美〕杜赞奇:《全球现代性的危机:亚洲传统和可持续的未来》,黄彦杰译,北京:商务印书馆2017年版。

[103]〔法〕弗朗索瓦·朱利安:《迂回与进入》,杜小真译,北京:商务印书馆2017年版。

[104]〔法〕朱利安:《从存有到生活:欧洲思想与中国思想的差距》,卓立译,北京:东方出版中心2018年版。

[105]〔法〕弗朗索瓦·于连:《圣人无意:或哲学的他者》,闫素伟译,北京:商务印书馆2019年版。

[106]〔美〕罗思文、〔美〕安乐哲:《儒家角色伦理:21世纪道德视野》,吕伟译,杭州:浙江大学出版社2020年版。

[107]〔美〕张仁宁:《儒学导论》(Confucianism an introduction),钱建成、肖雅译,北京:外语教学与研究出版社2020年版。

[108]〔美〕安乐哲:《孔子与杜威:跨时空的镜鉴》,姜妮伶译,上海:上海人民出版社2020年版。

[109]〔英〕姚新中:《儒学导论》,刘健译,北京:中国人民大学出版社 2022 年版。

[110]〔法〕毕游塞:《通过儒家现代性而思:牟宗三道德形上学研究》,白欲晓译,南京:江苏人民出版社 2022 年版。

[111]〔美〕安乐哲:《成人之道:儒家角色伦理学论"人"》,欧阳霄译,北京:北京大学出版社 2023 年版。

[112]〔日〕井川义次:《宋学西渐:欧洲迈向近代启蒙之路》,刘绍晨译,北京:北京大学出版社 2024 年版。

## 三、外文著述(以出版时间为序)

[1] David S. Nivision, Arthur F. Wright (Editor), *Confucianism in Action*, Redwood City:Stanford University Press,1959.

[2] Arthur F. Wright and Denis Twitchett, *Confucian Personalities*, Redwood City:Stanford University Press,1962.

[3] Joel Feinberg, *Reason and Responsibility:Readings in Some Basic Problems of Philosophy*, California:Dickenson Publishing Company,Inc.,1968.

[4] Robin Horton and Ruth Finnegan(ed.), *Modes of thought:essays on thinking in Western and non-Western societies*. London:Faber and Faber,1973.

[5] Joel Feinberg, *Doing and Deserving:Essays in the Theory of Responsibility*, New Jersey:Princeton University Press,1974.

[6] Joel Feinberg, Hyman Gross, *Responsibility*, Dickenson Pub. Co,1975.

[7] F. J. Adelmann, S. J. (ed.), *Contemporary Chinese Philosophy*, Springer,1982.

[8] Peter Berger, *Secularity:west and east, Cultural Identity and Modernization in Asian Countries*, Kokugakuin University,1983.

[9] Hans Jonas, *The Imperative of Responsibility:In Search of an Ethic for the Technological Age*, University of Chicago Press,1985.

[10] S. N. Eisenstadt(edited), *Patterns of modernity*, Frances Pinter,1987.

[11] Don Y. Lee, *An Outline of Confucianism:Traditional and Neo-confucianism, and Criticism*, Eastern Press,1988.

[12] Philip J. Ivanhoe, Thinking and Learning in Early Confucianism, *The Journal of Chinese Philosophy*,1990,17(4):473-493.

[13] Wm. Theodore de Bary, *The Trouble with Confucianism*, Harvard University Press,1991.

[14] Hajime Nakamura, Philip P. Wiener(edited), *Ways of Thinking of Eastern Peoples:India, China, Tibet and Japan*, Motilal Banarsidass,1991.

[15] Philip J. Ivanhoe, Character Consequentialsim: An Early Confucian Contribution to Contemporary Ethical Theory, *The Journal of Religious Ethics*, 1991, 19(1): 55-70.

[16] Henry Rosemont, *The Chinese Mirror: Moral Reflection on Political Economy and Society*, La Salle, IL: Open Court, 1991.

[17] Derk Bodde, *Chinese Thought, Society, and Science: The Intellectual and Social Background of Science and Technology in Pre-Modern China*, Honolulu: University of Hawaii Press, 1991.

[18] Tu Weiming, Milan G. Hejtmanek, Alan Wachman, eds., *The Confucian World Observed: A Contemporary Discussion of Confucian Humanism in East Asia*, Honolulu, HI: East-West Center and University of Hawaii Press, 1992.

[19] David Gross, *The Past in Ruins Tradition and the Critique of Modernity*, Amherst: University of Massachusetts Press, 1992.

[20] Fred Dallmayr, Tradition, modernity, and Confucianism, *Human Studies*, 1993, 16(1-2): 203-211.

[21] Mike Featherstone, Scott Lash & Roland Robertson(edited), *Global Modernities*, London, Thousand Oaks, New Delhi: Sage Publications, 1995.

[22] Charles Taylor, Two Theories of Modernity, *Hastings Center Report*, 1995, 25(2): 24-33.

[23] Philip J. Ivanhoe, The Metaphysical Foundations of Neo and New Confucianism, *The Journal of Chinese Philosophy*, 1995(22): 81-89.

[24] Philip J. Ivanhoe, Existentialism in the School of Wang Yangming, *Chinese Language, Thought and Culture*, La-Salle, IL: Open Court Press, 1996: 250-264.

[25] Tu Wei-ming(edited), *Confucia Traditions In East Asian Modernity: Moral Education and Economic Culture in Japan and the Four Mini-Dragons*, Cambridge, Massachusetts London: Harvard University Press, 1996.

[26] Ehrhardt Pioletti, Antje, Die *Realität des moralischen Handelns: Mou Zongsans Darstellung des Neokonfuzianismus als Vollendung der praktischen Philosophie Kants*, Peter Lang GmbH, Internationaler Verlag der Wissenschaften, 1997.

[27] Lionel M. Jensen, *Manufacturing Confucianism: Chinese Traditions and Universal Civilization*, Duke University Press Books, 1998.

[28] Mary Evelyn Tucker, John Berthrong(edited), *Confucianism and ecology: the interrelation of heaven, earth, and humans*, Cambridge, MA: Harvard University Press, 1998.

[29] John H. Berthrong, *Transformations of the Confucian Way*, Boulder: Westview

Press,1998.

［30］Robert W. Hefner,*Multiple Modernities：Christianity,Islam and Hinduism in a Globalizing Age*,Annual Review of Anthropology,1998,27：83-104.

［31］John Martin Fischer, Mark Ravizza,*Responsibility and Control：A Theory of Moral Responsibility*,Cambridge：Cambridge University Press,1998.

［32］Donald Kennedy,*Academic Duty*,Cambridge：Harvard University Press,1999.

［33］Joanne R. Bauer,Daniel A. Bell(edited),*The East Asian Challenge for Human Rights*,Cambridge University Press,1999.

［34］S. N. Eisenstadt,Multiple Modernities in an Age of Globalization,*The Canadian Journal of Sociology*,Spring,1999,24(2)：283-295.

［35］Peter Taylor,*Modernities：A Geohistorical Interpretation*. Cambridge：Polity Press,1999.

［36］Multiple Modernities,*Daedalus*,Journal of the American Academy of Arts & Sciences(Winter),129(1),Daedalus Press,2000.

［37］Philip J. Ivanhoe,*Confucian Moral Self Cultivation*,Indianapolis：Hackett Publishing Company,2000.

［38］Xinzhong Yao(姚新中),*An Introduction to Confucianism*,Cambridge University Press,2000.

［39］Luis Roniger and Carlos H. Waisman,*Globality and Multiple Modernities：Comparative North American and Latin American Perspectives*,Brighton：Sussex Academic Press,2001.

［40］Umberto Bresciani(白安理),*Reinventing Confucianism：The New Confucian Movement*,Taipei：Ricci Institute for Chinese Studies,2001.

［41］Dominic Sachsenmaier,Jens Riedel,Shmuel N. Eisenstadt(Edited),*Reflections on Multiple Modernities：European,Chinese and Other Interpretations*,Multiple Modernities Conference (2001 Berlin,Germany),Leiden,Boston,Köln：Brill Academic Pub,2002.

［42］Cheng Chung-Ying,Nicholas Bunnin(edited),*Contemporary Chinese Philosophy*,Oxford：Wiley-Blackwell publishers Ltd,2002.

［43］Jane Geaney,*On the Epistemology of the Senses in Early Chinese Thought*,Honolulu：University of Hawaii Press,2002.

［44］Shmuel N. Eisenstadt (edited), *Multiple Modernities*, Transaction Publishers,2002.

［45］Weiming Tu, Multiple modernities：implications of the rise of 'Confucian' East Asia, In Karl-Heinz Pohl & Anselm Winfried Müller(eds.),*Chinese Ethics in a*

*Global Context*: *Moral Bases of Contemporary Societies*. Leiden: Brill Academic Pub, 2002, pp. 55-77.

[46] Young-Bae Song, Crisis of cultural identity in east Asia: On the meaning of Confucian ethics in the age of globalization, *Asian Philosophy*, 2002, 12(2): 109-125.

[47] Philip J. Ivanhoe, *Ethics in the Confucian Tradition*: *The Thought of Mengzi and Wang Yangming*, Indianapolis, IN: Hackett Publishing Company, 2002.

[48] S. J. Marshall, *The Mandate of Heaven*, Columbia University Press, 2002.

[49] A. T. Nuyen, Confucianism, Globalisation and the idea of Universalism, *Asian Philosophy*, 2003, 13(2 & 3): 75-86.

[50] Shu-hsien Liu, *Essentials of Contemporary Neo-Confucian Philosophy*, Praeger, 2003.

[51] Shmuel N. Eisenstadt, *Comparative Civilizations and Multiple Modernities*, vol. (1-2), Leiden: Brill Academic Pub, 2003.

[52] John Makeham (edited), *New Confucianism*: *A Critical Examination*, New York: Palgrave Macmillan, 2003.

[53] Daniel A. Bell, Hahm Chaibong (Edited), *Confucianism for the Modern World*, Cambridge and New York: Cambridge University Press, 2003.

[54] Tu Weiming, Mary Evelyn Tucker (edited), *Confucian Spirituality*: *Volume One*, Herder & Herder, 2003.

[55] Tu Weiming, Mary Evelyn Tucker (edited), *Confucian Spirituality*: *Volume Two*, Herder & Herder, 2004.

[56] Daniel A. Bell and Hahm Chiahark (Edited), *The Politics of Affective Relations*: *East Asia and Beyond*, Lexington Books, 2004.

[57] Gerard Delanty, Multiple Modernities and Globalization, *ProtoSociology*, 2004, 20: 165-185.

[58] Robin R. Wang (edited), *Chinese Philosophy in an Era of Globalization*, State University of New York Press, 2004.

[59] Kwong-loi Shun, David B. Wong (edited), *Confucian Ethics*: *A Comparative Study of Self, Autonomy, and Community*, Cambridge University Press, 2004.

[60] Rodney Leon Taylor, *The Illustrated Encyclopedia of Confucianism*, volume1, Rosen Pub Group, 2004.

[61] Rodney Leon Taylor, *Confucianism*, Chelsea House Pub, 2004.

[62] Adriane Ruggiero (edited), *Confucianism*, Greenhaven Press, 2005.

[63] Rodney Leon Taylor, *The Illustrated Encyclopedia of Confucianism*, volume2, Rosen Pub Group, 2005.

[64] Peter D. Hershock, Roger T. Ames, *Confucian Cultures of Authority*, State University of New York Press, 2006.

[65] Daniel A. Bell, *Beyond Liberal Democracy: Political Thinking for an East Asian Context*, New Jersey and Oxford: Princeton University Press, 2006.

[66] Seung-hwan Lee, Jaeyoon Song, *Topography of Confucian Discourse: Politico-Philosophical Reflections on Confucian Discourse since Modernity*, Homa & Sekey Books, 2006.

[67] Eske Møllgaard, Is Tu Wei-Ming confucian?, *Dao: A Journal of Comparative Philosophy*, 2007, 6(4): 397-411.

[68] Shmuel Eisenstadt, The Dialogue between Cultures or between Cultural Interpretations of Modernity-Multiple Modernities on the Contemporary Scene, *ProtoSociology*, 2007, 24: 57-72.

[69] Shmuel Eisenstadt, Transformation and Transposition of the Thematic of Multiple Modernities in the Era of Globalization, *ProtoSociology*, 2007, 24: 90-125.

[70] Helmut K Anheier, Yudhishthir Raj Isar(edited), *Cultures and Globalization: Conflicts and Tensions*, SAGE Publications Ltd, 2007.

[71] Joseph Chan, Democracy and meritocracy: toward a Confucian perspective, *Journal of Chinese Philosophy*, 2007, 34(2): 179-193.

[72] Rebecca L. Walker, Philip J. Ivanhoe(edited), *Working Virtue: Virtue Ethics and Contemporary Moral Problems*, Clarendon Press, 2007.

[73] Julia K. Murray, *Mirror of Morality: Chinese Narrative Illustration and Confucian Ideology*, University of Hawaii Press, 2007.

[74] Annping Chin, *The Authentic Confucius: A Life of Thought and Politics*, Scribner, 2007.

[75] John B. Berthrong, Riding the third wave: Tu Weiming's confucian axiology, *Dao: A Journal of Comparative Philosophy*, 2008, 7(4): 423-435.

[76] Jana S. Rosker, *Searching for the Way: Theory of Knowledge in Pre-modern and Modern China*, The Chinese University Press, 2008.

[77] John Makeham, *Lost Soul: "Confucianism" in Contemporary Chinese Academic Discourse*, Harvard University Asia Center, 2008.

[78] Dorothy and Thomas Hoobler, *Confucianism*, Chelsea House Pub, 2009.

[79] Jan Pieterse, Multipolarity means thinking plural: Modernities, *ProtoSociology*, 2009, 26: 19-35.

[80] Yong Huang(edited), *Rorty, Pragmatism, and Confucianism: With Responses by Richard Rorty*, SUNY Press, 2009.

[81] Adam Dietz, *Original Confucianism:An Introduction to the Superior Person*, lulu. com, 2010.

[82] Wonsuk Chang, Leah Kalmanson (edited), *Confucianism in Context: Classic Philosophy and Contemporary Issues, East Asia and Beyond*, SUNY Press, 2010.

[83] Ronnie L. Littlejohn, *Confucianism:An Introduction*, I. B. Tauris, 2010.

[84] B. Dessein, Sear, searching for the way: Theory of knowledge in pre-modern and modern china (review), *Philosophy East & West*, 2010, 60(1):130-133.

[85] Kam-por Yu, Julia Tao, Philip J. Ivanhoe (edited), *Taking Confucian Ethics Seriously:Contemporary Theories and Applications*, SUNY Press, 2010.

[86] Lee Dian Rainey, *Confucius and Confucianism: The Essentials*, Wiley-Blackwell, 2010.

[87] Patricia Buckley Ebrey, *The Cambridge Illustrated History of China*, Cambridge University Press, 2010.

[88] Barry C. Keenan, *Neo-Confucian Self-Cultivation*, University of Hawaii Press, 2011.

[89] Derong Chen, *Metaphorical Metaphysics in Chinese Philosophy:Illustrated with Feng Youlan's New Metaphysics*, Lexington Books, 2011.

[90] N. Serina Chan, *The Thought of Mou Zongsan*, Leiden: Brill Academic Pub, 2011.

[91] Joachim Kurtz, *The Discovery of Chinese Logic*, Leiden: Brill Academic Pub, 2011.

[92] Sébastien Billioud, *Thinking Through Confucian Modernity:A Study of Mou Zongsan's Moral Metaphysics*, Leiden:Brill Academic Pub, 2011.

[93] R. T. Ames, *Confucian Role Ethics:A Vocabulary*, Hong Kong:The Chinese University, Press, 2011.

[94] J. Kupperman, Confucian Role Ethics:A Vocabulary by Roger Ames(review), *China Review International*, 18(4):450-451, 2011.

[95] Vando Borghi, Sandro Mezzadra, *In the multiple shadows of modernity:Strategies of critique of contemporary capitalism*, LAP LAMBERT Academic Publishing, 2011.

[96] Fenggang Yang & Joseph B. Tamney(eds.), *Confucianism and Spiritual Traditions in Modern China and Beyond*, Brill Academic Pub, 2011.

[97] Nicole A. Vincent, Ibo van de Poel, Jeroen van den Hoven (edited), *Moral Responsibility:Beyond Free Will and Determinism*, Springer, 2011.

[98] Bruce N. Waller, *Against Moral Responsibility*, The MIT Press, 2011.

[99] Anthony Kenny, *Freewill and Responsibility*, Routledge, 2011.

[100] Amy Olberding, Philip J. Ivanhoe(edited), *Mortality in Traditional Chinese Thought*, SUNY Press, 2011.

[101] Doh Chull Shin, *Confucianism and Democratization in East Asia*, Cambridge University Press, 2011.

[102] Paul R. Goldin, *Confucianism*, University of California Press, 2011.

[103] Stephen C. Angle, *Contemporary Confucian Political Philosophy*, Polity, 2012.

[104] Herman Harrell Horne, *Free will and human responsibility: a philosophical argument*, HardPress Publishing, 2012.

[105] Stephen C. Angle, *Sagehood: The Contemporary Significance of Neo-Confucian Philosophy*, Oxford University Press, 2012.

[106] Yvonne Schulz Zinda, *Jin Yuelin's Ontology: Perspectives on the Problem of Induction*, Leiden: Brill Academic Publishers, 2012.

[107] Jana S. Rosker, *Traditional Chinese Philosophy and the Paradigm of Structure (Li)*, Cambridge Scholars Publishing, 2012.

[108] Wen Jin, *Pluralist Universalism: An Asian Americanist Critique of U.S. and Chinese Multiculturalisms*, Ohio State University Press, 2012.

[109] José Maurício Domingues, *Global Modernity, Development, and Contemporary Civilization: Towards a Renewal of Critical Theory*, Routledge, 2013.

[110] Atsuko Ichijo, *Nationalism and Multiple Modernities: Europe and Beyond*, Palgrave Macmillan, 2013.

[111] Jesús Solé-Farràs, *New Confucianism in Twenty-First Century China: The Construction of a Discourse*, Routledge, 2013.

[112] Philip J Ivanhoe, *Confucian Reflections: Ancient Wisdom for Modern Times*, Routledge, 2013.

[113] K. E. Boxer, *Rethinking Responsibility*, Oxford University Press, 2013.

[114] Ishtiyaque Haji, Justin Caouette(Edited), *Free Will and Moral Responsibility*, Cambridge Scholars Publishing, 2013.

[115] Jon D. Carlson, Russell Arben Fox(edited), *The State of Nature in Comparative Political Thought: Western and Non-Western Perspectives*, Lexington Books, 2013.

[116] YuKong Zhao, *The Chinese Secrets for Success: Five Inspiring Confucian Values*, Morgan James Publishing, 2013.

[117] Daniel K. Gardner, *Confucianism: A Very Short Introduction*, Oxford University Press, 2014.

[118] H. John and Evelyn Nagai Berthrong, *Confucianism: A Short Introduction*, Oneworld Publications, 2014.

[119] Federico L. G. Faroldi, *The Normative Structure of Responsibility*, College Publications, 2014.

[120] Patricia Buckley Ebrey, *Confucianism and Family Rituals in Imperial China: A Social History of Writing about Rites*, Princeton University Press, 2014.

[121] Neil Levy, *Consciousness and Moral Responsibility*, Oxford University Press, 2014.

[122] Christopher Cowley, *Moral Responsibility*, Routledge, 2014.

[123] Carl Knight, Zofia Stemplowska(Edited), *Responsibility and Distributive Justice*, Oxford University Press, 2014.

[124] David Elstein, *Democracy in Contemporary Confucian Philosophy*, New York: Routledge, 2014.

[125] Sungmoon Kim, *Confucian Democracy in East Asia: Theory and Practice*, New York: Cambridge University Press, 2014.

[126] Catherine Grenier(edited), *Multiple Modernities: 1905 to 1970*, Centre Pompidou, 2014.

[127] Oliver Kozlarek, *Multiple Experiences of Modernity: Toward a Humanist Critique of Modernity*, Vandenhoeck & Ruprecht, 2014.

[128] Jason Clower, *Late Works of Mou Zongsan: Selected Essays on Chinese Philosophy*, Brill Academic Pub, 2014.

[129] Zoey Zemanek, *Confucian Role Ethics: Reflections From A Global Perspective*, https://digitalcommons.cwu.edu/source/2014/oralpresentations/70.

[130] Prasenjit Duara, *The Crisis of Global Modernity: Asian Traditions And A Sustainable Future*, Cambridge University Press, 2014.

[131] Lai, Cheukbun(赖卓彬), *Democratic Means to Confucian Ends: a Philosophical Analysis of the Conceptual Relationship Between Confucian Ethics and Democracy in the Theories of Xu Fuguan, Tang Junyi, and Mou Zongsan*, Open Dissertation Press, 2014.

[132] Jana S. Rosker, The Philosophical Sinification of Modernity and the Modern Confucian Paradigm of Immanent Transcendence, *Asian Studies*, 2014, 2(18): 67-81.

[133] Joseph Chan, *Confucian Perfectionism: A Political Philosophy for Modern Times*, Princeton University Press, 2015.

[134] Xinzhong Yao(edited), *The Encyclopedia of Confucianism, 2-volume set*, Routledge, 2015.

[135] Jana S. Rosker, Modern Confucianism and Chinese Theories of Modernization, *Philosophy Compass*, 2015: 1-13.

[136] Arif Dirlik, *Global Modernity: Modernity in the Age of Global Capitalism*, Routledge, 2015.

[137] Daniel A. Bell, *The China Model: Political Meritocracy and the Limits of Democracy*, Princeton: Princeton University Press, 2015.

[138] Marcel van Ackeren, Michael Kühler (Edited), *The Limits of Moral Obligation: Moral Demandingness and Ought Implies Can*, Routledge, 2015.

[139] Randolph Clarke, Michael McKenna, Angela M. Smith (Edited), *The Nature of Moral Responsibility: New Essays*, Oxford University Press, 2015.

[140] Henry Rosemont Jr., *Against Individualism: A Confucian Rethinking of the Foundations of Morality, Politics, Family, and Religion*, Lexington Books, 2015.

[141] Michael Schuman, *Confucius: And the World He Created*, Basic Books, 2015.

[142] Sungmoon Kim (edited), *Confucianism, Law, and Democracy in Contemporary Korea*, Rowman & Littlefield Publishers, 2015.

[143] Sungmoon Kim, Oakeshott and Confucian Constitutionalism, in *Michael Oakeshott's Cold War Liberalism*, ed. Terry Nardin, New York: Palgrave Macmillan, 2015: 153-170.

[144] Sungmoon Kim, Civil Confucianism in South Korea: Liberal Rights, Confucian Reasoning, and Gender Equality, in *Confucianism, Law, and Democracy in Contemporary Korea*, ed., Sungmoon Kim, London: Rowman and Littlefield International, 2015: 105-124.

[145] Sungmoon Kim, Public Reason Confucianism: A Construction, *American Political Science Review*, 2015, 109(1): 187-200.

[146] Sungmoon Kim, (with Jungmin Seo), Civil Society under Authoritarian Rule: Bansanghoe and Extraordinary Everydayness in Korean Neighborhoods, *Korea Journal*, 2015, 55(1): 59-85.

[147] Sungmoon Kim, John Dewey and Confucian Democracy: Towards Common Citizenship, *Constellations: An International Journal of Critical and Democratic Theory*, 2015, 22(1): 31-43.

[148] Sungmoon Kim, Confucianism, Moral Equality, and Human Rights: A Mencian Perspective, *American Journal of Economics and Sociology*, 2015, 74(1): 149-185.

[149] Sungmoon Kim, Civil Society and Democratic Pluralism: Benjamin Barber's Strong Democracy Revisited, in *Strong Democracy in Crisis: Promise or Peril?*, ed. Trevor Norris, Lanham, MD: Lexington Books, 2016: 173-192.

[150] Sungmoon Kim, Abating Contingency: Michael Oakeshott's Political Pluralism, *Philosophy & Social Criticism*, 2016, 42(3): 267-288.

[151] Sungmoon Kim, Beyond a Disciplinary Society: Reimagining Confucian De-

mocracy in South Korea, in *Confucianism, a Habit of the Heart*; Bellah, *Civil Religion, and East Asia*, eds. Philip J. Ivanhoe and Sungmoon Kim, Albany: State University of New York Press, 2016: 113-138.

［152］Sungmoon Kim, Achieving the Way: Confucian Virtue Politics and the Problem of Dirty Hands, *Philosophy East and West*, 2016, 66(1): 152-176.

［153］Sungmoon Kim, *Public Reason Confucianism: Democratic Perfectionism and Constitutionalism in East Asia*, Cambridge University Press, 2016.

［154］Ian Sullivan, *The Ethics of Vital Relationality: Care Ethics, Confucian Role Ethics, and the Challenge to Modern Moral Philosophy*, Honolulu: University of Hawaii, 2016.

［155］Henry Rosemont Jr., Roger T. Ames, *Confucian Role Ethics: A Moral Vision for the 21st Century?* Taipei: Taiwan University Press, 2016.

［156］Roida Rzayeva Oktay, *The Challenges of Contemporaneity: Postmodernity and Multiculturalism*, Springer, 2016.

［157］Xiaoqing Diana Lin, *Feng Youlan and Twentieth Century China: An Intellectual Biography, Modern Chinese Philosophy*, Edited by John Makeham (Australian National University), Volume 9, Boston: Brill Academic Pub, 2016.

［158］Ady Van Den Stock, *The Horizon of Modernity: Subjectivity and Social Structure in New Confucian Philosophy*, Brill Academic Pub, 2016.

［159］Jana Rošker, *The Rebirth of the Moral Self: The Second Generation of Modern Confucians and Their Modernization Discourses*, University of Hawaii Press, 2016.

［160］Matthew Talbert, *Moral Responsibility: An Introduction*, Polity, 2016.

［161］Trevor Norris (edited), *Strong Democracy in Crisis: Promise or Peril?*, Lexington Books, 2016.

［162］Thomas Fröhlich, *Tang Junyi: Confucian Philosophy and the Challenge of Modernity*, Brill Academic Pub, 2017.

［163］Karyn Lai, *An Introduction to Chinese Philosophy*, Cambridge University Press, 2017.

［164］Ming-huei Lee (李明辉), *Confucianism: Its Roots and Global Significance*, Edited by David Jones, University of Hawaii Press, 2017.

［165］Jack Barbalet, *Confucianism and the Chinese Self: Re-examining Max Weber's China*, Palgrave Macmillan, 2017.

［166］JeeLoo Liu (刘纪璐), *Neo-Confucianism: Metaphysics, Mind, and Morality*, Wiley-Blackwell, 2017.

［167］Stephen C. Angle, Justin Tiwald, *Neo-Confucianism: A Philosophical Introduction, Polity, 2017.

［168］ Mathew A. Foust, *Confucianism and American Philosophy*, SUNY Press, 2017.

［169］ Roger T. Ames, Peter D. Hershock (edited), *Confucianisms for a Changing World Cultural Order*, University of Hawaii Press, 2017.

［170］ Sungmoon Kim, Confucian Humanitarian Intervention? Toward Democratic Theory, *Review of Politics*, 2017, 79(2): 187-213.

［171］ Sungmoon Kim, Pragmatic Confucian Democracy: Rethinking the Value of Democracy in East Asia, *Journal of Politics*, 2017, 79(1): 237-249.

［172］ Sungmoon Kim, Confucian Authority, Political Right, and Democracy, *Philosophy East and West*, 2017, 67(1): 3-14.

［173］ Bo Strath, Peter Wagner, *European Modernity: A Global Approach*, Bloomsbury Academic, 2017.

［174］ Sungmoon Kim, Confucian Nation? A Perfectionist Justification in a Pluralist Society, in *Reimagining Nation and Nationalism in Multicultural East Asia*, eds. Sungmoon Kim and Hsin-wen Lee, London: Routledge, 2018: 82-102.

［175］ Sungmoon Kim, Fred Dallmayr's Postmodern Vision of Confucian Democracy: A Critical Examination, *Asian Philosophy*, 2018, 28(1): 35-54.

［176］ Sungmoon Kim and Hsin-wen Lee (edited), *Reimagining Nation and Nationalism in Multicultural East Asia*, London: Routledge, 2018

［177］ Sungmoon Kim, *Democracy after Virtue: Toward Pragmatic Confucian Democracy*, Oxford University Press, 2018.

［178］ Martin Albrow, *China's Role in a Shared Human Future: Towards Theory for Global Leadership*, Global China Press, 2018.

［179］ Thomas Meyer, José Luís de Sales Marques (edited), *Multiple Modernities and Good Governance*, Routledge, 2018.

［180］ Anna-Mária Bíró, *The Origins of Chinese Thought*, Brill Academic Pub, 2018.

［181］ Qiyong Guo, *Studies on Contemporary Chinese Philosophy (1949—2009)*, Paul D'Ambrosio Translator, Brill Academic Pub, 2018.

［182］ Jon Thares Davidann, *The Limits of Westernization: American and East Asian Intellectuals Create Modernity, 1860-1960*, Routledge, 2018.

［183］ Lai Chen, *Confucius and the Modern World*, Routledge, 2018.

［184］ Catherine Lynch, *Liang Shuming and the Populist Alternative in China*, Brill Academic Pub, 2018.

[185] Zehou Li, *A New Approach to Kant: A Confucian-Marxist's Viewpoint*, Jeanne Haizhen Allen (Translator), Springer, 2018.

[186] Antonio S. Cua, *Moral Vision and Tradition: Essays in Chinese Ethics*, The Catholic University of America Press, 2018.

[187] Stephen R. Palmquist(edited), *Kant on Intuition: Western and Asian Perspectives on Transcendental Idealism*, Routledge, 2018.

[188] Walter Glannon, *The Mental Basis of Responsibility*, Routledge, 2018.

[189] Katrina Hutchison, Catriona Mackenzie, Marina Oshana(Edited), *Social Dimensions of Moral Responsibility*, Oxford University Press, 2018.

[190] Etienne de Villiers, *Revisiting Max Weber's Ethic of Responsibility*, Mohr Siebeck, 2018.

[191] Donald A. Crosby, Jerome A. Stone, *The Routledge Handbook of Religious Naturalism*, Routledge, 2018.

[192] Sungmoon Kim, Contingency and Responsibility in Confucian Political Theory, *Philosophy & Social Criticism*, 2018, 44(6): 615-636.

[193] Sébastien Billioud (edited), *The Varieties of Confucian Experience*, BRILL, 2018.

[194] Roger T. Ames, Jinhua Jia(edited), *Li Zehou and Confucian Philosophy*, University of Hawaii Press, 2018.

[195] Klaus Mühlhahn, *Making China Modern: From the Great Qing to Xi Jinping*, Belknap Press: An Imprint of Harvard University Press, 2019.

[196] Jana S. Rošker, *Following His Own Path: Li Zehou and Contemporary Chinese Philosophy*, State University of New York Press, 2019.

[197] Sang-Jin Han, *Confucianism and Reflexive Modernity Bringing Community back to Human Rights in the Age of Global Risk Society*, BRILL, 2019.

[198] Francesca Bray, Jongtae Lim(edited), *Science and Confucian Statecraft in East Asia*, BRILL, 2019.

[199] Qin Pang, *State-Society Relations and Confucian Revivalism in Contemporary China*, Palgrave Macmillan, 2019.

[200] Roel Sterckx, *Ways of Heaven: An Introduction to Chinese Thought*, Basic Books, 2019.

[201] Shaun O'Dwyer, *Confucianism's Prospects: A Reassessment*, SUNY Press, 2019.

[202] Zhuoyao Li, *Political Liberalism, Confucianism, and the Future of Democracy in East Asia*, Springer, 2020.

[203] Daniel Bell, Wang Pei, *Just Hierarchy: Why Social Hierarchies Matter in China and the Rest of the World*, Princeton University Press, 2020.

[204] Sungmoon Kim, *Theorizing Confucian Virtue Politics: The Political Philosophy of Mencius and Xunzi*, Cambridge University Press, 2020.

# 后　记

《民族性与时代性：当代新儒学的主题及价值研究》，是我主持的国家社会科学基金一般项目"当代新儒学的民族性、现代性与当代性主题及价值研究"（15BZX059）的最终研究成果。自从此项目2015年6月25日正式获批以来，时间已有将近十年。岁月流走，蓦然回首那些与项目不离左右的相守，我甚是感慨。由于平日里承担非常繁忙的行政管理工作和日常教学及研究生培养任务，自己最能感受到40余万字的研究成果委实来之不易。在整个项目研究过程中，许多理论上未解的困惑时常萦绕在心头，许多未能一下子查阅到的文献资料也令自己心急如焚。然而，当每一个与项目相关的问题一一处理完毕的时候，心中又总是充满了无尽的轻松与喜悦。

此书主要修改完善于2020年以后。2020年伊始的几个月定将是我今生今世难以忘却的一段生命旅程，因为就在这段时间爆发了席卷全球的新冠肺炎疫情。在回到千里之外的老家陪母亲过完春节之后，2020年1月27日，我返回哈尔滨家中。而几天后，一个人口近千万的城市便开始了联防联控的封闭式管理。每个家庭成员只允许两天一人次限时外出小区采购生活必需品，一时间往日习以为常的正常外出工作和生活交往都成为一种奢侈品。有些在以往看起来非常平常的生活行为，突然都面临着种种的限制。连平日里最为熟悉的课堂教学与大学校园生活，也已变得瞬间陌生起来。与学生面对面的教学与交流，一下子全部改为网络线上的方式。正是在这样一个充满限制与责任的特殊时期，我完成了项目研究成果的修改完善工作，而且是近几年来撰写字数最多的一段时间。在新冠肺炎疫情蔓延期间，我经历并见证了许许多多令人感动的人和事，这背后更多是充满了责任和担当的故事。有为民请命的人，有舍生忘死的人，有奔赴疫情前线逆行的人，有忍受寂寞居家隔离的人……。放眼全球，很遗憾，21世纪的人类社会在面对这一全球性问题挑战的时候，并没有变得应付自如，并没有变得更加团结。几年之内，无数的鲜活生命已经永远离开了这个多彩的世界。此次肆虐全球的新冠肺炎疫情，极大突显了责任担当与合作共赢对于化解全球性问题的意义和价值。而我深知，强调个体良知、自我操存与规范秩序的中国儒学，恰恰可以在这一全球性问题突显的时刻彰显自己独特的魅力。

本书将研究主题定位在儒学与民族性、儒学与时代性的关系问题上。我对这种关系问题的思考热情，许多年来一直都没有改变。我一直认为，任何的思想理论都要面对其所处的那个时代，而能够对那个时代的问题提出自己系统化与合理化的阐述，往往决定了这一思想理论是否已经具有当代的意义创造和价值生成。由于是问题式研究，所以当自己真正去面对儒学的民族性与时代性主题的时候，才发现其中充满了无数的思想论争与理论困惑。我们究竟该如何区分民族性与民族主义？儒学到底有几个发展时期，当代新儒学则又有什么样的真实内涵？究竟什么是传统与传统主义？传统与现代、传统与后现代是什么关系？现代性与后现代性的关系是什么？现代性是一元的还是多元的？儒学与科学、民主、自由到底是相容的还是不相容的？儒学是一种深层的生态学吗？儒学是一种信念伦理学还是一种责任伦理学，抑或一种角色伦理学？我们究竟该如何诠释儒学的当代意义和价值，是通过宗教性的向度还是通过理想人格的塑造？在这些与儒学相关的问题的当代讨论中，往往涉及众多持不同立场的学者们的思想，他们的思想出发点有的是明显不同的，有的虽然出发点相同但结论却完全不同。

本书虽然对上述问题作出了某些阐释，但也存在诸多不足之处。第一,在深入地呈现与回应不同学者思想论证背后的不同观点、立场、态度并作出理性分析和判断乃至回应上,本书的研究确实尚有深入之处。第二,在研究儒学当代性问题的时候,本书还有一些内容没有处理。例如,关于儒学宗教性问题还没来得及研究。自西方传教士引起的中西礼仪之争开始,到后来的儒教、国教之争,再到多元文明对话中的儒学宗教性问题的探讨,都涉及儒学到底是不是一种宗教的纷繁复杂的争论。这种争论,事实上在某种程度上构成了儒学当代性问题思考的一个重要主题。第三,进入21世纪以来,一些从事儒学研究的学者开始了一种重新建构儒家形而上学的探究,无论是情本体论哲学、情感儒学、仁学本体论、新仁学,还是和合学、具体的形而上学、道哲学等,都表征了当代儒家学者对儒学实在的一种孜孜以求的当代探讨,这种探讨不仅对儒学的当代阐释提供了帮助,也有助于在具有世界性的哲学话语讨论中为儒学争得一席之地。但是,本书还没有对哲学家们有关儒学的形而上学之争提供详细的分析和辨明。第四,儒学当代性问题的探讨,显然少不了要探讨其如何生活化的问题。儒学自产生之日起便始终将理论与实践、知与行紧密结合起来,它不是高悬在每个人头上的一些晦涩的理性辩白,而是处理每个现实生命所需的日常生活食粮。永远不离开人伦日用生活来研究儒学和运用儒学,方能彰显儒家思想的精神本色。在今天这样一个数字化生存日益突显的时代,我们该如何实现儒学的日常化、生活化、大众化乃至世界化呢?这一问题是儒学的当代研究必须面对和回应的一个问题。但是,本书还没有对这一极具时代性的问题进行深入的研究。第五,儒家思想传统在其历史的生成与发展中,往往呈现的是不同领域不同层面的面向。这里面有哲学方面,更有经学史、历史学、政治学、社会学、文化学、宗教学等方面的内容。由于本书主要是从哲学角度对相关问题进行研究的,对于其他领域的研究成果还没有展开系统性的探究,因此还缺少从交叉学科与学科综合的角度进行相关的研究。尤其是,本书还缺少从思想史的角度进行相关主题的研究。第六,在这几年的研究过程中,我渐渐发现,不仅这些年来国内学者对于儒学现代性、儒学当代性的问题十分感兴趣,国外一些学者也十分关注这些问题。在21世纪已经逝去的20多年中,国外学者相关的研究成果十分丰富且质量上乘,这在以往都是未曾有过的。这一研究状况在本书正文中,尤其是在本书大量英文参考文献中有所呈现。但是,由于时间和精力的缘故,本书对新近的国外学者的相关研究成果虽有些介绍,但对他们的思想研究的系统性解析做得还不多。同时,由于我较为熟练掌握的只是相关的英文文献,因而对于国外学者以其他语种来撰写的研究成果尚有把握不足之处。在此,期待有识之士能够弥补本书研究的这一不足。

对于以上本书研究所存在的不足和遗憾,期待自己能够在今后的岁月里一如既往地钻研下去,也期待相关的学者们能够围绕这些问题提供有益的思想智识。我想,这样的工作不仅对个人的思想研究兴趣是一种满足,更可以使当代儒学意义和价值的思考研究更上一层楼。21世纪,中国特色社会主义的发展已经进入了新时代,在不久的将来,伟大的祖国也必将全面建成社会主义现代化强国。在这一特殊的历史时期,以儒家为核心的文化传统必将会因中国的强大而更具文化自信的力量,更加满足这个时代所提出的某些文化现实需求,更加在全球化的时代彰显其世界性的魅力。让我们期待这一天早一点来临!

在此,要衷心感谢北京大学出版社综合室原主任杨书澜老师以及魏冬峰编辑。没有杨老师的关爱和审校,没有魏编辑极其辛苦、认真的书稿编辑工作,本书无论如何也不会得以顺利出版。

最后,谨以一首小诗来表达我此时此刻的心情。

> 凿破星河万古冰,独擎风雨淬儒灯。
> 字从商彝铭肝胆,思越云衢驭鹓鹏。
> 六籍重熔寰宇铁,五洲汇涌百川澄。
> 今朝漫说传经事,已铸钧天在断藤。

2020年4月一稿<br>
2021年8月二稿<br>
2021年12月三稿<br>
2025年4月终稿